"十二五"普通高等教育本科国家级规划教材

ECONOMICS & MANAGEMENT

教育部经济管理类主干课程教材

会计与财务系列

Advanced Financial Accounting

高级财务会计

储一昀　主编

中国人民大学出版社

· 北京 ·

图书在版编目（CIP）数据

高级财务会计/储一昀主编. —北京：中国人民大学出版社，2016.9
教育部经济管理类主干课程教材. 会计与财务系列
ISBN 978-7-300-22731-3

Ⅰ.①高… Ⅱ.①储… Ⅲ.①财务会计-高等学校-教材 Ⅳ.①F234.4

中国版本图书馆CIP数据核字（2016）第064422号

"十二五"普通高等教育本科国家级规划教材
教育部经济管理类主干课程教材·会计与财务系列
高级财务会计
储一昀　主编
Gaoji Caiwu Kuaiji

出版发行	中国人民大学出版社		
社　址	北京中关村大街31号	邮政编码	100080
电　话	010－62511242（总编室）		010－62511770（质管部）
	010－82501766（邮购部）		010－62514148（门市部）
	010－62515195（发行公司）		010－62515275（盗版举报）
网　址	http://www.crup.com.cn		
	http://www.ttrnet.com（人大教研网）		
经　销	新华书店		
印　刷	北京鑫丰华彩印有限公司		
规　格	185 mm×260 mm　16开本	版　次	2016年9月第1版
印　张	38.5 插页1	印　次	2018年8月第2次印刷
字　数	903 000	定　价	72.00元

序言

从教三十载之际，这本《高级财务会计》姗姗来迟。本书根据我在上海财经大学的讲稿编写而成，同时，这本教材入选了“十二五”普通高等教育本科国家级规划教材。此前主编的《高级财务会计》曾获得2011年上海市优秀教材一等奖。

财务会计教材分为基础会计（会计学原理或初级会计）、中级财务会计和高级财务会计。《高级财务会计》是《中级财务会计》的后续教材，要求在系统学习了《中级财务会计》之后才能进一步学习，特别是企业合并财务报表、外币报表折算和衍生金融工具会计等内容，需要有扎实的基础知识才能掌握其中的道理。为了便于学习，本书配有学习指导书。

本书分五部分，共十八章。第一部分为企业合并与合并财务报表。这一部分包括第一章至第十章，对企业合并的会计方法、合并财务报表的编制程序和技术作了较为详尽的描述。此外，对集团内部交易、股权结构的变动、间接控股、相互持股（交叉持股）、合并每股收益、合并现金流量表和下推会计等均作了系统深入的叙述，对合并会计理论进行了概括和提炼，并结合我国2014年发布的《企业会计准则》进行阐述。在这一部分涉及母公司（P公司）和子公司（S公司）的大量举例，为了便于识别，以“牡”与母公司的“母”同音，“紫”与子公司的“子”同音；以“牡”开头的公司为母公司，如牡丹公司等；以“紫”开头的公司为子公司，如紫兰公司等。第二部分为外币交易与外币报表折算。这一部分包括第十一章和第十二章，叙述了企业在跨国经营条件下的会计，涉及企业外币业务的会计处理、外币报表折算方法以及外币财务报表的合并问题。第三部分为衍生金融工具会计。这一部分包括第十三章，叙述了衍生金融工具的经济后果及其会计处理、套期保值及其会计处理。第四部分为上市公司定期信息披露。这一部分包括第十四章，分析了分部报告和中期财务报表的披露问题。第五部分为其他专题。这一部分包括第十五章至第十八章。其中第十五章至第十七章为公司制会计专题，第十八章为合伙制会计专题。第十五章介绍了租赁会计。第十六章介绍了养老金会计。第十七章有关财务困境公司的清算、改组和债务重组。第十八章阐述合伙企业的组织、经营、解散和清算，揭示了合伙这种企业组织形式其所有者权益和损益分配（利润分配）的特点。

储一昀教授任本书主编，主持编写全书大纲，负责对全书初稿进行修改、补充和总纂。各章初稿的执笔人依次为：第一、二、三、四、五、六、七、十八章储一昀教授（上海财经大学会计学院），第八章储一昀、储溢泉博士，第九章储一昀、蒋卫，第十章储一昀、贾延立，第十一、十二、十五章储一昀、王妍玲博士（上海大学），第十三章储一昀、储溢泉、谢香兵博士（河南财经政法大学会计学院副院长、副教授），第十四、十六章储一昀、储溢泉，第十七章储一昀、仓勇涛博士（上海外国语大学国际金融贸易学院副院长、副教授）、李常安博士（安徽财经大学会计学院）。各章的引例由蒋成晨编写。

本书的顺利完成，首先要感谢我国著名会计学家汤云为教授、郭道扬教授的鼓励和支持，感谢财政部会计司副司长舒惠好博士、处长陆建桥博士的帮助，感谢中国平安保险（集团）股份有限公司董事长马明哲先生、副董事长孙建一先生、首席财务官姚波先生、董秘金绍樑先生，平安银行行长邵平先生、监事长邱伟先生，中国工商银行副行长谷澍博士，中国建材集团总经理曹江林先生，华闻传媒股份有限公司董事长汪方怀先生、监事长金伯富先生等实务界朋友的支持和帮助。

对书中的错误和遗漏，恳请读者批评指正，并请告知作者，以便更正。联系方式：chuyiyun@mail. shufe. edu. cn。

储一昀

目　录

第一章

企业扩张与企业合并

引例 中国平安扩张之路

中国平安保险（集团）股份有限公司（简称“中国平安”）于1988年成立于深圳，是中国第一家股份制保险公司，至今已发展成为集“保险、银行、投资”三大主营业务于一体、核心金融与互联网金融业务并行发展的个人综合金融生活服务集团之一。该公司为A+H股两地上市公司（02318.HK，601318.SH）。

中国平安在2014年《福布斯》“全球上市公司2 000强”榜单中名列第62位，名列《财富》“世界500强公司”第128位，并成为第一家入选该榜单的中国内地非国有企业。

中国平安秉承“专业创造价值”的文化理念，谋求企业的长期、稳定、健康发展，为企业各相关利益主体创造持续增长的价值，成为国际领先的综合金融服务集团。

在20多年的经营中，中国平安实现了跨越式发展。2003年，中国平安旗下的平安信托与汇丰银行一起联合收购福建亚洲银行，中国平安正式进入银行业。2010年，中国平安收购深圳发展银行（简称“深发展”，000001.SZ），以增强公司银行板块实力，此举成为中国A股市场至今最大的收购案。

中国平安收购深圳发展银行的过程如下：

2009年6月，中国平安与其控股子公司平安寿险分别持有深发展股份0.01亿股与1.44亿股，合计1.45亿股，占深发展总股本的4.68%。

2010年5月，中国平安向NEWBRIDGE定向发行2.99亿股H股，交换NEWBRIDGE持有的深发展5.2亿股股份，交易完成后，中国平安及平安寿险合计持有深发展的股份比例为16.76%。

2010年6月，平安寿险认购深发展非公开发行的3.8亿股股份，此时中国平安及平安寿险合计持有深发展10.45亿股股份，约占深发展总股本的29.99%。另外，中国平安持有平安银行78.25亿股股份，约占平安银行总股本的90.75%，是平安银行的控股股东。

2010年9月，中国平安董事会通过议案，准备以90.75%的平安银行股份和26.9亿元现金作为对价，认购深发展16.39亿股股份，若交易完成，中国平安及平安寿险将合计持有深发展26.84亿股股份，约占深发展总股本的52.38%，成为深发展的控股股东。

2011年6月，中国证监会核准中国平安2010年9月的重大资产重组方案。

2012年7月，中国银监会批准深发展更名为平安银行，进一步推进两行整合。

请思考，中国平安为什么要收购深发展？企业发展到一定程度往往会采用合并的方式来获得突破，那么为何是合并而不是其他形式？合并究竟有什么好处？合并有哪些分类方式？中国平安与深发展的合并属于哪一类？

希望通过本章的学习，各位读者能找到答案。

学习目标

- 掌握企业合并的动因
- 掌握企业合并中的控制
- 掌握企业合并的分类
- 了解美国的五次合并浪潮
- 了解中国的三次合并浪潮

发展是硬道理，企业要发展就必须扩张，企业扩张是企业成功的标志。企业扩张有两种途径：对内扩张和对外扩张，两者相辅相成，推动企业的成长和壮大。

对内扩张是指在本企业范围内增加资本、扩大生产经营规模，主要是通过增添资产、设立分支机构等形式来实现的；对外扩张是指两个或两个以上的企业结合起来组成一个更大的企业，扩大生产经营规模，实现优势互补。

对外扩张即为企业合并，在我国亦有人称之为企业整合，它是企业扩张的主要形式，也是企业发展到一定阶段后为继续快速、大规模扩张，克服通过自身积累实现渐进式发展的局限，实现企业跨越式甚至是几何级数发展的有效途径。可以说，西方工业的发展史实际上就是企业合并的发展史。诺贝尔经济学奖得主 George Stigler 在对美国500强公司的深入研究后，曾作过一个精辟的论断："没有一个美国大公司不是通过某种程度、某种方式的兼并（合并）而成长起来的，几乎没有一家大公司主要是靠对内扩张成长起来的。"接下来我们将重点对企业合并进行讨论。

第一节 企业合并的动因及其控制

一、企业合并的动因

企业可以通过两种不同途径进行扩张，那么，为什么许多企业会采取合并的形式而不是通过对内扩张来发展企业呢？这主要基于协同效应和财富转移论，具体可分为十个动因。

（一）协同效应

所谓协同效应，简单地说，就是“1＋1＞2”的效应。企业合并的协同效应是指企业通过合并，使企业总体的效益大于两个单独企业效益的算术和。协同效应主要包括三个方面：管理协同效应、财务协同效应和经营协同效应。

1. 管理协同效应

当一些企业具有较强的管理能力并拥有剩余的管理资源时，将有动机合并一些管理能力较弱的企业。通过合并，不仅可以使被合并方的管理效率提高到与合并方相同的水平，提高整个集团的效率，为集团带来更高的经济效益，而且可以充分利用企业剩余的管理资源，达到资源的优化配置。

管理协同效应也称为差别管理效率理论。该理论认为产生合并的原因在于交易双方的管理效率存在差异，因而具有较高效率的公司合并具有较低效率的公司能提高目标公司的效率。而合并方也因此获益。

管理协同效应理论有两个基本假设：一是合并方有“剩余”的管理资源，并且这些资源是有效率的和不可分割的，或存在规模经济，那么通过合并交易可以使这些剩余的管理资源得到充分的利用；二是目标公司管理的低效率可通过外部经理人的介入和增加管理资源的投入而得到改善。

管理协同效应理论最有可能成为同行业之间合并活动（即横向合并）的一个要素，因为在相关行业中可以更容易地觉察出改进管理的需要，也能更容易地将管理能力延续下去。但也有人持不同意见，认为这种合并将导致行业内的“过度集中”。这种观点认为，如果只有少数几家企业在某一行业中占有大部分销售额，这些企业将会趋向“合谋”。其结果是企业的价格和利润将含有垄断因素，因此，无法通过兼并实现规模经济，只会导致垄断利润。

2. 财务协同效应

财务协同效应理论认为，合并能给企业在财务方面带来种种效益，但是这些效益的取得不是由于效率的提高而引起的，而是由于税法、会计惯例以及证券交易等内在规则的作用而产生的，即合并可以产生财务协同效应。

合并中的财务协同效应主要表现在以下方面：

（1）通过合并可以达到合理避税的目的。

（2）预期效应，它是指由于合并使股票市场对企业股票评价发生改变而对股票价格产生影响。

（3）实现投资与融资机会内部化，即合并方有多余的现金流量，但缺少良好的投资机会；与此对应的是，目标企业可能有良好的发展机会但缺乏资金支持，因此合并可以促进双方的协作。

一般而言，不同行业的企业拥有的投资机会是不同的。成熟市场的企业一般拥有较雄厚的资金，但其所处行业的成长性有限；新兴行业的企业虽具有较多的投资机会，却缺乏现金流量。这样，拥有雄厚资金的企业可以通过合并缺乏资金的成长性企业的方式，抓住被并企业所在行业较好的投资机会，引导资源始终流向高速成长的行业。

3. 经营协同效应

经营协同效应理论认为，具有不同优势的公司间通过合并能产生优势互补或形成规模经济，进而促进双方效率的提高。

企业通过合并可以获得现成的生产设备、正规的供货、分销渠道及有经验的员工，这不仅可以大大降低企业的成本，还可以降低企业的经营风险。对于合并自己竞争对手的企业（如横向合并）来说，由于竞争对手的减少，提高了企业的市场份额，使企业获得了更多的垄断利润；对于那些合并了供应商、销售商的企业（如纵向合并）来说，合并使得企业避免了寻价、协商、广告等成本，使得企业的运行更加有效率。

（二）扩大市场份额

一些企业进行合并的主要动因在于通过企业合并来减少市场中的竞争对手，扩大市场占有率，提高企业对市场的控制力、垄断力。企业合并为企业带来了两方面的好处：一方面，合并不仅可以使企业实现产品的工艺改进和升级换代，从而扩大企业的绝对市场份额，还由于竞争对手的减少而扩大了企业的相对市场份额，市场份额的提高增加了企业销售收入，为企业带来了利润的增长；另一方面，由于合并导致了行业内企业数量的减少，降低了市场中企业间的竞争程度，提高了企业的市场垄断力，为企业带来了丰厚的垄断利润。

（三）传递信号

企业合并可以向市场传递一些信号，这些信号可以为合并方带来丰厚的利润。一般来说，企业通过合并某些被市场低估的公司可以传递两方面的信号：一方面，通过合并活动可以向市场传达被合并方的股票被低估的信号，促使市场自动对该股票进行重新评估，提升被合并方的价值，而无须企业采取任何措施，这被称作是“坐在金矿上”的解释；另一方面，通过合并可以向被合并方管理层传递信号，使得该管理层意识到如果不改善目前的经营管理状况，则很可能失去现有的职位，被新的管理层替代，从而激励被合并方的管理层提高管理水平，采取更为有效的措施，进一步提升被合并方的价值。

（四）降低自由现金流量

自由现金流量是由美国学者 Michael C. Jensen 于 1986 年提出的，是指支付了所有净现值为正的投资项目后所剩余的现金流量。Jensen 指出，“要使公司有效率，并使股东价值最大化，就必须将自由现金流量支付给股东”。但是，管理者追求的是个人利益最大化，而非股东财富最大化，其往往不愿意将这部分现金流量支付给股东，而是留存公司满足自身利益的要求，这种经理人的机会主义动机是为了获取控制权收益，即所谓的财富转移，如获得控制资源的权力、改善工作环境等。为了避免这种情况，就需要为企业寻求更多的投资机会，尽可能减少管理者控制自由现金流量的数量。企业合并就是利用自由现金流量的一种很好的选择，它不仅可以充分利用自由现金流量，还可以使管理者由于为企业合并所需要的资金进行融资，而受到外部资本市场的监督，进一步降低因管理者与企业目标不一致给股东带来的损失，使得管理者能更好地为股东服务。

（五）打破行业壁垒

有些行业存在着行业壁垒，如企业生产必须达到一定规模或者企业的主要供应商被行业内的现有企业所控制，这样，对于其他行业的企业，则只能通过合并的方式才能进入该行业，特别是那些采取特许方式经营的行业。如在我国手机市场实行发放牌照生产的制度下，明基通过收购西门子手机业务而获得了生产手机的权利，从而顺利涉足手机行业。

（六）增强国际竞争力

当企业进入新的国家或地区时，往往会面临当地政府为保护本地区尚未成熟的产业而实施的有关限制性措施，如关税和配额等，从而给外部企业在该国家或地区的销售造成困难。采用合并的方式兼并当地的相关企业，不仅可以为企业在当地快速建立起生产、供货和销售渠道，还可以帮助企业规避相关保护性措施，从而为企业降低成本、提高国际竞争力创造良好的条件。

（七）合理避税

企业合并往往还出于合理避税的考虑。一方面，由于折旧具有节税的作用，当被合并方资产的公允价值大大超过其历史成本价值时，企业通过合并，将被合并方资产较高的公允价值转换为新的账面价值，使得合并后企业因资产的增加而多计提折旧，最终达到避税的目的；另一方面，有些国家的税务条例、税法对企业集团的增值税、所得税都给予优惠条件，如在计算应纳所得税额时，规定企业集团内某一企业的亏损可在其他企业盈利中抵销。这样，盈利企业可以通过合并一些亏损的企业达到避税的目的。

（八）多元化经营

多元化经营为企业利用自身良好的信誉在不同市场上进行扩张、降低企业经营风险、提高企业自身竞争力创造了条件。同时，多元化经营还可以使企业增强内部资金的流动性，更充分地利用企业自身的资源。

（九）资产剥离

企业为了提高自身的盈利能力，在竞争激烈的市场上站稳脚跟，往往会剥离其核心业务以外的部门，这些部门往往或对本企业的贡献程度较低，或与本企业的发展方向不同。但同一生产业务对于不同企业来说其重要程度是不同的，一些企业剥离的业务恰恰是另一些企业的核心业务，后者为了发展自己，也愿意收购前者剥离出的业务，扩大其市场份额，从而达到双赢的局面。如 IBM 为了转型而将个人电脑业务出售给联想集团，就是因为该业务对于两家公司的意义是不同的。

资产剥离是指处置企业的分部或子公司的控股权。资产剥离可分为：甩卖、分立、折股和分拆。

有些公司通过出售业绩较差的部门来重新整合资源以达到优化配置。资产剥离最常见的形式是将企业的分部或子公司卖给第三方以获取现金或其他资产或通过首次公开发行上市。公司以通过上述方式得来的资金去投资其他的生产线、还债、回购股本、向股东分发股利等。这种以分部的资产或子公司的股权换取新的资产或偿债的行为称为甩卖。

分立指依照《公司法》的有关规定，一个公司通过股东大会的决议分成两个以上的公司。例如，将原公司法律主体资格注销而新设两个及以上的具有法人资格的公司，或者，原公司法律主体仍存在，但将其部分业务划出去另设一个新公司。公司分立中，新成立子公司的股票按比例分配给母公司的股东作为股利。这是通过分发股利的方式来剥离资产。2000 年，联想集团对其核心业务进行拆分，成立新的“联想集团”和“神州数码”。

折股指母公司的股东将手中持有的子公司股票折成母公司的股票。这是为了回购母公司股票而剥离子公司资产。

分拆指将两家或两家以上子公司的股权交给母公司的股东以换取母公司的全部股权，母公司清算后不复存在。这是为了停业清算而剥离子公司资产。也就是说，将母公司分拆成一系列子公司。

（十）政府导向

虽然政府导向的合并在市场经济体制完善的西方国家也会出现，但主要出现在市场经济体制不完善的国家。我国在经济转轨时期出于政府导向的合并具有特殊的意义和作用。如消除国有企业的亏损，通过政府引导，以企业合并替代企业破产，起到稳定社会秩序的作用；政府引导企业合并以调整产业结构，促使企业转换经营机制，重现活力。

但是，企业盲目快速的过度扩张导致失败的事例也屡见不鲜。

二、企业合并中的控制

为了实现企业合并，一个企业必然要取得对另外一个企业“净资产”的“控制”。在了解了企业合并的动因后，我们来看企业合并的概念。

国际会计准则理事会（IASB）颁布的国际财务报告准则（IFRS）中的定义为“企业合并是指各单独实体或企业组成为一个报告主体”（IFRS 3.4）。

美国财务会计准则委员会（FASB）颁布的《财务会计准则第 141 号公告》指出，“企业合并发生于实体获得构成企业的净资产或者获得一家或多家主体的所有者权益，并保持对其的控制权”。

我国《企业会计准则第 20 号——企业合并》的定义与上述二者相似，“企业合并，是指将两个或者两个以上单独的企业合并形成一个报告主体的交易或事项”。企业合并的结果通常是一个企业取得了对一个或多个业务的控制权。构成企业合并至少包括两层含义：一是取得对另一个或多个企业（或业务）的控制权；二是所合并的企业必须构成业务。业务是指企业内部某些生产经营活动或资产负债的组合，该组合具有投入、加工处理和产出能力，能够独立计算其成本费用或所产生的收入。

企业合并的概念中强调了“一个报告主体”和“控制”。无论参与合并的公司在合并后其法律主体地位如何，它们都将在会计上从属于该“报告主体”这一整体，换言之，会计概念中并不以法律主体的解散作为企业合并的先决条件。这是经济实质重于法律形式原则的体现。

企业合并中的“控制”，是指投资方拥有对被投资方的权力；通过参与被投资方的相关活动而享有可变回报；有能力运用对被投资方的权力影响其回报金额。这种控制需要具备三个要素：一是投资方拥有对被投资方的权力；二是因参与被投资方的相关活动而享有可变回报；三是有能力运用对被投资方的权力影响其回报金额。在判断投资方是否能够控制被投资方时，当且仅当投资方具备上述三要素时，才能表明投资方能够控制被投资方。

一般而言，对一个企业的控制需要获得其绝大多数的有表决权的股份。但由于近年来企业股权分散，使得以较小的代价获得企业控制权成为可能。

通常，处于同一报告主体控制下的企业合并包括三种情况：

(1) 一家公司购买另一家公司的净资产；

(2) 所有公司将其净资产转让给一家新成立的公司；

(3) 一家或多家公司成为某公司的子公司。

以上都属于企业合并，而不论合并方采取何种代价。其支付方式可以通过支付现金、转让非现金资产、承担债务或是发行权益性证券等，取得另一个企业的股权或净资产，或者成立一个新的企业，被合并方继续保留法人资格或者不保留法人资格。

第二节 企业合并的种类

由于企业合并的原因是各不相同的，企业在合并活动中所采取的方式也是各异的，企业可根据具体情况采用不同的合并方式。按照不同的标准可将企业合并进行不同的分类，比较常见的分类方式包括以下几种：

一、按照控制权分类

按照控制权分类，需视参与合并的企业是否受同一方控制，因此可分为同一控制下的企业合并和非同一控制下的企业合并。我国现行实务中采用了这一分类。同一控制下的企业合并和非同一控制下的企业合并所采用的会计处理方法不同。

(一) 同一控制下的企业合并

同一控制下的企业合并指参与合并的企业在合并前后均受同一方或相同的多方最终控制且该控制并非暂时性的。判断同一控制下的企业合并，应当遵循实质重于形式原则，掌握以下要点：

(1) 能够对参与合并各方在合并前后均实施最终控制的一方通常指企业集团的母公司。同一控制下的企业合并发生于企业集团内部，如集团内部母子公司之间、子公司之间、子孙公司之间等。本质上，这种企业合并是企业集团内部资产或权益的转移，对参与合并企业在合并前后均实施最终控制的一方为集团的母公司。

(2) 能够对参与合并的企业在合并前后均实施最终控制的相同多方，是指根据合同或协议的约定，拥有最终决定参与合并企业的财务和经营政策，并从中获取利益的投资者群体。

(3) 实施控制的时间性要求，是指参与合并各方在合并前后较长时间内为最终控制方所控制。具体是指在企业合并之前（即合并日之前），参与合并各方在最终控制方的控制时间一般在 1 年以上（含 1 年），企业合并后所形成的报告主体在最终控制方的控制时间也应达到 1 年以上（含 1 年）。

(4) 企业之间的合并是否属于同一控制下的企业合并，应综合构成企业合并交易的各方面情况，按照实质重于形式的原则进行判断。通常情况下，同一控制下的企业合并是指发生在同一企业集团内部企业之间的合并。同受国家控制的企业之间发生的合并，不应仅仅因为参与合并各方在合并前后均受国家控制而将其作为同一控制下的企业合并。

（二）非同一控制下的企业合并

非同一控制下的企业合并，是指参与合并各方在合并前后不受同一方或相同的多方最终控制的合并交易，即同一控制下的企业合并以外的其他企业合并。

二、按照法律形式分类

按照法律形式分类，企业合并可分为吸收合并、新设合并和控股合并三种。

（一）吸收合并

吸收合并也称兼并，是指参与合并的企业中只有一家存续，其余公司均告解散。即企业合并后，合并方存续，被合并方的法人资格被注销。

如无特殊说明，本书中公司名以"牡"字开头的为合并方或母公司，公司名以"紫"字开头的为被合并方或子公司。

图 1—1 表示牡丹公司吸收合并紫兰公司前后的关系，左方为企业合并前，右方为企业合并后。

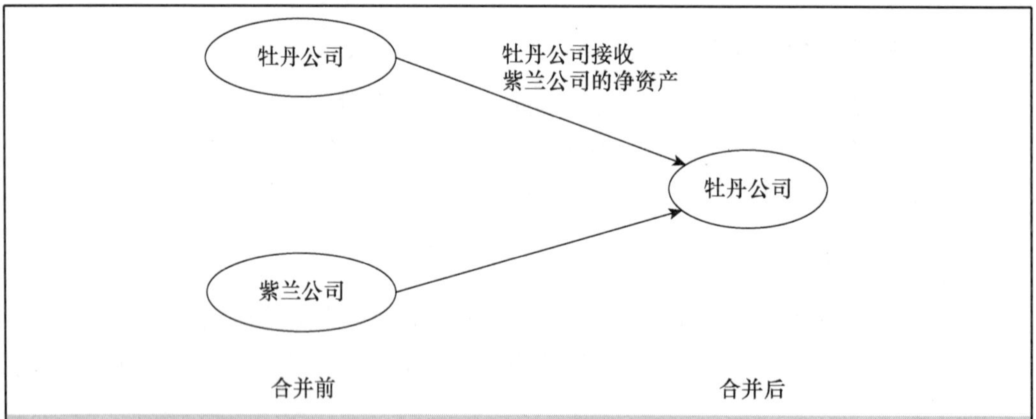

图 1—1 吸收合并

（二）新设合并

新设合并指原来的各家公司均告解散，合并成立一家新的公司。即企业合并后，参加合并的各方其法人资格均被注销，重新注册成立一家新的企业。图 1—2 表示牡丹公司与紫兰公司新设合并牡紫公司的情况。

（三）控股合并

控股合并指一家企业购进或取得了另一家企业有投票表决权的股份或出资证明书，且已达到控制后者经营和财务方针的持股比例的企业合并形式。在企业合并后，被合并方仍维持其独立法人资格。例如，牡丹公司购买了紫兰公司 51％的股份时，可完全

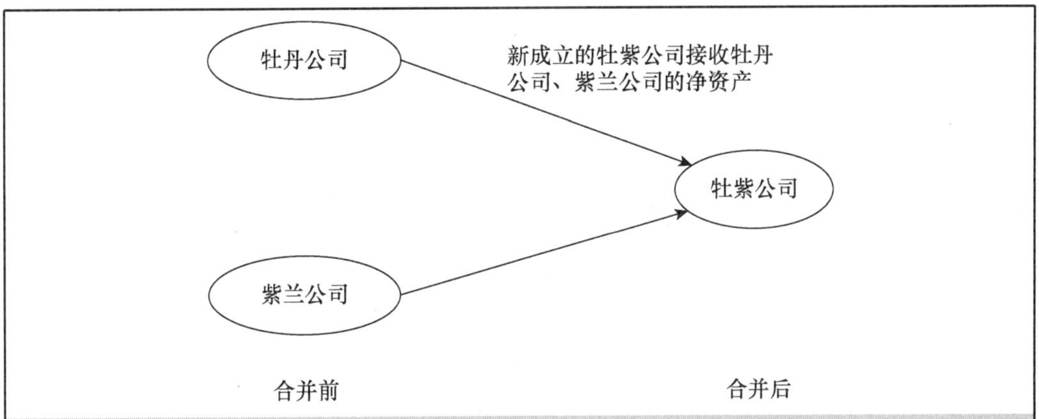

图 1—2 新设合并

控制紫兰公司的生产经营权，于是牡丹公司就成了控股公司，也称母公司，紫兰公司成为牡丹公司的子公司，二者互为附属公司。在法律上，只有持有被投资企业有表决权的股份 50%以上（50%+1 股）时才实现控股，但有时由于附属公司股份比较分散，往往只要控制其 30%，有时甚至 25%或更少的股权，就足以有效地对那些分散的剩余股权加以控制，从而达到实质性控股的目的。

如果牡丹公司购买了紫兰公司 51%的股份，母子公司仍然存续，并保持法人资格运营，就是控股合并。此时，牡丹公司是紫兰公司的多数股东，也称为控股股东，其在紫兰公司股东权益中占有的份额称为多数股东权益或母公司股东权益，国际会计准则中也称为“控制性权益”；其余 49%股份的持有人称为少数股东，也称为非控制性股东，其在紫兰公司股东权益中占有的份额称为少数股东权益①，简称少数股权，国际会计准则中也称为“非控制性权益”，图 1—3 表示牡丹公司控股合并紫兰公司的情况。

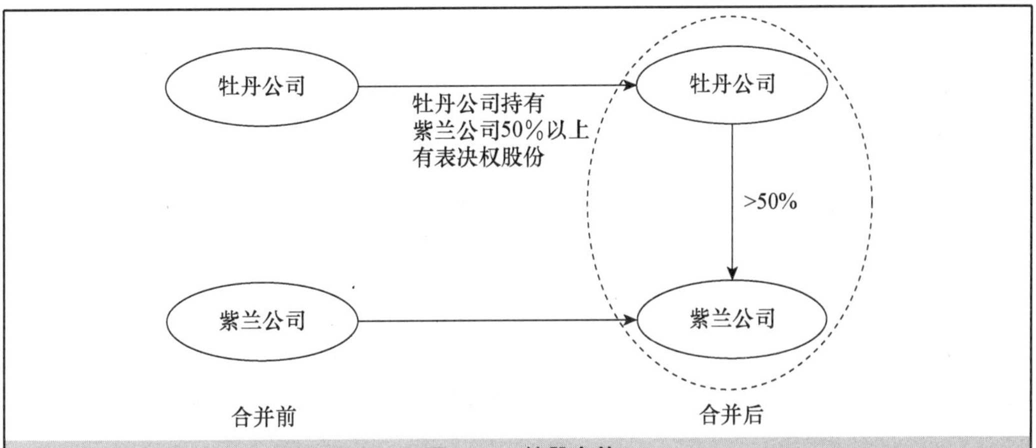

图 1—3 控股合并

上述是直接（单层）控股关系，在实际工作中，还有多层复杂控股关系，这将在后面的章节中专门论述。

① 少数股东权益的概念我们将在第三章购买日的合并财务报表中重点阐述。

三、按照合并支付方式分类

按照合并支付方式分类，可分为现金合并、股权合并和杠杆合并。

（一）现金合并

现金合并指支付现金或现金等价物以换取（购买）被并公司的所有权。其主要特点是：被并公司的原有股东收到现金或现金等价物后，便不再是新组建公司的投资者，不再参与新组建公司的经营管理，也不再分享新组建公司实现的税后利润。

现金合并方式通常表现为以现金购买资产和以现金购买股权两种，前者是指合并使用现金或现金等价物购买目标公司的大部分或全部净资产，以实现对目标公司的控制；后者是指合并方使用现金或现金等价物购买目标公司的大部分或全部股票，以实现对目标公司的控制，这种方式可以通过一级市场或二级市场进行。

（二）股权合并

股权合并指合并方采取增加发行本公司的股票或权益性证券来购买被并公司的所有权。其主要特点是：一方面合并方不需要支付大量现金，消耗自身的现金储备；另一方面被合并方的股东不会丧失他们的股权，只是所持股份的对象从被并公司转到合并方。在通常情况下，他们会丧失对公司的控制权。

股权合并方式通常表现为两种形式，即以股权购买资产和以股权购买股权。前者是指合并方用增发的股票换取被并公司的大部分或全部资产，以实现对被并公司的控制；后者简称“换股合并”，是指合并方用增发的股票换取被并公司的部分或全部股票，以实现对被并公司的控制。

（三）杠杆合并

杠杆合并指一家或几家公司在银行贷款或金融市场借贷的支持下进行的合并。其主要特点是：只需少量的资本就可以完成合并活动，通常以被并公司的资本和收益作为借贷抵押。

在实践中，吸收合并较为普遍。吸收合并中，可以采用现金合并方式和股权合并方式，现以牡丹公司与紫薇公司为例说明现金合并和股权合并的四种情况。在吸收合并之前，牡丹公司和紫薇公司的资产负债表分别如表 1—1 和表 1—2 所示。

表 1—1 **牡丹公司资产负债表**

20×1 年 12 月 31 日 单位：元

资产		6 000 000
负债		2 400 000
股本（2 000 000 股，每股面值 1 元）	2 000 000	
盈余公积	900 000	
未分配利润	700 000	
股东权益（净资产）		3 600 000
负债及股东权益合计		6 000 000

表 1—2　紫薇公司资产负债表

20×1 年 12 月 31 日　单位：元

资产		1 760 000
负债		600 000
股本	500 000	
盈余公积	360 000	
未分配利润	300 000	
股东权益（净资产）		1 160 000
负债及股东权益合计		1 760 000

假定紫薇公司的资产和负债的账面价值和公允价值相等。

1. 以现金购买资产

假定，20×2 年 1 月 1 日，牡丹公司以现金 1 160 000 元购买紫薇公司全部净资产，以现金购买资产的会计分录应具体为：

借：净资产　1 160 000

　贷：现金/银行存款　1 160 000

由于净资产为资产减负债，这笔分录也可写成：

借：资产　1 760 000

　贷：负债　600 000

　　现金/银行存款　1 160 000

企业合并完成之后，牡丹公司的资产负债表不是合并资产负债表，20×2 年 1 月 1 日，牡丹公司资产负债表如表 1—3 所示。

表 1—3　牡丹公司资产负债表

20×2 年 1 月 1 日　单位：元

资产（6 000 000－1 160 000＋1 760 000）	6 600 000	
资产合计		6 600 000
负债（2 400 000＋600 000）		3 000 000
股本	2 000 000	
盈余公积	900 000	
未分配利润	700 000	
股东权益（净资产）		3 600 000
负债和股东权益合计		6 600 000

2. 以股权购买资产

假定，20×2 年 1 月 1 日，牡丹公司以股票 1 000 000 股（每股面值 1 元，每股市价 1.16 元）购买紫薇公司全部净资产，以股份购买净资产的会计分录应具体为：

借：净资产　1 160 000

　贷：股本　1 000 000

　　资本公积　160 000

由于净资产为资产减负债，这笔分录也可写成：

借：资产　1 760 000

贷：负债　600 000
　　股本　1 000 000
　　资本公积　160 000

企业合并完成之后，牡丹公司的资产负债表不是合并资产负债表，20×2 年 1 月 1 日，牡丹公司资产负债表如表 1—4 所示。

表 1—4　牡丹公司资产负债表

20×2 年 1 月 1 日　单位：元

资产（6 000 000＋1 760 000）	7 760 000	
资产合计		7 760 000
负债（2 400 000＋600 000）		3 000 000
股本（2 000 000＋1 000 000）	3 000 000	
资本公积	160 000	
盈余公积	900 000	
未分配利润	700 000	
股东权益（净资产）		4 760 000
负债和股东权益合计		7 760 000

3. 以现金购买股权

假定，20×2 年 1 月 1 日，牡丹公司以现金 1 160 000 元从紫薇公司的股东处购买其全部股票，牡丹公司购买股权的会计分录为：

借：长期股权投资——紫薇公司　1 160 000
　贷：现金　1 160 000

20×2 年 1 月 1 日，牡丹公司资产负债表合并工作底稿如表 1—5 所示。

表 1—5　牡丹公司资产负债表合并工作底稿

20×2 年 1 月 1 日

	牡丹公司	紫薇公司	抵销分录		合并报表
			借方	贷方	
资产	4 840 000	1 760 000			6 600 000
长期股权投资——紫薇公司	1 160 000			①1 160 000	
资产合计	6 000 000	1 760 000			6 600 000
负债	2 400 000	600 000			3 000 000
股本	2 000 000	500 000	①500 000		2 000 000
盈余公积	900 000	360 000	①360 000		900 000
未分配利润	700 000	300 000	①300 000		700 000
股东权益（净资产）	3 600 000	1 160 000			3 600 000
负债和股东权益合计	6 000 000	1 760 000			6 600 000

在表 1—5 中，第一栏“牡丹公司”，需重编母公司报表。在母公司资产负债表中，资产为 4 840 000 元，即母公司原账面价值 6 000 000 元减去现金 1 160 000 元，增加了“长期股权投资——紫薇公司”1 160 000 元。第二栏“紫薇公司”，将子公司报表列入此栏。第三栏设置“抵销分录”栏，分为借方和贷方。最后一栏为合并报表。

其合并工作底稿上的抵销分录如下：

①借：股本 500 000
　　盈余公积 360 000
　　未分配利润 300 000
　　贷：长期股权投资——紫薇公司 1 160 000

这笔抵销分录反映的是一对相对账户，借方是子公司的股东权益类账户，合计 1 160 000 元，贷方为母公司账上的长期股权投资账户。所谓相对账户，是指金额相等，方向相反的对应账户。

4. 以股权购买股权（换股）

假定，20×2 年 1 月 1 日，牡丹公司以股票 1 000 000 股（每股市价 1.16 元）从紫薇公司的股东处购买其全部股票，以股权购买股权的会计分录如下：

借：长期股权投资——紫薇公司 1 160 000
　　贷：股本 1 000 000
　　　　资本公积 160 000

此时，牡丹公司是母公司，需要编制合并财务报表。合并工作底稿上的抵销分录如下：

①借：股本 500 000
　　盈余公积 360 000
　　未分配利润 300 000
　　贷：长期股权投资——紫薇公司 1 160 000

牡丹公司合并资产负债表工作底稿如表 1—6 所示。

表 1—6 **牡丹公司资产负债表合并工作底稿**

20×2 年 1 月 1 日 单位：元

	牡丹公司	紫薇公司	抵销分录		合并报表
			借方	贷方	
资产	6 000 000	1 760 000			7 760 000
长期股权投资——紫薇公司	1 160 000			①1 160 000	
资产合计	7 160 000	1 760 000			7 760 000
负债	2 400 000	600 000			3 000 000
股本	3 000 000	500 000	①500 000		3 000 000
资本公积	160 000				160 000
盈余公积	900 000	360 000	①360 000		900 000
未分配利润	700 000	300 000	①300 000		700 000
股东权益（净资产）	4 700 000	1 160 000			4 760 000
负债和股东权益合计	7 160 000	1 760 000			7 760 000

四、按照企业合并所涉及的行业分类

按照企业合并所涉及的行业分类，可分为横向合并、纵向合并和混合合并三种。

（一）横向合并

横向合并也称水平合并，指生产工艺、产品、劳务相同或相似的企业间的合并行为。如牡丹钢铁公司合并紫兰钢铁厂，两企业的生产工艺相同，合并后可按牡丹钢铁公司的要求进行生产。横向合并的目的在于把一些规模不大的企业联合起来，组成企业集团，以实现规模效应；或者是利用现有的生产设备，增加产品产量，提高市场占有率，与其他企业抗衡；或者是优势互补，摆脱困境。通过横向合并，可使合并方在短时期内增加市场占有率及影响力。但这同时也会削弱企业间的竞争，甚至造成垄断的局面。因此，在一些市场经济高度发达的国家，政府往往制定有反托拉斯法，以限制横向合并的蔓延。

（二）纵向合并

纵向合并也称垂直合并，指参与合并的企业分属不同的产业或行业部门，但相互之间有着密切联系或衔接关系的合并行为。如钢铁制造企业合并铁矿石厂可以保证铁矿石的稳定供应。纵向合并的目的在于加强前后工序之间的生产联系和生产协作，缩短生产周期，减少各种损耗，提高生产效率。纵向合并又可进一步分为向前合并和向后合并两种类型。前者是指企业朝其生产的后续工序方向合并，如生产零件或原材料的企业合并装配企业或加工企业，包括制造业向流通领域扩展业务；后者是指企业朝其产品的前续工序方向合并，如制造业向原材料等企业扩展等。

（三）混合合并

混合合并也称多种经营合并、多元化合并，是指两个或两个以上没有直接生产技术和经营关系的企业之间的合并行为。混合合并又可分为三种形态：(1) 产品扩张型合并，产品扩张型合并拓宽企业的生产线。如美孚石油公司合并沃德公司，沃德公司经营零售业务，这种合并被认为是美孚的石油产品零售营销经验的扩展。(2) 市场扩张型合并，即一方利用另一方的环境条件，进一步拓宽市场。这种合并涉及不同地域市场的企业。(3) 纯粹的混合合并，是指产品与市场都没有任何关系的企业间的合并，其目的是为了朝多种经营方向发展。经过混合合并，一般会形成跨行业的企业集团。

五、按照合并的动机分类

企业合并可以通过合并方和被合并方的管理层谈判实现。如果谈判达成了双方均同意的条款，那么合并方将向被合并方（目标公司）的股东发出要约。

要约收购是指收购方通过书面意见向被收购公司的股东，发出购买其所持公司的股份。通常，要约收购依法公告在各大报纸上，如《中国证券报》《上海证券报》《证券时报》三大证券报，收购要约中规定了收购条件、收购价格、收购期限以及其他规定事项，收购目标公司股份的收购方式等。

收购要约将得到被收购方管理层的公开支持，善意收购就此展开。按照合并的动机分类，企业合并可分为善意合并和恶意合并。

（一）善意合并

善意合并也称友好合并，是指被合并方同意合并方提出的合并条件并承诺给予协助，故双方高层通过协商来决定合并的具体安排。如合并方式（以现金、股票、债券或其组合等）、合并价位、人事安排、资产处置等。若被合并公司对合并条件不完全满意，双方还可以就此进一步讨价还价，最终达成双方都可以接受的合并协议，并经双方董事会批准，股东大会以特别的形式通过。由于合并当事双方均有合并意图，而且对彼此情况较为熟悉，故此类合并的成功率较高。这种方式的合并是以协议为基础的，故又称为“协议合并”。

（二）恶意合并

恶意合并也称敌意合并或强迫接管，是指合并方在被合并方管理层对其合并意图尚不知晓或持反对态度的情况下，对被合并方强行进行合并的行为。在此种合并中，合并方往往采取突然的合并手段，提出苛刻的合并条件而使目标公司不能接受，而被合并公司在得知合并方的合并购意图后可能会采取一系列反收购的措施。

（三）反收购的防御策略

被合并公司主要的防御策略包括以下几种：

1.“毒丸”

这种防御措施通常是向老股东发行优先股购股权，使他们在企业被并时能够以低于市场价格额外购买公司的股份。这种优先股购股权犹如一颗“毒丸”，使得恶意合并的企业难以实现其目的或者耗资巨大——如果被吞下，“毒丸”就能使恶意合并的企业在经济上“中毒”。“毒丸”计划对于恶意收购来说是一项有力的反收购对策，它能在很大程度上阻止收购，而它对被合并公司股价和股票收益的影响却并不显著。

2.“绿色邮件”

当合并方对外收购被合并企业的股票，并宣布要正式并购时，如果被合并企业管理层不愿公司被接管，便只能与合并方达成协议，以较高的价钱买回被收购的股票，这种方式称为“绿色邮件”。在“绿色邮件”策略下，即使合并未能成功，合并方仍可以借此机会大赚一笔。并且由于被合并方支付了高额的价格回购股票，从而给企业带来了巨大的费用，并最终转嫁到股东身上，使股东蒙受损失；而一旦防御成功，获益最大的却是管理层。因此，这种方法在现实中并不经常使用。

3.“白衣骑士”或“白色卫士”

当遭到恶意合并时，被合并企业邀请一个更能接受的第三方企业，即所谓的“白衣骑士”作为另一个收购者，以更高的价格来对付恶意收购，从而使自己与“白衣骑士”合并。通常，如果恶意合并者的收购出价不是很高，被合并企业被“白衣骑士”拯救的可能性就大；如果恶意合并者提出的收购出价很高，那么“白衣骑士”的合并成本也会相应提高，被合并企业获得拯救的可能性就会降低。

4. 自残策略

通常，实施自残策略主要包括三种方式：出售“皇冠上的珍珠”，“焦土防御”和“虚胖防御”。前两者是通过出售资产的方式自残，后者是通过购买资产的方式自残。

在通过出售企业自身有价值的关键资产以降低对合并方吸引力的防御策略中，这些资产常被称为“皇冠上的珍珠”。当然，这种策略的缺点也很明显，一旦企业防御成功，那么由于缺乏有价值的资产，会降低企业在市场中的竞争力，影响企业日后的发展。

“焦土防御”则涉及出售更广泛的资产。

“虚胖防御”策略则采取了不同的方式，它通过购置而非出售资产的方式来实现防御。在这种防御措施下，目标企业的管理层购入另外一家公司的无利可图的资产来使其失去吸引力。如果预期购入的资产降低了目标公司的短期获利但能增强其长期获利能力，则“虚胖防御”很有吸引力。这种防御措施的结果是可能不但阻止不了收购人，而且，从长期来看增强了潜在被收购方的实力。

企业管理人员设计出许多防御措施，这些措施记载在公司章程或管理制度中，用以增加被收购的难度，通常称之为“驱鲨剂”，例如，规定同意兼并的在册股东人数需达到 2/3 以上，才允许进行兼并。企业也可将此比例提高到 80%，以增加收购难度。又如暂停董事的选举，这将增加立即选举产生新一届董事会的难度。“驱鲨剂”的形式多种多样，其中最主要的如交叉更换董事会成员、约束股东行为等。

还有一个阻止敌意收购的方法，称为“金色降落伞”，在这种方法下，若被收购公司发生了控制权转移，而且现任高管从其职位上被撤职，那么，收购方需要给被收购公司的高管们支付巨额的赔偿金。由此导致资产从目标公司转移到管理者手中，从而使目标公司减少了吸引力。

5. 举债收购

由被合并公司的管理层和第三方投资者通过大量举债的方式收购公司的控股权并因此将公司转为私人控制的公司。这种策略下发行的债券通常为高利息、高风险的“垃圾”债券。举债收购若主要是管理层以举债形式收购公司控制权的，则称为管理层收购（MBO）。

6. “帕克门”防御

上述措施均为防御性策略，有时，被收购方会采取积极的反攻策略，通常称之为“帕克门”防御。当被合并企业遭到恶意合并时，以攻为守，向合并方提出恶意合并。反收购实践表明，“帕克门”防御是一场非常残酷的收购战，它要求企业具有雄厚的实力和广泛的融资渠道。如果收购战的双方实力相当，“帕克门”防御的结果很可能是两败俱伤。

第三节 企业合并的历史演变及经验

企业合并是企业经济活动中令人瞩目的现象，国际上许多大型集团公司都是通过企业间的并购等手段逐步形成的。从 19 世纪末开始，西方社会出现一次又一次的并购浪潮，大多是在美国兴起进而席卷全球。这种合并浪潮对现代企业结构的形成、资源的优化配置都起到了重要的作用。考察和分析西方社会尤其是美国的企业合并浪潮及特点，对推动我国社会主义市场经济的发展具有一定的借鉴意义。

一、美国的五次合并浪潮

美国作为当今世界经济第一大国，企业合并如波涛汹涌，高潮迭起，层出不穷。迄今为止，已经历了五次合并浪潮。

（一）垄断时期

第一次合并浪潮发生于 19 世纪末 20 世纪初，资本主义由自由竞争阶段向垄断竞争阶段过渡。仅 1898—1902 年五年间，就有 2 653 家企业被合并（其中仅 1899 年一年就有 1 028 家），涉及资产 63 亿美元，100 家最大公司规模扩大 4 倍，并控制了全美 40%的工业资本。这次合并浪潮产生了一些后来对美国经济结构影响深远的垄断组织，如美国钢铁公司、美国石膏肥料公司、美国烟草公司、杜邦公司、国际收割机公司、美国橡胶公司等一批著名公司。这次合并浪潮的特点是：

(1) 横向合并是这个阶段的主要形式。美国南北战争后的半个世纪里，自由经济思想的盛行使竞争蔚然成风，尤其是同行业间的竞争更为激烈。因此，以减少这种竞争程度为目的的同行业合并（横向合并）成为此阶段的主要合并形式。

(2) 以追求垄断地位和规模经济为主要动机。大量的横向合并扩大了某些企业的规模及它们对产品与市场的有效控制，合并方既取得了规模经济效益，又获得了巨额垄断利润。

(3) 证券市场的兴旺为这次合并创造了有利条件。这个阶段的合并主要是证券化合并，而在此期间投资者对过度需求以及随之而来的疯狂投机浪潮，成为 1896 年后合并的推动力。

(4) 投资银行在这次合并浪潮中扮演了主要的角色。它们既为合并提供了资金，又充当了中介机构和顾问，这期间美国大约 25%的合并得到了银行特别是投资银行的帮助。

第一次合并浪潮的结果是形成了一批巨型企业，它们取得了垄断地位并实现了规模经济。在这次浪潮中诞生的大企业支撑起了美国的工业结构，对美国后来的经济发展起着举足轻重的作用。

(二) 寡头垄断时期

第二次合并浪潮发生在 20 世纪 20 年代两次世界大战间的经济稳定发展时期，即处在寡头垄断时期。自 1919 年至 1930 年期间，约有 12 000 家企业被合并，涉及公用事业、银行、制造业和采矿业以及食品工业、商业等。其中，26 个行业里的 1 591 家连锁店合并了 10 519 家零售业。这次合并浪潮不仅涉及的企业数量巨大，而且合并形式也开始多样化，其具体特点有：

(1) 横向合并不再是主流，纵向合并日益增多，合并浪潮对竞争的影响不像第一次那么明显。大量的纵向合并在一定程度上纠正了破坏性竞争的弊端，调整了生产与消费、供给与需求的关系。

(2) 合并形式的多样化。除了横向合并和纵向合并，还出现了产品扩展型合并（即把生产与现有产品不同但有关的产品企业联合起来）、市场扩展型合并（即把不同地区销售同一产品的企业联合起来）。当时，美国通用仪器公司把一批生产相关产品的企业联合起来，成为美国第一家最大的仪器联合企业，就是产品扩展型合并的一个例子。

(3) 工业资本与银行资本开始相互合并、渗透。如洛克菲勒公司控制了美国花旗银行，摩根银行创办了美国钢铁公司。产业资本与银行资本的互相融会，产生了一些金融寡头，其金融资本实力相当雄厚，在以后的美国经济中扮演了重要角色。

第二次合并浪潮加强了集中，加剧了市场竞争，也使合并的成功率大大提高，这次合并浪潮成为美国产业史上又一个里程碑。

（三）企业联合时期

第三次合并浪潮发生在20世纪50年代至60年代，于60年代后期形成高潮。在这次浪潮中，出现了不少巨型合并活动。1967—1969年间，涉及金额1 000万美元以上的合并活动仅占总合并案的3.3%，但涉及的总资产则占了42.6%。这次合并浪潮涉及范围之广、规模之大是空前的，其主要特点是：

(1) 被合并方不限于小企业。在工业企业中，1 280家拥有1 000万美元以上资本的企业在1948—1968年间因合并而消失。另外，合并方主要是一些大企业，200家最大的制造企业收购的资产占全部总资产的66%。

(2) 混合合并方式盛行。在这个时期，横向合并已经减少了，而混合合并成为主流，目的是谋求生产经营多样化。1926—1930年间，横向合并占67.6%，混合合并占27.6%。到60年代，这个比例倒过来了。1966—1968年间，横向合并只占7.7%，而混合合并则占81.6%，并且出现了许多大公司间的合并。需要指出的是，美国的反托拉斯法对横向合并限制比较严，对混合合并限制比较松，是促使当时美国企业的合并向混合合并发展的一个重要原因。

第三次合并浪潮的结果是改变了企业的组织结构。企业经营管理人员通过合并活动，扩大企业产品种类，寻求企业集团经营上的安全保障。

（四）企业重组时期

第四次合并浪潮发生在1975年至20世纪90年代初，特别是80年代进入高潮，仅1985年的合并中，就发生了3 000多起合并事件。涉及19亿美元以上的合并个案开始增多，1984年有18起，1985年有37起。这次浪潮有如下特点：

(1) 合并规模大大超过第三次浪潮。在1979年以前很少见到10亿美元以上的合并交易额。1975年合并总数为2 279起，金额不到120亿美元；可是到1984年，合并数为2 543起，金额1 220亿美元，可见，1975—1984年的十年间，尽管合并数目增加不多，但平均每笔合并交易额的增加超过10倍，从而使总的合并规模大大扩大了，如1985年通用电气公司以60多亿美元的代价合并了美国无线电公司。1988年发生合并的企业数量及其资产总值均创最高纪录，这一年发生的科尔·克拉维斯·罗贝茨公司与纳比斯科烟草公司之间的收购交易，金额达到251亿美元之巨。

(2) 相关产业的合并为主要形式。这次浪潮是以多样化战略为具体形式，但集中在与本行业有关的行业上，例如电子行业只合并与电子产品有关的行业，以便充分利用企业自己的技术和知识优势。混合合并的比例急剧下降。实际上，这次合并浪潮中，横向、纵向和混合多种合并形式并存，这种多样化的合并形式，有利于从总体上调整资产存量，优化资源配置，促进生产力的发展。

(3) “小鱼吃大鱼”。通常的合并总是“大鱼吃小鱼”，即较大的企业合并较小的企业。但这一常规在这次浪潮中被打破。如销售额仅为3亿美元的派利特雷·普兰德公司在1985年通过举债方式以17.6亿美元吞并了销售额为24亿美元的雷夫隆公司。

（五）企业战略性合并

第五次合并浪潮从20世纪90年代开始，目前仍处于这一浪潮之中。1994年1—9

月，美国企业合并总金额已达 2 200 亿美元。这次合并浪潮主要呈现如下特点：

(1) 规模极大。如迪士尼公司合并大都会/美国广播公司的总金额为 190 亿美元。

(2) 合并的支付手段不仅是现金，而且主要是采用股票的形式。1996 年将近 60%的公司合并是用股票来收购其他公司的，股票收购不仅可以避税，而且减轻了大规模现金收购压力。

(3) 增强企业整体盈利能力是合并的主要动机。合并活动不仅仅是为了规模的扩大，而且是把外部合并作为内部改组的契机和动力，从而促进企业结构的调整和变革，提高了竞争能力。

(4) 企业强强联盟为本次合并的主要形式。以往的合并是以一方战胜另一方为特征的，但最近的发展趋势是企业间的联盟，即双双并非以谁吃掉谁为目的，而是谋求相互合作，共同发展。

(5) 新兴行业的合并活跃。到 1999 年上半年，美国在电信、传媒、计算机网络、医疗保健等领域的合并活动开展得十分红火，创下了一轮高潮。

美国的五次合并浪潮，极大地促进了一批巨型、超巨型和跨国大公司的产生和发展，完成了资产重组的最优化，推动了技术发展，实现了规模经济效应。

二、中国的合并浪潮

在我国，由于长期受封建社会的影响，市场经济发展缓慢，直至明末清初，才出现较为活跃的工商企业，但自那时起至新中国成立前，由于政治动荡、战乱频繁，并未出现过大的合并浪潮，只是存在“特权合并”以及“畸形合并”，如民族资本企业之间的合并、官僚资本企业对民族资本企业的合并以及外国资本企业对民族资本企业的合并。直至新中国成立以后，才开始出现较大的合并浪潮，至今大体经历了三次浪潮。

（一）第一次浪潮

第一次浪潮产生于新中国成立后，是带有计划经济特点的企业合并。这一时期共经历了三个合并阶段：

(1) 1949—1956 年，这一时期的合并，主要是新中国成立初期带有社会主义改造性质的公有经济对私营工商企业的合并；

(2) 1961—1962 年，行政兼并；

(3) 1963—1965 年，政府试办托拉斯式的大企业。

（二）第二次浪潮

第二次浪潮产生于 20 世纪 80 年代初期，是以政府主导为主要特点的国企合并。1984 年初，为解决预算内企业大面积亏损的难题，保定市政府一改以往被动输血扭亏的思路，鼓励、支持优势企业合并亏损落后企业，促成 4 户亏损企业并入或卖给优势企业。随后各省市的合并活动日趋活跃。据统计，80 年代全国 25 个省、市、自治区和 13 个计划单列市累计共有 6 226 户企业合并 6 966 户企业，共转移存量 82.25 亿元，减少亏损企业 4 095 户，减少亏损金额 5.22 亿元。1989 年，全国先后有 12 个企业产权交易市场挂牌营业。此次浪潮的特点是政府按所在地区的特点分别采取不同的行政与市场结合的协调方式实现企业合并活动。尽管合并纯属政府行为，但它首次将合并的理念和范例注入了正处于初始阶段的国企改革，开阔了人们的视野。

（三）第三次浪潮

第三次浪潮产生于90年代初，企业合并不仅形式多样，而且规模空前。表现在：

（1）随着改革开放的进一步深化，现代企业制度的建立与创新，中国的企业与国际接轨的要求及呼声越来越高，跨国合并呼之欲出，势不可当。到1993年底，中国化工进出口总公司（简称“中化”）、中国国际信托投资公司（简称“中信”）和首都钢铁总公司（简称“首钢”）是三个国际经济界公认的跨国公司，它们主要通过合并形式实现其跨国经营。如1992年11月，首钢通过参与国际投标方式，以1.2亿美元收购了秘鲁铁矿公司，组建了首钢秘鲁铁矿有限公司，成为中国在海外投资规模最大的独资企业。

（2）随着中国证券市场的建立与发展，特别是上海、深圳两地证券交易所的设立，上市公司数量和交易量急剧增加，从而为一家公司通过购买一定份额的另一家上市公司股票而达到控股的目的提供了可能。1993年9月，深圳宝安集团通过上海证券交易所收购了延中公司16.8%的上市流通股票，从而控制了该公司，成为国内首起通过股票市场收购控股另一家上市公司的案例；之后，又发生过多次上市公司间的合并案例。此外，在合并支付方式上也不局限于采用现金支付方式。如1998年10月，清华同方吸收合并鲁颖电子是国内首起以股权交换方式完成的合并；2004年，上海市第一百货商店股份有限公司吸收合并上海华联商厦股份有限公司，被认为是一种“股权支付＋现金”的“百联模式”。

2010年，中国平安与深圳发展银行的合并是中国证券市场迄今为止最大的收购案。具体见本章引例。

2014年7月25日，宏源证券（000562.SZ）发布重组预案，申银万国拟以换股方式吸收合并宏源证券，合并完成后，申银万国作为存续公司承继及承接宏源证券的全部资产、负债、业务、资质、人员、合同及其他一切权利与义务，宏源证券终止上市并注销法人资格；申银万国的股票将在深圳证券交易所上市流通，这是中国证券业最大的并购案之一。根据方案，宏源证券的换股价格以定价基准日前20个交易日的A股股票交易均价，即8.3元/股为基础，并在此基础上给予20%的换股溢价率确定。因此，宏源证券此次换股价格为9.96元/股。而截至2013年年末，申银万国经评估的每股净资产为4.96元，扣除2013年度现金红利后，申银万国此次发行价格为4.86元/股。由此，此次换股吸收合并的换股比例为2.049（9.96/4.86）。2015年1月公司更名为申万宏源集团股份有限公司（000166.SZ）。

思考题

1. 企业合并的动因有哪些？
2. 企业合并是否就是企业的简单相加？如何理解企业合并中的控制？
3. 企业合并的必要条件是否为：参与合并的企业仅存续一家，其余均告解散？为什么？

4. 企业合并按照其法律形式可以分为几种？它们的区别如何？

5. 简述美国的五次合并浪潮，并指出各自的特征。

6. 我国的企业合并大致有几次浪潮？各次浪潮的特点是什么？

第二章

企业合并的会计方法

引例　中国建材联合重组

中国建材股份有限公司（简称“中国建材”，03323.HK）于 2005 年 3 月改制，2006 年 3 月在香港联交所上市，主营水泥、轻质建材、玻璃纤维及玻璃钢制品及工程服务业务。其母公司是中国建筑材料集团有限公司（简称“中建集团”），它于 1984 年经国务院批准设立，2003 年成为国务院国资委直接监督管理的中央企业，目前已成为中国最大的综合性建材产业集团。

2006 年以来，中国建材以旗下中联水泥、南方水泥、北方水泥为基础，通过大量联合重组，分区域完成淮海、东南、北方地区的战略布局，同时其他业务板块也进行联合重组或海外并购，使企业获得极大的发展。

在水泥业务方面，中国建材共重组 300 多家水泥企业。早期，通过资产划转接手了山东鲁南水泥、江苏巨龙水泥等，数量不多并且收购形式单一。2006 年 7 月，中国建材旗下的中联水泥以 9.61 亿元现金和为徐州海螺水泥（其前身为淮海水泥厂，2002 年在徐州市政府的安排下加入了海螺集团）的 2.3 亿元银行借款提供担保为对价，收购了徐州海螺水泥的全部股权。除了对外的收购兼并，中国建材还注重内部整合。2009 年 6 月，中国建材旗下南方水泥以 7.5 亿元，将中建集团旗下三狮集团所持的 10 家公司若干股权收入囊中。中国建材表示，此举有利于扩大南方水泥资产，从而进一步开发并拓展其在东南地区的水泥业务。

而在其他业务方面，中国建材也有不俗的表现。比如 2007 年 1 月，旗下的中国复合材料集团成功收购德国 NOI 公司 100%股权，建立海外叶片研发中心，交易完成后，中国复合材料集团也成为中国最大的大型风电叶片制造商。

由此我们发现，对中国建材来说，不管是联合重组，还是内部整合，交易对象多种多样。有属于不同集团的徐州海螺水泥、德国 NOI 公司，也有同属中建集团的三狮集团若干子公司，那么这种不同集团的企业合并和同一集团下的企业合并对合并会计方法的选择有什么影响？不同方法下的会计处理又是怎样的？

希望通过本章的学习，各位读者能找到答案。

学习目标

- 掌握企业合并的会计方法：同一控制下企业合并的会计方法、非同一控制下企业合并的会计方法
- 掌握企业合并会计方法的区别
- 了解初始法

目前，企业合并的会计方法主要有三种：购买法、权益结合法和初始法。三种会计处理方法各有特点。但在某一具体的企业合并业务中，理论上，三种方法的选取并非任意的，只能在满足各自前提假设的情况下，选择一种会计方法进行企业合并。

采用购买法时，企业合并被认为是合并方通过转让资产、承担负债或发行股票等方式获得被合并方净资产和经营活动控制权的一种行为，是一种购买行为，被合并方的净资产存在新的计价基础，所以，购买方的公司按公允价值记录所购买的资产以及承担的债务。

采用权益结合法时，企业合并被认为是一种所有者权益的结合，不存在任何一个参与合并的公司取得另一个参与合并的公司的净资产和经营活动控制权，而是参与合并各公司的股东联合起来控制合并后公司，不存在购买行为，不存在新的计价基础，所有参加合并公司的资产、负债均以账面价值记录列示。

初始法是购买法的一种延伸。在购买法中，购买方的资产、负债按账面价值计价，而所获得的被购买方的资产、负债按公允价值计价，购买方与被购买方的计价基础不一致，基于这点，产生了初始法。初始法要求购买方与被购买方的计价基础一致，均按公允价值计价，对各参与合并企业所有可辨认资产和负债进行重新计量，确认其公允价值。虽然从理论上讲，初始法优于购买法，但目前仍无任何一个国家采用。

2001 年，美国会计准则和国际会计准则相继取消了权益结合法，这样，除同一控制之外，所有的企业合并所采用的会计方法均为购买法，之后，将购买法修改完善，改称购并法（acquisition method）。在我国，同一控制下的企业合并方法类似于权益结合法，非同一控制下的企业合并方法类似于购并法。

第一节　同一控制下企业合并的会计方法

在我国，集团内部的企业合并采用同一控制下的企业合并方法，这种方法类似于权益结合法。

一、权益结合法的演变

权益结合法又称权益结合会计、权益联合会计和兼并会计。

权益结合法假设企业合并是参加合并的所有企业所有者权益的一种结合。在参与合并的各公司中，没有任何一家被认为被其他公司收购，不存在买卖关系和新的计价基础。因此，在权益结合法下，各个参与合并公司的资产及负债应以账面价值计入存续公司账簿中，合并过程中并不产生商誉，被合并公司的留存收益和当年的盈利全部并入存续公司。

权益结合法在美国最早始于 20 世纪 40 年代公用事业部门。由于公用事业部门允许获取一定程度的投资报酬，而该投资报酬是以该公司的资产为基础。因此公用事业部门都希望采用购买法进行企业合并，将资产以公允价值入账，这样可获得更高的利润。为了避免合并资产高估，美国政府曾于 1943 年强制规定，两公司于合并时，应以账面价值为计算基础。1950—1960 年期间，由于美国会计准则对企业合并采用方法规定不够详细，造成合并方法的混用，比如采用权益结合法时，以账面价值合并资产，同时又以高价将其卖出，从而产生立即盈利等。总的说来，权益结合法对合并方易产生积极影响，因此颇受实务界的青睐。美国会计原则委员会于 1970 年发布的《会计原则委员会意见书第 16 号》，规定了采用权益结合法处理企业合并的 12 个条件，只有在满足这 12 个条件时，才可采用权益结合法。但由于各方面的原因，如考虑到采用购买法和权益结合法提供的会计信息可比性差，美国财务会计准则委员会于 2001 年 6 月发布第 141 号公报废除权益结合法的使用。我国新发布的《企业会计准则第 20 号——企业合并》规定，同一控制下的企业合并的会计处理方法类似于权益结合法（账面价值法）。基于此，我们在本节中介绍权益结合法。

二、权益结合法下股东权益的合并

（一）权益结合法下，企业合并形式对合并后会计处理的影响

当企业合并符合权益结合法的适用条件时，则其有关的会计处理就应该采用权益结合法。但是，其会计处理还要受企业合并形式的影响。

（1）如果合并是新设合并或吸收合并，参加合并的企业最后只有一个企业主体，则只有这个存续的企业需要继续保持其会计记录。

（2）如果合并后是以母子公司的形式存续，则母子公司都应该保持会计记录，但为了反映合并主体的经营成果和财务状况还需编制合并财务报表。

本节假设企业合并为新设合并或吸收合并，母子公司控股合并形式的企业合并将在后面章节中介绍。

（二）权益结合法下，企业合并的会计处理

在权益结合法下，各参与合并的公司的资产、负债应按账面价值转列为合并后存续公司的资产、负债。

（1）资产、负债总额合并前后保持不变。

（2）存续公司的股本必等于其发行新股后流通在外股票的面值或设定价值。

（3）存续公司的留存收益通常等于合并各公司留存收益之和，但是当存续公司流通在外股票的面值与合并各公司的投入资本（股本和资本公积）之和不等时，将会调整留存收益。

1）当参加合并公司的投入资本（股本＋资本公积）超过存续公司的股本时，超过部分记入存续公司的资本公积，各合并公司的留存收益合计数为存续公司的留存收益。

2）当存续公司的股本超过参加合并各公司的投入资本时，超过部分作为合并后留存收益的减项，同时存续公司不再存在资本公积。

（三）举例

假定企业合并前，牡月公司和紫星公司股东权益账户余额如表 2—1 所示。

表 2—1 牡月公司和紫星公司股东权益 单位：元

	牡月公司	紫星公司	合计
股本（每股面值 1 元）	1 000 000	500 000	1 500 000
资本公积	100 000	300 000	400 000
投入资本合计	1 100 000	800 000	1900 000
盈余公积	250 000	150 000	400 000
未分配利润	250 000	150 000	400 000
留存收益合计	500 000	300 000	800 000
净资产总计	1 600 000	1 100 000	2 700 000

1. 吸收合并形式下的会计处理

（1）按被合并方的股本发行普通股。

假定牡月公司（存续公司）新发行面值为 1 元的普通股 500 000 股以吸收合并紫星公司。这时，牡月公司新发行普通股的股本为 500 000 元，等于被合并方紫星公司的股本 500 000 元。

表 2—1 中紫星公司的股本为 500 000 元，资本公积为 300 000 元，紫星公司投入资本合计为 800 000 元；留存收益为 300 000 元，其中，盈余公积为 150 000 元，未分配利润为 150 000 元。

合并时，两个公司投入资本合计为 1 900 000 元（牡月 1 100 000 元＋紫星 800 000 元），超过合并后牡月公司的股本 1 500 000 元（合并前股本 1 000 000 元＋新发行股本 500 000 元），差额为 400 000 元，应作为资本公积。合并后牡月公司的留存收益为合并前牡月、紫星两公司的留存收益之和。由此，合并后牡月公司的股本为 1 500 000 元，资本公积为 400 000 元，留存收益（盈余公积＋未分配利润）为 800 000 元，股东权益合计为 2 700 000 元。在权益结合法下，牡月公司按紫星公司的账面价值吸收合并紫星公司的分录为：

借：净资产	1 100 000	
贷：股本		500 000
资本公积		300 000
盈余公积		150 000
未分配利润		150 000

需要说明的是，上述分录中为简化举例而设置了“净资产”账户，净资产是指资产减负债后的余额。在会计实务中，应分别借记有关资产账户，贷记有关负债账户。

紫星公司结束旧账，记录其解散的分录为：

借：股本	500 000	
资本公积	300 000	
盈余公积	150 000	
未分配利润	150 000	
贷：净资产		1 100 000

（2）按被合并方的投入资本发行普通股。

假定牡月公司（存续公司）新发行 800 000 股面值为 1 元的普通股，换取紫星公司的全部净资产。这时，牡月公司新发行普通股的股本为 800 000 元，大于紫星公司的股本 500 000 元，等于被合并方紫星公司的投入资本 800 000 元，此时紫星公司账上已不再存在资本公积。

合并时，各参与合并公司投入资本合计为 1 900 000 元，大于合并后牡月公司的股本 1 800 000 元（合并前股本 1 000 000 元＋新发行股本 800 000 元），差额为 100 000 元，应记入资本公积，合并后牡月公司的留存收益为合并前牡月公司、紫星公司留存收益之和。合并后牡月公司的股本 1 800 000 元，资本公积 100 000 元，留存收益合计为 800 000 元，股东权益合计仍然为 2 700 000 元，保持不变。牡月公司记录其权益结合法下合并的会计分录为：

借：净资产	1 100 000	
贷：股本		800 000
盈余公积		150 000
未分配利润		150 000

（3）按大于被合并方投入资本发行普通股。

ⅰ．假定牡月公司（存续公司）新发行 1 000 000 股面值为 1 元的普通股，取得紫星公司的全部净资产，这时，牡月公司新发行普通股的股本为 1 000 000 元，大于被合并方紫星公司的投入资本 800 000 元，此时紫星公司账上已不再存在资本公积。

在这种情况下，合并后牡月公司的股本 2 000 000 元（合并前股本 1 000 000 元＋新发行股本 1 000 000 元），大于两个公司的投入资本合计 1 900 000 元，差额为 100 000 元（2 000 000－1 900 000），因此，合并后牡月公司不再存在资本公积，合并后资本公积应为 0，同时冲销紫星公司的留存收益 100 000 元（2 000 000－1 900 000）。在本例中，由于未分配利润没有限定用途，盈余公积有限定用途，这 100 000 元直接冲减留存收益中的未分配利润。合并后的牡月公司普通股本为 2 000 000 元，资本公积为 0，留存收益合计为 700 000 元，即两家公司留存收益之和 800 000 元减去冲销的紫星公司留存收益 100 000 元，股东权益合计仍为 2 700 000 元，保持不变。牡月公司账上记录这一合并业务的分录为：

借：净资产	1 100 000	
资本公积	100 000	
贷：股本		1 000 000
盈余公积		150 000
未分配利润（150 000－100 000）		50 000

ⅱ．假定牡月公司（存续公司）新发行 1 400 000 股面值为 1 元的普通股，取得紫星公司的全部净资产，这时，牡月公司新发行普通股的股本为 1 400 000 元，大于被合并方紫星公司的投入资本 800 000 元，此时紫星公司账上已不再存在资本公积。

在这种情况下，合并后牡月公司的股本为 2 400 000 元（合并前股本 1 000 000 元＋新发行股本 1 400 000 元），大于两个公司的投入资本合计 1 900 000 元，差额为 500 000 元（2 400 000－1 900 000），此时，牡月公司不再存在资本公积，差额 500 000 元首先冲销紫星公司的留存收益 300 000 元，然后剩余部分冲销牡月公司的留存收益 200 000

元。合并后牡月公司的股本为 2 400 000 元，资本公积为 0，留存收益为 300 000 元，股东权益合计仍为 2 700 000 元，保持不变。牡月公司账上记录这一合并业务的分录为：

借：净资产	1 100 000	
资本公积	100 000	
未分配利润	200 000	
贷：股本		1 400 000

2. 新设合并形式下的会计处理

假定牡月公司与紫星公司以新设合并的形式进行企业合并，合并后，两家公司均告解散，新成立一家牡紫公司，以接收解散的两家公司，假定合并符合权益结合法的适用条件，采用权益结合法进行会计处理。

（1）按参加合并的公司的股本发行新的股本。

假设新成立的牡紫公司发行 1 500 000 股面值为 1 元的普通股票，其中 1 000 000 股换取牡月公司的净资产，500 000 股换取紫星公司的净资产，这时新设的牡紫公司的会计分录为：

借：净资产	2 700 000	
贷：股本		1 500 000
资本公积		400 000
盈余公积		400 000
未分配利润		400 000

（2）按小于合并投入资本发行股本。

假设新成立的牡紫公司发行 1 800 000 股面值为 1 元的普通股票，其中 1 100 000 股换取牡月公司的普通股票，700 000 股换取紫星公司的普通股票，这种情况下，牡紫公司的股东权益与吸收合并形式下第二种情况中的牡月公司相同。牡紫公司记录合并业务的分录为：

借：净资产	2 700 000	
贷：股本		1 800 000
资本公积		100 000
盈余公积		400 000
未分配利润		400 000

（3）按大于合并投入资本发行股本。

ⅰ. 假设新成立的牡紫公司发行 2 000 000 股面值为 1 元的普通股票，其中 1 200 000 股换取牡月公司的普通股票，800 000 股换取紫星公司的普通股票，在这种情况下，牡紫公司的股东权益与吸收合并形式下第三种情况ⅰ中的牡月公司相同。牡紫公司记录合并业务的分录为：

借：净资产	2 700 000	
贷：股本		2 000 000
盈余公积		400 000
未分配利润		300 000

ⅱ. 假设新成立的牡紫公司发行 2 400 000 股面值为 1 元的普通股票，其中 1 600 000 股

换取牡月公司的普通股票，800 000 股换取紫星公司的普通股票，在这种情况下，牡紫公司的股东权益与吸收合并形式下第三种情况 ⅱ 中的牡月公司相同。牡紫公司记录合并业务的分录为：

借：净资产　　2 700 000
　贷：股本　　2 400 000
　　盈余公积　　300 000

兹将上述企业合并六种情况下的净资产数额、股东权益的结构和总额列表汇总如表 2—2 所示。

表 2—2　　各种合并情形下股东权益的比较　　单位：元

	吸收合并（牡月公司）			
	情况一	情况二	情况三 ⅰ	情况三 ⅱ
净资产	2 700 000	2 700 000	2 700 000	2 700 000
股本	1 500 000	1800 000	2 000 000	2 400 000
资本公积	400 000	100 000		
盈余公积	400 000	400 000	400 000	250 000
未分配利润	400 000	400 000	300 000	50 000
股东权益	2 700 000	2 700 000	2 700 000	2 700 000
	新设合并（牡紫公司）			
	情况一	情况二	情况三 ⅰ	情况三 ⅱ
净资产	2 700 000	2 700 000	2 700 000	2 700 000
股本	1 500 000	1800 000	2 000 000	2 400 000
资本公积	400 000	100 000		
盈余公积	400 000	400 000	400 000	250 000
未分配利润	400 000	400 000	300 000	50 000
股东权益	2 700 000	2 700 000	2 700 000	2 700 000

三、权益结合法下库存股的处理

（一）会计的处理要视该股票是否为存续公司持有而定

企业合并前，合并企业之间有可能相互持有一定股份。在这种情况下，会计处理要视该股票是否为存续公司持有而定。

（1）如果被合并方在合并前持有存续公司的普通股股票，则合并后，归存续公司所有，并应作为合并后主体的库存股处理。

（2）如果存续公司合并前持有被合并方的股票，在合并过程中应作为注销的股票处理。

（二）举例

假设在吸收合并之前，牡源公司已持有紫跃公司普通股 400 股，面值 1 元，牡源公司以成本 600 元记录其对紫跃公司的投资，牡源公司与紫跃公司的有关数据如表 2—3

所示。

表 2—3　**牡源公司、紫跃公司会计数据**　单位：元

	牡源公司	紫跃公司
长期股权投资——紫跃公司	600	
其他资产	29 400	25 000
合计	30 000	25 000
股本（每股面值 1 元）	20 000	20 000
资本公积	5 000	2 000
盈余公积	3 000	2 000
未分配利润	2 000	1 000
合计	30 000	25 000

1. 牡源公司吸收合并紫跃公司

牡源公司发行 19 600 股面值为 1 元的普通股，吸收合并紫跃公司。换股比例为 1∶1。则牡源公司采用权益结合法记录这一合并业务的分录为：

借：净资产　25 000
　贷：股本　19 600
　　资本公积（2 000－(600－400)）　1 800
　　盈余公积　2 000
　　未分配利润　1 000
　　长期股权投资——紫跃公司　600

在此处，牡源公司为合并后存续公司，牡源公司合并前持有的紫跃公司普通股 400 股，在合并过程中应作为注销的股票处理。

2. 紫跃公司吸收合并牡源公司

紫跃公司发行 20 000 股每股面值为 1 元的普通股吸收合并牡源公司。交换比例为 1∶1，则紫跃公司账上记录这一合并业务的会计分录为：

借：净资产　29 400
　库存股　600
　贷：股本　20 000
　　资本公积　5 000
　　盈余公积　3 000
　　未分配利润　2 000

紫跃公司为合并后存续公司时，牡源公司合并前持有的紫跃公司普通股 400 股，合并后归存续公司所有，并作为库存股处理。

四、权益结合法下经营成果合并的处理

（一）各参与合并的企业该会计年度所有的经营成果全部并入存续公司

当企业合并采用权益结合法进行处理时，各参与合并的企业该会计年度所发生的收入、费用不分合并前合并后全部计入存续公司。也就是说，把企业合并视作年初就发生。因此，无论企业合并发生在期初、期中还是期末，合并后的公司的经营成果都

是相同的。

（二）举例

假设牡康公司和紫红公司于20×1年7月1日进行合并，采用权益结合法进行会计处理，这两家公司20×1年6月30日的试算表余额如表2—4所示。

表2—4　　牡康公司、紫红公司试算表　　单位：元

	牡康公司	紫红公司
资产	3 000 000	1 160 000
费用	600 000	240 000
借方合计	3 600 000	1 400 000
股本（每股面值1元）	2 000 000	800 000
盈余公积	600 000	150 000
未分配利润	200 000	50 000
营业收入	800 000	400 000
贷方合计	3 600 000	1 400 000

1. 在吸收合并情形下

假设牡康公司为存续公司，在20×1年7月1日，发行每股面值为1元的普通股820 000股，换取紫红公司全部普通股，在牡康公司账上记录这一合并业务的分录为：

借：资产　　1 160 000
　　费用　　240 000
　　贷：股本　　820 000
　　　　盈余公积　　150 000
　　　　未分配利润　　30 000
　　　　营业收入　　400 000

牡康公司在上述分录后，试算表余额如表2—5所示。

表2—5　　牧康公司合并后试算表　　单位：元

	借方	贷方
资产	4 160 000	
费用	840 000	
股本		2 820 000
盈余公积		750 000
未分配利润		230 000
营业收入		1 200 000
合计	5 000 000	5 000 000

注意，合并留存收益最大金额为1 000 000元，即牡康公司的留存收益800 000元与紫红公司的留存收益200 000元之和。但是实际合并留存收益为980 000元，这20 000元差额是由合并后公司2 820 000元股本超过参与合并的两公司2 800 000元投入资本总额所产生的。

2. 在新设合并情形下

假设牡康公司与紫红公司合并后均被解散，而新设立一家牡悦公司，20×1年7月

1日，牡悦公司发行2 820 000股面值为1元的普通股票，其中2 000 000股换取牡康公司的普通股票，820 000股换取紫红公司的普通股票，则在牡悦公司账上记录这一合并业务的分录为：

借：资产	4 160 000	
费用	840 000	
贷：股本		2 820 000
盈余公积		750 000
未分配利润		230 000
营业收入		1 200 000

由于新设合并形式下，企业合并后流通在外的股本金额与吸收合并形式下相同，因此新设合并下牡悦公司试算表余额与吸收合并下牡康公司相同。

五、合并相关费用的会计处理

在权益结合法下，企业合并相关费用一般作为合并后存续公司的费用处理。如支付注册会计师、律师和咨询人员的费用，支付发起人报酬等促成企业合并的相关费用，在发生当期作为存续公司的期间费用（如管理费用）处理。

在权益结合法下，合并后存续公司在合并年度的财务报表视同该年年初即已发生合并来编制，如果需要编制比较财务报表，则应以合并的基础重编各合并公司以前年度的财务报表。

第二节　非同一控制下企业合并的会计方法

在我国，非同一控制下企业合并的会计方法类似于购并法。

购并法源于购买法，购买法也称购买会计、收购会计。在我国，非同一控制下的企业合并方法类似于购并法。购并法把企业合并看做购买方购入被购买方净资产的一项交易，按公允价值记录并入的资产和负债，同时把合并成本超过可辨认净资产公允价值的部分确认为商誉。在购并法下，被合并方的留存收益不能全部并入，只有合并后的留存收益才能并入合并方的财务报表。

购并法主要包括：(1) 确定购并方；(2) 确定购并日；(3) 确定企业合并成本；(4) 评估所获净资产的公允价值，分配企业合并成本；(5) 计算商誉或负商誉（廉价购买利得）；(6) 或有对价的处理。以下将详细讲述。

一、确定购并方

企业合并采用购并法的首要前提是确定购并方。购并方是指在企业合并中取得对另一方或多方控制权的一方。

在企业合并交易中，购并法是从购并方的角度出发，购并方取得了被购并方的净资产或是对净资产的控制权，应确认所取得的资产和应承担的债务，包括被购并方原来未确认的资产和负债。就购并方自身而言，其原有的资产及负债的计量不受该交易事项的影响。非同一控制下的企业合并中，一般应考虑企业合并的合同、协议以及其他相关因素来确定购并方。在判断企业合并中的购并方时，应考虑所有相关的事实和情况，特别是企业合并后参与合并各方的相对投票权、合并后主体的管理机构及高层管理人员的构成、权益互换的条款等。

（1）合并中一方取得了另一方半数以上有表决权股份的，除非有明确的证据表明不能形成控制，一般认为取得另一方半数以上表决权股份的一方为购并方。

（2）某些情况下，即使一方没有取得另一方半数以上有表决权股份，但存在以下情况时，一般也可认为其获得了对另一方的控制权，如：

1）通过与其他投资方签订协议，实质上拥有被购买企业半数以上表决权。例如，牡丹公司拥有紫薇公司35%的表决权资本，丹兰公司拥有紫薇公司35%的表决权资本，丹红公司拥有紫薇公司30%的表决权资本。牡丹公司与丹兰公司达成协议，丹兰公司在紫薇公司的权益由牡丹公司代表。在这种情况下，牡丹公司实质上拥有紫薇公司70%表决权资本的控制权，在紫薇公司的章程等没有特别规定的情况下，表明牡丹公司实质上控制紫薇公司。

2）按照章程或协议等的规定，具有主导被购买企业财务和经营决策的权力。例如，牡丹公司拥有紫薇公司48%的表决权资本，同时，根据法律或协议规定，牡丹公司可以决定紫薇公司的生产经营等政策，达到对紫薇公司的财务和经营政策实施控制。

3）有权任免被购买企业董事会或类似权力机构多数成员。这种情况是指，虽然投资企业拥有被投资单位50%或以下表决权资本，但根据章程、协议等有权任免被投资单位董事会或类似机构的绝大多数成员，以达到实质上控制的目的。

4）在被购买企业的董事会或类似权力机构中具有多数投票权。这种情况是指，虽然投资企业拥有被投资单位50%或以下表决权资本，但能够控制被投资单位董事会等类似权力机构的会议，从而能够控制其财务和经营政策，达到对被投资单位的控制。

（3）某些情况下可能难以确定企业合并中的购并方，如参与合并的两家或多家企业规模相当，这种情况下，往往可以结合一些迹象表明购并方的存在。在具体判断时，可以考虑下列相关因素：

1）以支付现金、转让非现金资产或承担负债的方式进行的企业合并，支付现金、转让非现金资产或是承担负债的一方一般为购并方。

2）考虑参与合并各方的股东在合并后主体的相对投票权，其中股东在合并后主体具有相对较高投票比例的一方一般为购并方。

3）参与合并各方的管理层对合并后主体生产经营决策的主导能力，如果合并导致参与合并一方的管理层能够主导合并后主体生产经营政策的制定，其管理层能够实施主导作用的一方一般为购并方。

4）参与合并一方的公允价值远远大于另一方的，公允价值较大的一方很可能为购并方。

5）企业合并是通过以有表决权的股份换取另一方的现金及其他资产的，则付出现金或其他资产的一方很可能为购并方。

6）通过权益互换实现的企业合并，发行权益性证券的一方通常为购并方。但如果有证据表明发行权益性证券的一方，其生产经营决策在合并后被参与合并的另一方控制，则其应为被购并方，参与合并的另一方为购并方。该类合并通常称为反向收购。反向收购中，购并方的会计处理参见相关部分内容。

二、确定购并日

购并日是购并方获得对被购并方控制权的日期，即企业合并交易进行过程中，发生控制权转移的日期。

根据企业合并方式的不同，在控股合并的情况下，购并方应在购并日确认因企业合并形成的对被购并方的长期股权投资，在吸收合并的情况下，购并方应在购并日确认合并中取得的被购并方各项可辨认资产和负债等。

确定购并日的基本原则是控制权转移的时点。企业在实务操作中，应当结合合并合同或协议的约定及其他有关的影响因素，按照实质重于形式的原则进行判断。同时满足了以下条件时，一般可认为实现了控制权的转移，形成购并日。有关的条件包括：

（1）企业合并合同或协议已获股东大会等内部权力机构通过。企业合并一般涉及的交易规模较大，无论是合并当期还是合并以后期间，均会对企业的生产经营产生重大影响，在能够对企业合并进行确认、形成实质性的交易前，该交易或事项应经过企业的内部权力机构批准，如对于股份有限公司，其内部权力机构一般指股东大会。

（2）按照规定，合并事项需要经过国家有关主管部门审批的，已获得相关部门的批准。按照国家有关规定，企业购并需要经过国家有关部门批准的，取得相关批准文件是对企业合并交易或事项进行会计处理的前提之一。

（3）参与合并各方已办理了必要的财产权交接手续。作为购并方，其通过企业合并无论是取得对被购并方的股权还是取得被购并方的全部净资产，能够形成与取得股权或净资产相关的风险和报酬的转移，一般需办理相关的财产权交接手续，从而从法律上保障有关风险和报酬的转移。

（4）购并方已支付了购买价款的大部分（一般应超过50%），并且有能力、有计划支付剩余款项。购并方要取得与被购并方净资产相关的风险和报酬，其前提是必须支付一定的对价，一般在形成购并日之前，购并方应当已经支付了购买价款的大部分，并且从其目前财务状况判断，有能力支付剩余款项。

（5）购并方实际上已经控制了被购并方的财务和经营政策，享有相应的收益并承担相应的风险。

企业合并涉及一次以上交易的，例如通过分阶段取得股份最终实现合并，企业应于每一交易日确认对被投资企业的各单项投资。交易日是指合并方或购并方在自身的账簿和报表中确认对被投资单位投资的日期。分步实现的企业合并中，购并日是指按照有关标准判断购并方最终取得对被购买企业控制权的日期。

例如，牡丹公司于20×1年11月15日取得紫薇公司35%的股权（假定能够对被投资单位施加重大影响），在与取得股权相关的风险和报酬发生转移的情况下，牡丹公司应确认对紫薇公司的长期股权投资。在已经拥有紫薇公司35%股权的基础上，牡丹公司又于20×2年12月15日取得紫薇公司25%的股权，在其持股比例达到60%的情况下，假定于当日开始能够对紫薇公司实施控制，则20×2年12月15日为第二次购买股权的交易日，同时因在当日能够对紫薇公司实施控制，形成企业合并的购并日。

三、确定企业合并成本

企业合并所涉及的项目主要包括转让的对价、或有对价、合并相关的费用。

在购并法下，企业合并的会计处理，首先是确定企业合并成本，企业合并成本包括转让的对价和金额确定的或有对价。这里需要注意的是，购并法下与合并有关的费用并不计入合并成本。

（一）转让的对价

转让的对价是指合并方支付给被合并方的对价，简称支付的对价，又称为买价。这一金额主要包括：购并方为进行企业合并支付的现金或非现金资产、发行或承担的债务、发行的权益性证券等在购并日的公允价值。控股合并发生的金额记入“长期股权投资”科目。

（二）或有对价

有时，购并法下，合并方需视未来可能发生的事项或交易向被合并方的原股东支付额外的款项。此或有支付款项即为或有对价。或有对价的相关处理见本节后面的部分。

（三）合并相关的费用

与合并有关的费用主要包括直接费用、间接费用以及与发行公司债券和权益证券有关的登记和发行成本等。

1. 直接费用

直接费用是指因企业合并而必须对外部发生的额外费用。例如注册会计师、律师、咨询顾问的费用和发起人的报酬等。这部分费用应计入期间费用。

2. 间接费用

间接费用主要是指合并方公司内部因合并而发生的费用。这一部分费用虽然也是因合并而产生，但并不需另外支付，所以常作为期间费用处理。如管理人员的工资、折旧、租金等。

3. 证券登记和发行成本

证券登记和发行成本是指企业为并购而发行股票或债券而发生的登记和发行成本等。此部分费用的会计处理应作为证券公允价值的减项，通常直接减少资本公积或是计入所发行债券的初始确认金额，不计入合并成本。

（四）举例

假设牡毅公司于20×1年7月1日为取得紫佑公司净资产发行了1 000 000股每股面值为1元、每股市价为5元的普通股。此外，牡毅公司还发生了下列与合并有关的费用：支付给证监会的登记费15 000元，股票的印刷和发行成本25 000元以及支付给律师、注册会计师的费用80 000元。牡毅公司采用购并法进行会计处理，其会计分录如下：

（1）发行普通股时。

借：长期股权投资——紫佑公司	5 000 000	
贷：股本（1 000 000×1）		1 000 000
资本公积		4 000 000

（2）记录合并费用。

借：管理费用	80 000	

资本公积 40 000
贷：银行存款 120 000

本例中 40 000 元（15 000＋25 000）的证券登记和发行成本作为股票公允价值的减少，冲减资本公积，80 000 元的促成企业合并的直接费用作为取得紫佑公司的期间费用。这样，牡毅公司取得紫佑公司的总成本为 5 000 000 元，这一金额反映在“长期股权投资”账户中。如果牡毅公司和紫佑公司作为母子公司继续经营，牡毅公司则不能将反映在“长期股权投资”账户中的合并成本转出，而必须一直保留在牡毅公司的账上，直到在编制合并报表过程中才将该账户余额转由可辨认的净资产及商誉承担。

如果紫佑公司在合并后即宣告解散，则合并成本应从“长期股权投资”账户中转出，按公允价值分配给从紫佑公司并入的净资产，并在牡毅公司账上予以记录，其中合并成本超过公允价值的差额记为商誉。这一分配过程通过类似如下的会计分录完成：

借：应收账款 ×××
存货 ×××
固定资产 ×××
商誉 ×××
…… ×××
贷：应付票据 ×××
应付账款 ×××
…… ×××
长期股权投资——紫佑公司 5 000 000

由于母子公司营运的会计处理比较复杂，本章仅限于吸收合并的有关处理，后面的章节再涉及母子公司营运及合并报表的编制。

四、合并成本的分配

合并方为合并所支付的合并成本，首先应记入“长期股权投资”账户。合并成本确定后，就应对其进行分配。合并成本的分配主要是指将合并成本按各项可辨认资产、负债在购并日的公允价值计列。

公允价值，是指市场参与者在计量日发生的有序交易中，出售一项资产所能收到或者转移一项负债所需支付的价格，即脱手价格。

根据《企业会计准则第 39 号——公允价值计量》，企业以公允价值计量相关资产或负债，应当考虑该资产或负债的特征。相关资产或负债的特征，是指市场参与者在计量日对该资产或负债进行定价时考虑的特征，包括资产状况及所在位置、对资产出售或者使用的限制等。

企业以公允价值计量相关资产或负债，应使用在当前情况下适用并且有足够可利用数据和其他信息支持的估值技术。企业使用估值技术的目的是，估计市场参与者在计量日当前市场情况下的有序交易中出售资产或者转移负债的价格。

估值技术通常包括：(1) 市场法；(2) 收益法；(3) 成本法。企业应根据实际情况从市场法、收益法和成本法中选择一种或多种估值技术，用于估计相关资产或负债的公允价值。相关资产或负债存在活跃市场公开报价的，企业应优先使用该报价确定其公允价值。

（1）市场法。市场法是利用相同或类似的资产、负债或资产和负债组合的价格以及其他相关市场交易信息进行估值的技术。

（2）收益法。收益法是企业将未来金额转换成单一现值的估值技术。企业使用收益法时，应当反映市场参与者在计量日对未来现金流量或者收入费用等金额的预期。企业使用的收益法包括现金流量折现法、多期超额收益折现法、期权定价模型等估值方法。

（3）成本法。成本法是反映当前要求重置相关资产服务能力所需金额的估值技术，通常是指现行重置成本法。在成本法下，企业应根据折旧贬值情况，对市场参与者获得或构建具有相同服务能力的替代资产的成本进行调整。折旧贬值包括实体性损耗、功能性贬值以及经济性贬值。企业主要使用现行重置成本法估计与其他资产或其他资产和负债一起使用的有形资产的公允价值。

企业在估值技术的应用中，应当优先使用相关可观察输入值，只有在相关可观察输入值无法取得或取得不切实可行的情况下，才可以使用不可观察输入值。

输入值，是指市场参与者在给相关资产或负债定价时所使用的假设，包括：（1）可观察输入值；（2）不可观察输入值。

可观察输入值，是指能够从市场数据中取得的输入值。该输入值反映了市场参与者在对相关资产或负债定价时所使用的假设。

不可观察输入值，是指不能从市场数据中取得的输入值。该输入值应当根据可获得的市场参与者在对相关资产或负债定价时所使用假设的最佳信息确定。包括有关风险的假设，如特定估值技术的固有风险和估值技术输入值的固有风险等。

企业应当将公允价值计量所使用的输入值划分为三个层次，并按照以下顺序使用：（1）第一层次输入值；（2）第二层次输入值；（3）第三层次输入值。

（1）第一层次输入值。第一层次输入值是在计量日能够取得的相同资产或负债在活跃市场上未经调整的报价。活跃市场，是指相关资产或负债的交易量和交易频率足以持续提供定价信息的市场。

（2）第二层次输入值。第二层次输入值是除第一层次输入值外相关资产或负债直接或间接可观察的输入值。输入值包括：1）活跃市场中类似资产或负债的报价；2）非活跃市场中相同或类似资产或负债的报价；3）除报价以外的其他可观察输入值，包括在正常报价间隔期间可观察的利率和收益率曲线、隐含波动率和信用利差等；4）市场验证的输入值等。市场验证的输入值，是指通过相关性分析或其他手段获得的主要来源于可观察市场数据或者经过可观察市场数据验证的输入值。

（3）第三层次输入值。第三层次输入值是相关资产或负债的不可观察输入值。

公允价值计量结果所属的层次，由对公允价值计量整体而言具有重要意义的输入值所属的最低层次决定。企业应当在考虑相关资产或负债特征的基础上判断所使用的输入值是否重要。公允价值计量结果所属的层次，取决于估值技术的输入值，而不是估值技术本身。

公允价值具体的确认可以参考其特征，按下列方法确认：

（1）有价证券——按现行市价确定。

（2）非有价证券——应根据同类企业类似证券的市盈率、股利率及其预期增长率等因素估计确定。

（3）产成品和商品——按其售价减去处置费用和合理利润后的余额确定。

（4）在产品——按产成品的售价减去至完工时尚需发生的成本、处置费用和合理利润后的余额确定。

（5）原材料——按现行重置成本计价。

（6）应收账款——按现时利率折算的现值减坏账准备确定。

（7）固定资产——如供使用，按类似生产能力固定资产现行重置成本计价，暂时使用的固定资产按具有类似生产能力的固定资产的现行重置成本与可变现净值二者孰低确定；如供出售，按可变现净值计价。

（8）可辨认无形资产——按评估价值计价。

（9）其他资产（土地、自然资源和不能上市的有价证券）——按评估价值计价。

（10）负债——按其将来应付的数额以当时实际利率贴现的现值计价。

（11）或有事项或约定义务，应加以充分的估计，并按预计支付的数额以当时的实际利率贴现的现值计价。

所有可辨认的资产和负债，无论其是否记在被合并方账上，都必须确定其公允价值，并按其公允价值分配合并成本。

五、商誉或负商誉

（一）商誉的确认

为了便于理解，我们将合并成本与所获得被合并方净资产账面价值的差额称为购买价差，购买价差由两部分组成：资产评估增值和商誉。评估增值是所获得被合并方可辨认净资产的公允价值超过其账面价值的差额。商誉是合并成本超过所获得被合并方可辨认净资产的公允价值的差额。若合并成本小于所获可辨认净资产的公允价值，即形成负商誉，这种负商誉在国际会计准则中称为廉价购买利得，计入当期损益，在我国计入营业外收入。相互之间关系如图2—1所示。

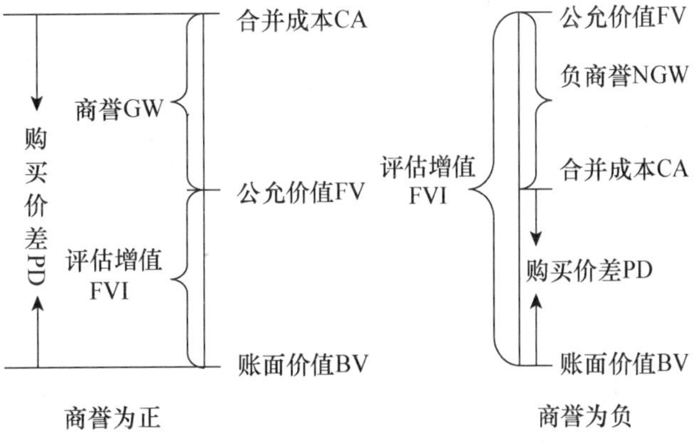

BV即账面价值，Book Value的简称。FV即公允价值，Fair Value的简称。FVI即评估增值，Fair Value Increments的简称。GW即商誉，Goodwill的简称。NGW即负商誉，Negative Goodwill的简称。PD即购买价差，Purchase Differential的简称。合并成本即CA，Cost of an Acquisition的简称。

图2—1　商誉的确认

商誉等于合并方支付的合并成本与所获得的被合并方净资产的公允价值的差额。即

$$GW=CA-FV$$

评估增值等于合并方获得的被合并方可辨认净资产的公允价值与其账面价值的差额。即

FVI＝FV－BV

购买价差＝合并成本－账面价值

＝合并成本－账面价值－公允价值＋公允价值

＝(合并成本－公允价值)＋(公允价值－账面价值)

＝商誉＋评估增值

即　PD＝GW＋FVI

这种商誉的计算方法称为部分商誉法，即只计算了购买方（母公司）的商誉，又称为控制性权益的商誉。另一种商誉计算方法称为全部商誉法，即计算被合并企业整体的商誉。我国现行会计准则采用部分商誉法，而国际财务报告准则采用全部商誉法。为了说明两种方法的区别，举例如下：

例 2—1

2011 年 12 月 31 日，牡丹公司以每股 5 元的价格购买紫兰公司 80 万股股票，合计支付现金 400 万元。紫兰公司股本每股面值 1 元，流通在外的股票 100 万股。当日，紫兰公司净资产经评估的公允价值为 300 万元。即牡丹公司购入紫兰公司 80％的股权，非控制性权益股东（我国称为少数股东）持有 20％股权。购并日之前一天非控制性权益股东持有的股票每股市价为 4 元。要求计算商誉。

（1）部分商誉法。

在部分商誉法下，计算的商誉只是购并方的商誉，即控制性权益的商誉。

在此方法下，非控制性权益（我国称为少数股东权益）按子公司可辨认净资产的公允价值比例计算，即 300×20％等于 60 万元，非控制性权益（即少数股东权益）按 60 万元列报。商誉计算如下（单位：万元）：

转让的对价（80％部分）	400
＋非控制性权益（300×20％）	60
企业整体价值合计	460
－子公司净资产的公允价值	300
商誉	160

此时，非控制性权益（即少数股东权益）的商誉为 0，其计算如下（单位：万元）：

非控制性权益（公允价值比例）（300×20％）	60
非控制性权益（净资产比例）（300×20％）	60
非控制性权益的商誉	0

此例中，控制性权益的商誉为 160 万元，这是购买方部分的商誉，这一商誉也可计算如下（单位：万元）：

转让的对价（80％部分）（合并成本）	400
－所获子公司净资产的公允价值（300×80％）	240
商誉	160

在我国现行实务中，商誉的计算采用这种计算方法。为了与目前中国的企业会计准则一致，本书之后章节计算商誉时均采用部分商誉法。

（2）全部商誉法。

在全部商誉法下，非控制性权益（即少数股东权益）按交易的公允价值计算，即100×20%×4 等于 80 万元。在活跃市场中，非控制性权益股东持有的股票的交易市价为每股 4 元。这时，非控制性权益应该按照交易的公允价值 80 万元列报。商誉计算如下（单位：万元）：

转让的对价（80%部分）	400
＋非控制性权益（100×20%×4）	80
企业整体价值合计	480
－子公司净资产的公允价值	300
全部商誉	180

其中，非控制性权益的商誉计算如下（单位：万元）：

非控制性权益（公允价值）（100×20%×4）	80
非控制性权益（净资产比例）（300×20%）	60
非控制性权益的商誉	20

整个企业的全部商誉为 180 万元（160＋20），其中控制性权益的商誉为 160 万元，非控制性权益的商誉为 20 万元。此例中，归属于控制性权益的商誉与归属于非控制性权益的商誉不是等比例的，其原因在于，母公司的股东愿意支付更高的价格取得控制权，母公司股东支付的每股价格为 5 元，而每股市价为 4 元，每股溢价 1 元，为取得控制的这一溢价反映了母子公司之间的协同效应。

如果归属于控制性权益的商誉与归属于非控制性权益的商誉这两者是等比例的，则整个企业的全部商誉为 160/80%＝200 万元，那么，归属于非控制性权益的商誉为200－160＝40 万元。

在实务中，当控股股东所购买的股票比例很高时，如 90%，而非控制性权益股东持有的股票比例很小，如 10%，且没有公开活跃交易的公允价值，这时控制性权益与非控制性权益的计价一致，每股均为 5 元，则企业整体价值合计 400/80%等于 500 万元。商誉计算如下（单位：万元）：

企业整体价值合计（400/80%）	500
－子公司净资产的公允价值	300
全部商誉	200

其中，80%部分：200×80%＝160(万元)

　　　20%部分：200×20%＝40(万元)

（二）商誉的会计处理

商誉是一种不可辨认的无形资产，不能独立于企业存在，也不能单独出售。在会计上，对于合并中出现的商誉，主要有三种处理方法：分期摊销、立即冲销和永久保留。

1. 分期摊销

把商誉看作一项资产，在商誉预计的使用年限内分期摊销。持有这种观点的理由是，合并方为了取得以后若干年度的超额利润，发生了超额代价，这一超额代价表明了商誉的存在。虽然在形态上商誉不同于其他资产，但在本质上并无区别，由此，商誉应同其他资产一样在使用期限内分期摊销。

2. 立即冲销

把商誉在合并时直接减少所有者权益而注销。这一观点的理由是，商誉具有无形和不确定性，合并时，合并成本超过被合并公司净资产的部分不能肯定一定是由商誉造成的。况且商誉为企业所不可控制的，合并后是否还能继续存在，也不能保证，所以出于谨慎性原则考虑，应该在合并时将其立即冲销。

3. 永久保留

把商誉作为一项资产，永久挂账而不予摊销。理由是，商誉是和企业不能分离的，企业永久存在，商誉就应永久存在，再加上商誉是在企业日常经营中所形成的，这些日常经营所产生的费用已于发生当期计入了损益，如果再摊销商誉，就会重复计入费用。

目前，美国会计准则、国际会计准则以及我国企业会计准则对商誉均采用减值测试不予摊销的会计处理方法，有关商誉减值测试的内容，本节后面将详细讲解。

（三）负商誉的会计处理

合并成本小于所获得被合并方净资产公允价值的差额，即为负商誉。负商誉这一术语本身是不够严谨的，因为商誉是一项无形资产，表明一个企业拥有超额获利能力。因此，一个企业要么有商誉，要么没有商誉，不可能有负商誉。尽管如此，这一术语由于能直观地表明企业合并中可辨认净资产的公允价值超过了合并成本这一现象，仍广泛地被会计人员采用。对于负商誉，不是简单地记入“负商誉”账户，也不存在“负商誉”账户。在国际会计准则中，将这种负商誉称为廉价购买利得，计入当期损益，在我国计入营业外收入。

负商誉的会计处理方法常用的有以下四种：

1. 减少非流动资产的公允价值

所获得净资产公允价值超过合并成本的差额，应按其公允价值的比例分配，以减少非流动资产（长期有价证券投资除外）的公允价值。如果该项分配已将非流动资产价值冲减为零，尚有余额，其余额应作为递延贷项处理，并且在受益期内加以摊销。理由是只有非流动资产可能会出现高估的情况。美国财务会计准则曾采用此法。

2. 确认为负债，在一定期限内摊入各期收益

将所获得净资产公允价值超过合并成本的差额确认为负债，并在一定的期限内摊入各期收益。

3. 直接计入资本公积

将所获得净资产公允价值超过合并成本的差额，直接记入“资本公积”账户，即作为一项未实现的公积，也可以在将来相关资产折旧或变现时逐渐或一次转入留存收益（未分配利润），即已实现的公积。

4. 对资产负债公允价值进行复核，差额计入当期损益

当所获得净资产公允价值超过合并成本时，首先对所获得的被合并方的各项可辨认资产、负债的公允价值进行复核；经复核后仍有差额的，计入当期损益。我国企业会计准则采用此法，将其记入“营业外收入”。本书后面章节将对此举例说明。

（四）商誉或负商誉举例

20×1 年 12 月 28 日，牡恒公司取得了紫翔公司的净资产，并采用购并法完成企业合并，在合并前紫翔公司的资产、负债账面价值及公允价值如表 2—6 所示。

表 2—6　　紫翔公司的资产、负债账面价值和公允价值　　单位：元

项目	账面价值 BV	公允价值 FV	评估增（减）值
资产			
银行存款	60 000	60 000	
应收账款	140 000	130 000	(10 000)
存货	180 000	230 000	50 000
无形资产——土地使用权	50 000	100 000	50 000
固定资产——机器设备	550 000	850 000	300 000
无形资产——专利权	0	50 000	50 000
资产总计	980 000	1 420 000	440 000
负债			
应付账款	60 000	60 000	
应付票据	130 000	115 000	(15 000)
其他负债	40 000	45 000	5 000
负债合计	230 000	220 000	(10 000)
净资产（股东权益）	750 000	1 200 000	450 000

1. 存在商誉

现假定牡恒公司支付现金 400 000 元并发行每股面值为 1 元、每股市价为 20 元的普通股 50 000 股，来收购紫翔公司的净资产。紫翔公司在合并后即宣告解散。

20×1 年 12 月 28 日，牡恒公司记录这一合并业务的分录为：

（1）记录投资成本时。

借：长期股权投资——紫翔公司　　1 400 000
　　贷：现金　　400 000
　　　　股本（50 000×1）　　50 000
　　　　资本公积　　950 000

购买价差计算与分摊表如表 2—7 所示。

表 2—7　　购买价差计算与分摊表　　单位：元

购买价差的计算			
长期股权投资			1 400 000
所获净资产的账面价值			(750 000)
购买价差合计			650 000
购买价差的分摊			
	（公允价值	— 账面价值）	＝分摊额
应收账款	130 000	140 000	(10 000)
存货	230 000	180 000	50 000
无形资产——土地使用权	100 000	50 000	50 000

固定资产——机器设备	850 000	550 000	300 000
无形资产——专利权	50 000	0	50 000
应付票据	115 000	130 000	15 000
其他负债	45 000	40 000	5 000
分配给可辨认净资产的评估增值合计			450 000
商誉			200 000
购买价差合计			650 000

（2）牡恒公司将合并成本根据公允价值分配给收购紫翔公司所获得的资产和承担的负债，余额记作商誉。

为了便于理解，特设置“购买价差”科目作为过渡性科目，在实务中熟练以后不需要设置此科目。同时，为了便于说明，设置“净资产”科目，替代各项资产类科目减负债类科目，如借记“净资产”，表明借记各项资产类科目，贷记各项负债类科目。在实务中，不需要设置“净资产”科目。

根据表2—7的上面部分，计算购买价差，做分录如下：

①借：净资产（账面价值）	750 000	
购买价差	650 000	
贷：长期股权投资——紫翔公司		1 400 000

这笔分录反映了购买价差的计算是通过长期股权投资（合并成本）1 400 000元减去所获可辨认净资产的账面价值750 000元得到的。

根据表2—7的下面部分，分配购买价差，做分录如下：

②借：净资产（评估增值）	450 000	
商誉	200 000	
贷：购买价差		650 000

这笔分录反映了购买价差的分配，购买价差首先分配给评估增值的那些净资产项目，合计450 000元，余下的200 000元分配给商誉。

如果不设置“购买价差”科目，可以将上述两笔分录合二为一，即

借：净资产（公允价值＝账面价值＋评估增值）	1 200 000	
商誉	200 000	
贷：长期股权投资——紫翔公司		1 400 000

这笔分录反映了商誉的计算是通过长期股权投资（合并成本）1 400 000元减去所获可辨认净资产的公允价值1 200 000元得到的。

在分录①中将净资产具体为各项资产类科目减负债类科目：

借：银行存款	60 000	
应收账款	140 000	
存货	180 000	
无形资产——土地使用权	50 000	
固定资产——机器设备	550 000	
购买价差	650 000	
贷：长期股权投资——紫翔公司		1 400 000
应付账款		60 000

应付票据		130 000
其他负债		40 000

在分录②中将净资产具体为各项资产类科目减负债类科目：

借：存货	50 000	
无形资产——土地使用权	50 000	
固定资产——机器设备	300 000	
无形资产——专利权	50 000	
应付票据	15 000	
商誉	200 000	
贷：应收账款		10 000
其他负债		5 000
购买价差		650 000

在实务工作中，不需要设置"购买价差"科目，可以将上述两笔分录合二为一，即

借：银行存款	60 000	
应收账款	130 000	
存货	230 000	
无形资产——土地使用权	100 000	
固定资产——机器设备	850 000	
无形资产——专利权	50 000	
商誉	200 000	
贷：应付账款		60 000
应付票据		115 000
其他负债		45 000
长期股权投资——紫翔公司		1 400 000

商誉的计算如图 2—2 所示。

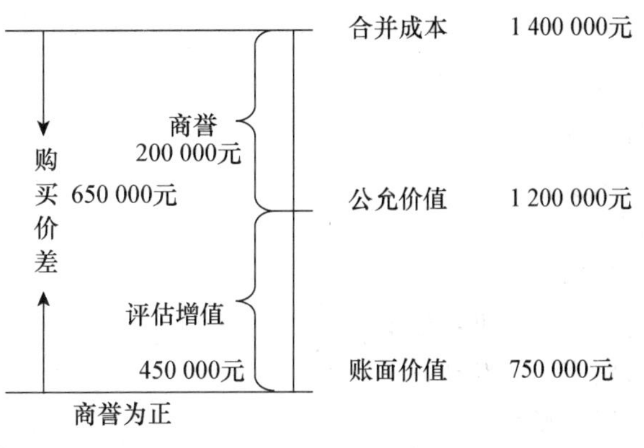

图 2—2 商誉的计算

2. 存在负商誉

假定为收购紫翔公司的净资产，牡恒公司发行了 40 000 股每股面值 1 元、每股市价为 20 元的普通股，并签发了一张 3 个月到期、年利率为 10%、票面金额为 200 000 元的应付票据。在购并法下，牡恒公司合并业务分录为：

（1）20×1 年 12 月 28 日记录投资成本时。

借：长期股权投资——紫翔公司　　1 000 000

　　贷：股本（40 000×1）　　40 000

　　　　资本公积　　760 000

　　　　应付票据　　200 000

购买价差计算与分摊表如表 2—8 所示。

表 2—8　　购买价差计算与分摊表　　单位：元

购买价差的计算			
长期股权投资		1 000 000	
所获净资产的账面价值		(750 000)	
购买价差合计		250 000	
购买价差的分摊			
	（公允价值	— 账面价值）	＝分摊额
应收账款	130 000	140 000	(10 000)
存货	230 000	180 000	50 000
无形资产——土地使用权	100 000	50 000	50 000
固定资产——机器设备	850 000	550 000	300 000
无形资产——专利权	50 000	0	50 000
应付票据	115 000	130 000	15 000
其他负债	45 000	40 000	5 000
分配给可辨认净资产的评估增值合计			450 000
负商誉（廉价购买利得）			(200 000)
购买价差合计			650 000

（2）会计处理。

此例中，按我国企业会计准则要求将此廉价购买利得直接确认为当期损益，记入“营业外收入”科目。

廉价购买利得＝1 000 000－1 200 000＝－200 000(元)

会计分录如下：

借：银行存款　　60 000

　　应收账款　　130000

　　存货　　230 000

　　土地使用权　　100 000

　　固定资产——机器设备　　850 000

　　无形资产——专利权　　50 000

　　贷：应付账款　　60 000

　　　　应付票据　　115 000

　　　　其他负债　　45 000

　　　　长期股权投资——紫翔公司　　1 000 000

　　　　营业外收入　　200 000

负商誉的计算如图 2—3 所示。

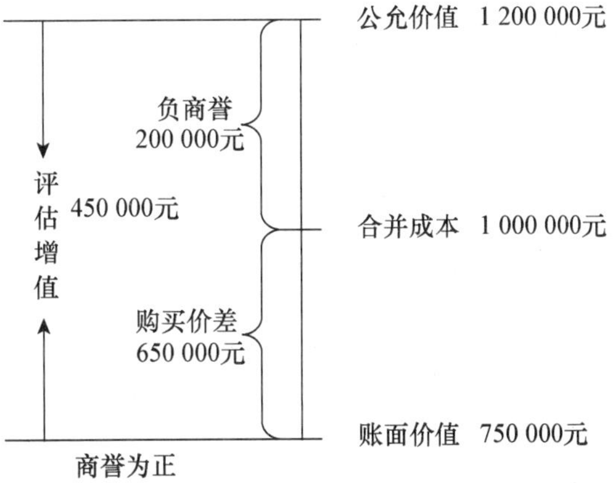

图 2—3　负商誉的计算

（五）商誉减值测试的会计处理

以上所提有关商誉的会计处理方法中，商誉的减值测试操作较为复杂，以下将对其详细讲述。

1. 美国商誉减值测试的会计处理

美国 2001 年发布的第 142 号准则规定商誉不再予以摊销，而是在报告单元的层次上进行减值测试。减值金额确认为当期损益。

（1）报告单元。商誉的减值测试在报告单元的层次上进行。其中，报告单元通常是指某一个经营分部或低于经营分部的某一层级。报告单元可以是某个独立的业务或按地理位置划分的多种业务的集合。但报告单位必须是独立核算的经济主体，且都能出具单独的财务报告。

（2）减值测试。企业合并产生的商誉一般在合并日出于计量商誉减值损失的目的被分摊至一个或多个报告单元。每个报告单元测试商誉是否发生了减值通常通过两个步骤，简称两步测试法。

第一步，在减值测试日，将报告单元的公允价值与其现时账面价值进行对比。其中，报告单元的公允价值通常是基于其市场价格或按现金流量折现或其他估计方法确定。如果公允价值高于现时账面价值，则可判断商誉没有发生减值，如果公允价值低于现时账面价值则商誉可能发生了减值，需进行第二步测试。

第二步测试时，将报告单元商誉的现时账面价值与商誉内含公允价值进行对比，超过部分作为减值损失在报表中予以确认，同时，随着减值损失的确认，商誉的现时账面价值也随之调整。其中，商誉的内含公允价值是在测试日通过对比报告单元的公允价值与报告单元可辨认净资产的公允价值得出，计算方法类似于购并日商誉的计算。

已确认的商誉减值损失一般不能在以后期间转回。如果在对商誉减值测试的同时，也对其他资产进行减值测试，对其他资产的减值测试应先于商誉的减值测试。报告单元商誉内含公允价值的确定和企业合并日商誉价值的确定实质是一样的，即在商誉减值测试日，把报告单元的公允价值分配到该单元所有的资产和负债项目（包括商誉以外未确认的无形资产），剩余的金额即为报告单元商誉内含公允价值。

例 2—2

20×1 年 1 月 1 日，牡祥公司以 200 000 元购入紫新公司 80%的普通股。购入时，紫新公司的净资产账面价值为 74 000 元（其中普通股股本 24 000 元，留存收益 50 000 元）。购入时除了机器设备被低估 40 000 元和一项价值 100 000 的专利权未入账外，其余的资产和负债的公允价值和账面价值相等。固定资产的有效年限为 10 年并采用直线法计提折旧。专利权的使用年限为无限期。

20×1 年 12 月 31 日，另一公司牡益公司欲以 220 000 元购入紫新公司 100%的普通股，当日，紫新公司净资产的账面价值和公允价值如表 2—9 所示。

表 2—9　　20×1 年 12 月 31 日紫新公司账面价值和公允价值　　单位：元

	账面价值	公允价值	差异
现金	10 000	10 000	
应收账款	20 000	20 000	
固定资产	120 000	140 000	20 000
专利权	0	90 000	90 000
资产总计	150 000	260 000	110 000
流动负债	30 000	30 000	
长期负债	40 000	40 000	
负债合计	70 000	70 000	
股本——普通股	24 000	—	
留存收益	56 000		
净资产	80 000	190 000	110 000

（1）购并时商誉价值的确定。

20×1 年 1 月 1 日，牡祥公司购入紫新公司股票。

1）计算购买价差（单位：元）。

购买价格		200 000
紫新公司普通股股本	24 000	
留存收益	50 000	
	74 000	
牡祥公司购入股权（74 000×80%）		59 200
购买价差		140 800

2）分配购买价差（单位：元）。

固定资产增值（40 000×80%）	32 000	
确认专利权（100 000×80%）	80 000	112 000
合并日商誉（140 800－112 000）		28 800

（2）测试日商誉减值测试。

企业合并日，专利权价值为 100 000 元，20×1 年 12 月 31 日专利权公允价值为 90 000 元，可见专利权发生了减值，此减值应确认为损失。在进行商誉减值前，其他资产的减值测试应先于商誉的减值测试。

1）第一步测试。

牡祥公司拥有的紫新公司现时账面价值计算（单位：元）：

牡祥公司拥有紫新公司净资产的账面价值（80 000×80%）	64 000
紫新公司固定资产公允价值与账面价值差额的80%（20 000×80%）	16 000
专利权公允价值的80%（90 000×80%）	72 000
牡祥公司拥有的紫新公司现时账面价值	152 000

确认专利权减值损失后，商誉未减值前，牡祥公司对紫新公司投资（包括商誉）的现时账面价值为180 800元（152 000+28 800）大于减值测试日紫新公司公允价值中牡祥公司所占的份额176 000元（220 000×80%），报告单元的账面价值大于其公允价值，说明商誉有可能存在减值，应继续第二步测试。

2）第二步测试。

商誉内含公允价值的计算（单位：元）：

20×1年12月31日紫新公司的市场价格	220 000
牡祥公司拥有的紫新公司80%股权的市场价格（220 000×80%）	176 000
减：牡祥公司拥有的紫新公司现时账面价值（190 000×80%）	152 000
20×1年12月31日测试日商誉的内含公允价值	24 000
合并日商誉的账面价值	28 800
商誉减值（28 800－24 000）	4 800

报告单元商誉原账面价值28 800元，测试日商誉内含公允价值为24 000元，商誉减值4 800元（28 800－24 000）。其会计分录如下：

借：资产减值损失——商誉减值　　4 800

　　贷：商誉　　4 800

2. 国际会计准则商誉减值测试的会计处理

《国际财务报告准则第3号——企业合并》中规定：企业合并所产生的商誉不得予以摊销，购并方应每年对其实施减值测试，如果有事项或情况表明其可能减值，则应对其进行更频繁的减值测试。不同于美国商誉减值测试的会计处理方法，国际会计准则商誉的减值测试是在现金产出单元（单元组合）的层次上通过比较现金产出单元的现时账面价值（包含分摊的商誉以及总部资产）和可收回金额的大小来进行，当其可收回金额小于账面价值时，商誉发生减值。

（1）现金产出单元。实际中，现金流量通常是由某些资产的组合所产生，单个资产一般情况下并不能创造现金流量，现金产出单元的概念即由此而来。

现金产出单元是指从持续使用中产生的现金流量基本上独立于其他的资产或资产组合的现金流量的最小资产组合，判断现金产出单元的主要标准为能否产生独立的现金流量。

（2）减值金额的确定。当现金产出单元（单元组合）可收回金额低于其账面价值（包含分摊的商誉和分摊的总部资产）时，差额即为减值损失。

可收回金额为现金产出单元（单元组合）的公允价值扣除出售费用后的余额与其使用价值中较高者。其中，使用价值是指通过使用该资产所得到的未来现金流量（包括最终处置该资产的所得）的折现值。

（3）将商誉分摊到现金产出单元。商誉是购并方期望从某些不能独立认定和单独确定的资产或资产组合中取得未来经济利益而发生的支出。商誉本身并不能独立于其他资产或资产组合为主体带来现金流量。所以在进行减值测试前，应将商誉分摊到预计能从企业合并的协同效应中受益的每一个现金产出单元和现金产出单元组合。分摊商誉的现金单元或单元组合应当代表了主体内基于内部管理目的所记录的商誉的最低水平；以及不大于基于分部报告准则决定的主体的主要或次要报告格式基础上的分部。

(4) 总部资产的分摊。一个公司通常会拥有一定的总部资产，如总部办公楼或研究中心等，这些资产本身并不产生现金流量，也就不能单独作为一个现金产出单元。

如果总部资产能在合理、一致的基础上分摊到相关的现金产出单元，则采用自下而上测试的方法，比较包含分摊了总部资产的现金单元的现时账面价值与其可收回金额的差额，以确定减值损失。

如果总部资产不能在合理、一致的基础上分摊到相关的现金产出单元，只能把企业作为一个整体，则采用自上而下测试的方法，比较不包含总部资产的现金产出单元的账面价值与可收回金额，并确认分摊减值损失。认定包括现金产出单元和能在合理、一致基础上分摊到现金产出单元的总部资产的部分账面金额的最小组合的现金产出单元，并且比较这一组合的现金产出单元的账面价值和可收回金额，包括分摊到这一组合的现金产出单元的总部资产的部分账面金额，并确认分摊减值损失。

例 2—3

牡慈公司有 A，B，C 三个单元。每个单元都有自己的收入流，各个单元净资产的现时账面价值分别为 200 000 元、300 000 元、400 000 元。另外，牡慈公司总部资产为 300 000 元。

该总部不产生现金流入，其资产能在合理、一致的基础上分摊到三个报告单元。分摊情况和三个单元的可收回金额如表 2—10 所示。此处假设总部资产按各现金单元的账面价值分摊给各现金单元较为合理。

表 2—10　　总部资产的分摊　　单位：元

	现金产出单元			
	A	B	C	合计
现金单元直接拥有的净资产	200 000	300 000	400 000	900 000
分配的总部资产	66 000	100 000	134 000	300 000
合计	266 000	400 000	534 000	1 200 000
可收回金额	340 000	320 000	600 000	1 260 000

当总部的净资产能够被合理地分配到各单元，采用自下而上的方式测试可以发现 B 单元现时账面价值高于可收回金额，B 单元发生减值 80 000 元。

当不存在合理的标准分配总部的净资产，商誉减值测试只能将整个企业看做一个整体，在自上而下的基础上进行，如果总的可收回金额高于总的净资产，则不存在减值。

(5) 减值损失在现金产出单元内资产间的分配。减值损失发生后，按以下顺序分摊以抵减现金产出单元（单元组合）资产的账面价值。

首先抵减分摊到现金产出单元（单元组合）的商誉的账面价值。

其次，按比例抵减现金产出单元（单元组合）中其他资产的账面价值。

以上账面金额的减少，应作为单个资产的减值损失处理，一般情况下在利润表中立即确认为损益。

但资产的账面价值抵减后，不能低于该资产公允价值减出售费用、使用价值以及零三者中的最高者。

例 2—4

牡祥公司一现金产出单元发生减值，经测试后，发现损失为 82 000 元。该现金单元净资产账面价值为 300 000 元，可收回金额为 218 000 元。该单元资产中建筑物发生增值，市场价值为 70 000 元。货币资产均能全额实现。

减值分配情况如表 2—11 所示。

表 2—11 **减值金额分配表** 单位：元

	现时账面价值	减值损失	减值后余额
商誉	26 000	(26 000)	—
建筑物	40 000	—	40 000
设备	98 000	(28 000)	70 000
交通工具	70 000	(20 000)	50 000
专利权	28 000	(8 000)	20 000
净货币资产	38 000	—	38 000

减值损失首先应抵减商誉的账面价值。建筑物由于市价高于账面价值，因此整个单元的减值损失不对其分摊。同理，货币资产因能全额实现，也不对其分摊减值损失。

本例中，减值损失 82 000 元，首先抵减商誉的账面价值 26 000 元，剩余的 56 000 元（82 000－26 000）按账面价值比例（56 000/(98 000＋70 000＋28 000)＝56/196）分摊给设备、交通工具和专利权，分别为 28 000 元（98 000×56/196）、20 000 元（70 000×56/196）、8 000 元（28 000×56/196）。

（6）商誉减值损失的转回。已确认的商誉减值损失不能在以后期间转回。

3. 我国企业会计准则规定的商誉减值测试

我国企业会计准则要求：企业合并所形成的商誉，至少应当在每年年度终了进行减值测试。由于商誉难以独立于其他资产为企业单独产生现金流量，因此要求结合与其相关的资产组或者资产组组合进行减值测试。

（1）资产组、资产组组合。此处，相关的资产组或者资产组组合应当是能够从企业合并的协同效应中受益的资产组或者资产组组合。

资产组，是指企业可以认定的最小资产组合，其产生的现金流入应当基本上独立于其他资产或者资产组产生的现金流入。资产组的认定，应当以资产组产生的主要现金流入是否独立于其他资产或者资产组的现金流入为依据。同时，在认定资产组时，应当考虑企业管理层管理生产经营活动的方式（如是按照生产线、业务种类还是按照地区或者区域等）和对资产的持续使用或者处置的决策方式等。

资产组组合，是指由若干个资产组组成的最小资产组组合，包括资产组或者资产组组合，以及按合理方法分摊的总部资产部分。

（2）商誉的分摊。企业应当自购并日起将因企业合并形成的商誉的账面价值按照合理的方法分摊至相关的资产组；难以分摊至相关的资产组的，应当将其分摊至相关的资产组组合。

分摊时，应当按照各资产组或者资产组组合的公允价值占相关资产组或者资产组组合公允价值总额的比例进行分摊。公允价值难以可靠计量的，按照各资产组或者资产组组合的账面价值占相关资产组或者资产组组合账面价值总额的比例进行分摊。

企业因重组等原因改变了其报告结构，从而影响到已分摊商誉的一个或者若干个资产组或者资产组组合构成的，应当将商誉重新分摊至受影响的资产组或者资产组组合。

(3) 减值测试。在对包含商誉的相关资产组或者资产组组合进行减值测试时，如与商誉相关的资产组或者资产组组合存在减值迹象的，应当首先对不包含商誉的资产组或者资产组组合进行减值测试，计算可收回金额，并与相关账面价值相比较，确认相应的减值损失。

然后，再对包含商誉的资产组或者资产组组合进行减值测试，比较这些相关资产组或者资产组组合的账面价值（包括所分摊的商誉的账面价值部分）与其可收回金额，如相关资产组或者资产组组合的可收回金额低于其账面价值的，确认减值损失。其中，资产组的可收回金额应当按照该资产组的公允价值减去处置费用后的净额与其预计未来现金流量的现值两者之间较高者确定。

减值损失的金额应当按照下列顺序进行分摊，以抵减资产组或者资产组组合中资产的账面价值：

1）抵减分摊至资产组或者资产组组合中商誉的账面价值；

2）根据资产组或者资产组组合中除商誉之外的其他各项资产的账面价值所占比重，按比例抵减其他各项资产的账面价值。

以上资产账面价值的抵减，应当作为单项资产的减值损失处理，计入当期损益。抵减后的各资产的账面价值不得低于以下三者之中最高者：该资产的公允减值减去处置费用后的净额（如可确定的）、该资产预计未来现金流量的现值（如可确定的）和零。因此而导致的未能分摊的减值损失金额，应当按照相关资产组或者资产组组合中其他各项资产的账面价值所占比重进行分摊。

我国的处理与国际会计准则相同。

六、或有对价的会计处理

（一）被合并方在合并前存在的或有事项

被合并方存在合并前或有事项，合并后，合并方可按以下原则处理：

(1) 或有事项的公允价值在分配期间能确定或在该期间能合理估计，则该事项应该包括在应分配的合并成本中。其中分配期间是指在采用购并法的企业合并中取得资产和承担负债所需要的时间。

(2) 在分配期间（通常为合并完成后一年）之后，任何对收购前或有事项的调整，均应作为当期损益进行调整。

（二）或有对价

有时，购并法下，合并方需视未来可能发生的事项或交易向被合并方的原股东支付额外的款项。此或有支付款项即为或有对价。在额外支付未确定前，合并方将因此存在预计负债，应在财务报表附注中加以披露。在额外支付确定后，合并方应将这笔额外的支付加以入账，并对合并的记录加以调整，调整要视或有事项的性质而定。或有对价通常有以下两种情况：

1. 以一定盈利水平为条件

为了确保合并完成后并入的企业能达到一定的利润水平，合并方往往不愿一次支付全部的金额，偏向在合并合约上规定在合并后一定期间内被合并公司产生一定利润时，合并方额外支付一定款项。此种情况下，或有对价支付时，应作为合并成本的增加，重估并调整已记录的并入净资产价值，超过部分作为商誉的增加。

例 2—5

牡如公司通过交换股票取得紫意公司全部净资产，并同时约定如果在未来两年内紫意公司净利润均能维持 1 600 000 元以上，则牡如公司将向紫意公司原股东额外支付公允价值为 300 000 元的普通股股票。若合并后两年，紫意公司净利润均达到该标准，则牡如公司将依约向紫意公司原股东发放股票，且当时牡如公司股票每股市价为 5 元，另外牡如公司股票每股面值为 1 元。

牡如公司应额外发放股票数 60 000 股（300 000/5）。如果未发现资产增值，则牡如公司相应的会计分录如下：

借：商誉　　300 000
　　贷：股本　　60 000
　　　　资本公积　　240 000

如果同时发现某机器设备相对合并时增值 100 000 元，则应先调增该机器设备的账面价值，剩余部分作为商誉的增加。相关分录如下：

借：商誉　　200 000
　　固定资产　　100 000
　　贷：股本　　60 000
　　　　资本公积　　240 000

2. 以一定的股票价格为条件

合并时被合并方的股东可能会担心合并后股票价格下跌，因此合并双方可能会就股票的价格达成协议，保证该股票的价格于未来一定时间内维持在某个价格，否则合并方愿意赔偿被合并方的损失。可见，合并成本于购并日即已确定，以股票价格为基础的或有事项并不改变合并成本。

例 2—6

牡毅公司以面值 1 元、市价 3 元的普通股 1 000 000 股换取紫鸿公司的全部净资产。同时约定在一年后若该股票的市价低于 3 元，牡毅公司愿意按差价补偿。合并日，牡毅公司的相关会计分录如下：

借：净资产　　300 000
　　贷：股本　　60 000
　　　　资本公积　　240 000

（1）假设一年后，牡毅公司的股票每股市价降为 2.5 元，牡毅公司将为此支付额外的款项 500 000 元（0.5×1 000 000）。假设牡毅公司以银行存款支付，则相应会计分录如下：

借：资本公积　　500 000
　　贷：银行存款　　500 000

牡毅公司额外向紫鸿公司原股东支付款项前后，资本公积记录的变动如表 2—12 所示。

表 2—12 单位：元

	合并日记录	额外支付款项调整	调整后
资本公积	2 000 000	(500 000)	1 500 000

额外支付金额后，调整后的资本公积 1 500 000 元＋股本 1 000 000 元＋支付的银行存款 500 000 元＝3 000 000 元，可见，合并成本依然为 3 000 000 元。

（2）如果牡毅公司采用向紫鸿公司原股东发行股票的方式支付，则应发放 200 000 股（500 000/2.5）。相应的会计分录为：

借：资本公积　　　　200 000
　　贷：股本　　　　　　　　200 000

牡毅公司额外向紫鸿公司原股东发放股票前后，记录的变动如表 2—13 所示。

表 2—13 单位：元

	合并日记录	额外发行股票调整	调整后
股本	1 000 000	200 000	1 200 000
资本公积	2 000 000	(200 000)	1 800 000

同理，调整后的资本公积 1 800 000 元＋调整后的股本 1 200 000 元＝3 000 000 元，合并成本依然为 3 000 000 元。

3. 现金或有对价和股票或有对价

例 2—7

2015 年 1 月 1 日牡丹公司收购了紫薇公司 100%的股份，交易对价如下：

（1）以公司每股面值 1 元的普通股 10 000 股为对价，市场价值为 110 000 元。

（2）若紫薇公司在 2015 年的经营活动现金流量达 200 000 元以上，则向其支付或有对价 80 000 元的现金。

（3）为了保证总市值为 110 000 元，若 2016 年 1 月 1 日的每股股价低于 11 元，则再支付足够的牡丹公司的普通股。

在购并法下，这三个对价条件都代表了紫薇公司公允价值的一部分，所以都应该按其价值记录在牡丹公司的会计记录中。

另外，对于现金或有对价的部分，牡丹公司估计，这 80 000 元的对价到时要支付的可能性为 30%。对于股票或有对价的部分，牡丹公司估计，这已发行的 10 000 股股票在 2016 年 1 月 1 日的市场价值为 100 000 元的可能性有 20%，同时，那天的市场价值大于 110 000 元的可能性有 80%。最后，牡丹公司用 5%的利率作为衡量货币时间价值的折现率。

为了计算出或有对价的公允价值，牡丹公司计算如下：

现金或有对价(80 000×30%×(1/(1＋0.04)))	23 077
股票或有对价((110 000－100 000)×20%×(1/(1＋0.04)))	1 923
合计	25 000

牡丹公司对此交易做分录如下：

借：长期股权投资——紫薇公司（110 000+23 077+1 923）	135 000	
贷：股本（每股面值 1 元）		10 000
资本公积		100 000
预计负债		23 077
资本公积——或有权益		1 923

牡丹公司将现金或有对价视作一项负债，同时将股票或有对价视为一项权益。在购并日后，假如或有对价满足了负债的确认条件，那么就要采用公允价值计量属性来记录，同时相关的差额计入损益。另一方面，归为权益的或有对价则不必在日后进行公允价值的重新记录，这就和发行其他权益类项目一样（例如普通股）。

再假设 2015 年紫薇公司的经营活动现金流量超过了 200 000 元，这就要求牡丹公司支付 80 000 元的对价。同时，牡丹公司的股价在 2016 年 1 月 1 日为每股 10.8 元，这就要求牡丹公司增加发行 185 股每股面值为 1 元的股票给紫薇公司。即 11－10.8＝0.2 元，0.2×10 000＝2 000 元，2 000/10.8＝185 股。

记录牡丹公司向紫薇公司实际支付或有现金的相关分录如下：

借：预计负债	23 077	
重估预计负债损益	56 923	
贷：银行存款		80 000

记录牡丹公司向紫薇公司支付或有股票的相关分录如下：

借：资本公积——或有权益	1 923	
贷：股本		185
资本公积		1 738

其中，重估预计负债损益计入牡丹公司合并利润表中的正常损益部分。然而，对于新发行的股票，牡丹公司的投入资本仍然保持购并日当天的值 111 923 元（110 000＋1 923）不变。

第三节　企业合并的会计方法的比较

一、两种方法的比较

购并法和权益结合法作为企业合并主要的会计处理方法，相互之间存在着差异，现从以下几个方面对这两种方法进行比较。

（一）从两种方法的选取与企业合并法律形式、支付对价方式的关系进行比较

任何一个企业合并都会涉及三方面的问题：合并的法律形式（吸收合并、新设合并、控股合并）、合并时支付对价的方式、会计处理方法的选取（购并法、权益结合法）。这三方面相互之间并没有一对一的关系，即无论合并采用何种法律形式，支付对价都可以采取支付现金、非现金资产或发行股票等方式，且三种合并形式都可采用购并法或权益结合法进行会计处理，但是选取权益结合法进行会计处理时，对价的支付必须是采取发行股票的方式。三者相互的关系如图 2—4 所示。

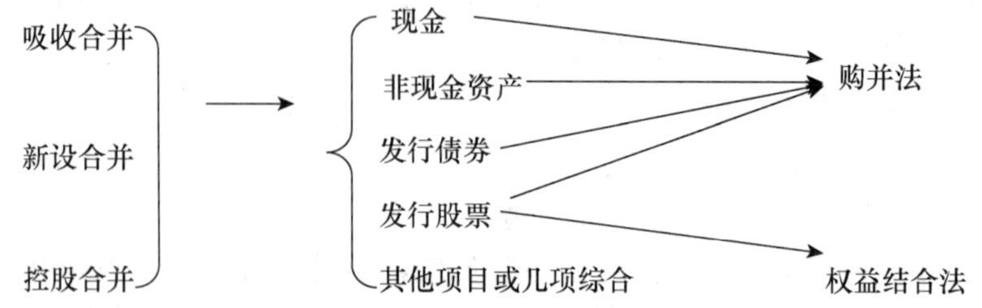

图 2—4　企业合并法律形式、支付对价、会计方法的选取关系图

（二）从会计处理方面进行比较

购并法与权益结合法在会计处理方面的比较如表 2—14 所示。

表 2—14　　购并法与权益结合法会计处理差异对比

	购并法	权益结合法
（1）是否需将参加合并的各公司的会计政策调整为一致	不需调整	需要调整
（2）并入净资产的入账价值	按公允价值入账	按账面价值入账
（3）是否确认商誉	确认为商誉	不确认商誉
（4）被合并方合并前的本年利润	不包含在存续公司的本年利润中	包含在存续公司的本年利润中
（5）被合并方以前年度的净利润	不含在以前年度比较报表中	包含在以前年度比较报表中
（6）被合并方的留存收益	不包含在存续公司留存收益中	包含在存续公司留存收益中
（7）合并相关的直接费用	计入当期费用	计入当期费用
（8）合并相关的间接费用	计入当期费用	计入当期费用
（9）股票登记和发行成本等	冲减资本公积	冲减资本公积

（三）从对财务报表的影响方面进行比较

1. 资产负债类项目

采用购并法时，被合并方的资产、负债按合并时的公允价值计入合并方。合并方的资产、负债依然保持原账面价值。

权益结合法时，被合并方的资产、负债按原账面价值计入。

2. 所有者权益类项目

购并法下，如果企业合并采用的是发行股票的方式，则发行公司合并后，股东权益将有所增加，增加值为新发行股票的市价总额。如果采用发行股票以外的方式支付，则合并方的所有者权益仍为合并前的数值。

权益结合法下，合并后存续公司的股东权益为合并前参加合并公司股东权益之和。

3. 利润表类项目

购并法下，若企业是在期中合并，则合并方合并年度的利润表不包括被合并方合并前利润（或亏损），只包括合并后利润（或亏损），即合并日至报告日之间的本年利润（或亏损）。

权益结合法下，合并方合并年度的利润包含被合并方当年全年度的本年利润（或亏损）。

（四）从财务报表披露方面进行比较

1. 购并法披露的要求

在报表披露时，合并方需要在合并当期对合并业务进行必要的披露，这些披露通常是在财务报表注释中反映。除注明企业合并的会计方法为购并法外，还包括：被合并方的名称及简介；被合并方的经营成果纳入合并方利润表的期间；合并的成本，如有可能还要说明为实现合并已发行或可能发行股份的数额和价值；或有事项的性质及会计处理；外购商誉的减值等。

2. 权益结合法披露的要求

合并后公司应披露企业合并采用权益结合法进行会计处理。并在财务报表注释中注明：合并后公司的名称，发行的股数，发行之前各合并公司的经营成果，为采用相同的会计处理方法而做的调整，变更参加合并公司的会计年度对留存利润的影响，以及合并后发行公司的收入、净利润和合并后金额的调节情况。当一个新公司是以权益结合法成立时，上述最后一项只要求披露构成当期合并净利润的各个公司的净利润。

二、举例

（一）相关资料

20×5 年 12 月 30 日，牡奇公司与紫加公司吸收合并前的比较试算表以及紫加公司的可辨认资产、负债公允价值如表 2—15 所示。

表 2—15　　吸收合并前牡奇公司与紫加公司的账面价值和公允价值资料　　单位：元

	牡奇公司	紫加公司		
	账面价值	账面价值	公允价值	评估增（减）值
银行存款	712 500	187 500	187 500	
应收款项——净额	900 000	450 000	450 000	
存货	1 200 000	300 000	375 000	75 000
固定资产——净额	1 800 000	525 000	675 000	150 000
资产合计	4 612 500	1 462 500	1 687 500	225 000
营业成本	1 500 000	487 500		
其他费用	487 500	150 000		
费用小计	1 987 500	637 500		
借方合计	6 600 000	2 100 000		
应付款项	450 000	270 000	270 000	
其他负债	300 000	180 000	180 000	
负债合计	750 000	450 000	450 000	
股本	2 250 000	750 000		
资本公积	300 000	60 000		
盈余公积	375 000	65 000		
未分配利润	600 000	100 000		

续前表

	牡奇公司	紫加公司		
	账面价值	账面价值	公允价值	评估增（减）值
留存收益小计	975 000	165 000		
营业收入	2 325 000	675 000		
贷方合计	6 600 000	2 100 000		
净资产	3 525 000	975 000	1 237 500	262 500

20×5 年 12 月 31 日，牡奇公司发行 750 000 股普通股以换取紫加公司的净资产，完成吸收合并。该普通股每股面值 1 元，市价共计 1 327 500 元。同时，牡奇公司还以银行存款支付了普通股的登记和发行成本 30 000 元及企业合并的其他直接费用 60 000 元。

（二）两种方法对比

1. 会计分录的比较

牡奇公司吸收合并紫加公司，分别采用权益结合法和购并法进行会计处理时，两种方法的会计分录比较如表 2—16 所示。

表 2—16　牡奇公司吸收合并紫加公司权益结合法和购并法下会计分录的差异比较　单位：元

	权益结合法（同一控制下的企业合并）		购并法（非同一控制下的企业合并）	
	借方	贷方	借方	贷方
（1）发行股票				
长期股权投资——紫加公司	975 000		1 327 500	
股本		750 000		750 000
资本公积		60 000		577 500
盈余公积		65 000		—
未分配利润		100 000		—
（2）企业合并相关的费用				
管理费用	60 000		60 000	
资本公积	30 000		30 000	
银行存款		90 000		90 000
（3）投资成本的分配	账面价值		公允价值	
银行存款	187 500		187 500	
应收账款	450 000		450 000	
存货	300 000		375 000	
固定资产——净额	525 000		675 000	
商誉	—		90 000	
营业成本	487 500			
其他费用	150 000			
应付账款		270 000		270 000
其他负债		180 000		180 000
营业收入		675 000		—
长期股权投资——紫加公司		975 000		1 327 500

表中（1）是在合并日发行股票时，权益结合法下，牡奇公司账上“长期股权

投资——紫加公司”账户以所获得净资产的账面价值 975 000 元入账。购并法下，该账户以合并完成日为合并发行股票的公允价值（市价）1 327 500 元入账。权益结合法下，紫加公司的留存收益 165 000 元（盈余公积 65 000 元＋未分配利润 100 000 元）并入牡奇公司，而在购并法下，牡奇公司留存收益并没有变化。

表中（2）是合并有关的费用，权益结合法的处理与购并法相同。股票的登记与发行成本（300 000 元）应借记“资本公积”，与股票发行直接相关的费用（600 000 元）借记“管理费用”。

表中（3）是在分配投资成本时，权益结合法下，并入的资产和负债按账面价值记录，并将全年的净利润 37 500 元（营业收入 675 000 元－营业成本 487 500 元－其他费用 150 000 元）并入。购并法是将资产、负债以公允价值入账，购买成本（1 327 500 元）超过公允价值（1 237 500 元）的部分 90 000 元记为商誉，以后每年进行减值测试。这样，在购并法下，以后年度的费用会因商誉的减值而多于权益结合法下的费用，净利润会因此减少；同样，购并法下，被并方的资产和负债按公允价值入账，由于其净资产的公允价值 1 237 500 元高于其账面价值 975 000 元，两者的差额为 262 500 元，分配给存货 75 000 元和固定资产 150 000 元（即评估增值）。也会造成以后年度的费用增加，净利润减少。因此，与权益结合法相比，购买法下的净利润在以后年度会更低。

2. 合并报表的比较

在合并日，分别采用权益结合法和购并法编制的合并财务报表对比如表 2—17 所示（表中 P 表示合并方，S 表示被合并方）。

表 2—17 企业合并年度牡奇公司吸收合并紫加公司在权益结合法和购并法下比较财务报表

单位：元

	权益结合法（同一控制下的企业合并）	购并法（非同一控制下的企业合并）
利润表比较		
营业收入（P＝2 325 000，S＝675 000）	3 000 000（P＋S）	2 325 000（P）
营业成本（P＝1 500 000，S＝487 500）	（1 987 500）（P＋S）	（1 500 000）（P）
其他费用（P＝487 500＋60 000，S＝150 000）	（697 500）（P＋S）	（547 500）（P）
净利润	315 000	277 500
留存收益（盈余公积＋未分配利润）比较		
期初留存收益（P＝975 000）	975 000	975 000
权益结合法下 留存收益增加数（分录（1）中 65 000＋100 000）	165 000	
调整后的期初留存收益	1 140 000	
本期净利润	315 000	277 500
期末留存收益	1 455 000	1 252 500
资产负债表比较		
银行存款（712 500＋187 500－90 000）	810 000	810 000
应收款项——净额（900 000＋450 000）	1 350 000	1 350 000
存货（1 200 000＋300 000 或 375 000）	1 500 000	1 575 000

续前表

	权益结合法 （同一控制下的企业合并）	购并法 （非同一控制下的企业合并）
固定资产——净额（1 800 000＋525 000或675 000）	2 325 000	2 475 000
商誉（1 327 500－1 237 500）	—	90 000
资产合计	5 985 000	6 300 000
应付账款（450 000＋270 000）	720 000	720 000
其他负债（300 000＋180 000）	480 000	480 000
股本（2 250 000＋750 000）	3 000 000	3 000 000
资本公积(300 000－30 000＋60 000)或(300 000＋577 500－30 000)	330 000	847 500
留存收益（盈余公积＋未分配利润）	1 455 000	1 252 500
负债及股东权益合计	5 985 000	6 300 000

从上面的比较财务报表可以看出，权益结合法和购并法合并报表的差异主要有以下几点：

（1）期初留存收益和当期净利润不同。购并法下，紫加公司的被合并前留存收益（盈余公积、未分配利润）和本期合并前利润均不被并入合并报表中，期初留存收益为975 000元；而权益结合法下，均并入，期初留存收益为1 140 000元。这会造成两种方法下，期初留存收益（盈余公积、未分配利润）和当期净利润等不同。而两种方法下合并相关费用计入的科目相同。

（2）资产合计数不等。两种方法下，资产合计数不等，这是由于权益结合法以所获得资产的账面价值入账，而购并法采用实际的购买成本入账所造成的。上表中，购并法下的资产合计数6 300 000元大于权益结合法下的资产合计数5 985 000元，两者相差315 000元。其中225 000元为所获净资产的公允价值与账面价值的差额，即净资产的评估增值。90 000元为购买成本和所获得资产公允价值的差额，即商誉。

（3）资本公积不同。在权益结合法下，资本公积为各参加合并公司的投入资本（3 360 000元）超过合并后主体的股本（3 000 000元）的差额，再减股票登记与发行成本30 000元。在购并法下，其资本公积847 500元等于原有期初余额300 000元，加上发行普通股的股本溢价577 500元，再减去企业合并中股票登记与发行成本30 000元。

第四节 初始法

一、初始法

初始法是假定任何一家参加合并的公司都没有存续下来，而是在合并中产生一个新的主体，尽管这个主体可以以一个或多个参与合并的公司的名称命名，但从经济实质上看这个合并后的新主体与其前身完全不同。初始法下，要求对合并前各企业所有有形的、无形的可辨认资产和负债进行重新计量，确认其公允价值。初始法实质是购买法的一种延伸。合并交易中，支付对价的性质并不影响合并中交换的价值，因此也与新主体的会计处理无关。交易中参与合并各公司的资产和负债均转入新的会计主体，由于它们现在属于新主体拥有，故须按公允价值计价。在合并过程中，增加的资产和负债也应被新主体按公允价值确认。权益结合法、购买法、初始法三种方法下合并报表计量属性的比较如图2—5所示。

	母公司		子公司	合并报表
权益结合法	NBV	+	NBV	PBV+SBV
购买法	NBV	+	FV	PBV+SFV
初始法	FV	+	FV	PFV+SFV

注：P代表母公司，S代表子公司。BV即账面价值，NBV即账面净值，FV即公允价值，PFV即母公司净资产公允价值，PBV即母公司净资产账面价值，SBV即子公司净资产账面价值，SFV即子公司净资产公允价值。

图2—5 三种方法下合并报表计量属性的比较

二、初始法与购买法、权益结合法的比较

在很多方面，初始法不同于购买法和权益结合法。现将三者的差异汇总于表2—18。

表2—18 企业合并的三种会计处理方法差异汇总表

	权益结合法	购买法	初始法
是否以公允价值重新确认合并各公司的资产、负债？	否	是（仅针对合并方所购买部分）	是（全部）
是否确认支付对价中隐含的商誉？	否	是	是
是否包括合并前各公司的本期利润？	是	否	否
是否包括合并前各公司的留存收益？	是（全部）	是（购买方）	否
提供对价的性质是否与会计处理有关？	是（仅指权益股份）	否	否
合并交易是否引起新主体的设立？	不一定（合并后原公司存续）	不一定（有控制权的一方存续）	一定
参与合并各公司部分或全部资产、负债的控制权是否发生变化？	否	是（被合并方的资产和负债）	是（全部的资产和负债）

注：此表参考了G4+1 Position Paper：Recommendations For Achieving Convergence On Methods Of Accounting For Business Combinations。

思考题

1. 在购并法中，如何确定购并方以及购并日？
2. 在购并法中，什么情况下会出现商誉？对以后年度的净利润有何影响？

3. 如何进行商誉减值测试？商誉减值测试的理论基础是什么？

4. 或有对价对合并成本有何影响？

5. 阐述购并法和权益结合法的特点，说明它们的主要差异，以及在何种情况下两种方法编制的财务报表数据相同。

练习题

1. 已知2016年1月1日，牡合公司发行股票换取了紫祥公司所有流通在外的普通股，2015年12月31日两家公司的资产负债表如下（单位：元）：

	牡合公司	紫祥公司
流动资产	1 400 000	500 000
固定资产	3 000 000	1 600 000
资产合计	4 400 000	2 100 000
股本（面值1元）	3 000 000	600 000
资本公积	300 000	100 000
盈余公积	1 000 000	250 000
未分配利润	100 000	1 150 000
权益合计	4 400 000	2 100 000

要求：假设紫祥公司合并后解散，试按权益结合法分别为下列三种情况编制牡合公司的资产负债表，其中新股面值均为1元。

（1）牡合公司发行600 000股换取紫祥公司全部股份。

（2）牡合公司发行700 000股换取紫祥公司全部股份。

（3）牡合公司发行800 000股换取紫祥公司全部股份。

2. 在企业合并前，牡建公司持有紫福公司普通股3 000股，牡建公司以成本价4 000元记入“长期股权投资”账户。牡建公司和紫福公司的合并前有关资料如下（单位：元）：

	牡建公司	紫福公司
长期股权投资——紫福公司	4 000	—
其他资产	396 000	350 000
资产合计	400 000	350 000
股本（面值1元）	350 000	250 000
资本公积	25 000	50 000
盈余公积	15 000	30 000
未分配利润	10 000	20 000
负债及股东权益合计	400 000	350 000

要求：

（1）若牡建公司为合并后存续公司，牡建发行面值1元、市价15元的普通股250 000

股合并紫福公司，试写出在权益结合法下牡建公司与合并有关的会计分录。

（2）若紫福公司为合并后存续公司，紫福公司发行面值1元、市价20元的普通股200 000股合并牡建公司，试写出在权益结合法下紫福公司与合并有关的会计分录。

3. 已知紫廉公司2015年12月31日资产和负债的账面价值和公允价值有关资料如下（单位：元）：

	账面价值	公允价值		账面价值	公允价值
流动资产	400 000	450 000	负债	100 000	110 000
固定资产	600 000	700 000	股本	1 000 000	
无形资产	200 000	230 000	资本公积	300 000	
持有至到期投资	400 000	450 000	未分配利润	200 000	
资产合计	1 600 000	1 830 000	权益合计	1 600 000	

要求：

（1）若2016年1月1日，牡吉公司支付现金500 000元，发行面值1元、市价20元的普通股45 000股，并签发5个月期利率为10%的应付票据500 000元，以换取紫廉公司的净资产，同时发生与合并有关的相关费用100 000元。合并后，紫廉公司解散。在购并法下，为牡吉公司编制这一合并业务的所有会计分录。

（2）若牡吉公司签发的应付票据改为100 000元，编制牡吉公司的合并会计分录。

4. 牡佑公司发行每股面值1元、市价4元的普通股1 000 000股，以换取紫顺公司所有流通在外的普通股。此外，牡佑公司还发生了下列其他费用：

办理此合并的律师费用	20 000元
证券登记和发行成本	15 000元
其他费用（间接）	20 000元

紫顺公司在企业合并后解散，该公司合并前资产和权益有关资料如下（单位：元）：

	账面价值	公允价值
流动资产	1 200 000	1 300 000
固定资产	2 000 000	2 500 000
负债	400 000	400 000
股本	2 000 000	
资本公积	400 000	
盈余公积	200 000	
未分配利润	200 000	

要求：

（1）假定此项合并为同一控制下的企业合并，试编制牡佑公司账上有关企业合并的所有分录。

（2）假定此项合并为非同一控制下的企业合并，试编制牡佑公司账上有关企业合并的所有分录。

（3）比较同一控制下的企业合并、非同一控制下的企业合并会计处理的差异。

5. 2015 年 12 月 31 日，牡康公司和紫茹公司的比较资产负债表如下（单位：元）：

	牡康公司	紫茹公司
流动资产	260 000	120 000
建筑物	700 000	400 000
设备	440 000	480 000
资产合计	1 400 000	1 000 000
流动负债	100 000	120 000
股本（面值 1 元）	1 000 000	400 000
资本公积	100 000	280 000
盈余公积	100 000	100 000
未分配利润	100 000	100 000
负债与股东权益合计	1 400 000	1 000 000

2016 年 1 月 2 日，牡康公司发行 60 000 股面值 1 元、市价 20 元的股票，以换取紫茹公司所有的流通股。采用购并法合并后，紫茹公司即解散。除了牡康公司的建筑物可变现净值为 800 000 元和紫茹公司的流动资产可变现净值为 200 000 元之外，其他资产、负债账面价值与公允价值均相等。另外，牡康公司支付的与企业合并相关的费用包括证券登记和发行成本 30 000 元、合并的其他直接费用 50 000 元。

要求： 以购并法为牡康公司编制合并完成后的资产负债表。

第三章

合并日的合并财务报表

引例　吉利“蛇吞象”　成功收购沃尔沃

浙江吉利控股集团（以下简称“吉利”）于1986年成立，总部设在杭州。1997年进入汽车行业；2004年在香港联交所上市，股票代码00175.HK。多年来，吉利专注实业，专注技术创新和人才培养，在汽车、汽车发动机、变速器等方面取得了辉煌业绩。

沃尔沃集团于1927年成立，总部设在瑞典哥德堡，是全球领先的商业运输及建筑设备制造商。1999年，沃尔沃集团将旗下的沃尔沃轿车公司（以下简称“沃尔沃”）出售给美国福特汽车公司。

2010年3月，吉利在哥德堡签署收购沃尔沃的最终协议，以18亿美元为对价，获得沃尔沃100%的股权以及相关资产（包括知识产权）。据评估机构估计，沃尔沃净资产的公允价值在15亿美元左右。

2010年7月，商务部对外合作司批准吉利收购沃尔沃的计划。

2010年8月，吉利在英国伦敦参加收购沃尔沃的交割签约仪式，吉利开出2亿美元票据，并支付13亿美元现金。吉利方面表示：虽然交割价格为15亿美元，但根据收购协议，在2010年年底就养老金义务和运营资本等因素，交易价格还会作调整，吉利为这部分“其他因素”准备了3亿美元。所以余下3亿美元将在2010年下半年陆续结清。

我们发现有许多时点与合并相关，那么如何确定购并日？另外，吉利所支付的对价与沃尔沃净资产是不一致的，在购并日，这又该如何处理？

希望通过本章的学习，各位读者能找到答案。

学习目标

- 初步了解合并财务报表
- 掌握合并日的合并财务报表：全资子公司
- 掌握合并日的合并财务报表：非全资子公司

本书第二章所涉及的企业合并，主要是限于所有参加合并的公司在合并后除一家存续外，其余均告解散的情形（即新设合并、吸收合并）。在这种情形下，合并后，参与合并的所有公司的净资产和经营成果以及会计记录都集中在一家存续公司，不再存在“长期股权投资”账户。

但是大多数企业合并完成后，参加合并的各方公司依然作为独立的法律主体存在，合并方只是控制了被合并方，从而决定被合并方的财务及经营政策，即本书第一章所谈到的控股合并。控股合并不同于吸收合并和新设合并，合并后参加合并的公司是以母子公司关系的形式存续，母子公司都保持着各自独立的会计记录。在这种情形下，如果要了解合并主体的经营成果和财务状况则需编制合并财务报表。本章以及后面相关章节将主要讲解控股合并情况下，母子公司财务报表的合并。

本章的主要内容是对报表合并进行简介，包括合并理论、合并范围和合并程序等，在此基础上，分全资子公司、非全资子公司两种情况讲述合并日母子公司财务报表的合并。

第一节 合并财务报表简介

企业合并除可通过吸收合并和新设合并的方式进行外，也可通过持有被合并方股份的方式进行，这种方式即为控股合并。当一个企业持有另一企业的股权超过50%或虽未超过50%但却能控制其财务和经营政策时，则前者能控制后者，两者形成母子公司关系。其中，持有控制权的一方为母公司，被控制的一方为子公司。

企业合并后，母子公司作为独立的法律主体持续经营，维持着各自独立的会计记录，但是由于企业的合并，子公司经营、财务政策受到母公司的控制，子公司实为母公司的一部分，母子公司实为一个经济主体，因此要了解该经济主体的财务状况及经营成果，则需编制一份以该经济主体为会计主体的财务报告。合并财务报表即为此目的而产生。

合并财务报表是以母公司和子公司组成的企业集团为会计主体，以母公司和子公司单体财务报表为基础，由母公司编制的综合反映母公司及其所有子公司形成的企业集团整体财务状况、经营成果和现金流量的财务报表。主要包括合并资产负债表、合并利润表、合并现金流量表和合并所有者权益变动表。与单体财务报表相比，合并财务报表最大的不同就是不只局限于单独的法律主体，而是全面反映包括母子公司在内的会计主体的整体状况。

通常认为，编制合并财务报表主要服务于母公司的股东和债权人。少数股东权益及子公司的债权人则应从子公司的单体财务报表得到决策所需的相关信息，合并财务报表提供的信息与其决策基本上无关。

一、合并财务报表的重要性

母公司拥有的子公司权益在母公司单体的财务报表只是作为一项投资在其“长期股权投资”账户下反映，并没有充分反映母公司真正控制的资产、承担的债务以及获得的损益。从母子公司作为一个经济主体的角度看，合并财务报表更能反映整个企业集团的财务状况、经营成果和现金流量情况。合并财务报表较之单体财务报表对下列报表使用者更具有意义：

（一）母公司的股东和债权人

子公司的经营利润最终都会转入母公司。因此，母公司的股东及债权人从合并的财务报表能得到更多有关母子公司经济主体的信息。

（二）母公司的管理者

母公司能够控制子公司的经济资源，因此母子公司实际都为母公司的管理者所控制。合并财务报表更有利于母公司管理者对整个企业集团进行管理，更有利于对母公司管理者进行业绩评价。

合并报表还对其他使用者具有重要意义，如监管机构等，在此不再列举。

二、合并理论

合并理论决定了子公司应并入母公司报表的利润（损益）以及资产等的份额，是报表合并的理论基础，对报表的合并有着重大的影响，主要包括所有权理论、母公司理论、主体理论三种。

（一）所有权理论

所有权理论把公司视为所有权的一种延伸，强调一种严格的所有权关系。运用到报表合并，就是强调并入母公司财务报表的子公司资产、负债、利润（损益）必须为母公司持有子公司股权所拥有的部分，属于少数股东所拥有的部分不能在合并报表中反映。在合并报表时，严格按所有权划分母公司、子公司少数股东在子公司资产、利润（损益）等中所占有的份额。由此，所有权理论运用到财务报表合并体现出按照比例合并的特点，这种合并方法称为比例合并法。

具体合并报表时所有权理论有如下特点：

（1）合并资产负债表中，子公司的资产、负债属于母公司的部分，按母公司的购买成本（公允价值）加以合并，属于子公司少数股东权益的资产及负债不包括在合并报表中。合并后的净资产为母公司净资产的账面价值加上子公司净资产的公允价值中母公司所占有的份额，即母公司净资产的账面价值加上子公司净资产的账面价值中母公司所占有的份额和子公司净资产评估增值中母公司所占有的份额为合并后的净资产。母公司购买成本高于所获得子公司净资产的公允价值的部分确认为商誉反映在合并报表中。

（2）合并利润表中，子公司报告的收入和费用中母公司所拥有的部分包括于合并报表中，属于子公司少数股东权益的收入和费用不在合并报表中列报。

所有权理论下合并范围如图 3—1 所示（假设母公司持有子公司 70%的股份）。

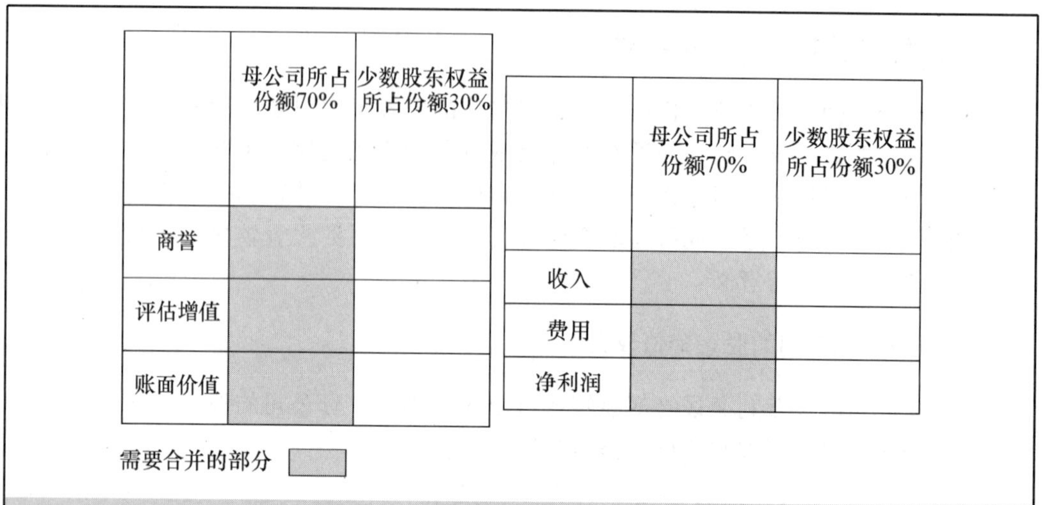

图 3—1 所有权理论下合并范围图示

（二）母公司理论

母公司理论较之所有权理论更适合现代企业。母公司理论不强调严格的所有权关系，认为母公司虽然并不拥有对子公司所有资产和负债的所有权，但母公司拥有对子公司所有资产和负债的实质控制能力，因此，合并财务报表时，子公司的资产、负债以及收入、费用均应加以合并，这种合并方法称为完全合并法。

母公司理论主张从母公司股东的角度来编制合并财务报表，将合并报表视为母公司财务报表的延伸，将少数股东权益视为负债，少数股东损益（即少数股东权益在子公司净利润中所占份额）视为费用。

具体合并报表时母公司理论有以下特点：

（1）子公司的资产、负债中属于母公司的部分，按母公司的购买价格（公允价值）加以合并，属于子公司少数股东权益的资产及负债仍以原账面价值计列。

（2）商誉只计列了属于母公司的部分，即购买方的商誉，而子公司属于少数股东权益的部分并未计入，即少数股东权益的商誉没有计算。

（3）少数股东权益以子公司的账面价值列报。

（4）将合并净利润归属母公司股东，将少数股东权益视为负债，少数股东损益视为费用。

（5）公司间业务所发生的未实现损益，顺销时，从合并利润中100%抵销；逆销时，仅抵销母公司所占有的部分。

（6）对于母公司债券的赎回，其推定利得及损失在合并利润中100%加以确认；而对于子公司债券的赎回，其推定利得及损失只确认母公司占有的部分。

母公司理论下合并范围如图3—2所示。

（三）主体理论

不同于前两种合并理论，主体理论不是简单地从母公司、子公司少数股东各自所拥有的子公司所有权出发，而是从一个所有权的总和出发，强调将母子公司视为一个独立的经济主体。该经济主体由控股股东和少数股东共同投资建立，财务报表应反映整

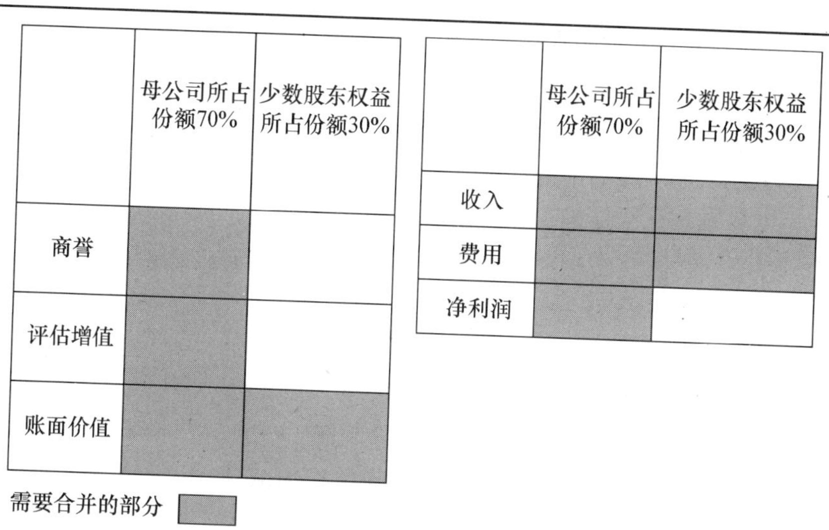

图 3—2　母公司理论下合并范围图示

个经济主体，而不应只从控股股东的角度出发。

具体合并报表时主体理论有以下特点：

(1) 子公司的资产和负债无论是多数股东权益还是少数股东权益均以公允价值合并，其中子公司的总价值是以多数股东权益支付的价格估算而来。

(2) 商誉计列属于母公司的部分以及估算的属于少数股东的部分。

(3) 少数股东权益以公允价值列报。

(4) 合并净利润归属于合并主体的所有权益拥有者。

(5) 少数股东权益是合并股东权益的一部分，少数股东损益是合并净利润总额分配给少数股东的部分。

(6) 公司间业务所发生的未实现利润（损益），无论顺销、逆销，均全部抵销，在逆销时，将抵销的金额在多数及少数股东权益间加以分配。

(7) 债券赎回的推定损益 100%加以确认，并在赎回子公司债券时，将其推定利得和损失分配给多数股东权益和少数股东权益。

主体理论下合并范围如图 3—3 所示。

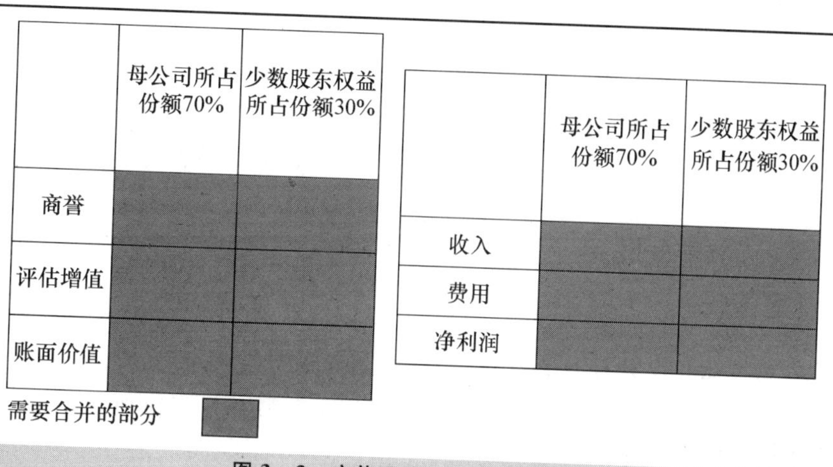

图 3—3　主体理论下合并范围图示

（四）现行实务中所使用的合并理论

会计实务中，报表的合并方法反映了部分母公司理论和主体理论。现行实务认为合并财务报表的主要使用者为母公司的股东和债权人，但却假设合并财务报表的目的是为报告单一企业主体的财务状况和经营成果。因此，现行实务中的合并报表理论可以说是母公司理论及主体理论的妥协。现行实务报表合并有以下特点：

（1）子公司资产、负债的计列采用主体理论。即多数股东权益和少数股东权益均按公允价值计列。

（2）商誉只计列了属于母公司的部分。

（3）少数股东权益以子公司公允价值计列。

（4）合并净利润为归属母公司股东的净利润。

（5）在计算合并净利润时，少数股东损益作为减项，但不是费用。相反，它是合并主体已实现净利润在多数和少数股东权益之间的分配。即净利润分为归属于母公司股东的净利润和少数股东损益。

（6）少数股东权益是合并股东权益的一部分，将其列示为单独的一项金额。即合并主体的股东权益分为归属于母公司所有者权益和少数股东权益。

（7）公司间业务所发生的未实现的损益，采用主体理论，从收入及费用账户中100％地加以抵销，并在逆销时，将此抵销额在多数股东和少数股东中分配。

（8）债券赎回的推定损益100％加以确认，并在赎回子公司债券时，将其推定利得和损失分配给多数股东权益和少数股东权益。

（五）合并理论的比较

合并报表三种理论中，所有权理论和主体理论可以说是合并理论两个相反的端点，所有权理论强调合并报表完全扣除少数股东权益，主体理论强调少数股东权益和多数（控股）股东权益应同等对待。母公司理论居于此两种理论中间，主张少数股东权益应在合并报表中反映的同时，却将少数股东权益视为一种负债。现行实务中并未采取某一种单一的合并理论，而是母公司理论和主体理论之间相互的妥协，既有地方体现母公司理论，又有地方体现主体理论，如图3—4所示。

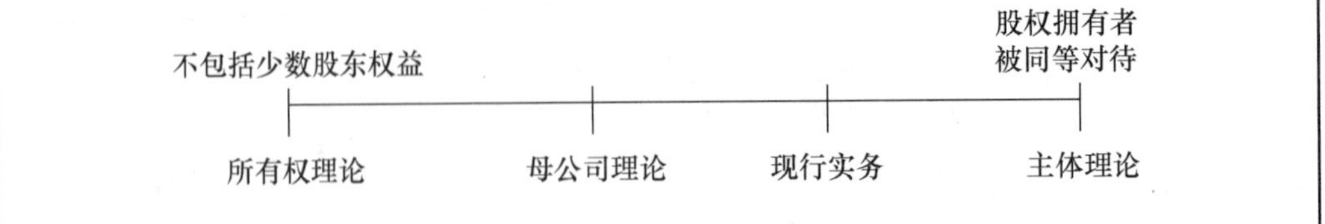

图3—4 合并理论关系图

三、合并范围

一个公司可能会投资若干个公司，但是在进行财务报表合并时，并不是所有的被投资公司报表都应加以合并。确定哪些被投资公司的财务报表应加以合并，即为财务报表合并范围的确定问题。

合并财务报表的合并范围应当以控制为基础予以确定，不仅包括根据表决权（或类似权利）本身或者结合其他安排确定的子公司，也包括基于一项或多项合同安排决定的结构化主体。例如，证券化产品、资产支持融资工具、部分投资基金等结构化主体。结构化主体，是指在确定其控制方时没有将表决权或类似权利作为决定因素而设计的主体。主导该主体相关活动的依据通常是合同安排或其他安排形式。

（一）传统的控制定义

财务报表合并范围的确定一直以控制为条件，但"控制"一词的含义本身却发生了变化。

1. 从控股数量加以定义

最早的控制主要是从数量上加以定义，强调投资方应拥有被投资方半数以上的表决权，也就是持股比例达到50%以上，即拥有多数股权，通过该表决权的行使即实现了对被投资方的控制，习惯上把这种控制称为法律控制，又称为绝对控制或数量控制。数量控制又常被分为直接控制和间接控制。

（1）直接控制。直接控制是指一公司直接拥有被投资公司50%以上有表决权的股权，如图3—5所示。此时，投资公司称为母公司（P），被投资公司称为子公司（S），双方形成母子公司关系，为了反映母子公司作为整体的状况，需要将母子公司视为一个经济主体，编制合并财务报表。

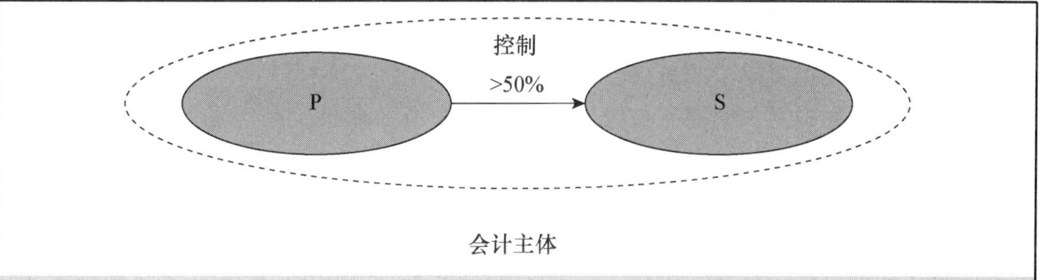

图3—5　直接控制下的财务报表合并范围

母公司可以控制一个或一个以上的主体，这里的主体包含企业、被投资单位中可分割的部分，以及企业所控制的结构化主体等。这个控制一个或一个以上主体的公司称为母公司。被母公司控制的主体称为子公司。

（2）间接控制。间接控制是指一投资公司及其子公司共同拥有被投资公司50%以上的股权。现举例如下：

在图3—6中，P公司直接拥有S2公司10%的股权，但通过S1公司间接拥有S2公司48%（80%×60%）的股权，总共拥有S2公司58%（10%+48%）的股权，S2公司应纳入合并范围。

间接持股的情况较为复杂，本书第九章将详细讲述。

2. 从实质控制能力加以定义

随着股权的分散，仅仅从控股数量的角度定义一个投资公司是否控制被投资公司并不一定合理。有时，尽管投资方持股比例小于50%，如果投资方能够决定被投资方的财务和经营决策，则此投资方实质控制该被投资方，应纳入报表合并范围。

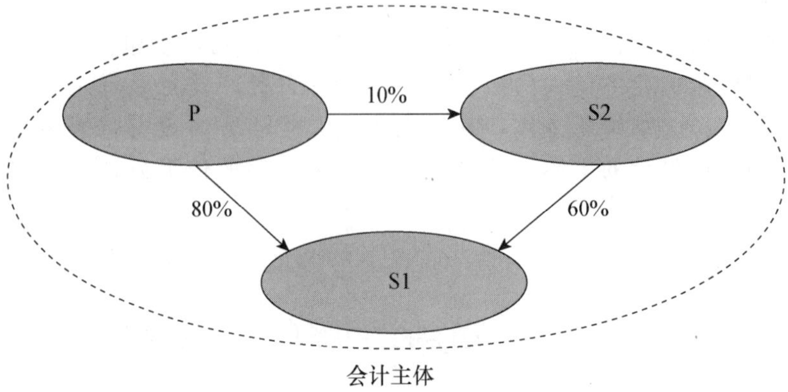

图 3—6 间接控制下的报表合并范围

实质控制可以说是实质重于形式原则的充分应用，实质控制的判断一般存在于投资公司拥有被投资公司的表决权股为半数或少于半数的情况下。在这种情况下，满足以下条件之一的，一般认为投资公司能够控制被投资单位，应当将该被投资单位认定为子公司，纳入合并财务报表的合并范围；但是，有证据表明投资公司不能控制被投资单位的除外。

(1) 通过与被投资单位其他投资者之间的协议，拥有被投资单位半数以上的表决权；

(2) 根据公司章程或协议，有权决定被投资单位的财务和经营政策；

(3) 有权任免被投资单位的董事会或类似机构的多数成员；

(4) 在被投资单位的董事会或类似机构占多数表决权。

其中，在确定能否控制被投资单位时，应当考虑投资公司和其他公司持有的被投资单位的当期可转换的可转换公司债券、当期可执行的认股权证等潜在表决权因素。

3. 从“主要受益方”加以定义

“安然事件”发生以后，“主要受益方”作为判断控制的条件被提出。提出者强调在某些特殊目的主体（SPE）上，所有权标准用于分析“控制财务利益”更为合理。因为作为一个主体的主要受益方，就会承担相应的经济风险，这也就决定了其必然对这一主体有强烈的控制动机，从实质性的角度考虑需要将这些被投资公司或者组织纳入合并的范围。

（二）现行的控制定义

现代社会中的公司的股权结构具有复杂性，为了规范控制的定义，我国企业会计准则第 33 号（2014 年）对此作了明确定义。

控制，是指投资方拥有对被投资方的权力，通过参与被投资方的相关活动而享有可变回报，并且有能力运用对被投资方的权力影响其回报金额。控制的定义包含三个要素：(1) 投资方拥有对被投资方的权力；(2) 因参与被投资方的相关活动而享有可变回报；(3) 有能力运用对被投资方的权力影响其回报金额。在判断投资方是否能够控制被投资方时，当且仅当投资方同时具备上述三要素时，才能表明投资方能够控制被投资方。三者之间的关系见图 3—7。

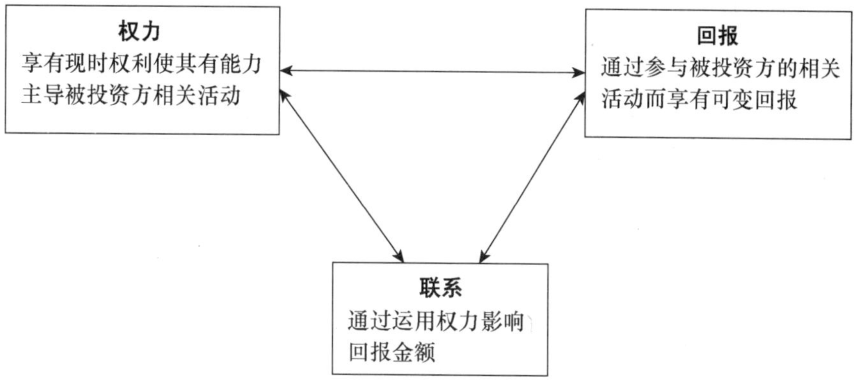

图 3—7　控制三要素之间的关系

被投资方可能是一个有限责任公司、股份有限公司、尚未进行公司制改建的国有企业，也可能是一个合伙企业、信托、专项资产管理计划等。在少数情况下，也可能包括被投资方的一个可分割部分。

为了拥有对被投资方的权力，投资方当前应当有能力主导被投资方的相关活动，权力就是投资方当前有能力主导被投资方相关活动的现时权利。权力来自于权利。这些赋予投资方权力的权利包括但不限于以下方面：（1）被投资方的表决权或潜在表决权，潜在表决权是获得被投资方表决权的权利，例如，可转换工具、可执行认股权证、远期股权购买合同或其他期权所产生的权利；（2）任命、批准或免除被投资方关键管理人员的权利，这些关键管理人员能够主导被投资方的相关活动；（3）批准或免除能主导相关活动的其他主体的权利；（4）主导被投资方签订或变更重大交易的权利等。

1. 投资方拥有对被投资方的权力

投资方拥有对被投资方的权力是判断控制的第一要素，这要求投资方：（1）需要识别被投资方并评估其设立目的和设计；（2）识别被投资方的相关活动以及对相关活动进行决策的机制；（3）确定投资方及涉入被投资方的其他方拥有的与被投资方相关的权利等，以确定投资方当前是否有能力主导被投资方的相关活动。

（1）评估被投资方的设立目的和设计。在判断投资方对被投资方是否拥有权力时，首先要结合被投资方的设立目的和设计。评估被投资方的设立目的和设计，有助于识别被投资方的哪些活动是相关活动、相关活动的决策机制、被投资方相关活动的主导方以及涉入被投资方的哪一方能从相关活动中取得可变回报。

1）如果被投资方的设计安排表明，判断控制的决定因素是表决权，当投资方持有被投资方半数以上的表决权时，投资方就控制被投资方。表决权是对被投资方经营计划、投资方案、年度财务预算方案和决算方案、利润分配方案和弥补亏损方案、内部管理机构的设置、聘任或解聘公司经理及确定其报酬、公司的基本管理制度等事项进行表决而持有的权利。表决权比例通常与其出资比例或持股比例是一致的。

在这种设计安排下，对被投资方的控制是通过持有其一定比例的表决权或是潜在表决权的方式，在不存在其他改变决策安排的情况下，主要是通过行使表决权来决定被投资方的财务和经营政策。但是，当章程或者其他协议存在某些特殊约定（如被投资方相关活动的决策需要三分之二以上表决权比例通过）时，拥有半数以上但未达到约定比例等并不意味着能够控制被投资方。

2）如果被投资方的设计安排表明，判断控制的决定因素不是表决权，表决权仅与被投资方的日常行政管理活动有关，被投资方的相关活动可能由其他合同安排，此时，投资方应结合被投资方设计产生的风险和收益、被投资方转移给其他投资方的风险和收益，以及投资方面临的风险和收益等一并判断是否控制被投资方。

例 3—1

牡弘公司将全部资金用于对非关联方紫皖公司的全资子公司笋艺公司增资，增资完成后，牡弘公司持有笋艺公司 60%有表决权的股份，紫皖公司持有笋艺公司 40%有表决权的股份。根据协议，紫皖公司将在 3 年后以固定价格回购牡弘持有的笋艺公司股份。笋艺公司是专门建造大型船舶并用于租赁的项目公司，建造期为 5 年，牡弘公司增资时，该资产已经建造了 2 年。

被投资方笋艺公司的相关活动是用 5 年的时间建造一大型船舶，之后以租金的方式取得回报。牡弘公司增资时，笋艺公司的资产建造已经开始，大多与建造事项有关的决策很可能已完成，当牡弘公司将持有的笋艺公司股份以固定价格出售给紫皖公司时，笋艺公司刚刚完成建造活动，尚未开始产生回报。因此，牡弘公司并不能主导笋艺公司的相关活动，而且牡弘公司也无法通过参与笋艺公司的相关活动取得可变回报，牡弘公司是通过紫皖公司回购股份的方式收回其投资成本并取得收益的，因此，即使牡弘公司拥有半数以上的表决权，也不能控制被投资方笋艺公司。

（2）识别被投资方的相关活动及其决策机制。

1）被投资方的相关活动。识别被投资方相关活动的目的是确定投资方对被投资方是否拥有权力。被投资方为经营目的而从事众多活动，但这些活动并非都是相关活动，相关活动是对被投资方的回报产生重大影响的活动。通常，经营和财务活动对其回报产生重大影响。不同企业的相关活动可能不同，应当根据企业的行业特征、业务特点、发展阶段、市场环境等具体情况进行判断，这些相关活动可能包括但不限于下列活动：商品或劳务的销售和购买；金融资产的管理；资产的购买和处置；研究与开发；融资活动。

2）被投资方相关活动的决策机制。投资方是否拥有权力，不仅取决于被投资方的相关活动，还取决于对相关活动进行决策的方式，例如，对被投资方的经营、融资等活动作出决策（包括编制预算）的方式，任命被投资方的关键管理人员、给付薪酬及终止劳动合同关系的决策方式等。

相关活动一般由企业章程、协议中约定的权力机构（例如股东会、董事会）来决策，特殊情况下，相关活动也可能根据合同协议约定等由其他主体决策，如专门设置的管理委员会等。有限合伙企业的相关活动可能由合伙人大会决策，也可能由普通合伙人或投资管理公司等决策。

被投资方通常从事若干相关活动，并且这些相关活动可能不是同时进行。准则规定，当两个或两个以上投资方能够分别单方面主导被投资方的不同相关活动时，能够主导对被投资方回报产生最重大影响的活动的一方拥有对被投资方的权力，此时，通常需要考虑的因素包括：被投资方的设立目的和设计；影响被投资方利润率、收入和企业价值的决定因素；每一投资方有关上述因素的决策职权范围及其对被投资方回报的影响程度；投资方承担可变回报风险的大小。

（3）确定投资方拥有被投资方相关的权利。投资方享有的权利是否使其目前有能力主导被投资方的相关活动，需要判断投资方拥有被投资方相关的权利，这些权利包括实质性权利和保护性权利。

实质性权利是持有人在对相关活动进行决策时有实际能力行使的可执行权利。包括自身所享有的实质性权利以及其他方所享有的实质性权利。

判断一项权利是否为实质性权利，应当综合考虑所有相关因素，包括权利持有人行使该项权利是否存在财务、价格、条款、机制、信息、运营、法律法规等方面的障碍；当权利由多方持有或者行权需要多方同意时，是否存在实际可行的机制使得这些权利持有人在其愿意的情况下能够一致行权；权利持有人是否可从行权中获利等。实质性权利通常是当前可执行的权利，但某些情况下当前不可行使的权利也可能是实质性权利。

保护性权利仅为了保护权利持有人利益却没有赋予持有人对相关活动的决策权。通常包括应由股东大会行使的修改公司章程，增加或减少注册资本，发行公司债券，公司合并、分立、解散或变更公司形式等事项持有的表决权。例如，少数股东批准超过正常经营范围的资本性支出或发行权益工具、债务工具的权利。再如，贷款方限制借款方从事损害贷款方权利的活动权利，这些活动将对借款方信用风险产生不利影响从而损害贷款方权利，以及贷款方在借款方发生违约行为时扣押其资产的权利等。

保护性权利通常只能在被投资方发生根本性改变或某些例外情况发生时才能够行使，它既没有赋予其持有人对被投资方拥有权力，也不能阻止被投资方的其他投资方对被投资方拥有权力。仅享有保护性权利的投资方不拥有对被投资方的权力。

2. 因参与被投资方的相关活动而享有可变回报

判断投资方是否控制被投资方的第二项基本要素是，因参与被投资方的相关活动而享有可变回报。可变回报是不固定的并可能随被投资方业绩而变动的回报，可能是正回报，也可能是负回报。投资方在判断其享有被投资方的回报是否变动以及如何变动时，应当根据合同安排的实质，而不是法律形式。例如，投资方持有固定利息的交易性债券投资时，虽然利息是固定的，但该利息取决于债券违约风险及债券发行方的信用风险，因此，固定利息也可能属于可变回报。再如，管理被投资方资产获得的固定管理费也属于可变回报，因为管理者是否能获得此回报依赖于被投资方是否能够产生足够的收益用于支付该固定管理费。

可变回报主要包括：（1）股利、被投资方经济利益的其他分配（例如，被投资方发行的债务工具产生的利息）、投资方对被投资方投资的价值变动；（2）因向被投资方的资产或负债提供服务而得到的报酬、因提供信用支持或流动性支持收取的费用或承担的损失、被投资方清算时在其剩余净资产中所享有的权益、税务利益，以及因涉入被投资方而获得的未来流动性；（3）其他利益持有方无法得到的回报。例如，投资方将自身资产与被投资方的资产一并使用，以实现规模经济，达到节约成本、为稀缺产品提供资源、获得专有技术或限制某些运营或资产，从而提高投资方其他资产的价值。

3. 有能力运用对被投资方的权力影响其回报金额

判断控制的第三项基本要素是，有能力运用对被投资方的权力影响其回报金额。只有当投资方不仅拥有对被投资方的权力、通过参与被投资方的相关活动而享有可变回报，并且有能力运用对被投资方的权力来影响其回报的金额时，投资方才控制被投资方。

拥有决策权的投资方在判断是否控制被投资方时，需要考虑其决策行为是以主要责任人（即实际决策人）的身份进行还是以代理人的身份进行。此外，在其他方拥有决策权时，投资方还需要考虑其他方是否是以代理人的身份代表该投资方行使决策权。

投资方通常应当对是否控制被投资方整体进行判断。

4. 对被投资方可分割部分的控制

当投资方将被投资方的一部分视为被投资方的可分割部分时，投资方需要判断是否控制该可分割部分。

被投资方可分割部分需要满足以下条件：（1）该可分割部分的资产是偿付该可分割部分的负债或其他权益的唯一来源，不能用于偿还该被投资方可分割部分以外的其他负债；（2）除与该可分割部分相关的各方外，其他方不享有与该可分割部分资产相关的权利，也不享有与该可分割部分资产剩余现金流量相关的权利。

实质上该可分割部分的所有资产、负债及相关权益均与被投资方的其他部分相隔离，即该可分割部分的资产产生的回报不能由该可分割部分以外的被投资方其他部分使用，该可分割部分的负债也不能用该可分割部分以外的被投资方资产偿还。

投资方应当基于控制的判断标准确定其是否能够控制该可分割部分，包括考虑该可分割部分的相关活动及其决策机制，投资方是否有能力主导可分割部分的相关活动并据以从中取得可变回报等。如果投资方控制该可分割部分，则应将其进行合并。

5. 控制的持续评估

控制的评估是持续的，当环境或情况发生变化时，投资方需要评估控制的三项基本要素中的一项或多项是否发生了变化。如果有任何事实或情况表明控制的三项基本要素中的一项或多项发生了变化，投资方应重新评估对被投资方是否具有控制。

6. 投资性主体

母公司应当将其全部子公司（包括母公司所控制的单独主体）纳入合并财务报表的合并范围。

如果母公司是投资性主体，则只应将那些为投资性主体的投资活动提供相关服务的子公司纳入合并范围并编制合并财务报表；其他子公司不应予以合并，母公司对其他子公司的投资应按照公允价值计量且其变动计入当期损益。

母公司为投资性主体需要同时满足三个条件：一是该公司以向投资方提供投资管理服务为目的，从一个或多个投资者获取资金；二是该公司的唯一经营目的是通过资本增值、投资收益或两者兼有而让投资者获得回报；三是该公司按照公允价值对几乎所有投资的业绩进行计量和评价。

投资性主体通常应当具备下列四个特征：一是拥有一个以上投资；二是拥有一个以上投资者；三是投资者不是该主体的关联方；四是该主体的所有者权益以股权或类似权益存在。当主体不完全具备上述四个特征时，需要审慎评估，判断是否有确凿证据证明：虽然缺少其中一个或几个特征，但该主体仍然符合投资性主体的定义。

投资性主体的判断需要持续进行；当有事实和情况表明构成投资性主体定义的三项要素发生变化，或者任何典型特征发生变化时，应当重新评估其是否符合投资性主体。

当母公司由非投资性主体转变为投资性主体时，除仅将为其投资活动提供相关服务的子公司纳入合并财务报表范围编制合并财务报表外，企业自转变日起对其他子公司不应予以合并，其会计处理参照部分处置子公司股权但不丧失控制权的处理原则。

当母公司由投资性主体转变为非投资性主体时，应将原未纳入合并财务报表范围的子公司于转变日纳入合并财务报表范围，将转变日视为购买日，原未纳入合并财务报表范围的子公司于转变日的公允价值视为购买的交易对价，按照非同一控制下企业合并的会计处理方法进行会计处理。

四、财务报表合并的基本程序

（一）合并财务报表的编制原则

报表合并的目的在于将多个法律上独立但经济上却相互关联的个体视为一个经济主体，编制一份反映这个经济主体整体财务状况、经营成果和现金流量的报表。因此，该经济主体内部各公司间的交易形式上虽为外部交易，但实际与一家公司内部两个部门之间的交易无异，并不产生利润。企业最终对外提供的合并财务报表中的数据应该是反映整个企业集团对外经济活动所形成的经营成果、财务状况和现金流量。因此，报表合并主要就是在母公司和其子公司单体财务报表的基础上抵销掉公司间内部的投资及交易，从而提供一份将母子公司作为一个整体的财务状况、经营成果和现金流量的报表，此为编制合并报表时应遵循的一体性原则。合并报表编制过程中的各种抵销分录都是围绕这一点展开的。

报表合并并非将各个法律主体财务报表中所有科目对应金额直接相加，而是将其中某些科目金额直接相加，某些科目加以调整，某些科目加以删除。报表的合并通常是在合并工作底稿中通过编制抵销分录完成。值得注意的是这些抵销分录并非正式分录，不在母公司或子公司单体的会计账簿中反映，且某一年合并工作底稿中抵销或调整的项目，在次年的工作底稿中，可能仍需重新抵销或调整。

（二）报表合并的主要步骤

合并报表的编制主要包括以下步骤：

1. 合并前的准备工作

（1）统一母子公司会计政策。母公司应当统一子公司所采用的会计政策，使子公司采用的会计政策与母公司保持一致。子公司所采用的会计政策与母公司不一致的，应当按照母公司的会计政策对子公司财务报表进行必要的调整；或者要求子公司按照母公司的会计政策另行编报财务报表。

（2）统一母子公司的资产负债表日及会计期间。母公司应当统一子公司的会计期间，使子公司的会计期间和资产负债表日与母公司保持一致。子公司会计期间与母公司不一致的，应当按照母公司的会计期间对子公司财务报表进行调整；或者要求子公司按照母公司的会计期间另行编报财务报表。

（3）对子公司的外币财务报表先折算后合并。对母公司和子公司的财务报表进行合并，其前提必须是母子公司单体财务报表所采用的货币计量单位一致。对子公司的外币财务报表先进行折算，然后才能合并。

(4) 收集编制合并财务报表的相关资料。在编制合并财务报表时，子公司除了应当向母公司提供相应期间的财务报表外，还应当向母公司提供下列有关资料：

1) 采用的与母公司不一致的会计政策及其影响金额；

2) 与母公司不一致的会计期间的说明；

3) 与母公司、其他子公司之间发生的所有内部交易的相关资料；

4) 所有者权益变动的有关资料；

5) 编制合并财务报表所需要的其他资料。

2. 合并工作底稿的编制

(1) 将母子公司单体财务报表列于合并工作底稿中。进行合并时要使用合并工作底稿这一工具，它有助于减少合并过程中的差错，通常实务中采用的是财务报表式合并工作底稿，其格式如表3—1所示。

表3—1 **合并工作底稿示例**

项目	单体财务报表		调整与抵销分录		(5) 合并数 Con
	(1) 母公司 P	(2) 子公司 S	(3) 借方 Dr	(4) 贷方 Cr	
利润表					
收入类 R					R(5)=(1)+(2)−(3)+(4)
费用类 E					E(5)=(1)+(2)+(3)−(4)
净利润 NI					NI(5)=R(5)−E(5)
归属于母公司股东的净利润 CII					CII(5)=NI(5)−NCII(5)
少数股东损益 NCII					NCII(5)=NI(5)×少数股东的持股比例
资产负债表					
资产类 A					A(5)=(1)+(2)+(3)−(4)
负债类 L					L(5)=(1)+(2)−(3)+(4)
股东权益类 SE					SE(5)=(1)+(2)−(3)+(4)
归属于母公司股东权益合计					
少数股东权益 NCI					NCI_1(5)=NCI_0+NCII(5)−NCID

合并工作底稿编制的第一步是将母子公司单体财务报表列示于合并工作底稿前两栏中，如果母子公司单体财务报表中存在错误或遗漏，要求在列入前先行调整。

合并利润表时，收入类项目的合并数R (5) 等于母子公司单体报表中相同项目相加，再减去抵销栏中的借方，加上抵销栏中的贷方。费用类项目的合并数E (5) 等于母子公司单体报表中相同项目相加，再加上抵销栏中的借方，减去抵销栏中的贷方。净利润NI (5) 等于合并收入减去合并费用。在净利润项目下增加“归属于母公司股东的净利润CII”和“少数股东损益NCII”两个项目，分别反映净利润中由母公司所有者享有的份额和非全资子公司当期实现的净利润中归属于少数股东的份额。少数股东损益NCII等于子公司当期实现的净利润NI乘以少数股东的持股比例。归属于母公司股东的净利润CII (5) 等于净利润NI (5) 减去少数股东损益NCII (5)。

合并资产负债表时，资产类项目的合并数A (5) 计算与费用类相同。负债类项目的合并数L (5) 计算与收入类相同，股东权益类项目的合并数SE (5) 计算与负债类相同。在股东权益类项目下增加“归属于母公司股东权益合计”项目，用于反映企业集团的股东权益中归属于母公司股东权益的部分，包括股本、资本公积、库存股、其他综合收益、盈余公积、专项储备、一般风险准备、未分配利润、其他等项目的金额；在股东权益项目下增加“少数股东权益”项目，用于反映非全资子公司的股东权益中不属于母公司的份额。期末少数股东权益（NCI_1）等于期初少数股东权益（NCI_0）加上本期少数股东损益（NCII）减去本期少数股东股利（NCID）。

（2）编制抵销及调整分录。合并工作底稿编制的第二步是编制合并工作底稿抵销分录，并将编制的抵销分录列示于合并工作底稿抵销分录栏中科目所对应空格中。

这一步骤主要包括：

1）长期股权投资未采用权益法进行会计处理的，如采用转换为权益法编制合并报表，在第一步中首先按权益法的要求将相关科目余额调整为权益法下相应的金额。

2）抵销公司间内部损益。集团内企业之间的交易通常称为公司间内部交易。公司间内部交易产生的损益，就合并主体而言，只是一种内部交易，报表合并要求将其抵销，如果该损益已因有关资产使用或出售给合并主体以外而实现，则不需抵销。例如，母公司将商品卖给子公司，子公司未对外界出售该商品，在进行报表合并时，母公司单体账上该商品销售所获利润即应抵销。

3）将来自子公司的投资收益和股利加以抵销，并将对子公司的长期股权投资账户调整为期初余额。

同理，母公司对子公司的长期股权投资也只存在于公司内部，母公司对子公司的长期股权投资所产生的损益以及相关账户余额也应加以抵销。

将对子公司的长期股权投资账户调整为期初余额主要是为了和子公司期初股东权益类账户建立相对性。所谓相对性是指相对账户之间的对等关系，相对账户是指金额相等，方向相反的账户。如母公司账上的“长期股权投资——子公司”账户与子公司账上的股东权益账户是一对相对账户。

4）抵销母公司对子公司的长期股权投资账户与子公司的股东权益账户。抵销母公司“长期股权投资”账户和子公司的“股本”“资本公积”“盈余公积”“未分配利润”等股东权益类账户，并确认购买价差。此步骤主要目的是抵销掉公司间的投资，并确认母公司投资成本与所获得子公司净资产账面价值的差额（即购买价差）。母公司账上的“长期股权投资——子公司”账户和子公司账上的股东权益账户这对基本相对账户在合并过程中需要加以抵销，因为两者都代表子公司的净资产。

5）购买价差的分配及摊销（购并法下）。购买价差的分配主要目的是将被投资公司的资产、负债以公允价值在合并财务报表中反映。要达到这一目的，可采用两种方法：

a. 基于子公司的账本直接重新估价，并且直接调整子公司的账面价值使得其与公允价值一致。

b. 保留子公司的账目不变，在每次合并报表时重新估计，并在合并财务报表中反映。

第一个方法又称为下推会计，本章附录将对其进行简单介绍。下推会计的方法在子公司有少数股东权益时不太适用，因为这些有少数股东权益的子公司是一个独立的企业，其会计计价基础不应该因为合并而改变。

实务中通常采用第二种方法。将母公司对子公司的投资成本中高于母公司在子公司净资产账面价值中所占份额的部分先分配给子公司发生评估增值的净资产，仍有余额则确认为商誉。并对增值部分及商誉进行折旧、摊销或减值。

6）抵销其他相对账户。公司间内部交易以及债权债务，也可能使各公司账上出现相对账户余额。这些相对账户余额也应加以抵销。包括公司间应收账款与应付账款、公司间的收入与费用等。

报表合并时应抵销的相对账户汇总如表3—2所示。

表3—2 抵销相对账户对应表

母公司账上	⟷	子公司账上
长期股权投资——子公司	基本相对账户	股东权益账户
应收（应付）账款——子公司	其他相对账户	应付（应收）账款
预付（收）账款——子公司	其他相对账户	预收（付）账款——母公司
利息收入（费用）——子公司	其他相对账户	利息费用（收入）——母公司
股利收入（宣告股利）——子公司	其他相对账户	宣告股利（股利收入）——母公司
应收管理费——子公司	其他相对账户	应付管理费——母公司
营业收入——子公司	其他相对账户	营业成本或购货——母公司
营业成本或购货——子公司	其他相对账户	营业收入——母公司

在编制合并工作底稿时，可灵活采取不同于以上的调整和抵销分录顺序，但上述顺序适用于任何情况。

（3）计入少数股东权益及少数股东损益。子公司所有者权益中不属于母公司的份额，应当作为少数股东权益，简称少数股权。合并报表少数股东权益的处理常见的有两种方法：一种是将少数股东权益以单一的金额列示在合并资产负债表上的负债部分，通常列在非流动负债项目下，一般而言将少数股东权益归为负债并不合适，因为少数股东权益代表着联属公司以外的股东对合并净资产的权益投资。另一种方法是，将少数股东权益包括在合并的股东权益之中，或单独列示。

我国有关少数股东权益采用如下的做法：

1）将子公司所有者权益中不属于母公司的份额作为少数股东权益，并将少数股东权益在合并资产负债表中所有者权益项目下以“少数股东权益”项目列示.

2）子公司当期利润（净损益）中属于少数股东权益的份额，应当在合并利润表净利润项目下以“少数股东损益”项目列示。

3）子公司少数股东分担的当期亏损超过了少数股东在该子公司期初所有者权益中所享有的份额，其余额应当分别下列情况进行处理：

公司章程或协议规定少数股东有义务承担，并且少数股东有能力予以弥补的，该项余额应当冲减少数股东权益。

公司章程或协议未规定少数股东有义务承担的，该项余额应当冲减母公司的所有者权益。该子公司以后期间实现的利润，在弥补了由母公司所有者权益所承担的属于少数股东的损失之前，应当全部归属于母公司的所有者权益。

（4）计算合并后各科目总金额。将母子公司试算表各科目非相对账户分别相加，相对账户相互抵销，即得到合并后的金额。报表合并至此即完成。

进行报表合并时，所采用的工作底稿只是合并过程中进行数据整理计算的工具，在目标明确的情况下，报表的合并所有计算都可不依赖合并工作底稿来完成。

本处合并报表的编制程序适用于合并日以及合并日后报表的编制，合并日报表的合并因不存在公司间内部交易以及购买价差的分配，所以较为简单。

（三）披露

非同一控制下的企业合并，我国企业会计准则要求合并日后企业应当在附注中披露下列信息：

（1）子公司的清单，包括企业名称、注册地、业务性质、母公司的持股比例和表决权比例。

（2）母公司直接或通过子公司间接拥有被投资单位表决权不足半数但能对其形成控制的原因。

（3）母公司直接或通过其他子公司间接拥有被投资单位半数以上的表决权但未能对其形成控制的原因。

（4）子公司所采用的与母公司不一致的会计政策，编制合并财务报的处理方法及影响。

（5）子公司与母公司不一致的会计期间，编制合并财务报表的处理方法及其影响。

（6）本期增加子公司，按照《企业会计准则第 20 号——企业合并》的规定进行披露。

（7）本期不再纳入合并范围的原子公司，说明原子公司的名称、注册地、业务性质、母公司的持股比例和表决权比例，本期不再成为子公司的原因，其在处置日和上一会计期间资产负债表日资产、负债和所有者权益的金额以及本期期初至处置日的收入、费用和利润的金额。

（8）子公司向母公司转移资金的能力受到严格限制的情况。

（9）需要在附注中注明的其他事项。

五、合并财务报表的局限

合并财务报表的出现在一定程度上满足了报表使用者了解企业集团整体财务状况、经营成果和现金流量的需要，但是合并财务报表也不是尽善尽美，自身存在着一定的局限性，具体表现为：

（一）无法向少数股东、子公司债权人和监管机构提供信息

由于合并财务报表反映的是整个企业集团的财务状况和经营成果，因此对于某个子公司则缺乏详细的资料，有时某些子公司不佳的经营状况可能被整个集团良好的业绩所掩盖，在这种情况下，合并报表无法向少数股东、子公司债权人和监管机构提供信息。

（二）合并报表中的部分数据不能代表实际情况

合并报表中某些数据并不能代表实际情况。如合并利润表“利润分配”项目中的数据包含了母公司所占有的子公司未分配利润部分，并不能代表母公司可供分配的利润。同样，合并资产负债表中包括了子公司的资产，并不是所有资产都可用于母公司的股利分配。

（三）财务指标或比率在用途上受限

在集团内企业不只从事同一行业的情况下，由合并财务报表计算出的财务指标或比率在用途上会受到限制。

合并报表还有其他的局限性，以上只是列示了主要的几点。现行实务中，为了弥补这些缺点，通常要求在附注中对子公司的重要信息加以披露，但是由此也往往造成报表附注过于臃肿，关键信息不够突出。总之，合并财务报表不能完全替代母公司和各子公司的单体财务报表。

第二节 合并日的合并财务报表——全资子公司

合并日，在购并法下称为购并日，是指购并方实际取得对被购并方控制权的日期。母子公司合并后，为反映购并当日合并后之财务状况，应立即编制合并财务报表。非同一控制下的企业合并，合并日只要求编制资产负债表。

同一控制下的企业合并较非同一控制下的企业合并简单，合并日主要抵销母公司对子公司的长期股权投资。

在非同一控制下的企业合并，合并日财务报表的合并主要包括以下几项：

（1）抵销母公司对子公司的长期股权投资；

（2）将购买成本和所获得净资产账面价值的差额，确认为购买价差（或称为合并价差）；

（3）购买价差为正时，将购买价差分配给所获得子公司资产、负债的评估增值，多余部分确认为商誉；

（4）购买价差为负时，也在合并报表上将所获得子公司资产、负债以公允价值计列，公允价值与投资成本的差额（负商誉）计入当期损益（营业外收入）。

全资子公司、非全资子公司合并日财务报表的合并有所不同，本节将详细讲述全资子公司情况下合并日财务报表的合并，并按等于、大于和小于净资产账面价值的价格购买全资子公司三种情况进行细述。有关非全资子公司合并日财务报表的合并将于第三节中介绍。

一、同一控制下的企业合并

假定牡丹公司和紫檀公司隶属于同一集团，两家公司的合并属于同一控制下的企业合并。

（一）相关资料

假设牡丹公司以 600 000 元购买了紫檀公司全部流通在外的股份。合并日，紫檀公司的净资产账面价值为 600 000 元。两公司在合并前的相关资料见表 3—3。

表 3—3　牡丹公司和紫檀公司在合并之前的单体资产负债表

20×1 年 1 月 1 日

单位：元

	牡丹公司	紫檀公司
资产		
现金	700 000	100 000
应收账款	150 000	100 000

续前表

	牡丹公司	紫檀公司
存货	200 000	120 000
固定资产	1 950 000	1 280 000
累计折旧	(800 000)	(600 000)
资产总计	2 200 000	1 000 000
负债与股东权益		
应付账款	200 000	200 000
应付债券	400 000	200 000
负债合计	600 000	400 000
股本	1 000 000	400 000
盈余公积	400 000	100 000
未分配利润	200 000	100 000
股东权益合计（净资产）	1 600 000	600 000
负债和股东权益总计	2 200 000	1 000 000

（二）母公司投资成本的确认

同一控制下的企业合并，合并方以支付现金、转让非现金资产或承担债务方式作为合并对价的，应当在合并日按照被合并方所有者权益在最终控制方合并财务报表中的账面价值的份额作为长期股权投资的初始投资成本。长期股权投资初始投资成本与支付的现金、转让的非现金资产以及所承担债务账面价值之间的差额，应当调整资本公积；资本公积不足冲减的，调整留存收益。

合并方以发行权益性证券作为合并对价的，应当在合并日按照被合并方所有者权益在最终控制方合并财务报表中的账面价值的份额作为长期股权投资的初始投资成本。按照发行股份的面值总额作为股本，长期股权投资初始投资成本与所发行股份面值总额之间的差额，应当调整资本公积；资本公积不足冲减的，调整留存收益。

牡丹公司单体账上确认对紫檀公司投资的会计分录如下：

借：长期股权投资——紫檀公司　　600 000

　　贷：现金　　600 000

牡丹公司记录这笔分录，重编单体报表如表 3－4 所示。

（三）合并日资产负债表的编制

合并完成当日，牡丹公司与紫檀公司的单体资产负债表如表 3—4 所示。

表 3—4　　牡丹公司与紫檀公司合并后的单体资产负债表

20×1 年 1 月 1 日　　单位：元

	牡丹公司	紫檀公司
资产		
现金	100 000	100 000
应收账款	150 000	100 000
存货	200 000	120 000

续前表

	牡丹公司	紫檀公司
固定资产	1 950 000	1 280 000
累计折旧	(800 000)	(600 000)
长期股权投资——紫檀公司	600 000	
资产总计	2 200 000	1 000 000
负债与股东权益		
应付账款	200 000	200 000
应付债券	400 000	200 000
负债合计	600 000	400 000
股本	1 000 000	400 000
盈余公积	400 000	100 000
未分配利润	200 000	100 000
股东权益合计（净资产）	1 600 000	600 000
负债和股东权益总计	2 200 000	1 000 000

1. 抵销分录

本例中，合并工作底稿上，唯一的抵销分录为：抵销牡丹公司对紫檀公司的长期股权投资以及紫檀公司的股东权益。

抵销分录如下：

抵销母公司长期股权投资账户与子公司股东权益类项目：

①借：股本	400 000	
盈余公积	100 000	
未分配利润	100 000	
贷：长期股权投资——紫檀公司		600 000

注意，抵销分录只存在于合并工作底稿中，并不在母子公司单体财务报表上反映。本书中通过对工作底稿抵销分录部分铺灰色以区别于母子公司单体账上的正式分录。

2. 合并工作底稿

合并日合并完成后，母子公司单体的财务报表列示于合并工作底稿前两栏；将抵销分录列入；将母子公司单体报表各科目分别相加，再加减抵销分录之金额，最后得到合并数。牡丹公司和紫檀公司合并日合并工作底稿如表3—5所示。

表3—5　牡丹公司和紫檀公司合并日合并工作底稿　单位：元

	牡丹公司	紫檀公司	调整与抵销分录		合并数
			借方	贷方	
现金	100 000	100 000			200 000
应收账款	150 000	100 000			250 000
存货	200 000	120 000			320 000
固定资产	1 950 000	1 280 000			3 230 000
累计折旧	(800 000)	(600 000)			(1 400 000)
长期股权投资——紫檀公司	600 000			①600 000	0
资产总计	2 200 000	1 000 000			2 600 000

续前表

	牡丹公司	紫檀公司	调整与抵销分录		合并数
			借方	贷方	
应付账款	200 000	200 000			400 000
应付债券	400 000	200 000			600 000
负债合计	600 000	400 000			1 000 000
股本	1 000 000	400 000	①400 000		1 000 000
盈余公积	400 000	100 000	①100 000		400 000
未分配利润	200 000	100 000	①100 000		200 000
股东权益合计	1 600 000	600 000			1 600 000
负债和股东权益总计	2 200 000	1 000 000			2 600 000

合并后的资产负债表如表 3—6 所示。

表 3—6　　牡丹公司和紫檀公司的合并资产负债表

20×1 年 1 月 1 日　　单位：元

资产		负债	
现金	200 000	应付账款	400 000
应收账款	250 000	应付债券	600 000
存货	320 000	股东权益	
固定资产	3 230 000	股本	1 000 000
累计折旧	(1 400 000)	盈余公积	400 000
		未分配利润	200 000
资产总计	2 600 000	负债和股东权益总计	2 600 000

二、非同一控制下的企业合并——以高于净资产账面价值的价格购买

假定牡丹公司和紫檀公司不隶属于同一集团，两家公司的合并属于非同一控制下的企业合并。

仍沿用上面的例子，现在假设牡丹公司以现金 600 000 元、应付债券 200 000 元购买了紫檀公司全部流通在外的股票，即牡丹公司以高于净资产账面价值的价格购买。

（一）母公司投资成本的确认

牡丹公司在合并日确认投资成本的会计分录如下：

借：长期股权投资——紫檀公司　　800 000
　　贷：现金　　600 000
　　　　应付债券　　200 000

（二）购买价差的计算

紫檀公司净资产账面价值 600 000 元，牡丹公司投资成本高于所获得净资产账面价值 200 000 元，即购买价差为 200 000 元。购买价差为投资成本和所获得被投资公司净资产账面价值的差额，与被投资公司资产、负债公允价值无关。

牡丹公司对紫檀公司的购买价差计算如图 3—8 所示。

牡丹公司	投资成本		800 000
↓	所获净资产的账面价值		
紫檀公司	股本	400 000	
	盈余公积及未分配利润	200 000	
		600 000	
	牡丹公司的持股比例	× 100%	(600 000)
	购买价差		200 000

图 3—8 牡丹公司对紫檀公司的购买价差计算图

(三) 财务报表的合并

购买价差为正时，如果子公司不存在评估增值，则全部分配到商誉；如果所获得的子公司资产存在评估增值，应先分配给资产增值部分，如有剩余再分配给商誉。以下将就本例分三种情况讲述购买价差为正时的财务报表的合并。

1. 购买价差只分配给商誉

(1) 抵销分录。假设子公司资产、负债的账面价值和公允价值相等，则购买价差均应计入商誉。合并工作底稿上抵销分录如下：

抵销母公司长期股权投资账户和子公司权益类项目：

①借：股本——紫檀公司	400 000	
盈余公积	100 000	
未分配利润	100 000	
购买价差	200 000	
贷：长期股权投资——紫檀公司		800 000

将购买价差分配给商誉：

②借：商誉	200 000	
贷：购买价差		200 000

如果对上述两笔分录熟练以后，可以将这两笔分录合二为一，即

借：股本——紫檀公司	400 000	
盈余公积	100 000	
未分配利润	100 000	
商誉	200 000	
贷：长期股权投资——紫檀公司		800 000

(2) 合并工作底稿。合并工作底稿见表 3—7。

表 3—7 **牡丹公司和紫檀公司合并日合并工作底稿** 单位：元

	牡丹公司	紫檀公司	调整与抵销分录		合并数
			借方	贷方	
现金	100 000	100 000			200 000
应收账款	150 000	100 000			250 000

续前表

	牡丹公司	紫檀公司	调整与抵销分录		合并数
			借方	贷方	
存货	200 000	120 000			320 000
固定资产	1 950 000	1 280 000			3 230 000
累计折旧	(800 000)	(600 000)			(1 400 000)
长期股权投资——紫檀公司	800 000			①800 000	
商誉			②200 000		200 000
购买价差			①200 000	②200 000	
资产总计	2 400 000	1 000 000			2 800 000
应付账款	200 000	200 000			400 000
应付债券	600 000	200 000			800 000
负债合计	800 000	400 000			1 200 000
股本	1 000 000	400 000	①400 000		1 000 000
盈余公积	400 000	100 000	①100 000		400 000
未分配利润	200 000	100 000	①100 000		200 000
股东权益合计	1 600 000	600 000			1 600 000
负债和股东权益总计	2 400 000	1 000 000			2 800 000

2. 购买价差只分配给评估增值

(1) 抵销分录。假设子公司固定资产增值 200 000 元，与购买价差的数值相等，因此不存在商誉。

合并工作底稿中抵销分录如下：

抵销母公司长期股权投资账户和子公司权益类项目：

①借：股本——紫檀公司　　400 000
　　盈余公积　　100 000
　　未分配利润　　100 000
　　购买价差　　200 000
　　贷：长期股权投资——紫檀公司　　800 000

将购买价差分配给固定资产公允价值与账面价值之差：

②借：固定资产　　200 000
　　贷：购买价差　　200 000

对上述两笔分录熟练以后，可以将这两笔分录合二为一，即

借：股本——紫檀公司　　400 000
　　盈余公积　　100 000
　　未分配利润　　100 000
　　固定资产　　200 000
　　贷：长期股权投资——紫檀公司　　800 000

(2) 编制合并工作底稿。合并工作底稿见表 3—8。

表 3—8　　牡丹公司和紫檀公司合并日合并工作底稿　　单位：元

	牡丹公司	紫檀公司	调整与抵销分录		合并数
			借方	贷方	
现金	100 000	100 000			200 000
应收账款	150 000	100 000			250 000
存货	200 000	120 000			320 000
固定资产	1 950 000	1 280 000	②200 000		3 430 000
累计折旧	(800 000)	(600 000)			(1 400 000)
长期股权投资——紫檀公司	800 000			①800 000	
购买价差			①200 000	②200 000	
资产总计	2 400 000	1 000 000			2 800 000
应付账款	200 000	200 000			400 000
应付债券	600 000	200 000			800 000
负债合计	800 000	400 000			1 200 000
股本	1 000 000	400 000	①400 000		1 000 000
盈余公积	400 000	100 000	①100 000		400 000
未分配利润	200 000	100 000	①100 000		200 000
股东权益合计	1 600 000	600 000			1 600 000
负债和股东权益总计	2 400 000	1 000 000			2 800 000

3. 同时分配给评估增值和商誉

（1）相关资料。假设紫檀公司合并日资产负债表账面价值和公允价值相关资料如表 3—9 所示。

表 3—9　　紫檀公司资产负债表账面价值和公允价值相关资料

20×1 年 1 月 1 日　　单位：元

	账面价值	公允价值	差异（评估增值）
现金	100 000	100 000	
应收账款	100 000	100 000	
存货	120 000	150 000	30 000
固定资产	1 280 000	1 420 000	140 000
累计折旧	(600 000)	(600 000)	
资产总计	1 000 000	1 170 000	170 000
应付账款	200 000	200 000	
应付债券	200 000	270 000	(70 000)
负债合计	400 000	470 000	
股本	400 000		
盈余公积	100 000		
未分配利润	100 000		
股东权益合计（净资产）	600 000	700 000	100 000
负债和股东权益总计	1 000 000		

（2）分配购买价差。购买价差一共为 200 000 元，首先要将其分配给可辨认净资产公允价值与账面价值的差额，剩下的分配给商誉。购买价差的构成如图 3—9 所示。

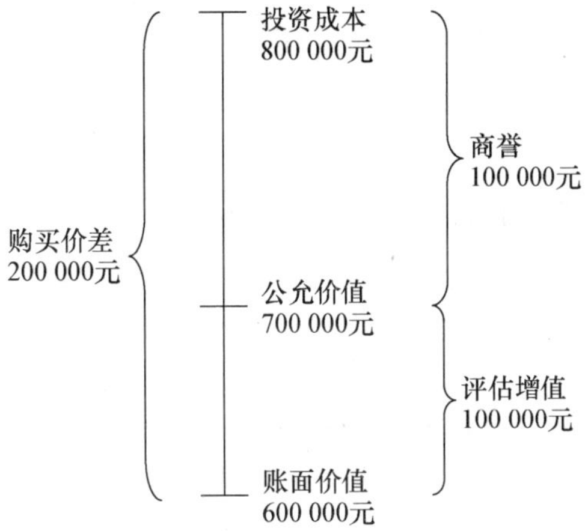

图 3—9 购买价差结构图

购买价差的分配如表 3—10 所示。

表 3—10 **购买价差分配表** 单位：元

	公允价值	—	账面价值	=	评估增（减）值
存货	150 000	—	120 000	=	30 000
固定资产	820 000	—	680 000	=	140 000
应付债券	270 000	—	200 000	=	(70 000)
分配到可辨认资产的购买价差总计					100 000
剩余的购买价差分配给商誉					100 000
购买价差总计					200 000

(3) 编制合并报表。合并工作底稿抵销分录如下：

抵销母公司长期股权投资账户与子公司权益类项目：

①借：股本——紫檀公司	400 000	
盈余公积	100 000	
未分配利润	100 000	
购买价差	200 000	
贷：长期股权投资——紫檀公司		800 000

分摊购买价差：

②借：存货	30 000	
固定资产	140 000	
商誉	100 000	
贷：应付债券		70 000
购买价差		200 000

对上述两笔分录熟练以后，可以将这两笔分录合二为一，即

借：股本——紫檀公司	400 000	
盈余公积	100 000	

未分配利润	100 000	
存货	30 000	
固定资产	140 000	
商誉	100 000	
贷：长期股权投资——紫檀公司		800 000
应付债券		70 000

合并工作底稿见表3—11。

表3—11 牡丹公司和紫檀公司合并日合并工作底稿 单位：元

	牡丹公司	紫檀公司	调整与抵销分录		合并数
			借方	贷方	
现金	100 000	100 000			200 000
应收账款	150 000	100 000			250 000
存货	200 000	120 000	②30 000		350 000
固定资产	1 950 000	1 280 000	②140 000		3 370 000
累计折旧	(800 000)	(600 000)			(1 400 000)
商誉			②100 000		100 000
长期股权投资——紫檀公司	800 000			①800 000	
购买价差			①200 000	②200 000	
资产总计	2 400 000	1 000 000			2 870 000
应付账款	200 000	200 000			400 000
应付债券	600 000	200 000		②70 000	870 000
负债合计	800 000	400 000			1 270 000
股本	1 000 000	400 000	①400 000		1 000 000
盈余公积	400 000	100 000	①100 000		400 000
未分配利润	200 000	100 000	①100 000		200 000
股东权益合计	1 600 000	600 000			1 600 000
负债和股东权益总计	2 400 000	1 000 000			2 870 000

（四）投资成本高于账面价值但小于公允价值

上例中投资成本高于所获得净资产的账面价值和公允价值，但如果投资成本高于所获得净资产的账面价值但却低于其公允价值，在这种情况下，依然要将所获得的净资产价值调整至公允价值，该公允价值和投资成本的差异即为负商誉，直接计入当期损益。有关负商誉的会计处理方法下文中将涉及，在此不再举例。

三、非同一控制下的企业合并——以低于净资产账面价值的价格购买

当投资成本小于所获得的被投资公司净资产账面价值时，对被投资公司资产、负债进行复核，如果存在高估的情况，则首先将购买价差分配给高估的资产与负债，作为抵减项目；如果不存在高估资产负债或分配后仍有余额，则作为负商誉处理，计入当期损益。

（一）不存在商誉

1. 相关资料

仍沿用牡丹公司购买紫檀公司的例子，假设牡丹公司以现金 56 000 元购买了紫檀公司全部流通在外的普通股。合并日，紫檀公司净资产账面价值 600 000 元。牡丹公司投资成本低于所获净资产账面价值，因此对紫檀公司资产进行复核。

复核发现紫檀公司资产中，存货高估 10 000 元，固定资产高估 30 000 元，除此以外紫檀公司资产、负债的公允价值与账面价值相等。

2. 母公司投资成本的确认

牡丹公司账上确认投资成本的会计分录如下：

借：长期股权投资——紫檀公司	560 000	
贷：现金		560 000

3. 购买价差的计算

牡丹公司对紫檀公司的购买价差计算如图 3—10 所示。

牡丹公司	投资成本		560 000
↓	所获净资产的账面价值		
紫檀公司	股本	400 000	
	盈余公积及未分配利润	200 000	
		600 000	
	牡丹公司的持股比例	× 100%	(600 000)
	购买价差（贷方）		(40 000)

图 3—10　牡丹公司对紫檀公司的购买价差计算图

购买价差为负，复核中发现存货减值 10 000 元，固定资产减值 30 000 元，牡丹公司投资成本 560 000 元与紫檀公司复核后净资产账面价值正好相等，不存在商誉。

4. 合并报表的编制

（1）抵销分录。合并工作底稿上抵销分录如下：

抵销母公司长期股权投资账户与子公司权益类项目：

①借：股本——紫檀公司	400 000	
盈余公积	100 000	
未分配利润	100 000	
贷：购买价差		40 000
长期股权投资——紫檀公司		560 000

分配购买价差：

注意此处存货和固定资产为减值，列示在贷方。

②借：购买价差	40 000	
贷：存货		10 000

固定资产 30 000

可以将这两笔分录合二为一，即

借：股本——紫檀公司 400 000
　　盈余公积 100 000
　　未分配利润 100 000
　　贷：长期股权投资——紫檀公司 560 000
　　　　存货 10 000
　　　　固定资产 30 000

（2）合并工作底稿。合并工作底稿见表3—12。

表3—12　牡丹公司和紫檀公司合并日合并工作底稿　单位：元

	牡丹公司	紫檀公司	调整与抵销分录		合并数
			借方	贷方	
现金	140 000	100 000			240 000
应收账款	150 000	100 000			250 000
存货	200 000	120 000		②10 000	310 000
固定资产	1 950 000	1 280 000		②30 000	3 200 000
累计折旧	(800 000)	(600 000)			(1 400 000)
长期股权投资——紫檀公司	560 000			①560 000	
购买价差			②40 000	①40 000	
资产总计	2 200 000	1 000 000			2 600 000
应付账款	200 000	200 000			400 000
应付债券	400 000	200 000			600 000
负债合计	600 000	400 000			1 000 000
股本	1 000 000	400 000	①400 000		1 000 000
盈余公积	400 000	100 000	①100 000		400 000
未分配利润	200 000	100 000	①100 000		200 000
股东权益合计	1 600 000	600 000			1 600 000
负债和股东权益总计	2 200 000	1 000 000			2 600 000

（二）存在负商誉

投资成本低于被投资公司净资产的公允价值，差额即为负商誉，称之为廉价购买利得，直接计入当期损益，在我国计入营业外收入。

1. 相关资料

仍沿用前面的例子，假设牡丹公司以520 000元购买了紫檀公司全部流通在外股份。合并日，紫檀公司的资产和负债账面价值以及重新评估后的公允价值如表3—13所示。

表 3—13　　紫檀公司的资产负债表

20×1 年 1 月 1 日　　单位：元

	账面价值	公允价值	差异（评估增值）
现金	100 000	100 000	
应收账款	100 000	100 000	
存货	120 000	120 000	
固定资产	1 280 000	1 330 000	50 000
累计折旧	(600 000)	(600 000)	
资产总计	1 000 000	1 050 000	
应付账款	200 000	200 000	
应付债券	200 000	200 000	
负债合计	400 000	400 000	
股本	400 000		
盈余公积	100 000		
未分配利润	100 000		
股东权益合计	600 000	650 000	50 000
负债和股东权益总计	1 000 000		

2. 母公司投资成本的确认

购买时牡丹公司的分录如下：

借：长期股权投资——紫檀公司　　520 000

　　贷：现金　　520 000

3. 购买价差计算

牡丹公司对紫檀公司的购买价差计算如图 3—11 所示。

牡丹公司	投资成本		520 000
↓	所获净资产的账面价值		
紫檀公司	股本	400 000	
	盈余公积及未分配利润	200 000	
		600 000	
	牡丹公司的持股比例	× 100%	(600 000)
	购买价差（贷方）		(80 000)

图 3—11　牡丹公司对紫檀公司的购买价差计算图

4. 购买价差的分配以及对负商誉的会计处理

公允价值和账面价值的差异为 50 000 元，首先将购买价差分配给这二者的差异，投资成本与公允价值的差异即为负商誉。购买价差的构成如图 3—12 所示。

5. 合并报表的编制

(1) 抵销分录。合并时抵销分录如下：

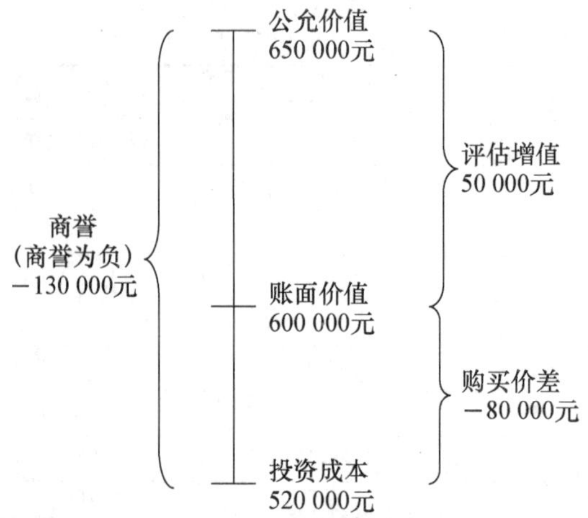

图 3—12 购买价差结构图（全资子公司、负商誉）

抵销母公司长期股权投资账户和子公司股东权益类项目：

①借：股本——紫檀公司	400 000	
盈余公积	100 000	
未分配利润	100 000	
贷：长期股权投资——紫檀公司		520 000
购买价差		80 000

分配购买价差：

②借：固定资产	50 000	
购买价差	80 000	
贷：营业外收入		130 000

可以将这两笔分录合二为一，即

借：股本——紫檀公司	400 000	
盈余公积	100 000	
未分配利润	100 000	
固定资产	50 000	
贷：长期股权投资——紫檀公司		520 000
营业外收入		130 000

（2）合并工作底稿。合并工作底稿见表 3—14。

表 3—14 **合并工作底稿**

20×1 年 1 月 1 日　　单位：元

	牡丹公司	紫檀公司	调整与抵销分录		合并数
			借方	贷方	
现金	180 000	100 000			280 000
应收账款	150 000	100 000			250 000
存货	200 000	120 000			320 000

续前表

	牡丹公司	紫檀公司	调整与抵销分录		合并数
			借方	贷方	
固定资产	1 950 000	1 280 000	②50 000		3 280 000
累计折旧	(800 000)	(600 000)			(1 400 000)
长期股权投资——紫檀公司	520 000			①520 000	
购买价差			②80 000	①80 000	
资产总计	2 200 000	1 000 000			2 730 000
应付账款	200 000	200 000			400 000
应付债券	400 000	200 000			600 000
负债合计	600 000	400 000			1 000 000
股本	1 000 000	400 000	①400 000		1 000 000
盈余公积	400 000	100 000	①100 000		400 000
未分配利润	200 000	100 000	①100 000	②130 000	330 000
股东权益合计	1 600 000	600 000			1 730 000
负债和股东权益总计	2 200 000	1 000 000			2 730 000

注：购并当日牡丹公司投资于紫檀公司所产生的负商誉 130 000 元已实现，购并当日可加以确认，在资产负债表上应转入未分配利润项目。

第三节 合并日的合并财务报表——非全资子公司

当一公司投资另一公司只为了对其进行控制时，通常投资方只会购入被投资方 50%以上有表决权的普通股，而不会购入其 100%的股权。在这种情况下，该被投资公司即为投资公司的非全资子公司。

非全资子公司的股权中母公司未持有的部分即为少数股东权益。合并日，母公司合并非全资子公司的财务报表与合并全资子公司的财务报表并无太大区别。只是非全资子公司情况下，需考虑少数股东所占有的权益。

采用的财务报表合并理论的不同对少数股东权益的会计处理也会有所影响。我国会计准则要求将少数股东权益在合并资产负债表中所有者权益项目下以“少数股东权益”项目列示。

本节将分情况讲述合并日母公司与非全资子公司财务报表的合并。

一、同一控制下的企业合并

假定牡丹公司和紫檀公司隶属于同一集团，两家公司的合并属于同一控制下的企业合并。

仍沿用上节牡丹公司和紫檀公司的例子，假设牡丹公司以 480 000 元购买了紫檀公司 80%的股权。合并日，紫檀公司的净资产账面价值为 600 000 元。

（一）母公司投资成本的确认

牡丹公司账上确认投资成本的分录如下：

借：长期股权投资——紫檀公司　　480 000
　　贷：现金　　480 000

（二）合并报表的编制

1. 抵销分录

抵销母公司长期股权投资账户和子公司股东权益类账户，并确认少数股东权益。合并日，少数股东权益的列示金额即为子公司股东权益的账面价值乘以少数股东权益持股比例。

借：股本——紫檀公司　　400 000
　　盈余公积　　100 000
　　未分配利润　　100 000
　　贷：长期股权投资——紫檀公司　　480 000
　　　　少数股东权益　　120 000

2. 合并工作底稿

合并工作底稿见表 3—15。

表 3—15

合并工作底稿

20×1 年 1 月 1 日

单位：元

	牡丹公司	紫檀公司	调整与抵销分录		合并数
			借方	贷方	
现金	220 000	100 000			320 000
应收账款	150 000	100 000			250 000
存货	200 000	120 000			320 000
固定资产	1 950 000	1 280 000			3 230 000
累计折旧	(800 000)	(600 000)			(1 400 000)
长期股权投资——紫檀	480 000			①480 000	
资产总计	2 200 000	1 000 000			2 720 000
应付账款	200 000	200 000			400 000
应付债券	400 000	200 000			600 000
负债合计	600 000	400 000			1 000 000
股本	1 000 000	400 000	①400 000		1 000 000
盈余公积	400 000	100 000	①100 000		400 000
未分配利润	200 000	100 000	①100 000		200 000
股东权益合计	1 600 000	600 000			1 600 000
少数股东权益				①120 000	120 000
负债和股东权益总计	2 200 000	1 000 000			2 720 000

合并报表见表 3—16。

表 3—16 牡丹公司和紫檀公司的合并资产负债表

20×1 年 1 月 1 日 单位：元

现金	320 000	应付账款	400 000
应收账款	250 000	应付债券	600 000
存货	320 000	股本	1 000 000
固定资产	3 230 000	盈余公积	400 000
累计折旧	(1 400 000)	未分配利润	200 000
		少数股东权益	120 000
资产总计	2 720 000	权益总计	2 720 000

二、非同一控制下的企业合并——以高于净资产账面价值的价格购买

假定牡丹公司和紫檀公司不隶属于同一集团，两家公司的合并属于非同一控制下的企业合并。

仍沿用上面的例子，假设牡丹公司以现金 608 000 元购买了紫檀公司 80%的股权。即牡丹公司以高于净资产账面价值的价格购买。

紫檀公司的资产、负债的账面价值和公允价值相关资料见表 3—9。

(一) 投资成本的确认

购买时，牡丹公司确认投资成本会计分录如下：

借：长期股权投资——紫檀公司 608 000

　贷：现金 608 000

(二) 购买价差的计算

牡丹公司对紫檀公司购买价差的计算如图 3—13 所示。

牡丹公司	投资成本		608 000
↓	所获净资产的账面价值		
紫檀公司	股本	400 000	
	盈余公积及未分配利润	200 000	
		600 000	
	牡丹公司的持股比例	× 80%	(480 000)
	购买价差		(128 000)

图 3—13 牡丹公司投资紫檀公司购买价差计算图

购买价差为 128 000 元，首先要将其分配给子公司公允价值与账面价值的差异。与全资子公司相同，非全资子公司情况下，需将子公司的净资产调整为公允价值。由表 3—9 可知：子公司资产评估增值 100 000 元，80%资产产生的增值为 80 000 元，20%资产产生的增值为 20 000 元。购买价差 128 000 元，扣除控股股东评估增值部分 80 000 元，剩下 48 000 元的购买价差如同前面的处理一样分配给商誉，如图 3—14 所示。

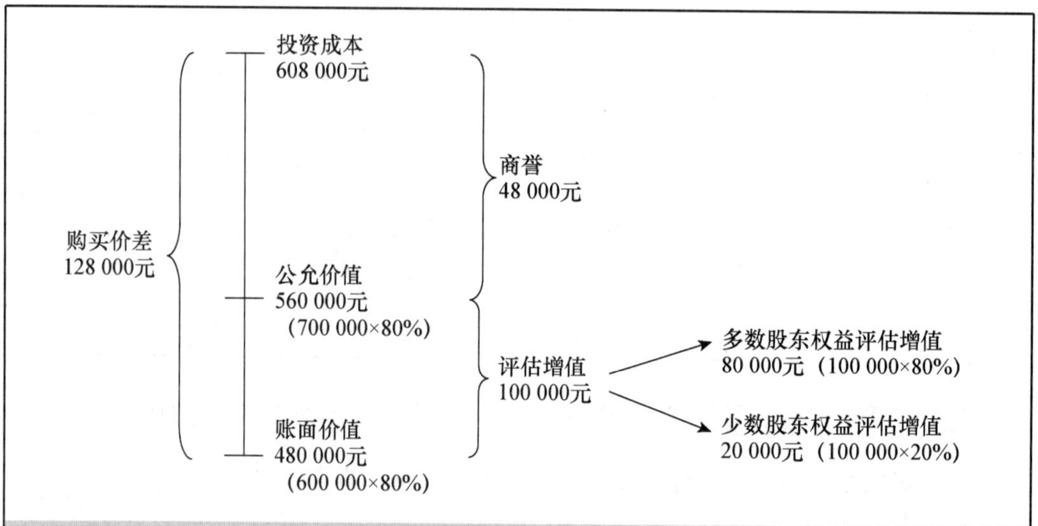

图 3—14 购买价差分配图

购买价差的分配如表 3—17 所示。

表 3—17　　　　购买价差分配表　　　　单位：元

	公允价值	—	账面价值	=	评估增（减）值
存货	150 000	—	120 000	=	30 000
固定资产	820 000	—	680 000	=	140 000
应付债券	270 000	—	200 000	=	(70 000)
评估增值总计					100 000
其中：80%分配给控制性权益（母公司股东）(100 000×80%)					80 000
20%分配给非控制性权益（少数股东权益）(100 000×20%)					20 000
剩余的购买价差分配给商誉					48 000
购买价差总计					128 000

(三) 合并报表的编制

1. 抵销分录

抵销母公司长期股权投资账户和子公司股东权益类项目：

①借：股本——紫檀公司　　400 000
　　盈余公积　　100 000
　　未分配利润　　100 000
　　购买价差　　128 000
　　贷：长期股权投资——紫檀公司　　608 000
　　　　少数股东权益（账面价值 600 000×20%）　　120 000

分配购买价差：

②借：存货　　30 000
　　固定资产　　140 000
　　商誉　　48 000

贷：购买价差　128 000
　　应付债券　70 000
　　少数股东权益（评估增值部分）（100 000×20%）　20 000

可以将这两笔分录合二为一，即

借：股本——紫檀公司　400 000
　　盈余公积　100 000
　　未分配利润　100 000
　　固定资产　140 000
　　存货　30 000
　　商誉　48 000
　　贷：长期股权投资——紫檀公司　608 000
　　　　少数股东权益（公允价值 700 000×20%）　140 000
　　　　应付债券　70 000

按现行合并报表中所采用的合并理论，合并资产负债表按子公司资产和负债的公允价值入账，子公司资产、负债中属于少数股东权益的部分在合并报表上同样以公允价值反映。

2. 合并工作底稿

合并工作底稿如表 3—18 所示。

表 3—18

合并工作底稿

20×1 年 1 月 1 日

单位：元

	牡丹公司	紫檀公司	调整与抵销分录		合并
			借方	贷方	
现金	92 000	100 000			192 000
应收账款	150 000	100 000			250 000
存货	200 000	120 000	②30 000		350 000
固定资产	1 950 000	1 280 000	②140 000		3 370 000
累计折旧	(800 000)	(600 000)			(1 400 000)
商誉			②48 000		48 000
长期股权投资——紫檀公司	608 000			①608 000	
购买价差			①128 000	②128 000	
资产总计	2 200 000	1 000 000			2810 000
应付账款	200 000	200 000			400 000
应付债券	400 000	200 000		②70 000	670 000
负债合计	600 000	400 000			1 070 000
股本	1 000 000	400 000	①400 000		1 000 000
盈余公积	400 000	100 000	①100 000		400 000
未分配利润	200 000	100 000	①100 000		200 000
股东权益合计	1 600 000	600 000			1 600 000
少数股东权益				①120 000 ②20 000	140 000
负债和股东权益总计	2 200 000	1 000 000			2 810 000

三、非同一控制下的企业合并——以低于净资产账面价值的价格购买

这种情况和前面全资子公司类似，但是要注意只有母公司所拥有的那部分资产才需要调整至公允价值。现举例如下：

假设牡丹公司用400 000元购买了紫檀公司的80%在外股份。合并日，紫檀公司的公允价值如表3—9所示。

1. 母公司投资成本的确认

牡丹公司账上确认投资成本的会计分录如下：

借：长期股权投资——紫檀公司	400 000	
贷：现金		400 000

2. 购买价差的计算

牡丹公司对紫檀公司的购买价差计算如图3—15所示。

牡丹公司 ↓ 紫檀公司	投资成本		400 000
	所获净资产的账面价值		
	股本	400 000	
	盈余公积及未分配利润	200 000	
		600 000	
	牡丹公司的持股比例	× 80%	(480 000)
	购买价差（贷方）		(80 000)

图3—15 牡丹公司对紫檀公司的购买价差计算图

购买价差结构如图3—16所示。

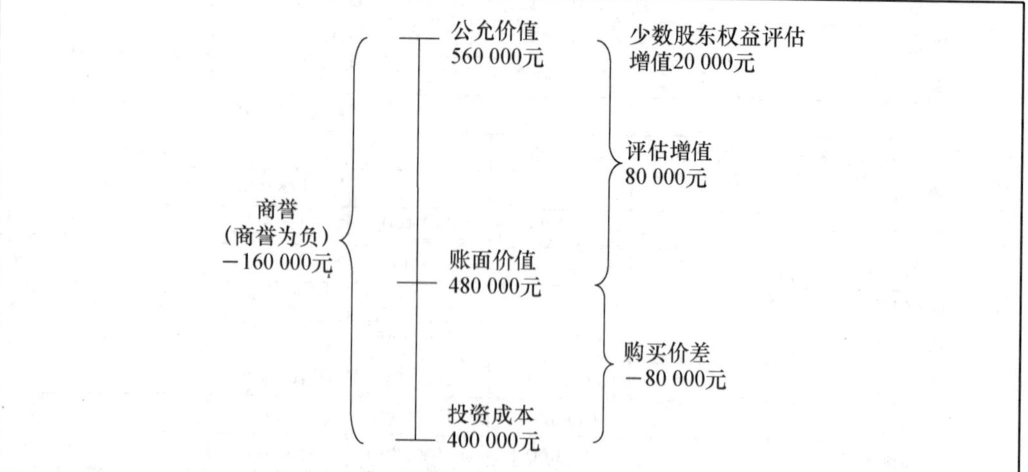

图3—16 购买价差结构图（全资子公司、负商誉）

3. 合并报表的编制

（1）抵销分录。

抵销母公司长期股权投资账户和子公司股东权益类项目：

①借：股本——紫檀公司　400 000
　　盈余公积　100 000
　　未分配利润　100 000
　　贷：长期股权投资——紫檀公司　400 000
　　　　少数股东权益（账面价值 600 000×20%）　120 000
　　　　购买价差　80 000

分配购买价差：

②借：存货　30 000
　　固定资产　140 000
　　购买价差　80 000
　　贷：营业外收入　160 000
　　　　应付债券　70 000
　　　　少数股东权益（评估增值部分）（100 000×20%）　20 000

可以将这两笔分录合二为一，即

借：股本——紫檀公司　400 000
　　盈余公积　100 000
　　未分配利润　100 000
　　固定资产　140 000
　　存货　30 000
　　贷：长期股权投资——紫檀公司　400 000
　　　　少数股东权益（公允价值 700 000×20%）　140 000
　　　　应付债券　70 000
　　　　营业外收入　160 000

（2）报表合并。合并工作底稿见表 3—19。

表 3—19　　**合并工作底稿**

20×1 年 1 月 1 日　　单位：元

	牡丹公司	紫檀公司	调整与抵销分录		合并数
			借方	贷方	
现金	300 000	100 000			400 000
应收账款	150 000	100 000			250 000
存货	200 000	120 000	②30 000		350 000
固定资产	1 950 000	1 280 000	②140 000		3 370 000
累计折旧	(800 000)	(600 000)			(1 400 000)
长期股权投资——紫檀公司	400 000			①400 000	
购买价差			②80 000	①80 000	
资产总计	2 200 000	1 000 000			2 970 000
应付账款	200 000	200 000			400 000

续前表

	牡丹公司	紫檀公司	调整与抵销分录		合并数
			借方	贷方	
应付债券	400 000	200 000		②70 000	670 000
负债合计	600 000	400 000			1 070 000
股本	1 000 000	400 000	①400 000		1 000 000
盈余公积	400 000	100 000	①100 000		400 000
未分配利润	200 000	100 000	①100 000	②160 000	360 000
股东权益合计	1 600 000	600 000			1 760 000
少数股东权益				①120 000 ②20 000	140 000
负债和股东权益总计	2 200 000	1 000 000			2 970 000

四、披露

无论子公司为全资子公司还是非全资子公司，按我国企业会计准则要求，购买方都应当在合并当期附注中披露与企业合并有关的下列信息：

（1）参与合并企业的基本情况；

（2）合并日的确定依据；合并成本的构成及其账面价值、公允价值及公允价值的确定方法；

（3）被购买方各项可辨认资产、负债在上一会计期间资产负债表日及合并日的账面价值和公允价值；

（4）合并合同或协议约定将承担被购买方或有负债的情况；

（5）被购买方自合并日起至报告期末的收入、净利润和现金流量等情况；

（6）商誉的金额及其确定方法。

附录　下推会计简介

购买法下合并财务报表的编制要求子公司资产、负债中母公司所获得部分以公允价值在合并报表上计列，并且确认商誉。为达到这一目的，目前会计上主要存在两种方法：

（1）只在母子公司合并财务报表上确认商誉，并按合并日公允价值调整子公司净资产，子公司单体账上依然以原账面价值计列。

（2）将母公司投资子公司的购买成本下推到子公司账上，即在子公司单体账上确认合并产生的商誉并将资产、负债调整至合并日公允价值。

第一种方法就是我们常用的合并报表编制方法。第二种方法即“下推会计”。

下推会计是将合并工作底稿中子公司账上可辨认资产和负债的账面价值调整至公允价值以及商誉确认的工作，下推到子公司的单体财务报表上。下推会计会影响子公司的会计处理和它单体的财务报表，但编制的合并财务报表和采用第一种方法编制的合并报表相同，并且还会使合并过程大为简化。

下推会计的使用有一定的适用条件。美国证监会要求：当子公司几乎全部为母公司所有，且不存在流通在外的债券和优先股时，上报的财务报表采用下推会计。

以下对下推会计简要举例说明。

假设 20×7 年 1 月 1 日牡祥公司以 100 000 股每股面值 1 元、每股市价 5.5 元的股票和 200 000 元现金购买了紫吉公司的全部股份。紫吉公司的单体资产负债表如表 3—20 所示。

表 3—20　20×7 年 1 月 1 日紫吉公司单体资产负债表　单位：元

	账面价值	公允价值	差异
现金	60 000	60 000	
应收账款	180 000	180 000	
存货	260 000	300 000	40 000
固定资产——设备	220 000	380 000	160 000
固定资产——厂房	300 000	260 000	(40 000)
资产总计	1 020 000	1 180 000	160 000
应付账款	200 000	200 000	
应付债券	300 000	300 000	
负债合计	500 000	500 000	
股本	300 000		
盈余公积	120 000		
未分配利润	100 000		
股东权益合计	520 000	680 000	160 000
负债和股东权益总计	1 020 000		

在下推会计方法下，牡祥公司照常记录对紫吉公司的投资：

借：长期股权投资——紫吉公司　750 000
　贷：现金　200 000
　　股本　100 000
　　资本公积　450 000

企业合并完成后，紫吉公司类似于一个新的会计主体，在合并完成后也应编制一笔分录，用于按合并日公允价值调整资产负债、确认商誉，以及将留存收益重新分类为下推会计。紫吉公司记录下推价值的分录如下：

借：存货　40 000
　固定资产——设备　160 000
　商誉（750 000－680 000）　70 000
　盈余公积　120 000
　未分配利润　100 000
　贷：固定资产——厂房　40 000
　　下推资本　450 000

经过以上分录调整，紫吉公司合并后的单体资产负债表如表 3—21 所示。

表 3—21　　使用下推会计后紫吉公司资产负债表　　单位：元

现金	60 000
应收账款	180 000
存货	300 000
固定资产——设备	380 000
固定资产——厂房	260 000
商誉	70 000
资产总计	1 250 000
应付账款	200 000
应付债券	300 000
股本	300 000
下推资本	450 000
负债和股东权益总计	1 250 000

我国财政部虽然没有提到下推会计的概念，但是在有关规定中包括了下推会计的做法。

《关于股份有限公司有关会计问题的解答》（财会字［1998］16 号）规定："公司购买其他企业的全部股权时，被购并企业保留法人资格的，被购并企业应当按照评估确认的价值调账……公司购买其他企业的部分股权时，被购并企业的账面价值应当保持不变。"但是对于评估价与购买成本的差额（即商誉）不能确认入账；被购并企业的留存收益是否应当转入资本公积也没有具体规定。因此我国的规定与上述下推会计并不完全相同。从编制合并财务报表的角度来看，一旦将账面价值调整为评估价值，购买价差即为合并商誉。一旦使用下推会计的方法，合并财务报表的编制将比较简单。

思考题

1. 根据现行会计准则，如何理解企业合并的控制？

2. 企业合并中如何确定合并范围？

3. 简述财务报表合并的主要程序。

4. 报表合并存在哪几种合并理论？相互有什么区别？试阐述合并理论如何影响子公司列入合并报表损益、资产等项目的金额。

5. 全资子公司和非全资子公司报表合并有什么区别？

练习题

1. 牡新公司于 2016 年 1 月 2 日以现金 5 520 000 元购并紫黎公司 80%的普通股股权，购并日前，牡新公司和紫黎公司各账户的账面价值与公允价值如下（单位：元）：

	牡新公司		紫黎公司	
	账面价值	公允价值	账面价值	公允价值
现金	6 000 000	6000 000	120 000	120 000
应收款项——净额	1 600 000	1 600 000	400 000	400 000
存货	2 200 000	2 400 000	800 000	1 000 000
其他流动资产	1 800 000	1 800 000	300 000	400 000
土地	6 200 000	8000 000	1 000 000	1 200 000
固定资产——建筑物	12 000 000	16 000 000	2 000 000	3 600 000
固定资产——设备	7 000 000	9 000 000	1 600 000	1 200 000
资产合计	36 800 000	44 800 000	6 220 000	7 920 000
应付账款	800 000	800 000	400 000	400 000
其他负债	3 000 000	3 200 000	1 220 000	1 120 000
股本	30 000 000		4 000 000	
未分配利润	3 000 000		600 000	
负债与股东权益合计	36 800 000		6 220 000	

要求：

(1) 编表列示牡新公司购买价差分摊情况。

(2) 编制合并资产负债表。

2. 2016 年 6 月 1 日，牡健公司以现金 500 000 元购买了紫康公司 70%的股权，合并前牡健、紫康两公司单体资产负债表如下（单位：元）：

	牡健公司	紫康公司
现金	800 000	100 000
其他流动资产	940 000	250 000
固定资产	3 000 000	550 000
资产合计	4 740 000	900 000
流动负债	200 000	100 000
股本	2 000 000	500 000
盈余公积	740 000	200 000
未分配利润	1 800 000	100 000
负债与股东权益合计	4 740 000	900 000

购并日，评估发现除紫康公司某固定资产增值 50 000 元外，其余资产、负债账面价值与公允价值相等。

要求：编制相关会计分录以及购并日合并财务报表。

3. 牡益公司购买了紫如公司流通在外股权的 70%。购并日牡益公司的单体财务报表以及母子公司合并财务报表如下：

购并日牡益公司单体财务报表和母子公司合并财务报表 单位：元

	牡益公司	合并财务报表
流动资产	212 000	292 000
长期股权投资——紫如公司	200 000	—

续前表

	牡益公司	合并财务报表
商誉	—	?
固定资产	540 000	?
资产合计	952 000	1 057 200
流动负债	30 000	56 000
股本	700 000	700 000
留存收益	222 000	222 000
少数股东权益	—	79 200
负债与股东权益合计	952 000	1 057 200

购并日，固定资产评估增值 30 000 元，紫如公司其余资产、负债账面价值与公允价值相等。紫如公司流动资产中有 4 000 元的应收账款是应收牡益公司的款项，且该款项在合并之前就已经存在。

要求：

(1) 计算牡益公司购买紫如公司 70%股份前，紫如公司单体资产负债表的流动资产总额。

(2) 计算在牡益公司收购紫如公司 70%的股份时，紫如公司的股东权益总额。

(3) 计算购并日合并财务报表中商誉和固定资产的金额。

4. 2016 年 12 月 31 日，紫幸公司资产、负债账面价值和公允价值相关资料如下（单位：元）：

	账面价值	公允价值
现金	210 000	210 000
应收账款	240 000	240 000
存货	240 000	300 000
固定资产——建筑物	1 500 000	2 100 000
固定资产——设备	660 000	900 000
资产合计	2 850 000	3 750 000
应付账款	300 000	300 000
应付票据	420 000	450 000
股本	1 500 000	
未分配利润	630 000	
负债与股东权益合计	2 850 000	

2017 年 1 月 1 日，牡福公司以现金 3 750 000 元购买紫幸公司所有股权，假设购买股权采用下推会计。

要求：

(1) 在紫幸公司账上编制 1 月 1 日的会计分录以记录下推会计。

(2) 以下推会计为基础，编制紫幸公司 1 月 1 日被合并后的单体资产负债表。

5. 2016 年 6 月 30 日，牡爱公司向紫恩公司的股东定向增发 200 万股普通股取得紫恩公司 70%的股权，能够对紫恩公司实施控制。牡爱公司所发行股票每股面值 1 元，每股市价 3 元。假定该项合并为非同一控制下的企业合并。参与合并企业在 2016 年 6

月 30 日企业合并前，有关资产、负债情况如下表所示（单位：元）。

	牡爱公司	紫恩公司	
	账面价值	账面价值	公允价值
现金	7 000 000	100 000	100 000
应收款项	2 000 000	400 000	300 000
存货	15 000 000	800 000	1 000 000
长期股权投资	1 000 000	200 000	500 000
固定资产	20 000 000	3 000 000	3 700 000
无形资产	15 000 000	1 500 000	1 400 000
商誉	—	—	—
资产合计	60 000 000	6 000 000	7 000 000
短期借款	7 000 000	300 000	300 000
应付账款	9 000 000	400 000	400 000
其他负债	4 000 000	300 000	300 000
股本	20 000 000	2 000 000	
资本公积	15 000 000	1 500 000	
盈余公积	3 000 000	1 000 000	
未分配利润	2 000 000	500 000	
负债与股东权益合计	60 000 000	6 000 000	

要求：

（1）计算购并日的商誉，并编制购并日牡爱公司取得对紫恩公司长期股权投资的会计分录。

（2）编制购并日抵销分录。

（3）编制购并日资产负债表。

第四章

购并日后的合并财务报表

引例　中国建材联合重组

中国建材（03323. HK）通过联合重组，收购了大量企业，合并对象的不同造成了“同一控制下的合并”与“非同一控制下的合并”的区别。但是另一方面，中国建材对各个被并企业控制力与影响力的不同，也会造成购并日后，长期股权投资后续计量的不同。比如：

2007 年 8 月，中国建材以 7.31 亿元，收购浙江水泥有限公司 100％股权。

2007 年 9 月，中国建材以 3.30 亿元，收购浙江虎山集团有限公司 90％股权。

2008 年 3 月，中国建材以 2.34 亿元，收购上海崛荣实业有限公司 85％股权。

2008 年 6 月，中国建材以 4.09 亿元，收购浙江兆山新星集团安吉水泥有限公司 90％股权。

除了收购附属公司，中国建材还投资了一些联营公司。比如 2007 年投资巨石集团有限公司、南方万年青水泥有限公司，分别占有股权 11.5％和 50％。

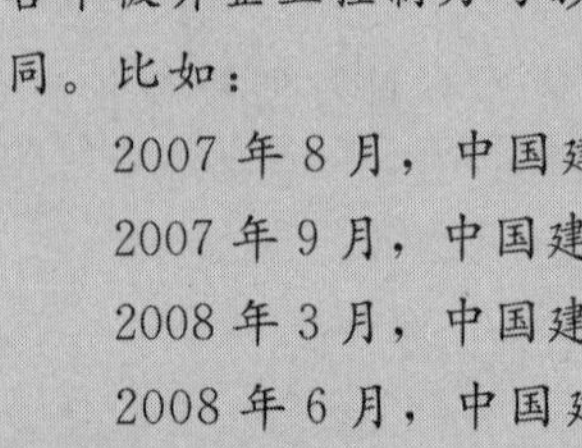

那么，如何判断和区分中国建材对各个被并企业的控制力与影响力？不同情形下的会计处理又是怎样的？

希望通过本章的学习，各位读者能找到答案。

学习目标

- 掌握投资企业对被投资企业长期股权投资的会计处理
- 掌握长期股权投资权益法、成本法两种会计处理方法
- 掌握购并日后全资或非全资子公司财务报表的合并

企业合并完成后，日常母公司通过长期股权投资账户记录对子公司投资，期末在母子公司单体财务报表的基础上进行报表合并，从而反映母子公司整个经济主体的财务状况和经营成果。购并日后合并财务报表的编制与购并日合并财务报表的编制区别在于：购并日后合并财务报表编制会存在集团内部公司间投资收益和股利的抵销、评估增值的摊销、商誉的减值以及公司间交易的抵销，而这几项在购并日编制合并报表时并不涉及。

母公司账上对长期股权投资账户所采用的会计处理方法不同，合并财务报表的编制也将有所不同。因此，本章将在第三章的基础上，首先讲解长期股权投资后续计量的会计处理方法，即权益法、成本法；其次分全资、非全资两种情况举例讲解购并日后存在评估增值摊销、商誉减值的情况下，合并报表的编制技术。至于购并日后，存在公司间内部交易的情况下，财务报表的合并，本书将在第五章至第七章分情况详细讲解。

第一节　长期股权投资的会计处理

投资企业对被投资企业财务、经营以及股利政策是否具有影响力或控制力，将影响其长期股权投资会计处理方法的选择。当然，投资企业对被投资企业长期股权投资的会计处理方法并非可以任意选择，各国对此都有所要求。

一、我国长期股权投资的会计处理

我国《企业会计准则第 2 号——长期股权投资》要求长期股权投资按照以下方法进行会计处理。

（一）初始计量

有关初始计量方法的采取，新的会计准则中将长期股权投资账户分为两类：因企业合并而产生的长期股权投资，由企业合并以外其他方式形成的长期股权投资。

1. 因企业合并而产生的长期股权投资

企业合并后，参加合并的企业以母子公司形式存续，母公司账上对子公司的投资初始记载又随参加合并的公司合并前是否属于同一控制下而有所不同。由此，由企业合并而产生的长期股权投资进一步又分为同一控制下的企业合并和非同一控制下的企业合并。

（1）同一控制下。同一控制下的企业合并是指参与合并的企业在合并前后均受同一方或相同的多方最终控制且该控制并非暂时性的企业合并。

1）以发行权益性证券作为合并对价。以发行权益性证券作为合并对价的，合并方以在合并日取得的被合并方所有者权益账面价值的份额作为长期股权投资的初始投资成本；按照发行股份的面值总额作为股本；长期股权投资初始投资成本与所发行股份

面值总额之间的差额，应当调整资本公积，资本公积不足冲减的，调整留存收益。

2）以其他方式作为合并对价。采用支付现金、转让非现金资产或承担债务的方式作为合并对价的，依然是以在合并日取得的被合并方所有者权益账面价值的份额作为合并方长期股权投资初始投资成本。长期股权投资初始投资成本与支付的现金、转让的非现金资产以及所承担债务账面价值之间的差额，应当调整资本公积，资本公积不足冲减的，调整留存收益。

（2）非同一控制下。非同一控制下的企业合并是指参与合并的各方在合并前后不属于同一或相同的多方最终控制的企业合并。非同一控制下企业合并初始投资成本的确定按照以下规则：

1）企业合并一次完成。一次交换交易实现的企业合并，合并成本为购买方在购并日为取得对被购买方的控制权而付出的资产、发生或承担的负债以及发行的权益性证券的公允价值。

2）企业合并分步实现。通过多次交换交易分步实现的企业合并，合并成本为每一单项交易成本之和。

3）直接相关费用。购买方为进行企业合并发生的各项直接相关费用也应当计入企业期间费用。

4）或有对价。在合并合同或协议中对可能影响合并成本的未来事项作出约定的，购并日如果估计未来事项很可能发生并且对合并成本的影响金额能够可靠计量的，购买方应当将其计入合并成本。

2. 由企业合并以外其他方式形成的长期股权投资

由企业合并以外其他方式形成的长期股权投资的初始计量遵循以下几点：

（1）以现金为支付对价。以支付现金取得的长期股权投资，应当按照实际支付的购买价款作为初始投资成本。初始投资成本包括与取得长期股权投资直接相关的费用、税金及其他必要支出，但实际支付的价款中包含的已宣告但尚未领取的现金股利，应作为应收项目单独核算。

（2）以权益性证券为支付对价。以发行权益性证券取得的长期股权投资，应当按照发行权益性证券的公允价值作为初始投资成本。

（3）存在投资合同或协议约定。投资者投入的长期股权投资，应当按照投资合同或协议约定的价值作为初始投资成本，但合同或协议约定价值不公允的除外。

（4）以非货币性资产为支付对价。通过非货币性资产交换取得的长期股权投资，其初始投资成本应当按照《企业会计准则第 7 号——非货币性资产交换》确定。

（5）通过债务重组取得长期股权投资。通过债务重组取得的长期股权投资，其初始投资成本应当按照《企业会计准则第 12 号——债务重组》确定。

（二）后续计量

长期股权投资后续计量的方法主要有成本法、权益法两类。我国《企业会计准则第 2 号——长期股权投资》中规定：

（1）投资企业对被投资企业能实施控制（即对子公司的投资）的情况下，长期股权投资后续计量采用成本法核算。

（2）投资企业对被投资企业具有共同控制或重大影响（即对合营企业、联营企业的投资），长期股权投资后续计量采用权益法核算。

1. 实施控制

控制，是指有权决定一个企业的财务和经营政策，并能据以从该企业的经营活动中获取利益。

投资企业直接或间接拥有被投资公司 50%以上具有表决权的股本，或虽持股比例未达到 50%，但对被投资企业却具有实际的控制力，称作投资企业对被投资企业实施控制。在这种情况下，长期股权投资后续计量采用成本法核算，并且要求编制合并财务报表时，按照权益法进行调整。

2. 共同控制或重大影响

共同控制，是指按照合同约定对某项经济活动所共有的控制，仅在与该项经济活动相关的重要财务和生产经营决策需要分享控制权的投资方一致同意时存在。投资企业与其他方对被投资企业实施共同控制的，被投资企业为其合营企业。

重大影响，是指对一个企业的财务和经营政策有参与决策的权利，但并不能够控制或者与其他方一起共同控制这些政策的制定。投资企业能够对被投资企业施加重大影响的，被投资企业为其联营企业。

共同控制或重大影响通常是指投资企业持有被投资企业 20%以上但未超过 50%的有表决权之股票份额。重大影响力一般指具备以下情形之一：

（1）在董事会有代表出席；

（2）参与决策过程；

（3）存在重大的公司间交易；

（4）相互交换管理人员；

（5）技术依赖。

在这种情况下，长期股权投资后续计量采用权益法进行核算。

3. 不具有重大影响

投资企业持有被投资企业 20%以下表决权股票，一般认为投资企业对被投资企业不具有重大影响。此时，投资企业持有被投资企业的股权投资按照金融工具的相关准则进行会计处理。

长期股权投资的后续计量可概括如图 4—1 所示。

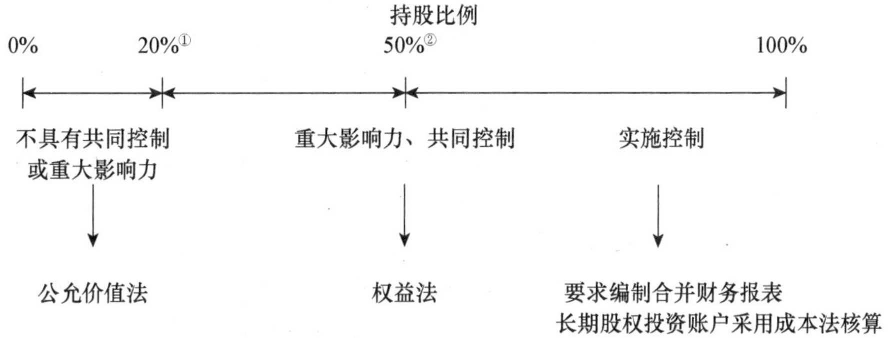

①根据实际情况不同有所不同。

②控制可分为数量控制或实质控制，详细说明见第三章。

图 4—1 我国长期股权投资会计处理方法的一般情况

4. 注意事项

(1) 在确定能否对被投资企业实施控制或是施加重大影响时，应当考虑投资企业和其他方持有的被投资企业当期可转换公司债券、当期可执行认股权证等潜在表决权因素。

(2) 投资企业对被投资企业控制力的大小不能只从投资企业持有的被投资企业股票份额考虑。应注意其是否能够真正对被投资企业实施控制、共同控制以及重大影响。例如：投资企业只持有被投资企业流通在外表决权股票的18%，但却是其唯一最大的投资者，因为其余的82%的股份散落在为数众多的小股东手里，在这种情况下，18%的持有份额也代表了重大影响力，这时处理投资企业的长期股权投资账户应采用权益法。

2006年我国企业会计准则颁布以前，在母公司对子公司能够实施控制的情况下，长期股权投资的会计处理采用的方法类似于不完全权益法，2006年企业会计准则对此种情况要求采用成本法进行日常核算，期末编制合并报表时按照权益法调整。为了便于读者理解，本书在后面章节的举例中，采用不完全权益法和成本法并行的方式讲解说明。

(3) 2014年3月财政部颁布了修改后的长期股权投资准则，将投资企业对被投资企业不具有共同控制或重大影响的股权投资按照金融工具和资产的相关准则进行处理。

二、美国长期股权投资的会计处理

美国长期股权投资的会计处理方法和我国最大的区别在于：投资企业对被投资企业能实施控制时，长期股权投资采用权益法核算，即投资企业对被投资企业实施控制或有重大影响的情况下长期股权投资均采用权益法，只有在不能实施控制和不具有重大影响的情况下，长期股权投资才采用成本法。

美国权益投资的会计处理方法可归纳如图4—2所示。

美国《会计原则委员会意见书第18号》(APB Opinion No. 18) 规定，即使投资企业持股比例未达到50%，只要对被投资公司的经营及财务政策有重大影响力，则该项普通股投资应采用权益法处理。投资（直接或间接）比例达到20%及20%以上时，除有反证外，应视为投资企业对被投资企业具有重大影响力。反之，投资未达到20%的，除有反证外，应视为投资企业对被投资公司无重大影响力。

当投资企业的重大影响力或控制只是暂时的，或者被投资公司为外国公司，而且其经营受到严格的外汇管制，则不能采用权益法。

美国《财务会计准则委员会第35号解释公报》(FASB Interpretation No. 35) 中，列举了投资企业对被投资企业无重大影响力的五种情况：被投资企业排斥投资企业的影响；基于双方协议，投资企业放弃了大部分股东权利；多数股权集中，此时即使持股比例在20%以上也无重大影响力；无法为权益法提供足够和及时的信息；未能取得被投资企业董事会中的董事席位。当投资企业因确认被投资企业亏损中应分担的部分，而使长期股权投资账户的账面价值降为零时，应停止采用权益法。

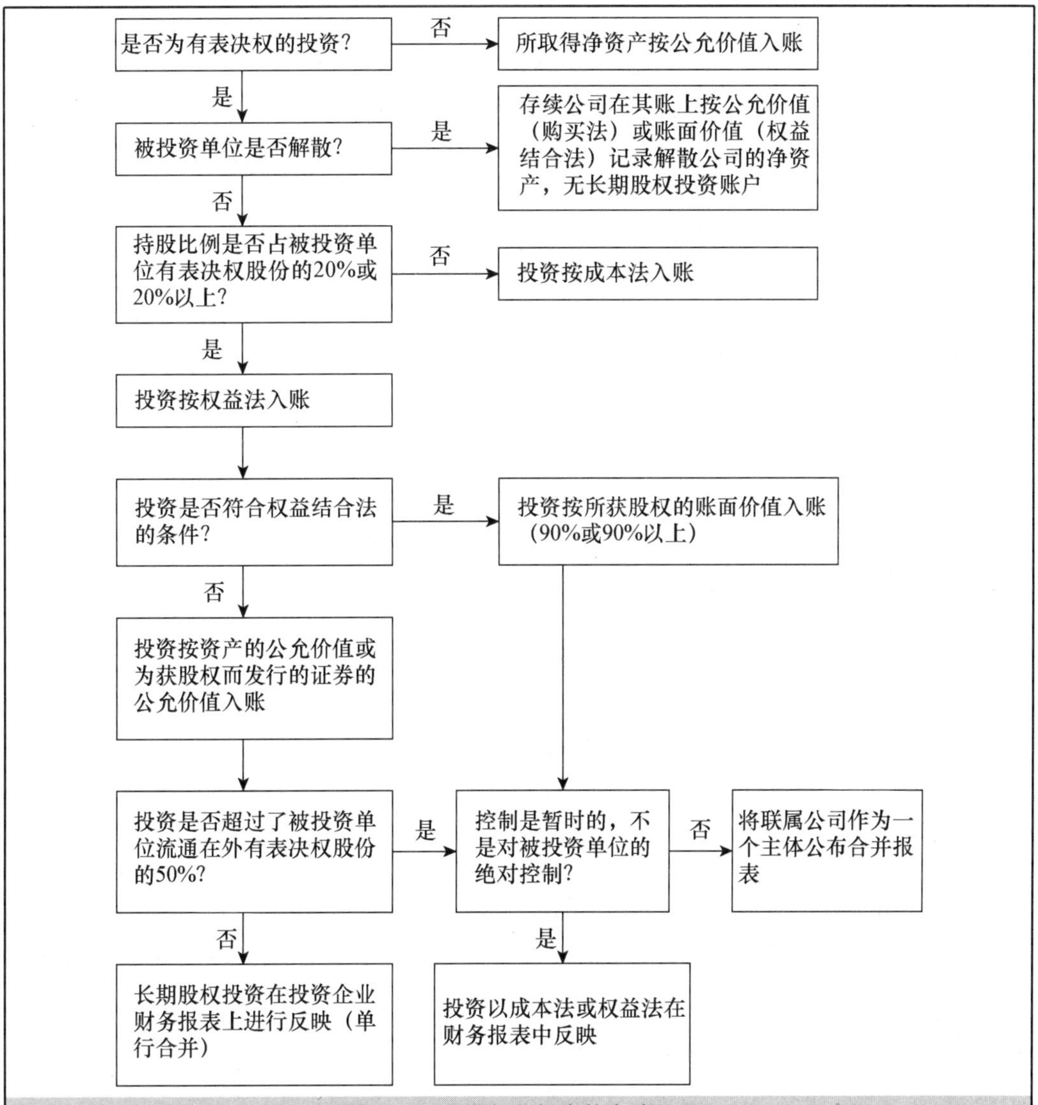

图 4—2 美国权益投资的会计处理

第二节 长期股权投资后续计量的会计方法

长期股权投资后续计量的会计处理方法有两种：成本法、权益法。其中，权益法有完全权益法和不完全权益法之分，在美国会计中，权益法通常是指完全权益法。但值得注意的是无论日常母公司对子公司长期股权投资的会计处理采用何种方法，即成本法、完全权益法和不完全权益法，其报表合并后的数据均相同。本节将详细讲述这几种长期股权投资后续计量的会计处理方法以及相互的区别。

一、权益法

权益法是基于应计制（即权责发生制）的要求。

（一）权益法的特点

1. 长期股权投资账面价值反映投资企业在被投资企业中享有的净资产

权益法下，投资企业长期股权投资账户余额随被投资企业股东权益之变动而变动。

（1）投资收益发生时，长期股权投资账面价值增加；

（2）被投资企业发放现金股利，长期股权投资账户余额减少；

（3）被投资企业发放股票股利时，不改变其股东权益总数，长期股权投资账户余额因此不发生改变；

（4）被投资企业接受捐赠等造成股东权益变化，投资企业长期股权投资账户也相对发生变化。

2. 投资收益反映投资企业在被投资企业享有的营业结果

被投资企业每年发生的损益，投资企业按持股比例确认为投资收益。收到现金股利减少长期股权投资账户余额，投资收益并不改变。

（二）权益法的分类

权益法有完全权益法和不完全权益法之分。两者的区别主要在于：完全权益法要求在投资企业单体账上摊销购买价差、抵销公司间未实现损益，这两项要在投资方的单体账上全部加以记录，一笔也不能遗漏；而不完全权益法下，在投资企业单体账上，这两项并不记录，或者并没有全部记录，只在编制合并报表时可以将不完全权益法转换为完全权益法。

完全权益法下，投资企业利润表中的净利润和资产负债表中的股东权益将与投资企业和被投资企业报表合并后的结果相同，但是日常处理也较不完全权益法复杂。故而完全权益法又称为复杂权益法，不完全权益法又称为简单权益法或部分权益法。完全权益法与不完全权益法的区别如表4—1所示。采用完全权益法是，表中三项分录需要同时记录（符号√），其中第（2）、（3）项只要有一项未记录（符号×），就称为不完全权益法。

表4—1　完全权益法与不完全权益法之区别

项目	完全权益法	不完全权益法
（1）投资企业确认在被投资企业净利润中所占的份额（在被投资企业净利润中的权益）	√	√
（2）在投资企业账上是反映购买价差的摊销	√	×
（3）在投资企业账上是否反映公司间未实现损益的抵销	√	×
（4）投资企业收到被投资企业发放的现金股利	√	√

（三）权益法的会计处理

1. 完全权益法

（1）投资收益的确认。投资收益的确认包括：1）在被投资企业净利润中的权益。2）反映购买价差的摊销：评估增值的摊销；商誉的减值。3）反映公司间未实现损益的抵销。4）记录被投资企业发放的现金股利。

投资企业持有被投资企业的股权比例乘以被投资企业净利润所得的金额减去商誉的减值额、应摊销的评估增值以及抵销公司间未实现损益应调整的金额，即为投资企业应确认的投资收益。

1）确认在被投资企业净利润中的权益。权益法下，投资企业确认在被投资企业净利润中的权益，即为投资企业持有被投资企业的股权比例乘以被投资企业净利润所得的金额，借记“长期股权投资”，贷记“投资收益”，完成对投资收益的确认。

2）评估增值的摊销。被投资企业单体账上对购并日资产、负债发生的评估增值不加以确认，会造成被投资企业利润表中的净利润不能反映真实经营成果，因此，投资企业在确认投资收益和合并报表时应对此进行调整。例如，购并日发现被投资企业某一存货发生增值，但被投资企业账上对此并不加以反映，该存货出售后，被投资企业结转的销售成本也是以低计的账面价值结转，从而造成被投资企业利润偏高；投资企业在确认投资收益时，应扣减当年已出售的存货因评估增值而分摊的购买价差，从而对投资收益加以调整，并在合并工作底稿中将摊销掉的该存货的购买价差记入“营业成本”科目，从而对合并报表进行调整。

资产、负债评估增值摊销的年限和合并工作底稿中评估增值摊销应记入的科目视分摊给可辨认资产、负债的类别的不同而有所不同。具体情况汇总如表4—2所示。

表4—2　　评估增值的摊销年限及应记入的科目

资产/负债	摊销年限	摊销记入科目
应收账款	合并当年	坏账准备
预付账款	合并当年	费用
存货	合并当年	营业成本
固定资产	剩余使用年限	折旧费用
有使用期限的无形资产	剩余使用年限	无形资产
无使用期限的无形资产	不摊销，除非发生减值	资产减值损失——无形资产减值
长期负债	距到期日年数	利息费用

3）商誉的减值。完全权益法下，当商誉本期发生减值时，投资企业应抵减该金额，借记“投资收益”，贷记“长期股权投资”。

4）公司间内部交易。当投资企业和被投资企业之间存在公司间内部交易时，公司间未实现损益需加以抵销，投资企业投资被投资企业所获得的投资收益也会因此而有所调整，如果是抵销未实现利润时，借记“投资收益”，贷记“长期股权投资”；如果是抵销未实现损失时，借记“长期股权投资”，贷记“投资收益”。详见第五章至第七章。

（2）收到现金股利。权益法下，投资企业收到被投资企业发放的现金股利，投资企业拥有的被投资企业权益减少，因此，相应的会计分录为借记“现金或银行存款”，贷记“长期股权投资”。

（3）报表的合并。完全权益法下，合并报表的程序和本书第三章中所讲的报表合并程序完全一致。在此不再多述。

2. 不完全权益法下

不完全权益法下会计的处理与完全权益法下会计的处理略有不同。

（1）投资收益的确认。投资企业持有被投资企业的股权比例乘以被投资企业净利润所得的金额，即为不完全权益法下投资企业所获得的投资收益。通过借记“长期股权投资”，贷记“投资收益”对投资收益加以确认。

至于购买价差的摊销、公司间内部损益的抵销，不完全权益法下，只在合并工作底稿中加以调整，并不在投资企业单体的账上加以反映，或者没有全部反映。也正因为投资企业单体账上对这些调整项目未加以反映，所以在次年以及以后年度的合并报表编制过程中，要调整当年和所有以前年度应加以摊销的购买价差和未实现的公司内部损益。

（2）收到现金股利。不同于完全权益法，收到被投资企业发放的现金股利时，借记“现金或银行存款”，贷记“长期股权投资”。

（3）合并报表的编制。不完全权益法下，期末合并报表的编制主要有两种方法：

1）转换为权益法。该方法下合并工作底稿编制的第一笔分录是将报表转换成完全权益法，工作底稿的其余分录就和完全权益法下完全相同了。

2）传统法。传统法是通过一系列传统的工作底稿分录将采用不完全权益法处理的母子公司报表直接进行合并。

与完全权益法下工作底稿的编制相比：该方法合并工作底稿中抵销分录与完全权益法下相同，但是由于公司间损益的未抵销以及购买价差的未摊销，因此分录中抵销的金额会有所差异。

（四）权益法举例

1. 相关资料

20×1 年 1 月 1 日，牡宜公司以现金 1 000 000 元和面值 1 元、市价 1.5 元的普通股 1 000 000 股购买了紫亮公司 30%的股份，支付证券登记和发行费用 25 000 元以及金额确定的或有对价 50 000 元。

20×1 年 1 月 1 日，紫亮公司资产负债表的账面价值和公允价值如表 4—3 所示。

表 4—3　　**20×1 年 1 月 1 日紫亮公司账面价值和公允价值资料**　　单位：元

	账面价值	公允价值	评估增值（公允价值－账面价值）
现金	750 000	750 000	
应收账款（净）	1 100 000	1 100 000	
存货	1 500 000	2 000 000	500 000
其他流动资产	1 650 000	1 550 000	－100 000
固定资产（净）	2 500 000	4 000 000	1 500 000
资产总计	7 500 000	9 400 000	1 900 000
应付账款	500 000	500 000	
应付票据（20×6 年 1 月 1 日到期）	1 000 000	900 000	－100 000
负债合计	1 500 000	1 400 000	－100 000
股本	5 000 000		
盈余公积	600 000		
未分配利润	400 000		
股东权益合计	6 000 000	8 000 000	2 000 000
负债和股东权益总计	7 500 000		

20×1 年度紫亮公司实现净利润 1 500 000 元，且当年宣告发放现金股利 500 000 元。

2. 母公司投资成本的确认

完全权益法和不完全权益法下，购并日投资成本的确认分录相同。

牡宜公司确认投资成本的会计分录如下：

借：长期股权投资——紫亮公司	2 500 000	
贷：股本		1 000 000
资本公积		500 000
现金		1 000 000
借：长期股权投资——紫亮公司	50 000	
资本公积	25 000	
贷：现金		75 000

长期股权投资投资成本为 2 550 000 元。

3. 购买价差的分摊

(1) 购买价差的计算与分摊。

购并日，牡宜公司所获紫亮公司净资产的账面价值为 1 800 000 元（即紫亮公司净资产账面价值 6 000 000 元的 30%），投资成本 2 550 000 元和相应的所获净资产账面价值的差额为 750 000 元。将这个购买价差以公允价值为基础分摊到可辨认资产和负债上，剩下的归为商誉，如表 4—4 所示。

表 4—4 购买价差分摊表 单位：元

长期股权投资				2 550 000
所获净资产的账面价值				(1 800 000)
购买价差合计				750 000
分摊购买价差				
	(公允价值 －	账面价值) ×	持股比例 =	分摊额
存货	2 000 000	1 500 000	30%	150 000
其他流动资产	1 550 000	1 650 000	30%	(30 000)
固定资产（净）	4 000 000	2 500 000	30%	450 000
应付票据	900 000	1 000 000	30%	30 000
分摊给可辨认资产负债的评估增值合计				600 000
商誉				150 000
购买价差合计				750 000

(2) 完全权益法下，母公司会计分录。

本例中，紫亮公司发生增值的存货当年全部出售，其他流动资产也于当年全部处置，假设固定资产使用年限为 20 年，应付票据 5 年到期。因此，每年评估增值摊销比例的计算如表 4—5 所示。

表 4—5 评估增值摊销比例表

	摊销比例
存货——20×1 年全部售出	100%
其他流动资产——20×1 年全部处置	100%
固定资产——20 年内折旧 (1/20)	5%
应付票据——5 年到期 (1/5)	20%

牡宜公司账上相关会计分录如下：

1）收到现金股利。

借：现金（500 000×30%） 150 000

贷：长期股权投资——紫亮公司 150 000

2）确认投资收益。

20×1 年度紫亮公司实现净利润 1 500 000 元，牡宜公司拥有其中 30%，即牡宜公司在紫亮公司净利润中的权益为 450 000 元（1 500 000×30%）。这是基于应计制的要求确认投资公司在被投资公司净利润中的权益。其会计分录如下：

a. 借：长期股权投资——紫亮公司 450 000

贷：投资收益 450 000

由于这笔分录确认的投资收益只是根据被投资公司净利润的账面价值计算的，而权益法要反映投资方对被投资方真正的全部权益，就必须按照公允价值来计算，因此，在投资公司账上需要抵销购买价差的摊销部分和商誉的减值部分。例如，评估增值的摊销和商誉减值部分，借记“投资收益”，贷记“长期股权投资”。评估减值的摊销，则借记“长期股权投资”，贷记“投资收益”。

投资企业记录购买价差的摊销部分和商誉减值部分的会计分录如下：

存货当年全部出售，期末将分摊至存货的购买价差加以冲销：

b. 借：投资收益 150 000

贷：长期股权投资——紫亮公司 150 000

记录当年处置的其他流动资产因高计而分配的购买价差：

c. 借：长期股权投资——紫亮公司 30 000

贷：投资收益 30 000

记录对有 20 年剩余使用年限的固定资产因低计而分摊的购买价差补提的折旧：

d. 借：投资收益（450 000×5%） 22 500

贷：长期股权投资——紫亮公司 22 500

记录对 5 年期应付票据因高计而分配的购买价差进行摊销：

e. 借：投资收益（30 000×20%） 6 000

贷：长期股权投资——紫亮公司 6 000

记录商誉当年发生的减值 15 000 元：

f. 借：投资收益 15 000

贷：长期股权投资——紫亮公司 15 000

上述最后六笔分录中，第一笔确认投资公司在被投资公司净利润中的权益，后五笔记录购买价差的摊销部分和商誉减值部分，都仅涉及“投资收益”和“长期股权投资”科目，所以牡宜公司可以一笔分录来代替这六笔分录：

借：长期股权投资——紫亮公司 286 500

贷：投资收益 286 500

完全权益法下，当年应确认投资收益的金额可计算如下（单位：元）：

对被投资企业净利润的权益：

按持股比例确认投资收益（1 500 000×30%） 450 000

摊销评估增值及确认商誉减值：		
存货——20×1 年售出	(150 000)	
其他流动资产——20×1 年处置	30 000	
固定资产（450 000×5%）	(22 500)	
应付票据（30 000×20%）	(6 000)	
商誉（减值 15 000）	(15 000)	
当年摊销购买价差金额合计		(163 500)
投资收益合计		286 500

购买价差余额计算表如表 4—6 所示。

表 4—6 **购买价差余额计算表** 单位：元

	紫亮公司股东权益（1）	牡宜公司获得的权益（2）	"长期股权投资——紫亮公司"账户余额（3）	未摊销购买价差（3）－（2）
20×1 年 1 月 1 日	6 000 000	1 800 000	2 550 000	750 000
20×1 年，股利	(500 000)	(150 000)	(150 000)	
20×1 年，净利	1 500 000	450 000	450 000	
20×1 年，摊销	—	—	(163 500)	(163 500)
合计	7 000 000	2 100 000	2 686 500	586 500

当购买价差全部摊销完毕后，牡宜公司对紫亮公司的长期股权投资账户余额应等于紫亮公司当时股东权益账面价值的 30%。

(3) 不完全权益法下，母公司会计分录。

与完全权益法不同，不完全权益法下在母公司单体账上不摊销合并价差、也不抵销公司间损益。对合并价差的调整只是在工作底稿中进行。母公司单体账上确认的投资收益只需用投资企业持有被投资企业的股权比例乘以被投资企业当年的净利润即可得到。

本例中，不完全权益法下，母公司账上相应会计分录如下：

1) 收到现金股利。

借：现金	150 000	
贷：长期股权投资——紫亮公司		150 000

2) 投资收益的确定。

本例中：牡宜公司的投资收益为 450 000 元（1 500 000×30%），即只确认对被投资企业净利润的权益，没有摊销购买价差。

会计分录如下：

借：长期股权投资——紫亮公司	450 000	
贷：投资收益		450 000

有关完全权益法、不完全权益法财务报表合并的差异，本章后面内容中将举例说明。

二、成本法

（一）成本法的特点

1. 长期股权投资账面价值始终保持初始投资成本计价

一般情况下，成本法下长期股权投资账户账面价值始终保持初始投资成本金额，并不随被投资企业股东权益的变动而变动。但下列情况将使投资之账面价值发生改变：

（1）追加或收回投资。投资企业追加或收回投资，长期股权投资账面价值将做相应调整。

（2）收到清算股利。所谓清算股利是指：投资后投资企业获得的被投资企业所发放的现金股利累计数超过投资后被投资企业产生的净利累计数中分配额的部分。清算股利应作为投资成本的收回，贷记“长期股权投资”。

（3）发生减值。长期股权投资如果发生减值，账面价值要求参照相关准则进行调整。

2. 收到股利时确认投资收益

成本法下，只有被投资企业宣告发放现金股利或利润时，才将所获得股利收入确认为当期投资收益。投资企业确认投资收益，仅限于被投资企业接受投资后产生的累积净利润的分配额，所获得的现金股利或利润超过上述数额的部分作为初始投资成本的收回。

（二）报表的合并

如果投资企业能够控制被投资企业，期末应将母子公司财务报表加以合并。成本法下，财务报表的合并有两种方法。

（1）转换为权益法。合并工作底稿的第一笔分录是将报表转换成权益法，工作底稿的其余分录就和权益法合并报表编制完全相同。

（2）传统法。传统法是通过一系列传统的工作底稿分录将采用成本法处理的母子公司报表进行合并。

传统法的第一笔分录是调整自购并日因子公司留存利润的增加而导致母公司按持股比例而增加的“长期股权投资——子公司”账户，并贷记相同金额的母公司留存利润，将母公司期初留存利润转换为期初合并留存利润。这笔调整分录在合并控股当期的财务报表时并不需要，因为当时母公司期初投资和留存利润并未受到影响。

第二笔分录抵销相对的应收与应付股利账户。

第三笔分录抵销相对的长期股权投资与股东权益账户，并确认期初商誉与少数股权。

在购并当年，使用传统法进行合并相对简单，但在以后年度变得复杂，尤其是存在母子公司内部交易时。

本书中涉及成本法下财务报表的编制均采用先转换为权益法，再按照权益法合并报表编制方法编制。

（三）成本法与权益法的比较举例

牡赫公司于20×1年1月1日以现金1 000 000元购买了紫夏公司20%的股权。当时，紫夏公司净资产账面价值为4 000 000元，且各项资产及负债的公允价值与账面价值相等，商誉在10年内摊销。20×1年6月1日紫夏公司发放现金股利300 000元。20×1年12月31日紫夏公司本年度净利润为1 000 000元。

于是购买价差为200 000元（1 000 000－4 000 000×20%），假设全为固定资产增值，在10年内摊销，则每年摊销20 000元。则牡赫公司的长期股权投资账户如采用成本法和权益法处理的会计分录如表4—7所示。

表 4—7 成本法与权益法之比较

	成本法	完全权益法	不完全权益法
①20×1/01/01 购买紫夏公司 20%股权	借：长期股权投 1 000 000 贷：现金 1 000 000	借：长期股权投资 1 000 000 贷：现金 1 000 000	借：长期股权投资 1 000 000 贷：现金 1 000 000
②20×1/06/01 紫夏公司发放现金股利	借：现金 60 000 贷：投资收益 60 000	借：现金 60 000 贷：长期股权投资 60 000	借：现金 60 000 贷：长期股权投资 60 000
③20×1/12/31 确认在被投资公司净利润中的权益	无分录	借：长期股权投资 200 000 贷：投资收益 200 000	借：长期股权投资 200 000 贷：投资收益 200 000
④20×1/12/31 摊销合并价差	无分录	借：投资收益 20 000 贷：长期股权投资 20 000	无分录
20×1/12/31 牡赫公司“长期股权投资”账户余额	1 000 000 元（初始成本）	1 120 000 元（1 000 000－60 000＋200 000－20 000）	1 140 000 元（1 000 000－60 000＋200 000）

三、使用权益法和成本法的经济后果

当投资公司对被投资公司的财务、经营以及股利政策存在重大影响力或控制时，就不能采用成本法，因为投资公司可以通过干预被投资公司股利的发放，从而达到操纵自己投资收益的目的。因此，母公司采用成本法处理长期股权投资时，其母公司单体财务报表的作用应该受到限制。但是，无论采用权益法还是成本法，所编制的合并报表均相同，因此，当母公司（投资企业）的财务报表与子公司（被投资企业）的财务报表合并时，母公司操纵损益的可能性就不存在了。基于此，西方有的国家仅要求上市公司提供合并财务报表。

第三节 购并日后全资子公司财务报表的合并——权益法

上一章介绍了购并日资产负债表的合并，购并后，为了全面反映购并主体的经营成果，除了编制合并资产负债表外，我们还要编制合并利润表、合并现金流量表以及合并所有者权益（或股东权益）变动表。本节讲述购并日后母公司和其全资子公司财务报表的合并，包括合并资产负债表、合并利润表、合并所有者权益变动表（利润分配部分）。下一节介绍购并日后非全资子公司财务报表的合并。合并现金流量表将在以后的章节里介绍。

根据我国企业会计准则第 2 号，投资企业能够对被投资企业实施控制的长期股权投资，后续计量采用成本法，本节以及本章后面几节在投资企业能控制被投资企业的情况下采用权益法，主要目的是为了介绍权益法下财务报表的合并以及成本法与权益法合并报表的区别。

一、购并日财务报表合并

1. 相关资料

继续采用第三章牡丹、紫檀两公司合并的例子。假设牡丹公司以现金 680 000 元购买了紫檀公司 100%的股权。合并日前牡丹公司和紫檀公司的单体资产负债表见表 4—8。

表 4—8　　牡丹公司和紫檀公司在合并之前的单体资产负债表

20×1 年 1 月 1 日　　单位：元

	牡丹公司	紫檀公司
资产		
现金	700 000	100 000
应收账款	150 000	100 000
存货	200 000	120 000
固定资产	1 950 000	1 280 000
累计折旧	(800 000)	(600 000)
资产合计	2 200 000	1 000 000
负债与所有者权益		
应付账款	200 000	200 000
应付债券	400 000	200 000
负债合计	600 000	400 000
股本	1 000 000	400 000
盈余公积	400 000	100 000
未分配利润	200 000	100 000
股东权益合计	1 600 000	600 000
负债与股东权益合计	2 200 000	1 000 000

紫檀公司购并日公允价值、账面价值不等的资产和负债的相关资料如表 4—9 所示。

表 4—9　　20×1 年 1 月 1 日紫檀公司评估增值资产、负债相关资料　　单位：元

	账面价值	公允价值	评估增值（价差）
存货	120 000	140 000	20 000
固定资产（净）	680 000	720 000	40 000
合计	800 000	860 000	60 000

合并日紫檀公司净资产的账面价值为 600 000 元，投资成本 680 000 元，因此购买价差为 80 000 元。从表 4—9 可看出，紫檀公司 20×1 年 1 月 1 日资产负债表的公允价值与账面价值之差为 60 000 元，因此购买价差 80 000 元中评估增值为 60 000 元，商誉为 20 000 元。

评估增值中的存货等流动资产的年限为一年，即假定在一年内出售或消耗了，固定资产的估计使用年限为 10 年，商誉每年减值 2 000 元，在 10 年减值完毕。

2. 母公司投资成本的确认

牡丹公司确认投资成本的会计分录如下：

借：长期股权投资——紫檀公司　　680 000

　　贷：现金　　680 000

3. 报表合并

(1) 抵销分录。

抵销母公司对子公司的长期股权投资账户与子公司的股东权益账户，并确认购买价差：

①借：股本——紫檀公司	400 000	
盈余公积（紫檀）	100 000	
未分配利润（紫檀）	100 000	
购买价差	80 000	
贷：长期股权投资——紫檀公司		680 000

将购买价差分摊到可辨认资产、负债，确认商誉：

②借：存货	20 000	
固定资产	40 000	
商誉	20 000	
贷：购买价差		80 000

对上述两笔分录熟练以后，可以将这两笔分录合二为一，即

借：股本——紫檀公司	400 000	
盈余公积	100 000	
未分配利润	100 000	
存货	20 000	
固定资产	40 000	
商誉	20 000	
贷：长期股权投资——紫檀公司		800 000

(2) 合并工作底稿的编制。购并日合并财务报表工作底稿如表 4—10 所示。

表 4—10　　购并日合并资产负债报表工作底稿（20×1 年 1 月 1 日）　　单位：元

	牡丹公司	紫檀公司	调整与抵销分录		合并数
			借方	贷方	
资产负债表					
现金	20 000	100 000			120 000
应收账款	150 000	100 000			250 000
存货	200 000	120 000	②20 000		340 000
长期股权投资——紫檀公司	680 000			① 680 000	
固定资产（净）	1 150 000	680 000	②40 000		1 870 000
商誉			②20 000		20 000
购买价差			①80 000	②80 000	
资产合计	2 200 000	1 000 000			2 600 000
应付账款	200 000	200 000			400 000
应付债券	400 000	200 000			600 000
负债合计	600 000	400 000			1 000 000

续前表

	牡丹公司	紫檀公司	调整与抵销分录		合并数
			借方	贷方	
股本	1 000 000	400 000	①400 000		1 000 000
盈余公积	400 000	100 000	①100 000		400 000
未分配利润	200 000	100 000	①100 000		200 000
股东权益合计	1 600 000	600 000			1 600 000
负债及股东权益合计	2 200 000	1 000 000			2 600 000

二、购并日后第一年财务报表的合并

20×1 年度、20×2 年度，牡丹公司、紫檀公司的净利润、利润分配等信息见表 4—11。

表 4—11　　牡丹公司、紫檀公司净利润、利润分配资料　　单位：元

	20×1 年		20×2 年	
	牡丹公司	紫檀公司	牡丹公司	紫檀公司
单体净利润（不包括投资收益）	280 000	100 000	320 000	150 000
提取盈余公积	100 000	20 000	140 000	40 000
分派现金股利	120 000	60 000	120 000	80 000

（一）母子公司单体账上相关会计分录

1. 子公司相关会计分录

紫檀公司账上会计分录如下：

（1）支付现金股利。

借：利润分配——分派现金股利　　60 000

　贷：现金　　60 000

（2）提取盈余公积。

借：利润分配——提取盈余公积　　20 000

　贷：盈余公积　　20 000

2. 母公司相关会计分录

牡丹公司账上确认 20×1 年度的投资收益以及收到的现金股利的会计分录如下：

（1）按股权投资比例确认投资收益，并调整长期股权投资账户。

权益法下，首先确认母公司对子公司净利润的权益作为投资收益。投资收益直接以母公司持有的子公司股权比例乘以子公司当年净利润。

借：长期股权投资——紫檀公司　　100 000

　贷：投资收益　　100 000

然后，在母公司账上摊销购买价差：

借：投资收益　　26 000

　贷：长期股权投资——紫檀公司　　26 000

购买价差摊销余额计算如表 4—12 所示。

表 4—12　　购买价差余额计算表　　单位：元

	20×1 年 1 月 1 日余额	20×1 年摊销/减值额	20×1 年 12 月 31 日余额
存货	20 000	(20 000)	—
固定资产	40 000	(4 000)	36 000
商誉	20 000	(2 000)	18 000
合计	80 000	(26 000)	54 000

如果熟练了，上述两笔分录也可合二为一：

借：长期股权投资——紫檀公司　　74 000
　　贷：投资收益　　74 000

(2) 记录收到股利。

借：现金　　60 000
　　贷：长期股权投资——紫檀公司　　60 000

(二) 合并报表的编制

购并日发生评估增值的存货于当年全部出售；固定资产 40 000 元的增值采用直线折旧法，在 10 年内折旧完毕。为简化处理，全部计入管理费用。商誉每年进行减值测试，减值额计入资产减值损失。

1. 抵销分录

(1) 抵销母公司已确认的投资收益和股利，并将长期股权投资账户调整至期初数。

①借：投资收益　　74 000
　　贷：利润分配——分派现金股利　　60 000
　　　　长期股权投资——紫檀公司　　14 000

这笔分录也可做成两笔，即

借：投资收益　　74 000
　　贷：长期股权投资——紫檀公司　　74 000
借：长期股权投资——紫檀公司　　60 000
　　贷：利润分配——分派现金股利　　60 000

母公司确认的来自于子公司的投资收益以及所获得的现金股利都只是发生在母子公司之间，应加以抵销，抵销的同时将母公司对子公司的长期股权投资账户调整为期初数。

(2) 抵销母公司对子公司的长期股权投资账户与子公司的股东权益账户，并确认、分摊购买价差。

②借：股本——紫檀公司　　400 000
　　盈余公积（紫檀）　　100 000
　　期初未分配利润（紫檀）　　100 000
　　购买价差　　80 000
　　贷：长期股权投资——紫檀公司　　680 000

③借：存货	20 000	
固定资产	40 000	
商誉	20 000	
贷：购买价差		80 000

对上述两笔分录熟练以后，可以将这两笔分录合二为一，即

借：股本——紫檀公司	400 000	
盈余公积	100 000	
期初未分配利润	100 000	
存货	20 000	
固定资产	40 000	
商誉	20 000	
贷：长期股权投资——紫檀公司		680 000

抵销分录②中，期初盈余公积、未分配利润的抵销金额与购并日完全一致，主要是因为分录②的目的是为了抵销母公司长期股权投资账户与子公司股东权益类账户两者的期初值，而购并日后第一年的期初即为购并日，由此出现金额相同。购并日后第二年及以后，此笔抵销分录中期初盈余公积、未分配利润的金额将会有所不同。

抵销分录③与购并日抵销分录完全相同。

(3) 购买价差的摊销。购并日子公司资产、负债发生的评估增值在子公司账上并未加以反映，因此子公司单体账上的成本、费用等账户并未反映公允价值的情况，合并报表上需对其进行调整。

购并日之后因为存货已出售，存货低计部分 2 000 元随评估增值的摊销在合并报表上应对营业成本进行调整，从而借记“营业成本”。固定资产低计 40 000 元，10 年内计提折旧，则每年应补提折旧 4 000 元，为简化处理，全部计入“管理费用”。2 000 元商誉减值记入“资产减值损失”。

④借：营业成本	20 000	
管理费用	4 000	
资产减值损失	2 000	
贷：存货		20 000
固定资产		4 000
商誉		2 000

此笔分录也可以分别做三笔分录，即

借：营业成本	20 000	
贷：存货		20 000
借：管理费用	4 000	
贷：固定资产/累计折旧		4 000
借：资产减值损失	2 000	
贷：商誉		2 000

（4）抵销子公司提取的盈余公积。

抵销分录⑤抵销紫檀公司提取的盈余公积：

⑤借：盈余公积 20 000

贷：利润分配——提取盈余公积 20 000

紫檀公司在实现净利润后，按照规定提取了盈余公积，已在其账上作了正式分录。因为母公司账上已反映了子公司的净利润，为避免重复计价，牡丹公司在编制合并财务报表工作底稿时，应抵销这笔数额，使盈余公积恢复至期初数。

未分配利润由于直接抵销期初未分配利润，因此不用调整为期初数。

2. 合并工作底稿

将上述抵销分录计入合并财务报表工作底稿，见表4—13，各项目相加减得出“合并数”栏中各项数据，即可得到牡丹、紫檀两公司的合并利润表、合并所有者权益变动表（利润分配部分）和合并资产负债表。

表4—13 牡丹公司合并财务报表工作底稿（完全权益法，全资子公司）

20×1年12月31日及20×1年度 单位：元

	牡丹公司	紫檀公司	调整与抵销分录		合并数
			借方	贷方	
利润表					
营业收入	800 000	400 000			1 200 000
投资收益	74 000		①74 000		
营业成本	(340 000)	(230 000)	④20 000		(590 000)
管理费用	(180 000)	(70 000)	④4 000		(254 000)
资产减值损失			④2 000		(2 000)
净利润	354 000	100 000			354 000
所有者权益变动表（利润分配部分）					
本年净利润	354 000	100 000			354 000
加：期初未分配利润	200 000	100 000	②100 000		200 000
可供分配的利润	554 000	200 000			554 000
减：提取盈余公积	100 000	20 000		⑤20 000	100 000
分派现金股利	120 000	60 000		①60 000	120 000
未分配利润	334 000	120 000			334 000
资产负债表					
现金	420 000	150 000			570 000
应收账款	150 000	100 000			250 000
存货	200 000	150 000	③20 000	④20 000	350 000
长期股权投资——紫檀公司	694 000			①14 000 ②680 000	
固定资产	1 950 000	1 280 000	③40 000	④4 000	3 266 000
累计折旧	(900 000)	(640 000)			(1 540 000)
商誉			③20 000	④2 000	18 000

续前表

	牡丹公司	紫檀公司	调整与抵销分录		合并数
			借方	贷方	
购买价差			②80 000	③80 000	
资产合计	2 514 000	1 040 000			2 914 000
应付账款	280 000	200 000			480 000
应付债券	400 000	200 000			600 000
股本	1 000 000	400 000	②400 000		1 000 000
盈余公积	500 000	120 000	②100 000 ⑤20 000		500 000
未分配利润	334 000	120 000			334 000
负债及股东权益合计	2 514 000	1 040 000			2 914 000

从合并工作底稿中可以看到，单体财务报表中，母公司的净利润 354 000 元。合并主体中，合并营业收入减去合并营业成本，合并管理费用，合并资产减值损失等于合并净利润 354 000 元；母公司采用权益法处理长期股权投资时，母公司的净利润等于合并净利润 354 000 元。合并净利润被结转至合并所有者权益变动表（利润分配部分）中的本年净利润，加上合并期初未分配利润 200 000 元，减去合并提取的盈余公积 100 000 元及分派的现金股利 120 000 元，计算出合并期末未分配利润 334 000 元，合并期末未分配利润转到合并资产负债表中的未分配利润反映。母公司采用权益法处理长期股权投资时，母公司的未分配利润等于合并未分配利润 354 000 元。由于牡丹公司采用权益法处理长期股权投资账户，而权益法下母公司单体账上对购买价差进行摊销 26 000 元，这 26 000 元正是摊销存货、固定资产评估增值及商誉减值金额之和（20 000＋4 000＋2 000）。由于在合并工作底稿中需要对购买价差加以确认并进行摊销，故合并利润表的净利润与母公司（牡丹公司）的净利润相等，同理，母公司的期末未分配利润也与合并所有者权益变动表（利润分配部分）中的期末未分配利润相等。

二、购并日后第二年财务报表的合并

（一）母子公司账上相关会计分录

20×2 年即紫檀公司购并日后第二年，单体净利润 150 000 元，发放现金股利 80 000 元，提取盈余公积 40 000 元。

1. 子公司相关会计分录

（1）分派现金股利。

	借	贷
借：利润分配——应付现金股利	80 000	
贷：现金		80 000

（2）提取盈余公积。

	借	贷
借：利润分配——提取法定盈余公积	40 000	
贷：盈余公积		40 000

2. 母公司账上相关会计分录

（1）确认对子公司净利润的权益作为投资收益。

	借	贷
借：长期股权投资	150 000	
贷：投资收益		150 000

（2）摊销购买价差，见表 4—14。

表 4—14 单位：元

	20×2 年 1 月 1 日余额	20×2 年摊销/减值额	20×2 年 12 月 31 日余额
固定资产	36 000	(4 000)	32 000
商誉	18 000	2 000	16 000
合计	54 000	(6 000)	48 000

借：投资收益 6 000
　　贷：长期股权投资——紫檀公司 6 000

如果熟练了，上述两笔分录也可合二为一：

借：长期股权投资——紫檀公司 144 000
　　贷：投资收益 144 000

（3）收到现金股利。

借：现金 80 000
　　贷：长期股权投资 80 000

20×2 年 12 月 31 日牡丹公司长期股权投资账户余额为 758 000 元（694 000＋144 000－80 000），投资收益账户余额为 144 000 元。

（二）合并报表的编制

1. 抵销分录

（1）抵销母公司已确认的投资收益和股利，并将长期股权投资账户调整至期初数。

①借：投资收益 144 000
　　贷：利润分配——分派现金股利 80 000
　　　　长期股权投资 64 000

（2）抵销母公司对子公司的长期股权投资账户与子公司的股东权益账户，并确认购买价差。

②借：股本 400 000
　　盈余公积 120 000
　　期初未分配利润 120 000
　　购买价差 54 000
　　贷：长期股权投资 694 000

在抵销分录②中，盈余公积和期初未分配利润是指 20×2 年 1 月 1 日紫檀公司单体资产负债表中的盈余公积和未分配利润数。

（3）购买价差的分摊。

将购买价差分摊到可辨认资产和商誉：

③借：固定资产（40 000－4 000） 36 000
　　商誉（20 000－2 000） 18 000
　　贷：购买价差 54 000

(4) 购买价差的摊销。

抵销分录④ 摊销评估增值以及确认商誉减值。本例中为了简化，假设每年商誉均发生减值 2 000 元。

购并日当天固定资产低计 40 000 元，按 10 年折旧，导致每年折旧费用应增加 4 000 元。从购并日开始至购并日后第二年共计两年，故累计折旧共应增加 8 000 元，由于工作底稿中会计分录并不入账，因此 20×1 年度合并工作底稿中计提的 4 000 元折旧费在 20×2 年度工作底稿中应再计提一次，但调整的为期初未分配利润账户。同样商誉在确认当年减值金额的同时，补计 20×1 年度商誉的减值，也是记入“期初未分配利润”账户。

④借：管理费用	4 000	
资产减值损失	2 000	
贷：固定资产		4 000
商誉		2 000

同理，若到了 20×3 年 12 月 31 日，相应的工作底稿抵销分录应为：

借：管理费用	4 000	
资产减值损失	2 000	
贷：固定资产		4 000
商誉		2 000

不完全权益法下，以后每年的抵销分录均将通过借记“期初未分配利润”账户记录以前年度商誉发生的减值金额以及以前年度应摊销的资产评估增值。

(5) 抵销子公司提取的盈余公积。

⑤借：盈余公积	40 000	
贷：利润分配——提取盈余公积		40 000

2. 合并工作底稿

将上述五笔调整分录计入工作底稿，并据此编制出购并日后第二年的合并财务报表。购并日后第二年的合并财务报表工作底稿见表 4—15。

表 4—15 牡丹公司合并财务报表工作底稿

20×2 年 12 月 31 日及 20×2 年度 单位：元

	牡丹公司	紫檀公司	调整与抵销分录		合并数
			借方	贷方	
利润表					
营业收入	900 000	600 000			1 500 000
投资收益	144 000		①144 000		
营业成本	(360 000)	(320 000)			(680 000)
管理费用	(220 000)	(130 000)	④4 000		(354 000)
资产减值损失			④2 000		(2 000)
净利润	464 000	150 000			464 000

续前表

	牡丹公司	紫檀公司	调整与抵销分录		合并数
			借方	贷方	
所有者权益变动表（利润分配部分）					
本年净利润	464 000	150 000			464 000
加：期初未分配利润	334 000	120 000	②120 000 ③20 000 ④6 000		334 000
可供分配的利润	798 000	270 000			798 000
减：提取盈余公积	140 000	40 000		⑤40 000	140 000
分派现金股利	120 000	80 000		①80 000	120 000
未分配利润	538 000	150 000			538 000
资产负债表					
现金	490 000	170 000			660 000
应收账款	300 000	160 000			460 000
存货	360 000	180 000			540 000
长期股权投资——紫檀公司	758 000			①64 000 ②694 000	
固定资产	1 950 000	1 280 000	③36 000	④4 000	3 262 000
累计折旧	(1 000 000)	(680 000)			(1 680 000)
商誉			③18 000	④2 000	16 000
购买价差			②54 000	③54 000	
资产合计	2 858 000	1 110 000			3 258 000
应付账款	280 000	200 000			480 000
应付债券	400 000	200 000			600 000
负债合计	680 000	400 000			
股本	1 000 000	400 000	②400 000		1 000 000
盈余公积	640 000	160 000	②120 000 ⑤40 000		640 000
未分配利润	538 000	150 000			538 000
股东权益合计	2 178 000	710 000			
负债及股东权益合计	2 858 000	1 110 000			3 258 000

第四节　购并日后非全资子公司财务报表的合并——完全权益法

本节主要讲解完全权益法下合并报表的编制。

与不完全权益法相比，母公司长期股权投资账户采用完全权益法进行会计处理时，母公司单体账上投资收益的确认要求扣除购买价差的摊销以及公司间未实现损益和推定损益。本节不涉及公司间未实现损益和推定损益，相关内容将在第五章至第七章里介绍。

仍沿用牡丹、紫檀两公司的例子。

一、购并日后第一年财务报表的合并

紫檀公司20×1年获得净利润100 000元，发放现金股利60 000元，提取盈余公积20 000元。

（一）完全权益法下母公司单体账上相关会计处理

牡丹公司账上做如下分录：

1. 投资收益的确认

牡丹公司20×1年度投资收益的计算（单位：元）：

牡丹公司在紫檀公司净利润中所占的份额（100 000×80%）		80 000
购买价差的摊销：		
存货——20×1年全部售出（20 000×80%）	(16 000)	
机器设备（20 000×80%÷10）	(1 600)	
房屋建筑（20 000×80%÷10）	(1 600)	
商誉减值（1 200）	(1 200)	(20 400)
牡丹公司20×1年度投资收益：		59 600

根据以上计算，其会计分录为：

借：长期股权投资	59 600	
贷：投资收益		59 600

这笔分录也可分为两步记录：

借：长期股权投资	80 000	
贷：投资收益		80 000
借：投资收益	20 400	
贷：长期股权投资		20 400

2. 收到现金股利

借：现金	48 000	
贷：长期股权投资		48 000

牡丹公司投资收益账户余额59 600元，股利48 000元，本年净增加额11 600元（59 600－48 000）；长期股权投资账户余额为551 600元（540 000＋59 600－48 000）。与不完全权益法下长期股权投资余额572 000元相比，相差的20 400元（572 000－551 600），即为购买价差本年的摊销额。同样，投资收益账户也相差20 400元的购买价差摊销额，这就是完全权益法和不完全权益法区别的主要体现。

（二）合并报表的编制

1. 抵销分录

（1）抵销母公司已确认的投资收益和股利，并将长期股权投资账户调整为期初数。

①借：投资收益　59 600
　　少数股东权益——股利　12 000
　　贷：利润分配——分派现金股利　60 000
　　　　长期股权投资　11 600

（2）抵销母公司长期股权投资账户与子公司股东权益账户期初数，并记录期初少数股东权益以及购买价差。

②借：股本　400 000
　　盈余公积　100 000
　　期初未分配利润　100 000
　　购买价差　60 000
　　贷：少数股东权益　120 000
　　　　长期股权投资　540 000

（3）分摊购买价差。

抵销分录③将购买价差分摊给可辨认资产和商誉。其中期初存货由于在本年内全部售出，故借记“营业成本”。

③借：营业成本　16 000
　　固定资产　32 000
　　商誉　12 000
　　贷：购买价差　60 000

（4）评估增值的摊销和商誉减值的确认。

④借：管理费用　3 200
　　资产减值损失　1 200
　　贷：固定资产　3 200
　　　　商誉　1 200

（5）抵销子公司本年提取的盈余公积。

⑤借：盈余公积　20 000
　　贷：利润分配——提取盈余公积　20 000

（6）确认少数股东损益。

⑥借：少数股东损益　20 000
　　贷：少数股东权益　20 000

与不完全权益法下购并日后第一年工作底稿抵销分录相对比，可以发现，除了第一个抵销分录金额不同外，其余五个抵销分录，两种方法完全相同。

2．合并工作底稿

将上述抵销分录计入工作底稿，经过调整，完成合并财务报表的编制。合并财务报表工作底稿详见表4—16。

表 4—16 牡丹公司合并财务报表工作底稿（完全权益法，非全资子公司）

20×1 年 12 月 31 日及 20×1 年度

单位：元

	牡丹公司	紫檀公司	调整与抵销分录		合并数
			借方	贷方	
利润表					
营业收入	800 000	400 000			1 200 000
投资收益	59 600		①59 600		
营业成本	(340 000)	(230 000)	③16 000		(586 000)
管理费用	(180 000)	(70 000)	④800		(253 200)
资产减值损失			④1 200		(1 200)
少数股东损益			⑥20 000		(20 000)
净利润	339 600	100 000			339 600
所有者权益变动表（利润分配部分）					
本年净利润	339 600	100 000			339 600
加：期初未分配利润	200 000	100 000	②100 000		200 000
可供分配的利润	539 600	200 000			539 600
减：提取盈余公积	100 000	20 000		⑤20 000	100 000
分派现金股利	120 000	60 000		①60 000	120 000
未分配利润	319 600	120 000			319 600
资产负债表					
现金	548 000	150 000			698 000
应收账款	150 000	100 000			250 000
存货	200 000	150 000			350 000
长期股权投资——紫檀公司	551 600			①11 600 ②540 000	
固定资产	1 950 000	1 280 000	③32 000	④3 200	3 258 800
累计折旧	(900 000)	(640 000)			(1 540 000)
商誉			③12 000	④1 200	10 800
购买价差			②60 000	③60 000	
资产合计	2 499 600	1 040 000			3 027 600
应付账款	280 000	200 000			480 000
应付债券	400 000	200 000			600 000
负债合计	680 000	400 000			1 080 000
股本	1 000 000	400 000	②400 000		1 000 000
盈余公积	500 000	120 000	②100 000 ⑤20 000		500 000
未分配利润	319 600	120 000			319 600
少数股东权益			①12 000	②120 000 ⑥20 000	128 000
股东权益合计	1 819 600	640 000			1 947 600
负债及股东权益合计	2 499 600	1 040 000			3 027 600

二、购并日后第二年财务报表的合并

（一）完全权益法下母公司单体账上相关会计处理

1. 投资收益的确认

牡丹公司 20×2 年度投资收益的计算（单位：元）：

牡丹公司在紫檀公司净利润中所占的份额（150 000×80%）		120 000
购买价差的摊销：		
机器设备（20 000×80%÷10）	(1 600)	
房屋建筑（20 000×80%÷10）	(1 600)	
商誉减值（1 200）	(1 200)	(4 400)
牡丹公司 20×1 年度投资收益：		115 600

根据以上计算，其会计分录为：

借：长期股权投资　　115 600

　　贷：投资收益　　115 600

这笔分录也可写成两笔：

借：长期股权投资　　120 000

　　贷：投资收益　　120 000

借：投资收益　　4 400

　　贷：长期股权投资　　4 400

2. 收到现金股利

借：现金（80 000×80% ）　　64 000

　　贷：长期股权投资　　64 000

20×2 年度，牡丹公司投资收益余额为 115 600 元，股利 64 000 元，本年净增加 51 600 元；长期股权投资账户余额为 603 200 元（551 600＋115 600－64 000）。

（二）合并报表的编制

1. 抵销分录

（1）抵销母公司已确认的投资收益和股利，并将长期股权投资账户调整至期初数。

①借：投资收益　　115 600

　　少数股东权益（80 000×20%）　　16 000

　　贷：利润分配——分派现金股利　　80 000

　　　　长期股权投资　　51 600

（2）抵销母公司长期股权投资账户与子公司股东权益账户期初数，并记录期初少数股东权益。

与不完全权益法不同，完全收益法下由于第一年母公司单体账户上确认投资收益时扣除了应摊销的购买价差，因此这里确认的购买价差金额是当年年初未摊销的购买价差余额。

②借：股本　400 000
　　盈余公积　120 000
　　期初未分配利润　120 000
　　购买价差　39 600
　　贷：少数股东权益（640 000×20%）　128 000
　　　　长期股权投资　551 600

（3）分摊购买价差。

③借：固定资产（32 000－3 200）　28 800
　　商誉（12 000－1 200）　10 800
　　贷：购买价差　39 600

（4）本期摊销购买价差。

④借：管理费用　3 200
　　资产减值损失　1 200
　　贷：固定资产　3 200
　　　　商誉　1 200

（5）抵销子公司提取的盈余公积。

⑤借：盈余公积　40 000
　　贷：利润分配——提取盈余公积　40 000

（6）确认少数股东损益。

⑥借：少数股东损益（150 000×20%）　30 000
　　贷：少数股东权益　30 000

2. 合并工作底稿

根据上述抵销分录利用工作底稿便可编制出购并日后第二年的合并财务报表。工作底稿详见表4—17。

表4—17　牡丹公司合并财务报表工作底稿（完全权益法，非全资子公司）

20×2年12月31日及20×2年度　　单位：元

	牡丹公司	紫檀公司	调整与抵销分录		合并数
			借方	贷方	
利润表					
营业收入	900 000	600 000			1 500 000
投资收益	115 600		①115 600		
营业成本	(360 000)	(320 000)			(680 000)
管理费用	(220 000)	(130 000)	④3 200		(353 200)
资产减值损失			④1 200		(1 200)
少数股东权益损益			⑥30 000		(30 000)
净利润	435 600	150 000			435 600

续前表

	牡丹公司	紫檀公司	调整与抵销分录		合并数
			借方	贷方	
所有者权益变动表（利润分配部分）					
本年净利润	435 600	150 000			435 600
加：期初未分配利润	319 600	120 000	②120 000		319 600
可供分配的利润	755 200	270 000			755 200
减：提取盈余公积	140 000	40 000		⑤40 000	140 000
分派现金股利	120 000	80 000		①80 000	120 000
未分配利润	495 200	150 000			495 200
资产负债表					
现金	602 000	170 000			772 000
应收账款	300 000	160 000			460 000
存货	360 000	180 000			540 000
长期股权投资	603 200			①51 600 ②551 600	
固定资产	1 950 000	1 280 000	③28 800	④3 200	3 255 600
累计折旧	(1 000 000)	(680 000)			(1 680 000)
商誉			③10 800	④1 200	9 600
购买价差			②39 600	③39 600	
资产合计	2 815 200	1 110 000			3 357 200
应付账款	280 000	200 000			480 000
应付债券	400 000	200 000			600 000
负债合计	680 000	400 000			1 080 000
股本	1 000 000	400 000	②400 000		1 000 000
盈余公积	640 000	160 000	②120 000 ⑤40 000		640 000
未分配利润	495 200	150 000			495 200
少数股东权益			①16 000	②128 000 ⑥30 000	142 000
股东权益合计	2 135 200	710 000			2 277 200
负债及股东权益合计	2 815 200	1 100 000			3 357 200

第五节　购并日后非全资子公司财务报表的合并——不完全权益法

母公司编制与非全资子公司的合并财务报表，编制步骤与全资子公司情况下略有不同，不同之处主要在于少数股东权益以及少数股东权益损益的确认。

仍沿用上节例子，假设20×1年1月1日牡丹公司以现金540 000元购买了紫檀公司80%的股份。合并日前牡丹、紫檀两公司的单体资产负债表见表4—8。合并日，紫檀公司部分资产公允价值见表4—9，其余资产负债账户公允价值等于账面价值。存货的处理、固定资产的剩余摊销年限与上节相同。20×1年度、20×2年度，牡丹公司、紫檀公司实现净利润以及利润分配见表4—11。

一、购并日后第一年财务报表的合并

购并日，牡丹公司购买紫檀公司所产生的购买价差的计算和分摊表如表4—18所示。

表4—18 购买价差的计算和分摊表 单位：元

长期股权投资成本							540 000
减：所获得紫檀公司净资产账面价值							
(1 000 000－200 000－200 000)×80%							480 000
购买价差							60 000
购买价差的分摊：							
	公允价值	－账面价值＝	差异	×	投资比例＝	分摊额	
存货	140 000	120 000	20 000	×	80%	16 000	
固定资产（净）	720 000	680 000	40 000	×	80%	32 000	
合计	860 000	800 000	60 000			48 000	
减：可辨认资产已分摊的评估增值							48 000
商誉							12 000

母公司只持有子公司80%的股权，购买价差分摊时，购并日子公司存货、固定资产发生的评估增值也只确认其中的80%。

（一）母子公司账上相关会计分录

1. 子公司相关会计分录

紫檀公司20×1年获得净利润100 000元，发放现金股利60 000元，提取盈余公积20 000元。紫檀公司账上相关会计分录如下：

（1）分派现金股利。

借：利润分配——分派现金股利	60 000	
贷：现金		60 000

（2）提取盈余公积。

借：利润分配——提取盈余公积	20 000	
贷：盈余公积		20 000

2. 母公司账上相关会计分录

牡丹公司账上作如下分录：

（1）投资收益的确认。

不完全权益法下，牡丹公司投资收益的确认直接用持股比例乘以紫檀公司当年实现的净利润。

借：长期股权投资（80%×100 000）	80 000	
贷：投资收益		80 000

（2）收到现金股利。

借：现金	48 000	
贷：长期股权投资		48 000

由此，牡丹公司单体账户上，当年确认的投资收益为 80 000 元，“长期股权投资”账户余额为 572 000 元（540 000＋80 000－48 000）。

（二）合并报表的编制

1. 抵销分录

工作底稿上应编制如下几笔抵销分录：

（1）抵销母公司已确认的投资收益，并将长期股权投资调整至期初数。

抵销牡丹公司所确认的投资收益，并将长期股权投资调整至当年期初数。紫檀公司存在 20%的少数股权，少数股东所获得的现金股利，应视为少数股东权益的减少。

①借：投资收益	80 000	
少数股东权益——股利	12 000	
贷：利润分配——分派现金股利		60 000
长期股权投资		32 000

（2）抵销期初长期股权投资与子公司股东权益账户期初值，并记录期初少数股东权益。

牡丹公司只持有紫檀公司 80%的股份，紫檀公司另外 20%的股份归属于紫檀公司少数股东所有。在抵销紫檀公司股东权益账户时，应将子公司股东权益中不属于母公司所拥有的部分确认为少数股权。少数股权金额的计算可采用期初子公司股东权益金额乘以少数股权持股比例得到。注意此处所确认的少数股东权益为少数股权年初值。

②借：股本	400 000	
盈余公积	100 000	
期初未分配利润	100 000	
购买价差	60 000	
贷：少数股东权益（600 000×20%）		120 000
长期股权投资		540 000

（3）分摊购买价差。

该分录中购买价差分摊金额的确定详见表 4—18。存货当年全部出售，借记“营业成本”。

③借：营业成本（20 000×80%）	16 000	
固定资产（40 000×80%）	32 000	
商誉	12 000	
贷：购买价差		60 000

（4）评估增值的摊销、商誉减值的确认。

④借：营业成本	2 400	
费用	800	
资产减值损失	1 200	
贷：固定资产		3 200
商誉		1 200

固定资产增值共计 32 000 元，在 10 年内摊销完毕。其中，机器设备每年摊销 1 600 元，记入“营业成本”，房屋建筑摊销额中 50%记入“营业成本”（每年 800 元）、50%记入“费用”（每年 800 元）。此处为了简化商誉的会计处理，假设每年均发生减值 1 200 元。

（5）确认少数股东损益。

紫檀公司当年净利润 100 000 元，其中，少数股东损益为 20 000 元（100 000×20%）。

⑤借：少数股东损益	20 000	
贷：少数股东权益		20 000

（6）抵销子公司提取的盈余公积。

⑥借：盈余公积	20 000	
贷：利润分配——提取盈余公积		20 000

2. 合并工作底稿

合并财务报表工作底稿详见表 4—19。

表 4—19　　牡丹公司合并财务报表工作底稿（不完全权益法，非全资子公司）

20×1 年 12 月 31 日及 20×1 年度　　单位：元

	牡丹公司	紫檀公司	调整与抵销分录		合并数
			借方	贷方	
利润表					
营业收入	800 000	400 000			1 200 000
投资收益	80 000		①80 000		
营业成本	(340 000)	(230 000)	③16 000 ④2 400		(588 400)
费用	(180 000)	(70 000)	④800		(250 800)
资产减值损失			④1 200		(1 200)
少数股东损益			⑤20 000		(20 000)
净利润	360 000	100 000			339 600
所有者权益变动表（利润分配部分）					
本年净利润	360 000	100 000			339 600
加：期初未分配利润	200 000	100 000	②100 000		200 000
可供分配的利润	560 000	200 000			539 600
减：提取盈余公积	100 000	20 000		⑥20 000	100 000
分派现金股利	120 000	60 000		①60 000	120 000

续前表

	牡丹公司	紫檀公司	调整与抵销分录		合并数
			借方	贷方	
未分配利润	340 000	120 000			319 600
资产负债表					
现金	548 000	150 000			698 000
应收账款	150 000	100 000			250 000
存货	200 000	150 000			350 000
长期股权投资	572 000			①32 000 ②540 000	
固定资产	1 950 000	1 280 000	③32 000	④3 200	3258 800
累计折旧	(900 000)	(640 000)			(1 540 000)
商誉			③12 000	④1 200	10 800
购买价差			②60 000	③60 000	
资产合计	2 520 000	1 040 000			3 027 600
应付账款	280 000	200 000			480 000
应付债券	400 000	200 000			600 000
股本	1 000 000	400 000	②400 000		1 000 000
盈余公积	500 000	120 000	②100 000 ⑥20 000		500 000
未分配利润	340 000	120 000			319 600
少数股东权益			①12 000	②120 000 ⑤20 000	128 000
负债及股东权益合计	2 520 000	1 040 000			3 027 600

从表 4—16 与表 4—19 的对比中可以看出，在完全权益法下，母公司利润表的净利润等于合并利润表净利润，母公司所有者权益变动表（利润分配部分）的期末未分配利润等于合并所有者权益变动表（利润分配部分）期末未分配利润。这是因为在完全权益法下，母公司单体账上对购买价差进行了摊销以及对公司间交易进行了抵销，故与合并财务报表一致。

而不完全权益法下，对购买价差的摊销仅在工作底稿中的抵销分录里进行，并没有正式记入母公司单体账上。因此，不完全权益法下，母公司利润表的净利润和合并利润表的净利润差额为本年度购买价差的摊销额。此外，我们还应该看到，不论是采用不完全权益法还是采用完全权益法处理长期股权投资，合并财务报表均完全相同。

二、购并日后第二年财务报表的合并

20×2 年，紫檀公司获得净利润 150 000 元，发放现金股利 80 000 元，提取盈余公积 40 000 元。

20×2 年 12 月 31 日牡丹公司长期股权投资账户余额为 628 000 元（572 000＋

150 000×80%－80 000×80%），本年变动额为 56 000 元（150 000×80%－80 000×80%）。当年投资收益账户金额为 120 000 元（150 000×80%）。

这里不再详细介绍正式分录，请参照前面的内容自己完成。下面介绍抵销分录：

（1）抵销母公司已确认的投资收益，并将长期股权投资账户调整至期初数。

①借：投资收益	120 000	
少数股东权益——股利	16 000	
贷：利润分配——分派现金股利		80 000
长期股权投资		56 000

（2）抵销母公司长期股权投资与子公司股东权益账户期初值，并记录期初少数股东权益。

②借：股本	400 000	
盈余公积	120 000	
期初未分配利润	120 000	
购买价差	60 000	
贷：少数股东权益		128 000
长期股权投资		572 000

（3）分摊购买价差。

③借：期初未分配利润（牡丹）	16 000	
固定资产	32 000	
商誉	12 000	
贷：购买价差		60 000

（4）评估增值摊销、商誉减值确认。

④借：期初未分配利润（牡丹）	4 400	
营业成本	2 400	
费用	800	
资产减值损失	1 200	
贷：固定资产		6 400
商誉		2 400

（5）确认少数股东损益。

⑤借：少数股东损益	30 000	
贷：少数股东权益		30 000

（6）抵销子公司提取的盈余公积。

⑥借：盈余公积	40 000	
贷：利润分配——提取盈余公积		40 000

根据以上抵销分录完成的合并财务报表工作底稿见表 4—20。

表 4—20 牡丹公司合并财务报表工作底稿（不完全权益法，非全资子公司）

20×2 年 12 月 31 日及 20×2 年度

单位：元

	牡丹公司	紫檀公司	调整与抵销分录		合并数
			借方	贷方	
利润表					
营业收入	900 000	600 000			1 500 000
投资收益	120 000		①120 000		
营业成本	(360 000)	(320 000)	④2 400		(682 400)
费用	(220 000)	(130 000)	④800		(350 800)
资产减值损失			④1 200		(1 200)
少数股东损益			⑤30 000		(30 000)
净利润	440 000	150 000			435 600
所有者权益变动表（利润分配部分）					
本年净利润	440 000	150 000			435 600
加：期初未分配利润	340 000	120 000	③16 000 ②120 000 ④4 400		319 600
可供分配的利润	780 000	270 000			755 200
减：提取盈余公积	140 000	40 000	⑥40 000		140 000
分派现金股利	120 000	80 000		①80 000	120 000
未分配利润	520 000	150 000			495 200
资产负债表					
现金	602 000	170 000			772 000
应收账款	300 000	160 000			460 000
存货	360 000	180 000			540 000
长期股权投资	628 000			①56 000 ②572 000	
固定资产	1 950 000	1 280 000	③32 000	④6 400	3 255 600
累计折旧	(1 000 000)	(680 000)			(1 680 000)
商誉			③12 000	④2 400	9 600
购买价差			②60 000	③60 000	
资产合计	2 840 000	1 110 000			3 357 200
应付账款	280 000	200 000			480 000
应付债券	400 000	200 000			600 000
股本	1 000 000	400 000	②400 000		1 000 000
盈余公积	640 000	160 000	②120 000 ⑥40 000		640 000
未分配利润	520 000	150 000			495 200
少数股东权益			①16 000	②128 000 ⑤30 000	142 000
负债及股东权益合计	2 840 000	1 110 000			3 357 200

我们也可将表 4—20 与表 4—17 对比，得出不完全权益法与完全权益法下购并日第二年的合并财务报表相同的结论。故这里不再赘述。

第六节 非全资子公司下的合并财务报表——成本法

本节仍沿用第三节的资料，对牡丹公司长期股权投资账户采用成本法进行会计处理。

一、成本法下购并日后第一年财务报表的合并

（一）母公司单体账上的会计处理

20×1 年，紫檀公司获得净利润 100 000 元，发放现金股利 60 000 元。成本法下，牡丹公司收到股利时，确认投资收益（60 000×80%）。相应会计分录如下：

借：现金	48 000	
贷：投资收益		48 000

（二）报表合并

1. 将成本法转换为完全权益法

完全权益法下，合并当年牡丹公司应确认的投资收益为 59 600 元。牡丹公司已计提 48 000 元，只需在工作底稿中补提两者的差额 11 600 元，即将成本法转换为完全权益法。

借：长期股权投资	11 600	
贷：投资收益		11 600

2. 以下合并工作底稿的抵销分录与完全权益法下完全相同

（1）抵销牡丹公司确认的投资收益和股利，并将长期股权投资账户余额调整为期初数。

借：投资收益	80 000	
少数股东权益——股利	12 000	
贷：利润分配——分派现金股利		60 000
长期股权投资		32 000

（2）抵销与长期股权投资账户对应的紫檀公司的股东权益账户。

借：股本	400 000	
盈余公积	100 000	
期初未分配利润	100 000	
购买价差	60 000	
贷：少数股东权益		120 000
长期股权投资		540 000

（3）分摊购买价差。

借：营业成本	16 000	
固定资产	32 000	
商誉	12 000	
贷：购买价差		60 000

（4）摊销评估增值及商誉。

借：营业成本	2 400	
费用	800	
资产减值损失	1 200	
贷：固定资产		3 200
商誉		1 200

（5）记录少数股东权益和少数股东损益。

借：少数股东损益	20 000	
贷：少数股东权益		20 000

（6）抵销子公司本年度提取的盈余公积。

借：盈余公积	20 000	
贷：利润分配——提取盈余公积		20 000

3. 合并工作底稿

根据以上抵销分录完成的合并财务报表工作底稿见表4—21。

表4—21　　牡丹公司合并财务报表工作底稿（成本法，非全资子公司）

20×1年12月31日及20×1年度　　单位：元

	牡丹公司	紫檀公司	调整与抵销分录		合并数
			借方	贷方	
利润表					
营业收入	800 000	400 000			1 200 000
投资收益	48 000		②80 000	①32 000	
营业成本	(340 000)	(230 000)	④16 000 ⑤2 400		(588 400)
费用	(180 000)	(70 000)	⑤800		(250 800)
资产减值损失			⑤1 200		(1 200)
少数股东损益			⑥20 000		(20 000)
净利润	328 000	100 000			339 600
所有者权益变动表（利润分配部分）					
本年净利润	328 000	100 000			339 600
加：期初未分配利润	200 000	100 000	③ 100 000		200 000
可供分配的利润	528 000	200 000			539 600
减：提取盈余公积	100 000	20 000		⑦20 000	100 000
分派现金股利	120 000	60 000		②60 000	120 000
未分配利润	308 000	120 000			319 600
资产负债表					
现金	548 000	150 000			698 000

续前表

	牡丹公司	紫檀公司	调整与抵销分录		合并数
			借方	贷方	
应收账款	150 000	100 000			250 000
存货	200 000	150 000			350 000
长期股权投资	540 000		①32 000	②32 000 ③540 000	
固定资产	1 950 000	1 280 000	④ 32 000	⑤3 200	3 258 800
累计折旧	(900 000)	(640 000)			(1 540 000)
商誉			④12 000	⑤1 200	10 800
购买价差			③ 60 000	④60 000	
资产合计	2 488 000	1 040 000			3 027 600
应付账款	280 000	200 000			480 000
应付债券	400 000	200 000			600 000
股本	1 000 000	400 000	③400 000		1 000 000
盈余公积	500 000	120 000	③100 000 ⑦20 000		500 000
未分配利润	308 000	120 000			319 600
少数股东权益			②12 000	③120 000 ⑥20 000	128 000
负债及股东权益合计	2 488 000	1 040 000			3 027 600

将表 4—16、表 4—19 以及表 4—21 对比可以看出：长期股权投资日常无论采用完全权益法、不完全权益法还是成本法进行会计处理，合并后的财务报表均相同。

二、购并日后第二年财务报表的合并

（一）成本法下母公司单体账上的会计处理

20×2 年，紫檀公司获得净利润 150 000 元，发放现金股利 80 000 元。成本法下，牡丹公司收到股利时，确认投资收益（80 000×80%）。相应会计分录如下：

借：现金 64 000

　贷：投资收益 64 000

（二）报表合并

1. 将成本法转换为不完全权益法

采用不完全权益法进行长期股权投资的后续计量，购并日后第二年牡丹公司应确认的投资收益为 120 000 元。成本法下牡丹公司已计提 64 000 元，因此转换为不完全权益法还应在工作底稿中补提两者的差额 56 000 元，同时，还应对购并日后第一年母公司采用成本法未确认的母公司在子公司未分配利润中的份额加以确认，同时调增期初未分配利润和长期股权投资账户。此步转换要求补提购并日开始至报表合并日母公司在子公司未分配利润中所拥有的份额。

借：长期股权投资（32 000＋56 000）　88 000
　贷：投资收益　56 000
　　期初未分配利润　32 000

2. 以下合并工作底稿的抵销分录与不完全权益法下完全相同

（1）抵销母公司已确认的投资收益，并将长期股权投资账户调整至期初数。

借：投资收益	120 000	
少数股东权益——股利	16 000	
贷：利润分配——分派现金股利		80 000
长期股权投资		56 000

（2）抵销期初长期股权投资与子公司股东权益账户，并记录期初少数股东权益。

借：股本	400 000	
盈余公积	120 000	
期初未分配利润	120 000	
购买价差	60 000	
贷：少数股东权益		128 000
长期股权投资		572 000

（3）分摊购买价差。

借：期初未分配利润（牡丹）	16 000	
固定资产	32 000	
商誉	12 000	
贷：购买价差		60 000

（4）评估增值摊销，商誉减值确认。

借：期初未分配利润（牡丹）	4 400	
营业成本	2 400	
费用	800	
资产减值损失	1 200	
贷：固定资产		6 400
商誉		2 400

（5）确认少数股东损益。

借：少数股东损益	30 000	
贷：少数股东权益		30 000

（6）抵销子公司提取的盈余公积。

借：盈余公积	40 000	
贷：利润分配——提取盈余公积		40 000

根据以上抵销分录完成的合并财务报表工作底稿见表 4—22。

表 4—22　　牡丹公司合并财务报表工作底稿（成本法，非全资子公司）

20×2 年 12 月 31 日及 20×2 年度

单位：元

	牡丹公司	紫檀公司	调整与抵销分录		合并数
			借方	贷方	
利润表					
营业收入	900 000	600 000			1 500 000
投资收益	64 000		②120 000	①56 000	
营业成本	(360 000)	(320 000)	⑤2 400		(682 400)
费用	(220 000)	(130 000)	⑤800		(350 800)
资产减值损失			⑤1 200		(1 200)
少数股东损益			⑥30 000		(30 000)
净利润	384 000	150 000			435 600
所有者权益变动表（利润分配部分）					
本年净利润	384 000	150 000			435 600
加：期初未分配利润	308 000	120 000	③120 000 ⑤4 400 ④16 000	①32 000	319 600
可供分配的利润	692 000	270 000			755 200
减：提取盈余公积	140 000	40 000	⑦40 000		140 000
分派现金股利	120 000	80 000		②80 000	120 000
未分配利润	432 000	150 000			495 200
资产负债表					
现金	602 000	170 000			772 000
应收账款	300 000	160 000			460 000
存货	360 000	180 000			540 000
长期股权投资	540 000		①88 000	②56 000 ③572 000	
固定资产	1 950 000	1 280 000	④32 000	⑤6 400	3 255 600
累计折旧	(1 000 000)	(680 000)			(1 680 000)
商誉			④12 000	⑤2 400	9 600
购买价差			③60 000	④60 000	
资产合计	2 752 000	110 000			3 357 200
应付账款	280 000	200 000			480 000
应付债券	400 000	200 000			600 000
股本	1 000 000	400 000	③400 000		1 000 000
盈余公积	640 000	160 000	③120 000 ⑦40 000		640 000
未分配利润	432 000	150 000			495 200
少数股东权益			②16 000	③128 000 ⑥30 000	142 000
负债及股东权益合计	2 752 000	1 110 000			3 357 200

将表4—17、表4—20以及表4—22对比可以看出，长期股权投资日常无论采用完全权益法、不完全权益法还是成本法进行会计处理，合并后的财务报表均相同。

思考题

1. 同一控制下的企业合并和非同一控制下的企业合并形成的长期股权投资的会计处理方法有什么不同?

2. 简述权益法下如何处理长期股权投资。

3. 在采用权益法时，母公司的净利润和合并财务报表中的合并净利润有何异同?

4. 母公司单体利润表上反映的从子公司取得的投资收益和合并利润表上反映的投资收益有什么区别?

5. 试说明如何确定合并财务报表中的少数股东权益的数额。

6. 假设母公司的会计年度为正常会计年度，而子公司的会计年度为每年的10月31日，那么在编制合并财务报表时需要有什么特别的程序?

练习题

1. 20×3年1月1日牡佑公司以2 400 000元购买了紫缘公司所有股权。购买日紫缘公司的资产、负债的账面价值与公允价值相等，分别为2 640 000元和640 000元。紫缘公司20×3年发放现金股利40 000元，当年经测试商誉发生减值10%。

20×3年12月31日牡佑、紫缘两公司的部分单体资产负债表以及部分当年利润表如下（单位：元）：

20×3年12月31日牡佑公司、紫缘公司单体资产负债表及利润表部分数据

	牡佑公司	紫缘公司
资产负债表账户		
长期股权投资——紫缘	2 600 000	
盈余公积	1 240 000	560 000
未分配利润	1 240 000	560 000
股东权益总计	5 240 000	2 240 000
利润表账户		
营业利润	840 000	400 000
投资收益	240 000	—
净利润	800 000	280 000

要求：

(1) 计算20×3年年末合并财务报表中商誉的列示金额。

(2) 计算20×3年12月31日合并资产负债表中留存收益的金额。

2. 20×2年1月1日牡特公司支付220 000元取得紫新公司80%的股权，当日紫新公司股东权益合计220 000元。紫新公司20×2年实现净利润20 000元，宣布分派现金股利16 000元，提取盈余公积3 000元。

要求： 编制下面两种假设下牡特公司账上记录上述事件的会计分录。

(1) 假设牡特公司采用成本法处理长期股权投资。

(2) 假设牡特公司采用完全权益法处理长期股权投资。

(如果投资成本与所获股权账面净值存在差额，假设将其全作为评估增值。)

3. 合并后母公司单体资产负债表和母子公司合并资产负债表如下(单位：元)：

	母公司	合并主体
流动资产	436 000	726 000
固定资产	186 000	308 000
长期股权投资——子公司	290 000	—
资产合计	912 000	1 034 000
流动负债	166 000	300 000
股本	640 000	640 000
留存收益	106 000	35 600
少数股东权益	—	58 400
负债与股东权益合计	912 000	1 034 000

母公司持有子公司80%的股权。母公司对长期股权投资采用成本法核算，购买时合并价差为贷方14 000元，是由子公司土地的账面价值高估所致。

要求：

(1) 计算子公司的营运资金的金额。

(2) 计算子公司股东权益的金额。

(3) 计算母公司取得子公司股权时子公司股东权益的金额。

4. 20×1年1月1日，牡江公司进行了如下投资活动：

(1) 以每股140元购买紫河公司80%的股份。20×1年1月1日紫河公司的所有者权益为：股本100 000元(每股面值1元)，留存收益40 000元。

(2) 以每股80元购买紫江公司70%的股份。20×1年1月1日紫江公司的所有者权益为：股本120 000元(每股面值1元)，资本公积40 000元，留存收益 80 000元。

20×1年度各家公司的部分资料如下(单位：元)：

	牡江公司	紫河公司	紫江公司
期初留存收益	480 000	40 000	80 000
净利润(损失)	209 200	72 000	(24 000)
分配现金股利	(80 000)	(32 000)	(18 000)
期末留存收益	609 200	80 000	38 000

要求：

(1) 20×1年，如采用不完全权益法牡江公司账簿上应对如下哪些事件作相关分录？

1）进行长期股权投资。

2）收到子公司分派的现金股利。

3）母公司在子公司损益中占有的份额。

（2）分别计算20×1年12月31日两家子公司的少数股东权益数额。

（3）分别计算20×1年12月31日牡江公司对两家子公司的长期股权投资采用成本法、不完全权益法、权益法下各自的余额（如存在合并价差全作为资产评估增值，并在10年内摊销）。

5. 20×2年1月1日，牡晶公司以5 000 000元收购了紫花公司75%的股权，当时紫花公司的股东权益如下（单位：元）：

股本，每股面值1元	2 000 000
资本公积	1 200 000
盈余公积（20×1年12月31日）	800 000
未分配利润（20×1年12月31日）	800 000
股东权益合计	4 800 000

合并价差10%分摊至低估的存货，该存货20×2年全部卖出；40%分摊至固定资产，该固定资产尚有8年剩余使用寿命；剩下50%作为商誉，假设商誉每年减值10%。牡晶公司以完全权益法核算对紫花公司的股权投资。

牡晶公司和紫花公司20×3年12月31日的试算表如下（单位：元）：

	牡晶公司	紫花公司
其他资产（净）	7 700 000	5 200 000
长期股权投资——紫花公司	4 160 000	—
费用（包括营业成本）	6 360 000	1 200 000
股利	1 000 000	400 000
	19 220 000	6 800 000
股本，每股面值1元	6 000 000	2 000 000
资本公积	1 700 000	1 200 000
盈余公积	2 000 000	1 000 000
期初未分配利润	1 060 000	600 000
营业收入	8 000 000	2 000 000
投资收益——紫花公司	460 000	—
	19 220 000	6 800 000

要求：

（1）计算20×3年12月31日合并报表中商誉、少数股东损益、合并净利润、合并留存收益、应付股利的金额。

（2）计算20×3年少数股东损益以及20×2年和20×3年12月31日合并报表中少数股东权益的金额。

第五章

集团内部存货交易

引例　中兴通讯存货内部交易

深圳市中兴新通讯设备有限公司（简称“中兴新”）于1985年成立，是国家高新技术企业，经过多年努力，目前已成长为投资控股型企业集团。1997年，中兴新通过资产重组发起创立了中兴通讯股份有限公司（简称“中兴通讯”）。1997年、2004年中兴通讯先后在深圳证券交易所（股票代码000063.SZ）和香港联交所（股票代码00763.HK）上市，目前是全球领先的综合通信解决方案提供商。

中兴新与中兴通讯之间时常会发生内部存货交易，比如2012年，中兴通讯向中兴新销售制成品291万元，同时购买原料23 555.7万元；2013年，中兴通讯向中兴新销售商品265.8万元，同时购买原料22 760.9万元。接下来，我们着重介绍一起交易。

2012年12月29日，中兴通讯发布公告：公司将基于关联交易框架协议直接或通过控股子公司与深圳市中兴新通讯设备有限公司及其控股子公司就具体项目签署单项购买合同。2013—2015年所购原料和预计交易价格为：机柜及配件每个1～30 000元、机箱及配件每个1～15 000元、围栏每个11 000～50 000元等，具体价格由产品复杂程度及功能特性而定。

预计最高累计交易金额（单位：万元，不含增值税）：

2013年：90 000；2014年：100 000；2015年：110 000。

同时，公告还称上述交易的价格是公允的，付款条件合理，所有交易均符合国家有关法律法规要求，不存在损害本集团及股东利益的情形。

2013年，中兴通讯实际向中兴新及其附属公司购买原料49 391万元，未超过2013年采购金额上限。公司于验收产品日期起计210天内以商业承兑汇票支付货款。

由此，当集团内部发生存货交易时，会计上该如何处理呢？

希望通过本章的学习，各位读者能找到答案。

学习目标

- 了解集团内部存货交易的影响
- 掌握顺销的含义及其抵销方法
- 掌握逆销的含义及其抵销方法
- 掌握内部存货销售方向对合并报表的影响
- 掌握成本法处理集团内部存货交易时的转换分录

合并财务报表反映母子公司作为整体的财务状况及经营结果，但是母子公司都分别有自己的单体财务报表。在日常的经营中，集团内部公司之间经常会发生各种资产的交易，比如存货、固定资产、债券等的交易。如果这种交易不是以成本来计价的，就会在母公司或者子公司的单体财务报表上出现销货产生的损益。但是从整体上看集团内部公司之间的交易实质上只是将资产转移了存放地点，并没有产生任何损益。所以在合并财务报表的编制过程中需要将其产生的影响进行抵销。

抵销集团内部公司之间内部交易损益的理由是，母公司的管理层能够控制集团内部所有公司间的内部交易，包括授权、定价，集团内部公司之间并非公平交易。然而，合并报表之所以要抵销集团内部公司之间内部损益的影响，并非顾及公司间交易是否是公平交易，其目的在于，合并主体的财务报表反映一个如同没有内部公司之间交易发生的财务状况和经营成果，合并财务报表的金额反映对合并主体以外的金额。美国《会计研究公报》第 51 号有以下说明：合并财务报表不应包括集团内部公司之间内部交易所产生的损益，因此，集团内部公司之间内部交易损益涉及的资产，若仍留在合并主体内，则应加以抵销，抵销的金额通常是毛利或损失。

第一节 存货内部交易简介

集团内部公司之间销售存货是比较普遍的现象。如上所述，其实质只是将存货转移了储存地点。因此需要我们将内部交易产生的未实现损益进行抵销。存货的内部交易可以按照销售方向的不同分为三类：母公司将商品销售给子公司的销货，称为顺销；而子公司将商品销售给母公司的销货，称为逆销；子公司将商品销售给子公司的销货，称为横向销货。这些名称是源于企业集团结构中通常将母公司置于顶端而将子公司置于底端。所以，从上到下销售称为顺销；从下到上销售称为逆销，如图 5—1 所示。

当母公司将商品销售给子公司时，根据收入实现原则，在母公司单体账上实现了销售收入，记入“营业收入”账户，并结转相关销售成本，记入“营业成本”账户。这种内部的营业收入与营业成本的差额为母公司账上的毛利，这种毛利对母公司而言是已实现的利润，但是，对合并主体而言，在子公司没有对合并主体之外的企业出售之前，这种毛利是合并主体的未实现利润，故而称为未实现利润，由于有可能出现损失，因此统称为未实现损益。其理由是，从合并主体角度来看，只有对合并主体之外

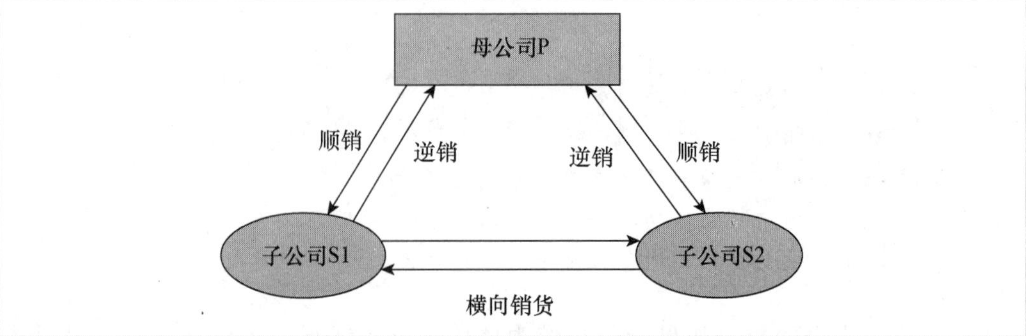

图 5—1 集团内部交易示意图

的销售才为集团已实现的销售收入，才能记入合并财务报表中的“营业收入”账户。集团内部的购销不应确认为销售收入，也不产生合并利润。所以，在合并工作底稿中，应将“营业收入”账户和“营业成本”账户这对相对账户相抵销，并将其产生的未实现损益加以抵销，以反映合并主体对外界的情况。同理，当子公司将商品销售给母公司时也有类似问题。

不论集团内部的销货方向如何，其相对应的营业收入与营业成本金额在编制合并财务报表的过程中都应加以抵销，同样，期末存货中含有的未实现损益也应全部加以抵销。未实现损益对母公司单体财务报表与合并财务报表的影响却取决于内部销货的方向及母公司在子公司中的持股比例。由于在顺销的情况下未实现损益是记录在母公司的财务报表上的，因此需要全部抵销其影响。而在逆销的情况下未实现损益是记录在子公司的财务报表上的。当子公司不是全资子公司时，子公司的一部分未实现损益是被少数股东所拥有的，因此不能全部抵销。这种影响的不同将在下面给予详细介绍。由于实务中多数情况是销售价格一般大于成本，我们将只讨论销售价格大于成本这种情况。本章涉及的提取盈余公积账户按净利润的 20%提取。

第二节 存货顺销

在存货顺销时，母公司的净利润中包含了内部交易所产生的子公司期末内部存货中的未实现利润，但是子公司的净利润不受影响。

销售会出现两种情况，一种是在同一个会计期间就将内部交易的存货对合并主体之外的其他公司销售；另一种是在不同的会计期间对外出售上述存货。这两种情况的影响是不同的，我们将分别不同情况进行讨论。

一、本期内部顺销存货，当期全部对外出售

例 5—1

母公司牡丹公司和其子公司紫檀公司（拥有 100%的股份）的内部存货交易如下：

20×1 年牡丹公司销售一批商品给紫檀公司，其转移价格为 12 000 元，成本为 10 000 元。上述存货子公司当年全部对合并主体外的企业出售，价格为 15 000 元。内部交易货款均以银行存款支付。存货内部顺销交易如图 5—2 所示。

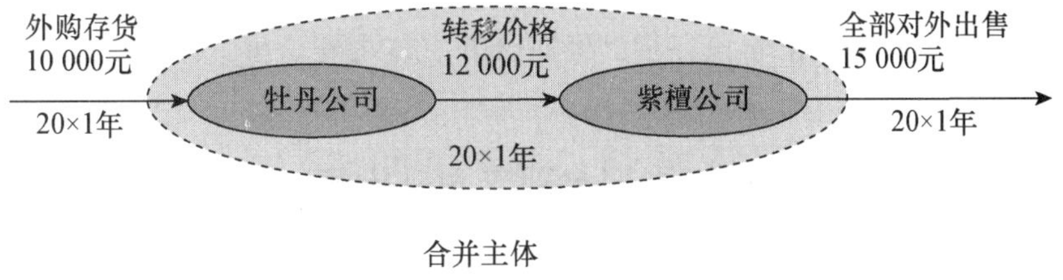

图 5—2 母子公司内部顺销交易图示

首先母子公司各自记录了这一内部交易，见表5—1。

表 5—1 **母子公司会计分录表**

母公司牡丹公司的会计分录			子公司紫檀公司的会计分录		
购货时：			购货时：		
借：存货	10 000		借：存货	12 000	
贷：银行存款		10 000	贷：银行存款		12 000
销货时，确认营业收入：			销货时，确认营业收入：		
借：银行存款	12 000		借：银行存款	15 000	
贷：营业收入		12 000	贷：营业收入		15 000
销货时，结转营业成本：			销货时，结转营业成本：		
借：营业成本	10 000		借：营业成本	12 000	
贷：存货		10 000	贷：存货		12 000

实质上这笔内部交易可以理解为母公司将成本为10 000元的存货转移到子公司的仓库，然后子公司将其以15 000元的价格对外部企业出售。销售利润是5 000元。从合并主体的角度看，内部交易使得母公司多计了12 000元的收入，子公司多计了12 000元的成本。虽然不影响当期的合并销售利润，但是合并营业收入和营业成本都多计了12 000元。因此需要抵销掉这一影响。如同这笔内部交易没有发生一样，只需按内部转换价格抵销即可。换言之，合并营业收入是合并主体对外界的营业收入，合并营业成本是合并主体对外界的营业成本，合并存货是合并主体对外界的存货成本。

上述业务的抵销分录如下：

①借：营业收入 12 000
　　贷：营业成本 12 000

合并工作底稿（部分）见表5—2。

表 5—2 **合并工作底稿（部分）** 单位：元

	牡丹公司	紫檀公司	调整与抵销分录		合并数
			借方	贷方	
利润表					
营业收入	12 000	15 000	①12 000		15 000
营业成本	10 000	12 000		①12 000	10 000
毛利	2 000	3 000			5 000

在本期内部顺销存货当期全部对外出售的情况下，母公司对子公司出售存货的加

价 3 000 元，在子公司没有将该存货对外出售之前，这 3 000 元对合并主体而言是未实现利润，在本例中，由于该存货已经对合并主体之外出售，因此，这 3 000 元未实现利润实现了。

二、本期内部顺销存货，当期全部未对外出售

例 5—2

母公司牡丹公司和其子公司紫檀公司（拥有 100%的股份）的内部存货交易如下：

20×2 年牡丹公司销售一批商品给紫檀公司，其价格 24 000 元，成本为 20 000 元。上述存货子公司当年全部未对外出售。货款均以银行存款支付。存货内部交易如图 5—3 所示。

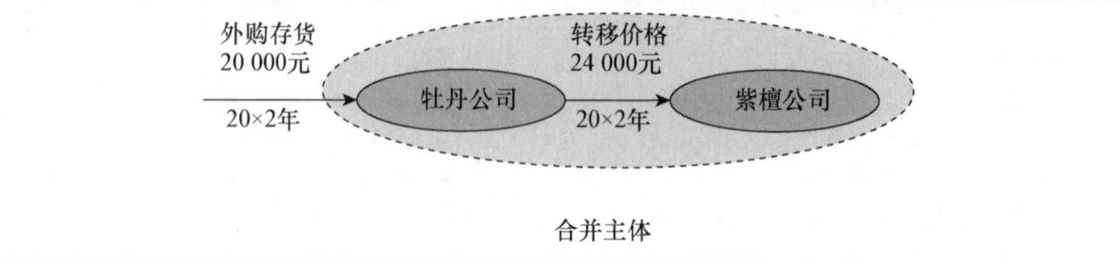

图 5—3 母子公司内部顺销交易图示

首先母子公司各自记录了这一内部交易，见表 5—3。

表 5—3 母子公司会计分录表

母公司牡丹公司的会计分录	子公司紫檀公司的会计分录
购货时： 借：存货 20 000 贷：银行存款 20 000 销货时，确认营业收入： 借：银行存款 24 000 贷：营业收入 24 000 销货时，结转营业成本： 借：营业成本 20 000 贷：存货 20 000 此时，公司间顺销存货，母公司账上确认了 4 000 元（24 000－20 000）毛利。由于母公司没有采用完全权益法，如采用成本法或不完全权益法，则这 4 000 元毛利在期末时体现在净利润（营业收入－营业成本）中，转入未分配利润。	购货时： 借：存货 24 000 贷：银行存款 24 000

这种情况下可以理解为母公司将存货仅仅转移到子公司的仓库中储存，合并主体不应该确认收入和成本 。期末时子公司的存货成本也由于内部交易而虚增了 4 000 元。以上影响都需要进行抵销。抵销分录如下：

按转移价格抵销本期发生的内部交易，视同合并主体内部交易没有发生一样：

①借：营业收入 24 000
　　贷：营业成本 24 000

抵销期末存货中未实现利润（24 000－20 000），通过增加“营业成本”的方式减少未实现利润：

②借：营业成本	4 000	
贷：存货		4 000

这里也可以将①②两笔分录合成一笔分录如下：

借：营业收入	24 000	
贷：营业成本		20 000
存货		4 000

合并工作底稿（部分）见表 5—4。

表 5—4　　合并工作底稿（部分）　　单位：元

	牡丹公司	紫檀公司	调整与抵销分录		合并数
			借方	贷方	
利润表					
营业收入	24 000		①24 000		0
营业成本	20 000		②4 000	①24 000	0
毛利	4 000				0
资产负债表					
存货		24 000		②4 000	20 000

在本期内部顺销存货当期全部未对外出售的情况下，即子公司存在期末存货，母公司对子公司出售存货的加价 4 000 元，在子公司没有将该存货对外出售之前，这 4 000 元的内部加价对合并主体而言是未实现利润，在合并过程中，需要抵销期末存货中未实现利润。

三、上期内部顺销存货，本期全部对外出售

例 5—3

沿用例 5—2 中的交易。20×2 年牡丹公司销售一批商品给紫檀公司，其转移价格为 24 000 元，成本为 20 000 元。上述存货子公司当年全部未对外出售。20×3 年子公司将上述存货全部对外出售，价格为 30 000 元。货款均以银行存款支付。存货内部交易如图 5—4 所示。

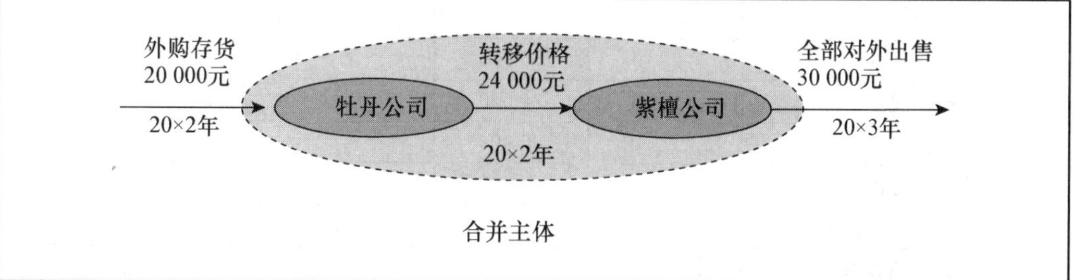

图 5—4　母子公司内部顺销交易图示

子公司20×3年记录了这一交易，见表5—5。

表5—5　子公司紫檀公司的会计分录

销货时，确认营业收入：		
借：银行存款	30 000	
贷：营业收入		30 000
销货时，结转营业成本：		
借：营业成本	24 000	
贷：存货		24 000

这种情况和前面第二种情况是一样的。合并主体在20×2年不应该确认收入和成本，并且由于子公司记录了这一交易，使得20×2年期末时在子公司的账簿上存货成本虚增了4 000元。以上影响使得20×3年母公司的期初未分配利润虚增了4 000元（见表5—3），子公司的期初存货虚增了4 000元。而存货在20×3年期末已经不存在于合并主体中，20×2年期末未实现利润在20×3年实现。因此，实质上需要调整的就是20×3年期初的影响。抵销分录如下：

抵销期初的影响：

①借：期初未分配利润	4 000	
贷：存货		4 000

抵销本期子公司由于虚增存货导致多结转的成本：

②借：存货	4 000	
贷：营业成本		4 000

同样，也可以将①②两笔分录合成一笔：

借：期初未分配利润	4 000	
贷：营业成本		4 000

抵销母公司的期初未分配利润和子公司的营业成本，子公司期初虚增的存货成本已经在本期的对外交易中结转为营业成本。

合并工作底稿（部分）见表5—6。

表5—6　合并工作底稿（部分）　单位：元

	牡丹公司	紫檀公司	调整与抵销分录		合并数
			借方	贷方	
利润表					
营业收入	0	30 000			30 000
营业成本	0	24 000		②4 000	20 000
毛利	0	6 000			10 000
利润分配部分					
期初未分配利润	4 000		①4 000		
资产负债表					
存货			②4 000	①4 000	

在上期内部顺销存货，上期未对外出售、本期对外出售的情况下，母公司对子公司出售存货的加价 4 000 元，在上期期末，子公司没有将该存货对外出售之前，这 4 000 元的内部加价对合并主体而言是未实现利润，在上期期末合并过程中，需要抵销期末存货中未实现利润。由于本期该存货已经对合并主体之外出售，因此，这 4 000 元期初未实现利润在本期实现了。对于这种期初存货中未实现利润的实现，在本期合并过程中应加以确认。

四、坏账准备的处理

假如在发生内部交易当期货款未予付清，就会涉及应收应付账款和计提坏账准备的问题，在合并过程中由内部交易所引起的应收应付账款和坏账准备也需要抵销。现举例如下：

例 5—4

母公司牡丹公司和其子公司紫檀公司（拥有 100%的股份）的内部存货交易如下：

20×4 年牡丹公司销售一批商品给其子公司紫檀公司，其转移价格为 48 000 元，成本为 40 000 元。紫檀公司到 20×5 年才以银行存款支付该笔货款。上述存货紫檀公司当年全部未对外出售，直至 20×5 年才对外出售，价格为 60 000 元。母公司 20×4 年期末计提了 10%的坏账准备。存货内部交易如图 5—5 所示。

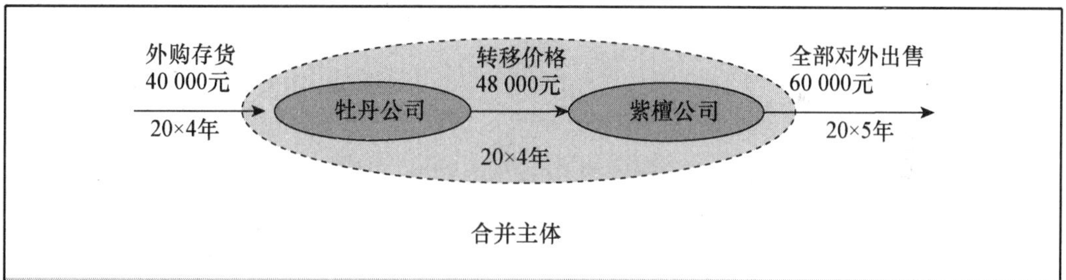

图 5—5　母子公司内部顺销交易图示

内部交易当年母子公司各自记录了这一内部交易，见表 5—7。

表 5—7　　母子公司会计分录表

20×4 年母公司牡丹公司的会计分录			20×4 年子公司紫檀公司的会计分录		
从外部购买存货：			从母公司购入存货：		
借：存货	40 000		借：存货	48 000	
贷：银行存款		40 000	贷：应付账款		48 000
销货时，确认营业收入：					
借：应收账款	48 000				
贷：营业收入		48 000			
销货时，结转销售成本：					
借：营业成本	40 000				
贷：存货		40 000			
对子公司应收账款计提坏账准备（48 000×10%）：					
借：资产减值损失	4 800				
贷：坏账准备		4 800			

20×5年母公司牡丹公司的会计分录	20×5年子公司紫檀公司的会计分录
记录收回上期的应收账款： 借：银行存款 48 000 贷：应收账款 48 000 转回对子公司应收账款计提的坏账准备： 借：坏账准备 4 800 贷：资产减值损失 4 800	记录支付上期的应收账款： 借：应付账款 48 000 贷：银行存款 48 000 销货时，确认营业收入： 借：银行存款 60 000 贷：营业收入 60 000 销货时，结转销售成本： 借：营业成本 48 000 贷：存货 48 000

内部交易当年期末时在子公司的存货成本由于内部交易而虚增了8 000元。以上影响都使得20×5年母公司的期初未分配利润虚增了3 200元（8 000－4 800）。

20×4年内部交易当年的抵销分录如下：

按转移价格抵销本期发生的内部交易，视同合并主体内部交易没有发生一样：

①借：营业收入 48 000
　　贷：营业成本 48 000

抵销期末存货中未实现损益，通过增加“营业成本”的方式减少未实现利润：

②借：营业成本 8 000
　　贷：存货 8 000

抵销内部交易产生的应收应付账款：

③借：应付账款 48 000
　　贷：应收账款 48 000

抵销母公司计提的坏账准备：

④借：坏账准备 4 800
　　贷：资产减值损失 4 800

20×4年合并工作底稿（部分）见表5—8。

表5—8　　合并工作底稿（部分）　　单位：元

	牡丹公司	紫檀公司	调整与抵销分录		合并数
			借方	贷方	
利润表					
营业收入	48 000		①48 000		0
营业成本	40 000		②8 000	①48 000	0
资产减值损失	4 800			④4 800	0
净利润	3 200				0
资产负债表					
应收账款	48 000			③48 000	0
坏账准备	4 800		④4 800		0
存货		48 000		②8 000	40 000
应付账款		48 000	③48 000		0

由于存货已经对外销售，20×5 年期末合并主体中已经不包含该存货，20×4 年期末未实现损益在 20×5 年实现。应收应付账款也已经结清。因此，20×5 年需要调整期初的影响。另外，20×5 年由于子公司支付货款，母公司在其单体账上将上期计提的坏账准备转回，但对合并主体而言，上期并不存在坏账准备的计提，故本期也就不存在坏账准备的转回，因此，需要抵销母公司本期转回的坏账准备。20×5 年抵销分录如下：

抵销期初的影响：

①借：期初未分配利润　　8 000
　　贷：存货　　8 000

抵销本期子公司由于虚增存货导致多结转的成本：

②借：存货　　8 000
　　贷：营业成本　　8 000

同样，也可以将①②两笔分录合成一笔：

借：期初未分配利润　　8 000
　　贷：营业成本　　8 000

抵销坏账准备的期初影响：

③借：坏账准备　　4 800
　　贷：期初未分配利润　　4 800

抵销母公司转回的坏账准备：

④借：资产减值损失　　4 800
　　贷：坏账准备　　4 800

同样，也可以将③④两笔分录合成一笔：

借：资产减值损失　　4 800
　　贷：期初未分配利润　　4 800

20×5 年合并工作底稿（部分）见表 5—9。

表 5—9　　合并工作底稿（部分）　　单位：元

	牡丹公司	紫檀公司	调整与抵销分录		合并数
			借方	贷方	
利润表					
营业收入	0	60 000			60 000
营业成本	0	48 000		②8 000	40 000
资产减值损失	(4 800)		④4 800		
毛利	0	12 000			20 000
利润分配部分					
期初未分配利润	3 200		①8 000	③4 800	0
资产负债表					
坏账准备			③4 800	④4 800	0
存货			②8 000	①8 000	

第三节 存货逆销

当子公司向母公司销售存货的时候，我们称为逆销。与顺销不同，内部交易产生的未实现损益全部包含于子公司的净利润中。如果子公司为母公司的全资子公司，那么其会计处理方法类似于存货顺销的情况——母公司递延确认全部的未实现损益。但如果子公司不是母公司的全资子公司，其会计处理就会由于少数股东权益的存在而产生差异。

从理论上讲，较好的做法是将未实现损益按比例在多数股东权益与少数股东权益间进行分配。这是因为从合并主体角度来看，多数股东权益与少数股东权益应采用一致的方法。也就是说，合并净利润与少数股东损益的计算均以合并主体的已实现净利润为基础。此外，在会计实务中，逆销所产生的未实现损益金额较大的，通常可以在多数股东权益与少数股东权益间加以分配。因此，本书采用将逆销产生的未实现损益在合并净利润（多数股东权益）与少数股东损益（少数股东权益）间按持股比例分配的做法。

一、本期内部逆销存货，当期全部对外出售

例 5—5

母公司牡丹公司和其子公司紫檀公司（拥有 90%的股份）的内部存货交易如下：

20×1 年紫檀公司销售一批商品给牡丹公司，其转移价格为 12 000 元，成本为 10 000 元。上述存货母公司当年全部对合并主体外的企业出售，价格为 15 000 元。内部交易货款均以银行存款支付。内部存货交易如图 5—6 所示。

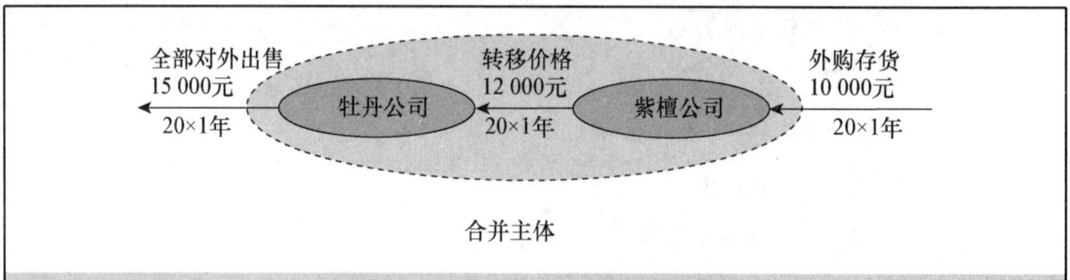

图 5—6 母子公司内部逆销交易图示

首先母子公司各自记录了这一内部交易，见表 5—10。

表 5—10 母子公司会计分录表

母公司牡丹公司的会计分录			子公司紫檀公司的会计分录		
购货时：			购货时：		
借：存货	12 000		借：存货	10 000	
贷：银行存款		12 000	贷：银行存款		10 000
销货时，确认营业收入：			销货时，确认营业收入：		
借：银行存款	15 000		借：银行存款	12 000	
贷：营业收入		15 000	贷：营业收入		12 000
销货时，确认营业成本：			销货时，确认营业成本：		
借：营业成本	12 000		借：营业成本	10 000	
贷：存货		12 000	贷：存货		10 000

同前面的情况一样，实质上这笔内部交易可以理解为子公司将成本为 10 000 元的存货转移到母公司的仓库，然后母公司将其以 15 000 元的价格对外部企业出售。销售利润是 5 000 元。虽然内部交易产生的未实现损益在对合并主体外销售时已经实现，但是在母子公司的单体账上营业收入和营业成本分别多计了 12 000 元。因此需要抵销掉这一影响，而这里不存在未实现损益抵销的问题。换言之，合并营业收入是合并主体对外界的营业收入，合并营业成本是合并主体对外界的营业成本，合并存货是合并主体对外界的存货成本。

抵销分录如下：

按转移价格抵销本期发生的内部交易，视同合并主体内部交易没有发生一样：

①借：营业收入　　12 000
　　贷：营业成本　　12 000

合并工作底稿（部分）见表 5—11。

表 5—11　　合并工作底稿（部分）　　单位：元

	牡丹公司	紫檀公司	调整与抵销分录		合并数
			借方	贷方	
利润表					
营业收入	15 000	12 000	①12 000		15 000
营业成本	12 000	10 000		①12 000	10 000
毛利	3 000	2 000			5 000

在本期内部逆销存货当期全部对外出售的情况下，子公司对母公司出售存货的加价 3 000 元，在母公司没有将该存货对外出售之前，这 3 000 元对合并主体而言是未实现利润，在本例中，由于该存货已经对合并主体之外出售，因此，这 3 000 元未实现利润实现了。

二、本期内部逆销存货，当期末对外出售

例 5—6

母公司牡丹公司和其子公司紫檀公司（拥有 90%的股份）20×2 年未考虑未实现利润前的单体利润表见表 5—12。

表 5—12　　母子公司单体利润表（部分）　　单位：元

	牡丹公司	紫檀公司
利润表		
营业收入	60 000	48 000
投资收益（8 000×90%）	7 200	
营业成本	30 000	40 000
净利润	37 200	8 000

紫檀公司营业收入中包括销售给牡丹公司 24 000 元的收入，其成本为 20 000 元。上述存货母公司当年全部未对外出售，贷款均以银行存款支付。存货内部交易如图 5—7 所示。

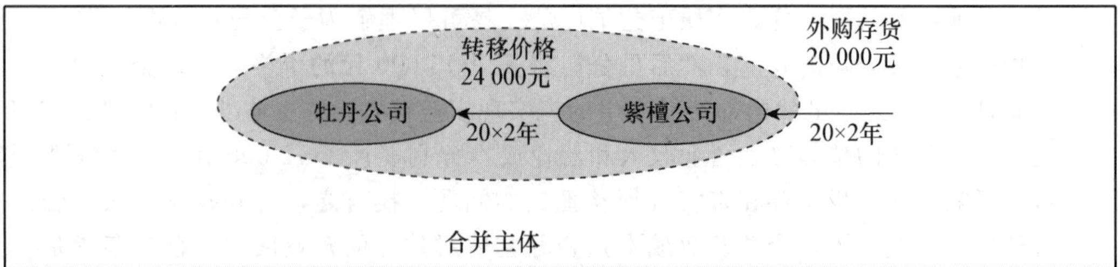

图 5—7　母子公司内部逆销交易图示

首先母子公司各自记录了这一内部交易，见表 5—13。

表 5—13　　母子公司会计分录表

母公司牡丹公司的会计分录	子公司紫檀公司的会计分录
从子公司购入存货： 借：存货　　24 000 　贷：银行存款　　24 000	从外部购买存货： 借：存货　　20 000 　贷：银行存款　　20 000 销货时，确认营业收入： 借：银行存款　　24 000 　贷：营业收入　　24 000 销货时，结转营业成本： 借：营业成本　　20 000 　贷：存货　　20 000 此时，公司间逆销存货，子公司账上确认了 4 000 元（24 000－20 000）毛利。由于母公司没有采用完全权益法，如采用成本法或不完全权益法，则这 4 000 元毛利在期末时体现在子公司净利润中，转入未分配利润。

这种情况下可以理解为子公司将存货仅仅转移到母公司的仓库中储存，合并主体不应该确认收入和成本 。并且内部交易产生的未实现利润 4 000 元也应予以抵销。抵销分录如下：

按转移价格抵销本期发生的内部交易，视同合并主体内部交易没有发生一样：

①借：营业收入　　24 000
　　贷：营业成本　　24 000

抵销期末存货中未实现损益（24 000－20 000），通过增加"营业成本"的方式减少未实现利润：

②借：营业成本　　4 000
　　贷：存货　　4 000

这里也可以将①②两笔分录合成一笔，分录如下：

借：营业收入　　24 000
　　贷：营业成本　　20 000
　　　　存货　　4 000

少数股东损益为少数股东权益在子公司已实现净利润中所享有的份额。在逆销的情况下，子公司已实现净利润为子公司当期净利润扣除未实现利润后的余额，本例中，其计算为：少数股东损益＝(8 000－4 000)×10%＝400 元。在合并财务报表中其确认分录如下：

③借：少数股东损益　　　400
　　贷：少数股东权益　　　400

母公司长期股权投资及投资收益因为内部交易增加了 7 200 元（8 000×90%），需要将其抵销。抵销分录如下：

④借：投资收益　　　7 200
　　贷：长期股权投资——紫檀公司　　　7 200

合并工作底稿（部分）见表 5—14。

表 5—14　　　　**合并工作底稿（部分）**　　　　单位：元

	牡丹公司	紫檀公司	调整与抵销分录		合并数
			借方	贷方	
利润表					
营业收入	60 000	48 000	①24 000		84 000
投资收益	7 200		④7 200		0
营业成本	30 000	40 000	②4 000	①24 000	50 000
少数股东损益			③400		400
净利润	33 600	8 000			33 600
资产负债表					
存货	24 000			②4 000	20 000
长期股权投资——紫檀公司	7 200			④7 200	0
少数股东权益				③400	

在本期内部逆销存货当期未对外出售的情况下，子公司对母公司出售存货的加价为 4 000 元，在母公司没有将该存货对外出售之前，这 4 000 元的内部加价对合并主体而言是未实现利润，在合并过程中，需要抵销期末存货中未实现利润。

三、上期内部逆销存货，本期全部对外出售

例 5—7

沿用例 5—6 中的交易。母公司牡丹公司和其子公司紫檀公司（拥有 90%的股份）的内部存货交易如下：

20×2 年紫檀公司销售一批商品给牡丹公司，其价格为 24 000 元，成本为 20 000 元。上述存货母公司当年全部未对外出售。20×3 年母公司将上述存货对外出售，价格为 30 000 元。货款均以银行存款支付。存货内部交易如图 5—8 所示。

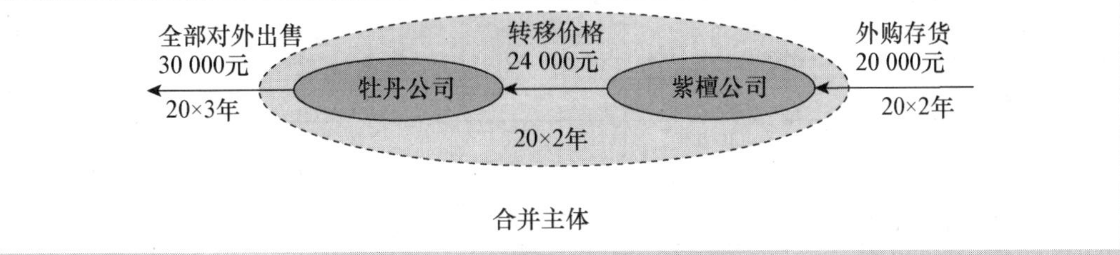

图 5—8　母子公司内部逆销交易图示

20×3 年母公司会计分录见表 5—15。

表 5—15 **母公司牡丹公司的会计分录**

销货时，确认营业收入：		
借：银行存款	30 000	
贷：营业收入		30 000
销货时，确认营业成本：		
借：营业成本	24 000	
贷：存货		24 000

合并主体在 20×2 年不应该确认收入和成本，并且由于母子公司记录了这一交易，使得 20×2 年期末时在母公司的账簿上存货成本虚增了 4 000 元，子公司的净利润虚增了 4 000 元。这一影响在多数股东权益和少数股东权益之间分配，使得 20×3 年子公司的期初未分配利润虚增了 3 600 元（4 000×90%）和子公司的期初少数股东权益虚增了 400 元（4 000×10%），期初存货虚增了 4 000 元。而存货在 20×3 年期末已经不存在于合并主体中，20×2 年期末未实现损益在 20×3 年实现。因此，实质上需要调整的就是 20×3 年期初的影响。抵销分录如下：

抵销期初的影响，4 000×90%＝3 600 元，记入"期初未分配利润"，4 000×10%＝400 元，记入"少数股东权益"：

①借：期初未分配利润	3 600	
少数股东权益	400	
贷：存货		4 000

抵销本期母公司由于虚增存货导致多结转的成本：

②借：存货	4 000	
贷：营业成本		4 000

同样，也可以将①②两笔分录合成一笔：

抵销子公司的期初未分配利润和母公司多结转的成本，母公司期初虚增的存货已经在本期的对外交易中结转为营业成本：

借：期初未分配利润	3 600	
少数股东权益	400	
贷：营业成本		4 000

合并工作底稿（部分）见表 5—16。

表 5—16 **合并工作底稿（部分）** 单位：元

	牡丹公司	紫檀公司	调整与抵销分录		合并数
			借方	贷方	
利润表					
营业收入	30 000				30 000
营业成本	24 000			②4 000	20 000
利润分配部分					
期初未分配利润		3 600	①3 600		

续前表

	牡丹公司	紫檀公司	调整与抵销分录		合并数
			借方	贷方	
资产负债表					
存货			②4 000	①4 000	
少数股东权益			①400		

在上期内部逆销存货、本期未对外出售的情况下，母公司对子公司出售存货的加价为 4 000 元，在上期期末，子公司没有将该存货对外出售之前，这 4 000 元的内部加价对合并主体而言是未实现利润，在上期期末合并过程中，需要抵销期末存货中未实现利润。由于本期该存货已经对合并主体之外出售，因此，这 4000 元未实现利润实现了。对于这种期初存货中未实现利润的实现，在本期合并过程中应加以确认。并且，由于该未实现利润包含于子公司净利润中，因此，需要将其按比例在多数股权（90%）与少数股权（10%）间进行分配。

四、坏账准备的处理

同顺销的情况一样，如果由于款项未付而计提了坏账准备还需要将应收应付账款和坏账准备的影响加以抵销，现举例如下。

例 5—8

母公司牡丹公司和其子公司紫檀公司（拥有 90%的股份）20×4 年未考虑未实现利润前的单体利润表见表 5—17。

表 5—17　　母子公司单体利润表（部分）　　单位：元

	牡丹公司	紫檀公司
利润表		
营业收入	100 000	96 000
投资收益（6 400×90%）	5 760	
营业成本	80 000	80 000
资产减值损失	10 000	9 600
净利润	4 240	6 400

紫檀公司营业收入中包括销售给牡丹公司 48 000 元的收入，成本为 40 000 元。牡丹公司到 20×5 年才以银行存款支付该笔货款。上述存货母公司当年未对外出售，直至 20×5 年才对外出售，价格为 60 000 元。子公司在 20×4 年期末计提了 10%的坏账准备。存货内部交易如图 5—9 所示。

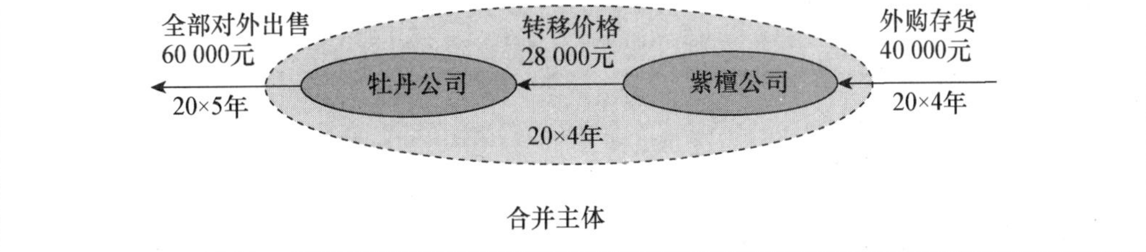

图 5—9　母子公司内部逆销交易图示

内部交易当年母子公司各自记录了这一内部交易，见表 5—18。

表 5—18 母子公司会计分录表

母公司牡丹公司的会计分录			子公司紫檀公司的会计分录		
从子公司购入存货：			从外部购买存货：		
借：存货	48 000		借：存货	40 000	
贷：应付账款		48 000	贷：银行存款		40 000
			销货时，确认营业收入：		
			借：应收账款	48 000	
			贷：营业收入		48 000
			销货时，确认营业成本：		
			借：营业成本	40 000	
			贷：存货		40 000
			计提坏账准备：		
			借：资产减值损失	4 800	
			贷：坏账准备		4 800

本年母子公司各自的会计分录见表 5—19。

表 5—19 母子公司会计分录表

母公司牡丹公司的会计分录			子公司紫檀公司的会计分录		
销货时，确认营业收入：			记录收回上期的应收账款：		
借：银行存款	60 000		借：银行存款	48 000	
贷：营业收入		60 000	贷：应收账款		48 000
销货时，确认营业成本：			转回坏账准备：		
借：营业成本	48 000		借：坏账准备	4 800	
贷：存货		48 000	贷：资产减值损失		4 800
记录支付上期的应付账款：					
借：应付账款	48 000				
贷：银行存款		48 000			

内部交易发生当年合并主体不应该确认收入和成本，母公司的期末存货成本由于内部交易而虚增了 8 000 元，这些均应在编制合并报表时予以抵销，使得合并主体如同没有发生过此项交易一样。此外，相应的应收应付账款和坏账准备也需要抵销。20×4 年抵销分录如下：

按转移价格抵销本期发生的内部交易，视同合并主体内部交易没有发生一样：

①借：营业收入 48 000
　　贷：营业成本 48 000

抵销期末存货中未实现损益 8 000 元（48 000－40 000），通过增加“营业成本”的方式减少未实现利润：

②借：营业成本 8 000
　　贷：存货 8 000

抵销内部交易产生的应收应付账款：

③借：应付账款 48 000
　　贷：应收账款 48 000

抵销子公司计提的坏账准备：

④借：坏账准备　　4 800
　　贷：资产减值损失　　4 800

母公司长期股权投资及投资收益因为内部交易增加了 5 760 元（6 400×90%）抵销分录如下：

⑤借：投资收益　　5 760
　　贷：长期股权投资——紫檀公司　　5 760

在逆销的情况下，少数股东损益为少数股权在子公司已实现净利润中所享有的份额。子公司已实现净利润为子公司当期净利润扣除未实现利润后的余额，本例中，其计算为：少数股东损益＝(6 400－3 200)×10%＝320 元。在合并财务报表中其确认分录如下：

⑥借：少数股东损益　　320
　　贷：少数股东权益　　320

合并工作底稿（部分）见表 5—20。

表 5—20　　**合并工作底稿（部分）**　　单位：元

	牡丹公司	紫檀公司	调整与抵销分录		合并数
			借方	贷方	
利润表					
营业收入	100 000	96 000	①48 000		0
投资收益	5 760		⑤5 760		0
营业成本	80 000	80 000	②8 000	①48 000	0
资产减值损失	10 000	9 600		④4 800	0
少数股东损益			⑥320		320
净利润	4 240	6 400			(320)
资产负债表					
应付账款	48 000		③48 000		
坏账准备		4 800	④4 800		0
存货	48 000			②8 000	20 000
应收账款		48 000		③48 000	
长期股权投资——紫檀公司	5 760			⑤5 760	0
少数股东权益				⑥320	

以上影响使得 20×5 年子公司的期初未分配利润虚增了 2 880 元（7 200－4 320），期初少数股东权益虚增了 320 元。母公司的期初存货虚增了 8 000 元。而存货在期末已经不存在于合并主体中，20×4 年期末未实现损益在 20×5 年实现。因此需要调整上期内部交易对于本期期初的影响。另外，20×5 年由于母公司支付货款，子公司在其单体账上将上期计提的坏账准备转回，但对合并主体而言，上期并不存在坏账准备的计提，故本期也就不存在坏账准备的转回，因此，需要抵销子公司本期转回的坏账准备。

20×5 年抵销分录如下：

调整期初未分配利润 7 200 元（8 000×90%）和少数股东权益 800 元（8 000×

10%），抵销期初的影响：

①借：期初未分配利润　　7 200
　　少数股东权益　　800
　　贷：存货　　8 000

抵销本期母公司由于虚增存货导致多结转的成本：

②借：存货　　8 000
　　贷：营业成本　　8 000

本期抵销坏账准备时直接抵销母公司的期初未分配利润，因为上期因坏账准备而计提的资产减值损失已经结转入上期期末未分配利润：

③借：坏账准备　　4 800
　　贷：期初未分配利润（4 800×90%）　　4 320
　　　　少数股东权益（4 800×10%）　　480

抵销子公司转回的坏账准备：

④借：资产减值损失　　4 800
　　贷：坏账准备　　4 800

合并工作底稿（部分）见表5—21。

表5—21　　**合并工作底稿（部分）**　　单位：元

	牡丹公司	紫檀公司	调整与抵销分录		合并数
			借方	贷方	
利润表					
营业收入	60 000				60 000
营业成本	48 000			②8 000	40 000
资产减值损失			④4 800		4 800
利润分配部分					
期初未分配利润			①7 200	③4 320	(2 880)
资产负债表					
坏账准备		4 800	③4 800	④4 800	0
存货			②8 000	①8 000	0
少数股东权益			800	③480	(320)

五、存货跌价准备的处理

按照我国《企业会计准则第1号——存货》的规定，“资产负债表日，存货应当按照成本与可变现净值孰低计量。存货成本高于其可变现净值的，应当计提存货跌价准备，计入当期损益。可变现净值，是指在日常活动中，以存货的估计售价减去至完工时估计将要发生的成本、估计的销售费用以及相关税费后的金额”。

对于集团内部公司间销售存货计提的跌价准备，在母公司编制合并财务报表时，应使其反映合并主体对外界计提的跌价准备，也即反映合并主体的存货成本高于其可变现价值的差额。接下来，将通过具体示例说明计提跌价准备内部存货交易的处理程序。

例 5—9

假设 20×1 年 12 月 31 日，牡延公司以 900 000 元收购紫立公司 90%的股权。当时，紫立公司的所有者权益为 1 000 000 元。20×3 年 1 月 1 日，牡延公司以 36 000 元的价格向紫立公司销售一批商品成本为 30 000 元。20×3 年年底，该批商品全部未对外销售，紫立公司预期其可变现净值为 26 000 元，由于此时紫立公司账上的成本为 36 000 元，因此计提 10 000 元存货跌价准备。20×4 年 7 月 1 日，该商品以 40 000 元价格销售给集团外第三方。就合并主体而言，20×3 年底牡延公司销售给紫立公司商品的成本为 30 000 元，故合并主体应计提的存货跌价准备应为 4 000 元（30 000－26 000），而非紫立公司账上的 10 000 元（36 000－26 000）。因此，20×3 年在编制合并报表的过程中应将紫立公司计提的存货跌价准备调整至合并主体计提的跌价准备，也即抵销紫立公司多计提的 6 000 元存货跌价准备。相关抵销分录如下：

调整存货跌价准备至合并主体应计提的数额：

借：存货跌价准备	6 000	
贷：资产减值损失——计提的存货跌价准备		6 000

需要注意的是，虽然本例中的内部存货交易为顺销，但存货跌价准备计提于子公司的账上，因此，多计或少计的跌价准备需要在多数股权和少数股权间按比例分配。由于紫立公司 20×3 年度在其账上多计提了 6 000 元的存货跌价准备，使其当年的净利润进而未分配利润减少了 6 000 元，并最终导致紫立公司 20×4 年期初少计了 6 000 元，其中 5 400 元属于多数股权，600 元为少数股权应承担的部分。随着 20×4 年度该商品以 40 000 元的价格销售给集团外第三方，其可变现价值已经超过成本，紫立公司单体账上会将前期计提的 10 000 元跌价准备转回，使存货以成本 36 000 元计价。但对合并主体而言，只能按合并主体的存货成本转回 4 000 元的存货跌价准备。20×4 年相关抵销分录如下：

抵销期初的影响：

借：存货跌价准备	6 000	
贷：期初未分配利润		5 400
少数股东权益		600

调整存货跌价准备至合并主体应转回的数额：

借：资产减值损失——计提的存货跌价准备	6 000	
贷：存货跌价准备		6 000

如果上述存货为牡延公司向紫立公司所购入的，即逆销存货，则计提的存货跌价准备将出现于母公司的单体账上。故在 20×4 年，调整上期存货跌价准备的影响时，应将影响数全额增加母公司"期初未分配利润"账户，而"少数股东权益"将不受任何影响。20×4 年相关抵销分录如下：

抵销期初的影响：

借：存货跌价准备	6 000	
贷：期初未分配利润		6 000

调整存货跌价准备至合并主体应转回的数额：

借：资产减值损失——计提的存货跌价准备	6 000	
贷：存货跌价准备		6 000

第四节　合并示例

20×1 年 7 月 1 日，牡丹公司以现金 945 000 元收购紫檀公司 90%的股权。当时紫檀公司的净资产 1 050 000 元中包括股本 1 000 000 元，未分配利润 10 000 元及盈余公积 40 000 元。牡丹公司收购紫檀公司 90%股本的成本等于所获净资产（1 050 000×90%）的账面价值，故不需要将合并价差分配给可辨认资产或不可辨认资产。

一、顺销下的合并示例

假设牡丹公司以正常销售商品方式销货给紫檀公司，20×5 年有关公司间内部交易的资料如下：

20×5 年销售给紫檀公司商品（成本 500 000 元）的售价	600 000 元
20×4 年 12 月 31 日紫檀公司期初存货中未实现利润	80 000 元
20×5 年 12 月 31 日紫檀公司期末存货中未实现利润	100 000 元
20×5 年 12 月 31 日紫檀公司应付牡丹公司的账款	150 000 元

（一）不完全权益法

20×4 年 12 月 31 日，牡丹公司账上对紫檀公司的投资账户余额为 1 305 000 元，此余额等于紫檀公司当时净资产 1 450 000 元（股本 1 000 000 元，期初未分配利润 50 000 元及盈余公积 400 000 元）的 90%。

20×5 年，牡丹公司按权益法在账上编制有关“长期股权投资——紫檀公司”的分录如下：

记录收到的紫檀公司的股利（100 000×90%）：

①借：银行存款	90 000	
贷：长期股权投资——紫檀公司		90 000

记录 20×5 年对紫檀公司净利润的权益（净利润 300 000×90%）：

②借：长期股权投资——紫檀公司	270 000	
贷：投资收益——紫檀公司		270 000

由于集团内部销货为顺销，因此 20×4 年递延的未实现利润，应在 20×5 年全部确认，20×5 年期末存货中未实现利润也应在 20×5 年 12 月 31 日全部加以递延。牡丹公司“长期股权投资——紫檀公司”账户随之由 20×5 年 1 月 1 日的余额 1 305 000 元增加到 20×5 年 12 月 31 日的余额 1 485 000 元（期初数 1 305 000＋270 000－90 000），其全年变动数为牡丹公司当年对紫檀公司投资收益 270 000 元与从紫檀公司收到的股利 90 000 元的差额。该金额列示在牡丹公司 20×5 年度合并工作底稿上的单体报表栏内，见表 5—22。

表 5—22 牡丹公司及其子公司紫檀公司合并工作底稿
(顺销下公司间未实现利润，不完全权益法)
20×5 年 12 月 31 日 单位：元

项目	牡丹公司	紫檀公司	调整与抵销分录		合并数
			借方	贷方	
利润表					
营业收入	10 000 000	3 000 000	①600 000		12 400 000
投资收益——紫檀公司	270 000		④270 000		
营业成本	(5 500 000)	(2 000 000)	③100 000	①600 000 ②80 000	(6 920 000)
其他费用	(3 500 000)	(700 000)			(4 200 000)
少数股东损益			⑦30 000		(30 000)
净利润	1 270 000	300 000			1 250 000
利润分配部分					
期初未分配利润	460 000	50 000	②80 000 ⑥50 000		380 000
加：净利润	1 270 000	300 000			1 250 000
可分配的利润	1 730 000	350 000			1 630 000
减：提取盈余公积	254 000	60 000		⑤60 000	250 000
分派现金股利	500 000	100 000		④90 000 ⑦10 000	500 000
未分配利润	976 000	190 000			880 000
资产负债表					
银行存款	300 000	50 000			350 000
应收账款	700 000	200 000		⑧150 000	750 000
存货	900 000	450 000		③100 000	1 250 000
其他流动资产	640 000	100 000			740 000
固定资产	8 000 000	1 200 000			9 200 000
长期股权投资——紫檀公司	1 485 000			④180 000 ⑥1 305 000	
资产合计	12 025 000	2 000 000			12 290 000
应付账款	800 000	150 000	⑧150 000		800 000
其他负债	495 000	200 000			695 000
股本	8 000 000	1 000 000	⑥1 000 000		8 000 000
盈余公积	1 754 000	460 000	⑤60 000 ⑥400 000		1 750 000
未分配利润	976 000	190 000			880 000
少数股东权益				⑥145 000 ⑦20 000	165 000
负债及股东权益合计	12 025 000	2 000 000			12 290 000

表 5—22 工作底稿分录列示如下：

抵销公司间销售收入与销售成本金额：

①借：营业收入	600 000	
贷：营业成本		600 000

根据期初存货中未实现利润调整营业成本和牡丹公司的期初未分配利润：

②借：期初未分配利润	80 000	
贷：营业成本		80 000

抵销期末存货中未实现利润，并将营业成本增加到合并主体的实际成本：

③借：营业成本	100 000	
贷：存货		100 000

抵销投资收益和紫檀公司90%的股利，并将长期股权投资账户调整为期初数：

④借：投资收益——紫檀公司	270 000	
贷：利润分配——分派现金股利		90 000
长期股权投资——紫檀公司		180 000

将“盈余公积”调整为期初数，即抵销子公司本期提取的盈余公积：

⑤借：盈余公积	60 000	
贷：利润分配——提取盈余公积		60 000

抵销相对的长期股权投资账户与股东权益账户，并记录期初少数股东权益：

⑥借：盈余公积——紫檀公司	400 000	
期初未分配利润——紫檀公司	50 000	
股本	1 000 000	
贷：长期股权投资——紫檀公司		1 305 000
少数股东权益（20×5年1月1日）		145 000

确认紫檀公司中属于少数股东权益的净利润，并增加少数股东权益：

⑦借：少数股东损益	30 000	
贷：利润分配——分派现金股利		10 000
少数股东权益		20 000

抵销相对的应收账款与应付账款余额：

⑧借：应付账款	150 000	
贷：应收账款		150 000

上述抵销分录④和⑦也可以写成如下分录：

抵销投资收益和全部股利，并将长期股权投资账户调整为期初数：

④借：投资收益——紫檀公司	270 000	
少数股东权益	10 000	
贷：利润分配——分派现金股利		100 000
长期股权投资——紫檀公司		180 000

确认紫檀公司中属于少数股东权益的净利润，并增加少数股东权益：

⑦借：少数股东损益	30 000	
贷：少数股东权益		30 000

（二）成本法

如果上例中牡丹公司采用成本法处理对紫檀公司的投资，则牡丹公司 20×5 年 12 月 31 日单体资产负债表上“长期股权投资——紫檀公司”、“期初未分配利润”及“盈余公积”账户余额将被低估，且“长期股权投资——紫檀公司”账户余额为牡丹公司初始投资所支付的 945 000 元。同时，20×5 年利润表列示的是“投资收益——股利收入”90 000 元，而非“投资收益——紫檀公司”账户。

在编制合并财务报表的过程中，我们首先需要将成本法转换成不完全权益法。为了更直观地体现成本法与不完全权益法间的关系，我们编制如表 5—23 所示的成本法与不完全权益法转换表，以利于我们取得调整工作底稿所需要的资料。

表 5—23　　牡丹公司及其子公司的成本法与不完全权益法转换表　　单位：元

	期初未分配利润 20×4 年 12 月 31 日	盈余公积 20×4 年 12 月 31 日	长期股权投资——紫檀公司	投资收益——紫檀公司	投资收益——股利收入
以前年度的影响					
20×1 年 7 月 31 日至 20×4 年 12 月 31 日 紫檀公司“未分配利润”增加额（期末数－期初数）的 90%，即 (50 000－10 000)×90%	36 000		36 000		
20×1 年 7 月 31 日至 20×4 年 12 月 31 日 紫檀公司“盈余公积”增加额（期末数－期初数）的 90%，即 (400 000－40 000)×90%		324 000	324 000		
本年度影响					
将股利收入重新分类作为长期股权投资的减少（100 000×90%）			(90 000)		(90 000)
确认 20×5 年紫檀公司净利润的权益（300 000×90%）			270 000	270 000	
20×5 年工作底稿调整数（成本法转换为不完全权益法）	36 000	324 000	540 000	270 000	(90 000)

根据表 5—23 编制以下合并工作底稿分录：

抵销股利收入，确认“投资收益——紫檀公司”，调整长期股权投资、期初未分配利润及盈余公积账户为不完全权益法：

①借：股利收入	90 000	
长期股权投资——紫檀公司	540 000	
贷：期初未分配利润		36 000
盈余公积		324 000
投资收益——紫檀公司		270 000

完成上述分录后，接下来的工作底稿分录与表 5—22 不完全权益法下的工作底稿分录完全相同。

二、逆销下的合并示例

仍沿用上例数据，但假设公司间销货为逆销，即紫檀公司销售商品给牡丹公司，20×5 年有关公司间内部交易的资料如下（单位：元）：

20×5 年销售给牡丹公司商品（成本 500 000 元）的售价	600 000
20×4 年 12 月 31 日牡丹公司期初存货中未实现利润	80 000
20×5 年 12 月 31 日牡丹公司期末存货中未实现利润	100 000
20×5 年 12 月 31 日牡丹公司应付紫檀公司的账款	150 000

（一）不完全权益法

20×4 年 12 月 31 日，牡丹公司账上对紫檀公司的投资账户余额为 1 305 000 元，此余额等于紫檀公司当时净资产 1 450 000 元的 90%。

20×5 年，牡丹公司按不完全权益法在账上编制有关“长期股权投资——紫檀公司”的分录如下：

记录收到的紫檀公司的股利（100 000×90%）：

借：银行存款	90 000	
贷：长期股权投资——紫檀公司		90 000

记录 20×5 年对紫檀公司的投资收益（净利润 300 000×90%）：

借：长期股权投资——紫檀公司	270 000	
贷：投资收益——紫檀公司		270 000

由于集团内部销货为逆销，因此紫檀公司 20×4 年递延的未实现利润，应在 20×5 年由多数股东权益和少数股东权益按比例确认，20×5 年期末存货中未实现利润也应在 20×5 年 12 月 31 日相应加以递延。

牡丹公司“长期股权投资——紫檀公司”账户由 20×5 年 1 月 1 日的余额 1 305 000 元增加到 20×5 年 12 月 31 日的余额 1 485 000 元，其全年变动数为牡丹公司当年对紫檀公司投资收益 270 000 元与从紫檀公司收到的股利 90 000 元的差额。

在逆销的情况下，少数股东损益为少数股东权益在子公司已实现净利润中所享有的份额。子公司已实现净利润为子公司当期净利润扣除未实现利润后的余额，本例中在计算 20×5 年少数股东损益时，应先根据未实现利润调整紫檀公司列报的净利润至已实现净利润，再乘上少数股权比例，其计算如下（单位：元）：

紫檀公司列报的净利润	300 000
加：20×4 年存货中未实现利润在 20×5 年实现	+80 000
减：20×5 年末存货中未实现利润	−100 000
紫檀公司 20×5 年已实现净利润	280 000
少数股东权益比例	10%
少数股东损益	28 000

20×5 年 12 月 31 日牡丹公司及其子公司紫檀公司合并工作底稿列示于表 5—24 中。

表 5—24

牡丹公司及其子公司紫檀公司合并工作底稿
(逆销下公司间未实现利润，不完全权益法)
20×5 年 12 月 31 日

单位：元

项目	牡丹公司	紫檀公司	调整与抵销分录		合并数
			借方	贷方	
利润表					
营业收入	10 000 000	3 000 000	①600 000		12 400 000
投资收益——紫檀公司	270 000		④270 000		
营业成本	(5 500 000)	(2 000 000)	③100 000	①600 000 ②80 000	(6 920 000)
其他费用	(3 500 000)	(700 000)			(4 200 000)
少数股东损益			⑦28 000		(28 000)
净利润	1 270 000	300 000			1 252 000
利润分配部分					
期初未分配利润	460 000	50 000	②72 000 ⑥50 000		388 000
加：净利润	1 270 000	300 000			1 252 000
可分配的利润	1 730 000	350 000			1 640 000
减：提取盈余公积	254 000	60 000		⑤60 000	250 400
分派现金股利	500 000	100 000		④90 000 ⑦10 000	500 000
未分配利润	976 000	190 000			889 600
资产负债表					
银行存款	300 000	50 000			350 000
应收账款	700 000	200 000		⑧150 000	750 000
存货	900 000	450 000		③100 000	1 250 000
其他流动资产	640 000	100 000			740 000
固定资产	8 000 000	1 200 000			9 200 000
长期股权投资——紫檀公司	1 485 000			④180 000 ⑥1 305 000	
资产合计	12 025 000	2 000 000			12 290 000
应付账款	800 000	150 000	⑧150 000		800 000
其他负债	495 000	200 000			695 000
股本	8 000 000	1 000 000	⑥1 000 000		8 000 000
盈余公积	1 754 000	460 000	⑤60 000 ⑥400 000		1 750 400
未分配利润	976 000	190 000			889 600
少数股东权益			②8 000	⑥145 000 ⑦18 000	155 000
负债及股东权益合计	12 025 000	2 000 000			12 290 000

表 5—24 中工作底稿分录列示如下：

抵销公司间销售收入与销售成本金额：

①借：营业收入	600 000	
贷：营业成本		600 000

将期初存货中未实现利润 80 000 元调整销售成本，并将其中 90%分配给牡丹公司的期初未分配利润账户，10%分配给少数股权：

②借：期初未分配利润	72 000	
少数股东权益	8 000	
贷：营业成本		80 000

抵销期末存货中未实现利润，并将营业成本增加到合并主体的实际成本：

③借：营业成本	100 000	
贷：存货		100 000

抵销投资收益和紫檀公司 90%的股利，并将长期股权投资账户调整为期初数：

④借：投资收益——紫檀公司	270 000	
贷：利润分配——分派现金股利		90 000
长期股权投资——紫檀公司		180 000

将“盈余公积”调整为期初数，即抵销子公司本期提取的盈余公积：

⑤借：盈余公积	60 000	
贷：利润分配——提取盈余公积		60 000

抵销相对的长期股权投资账户与股东权益账户，并记录期初少数股东权益：

⑥借：盈余公积——紫檀公司	400 000	
期初未分配利润——紫檀公司	50 000	
股本	1 000 000	
贷：长期股权投资——紫檀公司		1 305 000
少数股东权益（20×5 年 1 月 1 日）		145 000

确认紫檀公司中属于少数股东权益的净利润，并增加少数股东权益：

⑦借：少数股东损益	28 000	
贷：利润分配——分派现金股利		10 000
少数股东权益		18 000

抵销相对的应收账款与应付账款余额：

⑧借：应付账款	150 000	
贷：应收账款		150 000

表 5—24 中的合并工作底稿分录除②和⑦外，与前面表 5—22 中顺销的分录完全相同。分录②由于逆销的影响，将牡丹公司期初存货中未实现利润的 90%分配给“期初未分配利润”账户，而将其余 10%分配给少数股东权益；分录⑦则由于逆销下未实现利润包含于子公司净利润中，而确认了少数股东权益在紫檀公司已实现利润中所享有的收益。同顺销下一样，抵销分录④和⑦也可以写成如下：

抵销投资收益和全部股利，并将长期股权投资账户调整为期初数：

④借：投资收益——紫檀公司　　270 000
　　少数股东权益　　10 000
　　贷：利润分配——分派现金股利　　100 000
　　　　长期股权投资——紫檀公司　　180 000

确认紫檀公司中属于少数股东权益的净利润，并增加少数股东权益：

⑦借：少数股东损益　　28 000
　　贷：少数股东权益　　28 000

（二）成本法

如果牡丹公司采用成本法处理对紫檀公司的投资，则牡丹公司单体资产负债表上“长期股权投资——紫檀公司”账户余额将始终为牡丹公司初始投资所支付的 945 000 元。同时，20×5 年利润表列示的是“投资收益——股利收入”账户，而非“投资收益——紫檀公司”账户。

在编制合并财务报表的过程中，同顺销下相同，我们首先需要将成本法转换成不完全权益法。成本法/不完全权益法转换表如表 5—25 所示。

表 5—25　　牡丹公司及其子公司的成本法/不完全权益法转换表　　单位：元

	期初未分配利润 20×4 年 12 月 31 日	盈余公积 20×4 年 12 月 31 日	长期股权投资——紫檀公司	投资收益——紫檀公司	投资收益——股利收入
以前年度的影响					
20×1 年 7 月 31 日至 20×4 年 12 月 31 日 紫檀公司“未分配利润”增加额（期末数－期初数）的 90%，即 (50 000－10 000)×90%	36 000		36 000		
20×1 年 7 月 31 日至 20×4 年 12 月 31 日 紫檀公司“盈余公积”增加额（期末数－期初数）的 90%，即 (400 000－40 000) ×90%		324 000	324 000		
本年度影响					
将股利收入重新分类作为长期股权投资的减少（100 000×90%）			(90 000)		(90 000)
确认 20×5 年紫檀公司净利润的权益（300 000×90%）			270 000	270 000	
20×5 年工作底稿调整数（成本法转换为不完全权益法）	36 000	324 000	540 000	270 000	(90 000)

根据表 5—25 编制以下合并工作底稿分录：

抵销股利收入，确认“投资收益——紫檀公司”，调整长期股权投资、期初未分配利润及盈余公积账户为不完全权益法：

①借：股利收入	90 000	
长期股权投资——紫檀公司	540 000	
贷：期初未分配利润		36 000
盈余公积		324 000
投资收益——紫檀公司		270 000

完成上述分录后，接下来的工作底稿分录与表 5—24 不完全权益法下的工作底稿分录完全相同。

第五节 顺销与逆销对合并净利润的影响

如前所述，集团内部存货交易中，销售方向的不同对合并报表的影响是不同的，其差异列示于表 5—26 中。

表 5—26 顺销与逆销交易比较表

项目		顺销	逆销
合并工作底稿	本期销货	营业收入与营业成本抵销	同顺销
	期末存货未实现损益	未实现损益冲减存货成本并增加营业成本	同顺销
	期初存货已实现损益	已实现损益增加期初未分配利润并冲减营业成本	已实现损益冲减营业成本，并增加期初未分配利润和少数股东权益
母公司投资收益		子公司净利润×持股比例	子公司已实现净利润×持股比例
少数股东损益		子公司净利润×持股比例	子公司已实现净利润×持股比例

从表 5—26 中我们可以看出，顺销和逆销对合并报表的影响主要体现在当子公司为母公司非全资子公司时，上期内部销售存货本期对外出售的情况。当内部存货交易为顺销时，由于未实现损益全部包含于母公司单体利润中，因此不涉及少数股东权益的计算；而在逆销的情况下，未实现损益包含于子公司净利润中，其应按比例在多数股东权益与少数股东权益间进行分配，少数股东权益应按比例承担相应的未实现损益。

另外还需要注意的是，两种情况下少数股东损益的计算是不同的。在顺销的情况下，由于未实现损益全部包含于母公司单体利润中，子公司单体净利润即为已实现净利润，因此，少数股东损益为少数股东权益在子公司列报净利润中享有的比例；而在逆销的情况下，子公司净利润中含有全部的未实现损益，因此在计算少数股东损益时应扣除该未实现损益。也就是说，少数股东损益为少数股东权益在子公司已实现净利润中享有的比例。

思考题

1. 集团内部存货交易中存在未实现损益就整个集团来说何时实现？
2. 试解释“顺销”和“逆销”的定义。它们在计算母公司净利润与合并主体净利润时有何重大意义？

3. 合并财务报表中抵销内部存货交易影响时会否受到少数股东权益的影响？试解释。

4. 前期内部存货交易和本期内部存货交易对本期的合并财务报表影响有何区别？

5. 公司间内部存货交易在什么情况下会影响少数股东权益？

练习题

1. 20×2 年，牡丹公司与其联属公司发生以下交易：

(1) 销售 60 000 元的商品给紫檀公司，毛利为 20 000 元。紫檀公司期末存货中仍然有该商品 15 000 元。牡丹公司持有紫檀公司 15%的股权，但不对其具有重大影响。

(2) 从紫林公司购得原材料 240 000 元，紫林公司为牡丹公司的全资子公司。紫林公司销售该商品的毛利为 48 000 元。20×2 年 12 月 31 日，牡丹公司存货中包括该部分原材料价值 60 000 元。在做抵销分录之前，牡丹公司有合并流动资产 320 000 元。

要求： 计算 20×2 年 12 月 31 日合并资产负债表中流动资产。

2. 牡丹公司持有紫檀公司 80%的普通股股权。20×1 年，牡丹公司按出售给第三方的条件出售 250 000 元的存货给紫檀公司。20×1 年，紫檀公司将该存货全部出售。下列资料为有关牡丹公司与紫檀公司内部销售的情况：

内部销售情况表　　单位：元

	牡丹公司	紫檀公司
营业收入	1 000 000	700 000
营业成本	400 000	350 000
毛利	600 000	350 000

要求： 计算 20×1 年合并利润表中合并营业成本。

3. 20×6 年及年底牡丹公司及其子公司的单体和合并资产负债表、利润表部分信息如下（单位：元）：

20×6 年及年底牡丹公司及其子公司的单体和合并资产负债表、利润表（部分）

	牡丹公司	紫檀公司	合并数
利润表			
营业收入	200 000	140 000	308 000
投资收益——紫檀公司	11 000		
营业成本	150 000	110 000	231 000
商誉减值			2 000
净利润	36 000	20 000	40 000
资产负债表			
应收账款	26 000	19 000	39 000
存货	30 000	25 000	52 000
长期股权投资——紫檀公司	67 000		
商誉			30 000
股东权益	154 000	50 000	154 000
少数股东权益			10 000

20×6 年，牡丹公司以相同的成本加成销售商品给紫檀公司。20×6 年 12 月 31 日，紫檀公司未支付这些商品的价款，且有 37.5%的商品仍为存货。20×3 年 1 月 2 日牡丹公司收购紫檀公司的股权。

要求：

（1）计算 20×6 年牡丹公司对紫檀公司内部销货产生的营业收入。

（2）计算 20×6 年 12 月 31 日，因内部交易产生的紫檀公司对牡丹公司的应收账款。

（3）计算合并资产负债表中紫檀公司购自牡丹公司的存货。

（4）计算紫檀公司的少数股东权益比例。

4. 20×4 年 12 月 31 日牡丹公司用现金 550 000 元购买了紫檀公司 90%的在外股份。紫檀公司有股本 400 000 元，盈余公积和未分配利润各 50 000 元。当牡丹公司购买股份时，紫檀公司所有的资产与负债均以公允价值记录。假设商誉每年发生 10 000 元的减值。

牡丹公司和紫檀公司的合并属于纵向合并，紫檀公司的所有产品以成本的 140%的价格销售给牡丹公司。牡丹公司再以从紫檀公司购买价格的 150%将这些产品对外销售。牡丹公司 20×6 年 12 月 31 日和 20×7 年 12 月 31 日从紫檀公司购买的存货分别为 56 000 元和 84 000 元。紫檀公司 20×6 年 12 月 31 日和 20×7 年 12 月 31 日的存货均为 160 000 元。

20×7 年 12 月 31 日牡丹公司的应付账款中有 20 000 元是 20×7 年从紫檀公司购买产品产生的。

牡丹公司和紫檀公司 20×7 年 12 月 31 日的财务报表如下（单位：元）：

	牡丹公司	紫檀公司
利润表		
营业收入	1 638 000	1 120 000
投资收益——紫檀公司	180 000	—
营业成本	(1 092 000)	(800 000)
其他费用	(308 800)	(120 000)
净利润	417 200	200 000
利润分配部分		
期初未分配利润	74 400	40 000
净利润	417 200	200 000
可供分配的利润	491 600	240 000
减：提取盈余公积	83 440	40 000
分派现金股利	200 000	100 000
未分配利润	208 160	100 000
资产负债表		
现金	151 600	100 000
存货	84 000	160 000
其他流动资产	120 000	40 000
固定资产	600 000	600 000
长期股权投资——紫檀公司	676 000	—
资产合计	1 631 600	900 000

续前表

	牡丹公司	紫檀公司
流动负债	340 000	260 000
股本	800 000	400 000
盈余公积	283 440	140 000
未分配利润	208 160	100 000
负债与股东权益合计	1 631 600	900 000

要求：编制20×7年12月31日牡丹公司与紫檀公司的合并工作底稿。

5. 牡丹公司于20×1年以公允价值购买紫檀公司90%流通在外的股份。合并价差自20×1年起在5年内摊销。牡丹公司与紫檀公司20×8年的比较财务报表如下（单位：元）：

	牡丹公司	紫檀公司
利润表		
营业收入	1 000 000	200 000
投资收益——紫檀公司	54 000	—
营业成本	(480 000)	(80 000)
销售费用	(348 000)	(60 000)
净利润	226 000	60 000
利润分配部分		
期初未分配利润	22 000	40 000
净利润	226 000	60 000
可供分配的利润	248 000	100 000
减：提取盈余公积	45 200	12 000
分派现金股利	140 000	40 000
未分配利润	62 800	48 000
资产负债表		
现金	126 000	60 000
应收账款	80 000	40 000
存货	120 000	30 000
固定资产	440 000	210 000
长期股权投资	234 000	—
资产合计	1 000 000	340 000
应付账款	94 000	80 000
股本	600 000	160 000
盈余公积	243 200	52 000
未分配利润	62 800	48 000
负债及股东权益合计	1 000 000	340 000

20×8年度，牡丹公司向紫檀公司销售商品20 000元。这些商品的成本为12 000元，该商品到20×9年尚未对外销售并且价款尚未支付。20×7年12月31日牡丹公司的存货中包含从紫檀公司购买的商品，未实现利润为10 000元。

要求：编制20×8年牡丹公司与紫檀公司的合并财务报表。

第六章

集团内部固定资产交易

引例　中兴通讯固定资产内部交易

第五章中，我们了解到中兴新与中兴通讯（000063.SZ，00763.HK）之间存在存货内部交易，但是除了存货之外，集团内部还存在着购买、出售固定资产的情况。

2010年4月8日，中兴通讯发布公告，其全资子公司西安中兴新软件与母公司中兴新签署《房地产转让合同》，向中兴新购买位于陕西省西安市高新区丈八二路东侧的土地使用权、地上房屋及在建物，购买价格为15 290.04万元。其中土地使用权属于工业用地，面积为52 374.20平方米，尚余使用期限44年；地上房屋建筑物有两项，分别为6层的研发大楼与5层的配套楼，两项总建筑面积为42 690.34平方米；在建物为三座在建厂房，总面积56 999.81平方米。西安中兴新软件将在《房地产转让合同》生效之日起30天内，以自有资金一次性向中兴新支付交易价款。

2010年12月4日，中兴通讯同样发布公告，其全资子公司西安中兴新软件与母公司中兴新签署《不动产转让协议》，向中兴新购买位于陕西省西安市高新区唐延南路西侧A10地块的在建工程项目，项目包括23 992.5平方米的土地使用权、规划总建筑面积为82 272平方米的在建工程，转让价格为9 140.55万元。西安中兴新软件在《不动产转让协议》生效之日起30天内，以现金方式一次性向中兴新支付交易价款（将扣除应代中兴新支付工程款和监理费合计729.80万元）。

中兴通讯表示上述交易旨在促进公司在西安的集约化发展，更好地利用西安良好的人才及资源优势，进一步提升公司在当地整体运营的品牌及影响力。

那么，当集团内部发生固定资产交易时，会计上该如何处理呢？

希望通过本章的学习，各位读者能找到答案。

学习目标

- 掌握集团内部公司间不需计提折旧固定资产交易时的合并报表编制方法
- 掌握集团内部公司间需计提折旧固定资产交易时的合并报表编制方法
- 掌握在合并工作底稿上如何处理、确认未实现损益
- 掌握固定资产内部销售方向对合并报表的影响
- 掌握成本法处理集团内部固定资产交易时的转换分录

集团内部公司间交易除了内部存货交易外，还包括母子公司间或子公司间购买、出售固定资产以及下章将要提到的内部债券交易。从集团整体的角度看，这些交易都产生了未实现损益，在报告集团整体的财务状况和经营成果时应该抵销（递延）该未实现损益。抵销集团内部固定资产交易的未实现损益与上章抵销存货交易的未实现损益相类似，但不尽相同。内部存货交易产生的未实现损益会在连续两个会计年度内自动抵销，但内部固定资产交易产生的未实现损益会一直影响财务报告直到相关固定资产耗尽或出售给合并主体之外的企业。

第一节　不需计提折旧固定资产的集团内部交易

集团内部公司间以非账面价值买卖不需计提折旧的固定资产，从集团整体角度看会产生未实现损益。该损益体现在售卖公司当年的利润表里。但这种损益实际上并未实现，只是集团内部资产的转移，因此在编制合并报表时必须抵销未实现损益。由于本章主要介绍的是母公司采用不完全权益法处理长期股权投资账户，因而母公司账上不对内部交易产生的未实现损益作任何记录。

内部固定资产交易的方向同内部存货交易一样，对评价未实现损益对合并报表的影响非常重要。任何顺销产生的未实现损益都包含于母公司单体的净利润中，在编制合并报表时必须全部抵销，而无论少数股权份额为多少；任何逆销产生的未实现损益都包含于子公司的净利润中，在编制合并报表时需将未实现损益按持股比例在母公司投资收益和少数股东损益间抵销。

本节主要讨论不需摊销成本的集团内部土地交易的会计处理，“土地”科目在我国称为“土地使用权”，属于无形资产；不需计提折旧固定资产的会计处理方法可参照此进行。

一、顺销

（一）顺销土地当年

例 6—1

假设 20×1 年 1 月 1 日，牡兰公司以 540 000 元取得紫鹃公司 90%股份。该日紫鹃公司股东权益账户账面价值等于公允价值，且投资成本等于账面价值，因此不存在合并价差。20×1 年，紫鹃公司实现净利润 140 000 元，提取盈余公积 40 000 元；牡兰公司单独实现净利润 180 000 元（不包括确认的紫鹃公司的投资收益），提取盈余公积

60 000 元。牡兰公司的净利润中包括 20 000 元出售土地给紫鹃公司获得的未实现利润，该土地的成本为 80 000 元，卖给紫鹃公司作价 100 000 元，如图 6—1 所示。

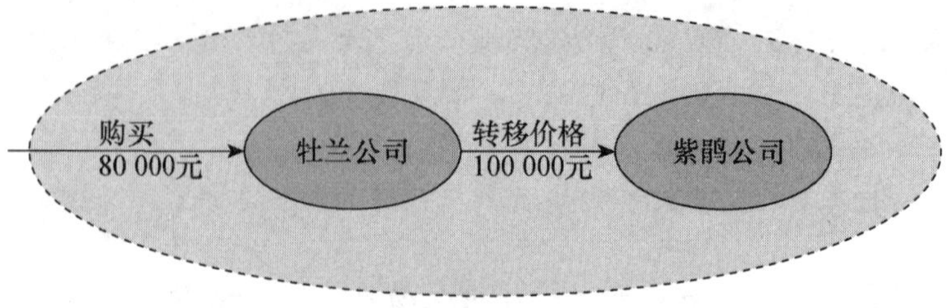

图 6—1 顺销土地当年

20×1 年，牡兰公司单体账上的会计处理。

(1) 出售土地时。

借：现金　100 000

　　贷：土地　80 000

　　　　营业外收入——出售土地利得　20 000

这笔分录中“土地”在我国现行实务中为“无形资产——土地使用权”。

(2) 母公司采用权益法（完全权益法）处理长期股权投资时。

确认对子公司紫鹃公司净利润的权益（140 000×90%）：

借：长期股权投资　126 000

　　贷：投资收益　126 000

抵销出售给子公司的土地中未实现利润时：

借：投资收益　20 000

　　贷：长期股权投资　20 000

如果母公司采用成本法处理长期股权投资，则上述两笔分录不做。如果母公司采用不完全权益法处理长期股权投资，则上述第二笔分录不做。

(3) 提取盈余公积时。

借：利润分配——提取盈余公积　60 000

　　贷：盈余公积　60 000

20×1 年，紫鹃公司单体账上的会计处理。

(1) 购买土地时。

借：土地　100 000

　　贷：现金　100 000

在合并财务报表时，由于是内部交易，从集团整体看出售土地利得并未真正实现，所以“营业外收入——出售土地利得”不应出现在 20×1 年度的合并利润表中，同时合并资产负债表中应反映土地原来的成本 80 000 元。

抵销出售土地利得并将合并报表中的土地使用权的成本调整为对外界的成本：

①借：营业外收入——出售土地利得　20 000

　　贷：土地　20 000

相关工作底稿抵销情况如表 6—1 所示。

表 6—1　　顺销土地当年部分合并工作底稿抵销　　单位：元

	牡兰公司	紫鹃公司	调整与抵销分录		合并数
			借方	贷方	
利润表					
营业外收入——出售土地利得	20 000		①20 000		0
资产负债表					
土地		100 000		①20 000	80 000

在顺销土地当年，母公司对子公司出售土地的加价 20 000 元，在子公司没有将该土地对外出售之前，对合并主体而言是未实现利润，在合并过程中，需要抵销期末土地中未实现利润。换言之，合并出售土地利得是合并主体对外界的出售土地利得，合并土地账户是合并主体对外界的土地成本。

虽然高估的土地成本会在该土地销售给集团外第三方前一直列示于紫鹃公司的单体资产负债表上，但由于出售土地利得不会出现在顺销土地以后年度，因此，抵销分录①仅适用于顺销土地当年。

（二）顺销土地以后年度

例 6—2

承例 6—1。在顺销土地后续年度，紫鹃公司的单体资产负债表上将一直反映高估的土地使用权，直到该土地使用权被转让给合并主体外的企业。此外，由于顺销土地当年，牡兰公司采用成本法或不完全权益法处理长期股权投资时，其单体净利润中包含未实现出售土地利得，导致以后年度牡兰公司单体账上期初未分配利润的虚增。因此，以后各年需要冲减牡兰公司单体账上虚增的期初未分配利润及土地使用权账户，直至该土地售给集团外第三方为止。

顺销下，第二年的工作底稿将土地账户调整到集团对外成本的抵销分录如下：

将土地降低为对外界的成本，并调整期初未分配利润：

借：期初未分配利润　　20 000
　　贷：土地　　20 000

如果牡兰公司采用权益法处理长期股权投资时，这笔抵销分录改为：

借：长期股权投资　　20 000
　　贷：土地　　20 000

牡兰公司采用成本法或不完全权益法处理长期股权投资时，相关工作底稿抵销情况见表 6—2。

表 6—2　　顺销土地以后年度部分合并工作底稿　　单位：元

	牡兰公司	紫鹃公司	调整与抵销分录		合并数
			借方	贷方	
利润分配部分					
期初未分配利润	20 000		①20 000		0
资产负债表					
土地		100 000		①20 000	80 000

（三）顺销土地对外出售年度

例 6—3

承例 6—2。假设紫鹃公司在使用了该土地 3 年后于 20×5 年以 130 000 元将土地对外出售。紫鹃公司实现利得 30 000 元（130 000－100 000），但是对整个集团来说实现的利得是 50 000 元（130 000－80 000），如图 6—2 所示。

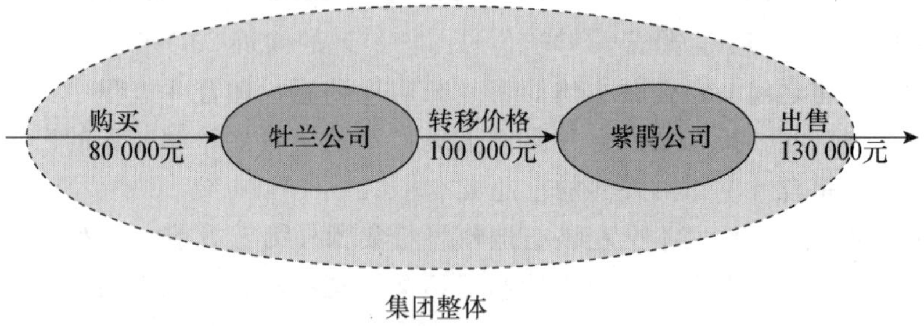

图 6—2　顺销土地对外出售年度

紫鹃公司出售土地的会计分录如下：

借：现金　　130 000
　　贷：土地　　100 000
　　　　营业外收入——出售土地利得　　30 000

如果牡兰公司采用权益法处理长期股权投资，则合并工作底稿抵销分录需要将紫鹃公司实现的 30 000 元利得调整为整个集团的 50 000 元利得（对外出售收入 130 000 元－外购成本 80 000 元），即未实现利润 20 000 元现在为实现利润了，计入出售土地利得。同时，由于上一年未实现利润记入“长期股权投资”的贷方，现在实现了就记入其借方。其工作底稿分录为：

借：长期股权投资　　20 000
　　贷：营业外收入——出售土地利得　　20 000

牡兰公司采用成本法或不完全权益法处理长期股权投资时，由于土地出售是顺销，未实现利润 20 000 元在母公司账上，导致“未分配利润”增加，现在实现时冲减“未分配利润”，其工作底稿分录如下：

将出售土地利得调整为合并主体的利得 50 000 元：

借：期初未分配利润　　20 000
　　贷：营业外收入——出售土地利得　　20 000

牡兰公司采用成本法或不完全权益法处理长期股权投资时，相关工作底稿抵销情况见表 6—3。

表 6—3　　顺销土地对外出售年度部分合并工作底稿　　单位：元

	牡兰公司	紫鹃公司	调整与抵销分录		合并数
			借方	贷方	
利润表					
营业外收入——出售土地利得		30 000		①20 000	50 000

续前表

	牡兰公司	紫鹃公司	调整与抵销		合并数
			借	贷	
利润分配部分					
期初未分配利润	20 000		①20 000		0

这笔分录与20×2年、20×3年、20×4年工作底稿上的分录是一样的，区别就是贷记“营业外收入——出售土地利得”账户，因为牡兰公司和紫鹃公司的单体账上已经不再列示该项土地资产了。

顺销土地对外出售年度，母公司对子公司出售土地的加价20 000元，在前几期期末，子公司没有将该土地对外出售之前，对合并主体而言是未实现利润，在前几期合并过程中，需要抵销期末土地中未实现利润。由于本期该土地已经对合并主体之外出售，因此，这20 000元未实现利润变成实现利润了。对于这种期初土地中未实现利润的实现，在本期合并过程中应加以确认。

二、逆销

（一）逆销土地当年

例6—4

仍沿用例6—1，所不同的是假设紫鹃公司将成本为80 000元的土地以100 000元出售给母公司牡兰公司。如前所述，20×1年紫鹃公司净利润140 000元，提取盈余公积40 000元；牡兰公司实现净利润（不包括从紫鹃公司获得的投资收益）是180 000元，提取盈余公积60 000元。此时，公司间出售土地的未实现利润包含在紫鹃公司的净利润中，而不是牡兰公司单体净利润中。如图6—3所示。

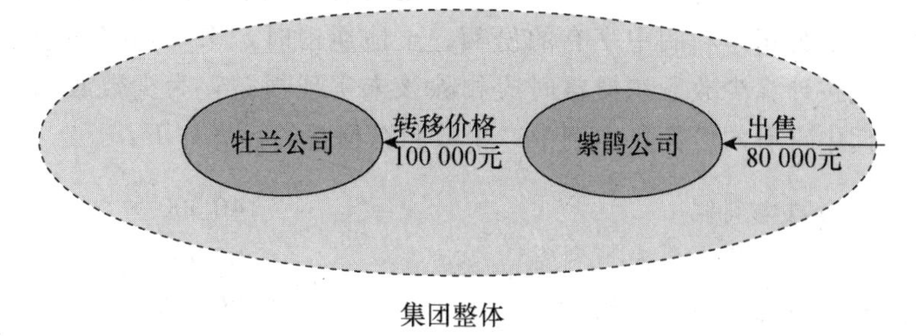

图6—3 逆销土地当年

20×1年年末，牡兰公司单体账上的会计处理。

（1）购买土地时。

借：土地 100 000

贷：现金 100 000

（2）采用权益法处理长期股权投资时。

确认对子公司紫鹃公司净利润的权益（140 000×90%）：

借：长期股权投资 126 000

贷：投资收益 126 000

抵销出售给子公司的土地中未实现利润的 90%：

借：投资收益 18 000

贷：长期股权投资 18 000

如果母公司采用成本法处理长期股权投资，则上述两笔分录不做。如果母公司采用不完全权益法处理长期股权投资，则上述第二笔分录不做。

（3）提取盈余公积时。

借：利润分配——提取盈余公积 60 000

贷：盈余公积 60 000

紫鹃公司单体账上的会计处理。

（1）出售土地时。

借：现金 100 000

贷：土地 80 000

营业外收入——出售土地利得 20 000

（2）提取盈余公积时。

借：利润分配——提取盈余公积 40 000

贷：盈余公积 40 000

抵销分录①抵销了内部交易未实现土地转让收益。

抵销出售土地利得并将合并报表中的土地使用权的成本降低至原始成本：

①借：营业外收入——出售土地利得 20 000

贷：土地 20 000

在公司间土地交易当年，顺销与逆销下的合并工作底稿是基本相同的，唯一的区别在于少数股东损益的计算。由于土地顺销时所产生的未实现损益包含于母公司单体的净利润中，子公司的净利润即为子公司已实现净利润，因此，少数股东损益为少数股东权益在子公司净利润中享有的份额；土地逆销时，未实现损益包含在子公司净利润中，因此在计算少数股东损益时应扣除该未实现损益，为少数股东权益在子公司已实现净利润中享有的份额。本例中，少数股东损益的计算如下：

子公司净利润	140 000 元
减：未实现出售土地利得	20 000 元
子公司已实现净利润	120 000 元
乘：少数股东权益持股比例	10%
少数股东损益	12 000 元

抵销分录如下：

确认紫鹃公司中属于少数股东权益的净利润，并增加少数股东权益：

②借：少数股东损益 12 000

贷：少数股东权益 12 000

相关合并工作底稿见表 6—4。

表 6—4 逆销土地当年部分合并工作底稿 单位：元

	牡兰公司	紫鹃公司	调整与抵销分录		合并数
			借方	贷方	
利润表					
营业外收入——出售土地利得		20 000	①20 000		
少数股东损益			②12 000		(12 000)
资产负债表					
土地	100 000			①20 000	80 000
少数股东权益				②12 000	

在逆销土地当年，子公司对母公司出售土地的加价 20 000 元，在母公司没有将该土地对外出售之前，对合并主体而言是未实现利润，在合并过程中，需要抵销期末土地中未实现利润。换言之，合并出售土地利得是合并主体对外界的出售土地利得，合并土地账户是合并主体对外界的土地成本。

（二）逆销土地以后年度

例 6—5

承例 6—4。只要牡兰公司在以后的年份继续持有该土地资产，工作底稿上就需要将土地账户的余额调整到对外的成本基础，并相应地调整虚增的牡兰公司的期初未分配利润及少数股东权益账户，以消除未实现出售土地利得产生的影响。

如果牡兰公司采用成本法或不完全权益法处理长期股权投资，则其抵销分录如下：

将期初未实现出售土地利得调整土地成本，并将其中 90%分配给牡丹公司的期初未分配利润账户，10%分配给少数股权：

借：期初未分配利润　　18 000
　　少数股东权益　　2 000
　　贷：土地　　20 000

如果牡兰公司（母公司）采用权益法处理长期股权投资，则这笔抵销分录改为：

借：长期股权投资　　18 000
　　少数股东权益　　2 000
　　贷：土地　　20 000

其他抵销分录和第一年类似。

牡兰公司采用成本法或不完全权益法处理长期股权投资时，相关合并工作底稿见表 6—5。

表 6—5 逆销土地以后年度部分合并工作底稿 单位：元

	牡兰公司	紫鹃公司	调整与抵销分录		合并数
			借方	贷方	
利润分配部分					
期初未分配利润		18 000	①18 000		
少数股东损益			②12 000		(12 000)
资产负债表					
土地	100 000			①20 000	80 000
少数股东权益			①2 000	②12 000	

（三）逆销土地对外出售年度

例 6—6

承例 6—5。假设牡兰公司使用该土地三年后，于 20×5 年将土地以 130 000 元对外售出。当年，牡兰公司实现出售土地利得 30 000 元，但是对集团整体来说利得是 50 000 元。之前 20 000 元的未实现利润于本期实现，其中 90%分配给控股股东，10%分配给少数股东。如图 6—4 所示。

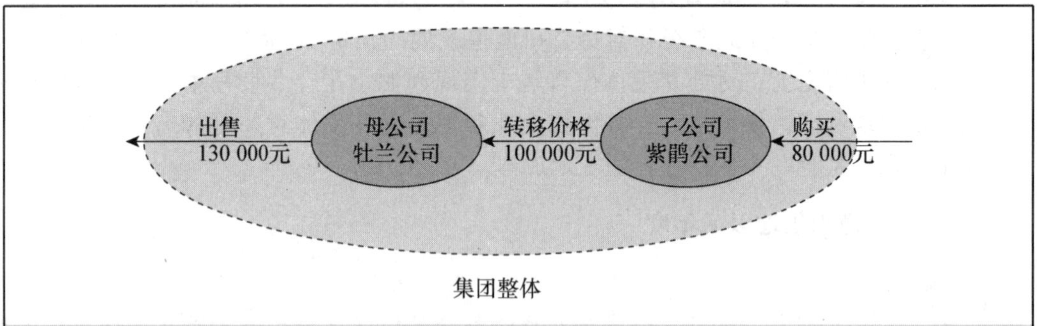

图 6—4 逆销土地对外出售年度

牡兰公司采用成本法或不完全权益法处理长期股权投资，则在合并报表工作底稿的抵销分录如下：

将出售土地利得调整为合并主体的利得 50 000 元：

借：期初未分配利润	18 000	
少数股东权益	2 000	
贷：营业外收入——出售土地利得		20 000

如果牡兰公司（母公司）采用权益法处理长期股权投资，则其抵销分录改为：

借：长期股权投资	18 000	
少数股东权益	2 000	
贷：营业外收入——出售土地利得		20 000

也就是将抵销分录中的“未分配利润”改为“长期股权投资”即可。这笔抵销分录中，如果母公司采用成本法处理长期股权投资，抵销的是“未分配利润”账户；如果母公司采用权益法处理长期股权投资，抵销的是“长期股权投资”账户。

在以后章节中，如无特别说明，则为母公司采用成本法处理长期股权投资，抵销“未分配利润”账户，以与我国现行实务一致。

牡兰公司采用成本法处理长期股权投资时，相关合并工作底稿部分见表 6—6。

表 6—6　　逆销土地对外出售年度部分合并工作底稿　　单位：元

	牡兰公司	紫鹃公司	调整与抵销分录		合并数
			借方	贷方	
利润表					
营业外收入——出售土地利得		30 000		①20 000	50 000
利润分配部分					
期初未分配利润		18 000	①18 000		

续前表

	牡兰公司	紫鹏公司	调整与抵销分录		合并数
			借方	贷方	
少数股东损益			②12 000		(12 000)
资产负债表					
少数股东权益			①2 000	②12 000	

逆销土地对外出售年度，子公司对母公司出售土地的加价 20 000 元，在前几期期末，母公司没有将该土地对外出售之前，对合并主体而言是未实现利润，在前几期合并过程中，需要抵销期末土地中未实现利润。由于本期该土地已经对合并主体之外出售，因此，这 20 000 元未实现利润变成实现利润了。对于这种期初土地中未实现利润的实现，在本期合并过程中应加以确认。并且，由于该未实现利润包含于子公司净利润中，因此，需要将其按 90%和 10%的比例在多数股东权益与少数股东权益间进行分配。

三、土地内部销售方向对合并报表的影响

在本节中，我们分别介绍了土地顺销及逆销的合并程序，下面将着重讨论土地内部销售方向对合并报表的影响。土地销售方向对合并报表的影响见表 6—7。

表 6—7　　顺销与逆销交易比较表

项目		顺销	逆销
合并工作底稿	内部土地交易当年	出售土地利得与土地成本抵销	同顺销
	内部土地交易以后年度	未实现利润冲减土地成本并减少母公司期初未分配利润	未实现利润冲减土地成本，并按比例减少母公司期初未分配利润和少数股东权益
	内部交易土地对外出售年度	已实现利润减少期初未分配利润并冲减出售土地利得	已实现利润冲减出售土地利得，并按比例减少期初未分配利润和少数股东权益
母公司投资收益		子公司净利润×持股比例	子公司已实现净利润×持股比例
少数股东损益		子公司净利润×持股比例	子公司已实现净利润×持股比例

从表 6—7 中我们可以看出，土地内部销售方向对合并报表的影响主要体现在内部土地交易以后年度及该土地对外出售年度。前者需要将内部土地交易产生的未实现利润按比例减少母公司期初未分配利润及少数股权；而后者则需要将内部交易土地对外出售后的已实现利润按比例减少母公司期初未分配利润及少数股权。

另外，少数股东损益的计算同上章内部存货交易一样：顺销的情况下，由于未实现损益全部包含于母公司单体利润中，子公司单体净利润即为已实现净利润，因此，少数股东损益为少数股东权益在子公司列报净利润中享有的比例；而逆销的情况下，子公司净利润中含有全部的未实现损益，因此在计算少数股东损益时应扣除该未实现损益。也就是说，少数股东损益为少数股东权益在子公司已实现净利润中享有的比例。

第二节　需计提折旧固定资产的集团内部交易

同集团内公司间土地交易一样，内部交易中需计提折旧的固定资产也会产生未实

现损益，并反映在售卖方的账上。在固定资产对外售出或通过使用耗尽而使未实现损益实现前，必须在编制合并报表的过程中将该未实现损益进行抵销。当然，此时在合并工作底稿上编制抵销未实现损益的分录比在不需计提折旧的情形下要复杂些。复杂是因为只要相关资产在集团内部持续，减值、折旧、摊销的高估（低估）部分就需要在每一年合并过程中加以抵销。本节中我们仅讨论固定资产计提折旧的情况，这些讨论同样适用于资产减值、摊销等情况，故不重述。

一般来说对于内部需计提折旧的固定资产交易，合并工作底稿抵销分录有如下步骤：

（1）交易发生当年抵销未实现损益，使合并资产负债表中以原始成本净值反映该资产；

（2）抵销买卖双方对该资产计提折旧之差额；

（3）调整卖方净利润，逐期通过折旧部分实现未实现损益。

一、顺销

内部顺销固定资产产生的未实现损益对母公司的最初影响与不需计提折旧的固定资产相同，都包含于母公司的单体净利润中。在抵销未实现损益的过程中，两种情况下均需消除出售损益，并降低固定资产成本。唯一需要注意的是，需计提折旧固定资产交易的抵销需要将该资产减至合并主体的净值，而非原值。

（一）期末顺销

例 6—7

假设牡英公司于 20×1 年 12 月 31 日将设备卖给其控股 80％的子公司紫霞公司，该设备净值 100 000 元（原价 180 000 元，累计折旧 80 000 元），以 160 000 元卖给紫霞公司，如图 6—5 所示。

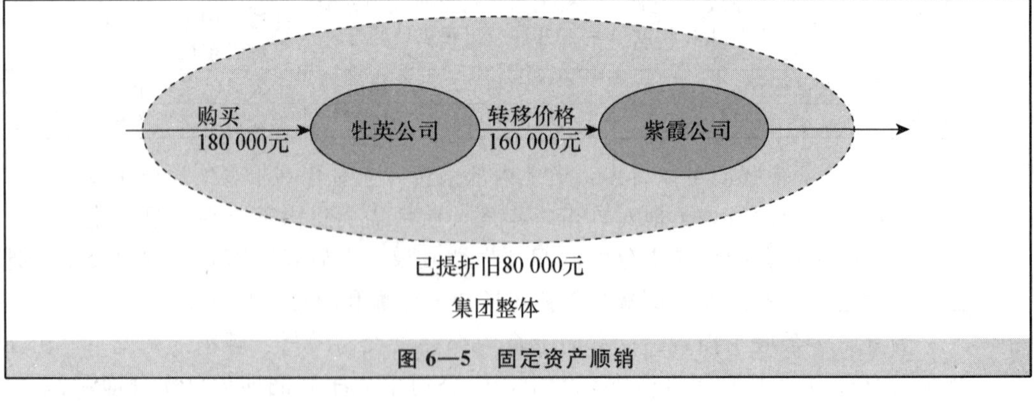

图 6—5 固定资产顺销

牡英公司单体账上出售固定资产的会计分录。

借：现金	160 000	
累计折旧	80 000	
贷：固定资产		180 000
营业外收入——处置固定资产损益		60 000

紫霞公司单体账上购买固定资产的会计分录。

借：固定资产	160 000	
贷：现金		160 000

20×1 年的合并财务报表不应包含未实现的处置固定资产损益，该内部交易的固定资产应该以折旧后的净值 100 000 元列示在合并资产负债表上。因此作如下工作底稿抵销分录：

①借：营业外收入——处置固定资产损益　　60 000
　　贷：固定资产　　60 000

其合并工作底稿见表 6—8。

表 6—8　　**顺销固定资产部分合并工作底稿**　　单位：元

	牡英公司	紫霞公司	调整与抵销分录		合并数
			借方	贷方	
利润表					
营业外收入——处置固定资产损益	60 000		①60 000		0
资产负债表					
固定资产		160 000		①60 000	100 000

抵销分录①也可以改为：

②借：营业外收入——处置固定资产损益　　60 000
　　固定资产　　20 000
　　贷：累计折旧　　80 000

其合并工作底稿如表 6—9 所示。

表 6—9　　**顺销固定资产部分合并工作底稿抵销**　　单位：元

	牡英公司	紫霞公司	调整与抵销分录		合并数
			借方	贷方	
利润表					
营业外收入——处置固定资产损益	60 000		② 60 000		0
资产负债表					
固定资产		160 000	② 20 000		180 000
累计折旧				② 80 000	80 000

从理论上讲，抵销分录②更好些，因为如果没有发生公司间内部交易，该项固定资产是以原价和累计折旧列报的，如此处理使得合并主体内部交易如同没有发生一样。不过从成本效益原则的角度考虑，净额列报完全可以满足报表使用者的需求，并且节约了记录费用，因此本书采用了更为实用的方法。

在顺销固定资产当年，母公司对子公司出售固定资产的加价 60 000 元，在子公司没有将该资产对外出售之前，对合并主体而言是未实现利润，在合并过程中，需要抵销期末固定资产中未实现利润。换言之，合并处置固定资产损益是合并主体对外界的处置固定资产损益，合并固定资产账户是合并主体对外界的固定资产净值。

顺销下不需要调整少数股东损益，因为子公司的净利润并没有受到公司间内部交易的影响。注意到此为止的讨论与上节介绍的土地是一样的。

（二）期初顺销

例 6—8

承例 6—7。如果牡英公司向紫霞公司出售固定资产发生在 20×1 年 1 月 1 日，那么紫霞公司在20×1年度要对该项固定资产计提折旧。假设在20×1年1月1日，该项固定资产有5年剩余使用期限，到期无残值，采用直线法计提折旧。记录公司间交易的分录与前述在年底购买时所作的分录是一样的。不过，紫霞公司还要记录20×1年度的计提折旧费用32 000元（160 000/5）。在这32 000元的折旧费用中，20 000元（100 000/5）是从集团整体角度计提的折旧，余下的12 000元（60 000/5）是由未实现损益产生的。12 000元可以看成是逐期确认公司间交易的未实现损益，相当于在该项资产剩余使用年限内向集团外出售了1/5的生产能力。

紫霞公司单体账上记录20×1年度计提折旧费用的会计分录为：

借：折旧费用　　　　32 000

　　贷：累计折旧　　　　32 000

尽管紫霞公司20×1年的净利润由于多计提12 000元折旧而减少，但是我们认为这12 000元在该资产的使用中已实现，紫霞公司20×1年列报的净利润为其已实现净利润，因此不需调整少数股东损益。

对合并报表的影响如表6—10所示。

表6—10　　部分合并工作底稿　　单位：元

	牡英公司	紫霞公司	调整与抵销分录		合并数
			借方	贷方	
利润表					
营业外收入——处置固定资产损益	60 000		①60 000		
折旧费用		32 000		②12 000	20 000
资产负债表					
固定资产		160 000		①60 000	100 000
累计折旧		32 000	②12 000		20 000

表中抵销分录如下：

①借：营业外收入——处置固定资产损益　　　　60 000

　　贷：固定资产　　　　60 000

②借：累计折旧　　　　12 000

　　贷：折旧费用　　　　12 000

工作底稿抵销分录①抵销了未实现处置固定资产损益60 000元，将该项固定资产的账面价值调整至交易发生日合并主体的成本基础。抵销分录②减少了折旧费用和累计折旧12 000元（60 000/5），将该项固定资产调整至20×1年12月31日合并主体对外界折旧后的净值基础。抵销分录②在5年的工作底稿中每年均要做。由于是顺销，子公司列报的净利润为其已实现净利润，故少数股东损益的计算不受上述抵销分录的影响。

（三）顺销以后年度

例6—9

承例6—8。由于在成本法和不完全权益法下，牡英公司20×1年单体账上并未抵销公司间出售固定资产未实现利润，因此20×2年合并工作底稿中，在抵销相对账户前，应编制如下抵销分录，以消除前期未实现利润的影响。

①借：期初未分配利润　48 000
　　累计折旧　12 000
　　贷：固定资产　60 000

抵销分录②与上年相同，即

②借：累计折旧　12 000
　　贷：折旧费用　12 000

抵销分录②每年均相同，5 年均要做这笔工作底稿分录。

该抵销分录在部分合并工作底稿表 6—11 中列示。该表表明了从 20×2 年至 20×5 年每年需要调整固定资产未实现利润的工作底稿抵销分录。抵销分录①和②分别抵销期初影响和当期变动。由于当期变动影响折旧费用和累计折旧账户的金额相同，因此两笔分录可以合并成一笔。

表 6—11　　部分合并工作底稿　　单位：元

	牡英公司	紫霞公司	调整与抵销分录		合并数
			借方	贷方	
20×2 年					
利润表					
折旧费用		32 000		②12 000	20 000
利润分配部分					
期初未分配利润	×××		①48 000		
资产负债表					
固定资产		160 000		①60 000	100 000
累计折旧		64 000	①12 000 ②12 000		40 000
20×3 年					
利润表					
折旧费用		32 000		②12 000	20 000
利润分配部分					
期初未分配利润	×××		①36 000		
资产负债表					
固定资产		160 000		①60 000	100 000
累计折旧		96 000	①24 000 ②12 000		30 000
20×4 年					
利润表					
折旧费用		32 000		②12 000	10 000
利润分配部分					
期初未分配利润	×××		①24 000		
资产负债表					
固定资产		160 000		①60 000	100 000
累计折旧		128 000	①36 000 ②12 000		80 000
20×5 年					
利润表					
折旧费用		32 000		②12 000	20 000
利润分配部分					
期初未分配利润	×××		①12 000		

续前表

	牡英公司	紫霞公司	调整与抵销分录		合并数
			借方	贷方	
资产负债表					
固定资产		160 000		①60 000	100 000
累计折旧		160 000	①48 000 ②12 000		100 000

二、逆销

逆销情况下，交易发生当年子公司账上会存在未实现损益（除非该资产按账面价值卖给母公司）。这一未实现损益应按持股比例由子公司多数股东权益和少数股东权益共同分担。正如顺销固定资产时我们所看到的，期末顺销固定资产的处理与顺销土地的处理完全相同；同样，逆销固定资产的处理程序与逆销土地的处理也是完全一样的。因此，为了突出重点，我们在逆销固定资产情况下将省略对期末逆销固定资产的介绍，着重介绍期初逆销固定资产及逆销以后年度的会计处理。

（一）期初逆销

例 6—10

如图 6—6，假设 20×1 年 1 月 1 日母公司牡华公司从其控股 80％的子公司紫如公司处以现金 24 000 元购买一台设备，采用直线法计提折旧，报废时残值 6 000 元。其他相关资料如下：

20×1 年紫如公司实现的净利润	100 000 元
20×1 年 1 月 1 日该设备的剩余使用年限	3 年
该设备原始成本	28 000 元
20×0 年 12 月 31 日该设备累计折旧	10 000 元

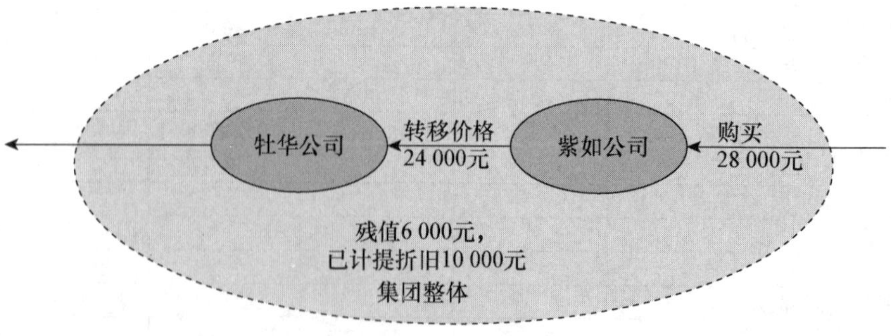

图 6—6 固定资产逆销

紫如公司单体账上作如下分录：

借：现金　　24 000
　　累计折旧　　10 000
　　贷：固定资产　　28 000
　　　　营业外收入——处置固定资产损益　　6 000

牡华公司单体账上作如下分录：

期初购买设备时：

借：固定资产 24 000

　　贷：现金 24 000

期末计提折旧（(成本 24 000－残值 6 000)÷ 3)：

借：折旧费用 6 000

　　贷：累计折旧 6 000

紫如公司 20×1 年度的计提折旧费用 6 000 元（(成本 24 000－残值 6 000)÷ 3）中，4 000 元是从集团整体角度计提的折旧（(原值 28 000 －累计折旧 10 000－ 残值 6 000)÷ 3)，余下的 2 000 元（6 000÷3）是由未实现利润产生的。这 2 000 元可以看成是公司间交易产生的未实现损益的逐期确认，相当于在该项资产剩余使用年限内向集团外出售了 1/3 的生产能力。

20×1 年部分合并工作底稿见表 6—12。

表 6—12　　　　**部分合并工作底稿**

20×1 年 12 月 31 日及 20×1 年度　　　　单位：元

	牡华公司	紫如公司	调整与抵销分录		合并数
			借方	贷方	
利润表					
营业外收入——处置固定资产损益		6 000	①6 000		
折旧费用	6 000			②2 000	4 000
少数股东损益			③19 200		19 200
资产负债表					
固定资产	24 000			①6 000	18 000
累计折旧	6 000		②2 000		4 000
少数股东权益				③19 200	

抵销分录如下：

抵销未实现利润，并将固定资产的价值调整至合并主体对外界的成本：

①借：营业外收入——处置固定资产损益 6 000

　　贷：固定资产 6 000

通过折旧账户抵销当年未实现利润的影响：

②借：累计折旧 2 000

　　贷：折旧费用 2 000

确认当期属于少数股东权益的净利润，并增加少数股东权益：

③借：少数股东损益 19 200

　　贷：少数股东权益 19 200

工作底稿抵销分录①抵销了未实现处置固定资产损益 6 000 元，将该项固定资产的账面价值调整至交易发生日合并主体的成本基础。抵销分录②减少了折旧费用和累计折旧，将该项固定资产调整至 20×1 年 12 月 31 日合并主体对外界折旧后的净值基础。抵销分录③确认当期属于少数股东权益的净利润 19 200 元，并增加少数股东权益。由于是逆销，子公司列报的净利润包含了未实现净利润，故在计算少数股东损益时应扣除该未实现利润。

需要注意的是，期初逆销固定资产时产生的未实现利润 6 000 元，由于牡华公司于 20×1 年度对该固定资产计提了折旧，使得 6 000 元未实现利润于本期通过折旧实现了 2 000 元。

因此，在计算紫如公司已实现净利润时，应从期初未实现利润中扣除该部分已实现利润。20×1 年紫如公司少数股东损益的计算如下：

紫如公司列报的净利润	100 000 元
加：20×1 年通过折旧分期确认的未实现利润	+2 000 元
减：20×1 年固定资产中未实现利润	−6 000 元
紫如公司 20×1 年已实现净利润	96 000 元
少数股东权益比例	20%
少数股东损益	19 200 元

（二）逆销以后年度

例 6—11

承例 6—10。为了说明逆销以后年度牡华公司与紫如公司合并工作底稿的程序，假设紫如公司 20×2 年及 20×3 年的净利润均为 100 000 元，且两年中均无公司间内部交易。

20×1 年固定资产逆销时产生的未实现利润 6 000 元，当年经过牡华公司计提的折旧，已分期实现 2 000 元。故 20×2 年年初，包含于紫如公司账上的未实现利润为 4 000 元。该未实现利润应在多数股东权益与少数股东权益间进行分配。由于在成本法和不完全权益法下，牡华公司 20×1 年单体账上并未抵销公司间出售固定资产未实现利润，导致 20×1 年其未分配利润账户虚增 3 200 元（4 000×80%）。因此 20×2 年，在抵销相对账户前，应首先调整牡华公司期初未分配利润及少数股东权益账户，并同时减少逆销固定资产至合并主体对外界的成本。

①借：期初未分配利润（4 000×80%）	3 200	
少数股东权益（4 000×20%）	800	
累计折旧	2 000	
贷：固定资产		6 000

该笔抵销分录在部分合并工作底稿表 6—13 中列示。该表表明了 20×2 年及 20×4 年两年需要调整固定资产未实现利润的工作底稿抵销分录。抵销分录①和②分别抵销期初影响和当期变动。由于当期变动影响折旧费用和累计折旧账户的金额相同，因此两笔分录可以合并成一笔。抵销分录⑤确认当期属于少数股东权益的净利润 20 400 元，并增加少数股东权益。

20×1 年紫如公司的期初股东权益及期初少数股东权益不受当年公司间交易的影响，因此 20×1 年合并工作底稿上不需要对其进行调整。20×1 年、20×2 年及 20×3 年每年的折旧费用由 6 000 元通过抵销分录减至 4 000 元。该 4 000 元折旧费用是固定资产内部交易时其账面价值减去报废残值后的三分之一（(18 000−6 000)÷3)。

20×2 年少数股东损益 20 400 元是由紫如公司净利润 100 000 元的 20%加上当年

经折旧而实现的 2 000 元未实现利润的 20%构成。20×3 年计算少数股东损益的过程和 20×2 年一样。

表 6—13　　　　部分合并工作底稿　　　　单位：元

	牡华公司	紫如公司	调整与抵销分录		合并数
			借方	贷方	
20×2 年					
利润表					
折旧费用		6 000		②2 000	4 000
少数股东损益			⑤20 400		
利润分配部分					
期初未分配利润	×××		①3 200		
资产负债表					
固定资产		24 000		①6 000	18 000
累计折旧		12 000	①2 000 ②2 000		8 000
少数股东权益			①800	⑤20 400	
20×3 年					
利润表					
折旧费用		4 000		②2 000	2 000
少数股东损益			⑤20 400		
利润分配部分					
期初未分配利润	×××		①1 600		
资产负债表					
固定资产		24 000		①6 000	18 000
累计折旧		18 000	①4 000 ②2 000	⑤20 400	12 000
少数股东权益			①400		

三、公司间固定资产交易以非公允价值交易

公司间交易如果产生损失需要特别估价，以确保该损失不是在公司间交易发生之前或未发生公司间交易时就已经被确认于售卖公司单体账上了。例如，20×1 年 1 月 1 日母公司以 40 000 元卖给其控股 90%的子公司一项账面价值为 60 000 元的固定资产，会使人们对交易当天该项固定资产的公允价值产生疑惑。如果当日公允价值就是 40 000 元，那母公司在售卖之前就应先将该固定资产价值调低至公允价值，并确认损失。如果公允价值是 60 000 元，那么母公司的交易行为就值得怀疑。因为这会使得母公司的股东蒙受损失，而使子公司的少数股东受益。同样，子公司以低于公允价值将资产卖给母公司的行为也会受到质疑。

在编制合并报表过程中确认公司间交易的损失本质上和抵销未实现利润是一样的。

例 6—12

假设 20×1 年 1 月 1 日母公司牡嘉公司将账面价值为 60 000 元的固定资产以 40 000 元售卖给其控股 90%的子公司紫艺公司，该固定资产尚有 5 年使用年限，无残值。则牡嘉公司会产生 20 000 元的未实现损失并将在 5 年内逐期确认。假设紫艺公司

当年净利润为400 000元，并且无其他公司间交易。

相关合并报表工作底稿抵销分录如下：

借：固定资产	20 000	
贷：营业外支出——处置固定资产损益		20 000
借：折旧费用	4 000	
贷：累计折旧		4 000

以后年份的抵销分录如下：

借：固定资产	20 000	
贷：期初未分配利润		16 000
累计折旧		4 000
借：折旧费用	4 000	
贷：累计折旧		4 000

这两笔分录也可合二为一：

借：固定资产	20 000	
折旧费用	4 000	
贷：期初未分配利润		16 000
累计折旧		8 000

逆销固定资产时产生的未实现损失，在合并工作底稿上的处理方法与上述类似。所不同的是，逆销固定资产时需要将未实现损失及分期确认损失按比例在多数股权与少数股权间进行分配。

四、购买存货项目作为固定资产

公司间交易有可能将存货项目售卖作为固定资产使用。

例6—13

假设牡易公司以400 000元的价格将其生产的成本为300 000元的一批电脑卖给其全资子公司紫薇公司。该批电脑预期有5年使用年限，采用直线法计提折旧，无残值。牡易公司单体利润表上包括了400 000元的公司间交易，但是紫薇公司的营业成本并不包括这笔交易，因为此项购买成本反映在其固定资产账户内。交易当年工作底稿抵销分录如下：

抵销公司间营业收入，并按成本和毛利分别减少营业成本和固定资产：

①借：营业收入	400 000	
贷：营业成本		300 000
固定资产		100 000

抵销未实现损失产生的折旧（100 000÷5）：

②借：累计折旧	20 000	
贷：折旧费用		20 000

余下的 80 000 元未实现利润将由紫薇公司在该电脑使用年限内计提折旧时逐期确认。

交易次年的工作底稿分录为：

将固定资产价值调整到合并主体的成本，抵销折旧费用及累计折旧对公司间销售的影响，并调整牡易公司期初未分配利润：

①借：期初未分配利润	80 000	
累计折旧	40 000	
贷：固定资产		100 000
折旧费用		20 000

以后年份工作底稿抵销分录涉及同样的借贷科目，只是借方“累计折旧”账户的金额逐年增加 20 000 元直至 100 000 元，借方“期初未分配利润”账户金额逐年减少 20 000 元，以此逐年确认为实现利得。贷方科目金额每年均保持不变。

五、计提减值准备的内部固定资产交易

按照《企业会计准则第 8 号——资产减值》的规定，企业应当在会计期末判断资产是否存在可能发生减值的迹象。

资产存在以下迹象时，表明该项资产可能发生了减值：

（1）资产的市价当期大幅度下跌，其跌幅明显高于因时间的推移或者正常使用而预计的下跌。

（2）企业经营所处的经济、技术或法律等环境以及资产所处的市场在当期或将在近期发生重大变化，从而对企业产生不利影响。

（3）市场利率或者其他市场投资回报率在当期已经提高，从而影响企业计算资产预计未来现金流量现值的折现率，导致资产可收回金额大幅度降低。

（4）有证据表明资产已经陈旧过时或其实体已经损坏。

（5）资产已经或者将被闲置、终止使用或者计划提前处置。

（6）企业内部报告的证据表明资产的经济绩效已经低于或者将低于预期，如资产所创造的净现金流量或者实现的营业利润（或者损失）远远低于（或者高于）预计金额等。

（7）其他表明资产可能已经发生减值的迹象。

资产存在减值迹象的，应当估计其可收回金额。可收回金额应当根据资产的公允价值减去处置费用后的净额与资产预计未来现金流量的现值两者之间较高者确定。处置费用包括与资产处置有关的法律费用、相关税金、搬运费以及为使资产达到可销售状态所发生的直接费用等。

母公司在编制合并财务报表时，无论纳入合并财务报表范围的子公司财务状况是否恶化，均应对内部交易形成的应收款项计提的坏账准备或对其他资产计提的减值准备予以抵销。接下来，将通过具体示例说明计提减值准备内部固定资产交易的处理程序。

例 6—14

假设母公司牡栎公司于 20×0 年 1 月 1 日将一全新未使用的固定资产以 100 000

元出售给其控股90%的子公司紫佩公司，该固定资产原值75 000元，使用年限5年，预期无残值，采用直线法计提折旧。紫佩公司20×1年年末预计该固定资产可收回金额为45 000元。

紫佩公司及合并主体对该固定资产计提折旧见表6—14。

表6—14 单位：元

	紫佩公司	合并主体
固定资产购买价	100 000	75 000
20×0年折旧费用	20 000	15 000
固定资产账面净值	80 000	60 000
20×1年折旧费用	20 000	15 000
固定资产账面净值	60 000	45 000

20×1年年末，紫佩公司账上该固定资产净值60 000元，由于预计可收回金额为45 000元，因此紫佩公司计提15 000元固定资产减值准备。而就合并主体而言，20×1年末该固定资产的账面净值为45 000元，不存在固定资产减值，因此15 000元的固定资产减值准备应予全部抵销。20×1年相关抵销分录如下：

抵销未实现利润：

借：期初未分配利润	20 000	
累计折旧	10 000	
贷：固定资产		25 000
折旧费用		5 000

抵销紫佩公司计提的固定资产减值准备：

借：固定资产减值准备	15 000	
贷：营业外支出		15 000

20×2年年末，紫佩公司对该固定资产计提折旧15 000元（45 000/3），与合并主体计提折旧相同，因此不存在通过折旧分期实现未实现利润的问题。由于固定资产减值准备计提于子公司账上，故在抵销上期计提固定资产减值准备对本期的影响时，应将该减值准备按比例在多数股东权益与少数股东权益间进行分配。相关抵销分录如下：

抵销未实现利润：

借：期初未分配利润	15 000	
累计折旧	10 000	
贷：固定资产		25 000

抵销上期计提的固定资产减值准备，按比例增加牡栎公司期初未分配利润及少数股东权益：

借：固定资产减值准备	15 000	
贷：期初未分配利润		13 500
少数股东权益		1 500

20×3 年及 20×4 年合并工作底稿的抵销分录与 20×2 年相同。

如果上述固定资产为逆销，则计提的固定资产减值准备将出现在母公司的单体账上。故在计提减值准备以后年度，抵销前期计提固定资产减值准备的影响时，该减值准备的影响数将全额增加母公司“期初未分配利润”账户而“少数股东权益”不受任何影响。

六、固定资产内部销售方向对合并报表的影响

同存货、土地一样，内部销售固定资产方向的不同对合并报表也会产生不同的影响。现以内部固定资产交易产生未实现利润为例，将固定资产顺销及逆销时的差异对比于表 6—15 中。

通过表 6—15 我们可以发现，期末固定资产内部交易的处理与内部土地交易的处理是相似的。顺销和逆销对合并报表的影响主要体现在固定资产内部交易以后年度。逆销时，需要将固定资产内部交易产生的未实现利润按比例减少母公司期初未分配利润及少数股东权益。关于固定资产顺销和逆销下少数股东损益计算的差异同前面介绍过的内部存货交易及内部土地交易相同，故不述。

表 6—15　　顺销与逆销交易比较表

项目		顺销	逆销
合并工作底稿	期末固定资产内部交易	处置固定资产损益与固定资产成本抵销	同顺销
	期初固定资产内部交易	处置固定资产损益与固定资产成本抵销；通过折旧账户分期确认未实现利润。	同顺销
	固定资产内部交易以后年度	通过固定资产及累计折旧抵销未实现利润的影响，并减少期初未分配利润；通过折旧账户分期确认未实现利润。	通过固定资产及累计折旧抵销未实现利润的影响，并按比例减少期初未分配利润及少数股东权益；通过折旧账户分期确认未实现利润。
母公司投资收益		子公司净利润×持股比例	子公司已实现净利润×持股比例
少数股东损益		子公司净利润×持股比例	子公司已实现净利润×持股比例

第三节　合并示例

牡菱公司于 20×1 年 1 月 1 日以账面价值 900 000 元取得紫天公司 90%的股权。当时紫天公司的净资产 1 000 000 元中包括股本 800 000 元，未分配利润 120 000 元及盈余公积 80 000 元。两家公司进行了如下内部交易：

(1) 20×1 年 7 月 1 日，牡菱公司向紫天公司顺销土地获利 10 000 元。紫天公司将该土地于 20×3 年售给集团外企业，损失 2 000 元。

(2) 20×2 年 1 月 1 日，紫天公司将一设备逆销给牡菱公司，获利 40 000 元，该设备尚有 5 年使用期限，无残值。20×3 年 12 月 31 日，牡菱公司仍在使用该设备。

(3) 20×3 年 1 月 1 日，牡菱公司将一建筑物顺销给紫天公司，获利 64 000 元。该建筑物尚有 8 年使用期限。20×3 年 12 月 31 日，紫天公司仍持有该建筑物。

20×2 年 12 月 31 日紫天公司股东权益合计 1 200 000 元（股本 800 000 元，未分配利润 200 000 元及盈余公积 200 000 元）。此时，长期股权投资余额为 1 200 000×90%＝1 080 000 元。20×3 年紫天公司实现净利润 160 000 元，发放现金股利 60 000 元，提取盈余公积 60 000 元。

一、不完全权益法

母公司单体账上采用不完全权益法处理长期股权投资时，其单体账上的会计分录为：

（1）确认对子公司净利润的权益。

确认紫鹃公司净利润 160 000 元的 90%：

借：长期股权投资	144 000	
贷：投资收益		144 000

（2）收到股利时。

借：银行存款	54 000	
贷：长期股权投资		54 000

此时，长期股权投资账户余额为：

1 200 000×90%	1 080 000 元
＋投资收益（对子公司净利润的权益）	144 000 元
－股利（60 000×90%）	54 000 元
长期股权投资余额（20×3 年 12 月 31 日）	1 170 000 元

如果母公司单体账上采用完全权益法处理长期股权投资时，其单体账上需要增加分录，以抵销公司间交易产生的未实现利润，借记"投资收益"科目，贷记"长期股权投资"科目。

此时，完全权益法下长期股权投资账户余额为：

1 200 000×90%	1 080 000 元
－土地中未实现利润	10 000 元
－设备中未实现利润的 90%（(40 000－40 000/5)×90%）	28 800 元
长期股权投资余额（20×2 年 12 月 31 日）	1 041 200 元
＋投资收益（对子公司净利润的权益）	144 000 元
＋出售土地利得	10 000 元
＋设备中分期确认的利得(40 000/5×90%)	7 200 元
－建筑物中未实现利润（64 000－64 000/8）	56 000 元
－股利（60 000×90%）	54 000 元
长期股权投资余额（20×3 年 12 月 31 日）	1 092 400 元

如果母公司采用成本法处理长期股权投资时，前述两笔分录不做。此时，长期股权投资余额保持初始成本。

20×3 年，牡菱公司和紫天公司的单体财务报表及合并工作底稿如表 6—16 所示。表中牡菱公司栏中采用不完全权益法，"投资收益——紫天公司"账户余额 144 000 元，长期股权投资账户余额 1 170 000 元。

表 6—16

合并报表工作底稿

20×3 年 12 月 31 日及 20×3 年度

单位：元

	牡菱公司（不完全权益法）	紫天公司	调整与抵销分录		合并数
			借方	贷方	
利润表					
营业收入	4 000 000	1 400 000			5 400 000
投资收益——紫天公司	144 000		④144 000		
营业外收入——处置固定资产损益	64 000		③64 000		
营业成本	(2 000 000)	(640 000)			(2 640 000)
营业外支出——出售土地损失		(2 000)		①10 000	8 000
折旧费用	(216 000)	(100 000)		②8 000 ③8 000	(300 000)
其他费用	(1 353 200)	(498 000)			(1 851 200)
少数股东损益				⑦16 800	(16 800)
净利润	638 800	160 000			600 000
利润分配部分					
本年净利润	638 800	160 000			600 000
加：期初未分配利润	419 400	200 000	①10 000 ②28 800 ⑤200 000		380 600
可供分配的利润	1 058 200	360 000			980 600
减：提取盈余公积	400 000	60 000		⑥60 000	400 000
分派现金股利	200 000	60 000		④60 000	200 000
未分配利润	458 200	240 000			380 600
资产负债表					
现金	463 600	64 000			527 600
其他流动资产	400 000	300 000			700 000
长期股权投资——紫天公司	1 170 000			④90 000 ⑤1 080 000	
建筑物	1 000 000	464 000		③64 000	1 400 000
累计折旧（建筑物）	(400 000)	(108 000)	③8 000		(500 000)
设备	1 240 000	800 000		②40 000	2 000 000
累计折旧（设备）	(516 000)	(200 000)	②16 000		(700 000)
土地	320 000	80 000			400 000
资产合计	3 677 600	1 400 000			3 827 600
流动负债	400 000	100 000			500 000
股本	2 000 000	800 000	⑤800 000		2 000 000
盈余公积	819 400	260 000	⑤200 000 ⑥60 000		819 400
未分配利润	458 200	240 000			380 600
少数股东权益			②3 200 ④6 000	⑤120 000 ⑦16 800	127 600
负债及股东权益合计	3 677 600	1 400 000			3 827 600

抵销分录如下：

确认以前递延的出售土地利得：

①借：期初未分配利润	10 000	
贷：营业外收入——出售土地利得		10 000

抵销逆销设备的未实现利润：

②借：期初未分配利润	28 800	
累计折旧（设备）	16 000	
少数股东权益	3 200	
贷：固定资产（设备）		40 000
折旧费用		8 000

这笔抵销分录可以写成两笔：

借：累计折旧（设备）	8 000	
贷：折旧费用（40 000/5）		8 000
40 000－8 000＝32 000(元)		
借：期初未分配利润（32 000×90%）	28 800	
少数股东权益（32 000×10%）	3 200	
累计折旧（设备）	8 000	
贷：固定资产（设备）		40 000

抵销顺销建筑物的未实现利润：

③借：营业外收入——处置固定资产损益	64 000	
累计折旧	8 000	
贷：固定资产（建筑物）		64 000
折旧费用		8 000

这笔抵销分录可以写成两笔：

借：累计折旧（建筑物）	8 000	
贷：折旧费用（64 000/8）		8 000
借：营业外收入——处置固定资产损益	64 000	
贷：固定资产（建筑物）		64 000

抵销投资收益和紫天公司90%的股利，并将长期股权投资账户调整为期初数：

④借：投资收益——紫天公司	144 000	
贷：利润分配——分派现金股利		54 000
长期股权投资——紫天公司		90 000

抵销相对的长期股权投资与股东权益账户：

⑤借：股本	800 000	
盈余公积	200 000	
期初未分配利润	200 000	

贷：少数股东权益		120 000
长期股权投资		1 080 000

将“盈余公积”调整为期初数，即抵销子公司本期提取的盈余公积：

⑥借：盈余公积	60 000	
贷：利润分配——提取盈余公积		60 000

确认紫天公司中属于少数股东权益的净利润，并增加少数股东权益：

⑦借：少数股东损益	16 800	
贷：少数股东权益		10 800
利润分配——分派现金股利		6 000

上述抵销分录④和⑦也可以写成如下：

抵销投资收益和全部股利，并将长期股权投资账户调整为期初数：

④借：投资收益——紫天公司	144 000	
少数股东权益	6 000	
贷：利润分配——分派现金股利		60 000
长期股权投资——紫天公司		90 000

确认紫天公司中属于少数股东权益的净利润，并增加少数股东权益：

⑦借：少数股东损益	16 800	
贷：少数股东权益		16 800

牡菱公司 20×1 年向紫天公司出售土地获利 10 000 元，该未实现利润于 20×3 年紫天公司将该土地出售给集团外企业时实现。虽然紫天公司对外界出售土地时其单体账上会产生 2 000 元损失，但从合并主体角度看，集团从该笔交易中获利 8 000 元。抵销分录①通过确认以前递延的出售土地利得 10 000 元，反映了合并主体在该笔交易中对外界的真实获益情况。

抵销分录②抵销了逆销设备的未实现利润。20×2 年年初，紫天公司向牡菱公司出售设备时产生 40 000 元未实现利润，且包含于紫天公司的净利润中。由于设备在逆销时尚有 5 年使用期限，故这 40 000 元未实现利润将通过折旧分期实现 8 000 元(40 000/5)。至 20×3 年年初，尚有 32 000 元未实现利润存在于该设备中，其中设备成本 40 000 元，累计折旧 8 000 元。由于是逆销，故该 32 000 元未实现利润应该在多数股权与少数股权间按比例进行分配。在不完全权益法下，牡菱公司 20×2 年单体账上并未抵销公司间未实现利润，导致其 20×2 年未分配利润的虚增，因此在 20×3 年编制合并报表时，应首先调整牡菱公司的期初未分配利润。

抵销分录③抵销了顺销建筑物的未实现利润。由于牡菱公司顺销建筑物发生于本期期初，故不影响前期有关账户余额。顺销产生的未实现利润 64 000 元将于其剩余使用的 8 年中每年实现 8 000 元。

抵销分录④抵销了投资收益和紫天公司 90%的股利，并将长期股权投资账户减少至期初。

抵销分录⑤抵销了相对的长期股权投资与股东权益账户，并列示期初少数股权。

抵销分录⑥抵销了因紫天公司实现净利润而提取的盈余公积，使盈余公积恢复到期初。

抵销分录⑦确认紫天公司中属于少数股东权益的净利润，并增加少数股东权益。其中，20×3 年紫天公司少数股东损益的计算如下（单位：元）：

紫天公司列报的净利润	160 000
加：20×3 年通过设备折旧分期确认的未实现利润	+8 000
紫天公司 20×3 年已实现净利润	168 000
少数股东权益比例	10%
少数股东损益	16 800

20×3 年 12 月 31 日，紫天公司账上包含逆销设备递延的未实现利润 24 000 元，即逆销时产生的未实现利润 40 000 元扣除两期通过折旧实现的 8 000 元未实现利润后的余额。这 24 000 元中，10%属于少数股东权益。因此，合并资产负债表上 20×3 年 12 月 31 日少数股东权益的金额为紫天公司 20×3 年 12 月 31 日列报股东权益的 10%与属于少数股东权益的未实现利润的差，即 1 300 000×10%−24 000×10%=127 600 元。

二、成本法

如果上例中牡菱公司采用成本法处理对紫天公司的长期股权投资，则牡菱公司"长期股权投资——紫天公司"账户的金额为其初始投资额 900 000 元。同时，20×3 年牡菱公司利润表列示的是"股利收入"账户，而非"投资收益——紫天公司"账户。

在编制合并财务报表的过程中，首先需要将成本法转换成不完全权益法。为了更直观地体现成本法与不完全权益法间的关系，我们编制如表 6—17 的成本法与不完全权益法转换表，以利于我们取得调整工作底稿所需要的资料。

表 6—17　　牡菱公司及其子公司的成本法与不完全权益法转换表　　单位：元

	期初未分配利润 20×3 年 12 月 31 日	盈余公积 20×3 年 12 月 31 日	长期股权投资	投资收益——紫天公司	投资收益——股利收入
以前年度的影响					
20×1 年 1 月 1 日至 20×2 年 12 月 31 日紫天公司未分配利润增加额的 90% (419 400−120 000)×90%	269 460		269 460		
20×1 年 1 月 1 日至 20×2 年 12 月 31 日紫天公司盈余公积增加额的 90% (419 400−80 000)×90%		305 460	305 460		
本年度影响					
将股利收入重新分类作为长期股权投资的减少（60 000×90%）			(54 000)		(54 000)
确认 20×3 年紫天公司净利润的权益 (160 000×90%)			144 000	144 000	
20×3 年工作底稿调整数 (成本法转换为不完全权益法)	269 460	305 460	664 920	144 000	(54 000)

根据表 6—17 编制以下合并工作底稿分录：

抵销股利收入，确认“投资收益——紫天公司”，调整长期股权投资、期初未分配利润及盈余公积账户为不完全权益法：

①借：股利收入	54 000	
长期股权投资——紫天公司	664 920	
贷：期初未分配利润		269 460
盈余公积		305 460
投资收益——紫天公司		144 000

完成上述分录后，接下来的工作底稿分录与表 6—16 不完全权益法下的工作底稿分录完全相同。

思考题

1. 在抵销集团内部公司间固定资产交易时为什么要区别顺销和逆销？

2. 拥有非全资子公司的母公司作为购买方和售卖方在计算集团内部公司间固定资产交易的未实现损益时有什么差别？

3. 集团内部公司间计提折旧固定资产交易逆销当年如何计算少数股东损益？

4. 集团内部公司间固定资产交易在出售以后各年度，未实现损益对母公司净利润与合并净利润的影响如何？

5. 集团内部公司间固定资产交易次年对母公司的净利润及合并净利润有什么影响？

练习题

1. 20×1 年 1 月 1 日，牡山公司以本公司的 500 000 份每股面值 1 元的普通股换取紫冷公司发行的全部普通股（每股面值 1 元）。20×0 年 12 月 31 日牡山公司股票的当日收盘价为每股 60 元。该并购事件以购买法处理。两家公司独立经营，各自设立账簿，会计年度均至每年的 12 月 31 日结束。

20×1 年 12 月 31 日两家公司的单体财务报表如下（单位：元）：

	牡山公司	紫冷公司
利润表		
营业收入	7 600 000	3 000 000
股利收入——紫冷公司	80 000	
营业外收入——销售仓库利得	60 000	
营业成本	(4 720 000)	(1 740 000)
营业费用（包括折旧费用）	(2 200 000)	(880 000)
净利润	820 000	380 000

续前表

	牡山公司	紫冷公司
利润分配部分		
净利润	820 000	380 000
加：期初未分配利润	440 000	156 000
减：提取盈余公积	(410 000)	(190 000)
分派现金股利	—	(80 000)
未分配利润	850 000	266 000
资产负债表		
资产		
现金	1 140 000	300 000
应收账款（净）	1 720 000	700 000
存货	2 120 000	820 000
土地、房屋、设备	2 640 000	1 360 000
累计折旧	(740 000)	(420 000)
长期股权投资——紫冷公司	1 500 000	—
资产合计	8 380 000	2 760 000
负债及股东权益		
应付账款及其他负债	2 680 000	1 188 000
股本（面值 1 元）	3 400 000	800 000
资本公积	600 000	160 000
盈余公积	850 000	346 000
未分配利润	850 000	266 000
负债及股东权益合计	8 380 000	2 760 000

补充资料：

(1) 20×1 年度除了并购事件外，股本和资本公积账户没有发生变化。

(2) 在购并日，紫冷公司设备的公允价值超过账面价值 108 000 元，该设备预期有 6 年剩余使用寿命。紫冷公司的其他资产负债的公允价值等于其账面价值。假设购并产生的商誉每年发生 6 000 元的减值。

(3) 20×1 年 7 月 1 日，牡山公司将一仓库以 258 000 元的价格卖给紫冷公司。售卖日当天，牡山公司涉及该仓库的土地的账面价值为 66 000 元、房屋的净值为 132 000 元。经过不动产评估，紫冷公司将购买价格中的 86 000 元分配给土地、172 000 元分配给仓库房屋。紫冷公司预期该仓库剩余使用年限 5 年，无残值，采用直线法摊销。

(4) 20×1 年度，牡山公司从紫冷公司处购买商品，发票金额 360 000 元，其中含有 100%的成本加成率。20×1 年 12 月 31 日，牡山公司应付紫冷公司账款 172 000 元，该商品尚有 72 000 元列示在牡山公司的存货项目中。

要求：编制牡山公司和紫冷公司 20×1 年的合并财务报表工作底稿。

2. 牡克公司及其控股 90%的子公司紫凉公司 20×3 年 12 月 31 日的比较资产负债表如下（单位：元）：

	牡克公司	紫凉公司
资产		
现金	6 400 000	2 400 000
应收账款（净）	9 520 000	4 000 000
存货	8 080 000	3 600 000
土地	9 400 000	2 000 000
房屋建筑（净）	16 000 000	8 000 000
设备（净）	28 000 000	12 000 000
长期股权投资——紫凉公司	22 600 000	—
资产合计	100 000 000	32 000 000
负债及股东权益		
应付账款	8 000 000	4 000 000
其他负债	16 000 000	4 000 000
股本	60 000 000	20 000 000
盈余公积	8 000 000	2 000 000
未分配利润	8 000 000	2 000 000
负债及股东权益合计	100 000 000	32 000 000

补充资料：

(1) 牡克公司 20×0 年 12 月 31 日以现金取得紫凉公司 90%的股权，产生合并价差 1 000 000 元。合并价差作为商誉，并假设商誉每年发生 100 000 元的减值。

(2) 20×3 年 12 月 31 日紫凉公司存货项目中包括从牡克公司所购商品，买价超过牡克公司成本 100 000 元。20×2 年 12 月 31 日紫凉公司存货项目中未实现利润为 80 000 元。

(3) 20×3 年紫凉公司销售土地给牡克公司，获利 400 000 元。牡克公司 20×3 年 12 月 31 日土地项目中包括购买紫凉公司土地 1 400 000 元。

要求：编制牡克公司和紫凉公司 20×3 年 12 月 31 日的合并资产负债表。

3. 牡罗公司于 20×1 年 1 月 1 日取得紫姆公司 90%股权，并购产生合并价差 80 000 元，其中 40 000 元为建筑物评估增值，预计剩余使用年限 5 年，到期无残值。假设商誉每年发生 4 000 元的减值。母子公司单体财务报表如下（单位：元）：

	牡罗公司	紫姆公司
利润表及利润分配表（20×2 年）		
营业收入	600 000	200 000
投资收益——紫姆公司	72 000	—
营业外收入——处置固定资产损益	18 000	—
营业成本	(280 000)	(100 000)
营业费用	(120 000)	(20 000)
净利润	290 000	80 000
加：期初未分配利润	174 000	70 000
减：提取盈余公积	100 000	30 000
分派现金股利	120 000	40 000
未分配利润	244 000	80 000

续前表

	牡罗公司	紫姆公司
资产负债表（20×2 年 12 月 31 日）		
现金	200 000	34 000
应收账款	180 000	100 000
应收股利	18 000	—
存货	40 000	16 000
土地	80 000	30 000
房屋建筑（净）	270 000	100 000
设备（净）	330 000	120 000
长期股权投资——紫姆公司	332 000	—
资产合计	1 450 000	400 000
应付账款	196 000	60 000
应付股利	30 000	20 000
其他负债	134 000	40 000
股本	600 000	100 000
盈余公积	246 000	100 000
未分配利润	244 000	80 000
负债及股东权益合计	1 450 000	400 000

补充资料：

（1）牡罗公司 20×1 年、20×2 年销售存货给紫姆公司资料如下（单位：元）：

	20×1 年	20×2 年
营业收入	60 000	40 000
营业成本	30 000	20 000
12 月 31 日未实现利润	10 000	8 000

（2）20×1 年牡罗公司将一成本为 14 000 元的土地以 20 000 元的价格售卖给紫姆公司。目前紫姆公司仍拥有该土地。

（3）20×2 年 1 月牡罗公司将一成本为 42 000 元的机器设备以 60 000 元的价格卖给紫姆公司，紫姆公司采用直线法计提折旧，折旧年限为 3 年。

（4）20×2 年 12 月 30 日紫姆公司汇款 4 000 元给牡罗公司以购买商品，牡罗公司直到 20×3 年 1 月 5 日尚未将汇款入账，因此该笔款项并未反映在牡罗公司 20×2 年 12 月 31 日的财务报表中。

要求：编制牡罗公司和紫姆公司 20×2 年度的合并工作底稿。

4. 20×2 年 1 月 1 日牡木公司以 216 000 元现金取得紫天公司 80%的股权，当日紫天公司股本为 200 000 元，盈余公积 10 000 元，未分配利润 10 000 元。购并日当天，紫天公司所有资产与负债均以公允价值记录。假设商誉每年发生 4 000 元的减值。牡木公司和紫天公司 20×5 年 12 月 31 日的单体财务报表如下（单位：元）：

	牡木公司	紫天公司
利润及利润分配表		
营业收入	1 300 000	240 000
投资收益——紫天公司	80 000	—
营业成本	(780 000)	(80 000)
其他费用	340 000	60 000
净利润	260 000	100 000
加：期初未分配利润	110 800	10 000
减：提取盈余公积	70 000	20 000
分派现金股利	140 000	20 000
未分配利润	160 800	70 000
资产负债表		
现金	116 000	40 000
应收账款	80 000	40 000
存货	120 000	70 000
固定资产	580 000	410 000
累计折旧	(140 000)	(200 000)
长期股权投资——紫天公司	280 000	—
资产合计	1 036 000	360 000
应付账款	84 000	60 000
股本	600 000	200 000
盈余公积	191 200	30 000
未分配利润	160 800	70 000
负债及股东权益合计	1 036 000	360 000

补充资料：

(1) 紫天公司的营业收入中包括公司间收益 16 000 元，牡木公司 20×5 年 12 月 31 日的存货项目中包括公司间存货交易未实现利润 2 000 元。牡木公司 20×4 年 12 月 31 日存货中包括购自紫天公司存货产生的未实现利润 4 000 元。

(2) 牡木公司应付紫天公司 8 000 元账款。

(3) 20×4 年 1 月 1 日，紫天公司以 120 000 元将一固定资产卖给牡木公司。该项资产的账面价值为 80 000 元，尚有 5 年使用寿命，到期无残值。

要求：编制牡木公司和紫天公司 20×5 年的合并工作底稿。

第七章

集团内部债券交易

引例　万科债券内部交易

万科企业股份有限公司（简称“万科”）于 1984 年成立，1988 年进入房地产行业，1991 年、1993 年万科 A 股（000002. SZ）、B 股（200002. SZ）先后在深圳证券交易所上市，经过多年努力，目前已发展为中国最大的住宅开发企业。截至 2013 年年末，华润股份有限公司（简称“华润股份”）持有的万科 A 股股份占万科股份总数的 14.70%，是万科的第一大股东。

2002 年 6 月，万科向社会公开发行 1 500 万张可转换公司债券，每张面值为 100 元，发行总额 15 亿元，期限 5 年，票面利率 1.5%，每年付息一次。初始转股价格为每股 12.10 元，转股起止日期为发行日六个月后的第一个交易日（含当日）到可转换债券到期日（即 2002 年 12 月 31 日至 2007 年 6 月 13 日的股票交易日）。截至 2002 年年末，华润股份持有该债券 2 295 420 张。

2004 年 9 月，万科向社会公开发行 1 990 万张可转换公司债券，每张面值为 100 元，发行总额 19.9 亿元，期限 5 年。票面利率第一年 1%，第二年 1.375%，第三年 1.75%，第四年 2.125%，第五年 2.5%，每年付息一次。初始转股价格为每股 5.48 元，转股起止日期为发行日六个月后的第一个交易日（含当日）到可转债到期日（即 2005 年 3 月 24 日至 2009 年 9 月 24 日的股票交易日）。截至 2004 年年末，华润股份持有该债券 3 048 075 张。

那么，当集团内部发生债券交易时，会计上该如何处理呢？

希望通过本章的学习，各位读者能找到答案。

学习目标

- 掌握债券推定回购的原因
- 掌握债券推定损益的处理
- 掌握子公司购买母公司债券（顺销）的会计处理程序
- 掌握母公司购买子公司债券（逆销）的会计处理程序
- 掌握顺销和逆销两种情况下对合并报表的影响
- 掌握成本法处理集团内部债券交易时的转换分录

集团内部各公司之间经常会发生一些借贷活动，这些借贷活动一般都是在母公司管理层的协调之下，出于便利集团资金融通、提高集团资金使用效率和加强弹性运用等方面的考虑进行的。其实质是母公司管理层调度资金的一项决策。因此，集团内部公司间借贷活动所产生的相对账户（包括相对收入、相对费用及有关本金和利息相对应的应收应付账款），从合并主体角度而言，既不是资产也不是负债，应该在编制合并财务报表的过程中加以抵销。

债券交易是集团内部业务的又一重要内容。当一家公司从合并主体外部购得集团内另一家公司的债券时，在会计处理上将会产生一些特殊的问题。本章将围绕集团内部债券交易业务，就其相关会计处理及合并财务报表的编制进行分析。

第一节　集团内部债券交易概述

一、集团内部债券交易

公司发行债券的价值会受到市场利率的影响。当公司发行债券时，会按照当时的市场利率确定发行价格，并以其发行价格登记入账。但是，市场利率会随着经济因素的波动而不断发生变化，从而导致公司债券的市场价值与其账面价值产生差异。如果市场利率上升，债券的市场价值就会下降，低于账面价值，其结果是使得发行债券公司产生已实现利得。但是，在公认会计准则下是不允许发行公司在账上确认该项利得的。同样，当市场利率发生下降时，发行公司也不得确认由于公司债券账面价值低于市场价值而产生的已实现损失。

当市场利率上升时，虽然发行公司不能直接在账上确认已实现的利得，但其可通过回购发行在外债券的方式来确认已实现利得。对于集团内部的公司来说，发行公司不仅可以自己进行回购，还可以在母公司管理层的协调下通过集团内其他公司进行债券回购，以达到确认已实现利得的目的。集团内公司回购发行在外债券的方式主要有以下几种：

（1）发行公司（母公司或子公司）通过其可运用的资源回购自己发行的债券。

（2）发行公司（母公司或子公司）按市场利率向集团外的公司融资，并以融资款回购自己发行的债券（这一方式称为以债偿债）。

（3）发行公司向集团内其他公司融资，并以融资款回购自己发行的债券。

（4）集团内的其他公司（母公司或子公司）回购发行公司发行的债券。

前三种方式均由发行公司自己回购所发行的债券，确认原先不能确认的损益，并包括在合并净利润中，称为实际回购；最后一种方式下，虽然债券不是由发行公司自己回购，但对整个集团而言该债券已经回购，称为推定回购（如图 7—1 所示）。在编制合并报表时，由于母子公司的债券投资与应付债券具有相对性，应在合并过程中抵销。应付债券的账面价值和债券投资的买价之间的差额作为利得或损失。

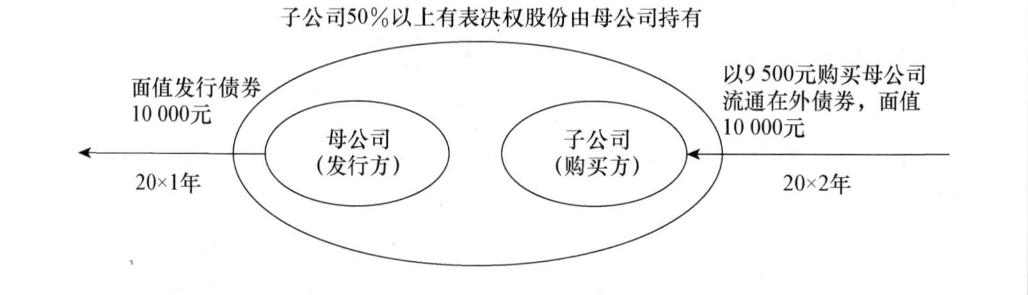

图 7—1 合并主体

尽管推定回购和实际回购在形式上不同，但从整个集团而言，二者债务清偿的本质和对合并报表的影响都是相同的。公司发行债券后，由于市场利率的变化会产生已实现的损益。当这些债券被集团内其他公司重新购回并持有时，就应该在合并报表中确认该项损益。

二、推定损益及其处理

当集团内公司为购买本集团中其他公司发行的债券而支付的价格小于该发行债券的账面价值时，就会产生推定利得；当购买公司所支付的买价高于债券账面价值，则会产生推定损失。债券的账面价值等于债券面值加上发行成本加上未摊销溢价减去未摊销折价。

之所以称为推定利得或推定损失，是因为从整个集团角度而言，随着发行在外的债券回购，由市场利率变动所产生的已实现利得或损失应该加以确认，而发行公司在购买债券时并没有在其单体账上记录此项损益。

由此，我们将推定损益定义为：由集团内公司从集团外部以非账面价值购买集团内其他公司发行的债券时产生的，就整个集团而言应予以确认的已实现损益。如果公司按账面价值购买发行公司的债券或集团内公司间的直接借贷活动，则不会产生任何的推定损益。

实务界和理论界对于推定损益的处理主要有四种方法：

（一）将推定损益全部分配给母公司

采用这种方法是依据母公司控制了集团内各个公司的财务决策，正是由于母公司管理层的决策才导致了债券的回购，因此，由此项决策所产生的任何损益应分配给母公司，如图 7—2 所示。

（二）将推定损益全部分配给购买公司

这种方法认为是购买公司执行了债券交易，故应将全部的推定损益分配给购买公司，如图 7—3 所示。

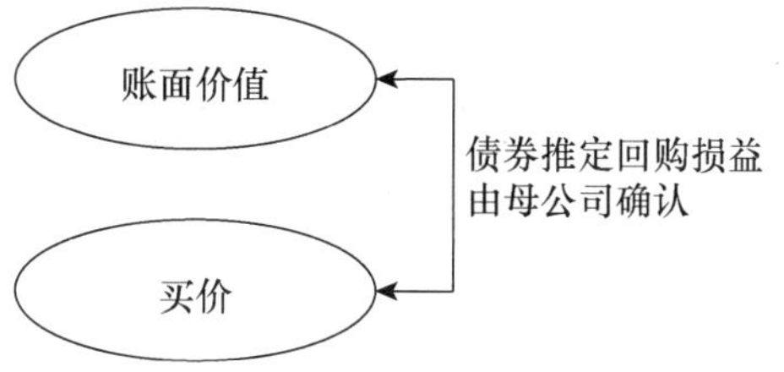

图 7—2　将推定损益全部分配给母公司

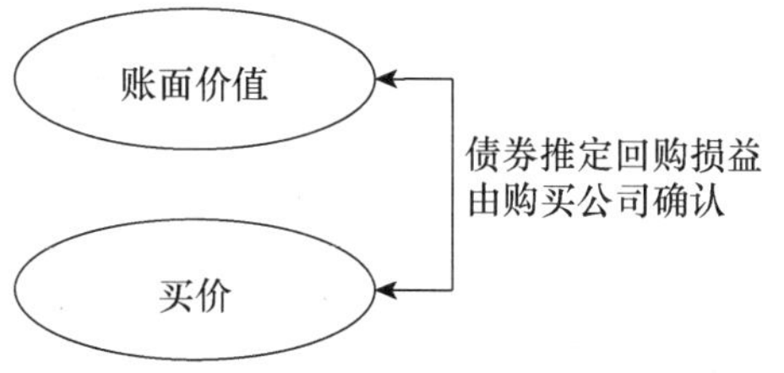

图 7—3　将推定损益全部分配给购买公司

（三）将推定损益按债券面值在购买公司和发行公司间进行分配

支持这种方法的观点认为债券溢价和折价经常与公开市场上债券的买卖和发行相联系。推定损益将随着购买公司和发行公司在债券剩余年限内对相关溢、折价的摊销而确认。如果购买公司持有债券至到期日，那么全部的推定损益应该在这两个公司间进行分配，其中账面价值与债券面值之差由发行公司确认；面值与买价之差由购买公司确认，该观点称为面值论，如图 7—4 所示。

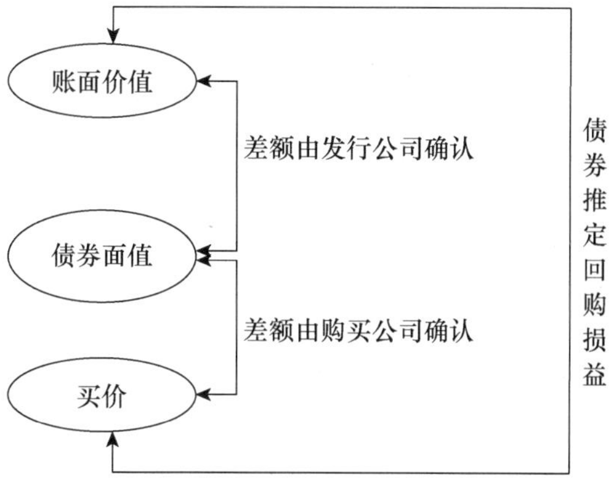

图 7—4　面值论

（四）将推定损益全部分配给发行公司

与上面的面值论相对应，这种观点称为代理论，主张购买债券的公司是在其母公司管理层的决策下，作为债券发行公司的代理而进行债券回购的，因此，任何的推定损益都应全额分配给发行公司，如图 7—5 所示。

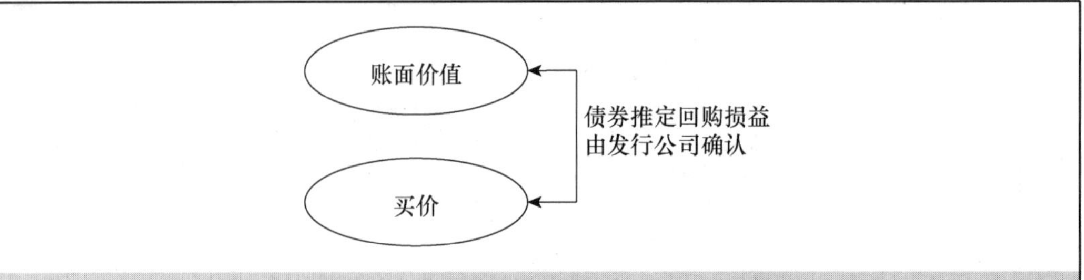

图 7—5 代理论

我们知道，市场利率的变动会使发行公司产生不能确认的损益，而集团回购债券的目的就是为了确认发行公司所发行债券产生的损益。因此，依据实质重于形式的原则，不论债券是由发行公司直接回购还是由集团内其他公司购买，由此产生的损益都应全部分配给发行公司。鉴于代理论在理论上较之其他观点的优越性，本书对推定损益的处理将采用全部分配给发行公司的方法，并将其计入合并投资收益中。

三、集团内部债券交易的基本处理方法

在了解了推定损益的处理方法后，我们将通过两个简单的例子来具体说明处理集团内部债券交易（顺销、逆销）的基本方法。其中，子公司购买母公司债券，如同顺销；母公司购买子公司债券，如同逆销。

（一）顺销：购买母公司债券

例 7—1

假设牡文公司拥有紫登公司 80%的股权，20×5 年 1 月 1 日，牡文公司按面值公开发行面值为 1 000 000 元、利率为 10%的 10 年期抵押公司债券。20×5 年 12 月 31 日，紫登公司从证券市场上按 105 000 元买价购得牡文公司流通在外的公司债券，其面值为 100 000 元。假定该项债券投资记入“持有至到期投资”。紫登公司的这笔交易使牡文公司产生 100 000 元的债券推定回购，并产生推定损失 5 000 元（买价 105 000 元－债券的账面价值 100 000 元）。双方会计处理见表 7—1。

表 7—1

日期	母公司：牡文公司账上	子公司：紫登公司账上
1 月 1 日	借：银行存款　1 000 000 　贷：应付债券——面值　1 000 000	
12 月 31 日	借：利息费用　100 000 　贷：应付利息　100 000	借：持有至到期投资 　　——面值　100 000 　　——利息调整（溢价）　5 000 　贷：银行存款　105 000

在代理论下，有关债券回购所产生的推定损益应全部分配给发行公司。在本例中，母公司是发行公司，故应将推定损失全部分配给牡文公司，如同顺销一样。

这 5 000 元的推定损失列示在牡文公司及其子公司紫登公司 20×5 年的合并利润表中，而 20×5 年 12 月 31 日合并资产负债表中列示的“应付债券——面值”为 900 000 元（1 000 000－100 000），是通过如下工作底稿分录调整而来的：

记录损失并抵销相对的债券投资与应付债券账户：

借：投资收益——推定损益	5 000	
应付债券——面值（10%）	100 000	
贷：持有至到期投资——面值		100 000
——利息调整（溢价）		5 000

（二）逆销：购买子公司债券

例 7—2

假设牡文公司拥有紫登公司 80%的股权，20×5 年 1 月 1 日，紫登公司在公开市场上出售面值为 1 000 000 元、利率为 10%的 10 年期抵押公司债券，在 20×5 年 12 月 31 日，牡文公司在证券市场上按 105 000 元购入紫登公司面值为 100 000 元的公司债券。牡文公司的此笔交易使紫登公司产生 100 000 元的债券推定回购，并使合并主体产生了 5 000 元的推定损失。这笔回购子公司债券的交易就如同逆销下公司间内部交易会影响少数股东损益一样，推定损失的 80%分配由多数股东权益承担。

购买公司间债券年度的合并工作底稿上，其抵销分录与前述紫登公司购买牡文公司债券的分录相同，只是合并净利润中应冲减的推定损失金额为 4 000 元。该金额等于推定损失总额 5 000 元减去少数股东权益应承担的 1 000 元损失。少数股东权益应承担的推定损失使少数股东损益减少，同时增加了合并净利润。

总之，当母公司为债券发行公司时，就不需要分配公司间债券交易产生的损益。当子公司为债券发行公司时，在合并利润表中应将公司间债券交易所产生的损益分配给少数股东损益与合并净利润。

本章主要分析讨论的是公司债券方面的问题，这种方法对于其他形式的公司债务同样适用。同时，为了简化分析，便于理解关键知识，有关债券溢价、折价的摊销我们采用了直线法。但需指出的是，实际利率法在对债券溢价、折价的摊销上要比直线法更加精确。本章涉及的提取盈余公积账户按净利润的 20%提取。

正如前面例子中我们所看到的一样，债券回购方向的不同对母公司净利润、合并净利润及少数股东权益的影响也不同。本章首先介绍子公司购买母公司债券（顺销）的情况下合并财务报表的编制，在接下来的第三节中将介绍母公司购买子公司（逆销）的情况下合并财务报表的编制。

第二节　子公司购买母公司债券

当子公司购买母公司流通在外的债券时，就会产生母公司债券的推定回购。此时，子公司仅在其账上登记一笔分录，即按购买时所支付的金额记入“持有至到期投资”。这样，由推定回购所产生的损益仅反映在母公司账上“应付债券”与子公司账上“持有至到期投资”的差额中，而不记录于任何母子公司的单体账上。

例 7—3

假设 20×1 年 12 月 31 日，牡天公司以 560 000 元（800 000×70%）收购紫元公

司 70%的股权。当时，紫元公司股本为 500 000 元，盈余公积 250 000 元，未分配利润 50 000 元，股东权益合计 800 000 元。20×3 年 1 月 1 日，牡天公司有流通在外的公司债券，其面值为 1 000 000 元，利率为 10%，尚未摊销溢价为 10 000 元。当时，紫元公司以 95 000 元向经纪人购得牡天公司流通在外的公司债券，其面值 100 000 元。紫元公司购买债券投资时记入“持有至到期投资”，这笔交易使牡天公司产生 100 000 元的债券推定回购，并产生推定利得 6 000 元，其计算如下（单位：元）：

购买债券的账面价值(10%×(面值 1 000 000+溢价 10 000))	101 000
债券的购买价格	95 000
回购债券的推定利得	6 000

牡天公司发行债券时的会计处理如下：

借：银行存款	1 010 000	
贷：应付债券——面值		1 000 000
——利息调整（溢价）		10 000

购买牡天公司债券时，紫元公司编制的唯一分录为：

记录以 95 000 元价格购入牡天公司的债券：

借：持有至到期投资——面值	100 000	
贷：银行存款		95 000
持有至到期投资——利息调整（折价）		5 000

一、债券推定回购当年合并财务报表的编制

（一）不完全权益法

如果在债券推定回购时立刻编制合并财务报表，则工作底稿上抵销公司间债券投资与应付债券余额的分录包括利得 6 000 元，其分录如下：

20×3 年 1 月 1 日：

借：应付债券——面值	100 000	
——利息调整（溢价）	1 000	
持有至到期投资——利息调整（折价）	5 000	
贷：持有至到期投资——面值		100 000
投资收益——推定损益		6 000

这笔工作底稿分录使合并利润表上反映出回购债券的利得；同时，抵销了对牡天公司的债券投资，使在合并资产负债表上列示的对合并主体之外持有者的应付债券账户金额为 909 000 元（面值 900 000 元+未摊销溢价 9 000 元）。

20×3 年，牡天公司在其单体账上摊销应付债券溢价，紫元公司也会摊销债券投资的折价。假设债券付息日为 1 月 1 日和 7 月 1 日，债券在购入后 5 年即 20×8 年 1 月 1 日到期，采用直线法摊销。牡天公司对债券的溢价与紫元公司对债券投资的折价摊销率均为 20%（1/5 年=20%），有关分录如下：

牡天公司账上：

7 月 1 日：

借：利息费用	50 000	
贷：银行存款（面值 1 000 000×10%×1/2）		50 000
12 月 31 日：		
借：利息费用	50 000	
贷：应付利息（面值 1 000 000×10%×1/2）		50 000
12 月 31 日：		
借：应付债券——利息调整（溢价）	2 000	
贷：利息费用（溢价 10 000/5）		2 000

紫元公司账上：

7 月 1 日：		
借：银行存款	5 000	
贷：利息收入（面值 100 000×10%×1/2）		5 000
12 月 31 日：		
借：应收利息	5 000	
贷：利息收入（面值 100 000×10%×1/2）		5 000
12 月 31 日：		
借：持有至到期投资——利息调整（折价）	1 000	
贷：利息收入（折价 5 000/5）		1 000

牡天公司和紫元公司在 20×3 年 12 月 31 日将上述分录过账后，两家公司分类账的余额如下：

牡天公司账上：

		回购 1/10
应付债券——面值	1 000 000 元	100 000 元
应付债券——利息调整（溢价）	8 000 元	800 元
"应付债券"余额	1 008 000 元	100 800 元
利息费用	98 000 元	9 800 元

紫元公司账上：

持有至到期投资——面值	100 000 元
——利息调整（折价）	4 000 元
"持有至到期投资"余额	96 000 元
利息收入	11 000 元

牡天公司账上"应付债券"的 10%为 100 800 元，与紫元公司账上"持有至到期投资"（96 000 元）的差额为 4 800 元，而不是 6 000 元。其原因是回购债券的推定利得分期实现 1 200 元，并在牡天公司和紫元公司单体账上确认。

20×3 年 1 月 1 日推定回购的债券，其推定利得在 20×3 年分期确认，牡天公司摊销债券溢价 200 元，紫元公司摊销债券投资折价 1 000 元。

该溢价、折价摊销的金额反映在与推定回购债券有关的利息收入和利息费用账户金额中，即 20×3 年确认已实现的推定利得 1 200 元等于利息收入 11 000 元减去利息费用 98 000 元的 10%，或者等于推定利得初始金额 6 000 元的 20%。

20×3 年 12 月 31 日，在工作底稿上抵销相对债券账户的分录如下：

借：应付债券——面值	100 000	
——利息调整（溢价）	800	
持有至到期投资——利息调整（折价）	4 000	
贷：持有至到期投资——面值		100 000
投资收益——推定损益		4 800
借：利息收入	11 000	
贷：利息费用		9 800
投资收益——推定损益		1 200
借：应付利息	5 000	
贷：应收利息		5 000

因为 20×3 年是债券推定回购的年度，所以工作底稿分录所记录的回购债券利得的合计数应等于回购债券推定利得的初始金额 6 000 元。

如果将上述分录合并为一笔分录，则回购债券推定利得会以单一金额列示。

需要注意的是，由于债券的溢价、折价摊销方法为直线法，因此每期确认的推定利得均为 6 000 元的 20%，分期确认的推定损益金额一定会等于应抵销的公司间利息收入与利息费用间的差额，但在实际利率法下则不会出现这种情况。

牡天公司账上对紫元公司的投资收益为紫元公司列报的净利润 22 000 元的 70%，即 15 400 元。

牡天公司确认对紫元公司的投资收益：

借：长期股权投资——紫元公司	15 400	
贷：投资收益——紫元公司		15 400

牡天公司与紫元公司 20×3 年度合并工作底稿见表 7—2。

表 7—2　牡天公司及其子公司紫元公司合并工作底稿（子公司持有母公司债券）

20×3 年 12 月 31 日　　单位：元

项目	牡天公司	紫元公司	调整与抵销分录		合并数
			借方	贷方	
利润表					
营业收入	400 000	200 000		600 000	
投资收益——紫元公司	15 400		③15 400		
投资收益——推定损益				①4 800 ②1 200	6 000
利息收入		11 000	②11 000		
费用（含营业成本）	(191 000)	(189 000)			(380 000)
利息费用	(98 000)			②9 800	(88 200)
少数股东损益			⑥6 600		(6 600)
净利润	126 400	22 000			131 200
利润分配部分					
期初未分配利润	100 000	25 000	⑤25 000		100 000
加：净利润	126 400	22 000			131 200
可分配的利润	226 400	47 000			231 200
减：提取盈余公积	25 280	4 400		④4 400	26 240

续前表

项目	牡天公司	紫元公司	调整与抵销分录		合并数
			借方	贷方	
未分配利润	201 120	42 600			204 960
资产负债表					
其他资产	3 988 000	1 910 000			5 898 000
应收利息		5 000		⑦5 000	
长期股权投资——紫元公司	645 400			③15 400 ⑤630 000	
持有至到期投资——面值		100 000		①100 000	
持有至到期投资——利息调整（折价）		(4 000)	①4 000		
资产合计	4 633 400	2 011 000			5 898 000
其他负债	959 000	1 089 000			2 048 000
应付利息	50 000		⑦5 000		45 000
应付债券——面值	1 000 000		①100 000		900 000
应付债券——利息调整（溢价）	8 000		①800		7 200
股本	2 000 000	500 000	⑤500 000		2 000 000
盈余公积	415 280	379 400	④4 400 ⑤375 000		416 240
未分配利润	201 120	42 600			204 960
少数股东权益				⑤270 000 ⑥6 600	276 600
负债及股东权益合计	4 633 400	2 011 000			5 898 000

牡天公司及其子公司紫元公司 20×3 年的合并工作底稿（见表 7—2）分录重新列示如下：

确认利得并抵销相对的公司债券与应付债券负债账户：

①借：应付债券——面值	100 000	
——利息调整（溢价）	800	
持有至到期投资——利息调整（折价）	4 000	
贷：投资收益——推定损益		4 800
持有至到期投资——面值		100 000

抵销相对的利息收入与利息费用账户：

②借：利息收入	11 000	
贷：利息费用		9 800
投资收益——推定损益		1 200

建立相对性：

③借：投资收益——紫元公司	15 400	
贷：长期股权投资——紫元公司		15 400

将“盈余公积”调整为期初数，即抵销子公司本期提取的盈余公积：

④借：盈余公积　　4 400
　　贷：利润分配——提取盈余公积　　4 400

抵销相对的长期股权投资账户与股东权益账户，并记录期初少数股东权益：

⑤ 借：盈余公积——紫元公司　　375 000
　　期初未分配利润——紫元公司　　25 000
　　股本　　500 000
　　贷：长期股权投资——紫元公司　　630 000
　　　　少数股东权益　　270 000

确认紫元公司中属于少数股东权益的净利润，并增加少数股东权益：

⑥借：少数股东损益　　6 600
　　贷：少数股东权益　　6 600

抵销相对的应收利息与应付利息余额：

⑦借：应付利息　　5 000
　　贷：应收利息　　5 000

上述工作底稿分录①抵销了牡天公司10%的应付债券及紫元公司的债券投资；同时也确认了4 800元的债券回购利得。这4 800元是牡天公司和紫元公司20×3年12月31日单体账上尚未确认的推定利得6 000元的一部分。

分录②抵销了相对的利息收入与利息费用。其中，利息收入与利息费用的差额正是牡天公司与紫元公司20×3年在各自单体账上通过摊销而确认的推定利得。当分录②将利息收入与利息费用的差额1 200元贷记“投资收益——推定损益”时，推定利得就会增至初始金额6 000元。诸如前述，如果将分录①与②合并为一笔分录，则推定利得在工作底稿上只以单一金额列示。

工作底稿分录③抵销了投资收益，并将对紫元公司的长期股权投资账户调整至期初余额。

分录④抵销了因紫元公司实现净利润而提取的盈余公积，使盈余公积恢复到了年初数。

工作底稿分录⑤抵销了牡天公司对紫元公司的长期股权投资账户及紫元公司的股东权益账户，并列示期初少数股东权益。

分录⑥确认了紫元公司中属于少数股东权益的净利润，并增加了少数股东权益。

合并工作底稿上的分录⑦抵销了公司间债券的应付利息与应收利息金额。这笔分录使得合并资产负债表上的债券“应付利息”余额为45 000元，反映了对合并主体之外拥有面值为900 000元债券的持有者半年的名义应付利息。需要注意的是，表7—2中少数股东权益的计算并不受公司间债券交易的影响，因为债券回购的推定损益应全部由发行公司确认，也即本例中的牡天公司。

（二）成本法

如果牡天公司采用成本法处理对紫元公司投资，则牡天公司20×3年12月31日单体资产负债表上“长期股权投资——紫元公司”账户为其初始投资所支付的金额560 000元。同时，其“未分配利润”与“盈余公积”账户余额将被低估。

在编制合并财务报表的过程中，我们首先需要将成本法转换成不完全权益法。为了更直观地体现成本法与不完全权益法间的关系，我们编制如表7—3所示的成本法与不完全权益法转换表，以利于我们取得调整工作底稿所需要的资料。

表7—3　　牡天公司及其子公司的成本法与不完全权益法转换表　　单位：元

	期初未分配利润 20×3年 12月31日	盈余公积 20×3年 12月31日	长期股权投资 ——紫元公司	投资收益 ——紫元公司
以前年度的影响				
20×1年12月31日至20×2年12月31日紫元公司未分配利润增加额的70% (25 000−50 000)×70%	(17 500)		(17 500)	
20×1年12月31日至20×2年12月31日紫天公司盈余公积增加额的70% (375 000−250 000)×70%		87 500	87 500	
本年度影响				
确认20×3年紫元公司净利润的权益 (22 000×70%)		15 400	15 400	
20×3年工作底稿调整数 (成本法转换为不完全权益法)	(17 500)	87 500	85 400	15 400

根据表7—3编制以下合并工作底稿分录：

确认“投资收益——紫元公司”，调整长期股权投资、期初未分配利润及盈余公积账户为不完全权益法：

①借：长期股权投资——紫元公司	85 400	
期初未分配利润	17 500	
贷：盈余公积		87 500
投资收益——紫元公司		15 400

完成上述分录后，接下来的工作底稿分录与表7—2不完全权益法下的工作底稿分录完全相同。

二、推定回购后各年度合并报表的处理

牡天公司与紫元公司在推定回购后的各个年度需要在各自的单体账上分别确认98 000元的利息费用（牡天公司）及11 000元的利息收入（紫元公司）。20×4年至20×7年的合并报表上所有关于公司间债券交易的账户应予以抵销。表7—4列示了牡天公司与紫元公司账上有关公司间债券交易的各账户的期末余额。

表7—4　　有关公司间债券交易的各账户的期末余额　　单位：元

	牡天公司账上			
	20×4年 12月31日	20×5年 12月31日	20×6年 12月31日	20×7年 12月31日
利息费用	98 000	98 000	98 000	98 000
应付利息	50 000	50 000	50 000	50 000
应付债券——面值	1 000 000	1 000 000	1 000 000	1 000 000
应付债券——利息调整（溢价）	6 000	4000	2 000	—

	紫元公司账上			
	20×4 年 12 月 31 日	20×5 年 12 月 31 日	20×6 年 12 月 31 日	20×7 年 12 月 31 日
利息收入	11 000	11 000	11 000	11 000
应收利息	5 000	5 000	5 000	5 000
持有至到期投资——面值	100 000	100 000	100 000	100 000
持有至到期投资——利息调整（折价）	3 000	2 000	1 000	—

20×4 年合并工作底稿上有关公司间债券的抵销与调整分录如下：

借：利息收入	11 000	
应付利息	5 000	
应付债券——面值	100 000	
——利息调整（溢价）	600	
持有至到期投资——利息调整（折价）	3 000	
贷：利息费用		9 800
应收利息		5 000
期初未分配利润——牡天公司		4 800
持有至到期投资——面值		100 000

这笔分录抵销了相对的利息收入与利息费用账户、应收利息与应付利息账户以及持有至到期投资与应付债券账户。借贷差额为 4 800 元，贷记“期初未分配利润”4 800 元。由于债券推定回购利得归发行公司牡天公司所有，因此应增加牡天公司 20×4 年期初未分配利润。该项推定损益总额为 6 000 元，由于 20×3 年利息费用及利息收入的调整已经确认了 1 200 元，因此 20×4 年 1 月 1 日已实现的推定回购利得在账上未计列的数额为 4 800 元，应用以调整牡天公司的期初未分配利润账户。因此，在 20×4 年的合并工作底稿中抵销相对的长期股权投资账户与股东权益账户前，必须先编制这一笔工作底稿分录，以确认已实现的推定利得。同样，20×5 年、20×6 年及 20×7 年的工作底稿上也需要作类似的调整，增加各年期初未分配利润账户，各年在合并工作底稿上应贷记期初未分配利润的金额分别为 3 600 元、2 400 元及 1 200 元。

第三节　母公司购买子公司债券

按照代理论的观点，当母公司购买子公司发行的债券时所产生的推定损益应全部分配给子公司。与上一节不同的是，分配给子公司的推定损益会影响到少数股东损益和合并净利润，其影响类似于集团内部交易中存货逆销的情况。下面，将通过具体例子对这一内容进行详细介绍。

例 7—4

假设 20×1 年 12 月 31 日，牡红公司以 560 000 元（800 000×70%）收购紫顺公

司 70%的股权。当时，紫顺公司股本为 500 000 元，盈余公积 250 000 元，未分配利润 50 000 元，股东权益合计 800 000 元。20×3 年 1 月 1 日，紫顺公司有流通在外的公司债券，其面值为 1 000 000 元，利率为 10%，尚未摊销溢价为 10 000 元。当时，牡红公司以 95 000 元向经纪人购得紫顺公司流通在外的公司债券，其面值 100 000 元。

就集团的角度而言，由于支付 95 000 元的现金所推定回购的债券面值为 101 000 元（债券账面价值 1 010 000×10%），这笔交易产生了 6 000 元的债券回购推定利得。在代理论下，由于牡红公司在这笔债券交易中承担的角色是紫顺公司的代理人，因此交易产生的这项损失必须全部由紫顺公司承担。

紫顺公司于 20×3 年记录公司间债券的利息费用 98 000 元（面值 1 000 000×10%－溢价摊销 2 000）。其中涉及公司间债券交易的有 9 800 元。牡红公司于 20×3 年记录持有至到期投资的利息收入 11 000 元（面值 100 000×10%＋折价摊销 1 000）。公司间债券交易的利息费用与利息收入之间的差额 1 200 元反映了 20×3 年应分 5 年确认的债券回购推定损失的 1/5。牡红公司与紫顺公司账上未通过折价摊销（牡红公司账上）和溢价摊销（紫顺公司账上）而确认的推定利得截至 20×3 年 12 月 31 日尚有 4 800 元。

一、债券推定回购当年合并财务报表的编制

（一）不完全权益法

20×3 年紫顺公司列报的净利润为 22 000 元。牡红公司计算对紫顺公司的投资收益为 15 400 元。

牡红公司 20×3 年有关对紫顺公司的长期股权投资分录如下：

20×3 年 12 月 31 日，记录紫顺公司 20×4 年净利润的 70%：

借：长期股权投资——紫顺公司	15 400	
贷：投资收益——紫顺公司		15 400

牡红公司 20×3 年 12 月 31 日账上对紫顺公司的长期股权投资账户余额为 645 400 元。这项余额就等于牡红公司 20×3 年 1 月 1 日账上对紫顺公司的长期股权投资账户余额与 20×3 年对紫顺公司的投资收益 15 400 元之和（单位：元）：

长期股权投资——紫顺公司（20×3 年 1 月 1 日）	630 000
加：投资收益——紫顺公司	15 400
长期股权投资——紫顺公司（20×3 年 12 月 31 日）	645 400

20×3 年的合并利润表上列示了公司间债券交易的推定回购利得 6 000 元。因为紫顺公司面值 100 000 元的公司债券已经推定回购，合并资产负债表上所列示的应付债券 900 000 元及公司债券溢价 7 200 元都是集团外持有者所持有的公司债券。

母公司购买子公司债券最大的不同就在于推定损益会对少数股东损益和合并净利润产生影响。本例中，紫顺公司 20×3 年少数股东损益为 8 040 元（(22 000＋6 000－1 200)×30%）。推定利得由紫顺公司承担，少数股东权益也应按其持股比例承担 30%的推定利得，借记 20×3 年分期确认的推定损失 1 200 元的 30%。因此，20×4 年的少数股东损益就等于紫顺公司 20×3 年已实现净利润 26 800 元的 30%，而不是紫顺公司列报的净利润 22 000 元的 30%。

推定利得对20×3年合并净利润的影响是使其增加3 360元。其影响在合并利润表上是通过确认债券推定回购利得6 000元，抵销利息收入11 000元和利息费用9 800元，并增加少数股东损益1 440元（使得少数股东损益由基于紫顺公司列报的净利润计算的6 600元增加至8 040元）来反映的。其影响汇总如下（单位：元）：

20×3年合并净利润	
增加项目：	
投资收益——推定损益	6 000
抵销利息费用	9 800
增加总额	15 800
减少项目：	
抵销利息收入	11 000
增加的少数股东损益（8 040－6 600）	1 440
减少总额	12 440
对20×4年度合并利润的影响数	3 360

由此可知，增加少数股东损益和增加的费用相类似：增加少数股东损益，使得合并净利润减少；相反，减少少数股东损益则使合并净利润增加。

牡红公司及其子公司合并财务报表工作底稿如表7—5所示。表7—4工作底稿上的分录除了数据以及债券回购的推定损益由利得变为损失外，其余均与表7—2牡天公司与紫元公司示例大致相同。

表7—5 牡红公司及其子公司紫顺公司合并工作底稿（母公司持有子公司债券）

20×3年12月31日

单位：元

项目	牡红公司	紫顺公司	调整与抵销分录		合并数
			借方	贷方	
利润表					
营业收入	400 000	200 000			600 000
投资收益——紫顺公司	15 400		③15 400		
投资收益——推定损益				①4 800 ②1 200	6 000
利息收入		11 000	②11 000		
费用（含营业成本）	(191 000)	(189 000)			(380 000)
利息费用	(98 000)			②9 800	(88 200)
少数股东损益			⑥8 040		(8 040)
净利润	126 400	22 000			129 760
利润分配部分					
期初未分配利润	100 000	25 000	⑤25 000		100 000
加：净利润	126 400	22 000			129 760
可分配的利润	226 400	47 000			229 760
减：提取盈余公积	25 280	4 400		④4 400	25 952

续前表

项目	牡红公司	紫顺公司	调整与抵销分录		合并数
			借方	贷方	
未分配利润	201 120	42 600			203 808
资产负债表					
其他资产	3 988 000	1 910 000			5 898 000
应收利息		5 000		⑦5 000	
长期股权投资——紫顺公司	645 400			③15 400 ⑤630 000	
持有至到期投资——面值		100 000		①100 000	
持有至到期投资 ——利息调整（折价）		(4 000)	①4 000		
资产合计	4 633 400	2 011 000			5 898 000
其他负债	959 000	1 089 000			2 048 000
应付利息	50 000		⑦5 000		45 000
应付债券——面值	1 000 000		①100 000		900 000
应付债券——利息调整（溢价）	8 000		①800		7 200
股本	2 000 000	500 000	⑤500 000		2 000 000
盈余公积	415 280	379 400	④4 400 ⑤375 000		415 952
未分配利润	201 120	42 600			203 808
少数股东权益				⑤270 000 ⑥8 040	278 040
负债及股东权益合计	4 633 400	2 011 000			5 898 000

上述工作底稿中分录①与②分开列示是为了便于举例说明，二者也可合并为一笔分录：

借：利息收入	11 000	
应付债券——面值	100 000	
——利息调整（溢价）	800	
持有至到期投资——利息调整（折价）	4 000	
贷：利息费用		9 800
投资收益——推定损益		6 000
持有至到期投资——面值		100 000

（二）成本法

如果牡红公司采用成本法处理对紫顺公司的投资，则牡红公司单体资产负债表上“长期股权投资——紫顺公司”账户余额将始终为牡红公司初始投资所支付的 560 000 元。

在编制合并财务报表的过程中，与上节相同，我们首先需要将成本法转换成不完全权益法。成本法与不完全权益法转换表见表 7—6。

表 7—6　　牡天公司及其子公司的成本法与不完全权益法转换表　　单位：元

	期初未分配利润 20×3 年 12 月 31 日	盈余公积 20×3 年 12 月 31 日	长期股权投资——紫元公司	投资收益——紫元公司
以前年度的影响				
20×1 年 12 月 31 日至 20×2 年 12 月 31 日紫元公司未分配利润增加额的 70% (25 000－50 000) ×70%	(17 500)		(17 500)	
20×1 年 12 月 31 日至 20×2 年 12 月 31 日紫天公司盈余公积增加额的 70% (375 000－250 000)×70%		87 500	87 500	
本年度影响				
确认 20×3 年紫元公司净利润的权益 (22 000×70%)			15 400	15 400
20×3 年工作底稿调整数 (成本法转换为不完全权益法)	(17 500)	87 500	85 400	15 400

根据表 7—6 编制以下合并工作底稿分录：

确认“投资收益——紫顺公司”，调整长期股权投资、期初未分配利润及盈余公积账户为不完全权益法：

①借：长期股权投资——紫顺公司	85 400	
期初未分配利润	17 500	
贷：盈余公积		87 500
投资收益——紫顺公司		15 400

完成上述分录后，接下来的工作底稿分录与表 7—5 不完全权益法下的工作底稿分录完全相同。

二、推定回购后各年度合并报表的处理

合并利润表只在债券推定回购的年度列示债券回购利得。以后各年，对于推定回购利得尚未通过牡红公司及紫顺公司溢价、折价摊销而确认的部分，应分别由期初留存利润、期初未分配利润与少数股东权益承担。例如，20×4 年合并工作底稿上抵销债券投资与应付债券及利息收入与利息费用的分录合并为一笔分录如下：

借：利息收入	11 000	
应付利息	5 000	
应付债券—— 面值	100 000	
——利息调整（溢价）	600	
持有至到期投资——利息调整（折价）	3 000	
贷：利息费用		9 800
应收利息		5 000
期初未分配利润——牡红公司		3 360
少数股东权益——期初余额		1 440
持有至到期投资——面值		100 000

由于推定利得全部由紫顺公司承担，因此应将未实现的推定利得分由牡红公司期初未分配利润（3 360 元）与紫顺公司少数股东权益（1 440 元）承担。由于推定利得是子公司的一项利得，因此少数股东权益必须按持股比例分担相应利得。在计算 20×4 年的少数股东权益时，应将 20×4 年确认的推定利得 4 800 元中的 30%加入少数股东权益中。从 20×4 年到 20×7 年的各个年度均需要对少数股东权益作此项调整。至 20×7 年 12 月 31 日，“持有至到期投资——面值”账户在逐年折价摊销后将增加为 100 000 元，而应付债券在逐年溢价摊销后将减至 100 000 元。

公司间债券交易对 20×4 年到 20×7 年的合并净利润的影响为每年减少合并净利润 840 元。公司间债券交易对 20×4 年至 20×7 年各年合并净利润的影响数计算如下（单位：元）：

20×4 年至 20×7 年的合并净利润	
减少项目	
抵销利息收入	11 000
减少总额	11 000
增加项目	
抵销利息费用	9 800
少数股东权益减少	
（分期确认的推定利得 1 200×30%）	360
增加总额	10 160
每年对合并净利润的影响数	840

表 7—7 汇总列示了牡红公司及紫顺公司 20×4 年至 20×7 年单体账上有关公司间债券交易账户的余额。该表同时也列示了 20×4 年至 20×7 年编制牡红公司及其子公司合并财务报表工作底稿时所需的抵销分录。该抵销分录所抵销的金额，是债券于 20×3 年回购时，牡红公司及紫顺公司单体报表上应抵销的金额。其目的在于使合并财务报表看起来如同紫顺公司回购自己已发行的债券一样。

表 7—7　母公司持有子公司债券的公司间债券交易的各账户的期末余额　单位：元

	牡红公司账上			
	20×4 年 12 月 31 日	20×5 年 12 月 31 日	20×6 年 12 月 31 日	20×7 年 12 月 31 日
持有至到期投资——面值	100 000	100 000	100 000	100 000
持有至到期投资——利息调整（折价）	3 000	2 000	1 000	—
利息收入	11 000	11 000	11 000	11 000
应收利息	5 000	5 000	5 000	5 000
	紫顺公司账上			
	20×4 年 12 月 31 日	20×5 年 12 月 31 日	20×6 年 12 月 31 日	20×7 年 12 月 31 日
应付债券——面值	1 000 000	1 000 000	1 000 000	1 000 000
应付债券——利息调整（溢价）	6 000	4 000	2 000	—
利息费用	98 000	98 000	98 000	98 000
应付利息	50 000	50 000	50 000	50 000

	工作底稿调整与抵销分录汇总			
	20×4 年 12 月 31 日	20×5 年 12 月 31 日	20×6 年 12 月 31 日	20×7 年 12 月 31 日
借方				
应付债券——面值*	100 000	100 000	100 000	100 000
应付债券——利息调整（溢价）*	600	400	200	—
利息收入	11 000	11 000	11 000	11 000
应付利息	5 000	5 000	5 000	5 000
持有至到期投资——利息调整（折价）	3 000	2 000	1 000	—
贷方				
期初未分配利润——牡红公司**	3 360	2 520	1 680	840
少数股东权益——期初余额**	1 440	1 080	720	360
持有至到期投资——面值	100 000	100 000	100 000	100 000
利息费用*	9 800	9 800	9 800	9 800
应付利息	5 000	5 000	5 000	5 000

* 抵销紫顺公司 10%的应付债券、10%的应付债券未摊销溢价和 10%的利息费用。

** 各年期初债券推定回购利得尚未确认的部分，分别由牡红公司和紫顺公司的期初未分配利润账户承担 70%，由少数股东权益期初余额承担 30%。

三、持有至到期投资减值准备的处理

按照我国《企业会计准则第 33 号——合并财务报表》的规定，母公司与子公司、子公司相互之间的债权与债务项目应当相互抵销，同时抵销应收款项的坏账准备和债券投资的减值准备。

关于集体内部公司间坏账准备的处理已经在第五章中介绍过了，接下来，将着重介绍集团内部公司间债券交易计提的持有至到期投资减值准备的处理程序。

例 7—5

假设 20×1 年 12 月 31 日，牡延公司以 900 000 元收购紫立公司 90%的股权。当时，紫立公司股东权益为 1 000 000 元。20×3 年 1 月 1 日，牡延公司有流通在外的公司债券，其面值为 1 000 000 元，利率为 10%，尚未摊销溢价为 10 000 元。当时，紫立公司以 95 000 元向经纪人购得牡延公司流通在外的公司债券，其面值为 100 000 元。假设债券在紫立公司购入后 5 年即 20×8 年 1 月 1 日到期，采用直线法摊销。20×3 年年底，紫立公司预期该笔债券未来可收回金额为 92 000 元，由于此时债券的账面价值为 96 000 元，因此计提 4 000 元持有至到期投资减值准备。而就合并主体而言，该笔债券已经推定回购，其未来可收回金额即为债券面值，不存在计提减值准备的问题，因此，在编制合并报表的过程中应将该持有至到期投资减值准备予以抵销。20×3 年相关抵销分录如下：

抵销持有至到期投资减值准备：

借：持有至到期投资减值准备——牡延公司	4 000	
贷：投资收益——持有至到期投资减值准备		4 000

由于持有至到期投资减值准备计提于子公司账上，因此在抵销上期计提持有至到期投资减值准备对本期的影响时，应将该减值准备按比例在多数股权与少数股权间进行分配。

假设由于市场价格的变化，紫立公司 20×4 年年底预期该笔债券未来可收回金额为 97 000 元，即等于其持有债券的账面价值，故紫立公司当期转回前期已计提的持有至到期投资减值准备。但对于合并主体而言，由于前期并不存在计提的持有至到期投资减值准备，本期也就不存在转回持有至到期投资减值准备。因此，牡延公司在编制 20×4 年的合并报表时需抵销紫立公司本期转回的减值准备。20×4 年相关抵销分录如下：

抵销上期计提的持有至到期投资减值准备：

借：持有至到期投资减值准备——牡延公司	4 000	
贷：期初未分配利润		3 600
少数股东权益		400

抵销紫立公司本期转回的减值准备：

借：投资收益——持有至到期投资减值准备	4 000	
贷：持有至到期投资减值准备——牡延公司		4 000

如果上述债券为牡延公司向紫立公司所购入的，即逆销债券，则计提的持有至到期投资减值准备将出现于母公司的单体账上。故在计提减值准备以后年度，抵销前期计提持有至到期投资减值准备的影响时，该减值准备的影响数将全额增加母公司“期初未分配利润”账户，而“少数股东权益”将不受任何影响。20×4 年相关抵销分录如下：

抵销持有至到期投资减值准备：

借：持有至到期投资减值准备——紫立公司	4 000	
贷：期初未分配利润		4 000

抵销牡延公司本期转回的减值准备：

借：投资收益——持有至到期投资减值准备	4 000	
贷：持有至到期投资减值准备——牡延公司		4 000

第四节　债券回购方向对合并报表的影响

前面两节分别介绍了子公司购买母公司债券和母公司购买子公司债券的合并程序，本节将着重讨论债券回购方向对合并报表的影响。由于前两节中的示例仅在债券回购方向上存在不同，因此，通过对比前两节中的数据，我们可清楚地发现二者的差别。

现将表 7—2 与表 7—5 中数据存在差异部分摘录至表 7—8。

表 7—8　　债券回购不同方向合并报表的差异对比　　单位：元

20×3 年合并报表	子公司购买母公司债券（表 7—2）	差异	母公司购买子公司债券（表 7—5）
利润表			
少数股东损益	(6 600)	1 440	(8 040)
净利润	131 200	1 440	129 760
利润分配部分			
净利润	131 200	1 440	129 760
可分配的净利润	231 200	1 440	229 760
提取盈余公积	26 240	288	25 952
未分配利润	204 960	1 152	203 808
资产负债表			
少数股东权益	276 600	(1 440)	278 040
盈余公积	416 240	288	415 952
未分配利润	204 960	1 152	203 808

我们发现，对于子公司购买母公司债券与母公司购买子公司债券两种情况：

(1) 在两种情况下，母公司与子公司各单体账上的账户余额均不受任何影响。

(2) 在两种情况下，合并财务报表受到影响的项目分别为：少数股东损益、净利润、可分配的净利润、提取盈余公积、未分配利润与少数股东权益。

(3) 子公司购买母公司债券情况下合并报表的少数股东损益比母公司购买子公司债券情况下少 1 440 元。这是由于在母公司购买子公司债券下，债券推定回购利得 6 000 元由子公司承担，当年分期确认已实现推定回购利得 1 200 元，少数股东权益按其持股比例承担相应的 30%，即 1 440 元（(6 000－1 200)×30%）；而在母公司购买子公司的情况下，债券推定回购利得由母公司承担，子公司少数股东权益不受其影响。因此，在两种情况下少数股东损益相差 1 440 元。

(4) 子公司购买母公司债券情况下合并财务报表的净利润比母公司购买子公司债券情况下多 1 440 元。由于在母公司购买子公司债券情况下少数股东损益增加了 1 440 元，其对合并净利润的影响类似于费用的增加，导致了合并净利润较子公司购买母公司情况下减少了 1 440 元。

(5) 由于合并净利润产生了 1 440 元的差异，在期初未分配利润相同的情况下导致了在两种情况下可分配利润和提取盈余公积的差异，进而导致了未分配利润的差异。本例中假设盈余公积按净利润的 20% 提取，故其差额为合并净利润差额 1 440 元的 20%，即 288 元。未分配利润的差额为可分配净利润与提取盈余公积差额之差，即 1 152 元（1 440－288）。

(6) 由于少数股东权益与盈余公积期初数额均不受本期债券推定回购的影响，因此在子公司购买母公司债券与母公司购买子公司债券两种情况下，少数股东损益与提取盈余公积的差异最终导致了合并财务报表中少数股东权益与盈余公积的差额分别为 1 440 元和 288 元。

思考题

1. 什么是推定损益？

2. 比较集团内部债券交易的推定损益和集团内部土地销售的未实现损益。

3. 根据代理论，若子公司以超过账面价值的价格购得母公司债券，该损益应归于母公司还是子公司？

4. 试说明内部债券推定损益在公司账上实现和确认的过程。

5. 试描述分配内部债券推定损益的几种理论。

练习题

1. 牡单公司与紫利公司（牡单公司的拥有80%股权的子公司）20×1年12月31日合并资产负债表上有关面值10 000 000元、利率为8%的流通在外公司债券的资料如下（单位：元）：

流动负债：	
应付利息（20×1年1月1日到期的6个月债券利息）	400 000
长期负债：	
应付债券——面值（20×7年1月1日到期）	10 000 000
应付债券——利息调整（折价）	300 000
长期负债合计	9 700 000

其他资料：

牡单公司为发行公司，采用直线法摊销溢折价。紫利公司于20×2年7月1日以5 748 000元购入牡单公司面值6 000 000元的公司债券。

要求：

(1) 计算：

1) 此公司债券的推定回购损益。

2) 20×2年合并债券利息费用。

3) 20×2年12月31日合并债券负债。

(2) 假设是牡单公司购买紫利公司发行的公司债券，问题 (1) 的各答案会有何不同？

2. 已知20×1年1月1日牡汇公司以账面价值获得紫伸公司90%的流通股，支付银行存款2 070 000元。当时，紫伸公司的股东权益包括股本2 000 000元，盈余公积200 000元，未分配利润100 000元。20×2年牡汇公司及其子公司紫伸公司的财务报表如下（单位：元）：

	牡汇公司	紫伸公司
20×2 年利润表及利润分配表		
营业收入	3 800 000	2 100 000
投资收益——紫伸公司	360 000	—
利息收入	—	120 000
营业外收入	300 000	—
营业成本	(1 800 000)	(1 400 000)
折旧费用	(580 000)	(220 000)
营业费用	(780 000)	(200 000)
利息费用	(200 000)	—
净利润	1 100 000	400 000
期初未分配利润	250 000	100 000
可分配的利润	1 350 000	500 000
减：提取盈余公积	(220 000)	(80 000)
股利	(600 000)	(300 000)
期末未分配利润	530 000	120 000
20×2 年资产负债表		
银行存款	490 000	190 000
应收账款	1 100 000	600 000
应收利息	—	50 000
存货	900 000	300 000
土地	200 000	100 000
固定资产——净额	2 970 000	1 800 000
长期股权投资——紫伸公司	2 340 000	—
持有至到期投资——面值	—	1 000 000
持有至到期投资——利息调整（折价）	—	(40 000)
资产合计	8 000 000	4 000 000
应付账款	1 150 000	1 400 000
应付利息	100 000	—
应付债券——面值	2 000 000	—
股本	3 000 000	2 000 000
盈余公积	1 220 000	480 000
未分配利润	530 000	120 000
负债及股东权益合计	8 000 000	4 000 000

其他资料：

(1) 20×1 年紫伸公司销售存货给牡汇公司，获得 600 000 元，年底该部分中有一半仍在牡汇公司存货项目中。20×2 年，紫伸公司销货给牡汇公司 900 000 元，该年年底牡汇公司存货中仍有该部分所购货物的 2/3。紫伸公司销售给牡汇公司时，价格为其成本的 150%。

(2) 20×2 年 12 月 31 日，紫伸公司应收账款中有 300 000 元为应收牡汇公司账款。

(3) 20×2 年 1 月 1 日，牡汇公司将一账面价值为 500 000 元，剩余使用年限为 5 年的设备以 800 000 元销售给紫伸公司，20×2 年 7 月 1 日，紫伸公司仍在使用该设备。最近月份使用直线法计提折旧。

(4) 20×2 年 1 月 1 日，紫伸公司支付 940 000 元购得牡汇公司面值为 1 000 000 元，利率为 10%的 5 年期债券。该债券付息日为 7 月 1 日和 1 月 1 日，20×5 年 1 月 1 日到期。

要求：编制牡汇公司及紫伸公司 20×2 年的合并工作底稿及合并财务报表。

3. 20×2 年，牡源公司及其拥有 90%股权的子公司紫杉公司单体财务报表部分数据如下（单位：元）：

	牡源公司	紫杉公司
利润表部分数据		
营业收入	7 100 000	5 300 000
投资收益	630 000	—
营业外收入——处置固定资产损益	—	210 000
营业成本	4 900 000	3 700 000
利息费用	—	160 000
折旧费用	250 000	200 000
利润分配表部分数据		
期初未分配利润	720 000	100 000
净利润	2 120 000	700 000
减：提取盈余公积	424 000	140 000
股利	800 000	300 000
资产负债表部分数据		
现金	500 000	150 000
存货	2 290 000	1 500 000
固定资产	4 400 000	3 600 000
累计折旧	(2 000 000)	(1 200 000)
长期股权投资——紫杉公司	1 910 000	—
持有至到期投资——面值	1 000 000	—
持有至到期投资——利息调整（折价）	(90 000)	—
应付债券——面值	—	(2 000 000)
股本	(1 000 000)	(100 000)
资本公积	(2 500 000)	(400 000)
盈余公积	(2 424 000)	(1 040 000)
未分配利润	(1 616 000)	(360 000)

其他资料：

(1) 20×2 年 1 月 2 日，牡源公司以 1 550 000 元收购紫杉公司 1 000 000 股流通在外普通股的 90%。当天，紫杉公司的股东权益为 1 500 000 元，其资产和负债的公允价值等于账面价值。牡源公司采用购买法处理此次收购。假设购并产生的商誉每年发生

20 000 元的减值。

(2) 20×2 年 9 月 4 日，紫杉公司支付现金股利 300 000 元。

(3) 20×2 年 12 月 31 日，牡源公司记录了紫杉公司净利润中享有的权益。

(4) 20×2 年 1 月 3 日，紫杉公司将原始成本为 300 000 元、账面价值为 150 000 元的设备销售给牡源公司，获得 360 000 元。该设备还有 3 年的剩余使用年限，两公司均采用直线法计提折旧。

(5) 20×2 年间，紫杉公司销售商品给牡源公司，获得 600 000 元，其中获利为 200 000 元。20×2 年 12 月 31 日，牡源公司存货中仍有该部分商品的一半未出售。

(6) 20×2 年 12 月 31 日，牡源公司支付 910 000 元购买紫杉公司流通在外债券的一半。该债券于 20×8 年 12 月 31 日到期，最初以面值发行。该债券的付息日为每年的 12 月 31 日。在牡源公司获得该债券前，当期的利息刚刚支付完毕。

要求：计算 20×2 年牡源公司及其子公司紫杉公司的合并报表中下列各项金额：

(1) 现金；

(2) 固定资产净值；

(3) 长期股权投资——紫杉公司；

(4) 应付债券——面值；

(5) 普通股股本；

(6) 期初未分配利润；

(7) 支付的股利；

(8) 债券回购利得；

(9) 营业成本；

(10) 利息费用；

(11) 折旧费用。

第八章

股权变动

引例　步步推进的“平深恋”

第一章中我们已经介绍了中国平安（601318.SH，02318.HK）收购深发展（000001.SZ）的事件，了解到企业为了发展，往往会采取对外扩张，即合并的形式，以获得协同效应。但是除了这一点，我们从该事件中还可以挖掘更多的东西，现在回顾一下该事件：

2009年6月，中国平安与其控股子公司平安寿险合计持有深发展1.45亿股股份，占深发展总股本的4.68%。

2010年5月，中国平安向NEWBRIDGE定向发行2.99亿股H股，交换NEWBRIDGE持有的深发展5.2亿股股份，交易完成后，中国平安及平安寿险持有深发展的股份比例为16.76%。

2010年6月，平安寿险认购深发展非公开发行的3.8亿股股份，此时中国平安及平安寿险合计持有深发展10.45亿股股份，约占深发展总股本的29.99%。另外，中国平安持有平安银行78.25亿股股份，约占平安银行总股本的90.75%。

2011年6月，中国平安以90.75%平安银行股份和26.9亿元现金为对价，认购深发展16.39亿股股份，交易完成后，平安集团合计持有深发展26.84亿股股份，约占深发展总股本的52.38%，成为深发展的控股股东。

2012年7月，深发展更名为平安银行。

2013年12月，中国平安以147.82亿元现金为对价，认购平安银行非公开发行的13.23亿股股份，交易完成后，中国平安及平安寿险合计持有平安银行股份的59%。

首先来看合并时间，与大多数题目中的年初或年末不同，此例中基本都在五六月份；其次来看合并过程，中国平安没有一次性地取得深发展的控制权，而是分次购入股权，逐步推进；最后来看合并后子公司增发股份，使得中国平安对深发展的投资比例上升。

那么，在这些略微复杂的情况下，会计上又该如何处理呢？

希望通过本章的学习，各位读者能找到答案。

学习目标

- 掌握期中购并情况下合并报表的编制
- 掌握母公司分次购入子公司股份情况下母公司的会计处理
- 掌握母公司出售子公司部分股份情况下母公司的会计处理
- 掌握子公司增发股份情况下母公司的会计处理
- 掌握子公司发放股票股利和回购库存股情况下母公司的会计处理

前面关于合并报表的讨论，都是基于两个基本的假设：一是母公司于期初时一次性取得对子公司的控股权；二是企业合并完成后，母公司持有子公司的股权比例保持不变。实际上，这两项假设在很多时候并不成立。例如：母公司可能是在期中取得对子公司的控股权；母公司可能是通过分次购入子公司股份达到对子公司的控股；母公司控股后，因为某些原因，有可能出售或进一步购入子公司股份；子公司本身也有可能增发股份、发放股票股利或回购库存股等，这些都会直接或间接造成母公司在子公司股权比例的变动。其中，由母公司处于主动地位所造成的股权比例变动，习惯称为直接股权变动；由子公司增发、减少股份等所造成的股权变动，通常称为相对股权变动。本章前三节将讲解母公司期中购并、分次购入或卖出子公司股份情况下母公司的会计处理，第四节将讲述相对股权变动情况下母公司的会计处理。

第一节　期中购并

现实中，企业合并发生在期初、期终的情况并不常见。相反，大量的企业合并是在期中完成的。本节将讲述购并法下期中购并的会计处理。

一、期中购并的会计处理

（一）期中购并与期初购并会计处理的区别

两者的区别主要在于期中购并需要对购并前净利润和购并前股利进行调整。母公司购并前，子公司当期实现的净利润，即购并前净利润。由于母、子公司在确定购买成本时已经考虑了这部分利润，因此编制合并报表时应对购并前净利润加以调整。与此类似，购并前股利（购并当期，子公司于购并前支付的股利）也须作合并调整。

（二）购并前净利润的调整

理论上，购并前净利润的调整有两种方法：

（1）只合并购并日后部分，即将子公司被购并前的营业收入、成本、费用从合并营业收入、成本、费用中抵销，只有子公司购并日后的营业收入、成本、费用并入合并利润表中。

（2）合并全年度利润再减购并前净利润，即合并利润表中列示全年的营业收入、成本、费用，但同时将购并前净利润作为减项列示于合并利润表中。

（三）购并前股利的调整

母公司取得股权前，子公司发放股利，导致子公司所有者权益的减少，母公司并未获得，应加以抵销。通常在合并工作底稿上直接作为子公司期初留存收益的减少。

（四）合并报表的编制（购并前净利润调整采用第一种方法的情况下）

期中企业合并报表的编制，总的来说与期初合并情况下合并报表的编制大致相同。只是须注意：

（1）母公司只享有子公司购并日后的净利润以及股利。

（2）将子公司被购并前的营业收入、成本、费用从合并营业收入、成本、费用中抵销，即只有子公司购并后的营业收入、成本、费用并入合并利润表中。

以后年度的合并工作底稿不再受期中合并的影响。

二、举例

（一）相关资料

假定牡顺公司在20×7年6月1日以641 250元取得紫吉公司90%的股权，紫吉公司20×7年净利润、股利、股东权益等资料汇总见表8—1。

表8—1　紫吉公司20×7年相关资料　单位：元

	1月1日至6月1日	6月1日至12月31日	1月1日至12月31日
损益：			
营业收入	75 000	225 000	300 000
营业成本	37 500	112 500	150 000
净利润	37 500	112 500	150 000
股利	30 000	45 000	75 000
	1月1日	6月1日	12月31日
股东权益：			
股本	600 000	600 000	600 000
盈余公积	60 000	60 000	60 000
未分配利润	45 000	52 500	120 000
股东权益合计	705 000	712 500	780 000

20×7年6月1日紫吉公司的股东权益为712 500元，牡顺公司支付的购买成本641 250元与其所取得的净资产账面价值（712 500×90%）相等，不存在购买价差。

（二）权益法下的会计处理

1. 假设购并前净利润采用第一种方法调整

（1）记录投资收益。

牡顺公司对紫吉公司的投资是从20×7年6月1日起，因此投资于紫吉公司的收益只能是紫吉公司6月1日至12月31日净利润的90%。

借：长期股权投资——紫吉公司　101 250

　　贷：投资收益——紫吉公司（112 500×90%）　101 250

(2) 对合并利润表的影响。

在权益法下，该分录增加牡顺公司净利润 101 250 元，从而合并净利润也增加 101 250 元。

对合并利润表的影响情况如下（单位：元）：

营业收入（20×7 年后 7 个月）	225 000
营业成本（20×7 年后 7 个月）	(112 500)
少数股东损益（20×7 年后 7 个月）	(11 250)
对合并净利润的影响	101 250

这种方法下，子公司被并入合并报表的营业收入、成本、费用为子公司购买日后的部分。本例采用第一种方法调整购并前净利润。

2. 假设购并前净利润采用第二种方法调整

(1) 记录投资收益。

借：长期股权投资——紫吉公司　　101 250

　　贷：投资收益——紫吉公司（112 500×90%）　　101 250

(2) 对合并利润表的影响如下（单位：元）

营业收入（20×7 年全年）	300 000
减：营业成本（20×7 年全年）	(150 000)
购并前净利润（37 500×90%）	(33 750)
少数股东损益	(15 000)
对合并净利润的影响	101 250

这种方法下，子公司被并入合并报表的营业收入、成本、费用即为子公司全年度的数额。购并前净利润作为合并净利润的减项列示于合并利润表中。

(3) 该方法存在的不足。

在合并日，母公司（收购方）是以公允价值获得子公司净资产的控制权，并不是购买子公司的净利润。在这种理念下，美国会计准则建议采用第一种方法来处理购并前净利润。

3. 购并前股利的调整

在编制合并报表时，期中合并前子公司所发放的股利（购并前股利），应加以抵销。如上例中紫吉公司 20×7 年支付的 75 000 元股利中，30 000 元是在牡顺公司取得股权前所支付，牡顺公司实际只收到股利 40 500 元（45 000×90%）。

收到股利时，牡顺公司的会计分录：

借：银行存款　　40 500

　　贷：长期股权投资——紫吉公司　　40 500

4. 合并报表的编制

投资收益以及股利的抵销：

①借：投资收益—紫吉公司　　101 250

　　贷：利润分配——分派现金股利　　40 500

　　　　长期股权投资　　60 750

（2）购并前净利润和购并前股利的抵销分录。

在编制合并报表时，购并前股利与购并前净利润的抵销是在抵销母公司投资账户期初值和子公司股东权益期初余额的分录中进行。子公司股东权益期初余额经过购并前股利与购并前净利润的调整，从而使母公司的投资账户余额按母公司购入子公司股权时的投资成本抵销，而子公司的股东权益账户余额按年初抵销。如本例中，抵销分录为：

②借：营业收入	75 000	
股本	600 000	
盈余公积	60 000	
期初未分配利润	45 000	
贷：营业成本		37 500
购并前股利		27 000
长期股权投资——紫吉公司		641 250
少数股东权益——合并日（(705 000＋37 500)×10%）		74 250

（3）抵销子公司合并后少数股东损益。

③借：少数股东损益（112 500×10%）	11 250	
贷：利润分配——分派现金股利（45 000×10%＋30 000×10%）		7 500
少数股东权益		3 750

20×7 年 12 月 31 日，牡顺公司与紫吉公司合并工作底稿见表 8—2。

表 8—2　　牡顺公司与紫吉公司合并工作底稿（期中合并，权益法）

20×7 年 12 月 31 日　　单位：元

项目	牡顺公司	紫吉公司	调整与抵销分录		合并数
			借方	贷方	
利润表					
营业收入	900 000	300 000	②75 000		1 125 000
投资收益——紫吉公司	101 250		①101 250		
营业成本	(600 000)	(150 000)		②37 500	(712 500)
少数股东损益			③11 250		(11 250)
净利润	401 250	150 000			401 250
利润分配部分					
期初未分配利润	100 000	45 000	②45 000		100 000
净利润	401 250	150 000			401 250
可分配利润	501 250	195 000			501 250
减：提取盈余公积	101 250	0			101 250
分派现金股利	300 000	75 000		①40 500 ②27 000 ③7 500	300 000
未分配利润	100 000	120 000			100 000
资产负债表					
其他资产	1 698 000	780 000			2 478 000
长期股权投资——紫吉公司	702 000			①60 750 ②641 250	

续前表

项目	牡顺公司	紫吉公司	调整与抵销分录		合并数
			借方	贷方	
资产合计	2 400 000	780 000			2 478 000
负债					
股本	1 500 000	600 000	③600 000		1 500 000
盈余公积	800 000	60 000	②60 000		800 000
未分配利润	100 000	120 000			100 000
少数股东权益				②74 250 ③3 750	78 000
负债与股东权益合计	2 400 000	780 000			2 478 000

（三）成本法下的会计处理

1. 记录投资收益

投资后，紫吉公司发放股利 45 000 元，牡顺公司获得其中 90%，即 40 500 元。牡顺公司确认投资收益的会计分录如下：

借：银行存款　　40 500

　　贷：投资收益　　40 500

2. 合并报表的编制

（1）抵销分录。

与权益法下合并工作底稿上抵销分录相比，成本法下，多出一笔将成本法转换为权益法的转换分录，该分录如下：

④借：长期股权投资　　60 750

　　贷：投资收益　　60 750

购并前净利润和购并前股利的抵销分录以及其他分录与权益法下相同。

（2）合并工作底稿。

合并工作底稿见表 8—3。

表 8—3　牡顺公司与紫吉公司合并工作底稿（期中合并，成本法）

20×7 年 12 月 31 日

单位：元

项目	牡顺公司	紫吉公司	调整与抵销分录		合并数
			借方	贷方	
利润表					
营业收入	900 000	300 000	②75 000		1 125 000
投资收益——紫吉公司	40 500		①101 250	④60 750	
营业成本	(600 000)	(150 000)		②37 500	(712 500)
少数股东损益			③11 250		(11 250)
净利润	401 250	150 000			401 250
利润分配部分					
期初未分配利润	100 000	45 000	②45 000		100 000

续前表

项目	牡顺公司	紫吉公司	调整与抵销分录		合并数
			借方	贷方	
净利润	401 250	150 000			401 250
可分配利润	501 250	195 000			501 250
减：提取盈余公积	101 250	0			101 250
分派现金股利	300 000	75 000		①40 500 ②27 000 ③7 500	300 000
未分配利润	100 000	120 000			100 000
资产负债表					
其他资产	1 698 000	780 000			2 478 000
长期股权投资——紫吉公司	641 250		④60 750	①60 750 ②641 250	
资产合计	2 400 000	780 000			2 478 000
负债					
股本	1 500 000	600 000	③600 000		1 500 000
盈余公积	800 000	60 000	②60 000		800 000
未分配利润	100 000	120 000			100 000
少数股东权益				②74 250 ③3 750	78 000
负债与股东权益合计	2 400 000	780 000			2 478 000

第二节　分次购入股权

一、分次购入股权

分次购入股权，是指企业通过多次交易分步取得另一企业的股权。分次购入股权实现企业合并，是指企业通过多次交易最终取得另一企业的控制权。在取得控制权之后，母公司追加投资，是指母公司购买子公司少数股权的行为，这种投资行为可视为股东之间的交易。需要注意的是，本节所讲的分次购入股权最终实现控制均是指非同一控制下的企业合并。

具体而言，分次购入股权可用图 8—1 来表示。

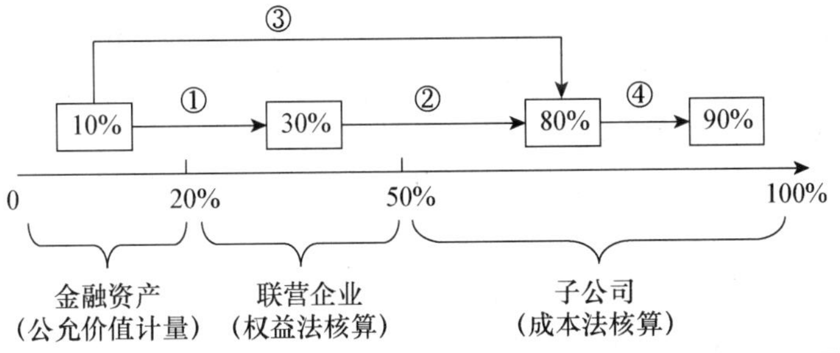

图 8—1　分次购入股权

在图 8—1 中，①，②，③，④分别代表四种情况：

① 20×1 年 1 月 1 日，牡丹公司第一次买入紫檀公司 10%股权，牡丹公司将这项投资分类为可供出售金融资产，按金融资产的公允价值进行核算。20×2 年 1 月 1 日，牡丹公司第二次买入紫檀公司 20%股权，此时牡丹公司持有紫檀公司 30%股权，并能对紫檀公司实施重大影响，因此紫檀公司为牡丹公司的联营企业，牡丹公司将该项投资按权益法进行核算。

②20×1 年 1 月 1 日，牡丹公司第一次买入紫檀公司 30%股权，能对紫檀公司实施重大影响，紫檀公司为牡丹公司的联营企业，牡丹公司将该项投资按权益法进行核算。20×2 年 1 月 1 日，牡丹公司第二次买入紫檀公司 50%股权，此时牡丹公司持有紫檀公司 80%股权，并能控制紫檀公司，因此紫檀公司为牡丹公司的子公司，牡丹公司将该项投资按成本法进行核算，牡丹公司在 20×2 年 1 月 1 日及以后各期期末需要编制合并财务报表。

③20×1 年 1 月 1 日，牡丹公司第一次买入紫檀公司 10%股权，牡丹公司将这项投资分类为可供出售金融资产，按金融资产的公允价值进行核算。20×2 年 1 月 1 日，牡丹公司第二次买入紫檀公司 70%股权，此时牡丹公司持有紫檀公司 80%股权，并能控制紫檀公司，因此紫檀公司为牡丹公司的子公司，牡丹公司将该项投资按成本法进行核算，牡丹公司在 20×2 年 1 月 1 日及以后各期期末需要编制合并财务报表。

④ 20×1 年 1 月 1 日牡丹公司第一次买入紫檀公司 80%股权，并能控制紫檀公司，牡丹公司将该项投资按成本法进行核算，牡丹公司在 20×1 年 1 月 1 日及以后各期期末需要编制合并财务报表。20×2 年 1 月 1 日，牡丹公司第二次买入紫檀公司 10%股权，此时相当于母公司购买子公司少数股权。

二、分次购入股权的会计处理

（一）公允价值计量：第一次买入股权少于 20%

当牡丹公司首次购入紫檀公司的股份少于 20%时，该部分投资作为金融资产入账，牡丹公司采用金融资产的公允价值进行会计核算。

（二）公允价值计量转为权益法核算：第一次买入股权少于 20%，第二次买入股权后持有股份达到或超过 20%，但未达到 50%

牡泰公司 20×1 年 1 月 1 日第一次买入紫祥公司股权少于 20%，牡泰公司将其分类为金融资产，并按公允价值计量；20×2 年 1 月 1 日第二次买入紫祥公司股权后股份达到或超过 20%，但未达到 50%时（对应于图 8—1 中第①种情况），牡泰公司应将这项投资作为对联营企业的长期股权投资入账，后续计量采用权益法。原持有的股权投资（20×1 年 1 月 1 日买入的股权）在 20×2 年 1 月 1 日的公允价值与 20×2 年 1 月 1 日新购股权支付对价的公允价值之和作为该项长期股权投资的初始成本。原持有的股权投资分类为可供出售金融资产的，其公允价值与账面价值之间的差额，以及原持有股权中涉及其他综合收益部分应当转入当期损益。此外，应当比较长期股权投资的初始成本与牡泰公司在 20×2 年 1 月 1 日享有的紫祥公司净资产公允价值的份额，前者大于后者的，不调整长期股权投资账面价值；前者小于后者的，应当按照二者之间的差额借记“长期股权投资”，贷记“营业外收入”。

此时，不需要编制合并财务报表。期末，牡泰公司按在紫祥公司净利润中所享有的份额借记“长期股权投资”，贷记“投资收益”，并在收到股利时，借记“应收股利”，贷记“长期股权投资”。

（三）权益法核算转为成本法核算：第一次买入股权多于20%但未达到50%，第二次买入股权后持有股份超过50%

牡和公司20×1年1月1日第一次买入紫云公司股权多于20%但未达到50%，牡和公司按权益法核算；20×2年1月1日第二次买入紫云公司股权后股份超过50%时（对应于图8—1中第②种情况），牡和公司应将这项投资作为对子公司的长期股权投资入账，后续计量采用成本法。长期股权投资的入账价值等于原持有股权（20×1年1月1日买入的股权）在购买日的账面价值加上购买日新购股权支付对价的公允价值之和。原持有股权涉及其他综合收益的不予处理，待牡丹公司出售紫檀公司股权时，再按出售股权相对应的其他综合收益部分转入出售当期损益。

20×2年1月1日（购买日），在合并财务报表上，对于原持有股权（20×1年1月1日买入的股权），应当按照该股权在购买日的公允价值进行重新计量，公允价值与其账面价值之间的差额计入合并当期投资收益。原持有股权在购买日的公允价值加上购买日新购股权支付对价的公允价值之和作为合并财务报表中的合并成本。在按上述计算得出的合并成本的基础上，计算购买日的购买价差，并分摊给评估增值和商誉。原持有股权涉及其他综合收益、其他所有者权益变动的，在购买日转入合并当期损益。

（四）公允价值计量转为成本法核算：第一次买入股权少于20%，第二次买入股权后持有股份超过50%

牡兴公司20×1年1月1日第一次买入紫旺公司股权少于20%，牡兴公司将其分类为金融资产，并按公允价值计量；20×2年1月1日第二次买入紫旺公司股权后股份超过50%时（对应于图8—1中第③种情况），牡兴公司应将这项投资作为对子公司的长期股权投资入账，后续计量采用成本法。长期股权投资的入账价值等于原持有股权（20×1年1月1日买入的股权）在购买日的公允价值加上购买日新购股权支付对价的公允价值之和。原持有的股权投资分类为可供出售金融资产的，其公允价值与账面价值之间的差额，以及其他综合收益应当转入当期损益。

20×2年1月1日（购买日），在合并财务报表上，原持有股权在购买日的公允价值与购买日新购股权支付对价的公允价值之和作为合并财务报表中的合并成本。在按上述计算得出的合并成本的基础上，计算购买日购买价差，并分摊给评估增值和商誉。原持有股权涉及其他综合收益的，在购买日转入合并当期损益。

（五）股东间交易：第一次买入股权多于50%，第二次继续买入部分股权

牡良公司20×1年1月1日第一次买入紫实公司股权多于50%，紫实公司成为牡良公司的子公司，牡良公司按照成本法核算；20×2年1月1日第二次买入紫实公司部分股权时（对应于图8—1中第④种情况），牡良公司应按照付出对价的公允价值来确认长期股权投资。

20×2年1月1日，在合并财务报表上，第二次购买少数股权新取得的长期股权投资与按照新增持股比例计算应享有紫实公司自购买日（即20×1年1月1日）开始持续计算的净资产份额之间的差额，应当调整资本公积（资本溢价或股本溢价），资本公积不足冲减的，调整留存收益。

三、举例

（一）通过分次购股取得控制权

1. 相关资料

牡宣公司和紫晓公司不属于同一集团。牡宣公司分次取得紫晓公司80%的股份，分次购入时紫晓公司的情况如表8—4所示。

表8—4　　分次购入股权时紫晓公司相关资料　　单位：元

购入日期	批次	购入股份的比例	支付对价	年初子公司所有者权益	年初子公司盈余公积	年初子公司未分配利润	当年子公司净利润	当年子公司发放现金股利
20×1年1月1日	1	10%	52 000	400 000	40 000	10 000	35 000	20 000
20×2年1月1日	2	30%	85 000	415 000	50 500	14 500	43 000	35 000
20×3年1月1日	3	40%	250 000	423 000	56 100	16 900	50 000	40 000
合计		80%						

20×1年至20×3年12月31日，紫晓公司股本、资本公积一直为300 000元、50 000元。为了简化举例，本章忽略所得税因素不计，且假设20×1年至20×3年紫晓公司分别提取盈余公积10 500元、5 600元、9 000元。牡宣公司20×1年1月1日购入紫晓公司10%股权，将其分类为可供出售金融资产，当日紫晓公司可辨认净资产公允价值为520 000元。20×1年12月31日，该项金融资产的公允价值为55 000元。20×2年1月1日牡宣公司购入股权时紫晓公司可辨认净资产的公允价值为417 000元，系一批存货增值2 000元，该批存货20×2年全部对外出售，其他资产公允价值都与账面价值相等。20×3年1月1日牡宣公司购入股权时紫晓公司可辨认净资产的公允价值为500 000元，系一设备增值77 000元，该设备剩余使用年限为10年、残值为0，按直线法摊销，其他资产公允价值都与账面价值相等。20×3年1月1日，牡宣公司第三次购入股份之前，原持有的紫晓公司40%股权的公允价值为200 000元。

2. 相关会计处理

(1) 20×1年1月1日，第一次购入10%股权。

20×1年1月1日，第一次购入10%的紫晓公司股份分类为可供出售金融资产，采用公允价值计量：

借：可供出售金融资产　　52 000
　　贷：银行存款　　52 000

20×1年12月31日，确认对紫晓公司股权投资的公允价值变动：

借：可供出售金融资产　　3 000
　　贷：其他综合收益——公允价值变动（55 000－52 000）　　3 000

20×1年12月31日，收到紫晓公司发放的股利：

借：银行存款　　2 000

贷：投资收益（20 000×10%）　2 000

（2）20×2 年 1 月 1 日，第二次购入 30%股权。

20×2 年 1 月 1 日，第二次购入 30%紫晓公司股份，此时，牡宣公司共持有紫晓公司 40%股份，紫晓公司为牡宣公司的联营企业，牡宣公司应将该项投资确认为长期股权投资，将可供出售金融资产转入长期股权投资，并将其他综合收益转入当期损益：

借：长期股权投资——紫晓公司　140 000

　贷：银行存款　85 000

　　可供出售金融资产　55 000

借：其他综合收益——公允价值变动　3 000

　贷：投资收益　3 000

牡宣公司对紫晓公司的持股比例达到 40%，超过 20%，此时公允价值计量应改为按权益法进行后续计量。牡宣公司在 20×2 年 1 月 1 日享有紫晓公司净资产公允价值的份额为 166 800 元（417 000×40%），大于长期股权投资的初始投资成本，按照权益法应调整初始投资成本：

借：长期股权投资——紫晓公司　26 800

　贷：营业外收入　26 800

在权益法下，20×2 年 12 月 31 日，牡宣公司确认对紫晓公司净利润的权益：

借：长期股权投资——紫晓公司　17 200

　贷：投资收益（43 000×40%）　17 200

20×2 年 1 月 1 日牡宣公司取得投资时，紫晓公司一批存货公允价值高于账面价值 2 000 元，在权益法下，计算 20×2 年 12 月 31 日牡宣公司应享有的净利润时，应按比例扣除存货增值部分：

借：投资收益（2 000×40%）　800

　贷：长期股权投资——紫晓公司　800

20×2 年 12 月 31 日，收到紫晓公司发放股利：

借：银行存款　14 000

　贷：长期股权投资——紫晓公司（35 000×40%）　14 000

20×2 年 12 月 31 日，牡宣公司对紫晓公司长期股权投资的账面价值为 169 200 元，计算过程如下（单位：元）：

长期股权投资期初余额：所购净资产公允价值的份额（417 000×40%）	166 800
权益法下，牡宣公司享有紫晓公司净利润的份额（(43 000－2 000)×40%）	16 400
权益法下，牡宣公司享有紫晓公司分派现金股利的份额（35 000×40%）	(14 000)
权益法下，长期股权投资期末余额	169 200

（3）20×3 年 1 月 1 日，第三次购入 40%股权。

20×3 年 1 月 1 日，第三次购入 40%紫晓公司股份，此时，牡宣公司持有紫晓公司 80%股份，紫晓公司为牡宣公司的子公司，牡宣公司应将该项投资确认为长期股权投资，后续计量采用成本法。

20×3 年 1 月 1 日，牡宣公司购入 40%的紫晓公司股份的会计分录为：

借：长期股权投资——紫晓公司　　250 000

　　贷：银行存款　　250 000

20×3 年 12 月 31 日，收到紫晓公司发放股利：

借：银行存款　　32 000

　　贷：投资收益（40 000×80%）　　32 000

20×3 年 1 月 1 日，牡宣公司共持有紫晓公司 80%股份，购买日当日牡宣公司应编制合并资产负债表。

购买日合并成本＝原持有股权在购买日的公允价值＋购买日新购股权支付对价的公允价值

＝200 000＋250 000＝450 000(元)

购买日商誉＝合并成本－享有紫晓公司可辨认净资产公允价值的份额

＝450 000－500 000×80%＝50 000(元)

原持有股权在购买日公允价值与账面价值之间的差额应计入合并当期损益。

应计入合并当期损益的金额＝200 000－169 200＝30 800(元)

购买日，合并工作底稿分录为：

调整原持有股权至购买日的公允价值：

①借：长期股权投资——紫晓公司　　30 800

　　贷：投资收益　　30 800

牡宣公司长期股权投资与紫晓公司所有者权益的抵销：

②借：固定资产　　77 000

　　股本　　300 000

　　资本公积　　50 000

　　盈余公积　　56 100

　　未分配利润　　16 900

　　商誉　　50 000

　　贷：长期股权投资（169 200＋250 000＋30 800）　　450 000

　　　　少数股东权益（500 000×20%）　　100 000

购买日，即 20×3 年 1 月 1 日牡宣公司、紫晓公司的单体财务报表以及两公司合并工作底稿见表 8—5。

表 8—5　　牡宣公司及紫晓公司合并工作底稿

20×3 年 1 月 1 日　　单位：元

项目	牡宣公司	紫晓公司	调整与抵销分录		合并数
			借方	贷方	
资产负债表					
长期股权投资——紫晓公司	419 200		①30 800	②450 000	—
商誉			②50 000		50 000
固定资产（净）	1 000 000	500 000	②77 000		1 577 000
其他资产	472 200	8 000			480 200

续前表

项目	牡宣公司	紫晓公司	调整与抵销分录		合并数
			借方	贷方	
资产合计	1 891 400	508 000			2 107 200
负债	529 600	85 000			614 600
股本	1 000 000	300 000	②300 000		1 000 000
资本公积	120 000	50 000	②50 000		120 000
盈余公积	227 800	56 100	②56 100		227 800
未分配利润	14 000	16 900	②16 900	①30 800	44 800
少数股东权益				②100 000	100 000
负债与股东权益合计	1 891 400	508 000			2 107 200

20×3 年 12 月 31 日，牡宣公司持有紫晓公司的股权比例超过 50%，期末应编制合并财务报表，编制合并报表时，牡宣公司对紫晓公司的长期股权投资的核算应调整为权益法。假设 20×3 年 12 月 31 日，经测试商誉未发生减值。

权益法下，20×3 年 12 月 31 日，牡宣公司应享有紫晓公司的净利润为：

牡宣公司 20×3 年度投资收益的计算（单位：元）：

牡宣公司在紫晓公司净利润中所占份额（50 000×80%）	40 000
购买价差的摊销：	
设备（(77 000÷10)×80%）	(6 160)
牡宣公司 20×3 年度投资收益	33 840

20×3 年 12 月 31 日，合并财务报表上少数股东损益=(50 000－77 000÷10)×20%=8 460 元。

合并工作底稿分录如下：

调整原持有股权至购买日的公允价值：

①借：长期股权投资——紫晓公司	30 800	
贷：投资收益		30 800

将成本法核算的结果调整为权益法核算的结果：

②借：长期股权投资（(50 000－7 700)×80%）	33 840	
贷：投资收益		33 840
借：投资收益（40 000×80%）	32 000	
贷：长期股权投资		32 000

抵销母公司已确认的投资收益，并将长期股权投资账户调整至合并期初数：

③借：投资收益	33 840	
少数股东权益——股利（40 000×20%）	8 000	
贷：利润分配——分派现金股利		40 000
长期股权投资		1 840

抵销合并期初长期股权投资与子公司股东权益账户，并记录合并期初时的少数股东权益和商誉：

④借：固定资产　77 000
　　股本　300 000
　　资本公积　50 000
　　盈余公积　56 100
　　期初未分配利润　16 900
　　商誉　50 000
　　贷：长期股权投资（169 200+250 000+30 800）　450 000
　　　　少数股东权益（500 000×20%）　100 000

评估增值的摊销：

⑤借：费用　7 700
　　贷：固定资产　7 700

确认少数股东损益：

⑥借：少数股东损益　8 460
　　贷：少数股东权益　8 460

抵销子公司当年提取的盈余公积 9 000 元：

⑦借：盈余公积　9 000
　　贷：提取盈余公积　9 000

20×3 年牡宣公司、紫晓公司的单体财务报表以及两公司合并工作底稿见表 8—6。

表 8—6　　牡宣公司及紫晓公司合并工作底稿

20×3 年 12 月 31 日　　单位：元

项目	牡宣公司	紫晓公司	调整与抵销分录		合并数
			借方	贷方	
利润表					
营业收入	600 000	300 000			900 000
投资收益——紫晓公司	32 000		②32 000 ③33 840	①30 800 ②33 840	30 800
营业成本	(440 000)	(220 000)			(660 000)
费用	(60 000)	(30 000)	⑤7 700		(97 700)
少数股东损益			⑥8 460		(8 460)
净利润	132 000	50 000			164 640
利润分配部分					
期初未分配利润	14 000	16 900	④16 900		14 000
净利润	132 000	50 000			164 640
可分配的利润	146 000	66 900			178 640
减：提取盈余公积	46 200	9 000		⑦9 000	46 200
分派现金股利	20 000	40 000		③40 000	20 000
未分配利润	79 800	17 900			112 440

续前表

项目	牡宣公司	紫晓公司	调整与抵销分录		合并数
			借方	贷方	
资产负债表					
长期股权投资——紫晓公司	419 200		①30 800 ②33 840	②32 000 ③1 840 ④450 000	—
商誉			④50 000		50 000
固定资产（净）	900 000	450 000	④77 000	⑤7 700	1 419 300
其他资产	684 200	68 000			752 200
资产合计	2 003 400	518 000			2 221 500
负债	529 600	85 000			614 600
股本	1 000 000	300 000	④300 000		1 000 000
资本公积	120 000	50 000	④50 000		120 000
盈余公积	274 000	65 100	④56 100 ⑦9 000		274 000
未分配利润	79 800	17 900			112 440
少数股东权益			③8 000	④100 000 ⑥8 460	100 460
负债与股东权益合计	2 003 400	518 000			2 221 500

（二）取得控制权之后继续购入股份

母公司在取得子公司半数以上股份之后，仍有可能购入子公司的股权（对应于图8—1中第④种情况），此时相当于购买少数股权，视为股东间的交易。

牡丹公司20×1年1月1日第一次购入紫合公司80%股权，支付对价为4 500万元，能够对紫合公司实施控制。20×1年1月1日紫合公司可辨认净资产的公允价值为5 000万元。20×2年1月1日，牡丹公司第二次购入紫合公司10%股权，支付对价为1 000万元。20×2年1月1日，紫合公司可辨认净资产自购买日开始持续计算的金额为8 000万元，牡丹公司和紫合公司在发生交易前不存在任何关联方关系。

（1）20×1年1月1日，第一次买入80%股权时，牡丹公司确认长期股权投资（单位：万元）。

借：长期股权投资　　4 500

　贷：银行存款　　4 500

20×1年1月1日应确认的商誉＝4 500－5 000×80%＝500(万元)

（2）20×2年1月1日，第二次买入10%股权时，牡丹公司确认长期股权投资（单位：万元）。

借：长期股权投资　　1 000

　贷：银行存款　　1 000

20×2年1月1日购买少数股权的投资成本与紫合公司净资产自购买日持续计算的账面价值差额为200万元（1 000－8 000×10%），在期末的合并报表上，此差额应调整资本公积。

20×2 年 12 月 31 日，合并财务报表中有关长期股权投资的抵销分录为（单位：万元）：

借：紫合公司净资产	8 000	
资本公积	200	
商誉	500	
贷：长期股权投资（4 500＋1 000＋(8 000－5 000)×80%）		7 900
少数股东权益（8 000×10%）		800

第三节　出售股权

由于多种原因，母公司在持有子公司大量股份后，有可能会出售所持有的子公司股份。出售子公司股权包括失去控制权的出售和未失去控制权的出售两种情况。

具体而言，出售股权可用图 8—2 来表示。

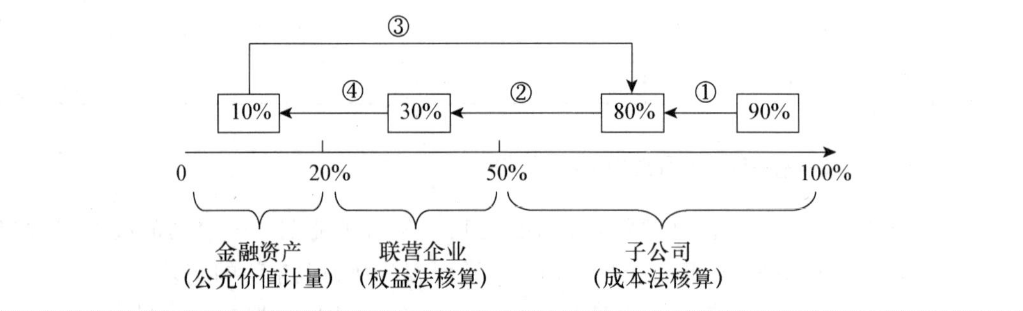

图 8—2　出售股权

在图 8—2 中，①，②，③，④分别代表四种情况：

① 牡丹公司持有紫檀公司 90%股权，能对紫檀公司实施控制。20×1 年 1 月 1 日，牡丹公司出售紫檀公司 10%股权，此时，持有紫檀公司 80%股权，仍能控制紫檀公司。这种情况为未失去控制权的出售。

②牡丹公司持有紫檀公司 80%股权，能对紫檀公司实施控制。20×1 年 1 月 1 日，牡丹公司出售紫檀公司 50%股权，此时，持有紫檀公司 30%股权，紫檀公司为牡丹公司的联营企业，牡丹公司失去对紫檀公司的控制权。这种情况为失去控制权的出售。

③牡丹公司持有紫檀公司 80%股权，能对紫檀公司实施控制。20×1 年 1 月 1 日，牡丹公司出售紫檀公司 70%股权，此时，持有紫檀公司 10%股权，这部分股权投资作为金融资产持有，牡丹公司失去对紫檀公司的控制权。这种情况为失去控制权的出售。

④ 牡丹公司持有紫檀公司 30%股权，紫檀公司为牡丹公司的联营企业。20×1 年 1 月 1 日，牡丹公司出售紫檀公司 20%股权，此时，持有紫檀公司 10%股权，这部分股权投资作为金融资产持有。

本节出售股权会计处理是指出售子公司股权的会计处理。出售子公司股权的会计处理，应该区分失去控制权的出售和未失去控制权的出售。

一、未失去控制权的出售

未失去控制权的出售，如 90%股权中出售 10%，余下 80%的股权，即图 8—2 中的第①种情况。未失去控制权的出售视为股东之间的交易，该项交易相当于子公司的所有者权益在控制性和非控制性股东之间重新分配。股东权益的重新分配并不影响合并当期损益，所以在合并报表上不确认处置损益。股东权益的重新分配也不影响商誉，所以在未失去控制权时，合并财务报表上的商誉金额不变。

（一）会计处理

未失去控制权的出售应该区分单体财务报表和合并财务报表进行会计处理。

（1）在母公司单体财务报表上，出售的股权作为长期股权投资的出售处理，确认有关出售损益。

（2）在合并财务报表上，不确认出售损益，商誉金额不变。

（3）如果在期中出售股权，在合并财务报表上，按权益法调整出售部分对应的股权价值。

（二）期初出售股权举例

牡佑公司持有紫愿公司 90%的股权，采用成本法进行会计处理。20×7 年 1 月 1 日，牡佑公司账上“长期股权投资——紫愿公司”账户余额为 720 000 元，其中包含商誉 45 000 元，且不存在评估增值以及公司间交易产生的未实现利润。20×7 年 1 月 1 日，紫愿公司股东权益包括股本 500 000 元，未分配利润 100 000 元，盈余公积 150 000 元。牡佑公司于 20×7 年 1 月 1 日，以 96 000 元出售紫愿公司 10%的股权。20×7 年，紫愿公司净利润为 72 000 元，为全年平均获得，并在 7 月 1 日支付现金股利 40 000 元。期末提取盈余公积 15 000 元。

1. 出售损益的计算

出售损益的计算如下（单位：元）：

出售收入	96 000
所出售股权的账面价值（720 000÷(10%÷90%)）	(80 000)
出售损益	16 000

20×7 年 1 月 1 日，在母公司账上确认长期股权投资的出售损益：

借：银行存款	96 000	
贷：长期股权投资（720 000÷(10%÷90%)）		80 000
投资收益（出售损益）		16 000

2. 出售股权后，成本法下，确认 20×7 年 7 月 1 日应收的现金股利

借：应收股利	32 000	
贷：投资收益（40 000×80%）		32 000

母公司单体财务报表上长期股权投资账户期末余额为 640 000 元（720 000－ 80 000）。

3. 20×7 年 12 月 31 日，编制合并财务报表

（1）编制合并报表时，应该将长期股权投资由成本法核算调整为权益法核算。

出售股权10%后，牡佑公司对紫愿公司的投资比例下降为80%，少数股权增加为20%。在权益法下，长期股权投资账户期末余额为665 600元，计算过程如下（单位：元）：

20×7年，出售股权后，牡佑公司长期股权投资账户余额（720 000－80 000）	640 000
20×7年，牡佑公司对紫愿公司的投资收益（72 000×80%）	57 600
收到股利（40 000×80%）	(32 000)
20×7年12月31日，权益法下，牡佑公司长期股权投资账户余额	665 600

权益法下，长期股权投资账户期末余额665 600元也可以这样理解：期末子公司净资产782 000元（750 000＋72 000－40 000）的80%，即625 600元，加上80%股权对应的商誉40 000元（45 000×(80%/90%)）。

因为出售10%股权后，牡佑公司仍然能控制紫愿公司，在合并报表上商誉的金额不受影响。所以在合并工作底稿上，应将出售的10%股权所对应的商誉5 000元（45 000－40 000）转入长期股权投资。

（2）母公司出售股权产生的出售损益在合并报表上的抵销。

20×7年1月1日，牡佑公司出售紫愿公司10%股权，在母公司单体财务报表上确认了16 000元的出售损益。出售10%股权后，牡佑公司持有紫愿公司80%股权，仍能控制紫愿公司，这项交易应视为股东之间的权益性交易，相当于子公司的所有者权益在母公司和非控制性股东之间重新分配，在合并报表上不确认出售损益，所以母公司单体报表上确认的出售损益在合并报表上应予以抵销。

（3）合并工作底稿抵销分录。

抵销母公司确认的出售损益：

①借：投资收益	16 000	
贷：资本公积		16 000

将成本法核算的结果调整为权益法核算的结果：

②借：长期股权投资（72 000×80%）	57 600	
贷：投资收益		57 600
借：投资收益（40 000×80%）	32 000	
贷：长期股权投资		32 000

抵销母公司已确认的投资收益：

③借：投资收益	57 600	
少数股东权益——股利（40 000×20%）	8 000	
贷：利润分配——分派现金股利		40 000
长期股权投资		25 600

结转出售部分对应的商誉：

④借：长期股权投资（45 000－40 000）	5 000	
贷：资本公积		5 000

抵销期初长期股权投资与子公司期初股东权益账户，并记录期初时的少数股东权益和商誉：

⑤借：股本	500 000	
盈余公积	150 000	
期初未分配利润	100 000	
商誉	45 000	
贷：长期股权投资（720 000－80 000＋5 000）		645 000
少数股东权益（750 000×20%）		150 000

确认少数股东损益：

⑥借：少数股东损益（72 000×20%）	14 400	
贷：少数股东权益		14 400

抵销子公司当年提取的盈余公积 15 000 元：

⑦借：盈余公积	15 000	
贷：提取盈余公积		15 000

（4）合并工作底稿见表 8—7。

表 8—7 牡佑公司及紫愿公司合并工作底稿（期初出售）

20×7 年 12 月 31 日 单位：元

项目	牡佑公司	紫愿公司	调整与抵销分录		合并数
			借方	贷方	
利润表					
营业收入	1 200 000	272 000			1 472 000
投资收益——紫愿公司	48 000 （16 000＋ 32 000）		①16 000 ②32 000 ③57 600	②57 600	—
营业成本及其他费用	（992 000）	（200 000）			（1 192 000）
少数股东损益			⑥14 400		（14 400）
净利润	256 000	72 000			265 600
利润分配部分					
期初未分配利润	210 000	100 000	⑤100 000		210 000
净利润	256 000	72 000			265 600
可分配的利润	466 000	172 000			475 600
减：提取盈余公积	60 000	15 000		⑦15 000	60 000
分派现金股利	160 000	40 000		③40 000	160 000
未分配利润	246 000	117 000			255 600
资产负债表					
长期股权投资——紫愿公司	640 000		②57 600 ④5 000	②32 000 ③25 600 ⑤645 000	—

续前表

项目	牡佑公司	紫愿公司	调整与抵销分录		合并数
			借方	贷方	
固定资产	1 000 000	650 000			1 650 000
其他资产	304 000	200 000			504 000
商誉			⑤45 000		45 000
资产合计	1 944 000	850 000			2 199 000
负债	300 000	68 000			368 000
股本	1 000 000	500 000	⑤500 000		1 000 000
资本公积				①16 000 ④5 000	21 000
盈余公积	398 000	165 000	⑤150 000 ⑦15 000		398 000
未分配利润	246 000	117 000			255 600
少数股东权益			③8 000	⑤150 000 ⑥14 400	156 400
负债与股东权益合计	1 944 000	850 000			2 199 000

（三）期中出售股权举例

牡佑公司持有紫愿公司 90%的股权，采用成本法进行会计处理。20×7 年 1 月 1 日，牡佑公司账上"长期股权投资——紫愿公司"账户余额为 720 000 元，其中包含商誉 45 000 元，且不存在评估增值以及公司间交易产生的未实现利润。20×7 年 1 月 1 日，紫愿公司股东权益包括股本 500 000 元，未分配利润 100 000 元，盈余公积 150 000 元。20×7 年，紫愿公司净利润为 72 000 元，为全年平均获得，提取盈余公积 15 000 元，并在 7 月 1 日支付股利 40 000 元。牡佑公司于 20×7 年 4 月 1 日以 96 000 元出售紫愿公司 10%的股权。

1. 出售损益的计算

出售损益的计算如下（单位：元）：

出售收入	96 000
所出售股权的账面价值（720 000÷（10%÷90%））	(80 000)
出售损益	16 000

20×7 年 4 月 1 日，在母公司账上确认长期股权投资的出售损益：

借：银行存款　　96 000

　　贷：长期股权投资（720 000÷(10%÷90%)）　　80 000

　　　　投资收益（出售损益）　　16 000

2. 出售股权后，成本法下，确认 20×7 年 7 月 1 日应收的现金股利

借：应收股利　　32 000

　　贷：投资收益（40 000×80%）　　32 000

母公司单体财务报表上长期股权投资账户期末余额为 640 000 元（720 000－80 000）。

3. 20×7 年 12 月 31 日，编制合并财务报表

(1) 编制合并报表时，应该将长期股权投资由成本法核算调整为权益法核算。

由于出售 10%股权是在 20×7 年 4 月 1 日（即期中出售），因此在合并报表上应该按权益法调整出售股权的账面价值，调整后，出售股权的价值为 81 800 元，计算过程如下（金额单位：元）：

所出售股权的账面价值：

20×7 年 1 月 1 日，长期股权投资账面余额	720 000
母公司 20×7 年 1 月 1 日至 4 月 1 日享有子公司净利润的份额（72 000×1/4×90%）	16 200
20×7 年 4 月 1 日，长期股权投资账面余额	736 200
出售比率（10%÷90%）	×1/9
20×7 年 4 月 1 日，按权益法调整的出售的股权价值	81 800

出售股权 10%后，牡佑公司对紫愿公司的投资比例下降为 80%，少数股权则增加为 20%。在权益法下，长期股权投资账户期末余额为 665 600 元，计算过程如下（单位：元）：

20×7 年 1 月 1 日，牡佑公司长期股权投资账户余额	720 000
20×7 年 4 月 1 日，牡佑公司出售 10%股权（736 200×(10%÷90%)）	(81 800)
	638 200
20×7 年1 月 1 日至 4 月 1 日，牡佑公司对紫愿公司的投资收益（72 000×1/4×90%）	16 200
20×7 年 4 月 1 日至期末，牡佑公司对紫愿公司的投资收益（72 000×3/4×80%）	43 200
20×7 年 7 月 1 日，收到股利（40 000×80%）	(32 000)
20×7 年 12 月 31 日，牡佑公司长期股权投资账户余额	665 600

权益法下，长期股权投资账户期末余额 665 600 元也可以这样理解：期末子公司净资产 782 000 元（750 000+72 000−40 000）的 80%，即 625 600 元，加上 80%股权对应的商誉 40 000 元（45 000×(80%÷90%)）。

由于出售 10%股权后，牡佑公司仍然能控制紫愿公司，在合并报表上商誉的金额不受影响，因此在合并工作底稿上，应将出售的 10%股权所对应的商誉 5 000 元（45 000−40 000）转入长期股权投资。

比较期初出售股权示例和期末出售股权示例，可以发现：在合并财务报表上，无论是期初出售，还是期中出售，按权益法调整的长期股权投资账户期末余额相同。

(2) 少数股东权益及少数股东损益。

出售股权前，少数股东权益只占 10%，所以 1 月 1 日至 4 月 1 日，少数股东损益为 1 800 元（72 000×1/4×10%）。出售股权后，少数股东权益上升为 20%，所以 4 月 1 日至 12 月 31 日，少数股东损益为 10 800 元（72 000×3/4×20%），合计 12 600 元。

20×7 年 1 月 1 日至 4 月 1 日，少数股东损益（72 000×1/4×10%） 1 800 元

20×7 年 4 月 1 日至期末，少数股东损益（72 000×3/4×20%） 10 800 元

20×7 年少数股东损益 12 600 元

20×7 年 1 月 1 日：

少数股东权益＝750 000×10%＝75 000(元)

20×7 年 4 月 1 日，出售 10%股权：

少数股东权益增加额＝(750 000＋72 000×1/4)×10%＝76 800(元)

(3) 合并工作底稿抵销分录。

抵销母公司确认的出售损益：

①借：投资收益 16 000
　　贷：资本公积 16 000

将成本法核算的结果调整为权益法核算的结果：

按权益法调整出售股权的账面价值：

②a. 借：资本公积 1 800
　　　贷：长期股权投资（81 800－80 000） 1 800

按权益法调整母公司应确认的享有子公司的净利润以及股利：

②b. 借：长期股权投资（72 000×1/4×90%＋72 000×3/4×80%） 59 400
　　　贷：投资收益 59 400
　　借：投资收益（40 000×80%） 32 000
　　　贷：长期股权投资 32 000

抵销母公司已确认的投资收益：

③借：投资收益 59 400
　　少数股东权益——股利（40 000×20%） 8 000
　　贷：利润分配——分派现金股利 40 000
　　　　长期股权投资 27 400

结转出售部分对应的商誉：

④借：长期股权投资（45 000－40 000） 5 000
　　贷：资本公积 5 000

抵销长期股权投资与子公司期初股东权益账户，并记录期初时的少数股东权益、出售股权时少数股东权益的增加额和商誉：

⑤借：股本 500 000
　　盈余公积 150 000
　　期初未分配利润 100 000

商誉	45 000	
贷：长期股权投资（720 000－81 800＋5 000）		643 200
少数股东权益（20×7 年 1 月 1 日）		75 000
少数股东权益（20×7 年 4 月 1 日）		76 800

确认少数股东损益：

⑥借：少数股东损益	12 600	
贷：少数股东权益		12 600

抵销子公司当年提取的盈余公积 15 000 元：

⑦借：盈余公积	15 000	
贷：提取盈余公积		15 000

（4）合并工作底稿见表 8—8。

表 8—8　　牡佑公司及紫愿公司合并工作底稿（期中出售）

20×7 年 12 月 31 日　　单位：元

项目	牡佑公司	紫愿公司	调整与抵销分录		合并数
			借方	贷方	
利润表					
营业收入	1 200 000	272000			1 472 000
投资收益——紫愿公司	48 000 （16 000＋ 32 000）		①16 000 ②32 000 ③59 400	②59 400	—
营业成本及其他费用	（992 000）	（200 000）			（1 192 000）
少数股东损益			⑥12 600		（12 600）
净利润	256 000	72 000			267 400
利润分配部分					
期初未分配利润	210 000	100 000	⑤100 000		210 000
净利润	256 000	72 000			267 400
可分配的利润	466 000	172 000			477 400
减：提取盈余公积	60 000	15 000		⑦15 000	60 000
分派现金股利	160 000	40 000		③40 000	160 000
未分配利润	246 000	117 000			257 400
资产负债表					
长期股权投资——紫愿公司	640 000		②59 400 ④5 000	②1 800 ②32 000 ③27 400 ⑤643 200	—
固定资产	1 000 000	650 000			1 650 000
其他资产	304 000	200 000			504 000
商誉			⑤45 000		45 000
资产合计	1 944 000	850 000			2 199 000

续前表

项目	牡佑公司	紫愿公司	调整与抵销分录		合并数
			借方	贷方	
负债	300 000	68 000			368 000
股本	1 000 000	500 000	⑤500 000		1 000 000
资本公积			②1 800	①16 000 ④5 000	19 200
盈余公积	398 000	165 000	⑤150 000 ⑦15 000		398 000
未分配利润	246 000	117 000			257 400
少数股东权益			③8 000	⑤75 000 ⑤76 800 ⑥12 600	156 400
负债与股东权益合计	1 944 000	850 000			2 199 000

比较前面的期初出售股权示例和期中出售股权示例，可以发现：如果是期初出售，合并净利润为 265 600 元，如果是期中出售，合并净利润为 267 400 元，合并净利润的差额部分 1 800 元（267 400－265 600）即为出售的 10％股权在 20×7 年 1 月 1 日至 20×7 年 4 月 1 日实现的净利润（72 000×1/4×10％）。

二、失去控制权的出售

母公司（投资公司）出售子公司（被投资公司）股权后，失去对子公司的控制权，此时，如果投资公司对被投资公司具有重大影响，或者能与其他投资方共同控制被投资公司，则剩余股权应按照对联营企业的长期股权投资进行会计处理，如 80％股权中出售 50％，余下 30％的股权，即图 8—2 中的第②种情况；如果投资公司对被投资公司不具有重大影响，则剩余股权应按照金融资产的会计准则进行会计处理，如 80％股权中出售 70％，余下 10％的股权，即图 8—2 中的第③种情况。

如果出售股权发生在期初，失去控制权时，母公司单体财务报表上做相应会计处理，期末不需要编制合并报表，这是因为期初母公司已失去控制权；如果出售股权发生在期中，那么期末需要编制编制合并报表，纳入合并报表的范围为期初至失去控制权之前。下文将详细介绍期中出售股权失去控制权的会计处理，期初出售导致失去控制权，只需要在母公司（投资公司）单体财务报表上进行会计处理，比较简单，此处不再赘述。

（一）会计处理

母公司出售子公司股权导致失去控制权的，应该区分单体财务报表和合并财务报表进行会计处理。

（1）在母公司单体财务报表上，对于出售的股权，作为长期股权投资的出售处理，确认有关出售损益。

（2）在母公司单体财务报表上，对于剩余股权，若对被投资公司具有重大影响或能共同控制，后续计量则转为权益法；在出售股权当日，还需按权益法调整剩余股权的账面价值。

（3）在母公司单体财务报表上，对于剩余股权，若对被投资公司不具有重大影响，应确认为金融资产，出售日剩余股权公允价值与账面价值之间的差额计入当期投资收益。

（4）在合并财务报表上，终止确认商誉、少数股东权益。对于剩余股权，应该按照出售日的公允价值进行重新计量。合并报表上，出售损益的计算过程如下：

支付对价的公允价值	×××
剩余股权的公允价值	×××
享有原子公司净资产合并账面价值的原有份额	(×××)
商誉	(×××)
出售损益	×××

其中，子公司净资产合并账面价值是指子公司自购买日开始持续计算的净资产的账面价值。

（5）在合并财务报表上，原有股权投资中涉及的其他综合收益、其他所有者权益变动，应当在失去控制权时转入当期投资收益。

（二）举例

20×1年1月1日，牡豪公司以800 000元取得紫星公司80%的股权，采用成本法进行后续计量。当日紫星公司股东权益的公允价值等于账面价值，包括股本500 000元，留存收益250 000元，此次合并产生商誉200 000元。20×3年1月1日，紫星公司股东权益包括股本500 000元，未分配利润100 000元，盈余公积350 000元。牡豪公司于20×3年4月1日，以750 000元出售紫星公司60%股权，剩余的20%股权在20×3年4月1日的公允价值为254 400元。出售60%股权后，牡豪公司失去对紫星公司的控制权，但是能影响紫星公司的经营生产决策。20×3年，紫星公司净利润为72 000元，为全年平均获得，并在期末支付现金股利40 000元，提取盈余公积15 000元。20×3年4月1日，经测试，商誉未发生减值。

可用图8—3表示出售60%股权前后，牡豪公司对紫星公司的投资情况。

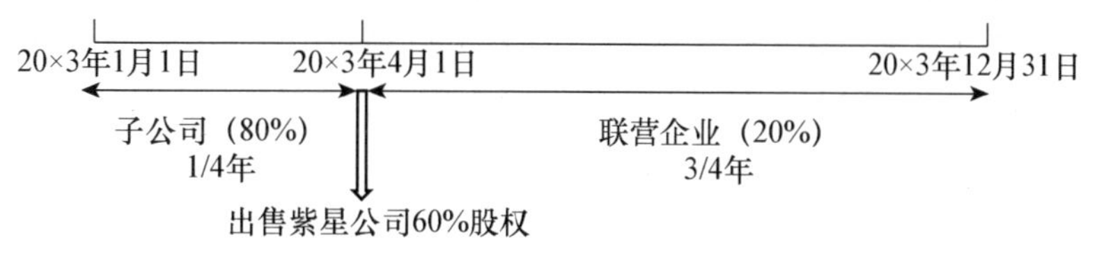

图8—3　出售股权后为联营企业

（1）20×3年4月1日，出售60%股权。

1）确认出售损益。

20×3年4月1日，在牡豪公司账上确认长期股权投资的出售损益：

借：银行存款　　750 000

　　贷：长期股权投资（800 000×(60%/80%)）　　600 000

　　　　投资收益（出售损益）　　150 000

2）调整剩余股权的账面价值。

出售60%股权后，牡豪公司失去对紫星公司的控制权，但具有重大影响，所以剩余的20%股权投资将作为对联营企业的长期股权投资，将采用权益法进行后续计量。此时，需按权益法调整剩余股权的账面价值。

20×1年1月1日至20×3年1月1日紫星公司实现的留存收益	=100 000+350 000−250 000
	=200 000(元)
20×3年1月1日至20×3年4月1日紫星公司实现的净利润	=72 000×1/4=18 000(元)

出售股权后，按照剩余持股比例计算享有紫星公司自20×1年1月1日至20×3年1月1日之间实现的净损益为40 000元（200 000×20%），应借记“长期股权投资”，贷记“年初未分配利润”；20×3年1月1日至20×3年4月1日之间实现的净损益为3 600元（18 000×20%），应借记“长期股权投资”，贷记“投资收益”。牡豪公司账上进行以下会计处理：

借：长期股权投资	43 600	
贷：年初未分配利润		40 000
投资收益		3 600

(2) 20×3年12月31日。

1）牡豪公司单体财务报表上，按权益法确认对紫星公司的长期股权投资（剩余的20%股权）。

a. 权益法下，20×3年12月31日，确认对紫星公司的权益。

借：长期股权投资	10 800	
贷：投资收益（72 000×3/4×20%）		10 800

b. 20×3年12月31日，确认应收紫星公司的现金股利。

借：应收股利	8 000	
贷：长期股权投资（40 000×20%）		8 000

2）需要编制合并报表，合并的时间范围为20×3年1月1日至20×3年4月1日。

a. 在合并财务报表上，出售损益的金额为30 000元，计算过程如下（单位：元）：

出售60%股权取得的价款	750 000
20×3年4月1日，剩余20%股权的公允价值	254 400
	1 004 400
20×3年4月1日，紫星公司股东权益（950 000+72 000×1/4）	968 000
原持股比例	×80%
20×3年4月1日，享有原子公司净资产合并账面价值的原有份额	(774 400)
20×3年4月1日，商誉	(200 000)
合并财务报表上出售损益	30 000

b. 在合并财务报表上，剩余的股权投资账户余额为257 200元，计算过程如下（单位：元）：

20×3年4月1日，剩余20%股权的公允价值	254 400

20×3 年 4 月 1 日至期末剩余股权应确认的投资收益（72 000×3/4×20%）　10 800

期末应收现金股利（4000×20%）　(8 000)

20×3 年 12 月 31 日，剩余 20%股权投资的账户余额　257 200

c. 在合并财务报表上，终止确认原有长期股权资产、商誉、少数股东权益的账面价值。

承接上例，假设 20×3 年 4 月 1 日，牡豪公司出售紫星公司 60%股权后，对紫星公司不具有重大影响，牡豪公司将剩余的 20%股权作为可供出售金融资产持有。此时，可用图 8—4 表示出售 60%股权前后，牡豪公司对紫星公司的投资情况。

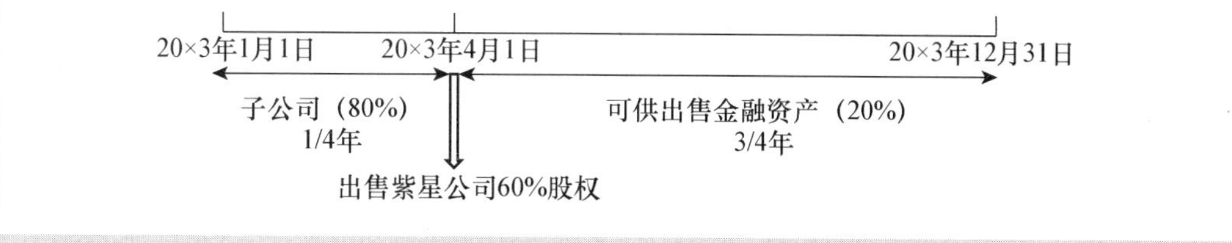

图 8—4　出售股权后剩余股权投资不具有重大影响

(1) 20×3 年 4 月 1 日，出售 60%股权。

1) 确认出售损益。

20×3 年 4 月 1 日，在牡豪公司账上确认长期股权投资的出售损益：

借：银行存款	750 000	
贷：长期股权投资（800 000×（60%/80%））		600 000
投资收益（出售损益）		150 000

2) 剩余股权投资转为可供出售金融资产。

出售 60%股权后，牡豪公司失去对紫星公司的控制权，且不具有重大影响，所以剩余的 20%股权投资将作为可供出售金融资产，采用公允价值计量。出售当日，剩余股权公允价值与账面价值之间的差额计入当期投资收益。

借：可供出售金融资产	254 400	
贷：长期股权投资		200 000
投资收益		54 400

(2) 20×3 年 12 月 31 日。

1) 牡豪公司单体财务报表上，剩余 20%股权投资作为可供出售金融资产，按公允价值计量。

20×3 年 12 月 31 日，确认应收紫星公司的现金股利：

借：应收股利	8 000	
贷：投资收益（40 000×20%）		8 000

2) 需要编制合并报表，合并的时间范围为 20×3 年 1 月 1 日至 20×3 年 4 月 1 日。

a. 在合并财务报表上，出售损益的金额为 30 000 元，计算过程同上例。

b. 在合并财务报表上，剩余的股权投资账户余额为期末的公允价值。

c. 在合并财务报表上，终止确认原有长期股权资产、商誉、少数股东权益的账面价值。

第四节 相对股权变动

子公司增发股份、发放股票股利、进行股票分割或回购库存股等，母公司在子公司所有者权益中的份额均有可能会发生变化。由这些原因所造成的母公司对子公司持股比例的变化，通常称为相对股权变动。本节将讲述相对股权变动情况下的会计处理。

成本法下，长期股权投资账户账面价值不反映母公司拥有的子公司股东权益的变化，只需在编制合并报表的第一个抵销分录中按不完全权益法要求将其转换为权益法。因此本节只讲解长期股权投资采用权益法时相对股权变动的会计处理，对成本法不再赘述。

一、子公司增发股份

子公司通常采用增发股票这一融资手段来筹集资金以扩大经营。增发股份时，若子公司按比例向母公司和少数股东增发股份，则母公司在子公司的持股比例保持不变；若子公司对外界发行股票而母公司放弃了认股权或子公司只对母公司增发股票，则母公司在子公司中的持股比例会发生变化，从而影响母公司在子公司净利润中拥有的权益，不完全权益法下长期股权投资账户也可能会受到影响，以下分别叙述。

（一）子公司仅对外界增发股份

1. 对母公司的影响

子公司对外界增发股份时，若母公司放弃认股权，则母公司在子公司中的持股比例必然发生变化。当新发股票的价格与发行时子公司每股账面价值相等时，母公司不会因子公司增发股票而产生利得或损失。若新发股票的价格大于每股账面价值，则母公司会由此产生利得，反之，会遭受损失。

2. 会计处理方法

子公司对外界发行股票，是资本业务，资本业务所发生的利得、损失不应该计入当期损益。当股票不是以子公司每股账面价值发行时，发行前后母公司所持股份账面价值的差额直接调整母公司的长期股权投资和资本公积账户。母公司对子公司投资未摊销的购买价差保持不变。

3. 举例

（1）相关资料。

假设20×1年1月1日，牡运公司持有紫幸公司80%的股权，牡运公司的“长期股权投资——紫幸公司”账户余额为360 000元，等于紫幸公司股东权益400 000元的80%加上40 000元商誉。

20×1年1月1日，紫幸公司的股东权益如下（单位：元）：

股本，每股面值1元	200 000
资本公积	120 000
盈余公积	60 000
未分配利润	20 000
股东权益合计	400 000

增发股票前，紫幸公司共有股份 200 000 股，每股账面价值 1 元。牡运公司持有紫幸公司的股份为 200 000×80%＝160 000 股。20×1 年 1 月 2 日，紫幸公司对外增发 50 000 股，牡运公司放弃认购权。牡运公司的持股比例将下降为 64%（160 000/250 000）。但是，新发股票对牡运公司在紫幸公司所有者权益中所占份额的影响要视新发股票价格而定。假设紫幸公司分别采用了 3 元、2 元、1.5 元三种价格发行股票，紫幸公司发行新股票对牡运公司“长期股权投资——紫幸公司”账户账面价值的影响见表 8—9。

表 8—9　　20×1 年 1 月 2 日增发股票后　　单位：元

	以 3 元出售	以 2 元出售	以 1.5 元出售
紫幸公司所有者权益	550 000	500 000	475 000
牡运公司持有股权	64%	64%	64%
发行后牡运公司在紫幸公司权益中拥有的份额	352 000	320 000	304 000
发行前牡运公司在紫幸公司权益中拥有的份额	320 000	320 000	320 000
牡运在紫幸公司权益中拥有份额的增减额	32 000	0	(16 000)

当紫幸公司以 2 元每股增发股份时，牡运公司拥有紫幸公司权益的份额并不改变；当紫幸公司以 3 元增发，牡运公司拥有紫幸公司权益的份额增加；以 1.5 元增发，牡运公司拥有紫幸公司权益的份额减少。

（2）相关会计处理。

牡运公司账面核算如下：

1）紫幸公司以每股 3 元出售。

借：长期股权投资——紫幸公司　　32 000

　　贷：资本公积　　32 000

2）紫幸公司以每股 2 元出售。

无须作任何分录。

3）紫幸公司以每股 1.5 元出售。

借：资本公积　　16 000

　　贷：长期股权投资——紫幸公司　　16 000

如果母公司资本公积不足，可借记留存收益类账户。

（二）子公司只对母公司增发股份

当母公司希望增加其在子公司的投资额，或者希望减弱少数股东对子公司经营活动的影响，母公司就有可能购入子公司增发的全部股票，这称为定向增发。这时，母公司在子公司的投资比例将上升，在子公司中拥有的权益份额必定发生变化。

仍以上述牡运公司和紫幸公司的资料举例说明不同情况下的会计处理方法。

1. 以每股账面净资产增发

假设 20×1 年 1 月 2 日，紫幸公司增发的 50 000 股全部由母公司购买，此时，母公司持股比例增加至 84%（(160 000＋50 000)÷(200 000＋50 000)）。当每股售价为 2 元时，新股的发行价格和账面净资产相等，故牡运公司“长期股权投资——紫幸公司”账户中包含的商誉依然为 40 000 元。增股前后变动对比见表 8—10。

表 8—10　　增发股票前后相关资料　　单位：元

	增发股票前 20×1年1月1日	增发股票后 20×1年1月2日
紫幸公司的股东权益	400 000	500 000
牡运公司的股权	80%	84%
牡运公司在紫幸公司权益中拥有份额	320 000	420 000
商誉	40 000	40 000
“长期股权投资——紫幸公司”余额	360 000	460 000

紫幸公司以每股账面价值发行新股，因此，不存在新增购买价差，商誉值不变。

2. 以高于每股账面净资产增发

若紫幸公司以每股3元将新发行的50 000股出售给牡运公司，牡运公司对紫幸公司的长期股权投资将增至510 000元（360 000 ＋ 150 000）。持股比例增至84%。

购买价差计算如下（单位：元）：

牡运公司支付的购买成本	150 000
购买后牡运公司持有紫幸公司股份的账面价值（400 000 ＋150 000）×84%	462 000
购买前牡运公司持有紫幸公司股份的账面价值	(320 000)
增加股份的账面价值（即账面价值增加额）	(142 000)
购买成本超过所获账面价值部分，即购买价差（150 000－142 000）	8 000

在编制合并报表时，这8 000元的购买价差视其发生原因适当地归属于可辨认净资产或商誉。

3. 以低于每股账面净资产增发

若紫幸公司以每股1.5元将新发行的50 000股出售给牡运公司，牡运公司对紫幸公司的长期股权投资将增至435 000元（360 000 ＋ 75 000）。股权比例增至84%。

购买价差计算如下（单位：元）：

牡运公司支付的购买成本	75 000
购买后牡运公司持有紫幸公司股份的账面价值（400 000 ＋75 000）×84%	399 000
购买前牡运公司持有紫幸公司股份的账面价值	(320 000)
增加股份的账面价值	(79 000)
所获账面价值超过购买成本部分（79 000－75 000）	4 000

理论上，账面价值超过投资成本部分应该冲减高估的净资产。在实务中，常常是将这部分冲减对同一公司股票投资所产生的商誉。此例中，冲减后使商誉由40 000元降至36 000元。

（三）子公司同时对外界和母公司增发股份

子公司同时对外界和母公司增发新股，母公司会计上的处理会因母公司购股比例的变动而不同。

1. 母公司认购新股的比例和原持股比例一致

在新发行的股份中，母公司认购的比例和原持股比例一样时，无论新股发行价格为多少，都不产生购买价差，母公司在子公司所有者权益中所占的比例保持不变。

2. 母公司认购新股的比例高于原持股比例

当母公司认购新股的比例高于原持股比例时，高出部分的会计处理如同分次购入时的会计处理。

上述紫幸公司和牡运公司的例子中，若20×1年1月2日，紫幸公司以3元每股的售价增发50 000股新股。牡运公司认购新股的90%，即45 000股。则牡运公司认购的40 000股用于维持其80%的持股比例，多购买的5 000股，会计处理如同分次购入的处理方法。5 000股占紫幸全部流通在外的250 000股的2%。紫幸公司权益合计550 000元。5 000股所占权益账面价值为11 000元（550 000×2%）。5 000股的购买成本为15 000元，购买价差为4 000元，根据成本效益原则，一般不考虑所获得资产是否增值，而是全部作为商誉处理。

3. 母公司认购新股的比例低于原持股比例

当母公司认购新股的比例低于原持股比例，母公司在子公司所有者权益中占有的比例将会发生变化，母公司的会计处理类似于子公司仅对外界增发股份的情况。

若20×1年1月2日，牡运公司只购入新增股票的75%，即37 500股。每股售价为3元。此时，牡运公司拥有的权益为432 500元（320 000＋3×37 500），股数为197 500股，占子公司股权的79%（197 500/250 000）。

增发股票后，紫幸公司的权益合计	550 000元
增发股票后，母公司持股比例	×79%
牡运公司拥有紫幸公司股权的账面价值（550 000×79%）	434 500元
购买新股后，牡运公司拥有紫幸公司的权益	(432 500)元
牡运公司投资权益增加数（434 500－432 500）	2 000元

会计处理类似于子公司仅对外界增发股份的情况。

借：长期股权投资——紫幸公司	2 000	
贷：资本公积		2 000

二、子公司发放股票股利及股票分割

（一）子公司发放股票股利

1. 股票股利低于20%或25%

子公司由于某些特殊的原因有时也会发放股票股利。若是小额股票股利，即股票股利低于20%或25%时，在子公司账上，会计处理按现行股票的公允价值从其他权益类账户转入股本和资本公积。

2. 股票股利高于20%或25%

若股票股利大于20%或25%时，按所发行股票股利的面值从其他权益类账户转入股本。子公司其他权益类账户的资本化，并不影响子公司的权益总额，只是改变了子公司所有者权益的结构，因此如果母公司采用的是权益法处理子公司的经营成果，子公司宣告和发放股票股利对母公司的长期股权投资账户并没有影响，只是间接影响到合并工作底稿抵销分录的金额。

3. 举例

（1）相关资料。

假设牡乐公司20×1年1月1日以480 000元购入紫康公司流通在外股票的80%，当时紫康公司的股东权益如下（单位：元）：

股本，每股面值1元	300 000
资本公积	60 000
盈余公积	190 000
未分配利润	50 000
股东权益合计	600 000

20×1年，紫康公司获得净利润90 000元，支付现金股利30 000元，提取盈余公积18 000元。20×1年12月31日，牡乐公司“长期股权投资——紫康公司”账户账面价值为528 000元（480 000 +(90 000−30 000)×80%）。

（2）不存在股票股利情况下。

根据上述资料，牡乐公司20×1年合并工作底稿中抵销分录如下：

①借：盈余公积	18 000	
贷：提取盈余公积		18 000
②借：投资收益——紫康公司	72 000	
少数股东权益	6 000	
贷：长期股权投资——紫康公司		48 000
利润分配——分派现金股利		30 000
③借：股本	300 000	
资本公积	60 000	
盈余公积	190 000	
期初未分配利润	50 000	
贷：长期股权投资——紫康公司		480 000
少数股东权益		120 000
④借：少数股东损益	18 000	
贷：少数股东权益		18 000

（3）存在股票股利情况下。

假设紫康公司还发放了10%的股票股利，当时每股市价2元，紫康公司账上的会计处理如下：

借：利润分配——普通股股票股利（30 000×2）	60 000	
贷：股本（30 000×1）		30 000
资本公积		30 000

发行股票股利后，紫康公司的股本变为330 000元，资本公积变为90 000元。牡乐公司对紫康公司发放股票股利并不作任何会计分录，但是，在合并工作底稿中，发放股票股利后的抵销分录与未发放的情况有所不同，差距在于抵销分录③。发放股利后抵销分录③如下：

借：股本　330 000
　　资本公积　90 000
　　盈余公积　190 000
　　未分配利润　50 000
　　贷：长期股权投资——紫康公司　480 000
　　　　少数股东权益　120 000
　　　　利润分配——普通股股票股利　60 000

上述分录中，股票股利 60 000 元与资本公积增加的 30 000 元以及股本增加的 30 000 元抵销。其他抵销分录完全相同。由于股票股利的发放，期末未分配利润实际只有 32 000 元（50 000＋90 000－30 000－18 000－60 000）。下期工作底稿上抵销年初牡乐公司长期股权投资账户和紫康公司年初所有者权益各账户余额的分录中只能借记“未分配利润” 32 000 元。除此之外，以后年度的抵销分录并无特殊之处。

（二）子公司进行股票分割

子公司进行股票分割或合并，只会影响到子公司的股票数量，并不影响子公司权益的总额以及各项权益的余额。母公司的会计处理和合并工作底稿上的抵销分录均无任何变化。

三、子公司回购库存股

（一）子公司回购库存股对母公司的影响

子公司回购库存股，会导致子公司的股东权益和流通在外的普通股减少。母公司占子公司的股权比例必然增加，但母公司在子公司的权益变化还要视回购库存股的价格而定。

若回购价格等于每股的账面价值，则母公司拥有子公司的权益不变。

若回购价格高于账面价值，则母公司拥有子公司的权益减少。

若回购价格低于账面价值，母公司拥有子公司的权益增加。

库存股交易前后母公司权益账面价值的变化额在资本公积账户中反映。

（二）举例

1. 相关资料

假设牡健公司拥有紫乐公司 80%的股权。20×6 年 12 月 31 日，紫乐公司共有 200 000 股普通股流通在外，每股面值 1 元，紫乐公司从少数股东处购回自身股票 8 000 股，假设分别采用了三种不同的价格回购股票，紫乐公司回购库存股对牡健公司拥有的紫乐公司股东权益份额产生的影响见表 8—11。

表 8—11　子公司回购库存股　单位：元

	回购库存股前	以 2 元每股回购后	以 3 元每股回购后	以 1.5 元每股回购后
紫乐公司股本	200 000	200 000	200 000	200 000
紫乐公司留存收益	200 000	200 000	200 000	200 000

续前表

	回购库存股前	以2元每股回购后	以3元每股回购后	以1.5元每股回购后
减：库存股（成本计价）	—	16 000	24 000	12 000
紫乐公司股东权益合计	400 000	384 000	376 000	388 000
牡健公司的股权比例	0.8	83.33%	83.33%	83.33%
牡健公司拥有的紫乐公司股东权益	320 000	320 000	313 333	323 333

2. 相关会计处理

（1）子公司回购库存股后，母公司对子公司持股比例的确定。

紫乐公司回购库存股前，牡健公司拥有紫乐公司普通股160 000股，股权比例为80%。紫乐公司回购库存股后，紫乐公司共有192 000股普通股流通在外。此时，牡健公司在紫乐公司的股权比例变为83.33%（160 000/192 000）。

（2）相关会计分录。

1）以等于每股账面净资产的价格回购。

当紫乐公司以每股2元回购股票，回购价格等于每股账面净资产，牡健公司在紫乐公司的权益不变，依然保持为320 000元。

2）以高于每股账面净资产的价格回购。

当以每股3元回购股票，回购价格高于每股账面净资产，牡健公司在紫乐公司的权益减少6 667元（320 000－313 333）。牡健公司账上分录记录如下：

借：资本公积　　6 667

　　贷：长期股权投资（320 000－313 333）　　6 667

3）以低于每股账面价值回购。

当以1.5元每股回购股票，回购价格低于每股账面价值，牡健公司在紫乐公司的权益增加3 333元（323 333－320 333）。牡健公司账上分录记录如下：

借：长期股权投资（323 333－320 000）　　3 333

　　贷：资本公积　　3 333

库存股交易具有资本交易的性质，发生的利得损失不能计入当期损益，而是通过调整长期股权投资和资本公积进行会计处理。

思考题

1. 何为购并前股利、购并前净利润？母公司对购并前净利润、购并前股利如何进行会计处理？在合并报表中又如何进行会计处理？

2. 假设持有S公司80%股权的投资者在期中收购S公司另外的10%股权，试说明母公司收购10%股权对当期少数股东损益及期末少数股东权益的影响。

3. 母公司于年中出售子公司的部分股权，在权益法下出售当年年初至出售日止所对应的投资收益是否应包含在母公司净利润和合并净利润中？

4. 子公司增发股份，什么情况下母公司对子公司的持股比例保持不变？什么情况下母公司拥有的子公司权益份额不变？什么情况下两者都不变？

5. 权益法下，子公司回购库存股会对母公司的投资处理产生什么影响？

练习题

1. 20×7 年 6 月 1 日，牡晴公司以现金 2 580 000 元收购紫顺公司 70%的普通股股权，紫顺公司资产和负债账面价值与公允价值相等。紫顺公司股东权益相关数据如下（单位：元）：

20×6 年 12 月 31 日股东权益	
普通股股本，每股面值 10 元	2 000 000
盈余公积	630 000
未分配利润	330 000
股东权益合计	2 960 000

20×7 年，紫顺公司在年内平均获得净利润 480 000 元，并且于 1 月、4 月、7 月、10 月分别发放股利 60 000 元。假设投资当年年末经测试，发现商誉减值 26 366 元。假设股权投资采用成本法。

要求：

(1) 计算牡晴公司投资紫顺公司的商誉。

(2) 计算牡晴公司投资紫顺公司 20×7 年的投资收益。

(3) 计算 20×7 年 12 月 31 日牡晴公司对紫顺公司的长期股权投资账户余额。

(4) 编制 20×7 年牡晴公司合并紫顺公司财务报表所需的工作底稿抵销分录。

2. 20×9 年 1 月 1 日，牡仁公司以 1 600 000 元购入紫翔公司 40%的股权。当日，紫翔公司股本为 2 000 000 元，盈余公积为 1 000 000 元，未分配利润为 1 000 000 元，股东权益合计 4 000 000 元。同年 9 月 1 日，牡仁公司又以 840 000 元购入紫翔公司 20%的股权。以上两次购股中账面价值均等于公允价值。紫翔公司 20×9 年净利润为 480 000 元，为年度中平均获得，其分别于 4 月和 10 月各支付股利 120 000 元。假设股权投资采用成本法。

要求：

(1) 计算 20×9 年牡仁公司来自紫翔公司的投资收益。

(2) 计算 20×9 年牡仁公司和紫翔公司合并利润表中列示的购并前净利润。

(3) 计算 20×9 年的少数股东损益。

3. 20×9 年 1 月 1 日，牡佑公司购入紫愿公司 80%的股权，牡佑公司“长期股权投资——紫愿公司”账户为 872 000 元（即为紫愿公司当天的股东权益 1 000 000 元的 80%加上商誉 72 000 元），假设商誉每年减值 1/3。当年 5 月 1 日，牡佑公司以 520 000 元出售其所持有的紫愿公司股权的 1/2。且 20×9 年，紫愿公司净利润为 300 000 元，假设为年内平均取得，并于当年 7 月 1 日宣告发放股利 160 000 元。

要求：

(1) 计算牡佑公司出售 40%股权的损益。

(2) 计算 20×9 年牡佑公司来自紫愿公司的投资收益。

(3) 计算 20×9 年 12 月 31 日，牡佑公司的“长期股权投资——紫愿公司”账户余额。

4. 20×5 年 1 月 1 日，紫艺公司股本为 50 000 元，盈余公积为 10 000 元，未分配利润为 20 000 元，所有者权益合计 80 000 元，且资产、负债的账面价值等于公允价值。牡苑公司以每股 90 元购得紫艺公司面值 50 元的普通股 900 股，取得紫艺公司 90%的股权。紫艺公司 20×5 年有净利润 5 000 元，未宣告股利。20×6 年 1 月 1 日，紫艺公司以每股 100 元的价格增发 500 股。紫艺公司 20×6 年净利润为 7 000 元，也未宣告股利。假设商誉每年减值 10%，股权投资采用完全权益法。

要求：

(1) 计算 20×5 年 12 月 31 日牡苑公司的"长期股权投资——紫艺公司"账户余额。

(2) 假设牡苑公司在 20×6 年 1 月 1 日购得增发的 500 股，计算 20×6 年 12 月 31 日两公司合并资产负债表上的商誉（或负商誉）。

(3) 假设 20×6 年 1 月 1 日，紫艺公司将增发的 500 股出售给外界投资者，计算 20×6 年牡苑公司因股权投资所产生的资本公积的数值以及 20×6 年 12 月 31 日紫艺公司的少数股东权益。

5. 20×5 年 12 月 31 日，牡合公司及其拥有 80%股权的子公司紫益公司的股东权益如下（单位：元）：

	牡合公司	紫益公司
股本，每股面值 1 元	10 000 000	4 400 000
盈余公积	2 000 000	1 000 000
未分配利润	2 000 000	1 000 000
合计	14 000 000	6 400 000

牡合公司对紫益公司的长期股权投资账户余额等于其所获账面价值。20×6 年 1 月 1 日，紫益公司以每股 2 元增发 600 000 股普通股。

要求：

(1) 若这 600 000 股为牡合公司购得，计算牡合公司购得新股后对紫益公司的股权投资比例。

(2) 若紫益公司将此 600 000 股新股出售给公众，计算新股发行后牡合公司对紫益公司的股权投资的比例。

(3) 若紫益公司将此 600 000 股新股出售给公众，确定牡合公司账上此新股发行对其在紫益公司投资的影响。

6. 20×2 年 1 月 1 日，紫未公司有流通在外的 1 800 000 股普通股，每股面值 1 元。牡超公司持有其中的 2/3，即 1 200 000 股。紫未公司为筹集资金进行扩张，于 20×2 年 1 月 3 日以每股 5 元发行了 200 000 股普通股。新股发行前后，紫未公司的股东权益如下（单位：元）：

	发行前	发行后
普通股，每股面值 1 元	1 800 000	2 000 000
资本公积	1 200 000	2 000 000
盈余公积	600 000	600 000
未分配利润	600 000	600 000
股东权益合计	4 200 000	5 200 000

要求：

(1) 假设紫未公司新发行的200 000股股票均为牡超公司所购买，计算牡超公司购股后，对紫未公司的股权投资比例及牡超公司购入紫未公司新发股票产生的商誉。

(2) 假设此200 000股均由紫未公司的少数股东紫艾公司所购买，计算紫艾公司获得此新股后，牡超公司对紫未公司的持股比例，以及牡超公司对紫未公司长期股权投资账户的账面价值变化情况。

第九章

复杂控股关系

引例　中兴通讯与万科控股关系比较

在前面的章节中，我们提到过中兴通讯与万科，学习了如何处理集团内部交易。现在我们观察一下它们的控股关系：

- 中兴通讯（000063. SZ，00763. HK）（截至 2013 年 12 月 31 日）。

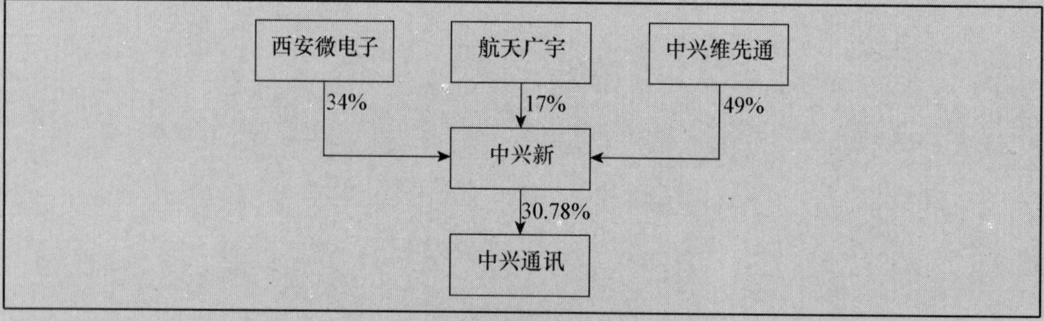

- 万科（000002. SZ，200002. SZ）（截至 2013 年 12 月 31 日）。

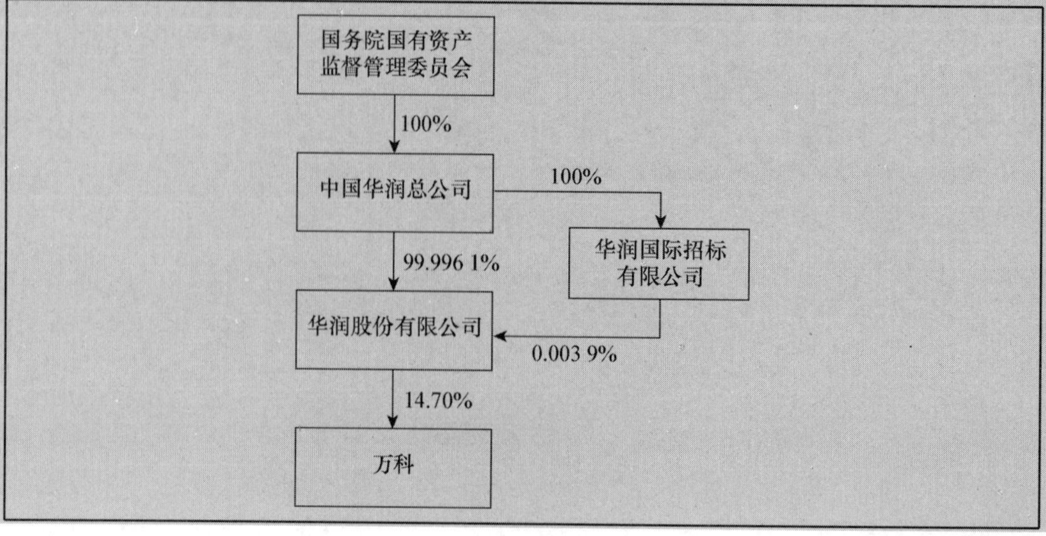

我们发现中兴通讯与万科都有较为复杂的控股关系。当我们视中兴新与华润股份有限公司为母公司时，此类母子公司间合并资产负债表与合并利润表的编制在前面章节均已介绍。但是再往上一级，如果视中兴维先通与中国华润总公司为母公司时，又该如何编制合并报表呢？

希望通过本章的学习，各位读者能找到答案。

学习目标

- 初步了解复杂控股关系
- 掌握间接持股情况下合并报表的编制方法
- 掌握相互持股情况下，库存股法、传统法两种编制合并报表的方法

企业集团内部的控股关系可分为直接持股、间接持股、相互持股三种。在本章之前，本书所述的合并报表的编制均为母公司直接持有子公司50%以上股份情况下报表的合并。在间接持股、相互持股情况下，一家公司间接持有另一家公司半数以上股份时，也应编制合并报表。本章将讲述这两种情况下合并报表的编制。

第一节　复杂控股关系

一、复杂控股关系

在资本结构中，间接持股、相互持股相对于直接持股，又称复杂控股关系。

（一）间接持股

间接持股又可分为父子孙结构和兄弟联属结构两种形式。

1．父子孙结构

在父子孙结构下，母公司持有子公司半数以上股份，子公司又持有其子公司（即孙公司）半数以上股份，从而母公司通过子公司控制孙公司的经营和财务政策。

2．兄弟联属结构

在兄弟联属结构下，母公司直接持有某子公司的股份未达到半数以上，但通过另一子公司持有该子公司的股份，累计达到半数以上，从而对其控股。

（二）相互持股

相互持股是间接持股的一种特殊形式，它可以看作企业集团内部企业间接持有自己的股份。相互持股也可分为三种形式：母子公司之间相互持股，子公司之间相互持股，子孙公司之间相互持股。

1．母子公司之间相互持股

母子公司相互持有对方的股票，称为母子公司之间相互持股。

2. 子公司之间相互持股

子公司之间相互持股，母公司并不涉入。

3. 子孙公司之间相互持股

这种情况较为复杂，通常是子公司和孙公司之间的相互持股。

二、举例

企业间的间接持股、相互持股的具体形式很多，图 9—1 列出了其中最基本的形式以示说明。

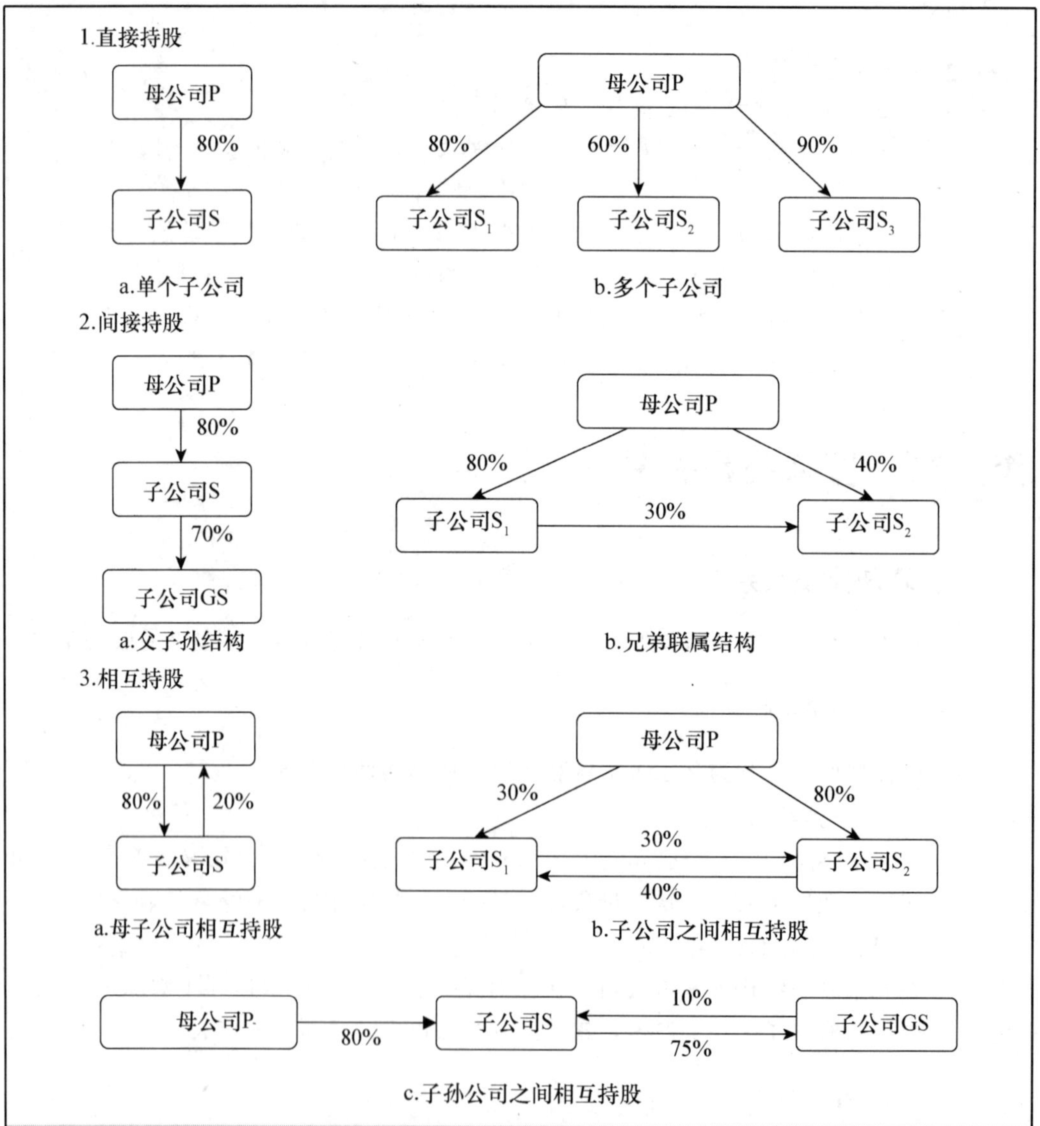

图 9—1 复杂控股关系

图 9—1 父子孙结构中，母公司 P 直接拥有子公司 S 80%的股权，即母公司 P 直接拥有子公司 S 80%的所有权，间接拥有孙公司 GS 56%（80%×70%）的股权，即 56%的收益权（或称现金流权）；少数股东拥有孙公司 GS 剩余 44%的股权，其中直接少数股东拥有 30%的股权，子公司 S 的少数股东间接持有 14%的少数股权（20%×

70%）。母公司P间接持有孙公司GS 56%的股权，应合并报表。若此结构中，子公司S拥有孙公司GS的股权是60%，母公司P只间接持有孙公司GS 48%的股权，但仍应合并报表，因为母公司P虽然只间接持有孙公司GS 48%的股权，但母公司P通过子公司S持有孙公司GS 60%的决策权，仍然控制着孙公司GS。换言之，控制权是根据股权（即所有权）链上最小的持股比例来判断的，即母公司P最终控制了孙公司GS的60%股权，故需合并子公司GS。

可见，在复杂控股情况中，是否应进行报表合并并非看母公司间接持有子公司多少股权，而应看整个企业集团是否持有子公司绝大多数股权，从而拥有对后者的经营控制权。

在父子孙结构中，如果子公司有多个，孙公司有更多个，这种结构称为金字塔结构。

在兄弟联属企业结构中，母公司P直接持有子公司 S_2 40%的股权，间接持有24%的股权，共持有64%的股权，应合并报表。子公司 S_2 剩余的36%的股权，子公司 S_2 的少数股东直接持有30%，子公司 S_1 的少数股东间接持有6%（20%×30%）。

相互持股结构中，母子公司相互持股图中，子公司持有母公司20%的股权，相当于间接拥有自身16%的股权，由此，母公司实际只拥有64%的子公司股权，应合并报表。子公司之间相互持股图中，情况比较复杂，应利用联立方程等数学方法进行分析，此种情况在后面再讲述。

第二节 间接持股

在间接持股情况下，合并报表的编制面临的主要问题在于如何按权益法的要求确定母公司与各子公司的利润和所有者权益。合并报表本身的编制程序和直接控股情况下的编制程序并无区别，只是复杂些。

一、父子孙结构

（一）合并报表编制的特点

在父子孙结构下，合并报表的编制首先要确定当年子公司投资孙公司所获得的利润以及在孙公司中拥有的权益份额的变动；然后在子公司调整后的基础上，确定当年母公司投资子公司的利润和权益份额的变动；再在此基础上，编制合并工作底稿。

（二）举例

1. 资料

（1）间接持股的情况。

假设牡俊公司20×4年购入紫儒公司80%的股权，20×5年1月2日紫儒公司购入笄毅公司75%的股权。购入时均不存在购买价差。三公司间接持股结构如图9—2所示。

图9—2 三公司间接持股结构图

在父子孙结构中，首先，需要确定合并范围；其次，计算少数股权的持股比例；合并时，先合并子孙公司，后合并母子公司。

此例中，牡俊公司控制紫儒公司，紫儒公司控制笋毅公司，因此三家公司纳入合并范围。牡俊公司通过紫儒公司间接控制笋毅公司，牡俊公司间接持有笋毅公司60%股权（80%×75%）。紫儒公司少数股权直接持股比例为20%（1－80%）；笋毅公司少数股权直接持股比例为25%（1－75%），间接持股比例为15%（20%×75%），笋毅公司少数股权直接持股加间接持股合计40%（100%－60%）。

（2）购并完成时三公司相关资料。

20×5年1月2日，合并完成时，三家公司的资料见表9—1。

表9—1　　20×5年1月2日三家公司相关资料　　单位：元

	牡俊公司	紫儒公司	笋毅公司
其他资产	900 000	375 000	390 000
长期股权投资——紫儒公司	360 000	—	—
长期股权投资——笋毅公司	—	225 000	—
资产合计	1 260 000	600 000	390 000
负债	450 000	150 000	90 000
股本	600 000	300 000	150 000
资本公积	60 000	60 000	75 000
盈余公积	100 000	60 000	50 000
未分配利润	50 000	30 000	25 000
股东权益合计	810 000	450 000	300 000
负债与股东权益合计	1 260 000	600 000	390 000

（3）单体净利润以及股利发放。

购并完成年度三公司的单体净利润以及股利发放见表9—2。

表9—2　　20×5年各公司单体净利润和股利发放　　单位：元

	牡俊公司	紫儒公司	笋毅公司
经营利润	120 000	90 000	75 000
股利发放	75 000	60 000	45 000

2. 不完全权益法下会计处理

（1）确定子公司对孙公司投资所获得的收益以及权益的变动。

紫儒公司账上记录笋毅公司经营成果和发放股利的会计处理分录如下：

借：长期股权投资——笋毅公司　　56 250
　贷：投资收益（75 000×75%）　　56 250

借：银行存款（45 000×75%）　　33 750
　贷：长期股权投资——笋毅公司　　33 750

将上述分录记入有关账户后计算出其余额，20×5年紫儒公司的投资收益为56 250元，净利润为146 250元（90 000＋56 250）。而“长期股权投资——笋毅公司”账户20×5年年末余额为247 500元（225 000＋56 250－33 750）。

（2）确定母公司对子公司投资所获得的收益以及权益的变动。

在紫儒公司调整后的基础上，牡俊公司 20×5 年记录紫儒公司经营成果和发放股利的会计分录如下：

借：长期股权投资——紫儒公司 117 000
　　贷：投资收益（146 250×80%） 117 000
借：银行存款（60 000×80%） 48 000
　　贷：长期股权投资——紫儒公司 48 000

这样，将上述分录记入有关账户后计算出其余额，牡俊公司 20×5 年的投资收益为 117 000 元，净利润为 237 000 元（120 000＋117 000）。而“长期股权投资——紫儒公司”账户 20×5 年年末余额为 429 000 元（360 000 ＋117 000－48 000）。

（3）母公司合并净利润的计算。

在本例中，母公司对子公司长期股权投资的会计处理采用不完全权益法，由于没有购买价差和集团内公司间交易，母公司在不完全权益法下的净利润与完全权益法下的净利润相等。在完全权益法下有一恒等式：母公司的净利润与合并净利润相等。这样，只要计算出母公司在完全权益法下的净利润，即为合并净利润。合并净利润的计算可由不同的方法分别确定。

1）可以根据合并净利润的定义计算，在本例中如下（单位：元）：

牡俊公司不包括投资收益的经营利润 120 000
加：牡俊公司在紫儒公司不包括投资收益的净利润中的份额（90 000×80%）
72 000
加：牡俊公司在笋毅公司净利润中的份额（75 000×80%×75%）
45 000
牡俊公司净利润或企业集团合并后的净利润 237 000

2）计算合并净利润如表 9—3 所示。

表 9—3　父子孙结构利润分配部分　单位：元

	牡俊公司	紫儒公司	笋毅公司
不包括投资收益的经营利润	120 000	90 000	75 000
笋毅公司的净利润 75%分配给紫儒公司（75 000×75%）		+56 250	−56 250
紫儒公司净利润 80%分配给牡俊公司	+117 000	−117 000	—
合并净利润	237 000		
少数股东损益		29 250	18 750

在复杂控股情况下，用表格的形式进行利润的分配是种很好的方法，尤其在未使用权益法、权益法使用不正确或公司之间有内部未实现利润等情况下，作用更加明显。

（4）年末子公司、孙公司少数股东权益的计算。

紫儒公司、笋毅公司年末少数股东权益的计算，可以通过紫儒公司、笋毅公司年末的股东权益与少数股东股权比例的乘积得到。

笋毅公司少数股东权益＝(420 000－90 000)×25%＝82 500(元)
紫儒公司少数股东权益＝(675 000－138 750)×20%＝107 250(元)

其中，675 000 元、138 750 元分别为紫儒公司年末的所有者权益和负债数额（数据来源可参看后面合并工作底稿中紫儒公司单体财务报表）。

（5）合并报表的编制。

父子孙结构下，合并报表的编制并没有特殊之处，只是分两次合并，首先合并子公司和孙公司，然后合并母公司和子公司。

1）首先，合并子公司和孙公司。

A. 抵销笋毅公司提取的盈余公积。

①借：盈余公积	22 500	
贷：提取盈余公积		22 500

B. 抵销公司间投资收益和股利，将长期股权投资调整为期初余额。

②借：投资收益	56 250	
少数股东权益——股利（45 000×25%）	11 250	
贷：利润分配——分派现金股利		45 000
长期股权投资——笋毅公司		22 500

C. 抵销子公司期初长期股权投资账户与孙公司期初股东权益账户，并记录期初时的少数股东权益。

③借：股本	150 000	
资本公积	75 000	
盈余公积	50 000	
期初未分配利润	25 000	
贷：长期股权投资——笋毅公司		225 000
少数股东权益（300 000×25%）		75 000

2）然后，合并母公司和子公司。

A. 抵销紫儒公司提取的盈余公积。

④借：盈余公积	43 875	
贷：提取盈余公积		43 875

B. 抵销集团内投资收益和股利，将长期股权投资账户调整为期初余额。

⑤借：投资收益	117 000	
少数股东权益——股利（60 000×20%）	12 000	
贷：利润分配——分派现金股利		60 000
长期股权投资——紫儒公司		69 000

C. 抵销期初长期股权投资与子公司股东权益账户，并记录期初时的少数股东权益。

⑥借：股本	300 000	
资本公积	60 000	
盈余公积	60 000	
期初未分配利润	30 000	
贷：长期股权投资——紫儒公司		360 000
少数股东权益（450 000×20%）		90 000

3）确认子公司、孙公司当年少数股东损益（计算见表 9—3）。

⑦借：少数股东损益——紫儒公司　　29 250
　　贷：少数股东权益——紫儒公司（146 250×20%）　　29 250
⑧借：少数股东损益——笋毅公司　　18 750
　　贷：少数股东权益——笋毅公司（75 000×25%）　　18 750

20×5 年牡俊公司编制的合并工作底稿见表 9—4。

表 9—4　　**20×5 年牡俊公司合并工作底稿**　　单位：元

项目	牡俊公司	紫儒公司	笋毅公司	调整与抵销分录		合并数
				借方	贷方	
利润表						
营业收入	360 000	270 000	225 000			855 000
投资收益（紫儒公司）	117 000			⑤117 000		—
投资收益（笋毅公司）		56 250		②56 250		—
营业成本	195 000	157 500	120 000			(472 500)
管理费用	45 000	22 500	30 000			(97 500)
少数股东损益（紫儒公司）				⑧29 250		(29 250)
少数股东损益（笋毅公司）				⑦18 750		(18 750)
净利润	237 000	146 250	75 000			237 000
利润分配部分						
期初未分配利润	50 000	30 000	25 000	③25 000 ⑥30 000		50 000
净利润	237 000	146 250	75 000			237 000
可分配的利润	287 000	176 250	100 000			287 000
减：提取盈余公积	71 100	43 875	22 500		①22 500 ④43 875	71 100
分派现金股利	75 000	60 000	45 000		②45 000 ⑤60 000	75 000
未分配利润	140 900	72 375	32 500			140 900
资产负债表						
长期股权投资——紫儒公司	429 000				⑤69 000 ⑥360 000	—
长期股权投资——笋毅公司		247 500			②22 500 ③225 000	—
其他资产	1 011 000	427 500	420 000			1 858 500
资产合计	1 440 000	675 000	420 000			1 858 500
负债	468 000	138 750	90 000			696 750
股本	600 000	300 000	150 000	③150 000 ⑥300 000		600 000
资本公积	60 000	60 000	75 000	③75 000 ⑥60 000		60 000

续前表

项目	牡俊公司	紫儒公司	笋毅公司	调整与抵销分录		合并数
				借方	贷方	
盈余公积	171 100	103 875	72 500	①22 500 ③50 000 ④43 875 ⑥60 000		171 100
未分配利润	140 900	72 375	32 500			140 900
少数股东权益（紫儒公司）				⑤12 000	⑥90 000 ⑧29 250	107 250
少数股东权益（笋毅公司）				②11 250	③75 000 ⑦18 750	82 500
负债与股东权益合计	1 440 000	675 000	420 000			1 858 500

在表9—4的工作底稿中，分录①，②和③抵销了紫儒公司对笋毅公司投资有关的盈余公积提取、投资收益、长期股权投资、股利和所有者权益的影响额。

同理，工作底稿中分录④，⑤和⑥抵销了牡俊公司对紫儒公司投资有关的盈余公积提取、投资收益、长期股权投资、股利和所有者权益的影响额。

分录⑦和⑧分别确立了属于紫儒公司和笋毅公司的少数股东权益和少数股东损益。其中笋毅公司、紫儒公司的少数股东损益可计算如下：笋毅公司为75 000×25%＝18 750元，紫儒公司为146 250×20%＝29 250元。

3. 成本法下会计处理

现对上例稍作修改，假设20×4年牡俊公司对紫儒公司投资时，长期股权投资成本为320 000元，而不是上例中的360 000元。因此成本法下牡俊公司账上长期股权投资账户余额为320 000元（初始成本）。紫儒公司长期股权投资账户余额为225 000元。

（1）投资收益的确认。

笋毅公司20×5年发放现金股利45 000元，紫儒公司获得其中75%。紫儒公司确认对笋毅公司投资收益的会计分录如下：

借：银行存款　　　　33 750

　　贷：投资收益　　　　33 750

将上述分录记入有关账户后计算出其余额，成本法下，20×5年紫儒公司的投资收益为33 750元。而“长期股权投资——笋毅公司”账户20×5年年末余额为225 000元。

紫儒公司20×5年发放现金股利60 000元，牡俊公司获得其中的80%。牡俊公司确认对紫儒公司投资收益的会计分录如下：

借：银行存款　　　　48 000

　　贷：投资收益　　　　48 000

将上述分录记入有关账户后计算出其余额，成本法下，20×5年牡俊公司的投资收益为48 000元。而“长期股权投资——笋毅公司”账户20×5年年末余额为320 000元。

（2）抵销分录。

成本法下，合并报表第一笔抵销分录要求将成本法转换为不完全权益法，相应的转换分录如下：

将子公司对孙公司长期股权投资账户、投资收益账户转换为不完全权益法：

借：长期股权投资——笋毅公司（56 250－33 750）　　22 500
　贷：投资收益　　22 500

投资收益＝不完全权益法下投资收益余额 56 250－成本法下投资收益余额 33 750
＝22 500(元)

将母公司对子公司长期股权投资账户、投资收益账户转换为不完全权益法：

借：长期股权投资——紫儒公司（117 000－48 000＋ 40 000）
　　109 000
　贷：投资收益　　69 000
　　期初未分配利润（360 000－320 000）　　40 000

其中，本期的影响为：投资收益 69 000 元（不完全权益法下投资收益余额 117 000 元－成本法下投资收益余额 48 000 元）；以前年度的影响为 40 000 元（360 000－320 000），为牡俊公司在紫儒公司以前未分配利润中所占的份额。

其余抵销分录与不完全权益法下相同。

（3）合并工作底稿。20×5 年牡俊公司编制的合并工作底稿见表 9—5。

表 9—5　　20×5 年牡俊公司合并工作底稿　　单位：元

项目	牡俊公司	紫儒公司	笋毅公司	调整与抵销分录		合并数
				借方	贷方	
利润表						
营业收入	360 000	270 000	225 000			855 000
投资收益（紫儒公司）	48 000			⑥117 000	①69 000	
投资收益（笋毅公司）		33 750		③56 250	①22 500	
营业成本	195 000	157 500	120 000			(472 500)
管理费用	45 000	22 500	30 000			(97 500)
少数股东损益（紫儒公司）				⑨29 250		(29 250)
少数股东损益（笋毅公司）				⑧18 750		(18 750)
净利润	168 000	123 750	75 000			237 000
利润分配部分						
期初未分配利润	10 000	30 000	25 000	④25 000 ⑦30 000	①40 000	50 000
净利润	168 000	123 750	75 000			237 000
可分配的利润	178 000	153 750	100 000			287 000
减：提取盈余公积	71 100	43 875	22 500		②22 500 ⑤43 875	71 100
分派现金股利	75 000	60 000	45 000		③45 000 ⑥60 000	75 000
未分配利润	31 900	49 875	32 500			140 900
资产负债表						
长期股权投资——紫儒公司	320 000			①109 000	⑥69 000 ⑦360 000	—

续前表

项目	牡俊公司	紫儒公司	笋毅公司	调整与抵销分录		合并数
				借方	贷方	
长期股权投资——笋毅公司		225 000		①22 500	③22 500 ④225 000	—
其他资产	1 011 000	427 500	420 000			1 858 500
资产合计	1 331 000	652 500	420 000			1 858 500
负债	468 000	138 750	90 000			696 750
股本	600 000	300 000	150 000	④150 000 ⑦300 000		600 000
资本公积	60 000	60 000	75 000	④75 000 ⑦60 000		60 000
盈余公积	171 100	103 875	72 500	②22 500 ④50 000 ⑤43 875 ⑦60 000		171 100
未分配利润	31 900	49 875	32 500			140 900
少数股东权益（紫儒公司）				⑥12 000	⑦90 000 ⑨29 250	107 250
少数股东权益（笋毅公司）				③11 250	④75 000 ⑧18 750	82 500
负债与股东权益合计	1 331 000	652 500	420 000			1 858 500

成本法下合并报表的编制相对于不完全权益法，投资收益只确认收到的股利，编制合并报表时，在第一个抵销分录中通过对长期股权投资、投资收益、期初未分配利润账户的调整将成本法转换为不完全权益法，其他合并工作底稿中抵销分录的编制以及编制的合并财务报表与不完全权益法下完全相同，因此，本章后面章节将只讲述不完全权益法下报表的编制。

二、兄弟联属企业结构

（一）合并报表编制的特点

兄弟联属企业结构合并报表的编制主要面临的问题仍然是权益法下母公司和各子公司的利润和所有者权益的确定问题。合并工作底稿的编制本身并无什么特殊的地方。以下举例说明。

（二）举例

1. 资料

（1）间接持股结构。

假设牡佑公司拥有紫武公司60%的股权，拥有紫佳公司50%的股权。同时紫武公司拥有紫佳公司20%的股权。牡佑、紫武、紫佳三公司的联属企业结构如图9—3所示。

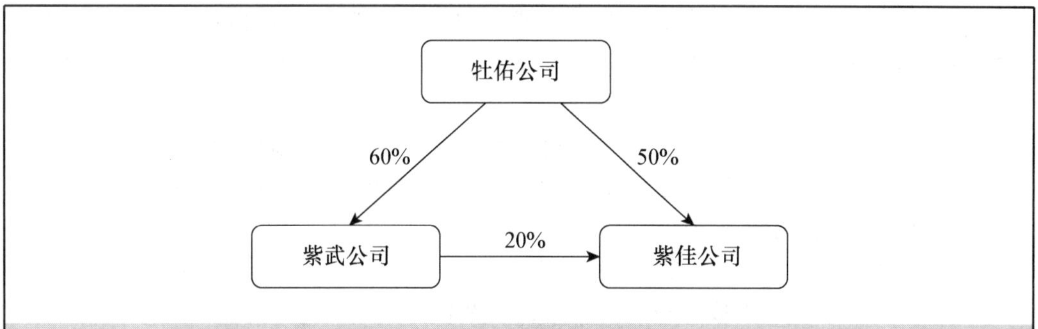

图 9—3　三公司间接持股结构图

（2）长期股权投资账户余额。

20×5 年 12 月 31 日，牡佑公司“长期股权投资——牡佑对紫武”账户余额为 276 000 元，“长期股权投资——牡佑对紫佳”账户余额为 185 000 元。紫武公司“长期股权投资——紫武对紫佳”账户余额为 74 000 元。均不存在购买价差。盈余公积提取比例均为 30%。

（3）单体净利润及股利发放。

20×6 年，三家公司获得利润情况见表 9—6。

表 9—6　　　　单位：元

	牡佑公司	紫武公司	紫佳公司
不包括投资收益的净利润	105 000	52 500	30 000
股利发放	60 000	30 000	15 000
未实现利润	15 000	7 500	—

其中，牡佑公司单体净利润 105 000 元中，包括牡佑公司 20×6 年 12 月 31 日出售机器设备给紫武公司的 15 000 元未实现利润。紫武公司的单体净利润 52 500 元中，包括了紫武公司出售 20 000 元存货给牡佑公司的 7 500 元未实现利润。

2. 会计处理

（1）利润分配。

20×6 年，牡佑、紫武、紫佳联属公司的合并净利润和少数股东损益见表 9—7。

表 9—7　　**兄弟联属企业结构净利润分配部分**　　单位：元

	牡佑公司	紫武公司	紫佳公司
不包括投资收益的净利润（包含未实现利润）	105 000	52 500	30 000
分配紫佳公司净利润			
20%给紫武公司	—	+6 000	−6 000
50%给牡佑公司	+15 000	—	−15 000
分配紫武公司净利润			
60%给牡佑公司	+35 100	−35 100	—
牡佑公司净利润及合并净利润	155 100	—	—
少数股东损益（未扣除内部交易）		23 400	9 000

由于内部交易的存在，还应对紫武公司当年的少数股东损益进行调整，扣减未实现利润中少数股东权益所占的3 000元（7 500×40%），当年紫武公司的少数股东损益为20 400元。

（2）确认紫武公司投资紫佳公司获得的投资收益及权益的变化。

20×6年，紫武公司对紫佳公司的长期股权投资，会计分录如下：

1）记录收到股利20%。

借：银行存款（15 000×20%） 3 000
　　贷：长期股权投资——紫武对紫佳 3 000

2）确认投资收益。

借：长期股权投资——紫武对紫佳 6 000
　　贷：投资收益——紫武对紫佳（30 000×20%） 6 000

20×6年12月31日，紫武公司“长期股权投资——紫武对紫佳”账户余额为77 000元（74 000＋6 000－3 000），“投资收益—— 紫武对紫佳”账户余额为6 000元。

（3）确认母公司投资两子公司获得的投资收益及权益的变化。

20×6年，牡佑公司对紫佳公司投资的会计处理分录如下：

1）记录收到股利。

借：银行存款（15 000×50%） 7 500
　　贷：长期股权投资——牡佑对紫佳 7 500

2）确认投资收益。

借：长期股权投资——牡佑对紫佳 15 000
　　贷：投资收益——牡佑对紫佳（30 000×50%） 15 000

牡佑公司对紫武公司投资的会计处理分录如下：

1）记录收到股利。

借：银行存款（30 000×60%） 18 000
　　贷：长期股权投资——牡佑对紫佳 18 000

2）确认投资收益。

借：长期股权投资——牡佑对紫佳 35 100
　　贷：投资收益—— 牡佑对紫佳（(52 500＋6 000）×60%） 35 100

20×6年12月31日，牡佑公司“长期股权投资——牡佑对紫佳”账户余额为192 500元（185 000＋15 000－7 500）。“长期股权投资——牡佑对紫武”账户余额为293 100元（276 000＋ 35 100－18 000）。

（4）合并报表的编制。

1）公司间交易的抵销。

①借：营业收入 20 000
　　贷：营业成本 20 000
②借：营业成本 7 500
　　贷：存货 7 500
③借：营业外收入 15 000
　　贷：固定资产 15 000

2）与紫佳公司有关的抵销。

A. 抵销公司间投资收益和股利，将长期股权投资调整为期初余额。

④借：投资收益——紫武对紫佳	6 000	
——牡佑对紫佳	15 000	
少数股东权益——股利（紫佳）	4 500	
贷：利润分配——分派现金股利		15 000
长期股权投资——紫武对紫佳		3 000
——牡佑对紫佳		7 500

B. 抵销期初长期股权投资与子公司股东权益账户，并记录期初时的少数股东权益。

⑤借：股本	200 000	
盈余公积	140 000	
期初未分配利润	30 000	
贷：长期股权投资——紫武对紫佳		74 000
——牡佑对紫佳		185 000
少数股东权益——紫佳公司		111 000

3）母公司牡佑公司与紫武公司有关的抵销。

A. 抵销公司间投资收益和股利，将长期股权投资调整为期初余额。

⑥借：投资收益——紫武公司	35 100	
少数股东权益——股利（紫武）40%	12 000	
贷：利润分配——分派现金股利		30 000
长期股权投资——牡佑对紫武		17 100

B. 抵销期初长期股权投资与子公司股东权益账户，并记录期初时的少数股东权益。

⑦借：股本	300 000	
盈余公积	115 000	
期初未分配利润	45 000	
贷：长期股权投资——牡佑对紫武		276 000
少数股东权益——紫武公司		184 000

4）抵销两子公司提取的盈余公积。

⑧借：盈余公积（17 550＋9 000）	26 550	
贷：提取盈余公积		26 550

5）确认两子公司当年少数股东损益（计算见表 9—7）。

⑨借：少数股东损益——紫武公司（23 400－3 000）	20 400	
——紫佳公司	9 000	
贷：少数股东权益——紫武公司		20 400
——紫佳公司		9 000

牡佑公司及其子公司的合并工作底稿见表 9—8。

表 9—8　　存在公司间未实现利润的兄弟联属企业合并工作底稿　　单位：元

项目	牡佑公司	紫武公司	紫佳公司	调整与抵销分录		合并数
				借方	贷方	
利润表						
营业收入	250 000	150 000	100 000	①20 000		480 000
投资收益（紫武公司）	35 100			⑥35 100		
投资收益（紫佳公司）	15 000	6 000		④21 000		—
营业外收入	15 000			③15 000		—
营业成本	120 000	77 500	50 000	②7 500	①20 000	(235 000)
管理费用	40 000	20 000	20 000			(80 000)
少数股东损益（紫武公司）				⑨20 400		(20 400)
少数股东损益（紫佳公司）				⑨9 000		(9 000)
净利润	155 100	58 500	30 000			135 600
利润分配部分						
期初未分配利润	63 650	45 000	30 000	⑤30 000 ⑦45 000		63 650
净利润	155 100	58 500	30 000			135 600
可分配的利润	218 750	103 500	60 000			199 250
减：提取盈余公积	46 530	17 550	9 000		⑧26 550	46 530
分派现金股利	60 000	30 000	15 000		④15 000 ⑥30 000	60 000
未分配利润	112 220	55 950	36 000			92 720
资产负债表						
长期股权投资——牡佑对紫武	293 100				⑦276 000 ⑥17 100	
长期股权投资——牡佑对紫佳	192 500				④7 500 ⑤185 000	
长期股权投资——紫武对紫佳		77 000			④3 000 ⑤74 000	
固定资产	300 000	400 000	250 000		③15 000	935 000
存货	133 900	103 000	150 000		②7 500	379 400
资产合计	919 500	580 000	400 000			1 314 400
负债	100 000	91 500	15 000			206 500
股本	600 000	300 000	200 000	⑤200 000 ⑦300 000		600 000
盈余公积	107 280	132 550	149 000	⑤140 000 ⑦115 000 ⑧26 550		107 280
未分配利润	112 220	55 950	36 000			92 720
少数股东权益（紫武公司）				⑥12 000	⑦184 000 ⑨20 400	192 400
少数股东权益（紫佳公司）				④4 500	⑤111 000 ⑨9 000	115 500
负债与股东权益合计	919 500	580 000	400 000			1 314 400

第三节　相互持股

当集团内部企业之间互相持有股权时，相互持股的情况就产生了。相互持股是一种特殊的间接持股。相互持股可分为三种情况：母公司的股份为子公司所持有，子公司之间相互持股，子孙公司之间相互持股。子孙公司之间相互持股的会计处理及合并程序与前两种相互持股类似，因此，本节将详细讲述前两种情况下会计处理的方法，子孙公司间相互持股就不再赘述。

一、子公司持有母公司股份

子公司持有母公司股份，从合并整体而言，这部分股份并未流通在外，因此不应该在合并资产负债表上以流通在外的股票来报告，而应将这些股权从合并财务报表上加以抵销。如：母公司持有子公司80%的股权，子公司持有母公司20%的股权，就合并目的而言，子公司持有的20%母公司股权以及母公司持有的子公司80%股权均未流通在外。因此，合并实务中，要将这子公司持有母公司的20%股权和母公司持有子公司的80%股权从合并财务报表上加以抵销。

母子公司相互持股情况下合并报表的编制主要有两种方法：库存股法和传统法。

库存股法把子公司持有的母公司股份视为合并主体的库存股。

传统法将子公司对母公司的长期股权投资以权益法处理，并按通常方式从母公司股东权益账户中抵销子公司的“长期股权投资”账户，即推定回购。

（一）库存股法

1. 库存股法处理的特点

库存股法将子公司持有母公司的股份视为企业集团的库存股。

子公司对母公司的长期股权投资通常采用成本法进行会计处理，并在合并资产负债表中，将此库存股按成本作为股东权益的减项。

关于母子公司彼此间的股利，应在工作底稿中予以抵销。

至于子公司少数股东损益的计算有两种看法：一是少数股东损益应包括来自母公司的股利收入；二是不将来自母公司的股利收入计入少数股东损益中。

当这部分股份出售时，若售价高于子公司取得这部分股份的成本，则将高出的差额计入母公司资本公积。若售价低于取得成本，则差额作为母公司资本公积的减项，母公司资本公积不够冲减的，冲减留存收益。

2. 举例

（1）相关资料。

假设20×5年1月1日，牡星公司以445 500元收购紫海公司90%的股权，当时紫海公司股本为300 000元，盈余公积为155 000元，未分配利润为40 000元。20×5年1月3日，紫海公司以116 550元购买牡星公司10%的股权，当时，牡星公司股东权益为1 165 500元，其中，股本为750 000元，盈余公积为360 000元，未分配利润为55 500元。均不存在购买价差。相互持股情况如图9—4所示。20×5年，两公司不包括投资收益的单体净利润和股利发放见表9—9。

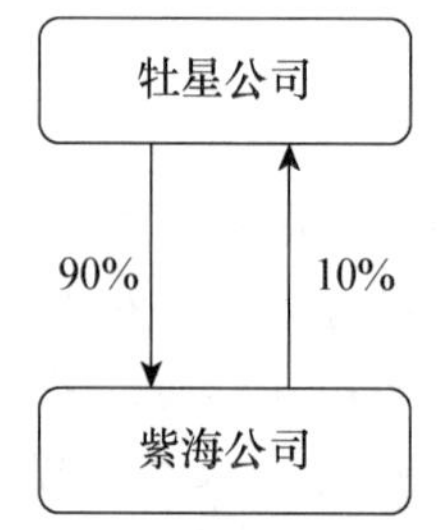

图9—4 相互持股结构图

表9—9 牡星公司、紫海公司20×5年度单体净利润和股利发放 单位：元

	牡星公司	紫海公司
单体净利润	90 000	60 000
股利	45 000	30 000

（2）子公司的会计处理。

库存股法下，紫海公司账上与投资牡星公司有关的会计处理采用成本法，会计分录如下：

1）20×5年1月3日，以116 550元购入牡星公司10%股权。

借：长期股权投资——牡星公司 116 550

贷：银行存款 116 550

2）记录从牡星公司收到股利。

借：银行存款 4 500

贷：投资收益——牡星公司 4 500

由此，紫海公司20×5年的净利润为64 500元（60 000+4 500）。

（3）母公司的会计处理。

牡星公司账上与投资紫海公司有关的会计分录如下：

1）20×5年1月1日，购入90%股权时。

借：长期股权投资——紫海公司 445 500

贷：银行存款 445 500

2）记录从紫海公司收到股利。

借：银行存款（30 000×90%） 27 000

贷：长期股权投资——紫海公司 27 000

3）按紫海公司净利润确定投资收益。

借：长期股权投资——紫海公司（64 500×90%） 58 050

贷：投资收益——紫海公司 58 050

4）抵销公司间股利。

借：投资收益——紫海公司 4 500

贷：利润分配——分派现金股利 4 500

牡星公司投资紫海公司，20×5年投资收益为53 550元（58 050－4 500），长期股权投资账户余额为476 550元（445 500＋58 050－27 000）。

（4）合并报表编制。

1）抵销分录。

A. 抵销公司间投资收益和股利，将长期股权投资调整为期初余额。

①借：投资收益	58 050	
少数股东权益——股利	3 000	
贷：利润分配——分派现金股利		30 000
长期股权投资——紫海公司		31 050

B. 抵销期初长期股权投资与子公司股东权益账户，并记录期初的少数股东权益。

②借：股本	300 000	
盈余公积	155 000	
期初未分配利润	40 000	
贷：长期股权投资——紫海公司		445 500
少数股东权益		49 500

C. 把子公司对母公司的长期股权投资作为库存股。

③借：库存股	116 550	
贷：长期股权投资——牡星公司		116 550

D. 确认当年少数股东损益。

④借：少数股东损益（64 500×10%）	6 450	
贷：少数股东权益		6 450

E. 抵销紫海公司本期提取的盈余公积。

⑤借：盈余公积	19 350	
贷：提取盈余公积		19 350

2）合并工作底稿。

20×5 年 12 月 31 日，牡星公司和紫海公司合并工作底稿的编制见表 9—10。

表 9—10　母子公司相互持股情况下合并工作底稿的编制——库存股法　单位：元

项目	牡星公司	紫海公司	调整与抵销分录		合并数
			借方	贷方	
利润表					
营业收入	210 000	150 000			360 000
投资收益	53 550	4 500	①58 050		
营业成本	(120 000)	(90 000)			(210 000)
少数股东损益			④6 450		(6 450)
净利润	143 550	64 500			143 550
利润分配部分					
期初未分配利润	55 500	40 000	②40 000		55 500
净利润	143 550	64 500			143 550

续前表

项目	牡星公司	紫海公司	调整与抵销分录		合并数
			借方	贷方	
可分配的利润	199 050	104 500			199 050
减：提取盈余公积	43 065	19 350		⑤19 350	43 065
分派现金股利	40 500	30 000		①30 000	40 500
未分配利润	115 485	55 150			115 485
资产负债表					
其他资产	792 000	424 500			1 216 500
长期股权投资——牡星公司		116 550		③116 550	
长期股权投资——紫海公司	476 550			①31 050 ②445 500	
资产合计	1 268 550	541 050			1 216 500
负债		11 550			11 550
股本	750 000	300 000	②300 000		750 000
盈余公积	403 065	174 350	②155 000 ⑤19 350		403 065
未分配利润	115 485	55 150			115 485
库存股			③116 550		(116 550)
少数股东权益			① 3 000	②49 500 ④6 450	52 950
负债与股东权益合计	1 268 550	541 050			1 216 500

上例中，少数股东损益包含了来自母公司的股利收入。少数股东损益 6 450 元，其中 6 000 元来自子公司单体利润，450 元来自母公司股利。对于少数股东损益的确定，另一种看法认为不应该包含来自母公司的股利收入，则上例中，少数股东损益为 6 000 元，450 元计入控股股东利润中。

（二）传统法

1. 传统法的处理特点

传统法又称交互分配法。传统法最主要的特点是，采用数学的方法，通过列方程、代入法等求出相互持股公司在合并基础下的净利润。

当子公司持有母公司股份采用传统法进行会计处理时，母公司合并基础下的净利润为母公司的单体净利润加上来自子公司的投资收益。同理，子公司合并基础下的净利润为子公司的单体净利润加上子公司在母公司单体净利润中的份额。在这种情形下，权益法下母子公司净利润的确定需要采用数学方法，最常用的方法是建立联立方程和代入消除法。

传统法下合并净利润和少数股东损益通常采用两步计算得到：

（1）通过列数学方程，求出母子公司合并基础下包括相互持股收益的净利润。

（2）通过第一步求出的母公司包括投资收益的净利润乘以合并主体外部股东持股比例，得到控股股东净利润；通过子公司第一步求出的净利润乘以子公司少数股东权益比例得到少数股东损益。

当子公司持有母公司股份采用传统法进行会计处理时，传统法下子公司对母公司的长期股权投资视为母公司股票的推定回购。由此，股本、盈余公积等所有者权益项目中属于子公司的部分不在合并报表中列示，合并后财务报表只反映合并主体外多数股东的权益部分。

2. 举例

仍以上述牡星公司和紫海公司的例子加以说明。此处设定紫海公司对持有的牡星公司股份采用成本法进行会计处理。

(1) 运用数学方法求解母子公司合并基础下的净利润。

设 P＝牡星公司合并基础下的净利润（包括相互间利润）

S＝紫海公司合并基础下的净利润（包括相互间利润）

第一步，通过数学方程，确定母子公司合并基础上的净利润：

P＝牡星公司单体净利润＋90%P＝ 90 000＋90%P

S＝紫海公司单体净利润＋10%S＝60 000＋10%S

解得：S＝158 242　　S＝75 824

(2) 母公司净利润、少数股东损益、投资收益的计算。

由于相互间利润被重复计算，因此 $P+S$＝158 242＋75 824＝234 066 元大于单体利润之和 150 000 元（90 000＋60 000）。牡星公司权益法下的净利润即合并净利润为 142 418 元（158 242×90%），少数股东损益为 7 582 元（75 824×10%）。

牡星公司净利润即合并净利润	142 418 元
少数股东损益	7 582 元
母子公司单体净利润之和	150 000 元

牡星公司投资收益的计算可以通过牡星公司净利润减去其不包括相互间利润的单体净利润得到，即 142 418－90 000＝52 418 元；也可通过紫海公司合并基础下净利润乘以牡星公司所占比例减去牡星公司合并基础下的净利润乘以紫海公司所占比例，即

$$90\%S-10\%P=75\ 824\times 90\%-158\ 242\times 10\%=52\ 418(\text{元})$$

(3) 母公司账上与投资子公司有关的会计分录。

1) 20×5 年 1 月 1 日，购入 90%股权时。

借：长期股权投资——紫海公司	445 500	
贷：银行存款		445 500

2) 20×5 年 1 月 3 日，紫海公司购入牡星公司 10%的股权。

借：股本	75 000	
盈余公积	36 000	
未分配利润	5 550	
贷：长期股权投资——紫海公司		116 550

传统法下，紫海公司购入牡星公司 10%的股权，视为牡星公司流通在外 10%股权的推定回购。

3) 牡星公司确认 20×5 年投资收益。

借：长期股权投资——紫海公司	52 418	
贷：投资收益——紫海公司		52 418

4）记录从紫海公司收到股利。

借：银行存款（30 000×90%） 27 000

贷：长期股权投资——紫海公司 27 000

5）抵销牡星公司支付给紫海公司的股利，以调整对紫海公司的长期股权投资账户。

借：长期股权投资——紫海公司 4 500

贷：利润分配——应付普通股股利 4 500

（4）子公司账上与投资母公司有关的会计分录。

紫海公司对牡星公司的投资此处采用的是成本法。

1）20×5年1月3日，以116 550元购入牡星公司10%股权。

借：长期股权投资——牡星公司 116 550

贷：银行存款 116 550

2）记录从牡星公司公司收到股利。

借：银行存款 4 500

贷：投资收益——牡星公司 4 500

（5）母公司长期股权投资账户余额的计算。

20×5年12月31日，牡星公司“长期股权投资——紫海公司”账户余额为358 868元，计算如下（单位：元）：

“长期股权投资——紫海公司”期初余额	445 500
推定回购紫海公司持有的10%股份	(116 550)
加：投资收益	52 418
减：紫海公司股利发放	(27 000)
加：支付给紫海公司股利	4 500
“长期股权投资——紫海公司”余额	358 868

（6）合并工作底稿抵销分录。

A. 子公司对母公司投资的推定回购。

①借：长期股权投资——紫海公司 116 550

贷：长期股权投资——牡星公司 116 550

B. 抵销公司间投资收益和股利，将长期股权投资账户调整为期初余额。

②借：投资收益 56 918

少数股东权益——股利 3 000

贷：利润分配——分派现金股利 30 000

长期股权投资——紫海公司 29 918

C. 抵销期初长期股权投资与子公司股东权益账户，并记录期初的少数股东权益。

③借：股本 300 000

盈余公积 155 000

期初未分配利润 40 000

贷：长期股权投资——紫海公司 445 500
　　少数股东权益 49 500

D. 确认当年少数股东损益。

④借：少数股东损益 7 582
　贷：少数股东权益 7 582

E. 抵销紫海公司提取的盈余公积。

⑤借：盈余公积 19 350
　贷：提取盈余公积 19 350

(7) 合并工作底稿。

20×5 年 12 月 31 日，牡星公司和紫海公司合并工作底稿的编制见表 9—11。

表 9—11　母子公司相互持股情况下合并工作底稿的编制——传统法　单位：元

项目	牡星公司	紫海公司	调整与抵销分录		合并数
			借方	贷方	
利润表					
营业收入	210 000	150 000			360 000
投资收益	52 418	4 500	②56 918		
营业成本	(120 000)	(90 000)			(210 000)
少数股东损益			④7 582		(7 582)
净利润	142 418	64 500			142 418
利润分配部分					
期初未分配利润	49 950	40 000	③40 000		49 950
净利润	142 418	64 500			142 418
可分配的利润	192 368	104 500			192 368
减：提取盈余公积	42 725	19 350		⑤19 350	42 725
分派现金股利	40 500	30 000		②30 000	40 500
未分配利润	109 143	55 150			109 143
资产负债表					
其他资产	792 000	424 500			1 216 500
长期股权投资——牡星公司		116 550		①116 550	
长期股权投资——紫海公司	358 868		①116 550	②29 918 ③445 500	
资产合计	1 150 868	541 050			1 216 500
负债		11 550			11 550
股本	675 000	300 000	③300 000		675 000
盈余公积	366 725	174 350	③155 000 ⑤19 350		366 725
未分配利润	109 143	55 150			109 143
少数股东权益			②3 000	④7 582 ③49 500	54 082
负债与股东权益合计	1 150 868	541 050			1 216 500

二、子公司之间相互持股

子公司之间相互持股，但子公司并不持有母公司股份，这种情况只能采用传统法，不能采用库存股法。

(一) 举例

1. 相互持股情况

20×5 年 1 月 3 日，牡合公司收购紫家公司 80%的股权，收购时产生商誉 30 000 元。

20×6 年 1 月 2 日，紫家公司收购紫欢公司 70%的股权，收购时产生商誉 15 000 元。

20×6 年 12 月 31 日，紫欢公司收购紫家公司 10%的股权，不存在商誉。牡合公司、紫家公司采用不完全权益法进行会计处理，紫欢公司采用成本法进行处理。假定商誉每年减值 10%。

牡合公司、紫家公司、紫欢公司三家公司相互持股的联属结构如图 9—5 所示。

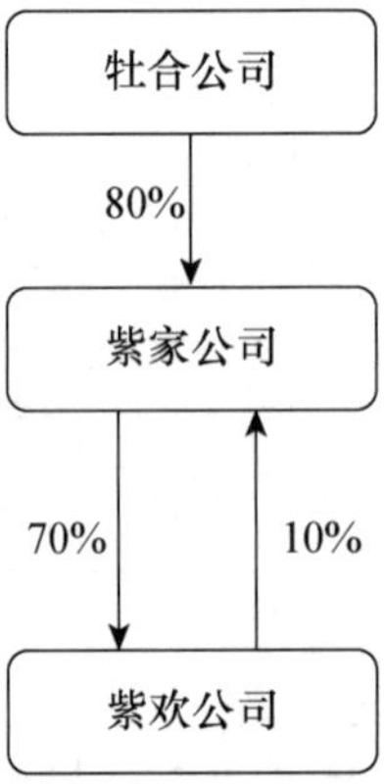

图 9—5 相互持股结构图

2. 其他资料

20×6 年 12 月 31 日，试算表资料见表 9—12。

表 9—12 **试算表资料** 单位：元

	牡合公司	紫家公司	紫欢公司
其他资产	1 140 000	546 000	315 000
长期股权投资——牡合对紫家	510 000	—	—
长期股权投资——紫家对紫欢	—	204 000	—
长期股权投资——紫欢对紫家	—	—	60 000
资产合计	1 650 000	750 000	375 000
负债	300 000	150 000	105 000
股本	750 000	300 000	150 000

续前表

	牡合公司	紫家公司	紫欢公司
盈余公积	550 000	250 000	100 000
未分配利润	50 000	50 000	20 000
负债与股东权益合计	1 650 000	750 000	375 000

20×7 年，三家公司净利润和股利发放见表 9—13。

表 9—13　　单位：元

	牡合公司	紫家公司	紫欢公司
单体净利润	168 000	76 500	60 000
发放股利	75 000	45 000	30 000

3. 运用数学方法求解母子公司合并基础下的净利润

设：P＝牡合公司合并基础下的净利润（包括相互间利润）

S＝紫家公司合并基础下的净利润（包括相互间利润）

T＝紫欢公司合并基础下的净利润（包括相互间利润）

则有：P＝牡合公司单体净利润＋80％S－当年商誉减值 3 000

S＝紫家公司单体净利润＋70％T－当年商誉减值 1 500

T＝紫欢公司单体净利润＋10％S

求解方程得：

P＝265 646　　S＝125 807　　T＝72 581

4. 少数股东权益、投资收益及长期投资账户余额的计算

企业集团之间利润分配情况如下：

紫家公司少数股东损益（125 807×10％）	12 580
紫欢公司少数股东损益（72 581×30％）	21 774

20×7 年 12 月 31 日，牡合公司、紫家公司长期投资账户余额计算汇总见表 9—14。

表 9—14　　**长期投资账户余额计算汇总表**　　单位：元

	牡合公司	紫家公司
20×6 年 12 月 31 日长期股权投资账户余额	510 000	204 000
加：投资收益		
牡合公司（125 807×80％）	100 646	
紫家公司（72 581×70％）		50 807
减：收到股利		
紫家公司发放股利	(36 000)	
紫欢公司发放股利		(21 000)
20×7 年 12 月 31 日长期股权投资账户余额	574 646	233 807

5. 合并工作底稿抵销分录

(1) 抵销公司间投资收益和股利，将长期股权投资调整为期初余额。

①借：投资收益——紫欢对紫家	4 500	
贷：利润分配——分派现金股利		4 500
②借：投资收益——紫家对紫欢	50 807	
少数股东权益——紫欢公司股利	9 000	
贷：利润分配——分派现金股利		30 000
长期股权投资——紫家对紫欢		29 807
③借：投资收益——牡合对紫家	100 646	
少数股东权益——紫家公司股利（45 000×10%）	4 500	
贷：利润分配——分派现金股利（45 000－4 500）		40 500
长期股权投资——牡合对紫家		64 646

（2）抵销长期股权投资与子公司股东权益账户期初值，并记录期初时的少数股东权益。

④借：股本	150 000	
盈余公积	100 000	
期初未分配利润	20 000	
商誉	15 000	
贷：长期股权投资——紫家对紫欢		204 000
少数股东权益		81 000
⑤借：股本	300 000	
盈余公积	250 000	
期初未分配利润	50 000	
商誉	30 000	
贷：长期股权投资——牡合对紫家		510 000
——紫欢对紫家		60 000
少数股东权益		60 000

（3）商誉减值。

为了简化，假设牡合公司投资紫家公司所产生的商誉每年发生减值10%，即3 000元，紫家公司投资紫欢公司所产生的商誉每年发生减值1 500元。

⑥借：资产减值损失	1 500	
期初未分配利润	1 500	
贷：商誉		3 000
⑦借：资产减值损失	3 000	
期初未分配利润	6 000	
贷：商誉		9 000

（4）确认当年少数股东损益。

⑧借：少数股东损益——紫家公司	12 580	
贷：少数股东权益——紫家公司		12 580
⑨借：少数股东损益——紫欢公司	21 774	
贷：少数股东权益——紫欢公司		21 774

（5）抵销紫家公司、紫欢公司本期提取的盈余公积。

⑩借：盈余公积　　76 723
　　贷：提取盈余公积　　76 723

6. 合并工作底稿

20×7年12月31日，牡合公司、紫家公司、紫欢公司三家公司合并工作底稿的编制见表9—15，假设盈余公积提取比例为40%。

表9—15　子公司之间相互持股情况下合并工作底稿的编制　单位：元

项目	牡合公司	紫家公司	紫欢公司	调整与抵销分录		合并数
				借方	贷方	
利润表						
营业收入	618 000	241 500	150 000			1 009 500
投资收益——紫家公司	100 646			③100 646		
投资收益——紫欢公司		50 807		②50 807		
投资收益——紫家公司			4 500	①4 500		
营业成本	(396 000)	(135 000)	(80 000)			(611 000)
资产减值损失	(54 000)	(30 000)	(10 000)	⑥1 500 ⑦3 000		(98 500)
少数股东损益——紫家公司				⑧12 580		(12 580)
少数股东损益——紫欢公司				⑨21 774		(21 774)
净利润	268 646	127 307	64 500			265 646
利润分配部分						
期初未分配利润	50 000	50 000	20 000	④20 000 ⑤50 000 ⑥1 500 ⑦6 000		42 500
净利润	268 646	127 307	64 500			265 646
可分配的利润	318 646	177 307	84 500			308 146
减：提取盈余公积	107 458	50 923	25 800		⑩ 76 723	107 458
分派现金股利	75 000	45 000	30 000		①4 500 ②30 000 ③40 500	75 000
未分配利润	136 188	81 384	28 700			125 688
资产负债表						
长期股权投资——牡合对紫家	574 646				③64 646 ⑤510 000	
长期股权投资——紫家对紫欢		233 807			②29 807 ④204 000	
长期股权投资——紫欢对紫家			60 000		⑤60 000	
商誉				④15 000 ⑤30 000	⑥3 000 ⑦9 000	33 000

续前表

项目	牡合公司	紫家公司	紫欢公司	调整与抵销分录		合并数
				借方	贷方	
其他资产	1 269 000	598 500	349 500			2 217 000
资产合计	1 843 646	832 307	409 500			2 250 000
负债	300 000	150 000	105 000			555 000
股本	750 000	300 000	150 000	④150 000 ⑤300 000		750 000
盈余公积	657 458	300 923	125 800	④100 000 ⑤250 000 ⑩76 723		657 458
未分配利润	136 188	81 384	28 700			125 688
少数股东权益——紫家公司				③4 500	⑤60 000 ⑧12 580	68 080
少数股东权益——紫欢公司				②9 000	④81 000 ⑨21 774	93 774
负债与股东权益合计	1 843 646	832 307	409 500			2 250 000

思考题

1. 在间接持股联属企业结构中，使用列表法分配子公司净利润给多数股东及少数股东时，为何从联属企业结构最底层的子公司开始较好？

2. P公司持有S1公司80%的股份，且S1公司持有S2公司70%的股份。P，S1，S2三公司的单体净利润分别为200 000元、160 000元、100 000元。采用两种不同的方法计算合并净利润及少数股东权益。

3. 是否所有的相互持股采用库存股法和传统法都合适？试加以解释。

4. 库存股法和传统法理论上和操作上有何区别？

5. 何为母公司股票的推定赎回？当母公司的股票推定赎回时，母公司应调整其股东权益账户吗？

练习题

1. 牡洪公司持有紫大公司60%的股权和紫程公司70%的股权。同时，紫程公司持有紫大公司20%的股权。20×6年中，牡洪、紫大、紫程三家公司单体净利润分别为400 000元、160 000元、140 000元。其中，紫大公司的净利润中包括20×6年出售土地给紫程公司的40 000元未实现利润。

要求：编表进行公司间利润分配，并计算20×6年度合并净利润和少数股东损益。

2. 牡康公司及其子公司的相互持股结构如下图：

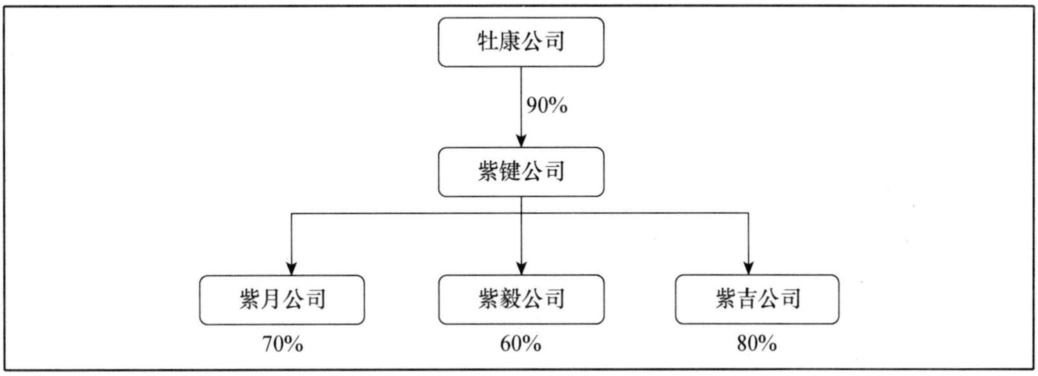

其中，这几家公司的长期股权投资均于20×3年按账面价值收购，且无未实现利润或损失。

20×6年这些公司的单体净利润及股利发放如下（单位：元）：

	单体净利润/损失	股利
牡康公司	1 240 000	400 000
紫键公司	350 000	200 000
紫月公司	400 000	160 000
紫毅公司	(100 000)	—
紫吉公司	240 000	120 000

要求：

(1) 计算20×6年紫月公司的少数股东损益。

(2) 计算20×6年紫吉公司的直接少数股东损益。

(3) 计算20×6年在牡康公司及其子公司的合并利润表上少数股东损益总额。

(4) 计算20×6年牡康公司及其子公司的合并净利润。

(5) 计算20×6年牡康公司对紫键公司的长期股权投资账户净增加额。

3. 牡金公司及其子公司的股权结构图示如下：

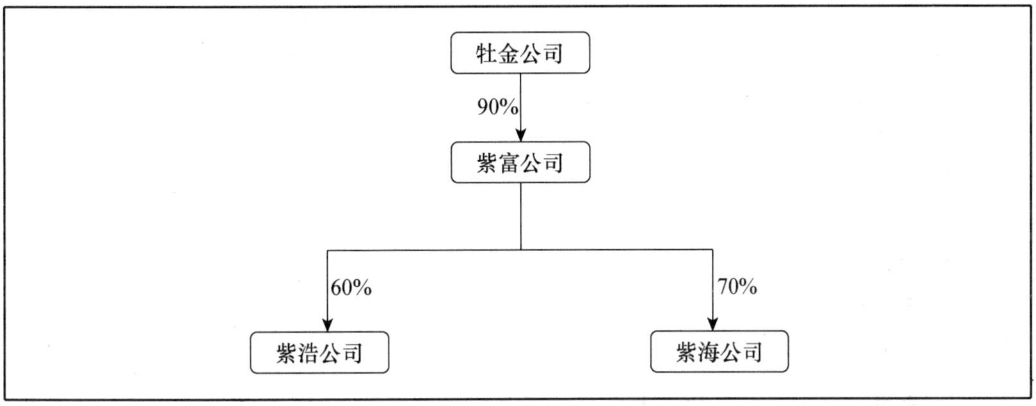

20×8年各企业的单体净利润及股利如下（单位：元）：

	牡金公司	紫富公司	紫浩公司	紫海公司
单体净利润/损失	1 000 000	600 000	300 000	(40 000)
股利	400 000	280 000	100 000	—

其他资料：

(1) 20×8 年，紫浩公司将土地出售给紫富公司，获利 40 000 元，该土地仍为紫富公司所有。

(2) 紫富公司对紫浩公司长期股权投资的商誉每年减值 28 000 元。牡金公司对紫富公司的商誉每年减值 80 000 元。

要求：编表计算 20×8 年合并净利润及各子公司的少数股东权益。

4. 20×6 年 1 月 2 日，牡贤公司以 710 000 元现金收购了紫博公司 90%的股权。当时，紫博公司股本为 400 000 元、盈余公积为 100 000 元、未分配利润为 200 000 元。紫博公司 20×7 年以 160 000 元购得牡贤公司 10%的股权。投资成本超过所获账面价值的差额作为商誉，并假设商誉每年减值 12.5%。

2×10 年牡贤公司及紫博公司的比较财务报表如下（单位：元）：

	牡贤公司	紫博公司
2×10 年度利润表		
营业收入	800 000	200 000
投资收益	54 000	—
投资收益——股利收入	—	20 000
营业成本	(400 000)	(100 000)
其他费用	(100 000)	(60 000)
净利润	354 000	60 000
加：期初未分配利润	400 000	200 000
减：股利	(200 000)	(40 000)
期末未分配利润	554 000	220 000
2×10 年 12 月 31 日资产负债表		
其他资产	982 000	840 000
长期股权投资——紫博公司（90%）	818 000	—
长期股权投资——牡贤公司（10%）	—	160 000
资产合计	1 800 000	1 000 000
负债	246 000	180 000
股本	800 000	400 000
盈余公积	200 000	200 000
未分配利润	554 000	220 000
负债与股东权益合计	1 800 000	1 000 000

要求：使用库存股法编制牡贤公司及其子公司紫博公司的合并工作底稿。

5. 20×4 年 1 月 1 日，牡捷公司以现金 360 000 元购得紫圆公司 80%的股权。当时，紫圆公司有股本 100 000 元、盈余公积 100 000 元及未分配利润 200 000 元。投资成本与所获账面价值的差额作为商誉，假设商誉每年减值20%。20×4年1月2日，紫圆公司以200 000元购得牡捷公司20%的股权。

20×5年牡捷公司及紫圆公司的比较财务报表汇总如下（单位：元）：

	牡捷公司	紫圆公司
20×5年度利润表		
营业收入	280 000	200 000
投资收益	56 000	—
投资收益——股利收入	—	8 000
营业外收入——出售机器设备	—	6 000
营业成本	(160 000)	(120 000)
净利润	176 000	94 000
加：期初未分配利润	210 420	196 000
减：股利	(32 000)	(40 000)
期末未分配利润	354 420	250 000
20×5年12月31日资产负债表		
其他资产	896 000	314 000
长期股权投资——紫圆公司（80%）	219 420	—
长期股权投资——牡捷公司（20%）	—	200 000
资产合计	1 115 420	514 000
股本	160 000	100 000
盈余公积	601 000	164 000
未分配利润	354 420	250 000
权益合计	1 115 420	514 000

其他资料：

(1) 20×5年牡捷公司的单体净利润和股利分别为120 000元和40 000元。20×5年紫圆公司的单体净利润和股利分别为80 000元和40 000元。

(2) 紫圆公司于20×5年1月3日将一台机器设备出售给外部获利14 000元，该机器设备为紫圆公司20×4年1月3日从牡捷公司处以8 000元购得。牡捷公司的该设备初始成本为4 000元。

要求：使用传统法为牡捷公司及其子公司编制合并工作底稿和工作底稿分录。

第十章

合并现金流量表与合并每股收益

引例 万科2013年现金流量分析

不管是中国平安（601318.SH，02318.HK）、中国建材（03323.HK），还是万科（万科A：000002.SZ，万科B：200002.SZ）、中兴通讯（000063.SZ，00763.HK），每一个需要编制合并报表的上市公司都要求披露其合并现金流量表。

以万科为例。2013年，其经营活动现金流量增加192.39亿元，比2012年减少48.37%，虽然经营活动现金流出量小于流入量，但是流出量的增速为47.42%，大于流入量的增速44.48%。其投资活动现金流量减少795.44亿元，比2012年增加224.21%，投资活动现金流出量的增减变动幅度明显大于流入量的增减变动幅度，说明企业呈不断扩张趋势。其筹资活动现金流量减少205.76亿元，比2012年减少112.63%，2013年企业偿还了大笔债务而使得大量现金流出。汇率变动减少现金及现金等价物2.79亿元，最终现金及现金等价物净减少811.60亿元。另外，2013年万科基本每股收益和稀释每股收益均为1.37元，均比2012年增长20.17%，说明企业盈利能力越来越好。

可见有了合并现金流量表后，可以从新的角度分析企业状况，如果再结合合并资产负债表与合并利润表，就能进行更加深入的研究。但是合并现金流量表到底该如何编制？当所有合并报表都齐全后，合并每股收益又该如何计算？

希望通过本章的学习，各位读者能找到答案。

学习目标

- 了解现金流量表公式的推导
- 了解单体现金流量表的编制方法
- 掌握以合并资产负债表、合并利润表为基础编制合并现金流量表的方法与程序
- 掌握以单体现金流量表为基础编制合并现金流量表的方法与程序
- 掌握子公司拥有潜在稀释证券时合并每股收益的计算

合并现金流量表是反映合并主体一定会计期间内现金及现金等价物流入和流出情况的报表。一般来说，合并资产负债表、合并利润表及利润分配表是以母、子公司各自单体报表为基础，通过合并工作底稿程序在抵销和调整有关项目以后编制出来的；而合并现金流量表的编制既可以以母、子公司单体现金流量表为编制基础，又可以以合并资产负债表和合并利润表为编制基础。关于单体企业现金流量表的编制，我们已经在中级财务会计中学习过，在本章介绍合并现金流量表前，回顾一下这部分内容。

第一节 现金流量表概述

一、编制现金流量表的目的及编制基础

现金流量表，是指反映企业在一定会计期间现金和现金等价物流入和流出的报表。其主要目的是提供企业在特定期间内现金收支的信息，汇总说明企业的经营活动、投资活动和筹资活动；帮助解释企业是如何出现净利润大而现金流量小及现金流入大而未宣告发放股利的情况。

由于现金流量表主要提供企业在特定期间现金收支的情况，因此现金流量表是以现金及现金等价物为基础编制的。这里的现金，是指企业库存现金以及可以随时用于支付的存款；现金等价物是指同时具备下列条件的短期且具有高度流动性的投资：

（1）随时可以转换成定额现金的投资（仅限于债权凭证，不包括权益证券）。

（2）即将到期且利率变动对其价值影响很小的投资。

上述即将到期是指自投资起 3 个月内到期。如企业于 20×5 年 1 月 1 日购入 20×2 年 3 月 1 日发行的期限为 3 年的国债，购买时还有 2 个月到期，则可视这项投资为现金等价物。但如果上述国债于 20×4 年 10 月 1 日购买，20×4 年 12 月 31 日资产负债表上该国债到期日还有 2 个月，在这种情况下不能将其列为现金等价物。必须是自购买日起至到期日止 3 个月内到期的投资才能归于现金等价物。

二、现金流量表公式的推导

企业的利润表和资产负债表是根据应计制（权责发生制）编制的，其等式为：

利润表等式：净利润＝收入－费用

资产负债表等式：资产＝负债＋所有者权益

∵资产＝流动资产＋非流动资产

＝（现金＋非现金流动资产）＋非流动资产

负债＝流动负债＋非流动负债

所有者权益＝股本＋资本公积＋盈余公积＋未分配利润

∴（现金＋非现金流动资产)＋非流动资产＝流动负债＋非流动负债＋股本
＋资本公积＋盈余公积＋未分配利润

∴现金＝流动负债＋非流动负债＋股本＋资本公积＋盈余公积＋未分配利润
－非现金流动资产－非流动资产

∴现金增减变动＝流动负债变动＋非流动负债变动＋股本变动＋资本公积变动
＋盈余公积变动＋未分配利润变动－非现金流动资产变动
－非流动资产变动

∵盈余公积变动＋未分配利润变动＝本年净利润—本年分配的股利

∴现金变动＝流动负债变动＋非流动负债变动＋股本变动＋资本公积变动＋本年净利润
－本年分配的股利－非现金流动资产变动－非流动资产变动

上述公式中，等式左边的现金变动是由等式右边的变动引起的。流动负债变动、非流动负债变动、股本变动、资本公积变动、非现金流动资产变动及非流动资产变动均来自资产负债表中的数据；本年净利润由利润表中获得。这样，通过对资产负债表与利润表中各项目的分析，便可以解释企业现金流量的增减变动情况，得到我们所需要的数据。只要将等式右边的变动全部分析完成，就可以按照现金流量分类组成现金流量表。所以，编制现金流量表的关键是分析等式右边的增减变动情况。

三、现金流量的分类

编制现金流量表首先要对企业各项业务产生或运用的现金流量进行分类，通常按照企业现金流量发生的原因分为三大类：

（1）经营活动产生的现金流量。企业的经营活动指企业投资和筹资活动以外的所有事项。例如，销售商品及提供劳务。

（2）投资活动产生的现金流量。企业的投资活动是指企业长期资产的购建和不包括在现金等价物范围内的投资及其处置活动。例如，购买和出售长期资产以及取得和收回投资。

（3）筹资活动产生的现金流量。筹资活动是指导致企业资本及债务规模和构成发生变动的活动。例如，借款及出售和回购自己的股份。

四、现金流量表的编制方法

一般而言，营业收入会产生现金流入，营业费用会产生现金流出。但由于会计上以应计制（权责发生计制）为基础，往往导致收入与费用的确认计量时间与现金收付时间产生差异。因此，从利润表中求得经营活动产生的现金流量时，应调整不影响现金收支的收入和费用项目以及应收应付与预收预付项目。调整的方法有两种：间接法与直接法。

（一）间接法

间接法是指将利润表中的“净利润”调整为经营活动现金流量。调整一般通过流动项目和非现金收入费用进行，主要包括：（1）没有收到现金的收益；（2）没有支付现金的费用；（3）不属于经营活动的损益；（4）属于经营活动的应收应付等流动性项目。

（二）直接法

直接法是指直接将利润表中各项收入和费用从权责发生制（应计制）转换成收付

实现制（现金制），列示各项经营活动现金流入的来源及现金流出的去向。通常以利润表各项目为基础，调整资产负债表中与之相关的资产负债的变动，然后计算出经营活动现金流量。

（三）间接法与直接法的比较

间接法易于报表使用者了解本期净利润与现金流量是否存在重大差异，以及产生差异的原因。如果要预测未来经营活动产生的现金流量，可以先预测未来的净利润，再调整净利润与现金流量间的差异。其缺点是无法获得现金流入的来源及现金流出的去向，而且计算中本期净利润加回折旧等费用容易让人产生折旧会产生现金流入的错觉。

直接法则详细列示了现金流入来源及流出的去向，有助于报表使用者预测未来现金流量，并掌握由经营活动产生的现金偿还债务、扩大规模以及支付股利的能力。其缺点是容易造成经营活动产生的现金流量与净利润间的误解。

在编制现金流量表时，美国财务会计准则委员会允许采用两种方法，但鼓励采用直接法。在我国，现金流量表以直线法编制，但在现金流量表的补充资料中还单独按照间接法反映经营活动现金流量的情况。

第二节　合并现金流量表

合并现金流量表是综合反映集团整体在特定时期内现金流入、流出及其增减变动情况的合并报表。其编制方法从理论上讲，有两种方法：

（1）以合并资产负债表和合并利润表为基础，采用与单体现金流量表相同的方法编制合并现金流量表。

（2）以母子公司单体现金流量表为基础，通过抵销分录，将联属企业之间发生的经济业务进行抵销，从而编制出合并现金流量表。

一、以合并资产负债表和合并利润表为编制基础

当合并现金流量表以合并资产负债表和合并利润表为编制基础时，除了少数情况外，编制的程序及分析均与编制单体现金流量表相同。

下面，我们通过一个具体示例来介绍这种方法下合并现金流量表的编制过程。

例 10—1

表 10—1 列示了 20×6 年 12 月 31 日和 20×7 年 12 月 31 日牡达公司及其拥有 80%股权的子公司紫林公司的合并资产负债表和 20×7 年度的合并利润表。合并资产负债表的年初与年末数用于计算一年中的增减变动情况，这些变动需要在合并现金流量表中加以解释。牡达公司编制合并现金流量表的其他相关资料如下：

（1）在 20×7 年中紫林公司向集团外的企业出售成本为 40 000 元的土地，获现金 20 000 元。

（2）牡达公司于 20×7 年 1 月 6 日为购置新设备签发 600 000 元的两年期票据。

（3）20×7 年度，购并产生的商誉减值 20 000 元。

（4）牡达公司收到来自拥有20％～50％股权的被投资公司（联营企业）发放的股利20 000元。

（5）以上未提及的固定资产变动数是由计提折旧引起的。

表10—1　　牡达公司与紫林公司的合并资产负债表和合并利润表　　单位：元

牡达公司与紫林公司12月31日的比较合并资产负债表			
	20×7年	20×6年	年内增（减）变动数
现金	510 000	360 000	150 000
应收账款——净额	750 000	540 000	210 000
存货	500 000	410 000	90 000
长期股权投资——联营企业	200 000	190 000	10 000
土地	160 000	200 000	（40 000）
固定资产——净额	2 000 000	1 640 000	360 000
商誉	180 000	200 000	（20 000）
资产合计	4 300 000	3 540 000	760 000
应付账款	500 000	540 000	（40 000）
应付股利	40 000	40 000	—
应付票据	600 000	—	600 000
普通股股本	1 000 000	1 000 000	—
资本公积	600 000	600 000	—
盈余公积	1 060 000	1 000 000	60 000
未分配利润	280 000	200 000	80 000
少数股东权益（20％）	220 000	160 000	60 000
负债及股东权益合计	4 300 000	3 540 000	760 000

20×7年合并利润表		
营业收入		1 500 000
投资收益		30 000
收入合计		1 530 000
减：营业成本	600 000	
折旧费用	240 000	
商誉减值	20 000	
工资费用	108 000	
其他营业支出	94 000	
利息费用	48 000	
土地出售利得	20 000	（1 130 000）
净利润		400 000
减：少数股东损益		（100 000）
合并净利润（归属于母公司股东的净利润）		300 000
20×7年年初未分配利润		200 000
可供分配的利润		500 000
提取盈余公积		（60 000）
减：支付的现金股利		（160 000）
20×7年年末的未分配利润		280 000

与编制单体现金流量表相同，合并现金流量表中经营活动的现金流量也有直接法和间接法两种编制方法。不同的是，合并现金流量表的编制涉及子公司与其少数股东权益之间的现金流入和流出。由于少数股东损益与合并净利润一样，都增加了合并资产和负债，因此，将少数股东损益列为经营活动现金流量的增加。同理，支付给少数股东的股利与支付给多数股东的股利一样，列为筹资活动现金流量的减少。

对于来自拥有20%～50%股权的被投资公司的投资收益，在间接法和直接法下的处理是不同的。在采用间接法编制合并现金流量表时，来自权益被投资公司投资收益的增加会增加利润而不增加现金；收到权益被投资公司发放的股利会增加现金而对利润不产生影响。因此，来自权益被投资公司投资收益扣除收到权益被投资公司发放的股利后的余额（即“长期股权投资”账户变动的净额）在现金流量表上“经营活动产生的现金流量”部分列为净利润的减项；如果所收到的股利超过权益应享有的利润，则列为净利润的加项。当采用直接法编制合并现金流量表时，从权益被投资公司收到的股利可以直接列为“经营活动产生的现金流量”。

首先我们来介绍间接法的编制方法，然后再介绍直接法。

（一）间接法

根据表10—1所示的牡达公司与紫林公司的合并资产负债表及20×7年的合并利润表，编制合并现金流量表工作底稿如表10—2所示。

表10—2　　牡达公司与紫林公司编制合并现金流量表所需的工作底稿——间接法　　单位：元

科目	科目余额（期初数）20×6年12月31日	变动原因分析		科目余额（期末数）20×7年12月31日
		借	贷	
资产负债表				
现金	360 000	⑮150 000		510 000
应收账款——净额	540 000	⑦210 000		750 000
存货	410 000	⑧90 000		500 000
长期股权投资	190 000	⑥10 000		200 000
土地	200 000		③40 000	160 000
固定资产——净额	1 640 000	⑫600 000	④240 000	2 000 000
商誉	200 000		⑤20 000	180 000
资产合计	3 540 000			4 300 000
应付账款	540 000	⑨40 000		500 000
应付股利	40 000			40 000
应付票据	—		⑬600 000	600 000
普通股股本	1 000 000			1 000 000
资本公积	600 000			600 000
盈余公积	1 000 000		⑭60 000	1 060 000
未分配利润	200 000	⑩160 000 ⑭60 000	①300 000	280 000

续前表

科目	科目余额（期初数）20×6年12月31日	变动原因分析		科目余额（期末数）20×7年12月31日
		借	贷	
少数股东权益（20%）	160 000	⑪40 000	②100 000	220 000
负债及股东权益合计	3 540 000			4 300 000
现金流量表				
经营活动产生的现金流量：				
合并净利润		①300 000		
加：少数股东损益		②100 000		
出售土地损失		③20 000		
固定资产折旧		④240 000		
商誉减值		⑤20 000		
减：收到权益被投资公司投资收益与股利的差额			⑥10 000	
应收账款增加			⑦210 000	
存货增加			⑧90 000	
应付账款减少			⑨40 000	
投资活动产生的现金流量：				
出售土地收入		③20 000		
筹资活动产生的现金流量：				
支付现金股利——多数股东权益			⑩160 000	
支付现金股利——少数股东权益			⑪40 000	
不影响现金的投资及筹资活动：				
签发应付票据采购设备		⑬600 000	⑫600 000	
本期现金增加数			⑮150 000	
		1 300 000	1 300 000	

根据工作底稿下半部分资料，编制合并现金流量表见表10—3。

表10—3　　20×7年12月31日牡达公司与紫林公司合并现金流量表——间接法　　单位：元

经营活动产生的现金流量：		
合并净利润		300 000
调整项目：		
少数股东损益	100 000	
出售土地损失	20 000	
固定资产折旧	240 000	
商誉减值	20 000	
收到权益被投资公司投资收益与股利的差额	(10 000)	
应收账款增加	(210 000)	
存货增加	(90 000)	
应付账款减少	(40 000)	30 000

经营活动产生的现金流量净额		330 000
投资活动产生的现金流量：		
出售土地收入	20 000	
投资活动产生的现金流量净额		20 000
筹资活动产生的现金流量：		
支付现金股利——多数股东权益	(160 000)	
支付现金股利——少数股东权益	(40 000)	
筹资活动产生的现金流量净额		(200 000)
本期现金增加数		150 000
期初现金余额		360 000
期末现金余额		510 000
不影响现金的投资及筹资活动：		
签发应付票据采购设备		600 000

（二）直接法

直接法下编制牡达公司与紫林公司合并现金流量表工作底稿见表 10—4。

表 10—4　　牡达公司与紫林公司编制合并现金流量表所需的工作底稿——直接法　　单位：元

科目	科目余额（期初数）20×6 年 12 月 31 日	变动原因分析		科目余额（期末数）20×7 年 12 月 31 日
		借	贷	
资产负债表				
现金	360 000	⑯150 000		510 000
应收账款——净额	540 000	①210 000		750 000
存货	410 000	③90 000		500 000
长期股权投资	190 000	②10 000		200 000
土地	200 000		⑨40 000	160 000
固定资产——净额	1 640 000	⑬600 000	④240 000	2 000 000
商誉	200 000		⑤20 000	180 000
资产合计	3 540 000			4 300 000
应付账款	540 000	③40 000		500 000
应付股利	40 000			40 000
应付票据	—		⑭600 000	600 000
普通股股本	1 000 000			1 000 000
资本公积	600 000			600 000
盈余公积	1 000 000		⑮60 000	1 060 000
未分配利润	200 000	⑫160 000 ⑮60 000	⑪300 000	280 000
少数股东权益（20%）	160 000		⑩60 000	220 000
负债及股东权益合计	3 540 000			4 300 000

续前表

科目	科目余额（期初数）20×6年12月31日	变动原因分析		科目余额（期末数）20×7年12月31日
		借	贷	
利润表				
营业收入			①1 500 000	1 500 000
投资收益			②30 000	30 000
营业成本		③600 000		(60 0000)
折旧费用		④240 000		(240 000)
商誉减值		⑤20 000		(20 000)
工资费用		⑥108 000		(108 000)
其他营业支出		⑦94 000		(94 000)
利息费用		⑧48 000		(48 000)
土地出售利得		⑨20 000		(20 000)
少数股东损益		⑩100 000		(100 000)
合并净利润		⑪300 000		300 000
现金流量表				
经营活动产生的现金流量：				
销售商品收到的现金		①1 290 000		
权益投资收到的股利		②20 000		
购买商品支付的现金			③730 000	
支付给职工的现金			⑥108 000	
支付给其他经营项目			⑦94 000	
支付给利息费用的现金			⑧48 000	
投资活动产生的现金流量：				
出售土地收入		⑨20 000		
筹资活动产生的现金流量：				
支付现金股利——多数股东权益			⑫160 000	
支付现金股利——少数股东权益			⑩40 000	
不影响现金的投资及筹资活动：				
签发应付票据采购设备		⑭600 000	⑬600 000	
本期现金增加数			⑯150 000	
		4 780 000	4 780 000	

通过对比我们可以发现，表10—4与表10—2的不同之处就在于直接法下列入了利润表项目，用以分析经营活动产生的现金流量。根据工作底稿下半部分的资料，编制合并现金流量表，见表10—5。

表10—5　　20×7年12月31日牡达公司与紫林公司合并现金流量表——直接法　　单位：元

经营活动产生的现金流量：		
销售商品收到的现金	1 290 000	
权益投资收到的股利	20 000	

购买商品支付的现金	(730 000)	
支付给职工的现金	(108 000)	
支付给其他经营项目	(94 000)	
支付给利息费用的现金	(48 000)	
经营活动产生的现金流量净额		330 000
投资活动产生的现金流量：		
出售土地收入	20 000	
投资活动产生的现金流量净额		20 000
筹资活动产生的现金流量：		
支付现金股利——多数股东权益	(160 000)	
支付现金股利——少数股东权益	(40 000)	
筹资活动产生的现金流量净额		(200 000)
本期现金增加数		150 000
期初现金余额		360 000
期末现金余额		510 000
本期净利润及经营活动产生的现金流量的调节：		
合并净利润		300 000
调整项目：		
少数股东损益	100 000	
出售土地损失	20 000	
固定资产折旧	240 000	
商誉减值	20 000	
投资收益	(10 000)	
应收账款增加	(210 000)	
存货增加	(90 000)	
应付账款减少	(40 000)	30 000
经营活动产生的现金流量净额		330 000
不影响现金的投资及筹资活动：		
签发应付票据采购设备		600 000

表10—5列示了以直接法编制的牡达公司与紫林公司合并现金流量表。该合并现金流量表与间接法下相比，仅在“经营活动产生的现金流量”部分不同，“投资活动产生的现金流量”和“筹资活动产生的现金流量”二者是完全相同的。在直接法下，应将涉及现金流量的合并利润表项目从权责发生制（应计制）转换成收付实现制（现金制），而其他不涉及现金的项目则应以注释或补充资料的方式反映。此外，还应将间接法下“经营活动产生的现金流量”部分以补充资料的形式加以披露。

二、以母子公司单体现金流量表为编制基础

当合并现金流量表以母子公司单体现金流量表为基础进行编制时，其编制原理、编制方法和编制程序与编制合并资产负债表、合并利润表及合并利润分配表的编制原理、编制方法和编制程序基本相同。在这种方法下，首先编制合并工作底稿；然后根

据当期母子公司间发生的影响集团现金增减变动的经济业务，编制相应的抵销分录，通过抵销分录将单体现金流量表中重复反映的现金流入数量和现金流出数量予以抵销；最后，在此基础上计算出合并现金流量表各项的合并数，并填制合并现金流量表。

在间接法下，应予以抵销的项目包括：

（1）当期子公司的净利润和少数股东损益与母公司所享有的部分进行抵销，即在合并净利润项目和合并少数股东损益项目与合并投资损失（减：收益）项目之间相互抵销。

（2）母公司与子公司、子公司相互之间以现金结算债权与债务所产生的经营性现金流量应当抵销，即在合并经营性应收项目的减少（减：增加）项目与合并经营性应付项目的增加（减：减少）项目之间相互抵销。

（3）期初期末存在母公司与子公司、子公司相互之间销售商品形成存货的情况下，存货中所包含的未实现内部销售损益应当抵销，即在合并净利润项目与合并存货的减少（减：增加）项目之间相互抵销。

（4）母公司与子公司、子公司相互之间当期销售商品形成的固定资产所包含的未实现内部销售损益及当期多计提或少计提的折旧额的抵销处理：

1）母公司与子公司、子公司相互之间当期销售商品形成的固定资产所包含的未实现内部销售损益应当抵销，即在合并净利润项目与合并经营性应收项目的减少（减：增加）项目之间相互抵销；

2）母公司与子公司、子公司相互之间销售商品形成的固定资产当期多计提或少计提的折旧额应当抵销，即在合并净利润项目与合并固定资产折旧项目之间相互抵销。

（5）母公司与子公司、子公司相互之间当期处置固定资产价差及当期多计提或少计提的折旧额应当抵销：

1）母公司与子公司、子公司相互之间当期处置固定资产价差应当抵销，即在合并净利润项目与合并处置固定资产、无形资产和其他长期资产的损失（减：收益）项目之间相互抵销；

2）母公司与子公司、子公司相互之间处置固定资产当期多计提或少计提的折旧额应当抵销，即在合并净利润与合并固定资产折旧项目之间相互抵销。

（6）母公司与子公司、子公司相互之间当期销售商品形成的无形资产所包含的未实现内部销售损益及当期多摊销或少摊销的费用的抵销，比照上述第（4）条当期销售商品形成的固定资产所包含的未实现内部销售损益及多计提或少计提的折旧额的抵销原则进行处理。

（7）母公司与子公司、子公司相互之间销售商品形成的存货、固定资产、在建工程、工程物资、无形资产中多计提或少计提的跌价准备和减值准备的抵销，比照上述第（4）条当期销售商品形成的固定资产所包含的未实现内部销售损益及多计提或少计提的折旧的抵销原则进行处理。

（8）母公司与子公司、子公司相互之间当期发生的其他交易所产生的现金流量应当抵销。

（9）不涉及现金收支的投资和筹资活动项目中重复的部分应予消除。

在直接法下，应予以抵销的项目包括：

（1）母公司与子公司、子公司相互之间当期以现金投资或收购股权增加的投资所产生的现金流量应当抵销。

（2）母公司与子公司、子公司相互之间当期取得投资收益收到的现金，应当与分配股利、利润或偿付利息支付的现金相互抵销。

（3）母公司与子公司、子公司相互之间以现金结算债权与债务所产生的现金流量应当抵销。

（4）母公司与子公司、子公司相互之间当期销售商品所产生的现金流量应当抵销。

（5）母公司与子公司、子公司相互之间处置固定资产、无形资产和其他长期资产收回的现金净额，应当与购建固定资产、无形资产和其他长期资产支付的现金相互抵销。

（6）母公司与子公司、子公司相互之间当期发生的其他交易所产生的现金流量应当抵销。

下面，我们将通过具体示例说明以母子公司单体现金流量表编制合并现金流量表的程序。首先从间接法的介绍开始。

（一）间接法

例 10—2

表 10—6 列示了 20×5 年 12 月 31 日牡丹公司及其拥有 80%股权的子公司紫产公司的单体现金流量表。根据有关资料，牡丹公司与紫产公司间 20×5 年度发生的经济业务如下：

（1）紫产公司 20×5 年期初存货中含有以前年度牡丹公司以 10 000 元购入，并以 20 000 元卖给紫产公司的存货。该批存货于 20×5 年由紫产公司全部出售。

（2）牡丹公司 20×5 年共卖给紫产公司成本为 40 000 元的商品，售价为 60 000 元。20×5 年 12 月 31 日，这批存货尚有 20%留在紫产公司的期末存货中，且紫产公司还有 20 000 元货款未付给牡丹。

（3）20×5 年，牡丹公司、紫产公司分别发放现金股利 160 000 元和 200 000 元。

（4）20×5 年商誉减值 20 000 元。

表 10—6　　牡丹公司及其子公司紫产公司的单体现金流量表——间接法

20×5 年 12 月 31 日　　单位：元

	牡丹公司	紫产公司
经营活动产生的现金流量：		
净利润	320 000	500 000
调整项目：		
加：固定资产折旧	120 000	120 000
处置固定资产的收益		20 000
财务费用	48 000	
商誉减值损失		
少数股东损益		
减：投资收益——紫产公司	(400 000)	
投资收益——债券投资	(30 000)	

续前表

	牡丹公司	紫产公司
存货增加数		(90 000)
应收账款增加数		(210 000)
应付账款减少数		(40 000)
经营活动产生的现金流量净额	58 000	300 000
投资活动产生的现金流量：		
分得股利所收到的现金	160 000	
取得债券利息所收到的现金	20 000	
处置土地使用权所收到的现金		20 000
投资活动产生的现金流量净额	180 000	20 000
筹资活动产生的现金流量：		
支付的现金股利——牡丹公司	(160 000)	
支付的现金股利——紫产公司		(200 000)
偿付利息所支付的现金	(48 000)	
筹资活动产生的现金流量净额	(208 000)	(200 000)
本期现金增加数	30 000	120 000
期初现金余额	300 000	60 000
期末现金余额	330 000	180 000

根据上述单体现金流量表编制合并现金流量表见表10—7。

表10—7　　牡丹公司与紫产公司合并现金流量表工作底稿——间接法

20×5年12月31日　　单位：元

	牡丹公司	紫产公司	调整与抵销分录		合并现金流量
			借方	贷方	
经营活动产生的现金流量：					
净利润	320 000	500 000	①60 000 ③4 000	①60 000 ④10 000	826 000
减：合并净利润调整				⑤20 000 ⑥500 000	(520 000)
合并净利润					306 000
调整项目：					
加：固定资产折旧	120 000	120 000			240 000
处置固定资产的收益		20 000			20 000
财务费用	48 000				48 000
商誉减值损失			⑤20 000		20 000
少数股东损益			⑥100 000		100 000
减：投资收益——紫产公司	(400 000)		⑥400 000		
投资收益——债券投资	(30 000)				(30 000)
存货增加数		(90 000)	④10 000	③4 000	(96 000)
应收账款增加数		(210 000)		②20 000	(190 000)
应付账款减少数		(40 000)	②20 000		(60 000)

续前表

	牡丹公司	紫产公司	调整与抵销分录		合并现金流量
			借方	贷方	
经营活动产生的现金流量净额	58 000	300 000			358 000
投资活动产生的现金流量：					
分得股利所收到的现金	160 000			⑦160 000	
取得债券利息所收到的现金	20 000				20 000
处置土地使用权收到的现金		20 000			20 000
投资活动产生的现金流量净额	180 000	20 000			40 000
筹资活动产生的现金流量：					
支付的现金股利——牡丹公司	(160 000)				(160 000)
支付的现金股利——紫产公司		(200 000)	⑦160 000		(40 000)
偿付利息所支付的现金	(48 000)				(48 000)
筹资活动产生的现金流量净额	(208 000)	(200 000)			(248 000)
本期现金增加数	30 000	120 000			150 000
期初现金余额	300 000	60 000			360 000
期末现金余额	330 000	180 000			510 000

牡丹公司与紫产公司合并现金流量表工作底稿分录重新列示如下：

抵销内部存货销售对净利润的影响：

①借：净利润——牡丹公司　　60 000
　　贷：净利润——紫产公司　　60 000

抵销内部往来账款，调整本年利润：

②借：本年利润调整——应付账款减少数（紫产公司）　　20 000
　　贷：本年利润调整——应收账款增加数（牡丹公司）　　20 000

调整期末存货中未实现毛利的影响（(60 000－40 000)×20%）：

③借：净利润——牡丹公司　　4 000
　　贷：本年利润调整——存货增加数　　4 000

抵销期初存货中未实现利润的影响（20 000－10 000）：

④借：本年利润调整——存货增加　　10 000
　　贷：净利润——牡丹公司　　10 000

确认商誉减值损失，并调整合并净利润：

⑤借：商誉减值损失　　20 000
　　贷：合并净利润调整　　20 000

抵销紫产公司本期实现的净利润和牡丹公司对紫产公司的投资收益，并确认少数股东损益：

⑥借：投资收益——紫产公司	400 000	
少数股东损益	100 000	
贷：合并净利润调整		500 000

抵销紫产公司分派现金股利对现金流量的影响：

⑦借：分配股利所支付的现金（紫产公司）	160 000	
贷：分得股利所收到的现金（牡丹公司）		160 000

上述抵销分录借、贷方均采用现金流量表项目。①～⑥笔抵销分录调整的是经营活动的现金流量，在间接法下，各分录的借、贷方并不直接表示现金的流入或流出，而是各对应账户借、贷方的变动数；抵销分录⑦调整的是投资活动产生的现金流量，其借、贷方则直接表示现金的流入与流出。

抵销分录①在编制合并利润表时表现为：借记“营业收入”，贷记“营业成本”。由于间接法下从净利润出发编制现金流量表，故虚增的营业收入与营业成本需要通过净利润进行调整。

抵销分录②在编制合并资产负债表时表现为：借记“应付账款”，贷记“应收账款”。在编制单体现金流量表时，牡丹公司与紫产公司内部的应收、应付项目均未抵销，从整个企业集团看会相应地引起这两个项目虚增，所以应在编制合并现金流量表时加以调整。在这里需要指出的是，凡是涉及调整净利润的项目，均应设置“本年利润调整”项目进行反映。

抵销分录③在编制合并资产负债表和合并利润表时表现为：借记“营业成本”，贷记“存货”。在编制合并现金流量表时，“营业成本”改为“净利润”；由于期末存货含有未实现利润 4 000 元（(60 000－40 000)×20%），导致存货虚增，故应加以抵销。

抵销分录④在编制合并资产负债表和合并利润表时表现为：借记“期初未分配利润”，贷记“营业成本”。在编制合并现金流量表时贷记“营业成本”应改为借记“净利润”（本例中上期递延的未实现利润在本期实现，应增加牡丹公司的利润）。不完全权益法下，由于牡丹公司 20×4 年单体净利润中包含了未实现利润，而使得 20×5 年“期初未分配利润”账户虚增，虽然这并不影响现金流量表项目，但是未实现利润还存在于紫产公司 20×4 年期末存货中，导致其 20×5 年期初存货虚增，影响了经营活动产生的现金流量，需要在抵销分录中调整存货。

由于 20×5 年商誉减值 20 000 元，抵销分录⑤确认了牡丹公司单体账上未确认的商誉减值费用，从而导致合并净利润减少了 20 000 元。合并净利润的调整通过设置“合并净利润调整”科目进行，该科目作为合并净利润的抵减项，其借方代表合并净利润的增加，贷方代表合并净利润的减少。

牡丹公司与紫产公司经过合并后的利润表中“投资收益”账户不再包括对紫产公司的投资收益，并应确认“少数股东损益”账户。同时，由于“少数股东损益”账户并不影响经营活动的现金流量，故应将其加回到合并净利润中去。

从企业集团整体看，子公司的净利润应当加以抵销，分解为母公司对子公司的投资收益与少数股东损益。即：

子公司净利润＝对子公司的投资收益＋少数股东损益

抵销分录⑥正是体现了上述等式。由于采用不完全权益法，抵销后的合并净利润并不等于母公司的净利润，二者差额 14 000 元是由于期末存货中含有未实现利润 10 000 元、本期实现的期初存货中的未实现利润 4 000 元以及本期商誉减值 20 000 元。

抵销分录⑦是由于紫产公司发放的现金股利 200 000 元中，有 160 000 元付给牡丹公司，而这笔现金股利未流出企业集团，因此应抵销相对账户牡丹公司"分得股利所收到的现金"160 000 元与紫产公司的"分配股利所支付的现金"160 000 元。

需要指出的是，表 10—7 中"投资活动产生的现金流量净额"净流入 40 000 元和"筹资活动产生的现金流量净额"净流出 248 000 元，是同类项目调整数的合计，而不是编制分录而成的。

（二）直接法

在直接法下，由于合并现金流量表补充资料为间接法下"经营活动产生的现金流量"，其编制方法在前面已经介绍过了，因此下面主要介绍直接法下合并现金流量表正表的编制方法。

例 10—3

沿用例 10—2，20×5 年 12 月 31 日牡丹公司及其拥有 80%股权的子公司紫产公司按直接法编制的单体现金流量表见表 10—8。

表 10—8　　牡丹公司及其子公司紫产公司的单体现金流量表——直接法

20×5 年 12 月 31 日　　单位：元

	牡丹公司	紫产公司
经营活动产生的现金流量：		
销售商品收到的现金	700 000	590 000
购买商品支付的现金	(500 000)	(230 000)
支付给职工的现金	(88 000)	(20 000)
支付给其他经营活动的现金	(54 000)	(40 000)
经营活动产生的现金流量净额	58 000	300 000
投资活动产生的现金流量：		
分得股利所收到的现金	160 000	
取得债券利息所收到的现金	20 000	
处置土地使用权所收到的现金		20 000
投资活动产生的现金流量净额	180 000	20 000
筹资活动产生的现金流量：		
支付的现金股利——牡丹公司	(160 000)	
支付的现金股利——紫产公司		(200 000)
偿付利息所支付的现金	(48 000)	
筹资活动产生的现金流量净额	(208 000)	(200 000)
本期现金增加数	30 000	120 000
期初现金余额	300 000	60 000
期末现金余额	330 000	180 000

根据上述单体现金流量表编制合并现金流量表见表 10—9。

表 10—9 牡丹公司与紫产公司合并现金流量表工作底稿——直接法

20×5 年 12 月 31 日 单位：元

	牡丹公司	紫产公司	调整与抵销分录		合并现金流量
			借方	贷方	
经营活动产生的现金流量：					
销售商品收到的现金	700 000	590 000	④20 000	①60 000	1 250 000
购买商品支付的现金	(500 000)	(230 000)	①60 000 ②40 000 ③10 000	②40 000 ③10 000 ④20 000	(690 000)
支付给职工的现金	(88 000)	(20 000)			(108 000)
支付给其他经营活动的现金	(54 000)	(40 000)			(94 000)
经营活动产生的现金流量净额	58 000	300 000			358 000
投资活动产生的现金流量：					
分得股利所收到的现金	160 000			⑤160 000	
取得债券利息所收到的现金	20 000				20 000
处置土地使用权所收到的现金		20 000			20 000
投资活动产生的现金流量净额	180 000	20 000			40 000
筹资活动产生的现金流量：					
支付的现金股利——牡丹公司	(160 000)				(160 000)
支付的现金股利——紫产公司		(200 000)	⑤160 000		(40 000)
偿付利息所支付的现金	(48 000)				(48 000)
筹资活动产生的现金流量净额	(208 000)	(200 000)			(248 000)
本期现金增加数	30 000	120 000			150 000
期初现金余额	300 000	60 000			360 000
期末现金余额	330 000	180 000			510 000

牡丹公司与紫产公司合并现金流量表工作底稿分录重新列示如下：

抵销内部存货交易所引起的现金流入和现金流出：

①借：购买商品支付的现金——紫产公司 60 000
　　贷：销售商品收到的现金——牡丹公司 60 000

抵销内部交易期末存货未实现利润对现金流量的影响：

②借：购买商品支付的现金 4 000
　　贷：购买商品支付的现金 4 000

抵销内部交易期初存货未实现利润本期实现对现金流量的影响：

③借：购买商品支付的现金 10 000
　　贷：购买商品支付的现金 10 000

抵销内部往来对现金的影响：

④借：销售商品收到的现金——牡丹公司 20 000
　　贷：购买商品支付的现金——紫产公司 20 000

抵销紫产公司分派现金股利对现金流量的影响：

⑤借：支付的现金股利——紫产公司　　160 000
　贷：分得股利所收到的现金——牡丹公司　　160 000

上述抵销分录借方表示现金流入或现金流出的减少，贷方表示现金流出或现金流入的减少。抵销分录①抵销的是20×5年度牡丹公司出售给紫产公司60 000元存货而产生的对现金的影响。在编制合并资产负债表和合并利润表时的抵销分录为：借记"营业收入"，贷记"营业成本"。这笔内部交易使牡丹公司账上的"营业收入"增加了60 000元，进而引起牡丹公司单体现金流量表中的"销售商品收到的现金"增加了60 000元；同时，紫产公司账上"营业成本"也由于该内部交易而增加了60 000元，引起紫产公司单体现金流量表中"购买商品支付的现金"增加了60 000元，因此，在编制合并现金流量表时应抵销该内部交易对合并现金流量表的影响。

抵销分录②抵销了紫产公司期末存货中含有牡丹公司已确认、但尚未实现的利润4 000元。在编制合并资产负债表和合并利润表时表现为：借记"营业成本"，贷记"存货"。从整个企业集团看，内部交易的存在使得紫产公司的存货虚增了4 000元，同时导致牡丹公司账上确认的利润虚增了4 000元，这一抵销分录起着递延未实现利润的作用。这两项虚增同时对"购买商品支付的现金"产生等额、反向的影响，所以可以分别借记、贷记4 000元。

抵销分录③抵销的是紫产公司期末存货中含有的上年未实现但在20×5年实现的利润而对合并现金流量表产生的影响。在编制合并资产负债表和合并利润表时抵销分录为：借记"期初未分配利润"，贷记"营业成本"。但是20×5年"期初未分配利润"账户虚增并不对当期现金流量表产生影响，相反，紫产公司20×4年"期末存货"含有未实现利润，也即20×5年"期初存货"虚增10 000元，从而引起紫产公司在编制20×5年单体现金流量表时"存货增加"少计10 000元，导致"购买商品支付的现金"项目少计10 000元，故应贷记10 000元；同时，合并利润表中贷记"营业成本"10 000元，表示营业成本减少，在合并现金流量表中通过借记"购买商品支付的现金"10 000元调整。

抵销分录④抵销的是牡丹公司和紫产公司20×5年年末内部往来款对现金流量的影响。从整个企业集团看，牡丹公司对紫产公司的20 000元应收账款与紫产公司对牡丹公司的应付账款是相对账户，在编制合并报表时应抵销该相对账户的影响。应收账款的虚增导致了牡丹公司"销售商品收到的现金"少计20 000元，应补借20 000元；同样，应付账款的虚增导致了紫产公司"购买商品支付的现金"少计20 000元，应补贷20 000元。

在以单体现金流量表为基础编制合并现金流量表时，凡对现金流量的分类产生影响的内部交易，均必须加以调整；不影响分类的内部交易，可不作调整。在同一计算公式中一增一减的项目，可不予考虑。这样，在实际工作中，上述间接法的抵销分录②，直接法的抵销分录②、③均可以取消。

对于合并现金流量表的编制，我国《企业会计准则第33号——合并财务报表》中规定："合并现金流量应当以母公司和子公司的现金流量表为基础，在抵销母公司与子公司、子公司相互之间发生的内部交易对合并现金流量表的影响后，由母公司合并编制"；"合并现金流量表补充资料可以根据合并资产负债表和合并利润表进行编制"。

第三节 合并每股收益

每股收益是指本年净利润与年末普通股股份总数的比值，又称为每股净利润。由于合并普通股股数等于母公司普通股股数，合并每股收益便等于合并净利润与年末母公司普通股股份总数的比值。在不完全权益法下，虽然母公司净利润的计算与合并净利润的计算存在很大差异，但母公司每股收益与合并每股收益的计算程序却是相似的。所不同的是，在计算合并每股收益时需要将母公司普通股股东的净利润转换为合并普通股股东的净利润。同样，对被投资者具有重大影响力的权益投资，即使不需要与被投资公司编制合并报表，其计算每股收益的程序与母公司投资者的计算程序也是相同的。虽然本节叙述的是母公司及子公司的关系，但其讨论与示例同样也适用于权益法下的投资。

一、合并每股收益的一般计算程序

合并每股收益的一般计算公式为：

$$合并每股收益=\frac{合并稀释净利润}{合并普通股及约当普通股(母公司普通股及约当普通股)}$$

从该公式中可以看出，合并每股收益的计算程序主要取决于集团中子公司的资本结构。当子公司（或权益投资者）没有潜在稀释证券时，合并每股收益的计算程序与单个公司每股收益的计算程序完全相同；但当子公司拥有流通在外的潜在稀释证券时，合并每股收益的计算就必须考虑潜在稀释的作用。在后一种情况下，需要对合并每股收益的计算进行调整，计算合并的稀释每股收益，而这种调整取决于子公司的潜在稀释证券可以转换成子公司的普通股还是母公司的普通股。如果可转换成子公司的普通股，潜在稀释作用将反映在子公司每股收益的计算上，并用以决定合并每股收益。如果子公司的稀释证券可转换成母公司的普通股，则作为母公司的稀释证券，直接用于计算合并每股收益。此时，子公司的每股收益无须用于合并每股收益的计算。

（一）子公司没有潜在稀释证券

当子公司没有潜在稀释证券时，合并每股收益的计算与无关联主体情况下相同，但首先应调整母公司对子公司的投资收益，将母公司普通股股东的净利润转换为合并普通股股东的净利润。其计算公式为：

$$\begin{matrix}合并稀释\\净利润\end{matrix}=\begin{matrix}母公司普通股\\股东的净利润\end{matrix}-\begin{matrix}投资成本与账面价值\\差额的摊销及减值\end{matrix}-\begin{matrix}公司间未实现\\利润(+损失)\end{matrix}+\begin{matrix}母公司稀释\\证券的调整\end{matrix}$$

$$\begin{matrix}母公司普通股\\及约当普通股\end{matrix}=\begin{matrix}母公司流通在外的\\普通股股数\end{matrix}+\begin{matrix}母公司潜在稀释\\证券代表的股数\end{matrix}$$

（二）子公司的稀释证券可转换成子公司普通股

当子公司拥有潜在可转换成子公司普通股的稀释证券时，合并稀释净利润（合并每股收益计算公式的分子）是通过用母公司对子公司稀释净利润的权益代替母公司对子公司已实现净利润的权益调整而来的。对子公司已实现净利润的权益是子公司列报净利润调整了逆销产生的未实现损益及子公司的推定损益后母公司按持股比例所享有的部分。需要指出的是，母公司对子公司已实现净利润的权益中，不包括商誉减值和其他估价差异以及顺销产生的损益影响，因为这些都不影响子公司证券持有者的权益。

母公司对子公司稀释净利润的权益是根据单独计算的子公司稀释每股收益与母公司持有子公司普通股股数的乘积得来的。在计算子公司稀释净利润时，子公司逆销产生的未实现损益将被抵销，而子公司债券的推定损益则应包括在内。此种子公司每股收益的计算仅是用来计算合并每股收益。当子公司本身对外报告时，并不一定采用此种计算方法。通过对子公司稀释每股收益的计算，将“母公司对子公司已实现净利润的权益”替换为“母公司对子公司稀释净利润的权益”，而反映在合并每股收益的计算中。对于每股收益，此种替换是将子公司已实现净利润分配给子公司普通股股东和潜在稀释证券的持有者，而非仅分配给子公司的普通股股东。由此可见，子公司稀释每股收益的计算是计算合并每股收益的第一步。子公司拥有潜在可转换成子公司普通股的稀释证券时合并每股收益的计算公式如下：

$$\text{合并稀释净利润}=\text{母公司普通股股东的净利润}-\text{投资成本与账面价值差额的摊销及减值}-\text{公司间利润（+损失）}+\text{母公司稀释证券的调整}-\text{母公司对子公司已实现净利润的权益}+\text{母公司对子公司稀释净利润的权益}$$

其中

$$\text{母公司对子公司稀释净利润的权益}=\text{子公司稀释每股收益}\times\text{母公司持有子公司普通股股数}$$

$$\text{母公司普通股及约当普通股}=\text{母公司流通在外的普通股股数}+\text{母公司潜在稀释证券代表的股数}$$

（三）子公司的稀释证券可转换成母公司普通股

在前面两种情况下，母公司普通股股数（每股收益计算公式的分母）的计算均相同，但在子公司的稀释证券可转换成母公司普通股时增加了“子公司潜在的可转换成母公司普通股的稀释证券代表的股数”。当子公司的潜在稀释证券可转换成母公司而非子公司的普通股时，必须对合并稀释净利润的计算进行调整。在“假设转换法”下，当潜在稀释的子公司证券可转换成母公司普通股时，必须在计算合并稀释净利润时加上归属于这些证券的净利润。因此，此种情况下所包括的“子公司稀释证券可转换成母公司普通股”项目，在子公司没有潜在稀释证券或此证券可转换成子公司普通股时不再适用。子公司的稀释证券可转换成母公司普通股情况下合并每股收益的计算公式如下：

$$\text{合并稀释净利润}=\text{母公司普通股股东的净利润}-\text{投资成本与账面价值差额的摊销及减值}-\text{公司间利润（+损失）}+\text{母公司稀释证券的调整}+\text{子公司潜在稀释证券可转换成母公司股票的调整}$$

$$\text{母公司普通股及约当普通股}=\text{母公司流通在外的普通股股数}+\text{母公司潜在稀释证券代表的股数}+\text{子公司潜在的可转换成母公司普通股的稀释证券代表的股数}$$

二、子公司拥有可转换优先股时合并每股收益的计算

例 10—4

牡林公司于20×1年1月1日以656 000元现金购买紫达公司流通在外表决权普通股的90%。购买当天，紫达公司净资产的公允价值等于其账面价值。两家公司的股东权益如下（单位：元）：

	牡林公司	紫达公司
普通股股本 （每股面值5元，发行且流通在外400 000股）	2 000 000	
普通股股本 （每股面值10元，发行且流通在外40 000股）		400 000
可转换优先股 （10%累计，每股面值100元，流通在外2 000股）		200 000
盈余公积	800 000	200 000
未分配利润	200 000	40 000
所有者权益合计	3 000 000	840 000

20×1年，紫达公司列报了100 000元的净利润并支付50 000元的股利，其中20 000元给优先股，30 000元给普通股。牡林公司自身经营所得净利润300 000元，假设不存在集团内部公司间交易，且购并产生的商誉当年减值了8 000元，权益法下牡林公司20×1年的净利润为364 000元，其计算如下（单位：元）：

牡林公司自身经营所得净利润	300 000	
来自紫达公司的投资收益（（净利润100 000－优先股利20 000）×90%）	72 000	
		372 000
商誉减值		（8 000）
牡林公司净利润		364 000

（一）子公司优先股可转换成子公司的普通股

假设紫达公司的优先股可转换成24 000股的紫达公司普通股，且牡林公司及紫达公司没有其他潜在稀释证券流通在外。

紫达公司的稀释每股收益为1.562 5元（净利润100 000/（普通股40 000股＋稀释普通股24 000股））。

牡林公司的稀释每股收益为0.87元，其计算如下（单位：元）：

牡林公司净利润（等于普通股净利润）	372 000
减：商誉的减值	（8 000）
合并净利润	364 000
减：牡林公司对紫达公司已实现净利润的权益（（100 000－20 000）×90%）	（72 000）

加：牡林公司对紫达公司稀释净利润的权益（紫达公司 40 000 股×90%×紫达公司的稀释每股收益 1.562 5）	56 250
合并稀释净利润＝a	348 250
牡林公司流通在外股数＝b	400 000
合并稀释每股收益＝a/b	0.87

反映在牡林公司稀释净利润的潜在稀释 15 750 元（348 250－364 000），是将牡林公司对紫达公司每股稀释净利润的权益替代牡林公司对紫达公司已实现净利润的权益而产生的。需要注意的是，牡林公司对紫达公司已实现净利润的权益中，不包括 8 000 元商誉的减值，这一差额与母公司相关，但与每股收益计算中的替换无关。

（二）子公司优先股可转换成母公司的普通股

假设紫达公司的优先股可转换成 48 000 股的牡林公司普通股，而且牡林公司及紫达公司没有其他潜在稀释证券流通在外。由于在此假设下，优先股不再是紫达公司的稀释证券，因此紫达公司的稀释每股收益为 2 元（普通股净利润 80 000/流通在外普通股 40 000 股）。同时，在子公司优先股可转换成母公司的普通股情况下，紫达公司的稀释每股收益将不用于合并每股收益的计算。合并每股收益的计算如下（单位：元）：

牡林公司净利润（等于普通股净利润）	372 000
减：商誉的减值	(8 000)
合并净利润	364 000
加：假设转换的紫达公司优先股股东享有的股利	20 000
合并稀释净利润＝a	384 000
牡林公司流通在外股数	400 000
加：紫达公司的优先股假设转换数	48 000
牡林公司普通股及约当普通股＝b	448 000
合并稀释每股收益＝a/b	0.86

如果假设优先股已经转换，则优先股股利不用分配给优先股股东，因此，在计算时应将此项不用分配的股利计入合并稀释净利润中。

三、子公司拥有认股权及可转换公司债券时合并每股收益的计算

例 10—5

20×3 年 1 月 1 日牡丰公司以支付现金的方式购买紫明公司流通在外有表决权普通股的 80%，其支付的现金超过所获得紫明公司账面价值 400 000 元。合并当日，紫明公司净资产的公允价值等于其账面价值。牡丰公司 20×3 年自身经营净利润为 3 000 000 元，来自紫明公司的投资收益为 720 000 元（紫明公司 20×3 年净利润 900 000×80%）。紫明公司净利润中包含本年度牡丰公司购买紫明公司土地产生的未实现利润 100 000 元。20×3 年间，购并产生的商誉减值了 40 000 元，两家公司流通在外的证券为：

牡丰公司：普通股 2 000 000 股。

紫明公司：普通股 800 000 股。

以每股 10 元（每股平均市价为 15 元）购买 120 000 股股票的认股权。

7%可转换公司债券（面值为 2 000 000 元）流通在外，可转换成 160 000 股

普通股。

所得税税率为25%。

(一) 可转换成子公司普通股的认股权及公司债券

假设认股权及可转换公司债券可转换成紫明公司的普通股，对紫明公司稀释每股收益的计算见表10—10。在认股权的库存股法下，当普通股的平均市价超过认购价时，认股权对每股收益具有稀释性的影响。如果紫明公司认股权证持有者行使其认股权，获得每股面值为10元的普通股120 000股，则紫明公司将收到1 200 000元的现金。在库存股法下，假设紫明公司使用此现金再购回80 000股自己的股票（1 200 000÷平均市价15），这一假设使得认股权和购回库存股交易增加紫明公司流通在外普通股40 000股（120 000股－80 000股），从而影响到每股收益的计算。

表10—10　紫明公司稀释每股收益的计算　金额单位：元

紫明公司属于普通股股东的净利润	900 000
减：出售土地的未实现利润	(100 000)
加：假设紫明公司债券转换成自己公司普通股的税后利息费用（2 000 000×7%×75%假设税后净额影响）	105 000
紫明公司稀释净利润＝a	905 000
紫明公司流通在外的普通股股数	800 000
加：若行使认股权增加的普通股股数（120 000股－1 200 000÷平均市价15）	40 000
加：若债券转换为紫明公司普通股所增加的股数	160 000
紫明公司调整后股数＝b	1 000 000
紫明公司稀释每股收益＝a/b	0.905

由于债券可转换为紫明公司的普通股，因此其应包括在紫明公司稀释每股收益的计算中。在假设转换法下，可转换债券假设转换成紫明公司普通股后产生的税后净利息费用105 000元应包括在紫明公司稀释净利润计算中，而因转换将发行的160 000股应该包括在紫明公司稀释普通股的计算中。

计算出紫明公司的稀释每股收益后，将其用于合并每股收益的计算。表10—11列示了合并每股收益的计算。

表10—11　合并每股收益的计算——与子公司股票有关的稀释　金额单位：元

牡丰公司属于普通股股东的净利润	3 720 000
减：商誉的减值	(40 000)
减：出售土地的未实现利润中牡丰公司享有的份额80%（100 000×80%）	(80 000)
合并净利润	3 600 000
减：牡丰公司对紫明公司已实现净利润的权益（(900 000－未实现利润100 000)×80%）	(640 000)
加：牡丰公司对紫明公司稀释净利润的权益（紫明公司800 000股×80%×紫明公司的稀释每股收益0.905）	579 200
合并稀释净利润＝a	3 539 200
牡丰公司流通在外的普通股股数＝b	2 000 000
合并稀释每股收益＝a/b	1.77

在计算牡丰公司稀释净利润时，将牡丰公司对紫明公司的已实现净利润的权

益 640 000 元替换为牡丰公司对紫明公司稀释净利润的权益 579 200 元。此项替代使合并稀释净利润减少了 60 800 元（640 000－579 200），这是由于紫明公司已实现利润 800 000 元与可转换债券假设转换成紫明公司普通股后产生的税后净利息费用 105 000 元现在不只是分配给紫明公司普通股股东，还分配给了紫明公司认股权和可转换债券的持有者。

（二）可转换成母公司普通股的认股权及公司债券

假设上例中，紫明公司的认股权可转换成 120 000 股牡丰公司普通股，公司债券可转换成 160 000 股牡丰公司普通股。合并每股收益的计算见表 10—12。当紫明公司的稀释证券可转换成母公司普通股时，其稀释每股收益就不需要用于合并每股收益的计算中，对于合并每股收益可直接进行计算。

表 10—12　　合并每股收益的计算——与母公司股票有关的稀释　　金额单位：元

牡丰公司属于普通股股东的净利润	3 720 000
减：商誉的减值	(40 000)
减：出售土地的未实现利润牡丰公司享有的份额 80%（100 000×80%）	(80 000)
合并净利润	3 600 000
加：假设紫明公司债券转换成自己公司普通股的税后利息费用（2 000 000×7%×75%假设税后净额影响）	105 000
合并稀释净利润＝a	3 705 000
牡丰公司流通在外的普通股股数	2 000 000
加：若行使认股权增加的牡丰公司普通股股数（120 000 股－1 200 000÷平均市价 15）	40 000
加：若紫明公司债券转换为牡丰公司普通股所增加的股数	160 000
牡丰公司调整后股数＝b	2 200 000
合并每股收益＝a/b	1.68

思考题

1. 合并现金流量表有几种编制方法？

2. 以合并资产负债表、合并利润表编制合并现金流量表与单体现金流量表的编制有何异同？

3. 企业集团若有因发生内部交易所产生的往来款项，在以母子公司单体现金流量表为基础编制合并现金流量表时，应如何进行调整？

4. 你认为以合并资产负债表和合并利润表为基础编制合并现金流量表和以母子公司单体现金流量表为基础编制合并现金流量表哪种方法更简便？在实践中，我们更应提倡哪种方法？

5. 在什么情况下计算合并每股收益需要首先计算子公司的每股收益？

6. 子公司的潜在稀释证券可能转换成母公司普通股或子公司普通股，试述这些情况如何影响合并每股收益的计算过程。

练习题

1. 20×2 年编制牡仁公司合并现金流量表中，“经营活动产生的现金流量”部分所需要的资料如下（单位：元）：

收到来自客户的现金	3 225 000
支付给供应商的现金	1 825 000
支付给员工的现金	270 000
为其他经营项目支付的现金	235 000
支付利息费用的现金	120 000
出售土地的现金收入	600 000
少数股东股利	100 000
收到来自权益被投资公司的股利	70 000

要求：以直接法编制牡仁公司合并现金流量表中“经营活动产生的现金流量”部分。

2. 20×5 年 12 月 31 日及 20×6 年 12 月 31 日牡江公司及其子公司紫达公司的合并工作底稿余额如下（单位：元）：

	20×6 年	20×5 年	净增（减）变动
资产			
现金	3 130 000	1 950 000	1 180 000
短期投资	1 620 000	1 510 000	110 000
应收账款——净额	4 180 000	4 400 000	(220 000)
存货	5 950 000	5 250 000	700 000
土地	3 850 000	1 700 000	2 150 000
固定资产	7 550 000	6 900 000	650 000
累计折旧	(1 990 000)	(1 450 000)	(540 000)
商誉——净额	570 000	600 000	30 000
资产合计	24 860 000	20 860 000	4 000 000
负债及股东权益			
应付票据	1 500 000	1 500 000	—
应付账款	8 950 000	9 240 000	(290 000)
递延所得税	440 000	320 000	120 000
普通股股本	5 800 000	4 800 000	1 000 000
资本公积	3 030 000	1 800 000	1 230 000
盈余公积	1 350 000	950 000	400 000
未分配利润	2 000 000	1 000 000	1 000 000
库存股——成本	—	(360 000)	360 000
少数股东权益	1 790 000	1 610 000	180 000
负债及股东权益合计	24 860 000	20 860 000	4 000 000

其他资料：

(1) 20×6 年 1 月 20 日，牡江公司发行普通股 100 000 股换取公允价值为 2 150 000 元的土地。

(2) 20×6 年 2 月 5 日，牡江公司重新发行库存股，获得 440 000 元。

(3) 20×6 年 5 月 15 日，牡江公司发放普通股现金股利 580 000 元。

(4) 20×6 年 8 月 8 日，牡江公司以 1 270 000 元购买设备。

(5) 20×6 年 9 月 30 日，牡江公司出售设备获得 400 000 元，设备成本 620 000 元。出售时该设备账面价值为 340 000 元。

(6) 20×6 年 9 月 15 日，紫达公司发放普通股现金股利 500 000 元。

(7) 递延所得税表示应以加速折旧申报所得税和以直线法报告财务信息产生的时间差异。

(8) 20×6 年合并净利润为 1 980 000 元。紫达公司的净利润为 1 100 000 元。

(9) 牡江公司持有紫达公司 70%股权。20×5 年和 20×6 年间，这一股权数不变。除了牡江公司收到其子公司的股利外，无公司间内部交易。

要求： 编制 20×6 年 12 月 31 日牡江公司及其子公司的合并现金流量表，采用间接法。

3. 20×6 年及 20×7 年牡电公司和其拥有 80%股权的子公司比较合并财务报表如下（单位：元）：

	20×7 年	20×6 年	净增（减）变动
利润表及利润分配表			
主营业务收入	26 000 000	24 000 000	2 000 000
投资收益——权益被投资者	600 000	500 000	100 000
主营业务成本	(14 500 000)	(14 080 000)	(420 000)
折旧费用	(2 000 000)	(1 500 000)	(500 000)
其他营业费用	(4 700 000)	(4 620 000)	(80 000)
少数股东损益	(400 000)	(300 000)	(100 000)
净利润	5 000 000	4 000 000	1 000 000
期初未分配利润	3 200 000	1 000 000	2 200 000
股利	(1 500 000)	(1 000 000)	(500 000)
提取盈余公积	(1 200 000)	(800 000)	(400 000)
未分配利润	5 500 000	3 200 000	2 300 000
资产负债表			
现金	4 300 000	3 600 000	700 000
应收账款——净额	7 500 000	5 400 000	2 100 000
存货	7 000 000	7 000 000	0
固定资产——净额	18 000 000	15 000 000	3 000 000
长期股权投资	4 300 000	4 000 000	300 000
商誉	1 900 000	2 000 000	(100 000)
资产合计	43 000 000	37 000 000	6 000 000
应付账款	10 920 000	8 750 000	2 170 000
应付股利	380 000	250 000	130 000

股本	10 000 000	10 000 000	0
资本公积	6 000 000	6 000 000	0
盈余公积	8 000 000	6 800 000	1 200 000
未分配利润	5 500 000	3 200 000	2 300 000
少数股东权益（20%）	2 200 000	2 000 000	200 000
负债及股东权益合计	43 000 000	37 000 000	6 000 000

要求： 编制牡电公司及其子公司 20×7 年合并现金流量表。假设固定资产变动仅为资产购置与折旧。20×7 年来自拥有 20%～50%股权的被投资公司的投资收益与股利分别为 600 000 元和 300 000 元。牡电公司的唯一子公司 20×7 年净利润为 2 000 000 元，宣告股利 1 000 000 元。20×7 年商誉减值 100 000 元。

4. 牡丰公司 20×3 年自身经营净利润为 1 080 000 元，来自紫产公司投资收益为 420 000 元。紫产公司为牡丰公司拥有 70%股权的子公司。紫产公司的净利润 600 000 元，即 660 000 元营业利润减去 60 000 元流通在外的利率为 10%可转换债券的税后利息。20×3 年间，牡丰公司有流通在外普通股 1 000 000 股，紫产公司有流通在外普通股 500 000 股。

要求：

（1）计算 20×3 年的合并每股收益。（假设紫产公司的可转换债券可转换成 100 000 股紫产公司普通股。）

（2）计算 20×3 年的合并每股收益。（假设紫产公司的可转换债券可转换成 100 000 股牡丰公司普通股。）

5. 牡林公司拥有紫台公司 80%的股权。20×8 年间，牡林公司有 200 000 股普通股流通在外，紫台公司流通在外的证券有：

（1）100 000 股普通股。

（2）以每股 15 元价格认购紫台公司 20 000 股普通股的认股权。

（3）10 000 股利率为 10%、面值为 100 元的可转换优先股，可转换成 30 000 股紫台公司普通股。

20×8 年联属公司的利润表数据如下（单位：元）：

	牡林公司	紫台公司
净利润	1 200 000	550 000
投资收益——紫台公司		
（普通股净利润 450 000×80%）	360 000	
	1 560 000	550 000

要求： 计算 20×8 年牡林公司和紫台公司的基本和稀释每股收益、合并每股收益。（假设紫台公司普通股平均每股市价为 30 元，20×8 年商誉减值 60 000 元。）

第十一章

外币交易会计

引例　中兴通讯国际化之路

改革开放以来，随着市场的逐渐开放，中国的对外交流日益加深，中国企业的海外业务也如火如荼。我们以前文提及的中兴通讯（000063. SZ，00763. HK）为例，来窥知一二。

早在1996年，中兴通讯便开始涉足海外市场，最初通过国外的当地代理商来销售商品。出口产品结构单一，以传统交换机为主，出口地区有印度尼西亚、马来西亚等较落后的发展中国家及地区。中兴通讯通过参加国际电信展、参与国际竞标，慢慢熟悉国际市场规则。1998年，中兴通讯中标孟加拉国通信工程项目，意味着我国民族通信企业在国际市场崭露头角。出口产品渐渐多元化，包括交换机、接入网、视频、数据等，出口地区扩展至中国香港、巴西等较发达的发展中地区。2001年中国加入WTO（世界贸易组织）之前，中兴通讯国际收入占比为4%。

2004年，对中兴通讯来说是具有里程碑意义的一年。公司不仅在发达国家市场和高端产品方面取得了历史性的突破，也在香港联交所成功上市。出口产品出现了WCDMA、ADSL、核心路由器等高端产品，出口地区有美国、俄罗斯等。2004年5月，雅典奥运会全面采用中兴通讯DSL宽带数据产品，这对中国通信设备厂商而言尚属首次。

2013年，中兴通讯国际收入为395.98亿元，占比52.6%，国际市场份额已经超过国内市场。目前中兴通讯在全球有107个分支机构、18个研发机构，在亚洲、非洲、欧美及大洋洲均有海外业务，通过全系列的无线、有线、终端产品和通信服务，为世界160多个国家和地区的电信运营商提供创新技术和解决方案。

那么，当中国企业走出国门，发展越来越多的海外业务时，面对各种以外币计价的商品和劳务，该如何进行会计处理呢？

希望通过本章的学习，各位读者能找到答案。

学习目标

- 了解外汇的概念及汇率的种类
- 了解外币记账方法的成本法和标准汇率法
- 掌握外币交易会计的一笔交易观和两笔交易观
- 了解未实现汇兑损益的当期确认法和递延法，掌握我国汇兑损益的核算原则

第一节　外币及汇率概述

一、外汇

外汇是“国外汇兑”和“国际汇兑”的简称。它有动态和静态两个方面的含义。其动态含义是指一种支付行为，即把一个国家的货币兑换成另一国家的货币，借以清偿国际债权债务关系的一种经济行为；静态含义是指外币或以外币表示的能用于国际计算的支付手段。会计学上的外汇概念一般指其静态含义的一面，而其动态含义实际上是一种以外币计量的经济业务。

国际货币基金组织（IMF）曾将外汇一词解释为：货币当局（中央银行、货币管理机构、外汇平准基金组织及财政部）以银行存款、国库券、长短期政府债券等形式保有的，在国际收支逆差时，可以使用的债权。我国《外汇管理条例》将外汇定义为：以外币表示的可以用作国际清偿的支付手段和资产。其内容包括：（1）外国货币，包括纸币、铸币；（2）外国支付凭证，包括票据、银行存款凭证、邮政储蓄凭证等；（3）外币有价证券，包括政府债券、公司债券、股票等；（3）特别提款权、欧洲货币单位；（5）其他外汇资产。

会计上，外币和外汇的概念有较大的差别。外币是指记账本位币以外的货币，它可以是本国货币。如我国国内某企业采用非人民币作为记账本位币，对于该企业来说，人民币就是一种外币，人民币业务则是它的外币业务。而外汇永远是指人民币以外的其他国家货币表示的资金。

当企业因业务的需要，从事进出口贸易、设立国外分支机构或子公司时，在交易记录、损益确认及财务报表的列报上，均会因衡量单位涉及外币而变得较为复杂。

二、汇率

汇率是指用一国货币表示的另一国货币的价格，也即以一单位的某国货币折算成另一国货币的比率。外汇是一种特殊的商品，它可以进行买卖，汇率就表现为外汇买卖时的价格，因此，汇率有时也称为汇价。

在不同场合适用的汇率可能不尽一致，现将各种汇率分类说明如下：

1．直接汇率和间接汇率

直接标价是指每单位外币可兑换的本国货币金额。直接标价法下形成的是直接汇率。间接标价则指每单位本国货币可兑换的外币金额。间接标价法下形成的是间接汇率。例如，以人民币为本国货币，美元为外币，假设 6.25 元的人民币可换

得 1 美元：

直接汇率：\$1＝¥6.25

间接汇率：¥1＝\$0.16（\$1/6.25）

上例中，直接标价是指 1 美元可以兑换 6.25 元人民币，间接标价则指 1 元人民币可兑换 0.16 美元。很明显，直接标价和间接标价互为倒数关系。在直接标价法下，如果兑换 1 单位外币所支付的本国货币比以前多，则表明外币上升，本国货币在下降；反之，则表明外币贬值，本国货币升值。在间接标价法下，兑出 1 单位本国货币收回的外币比以前少，则表明外币币值上升，本国货币币值下降；反之，则表明外币贬值，而本国货币升值。

此外，汇率有买入汇率和卖出汇率之分。此处的买入和卖出是从经营外汇的银行和经纪人的角度来讲的。倘若一客户将外币兑换成本国货币，银行是买进外币，故应按买入价兑换；倘若该客户以本国货币兑换外币，银行是卖出外币，故应按卖出价兑换。在直接标价法下，卖出价高于买入价；而在间接标价法下，卖出价要低于买入价，其间的差额即为经营外汇的银行和经纪人的毛利。

2. 浮动汇率、固定汇率和多重汇率

固定汇率也称法定汇率或官方汇率，指政府为稳定外汇市场而规定的汇率。在对外汇进行管制的国家，固定汇率通常表现为国家制定公布的外汇牌价。

固定汇率是个相对的概念，它一般需根据市场汇率的变动幅度做出适当的调整。某些时候，政府会根据特定的情况分别不同的固定汇率。例如，对某些商品的进口采用较低的固定汇率，而对另外一些商品的进口则采用较高的固定汇率，这便是所谓的多重汇率。如阿根廷、乌拉圭等国家采用的就是多重汇率。

浮动汇率也称市场汇率，指随市场供求关系而变动的汇率。从理论上讲，货币的价值应是货币购买力的表现。例如，某国通货膨胀率的上升就是货币购买力的下降，相应地该国货币对外币的汇率也应该下降。巨额贸易顺差会使该国的货币需求量大增，从而使该国货币坚挺。相反，贸易逆差会使该国货币贬值。

除通货膨胀和贸易量能够影响汇率的波动外，利率和投机因素也会导致汇率的波动。

3. 即期汇率与远期汇率

外汇市场有现汇市场和期汇市场两种。相应地，其交易也就称为现汇交易和期汇交易。与此相联系，汇率也有即期汇率和远期汇率之分。大部分外汇交易都发生在现汇市场，也就是即期交割的外汇市场。

即期汇率也称现汇汇率，指现汇交易中即期交割的汇率。即期外汇交易通常隔两个营业日交割。根据支付凭证的不同，现汇又分为电汇、信汇和票汇三种，其汇率也有所不同。由于电汇交款迅速，国际上大额款项大多采用电汇方式。世界各国外汇市场公布的即期汇率指的就是电汇汇率。

期汇交易也称远期外汇交易，指在外汇买卖成交后，先由买卖双方订立合约，规定外汇买卖的数量、交割期以及汇率等条款，到合约约定日再行办理交割的一种外汇交易。期汇交易的交割期限，大多为 30 天、60 天、90 天和 180 天，但也可以约定其他到期日。

在期汇市场上从事期汇交易，无论汇率发生何种变化，都应按期汇合约约定的汇率，在约定的期限到期时进行交割。因此，期汇交易常被进出口商和外汇债权债务人用作规避外汇风险的一种手段。这种由经纪人和客户事先约定的将在未来一定时日据以交割的期汇交易所采用的汇率称为远期汇率。远期汇率也称期汇汇率。

在直接标价法下，远期汇率高于即期汇率的差额，称为升水；反之，称为贴水。而在间接标价法下，升水和贴水的计算与直接标价法正好相反，远期汇率低于即期汇率时为升水，高于即期汇率时则为贴水。升水和贴水产生的原因比较复杂，主要原因是各国利率的差异。但对未来即期汇率的估计也是一个很重要的因素。此外，通货膨胀和国际贸易的顺差和逆差也是影响汇率的重要因素。

4. 现行汇率、历史汇率和平均汇率

现行汇率指资产负债表编制日一单位本国货币兑换成外币金额（和一单位外币兑换成本国货币金额）的比率。

历史汇率指在具体事件和交易实际发生当天的即期汇率。

平均汇率则是会计上为了处理的简便，而将现行汇率和历史汇率进行了简单的或者加权平均后的汇率。

即期汇率为市场术语；现行汇率、历史汇率和平均汇率为会计术语。

三、外汇的兑换和折算

外汇兑换指将外币换成本国货币，或将本国货币换成外币，或将不同外币进行的互换。外汇兑换是不同货币之间的实际交换，它不同于外币折算。外币折算指将不同的外币金额换算成同一的本国货币（或特定的外币）等值的程序，它是会计上对原有外币金额的重新表述。显然，外币折算只是改变货币表述，即将一种货币计量单位重新表述为另一种货币计量单位，它与外币兑换有明显的不同。

汇兑损益是外汇兑换损失和利得的简称。汇兑损益源于汇率的变动。例如，我国某出口商向美国出口了一批货物，售价为＄10 000，款项尚未收到。原始交易日的汇率为＄1=￥6.20，结算时的汇率为＄1=￥6.25。这样，由于汇率的变动，就会形成一笔500元人民币（10 000×(6.25−6.20)）的汇兑利得。上述500元人民币的汇兑利得通常有两种表现方式，如果在结算日，出口商将美元兑换成人民币，这便是实际意义上的外汇兑换损益（本例为利得）；如果在结算日，出口商直接将美元存储于银行而不是将其兑换成人民币，在会计上同样要将这笔美元折算成等值人民币，这便是所谓的折算损益（本例为利得）。显然，兑换损益不同于折算损益，但会计上对其并不加以区分，而是将其全部反映在“汇兑损益”账户。

上述兑换损益和折算损益都可归之为交易损益。除交易损益外，为汇编或合并目的而对外币报表进行折算时还可能形成另一种折算损益，即所谓的外币报表折算差额（损益）。外币报表折算差额（损益）将在下一章阐述。

第二节　外币记账方法

企业在对外币业务进行会计核算时，可以选择外币统账制或外币分账制。外币统账制是指企业在发生外币业务时，折算为记账本位币入账。外币分账制是指企业在日常核算时按照外币原价记账，分别币种核算损益和编制会计报表；在资产负债表日将外币会计报表折算为记账本位币表示的会计报表，并与记账本位币会计报表进行汇总，编制企业整体业务的会计报表。在外币统账制下，企业发生外币业务时，应当按外币原币登记外币账户，同时选用一定的汇率将外币金额折算为记账本位币金额。因汇率总是在不断地变化，从而导致同一外币数额在不同时点会对应不同的记账本位币数额，两者间相互折算时就会形成汇兑损益。就我国目前的情况看，绝大多数企业采用外币统账制，只有银行等少数金融企业采用外币分账制。本章主要介绍外币统账制下的会计处理。

在外币统账制下，企业的外币记账方法一般有成本法和标准汇率法两种。

一、成本法

成本法也称逐日折算法，指按交易发生时的即期汇率将外币折算为本国货币金额入账的一种方法。

对于外币业务，通常要求在记录折算金额的同时也记录外币的实际金额，即用复币记账方法记录外币业务。外币栏采用永续盘存制。

在复币记账方法下，要求在每期期末对外币性资产和负债进行调整，以使本国货币与外币现行价值相一致，差异调整数计入汇兑损益或其他项目。

举例说明如下：

例 11—1

中国出口商牡丹公司20×1年12月份发生如下外币交易（业务）：

(1) 12月2日，向美国乙公司出售价值＄10 000的货物（不考虑增值税），当日的汇率为＄1＝￥6.15；

(2) 12月9日，按＄1＝￥6.20的汇率购入外币＄15 000；

(3) 12月22日，收到美方汇入的12月2日的销货款＄5 000，当天的即期汇率为＄1＝￥6.23；

(4) 12月27日，以＄8 000购入货物一批。当天的即期汇率为 ＄1＝￥6.25。

假定该出口商美元账户的期初余额为0，12月31日的市场汇率为＄1＝￥6.24。

根据上述外币业务，成本法下编制的会计分录如下：

(1) 12月2日。

借：应收账款——美元（＄10 000×6.15）　　￥61 500

　　贷：主营业务收入　　￥61 500

(2) 12月9日。

借：银行存款——美元（＄15 000×6.20）　　￥93 000

　　贷：银行存款——人民币　　￥93 000

(3) 12月22日。

借：银行存款——美元（＄5 000×6.23）　　￥31 150

　　贷：应收账款——美元　　￥31 150

(4) 12月27日。

借：库存商品　　￥50 000

　　贷：银行存款——美元（＄8 000×6.25）　　￥50 000

（5）12 月 31 日，应编制调整分录如下：

借：银行存款——美元　　　　　　　　　　　　　　　　　　¥730

　　贷：汇兑损益　　　　　　　　　　　　　　　　　　　　　　¥730

调整分录中的汇兑损益，可根据设立的银行存款（外币）总分类账计算得出。具体可见表 11—1。

表 11—1　　　　　　　　　　　　**银行存款**

20×1 年		摘要	借方			贷方			余额		
月	日		美元	汇率	人民币	美元	汇率	人民币	美元	汇率	人民币
12	1	余额							0		0
	9		15 000	6.20	93 000				15 000		93 000
	22		5 000	6.23	31 150				20 000		124 150
	27					8 000	6.25	50 000	12 000		74 150
	31	调整数			730						74 880
12	31	余额	20 000	—		8 000			12 000	6.24	74 880

同理，由于该出口商年末还持有外币性资产——应收账款＄50 000，因此，期末还应该编制调整分录如下：

借：应收账款——美元（＄5 000×6.24－(¥61 500－¥31 150)）

　　　　　　　　　　　　　　　　　　　　　　　　　　　¥850

　　贷：汇兑损益　　　　　　　　　　　　　　　　　　　　　　¥850

二、标准汇率法

标准汇率法也称为月终调整法，指外币在入账时均按标准汇率记录，外币业务发生时，除外币兑换业务外，借贷双方均采用月内同一汇率记账，也无须分别注销原有外币账户的账面汇率，平时不确认汇兑损益，到期末（一般是月末）将所有外币存款户和所有外币债权、债务账户按期末现行汇率调整，一并倒轧确认其全月的汇兑损益。此方法主要适用于外币业务较多的企业。

标准汇率通常取有代表意义的平均汇率，我国多数企业通常取当月 1 日的汇率为标准汇率。

例 11—2

续例 11—1，但假定采用标准汇率法，假定标准汇率为＄1＝¥6.23，则

（1）12 月 2 日。

借：应收账款——美元（＄10 000×6.23）　　　　　　¥62 300

　　贷：主营业务收入　　　　　　　　　　　　　　　　　　¥62 300

（2）12 月 9 日。

借：银行存款——美元（＄15 000×6.23）　　　　　　¥93 450

　　贷：银行存款——人民币　　　　　　　　　　　　　　　¥93 450

（3）12 月 22 日。

借：银行存款——美元（＄5 000×6.23）　　　　　　¥31 150

　　贷：应收账款——美元　　　　　　　　　　　　　　　　¥31 150

(4) 12 月 27 日。

借：库存商品　　¥49 840

　　贷：银行存款——美元（$8 000×6.23）　　¥49 840

(5) 12 月 31 日，应编制调整分录如下：

借：银行存款——美元　　¥120

　　贷：汇兑损益　　¥120

银行存款总分类账见表 11—2。

表 11—2　　银行存款

20×1 年		摘要	借方			贷方			余额		
月	日		美元	汇率	人民币	美元	汇率	人民币	美元	汇率	人民币
12	1	余额							0		0
	9		15 000	6.23	93 450				15 000		93 450
	22		5 000	6.23	31 150				20 000		124 600
	27					8 000	6.23	49 840	12 000		74 760
	31	调整数			120						74 880
12	31	余额	20 000	—		8 000			12 000	6.24	74 880

同理，由于至年末该出口商还持有外币债权——应收账款 $5 000。因此，期末还应编制调整分录如下：

借：应收账款——美元（$5 000×(6.24−6.23)）　　¥50

　　贷：汇兑损益　　¥50

根据我国《企业会计准则第 19 号——外币折算》的规定：外币交易应当在初始确认时，采用交易发生日的即期汇率将外币金额折算为记账本位币金额；也可以采用按照系统合理的方法确定的、与交易发生日即期汇率近似的汇率折算。不难看出，对企业发生的外币业务，既可以采用成本法，也可以采用标准汇率法。至于具体应选择哪种方法，则由企业自行确定，但必须保持折算方法的一致性。

第三节　外币交易及其会计处理

一、外币交易

外币交易是指以外币计价或者计算的交易。外币是企业记账本位币以外的货币。根据我国《企业会计准则第 19 号——外币折算》，记账本位币是指企业经营所处的主要经济环境中的货币。企业选定记账本位币，应当考虑下列因素：(1) 该货币主要影响商品和劳务的销售价格，通常以该货币进行商品和劳务的计价和结算；(2) 该货币主要影响商品和劳务所需人工、材料和其他费用，通常以该货币进行上述费用的计价和结算；(3) 融资活动获得的货币以及保存从经营活动中收取款项所使用的货币。企业选定境外经营的记账本位币，还应当考虑下列因素：(1) 境外经营对其所从事的活动是否拥有很强的自主性；(2) 境外经营活动中与企业的交易是否在境外经营活动中占有较大比重；(3) 境外经营活动产生的现金流量是否直接影响企业的现金流量、是否可以随时汇回；（4）境外经营活动产生的现金流量是否足以偿还其现有债务和可预期的债务。可见，根据《企业会计准则第 19 号——外币折算》，我国的记账本位币的概念实际上和国外功能性货币的概念是等同的。

常见的外币交易有：

（1）企业购买或销售以外币计价的商品和劳务。

（2）企业借入或借出其应付或应收金额以外币计算的资金。

（3）企业为国外实体净投资进行套期保值。

（4）远期外汇合约。

外币交易的会计处理，重点是解决以下几个会计问题：（1）交易发生时应该采用哪一种汇率进行记录；（2）资产负债表编制日外币资产和负债余额应如何记录；（3）外汇汇兑损益应如何处理；（4）外币应收款和应付款在结算日应如何记录。

二、外币交易会计的两种观点

在对外币交易进行会计处理时，由于外币交易事项的发生日、结算日和编报日的汇率不同，从而会产生相同的交易金额在不同的时点折合成记账本位币的金额不同（如图 11—1 所示）。由此产生的差额就是汇兑损益。外币交易过程中所产生的汇兑损益应该如何处理，目前主要有两种观点：一笔交易观和两笔交易观。

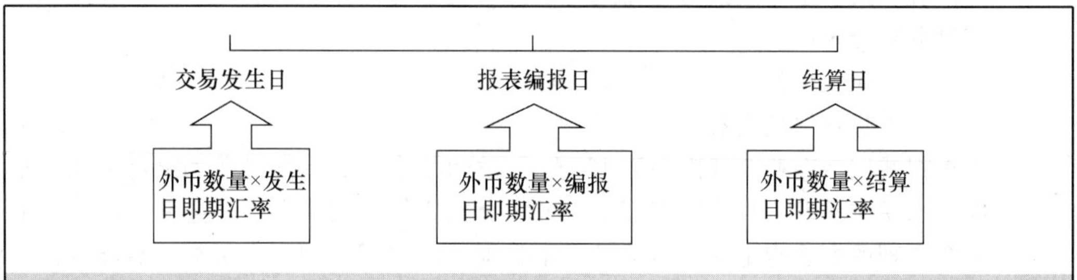

图 11—1

（一）一笔交易观

一笔交易观认为，以外币结算的购买和销售交易，必须在账款结算之日才算完成。商品和劳务的购买和销售只是交易的第一阶段，按交易日的汇率折算并记录的销售收入和购买成本只是一个暂记数。交易发生日至结算日，由于汇率波动而出现的汇兑损益，应作为对已入账的营业收入（销售收入）或营业成本（购货成本）的调整。按照这种观点，结算时所产生的汇兑损益应调整原购销业务涉及的营业收入（销售收入）或营业成本（购货成本）等账户，而不予以单独确认。

1. 外币购货交易

例 11—3

20×1 年 12 月 1 日，牡星公司（中国公司）从美国某公司进口一批商品，价款为 10 000 美元。按照合约约定，款项于 2002 年 1 月 10 日支付。假定该项交易期间汇率变动情况如下：

（1）交易发生日，20×1 年 12 月 1 日汇率为 \$1＝￥6.20；

（2）报表编报日（资产负债表日），2001 年 12 月 31 日汇率为 \$1＝￥6.25；

(3) 结算日，20×2 年 1 月 10 日汇率为 \$1=¥6.23。

牡星公司以人民币为记账本位币，发生以美元结算的业务为外币业务。

按照一笔交易观的观点，牡星公司对该交易的会计处理如下：

(1) 20×1 年 12 月 1 日，交易发生日：按当日汇率折算入账。

借：库存商品	¥62 000	
贷：应付账款——美元（\$10 000×6.2）		¥62 000

(2) 20×1 年 12 月 31 日，编报日：根据当日汇率调整外币交易的购货成本。

借：库存商品	¥500	
贷：应付账款——美元（\$10 000×(6.25−6.20)）		¥500

(3) 20×2 年 1 月 10 日，结算日：首先根据结算日的汇率调整外币交易的购货成本，然后编制相应的付款分录。

借：应付账款——美元（\$10 000×(6.25−6.23)）	¥200	
贷：库存商品		¥200
借：应付账款——美元（\$10 000×6.23）	¥62 300	
贷：银行存款		¥62 300

实务中，以上两笔分录也可合成一笔复合分录如下：

借：应付账款——美元（\$10 000×6.25）	¥62 500	
贷：库存商品		¥200
银行存款（\$10 000×6.23）		¥62 300

2. 外币销货交易

例 11—4

20×1 年 12 月 1 日，牡星公司（中国公司）向美国某公司出口一批商品，价款为 10 000 美元。按照合约约定，款项于 20×2 年 1 月 10 日收取。

假定该项交易期间汇率变动情况如下：

(1) 交易发生日，20×1 年 12 月 1 日汇率为 \$1=¥6.20；

(2) 报表编报日（资产负债表日），20×1 年 12 月 31 日汇率为 \$1=¥6.25；

(3) 结算日，20×2 年 1 月 10 日汇率为 \$1=¥6.23。

牡星公司以人民币为记账本位币，发生以美元结算的业务为外币业务。

按照一笔交易观的观点，牡星公司对该交易的会计处理分录如下：

(1) 20×1 年 12 月 1 日，交易发生日：按当日汇率折算入账。

借：应收账款——美元（\$10 000×6.2）	¥62 000	
贷：主营业务收入		¥62 000

(2) 20×1 年 12 月 31 日，编报日：根据当日汇率调整外币交易的营业收入（销售收入）。

借：应收账款——美元（\$10 000×(6.25−6.20)）	¥500	
贷：主营业务收入		¥500

(3) 20×2 年 1 月 10 日，结算日：先要根据当日汇率调整外币交易的销售收入。由于这笔交易的销售收入已结转上年度收益并最终结转留存收益，因此应调整本年初的留存收益。然后再编制相应的收款分录。

借：未分配利润　　　　　　　　　　　　　　　　　　¥200

　　贷：应收账款——美元　　　　　　　　　　　　　　　　　　¥200

借：银行存款　　　　　　　　　　　　　　　　　　¥62 300

　　贷：应收账款——美元（$10 000×6.23）　　　　　　　　　　¥62 300

实务中，以上两笔分录也可合成一笔复合分录如下：

借：未分配利润　　　　　　　　　　　　　　　　　　¥200

　　银行存款（$10 000×6.23）　　　　　　　　　　¥62 300

　　贷：应收账款——美元（$10 000×6.25）　　　　　　　　　　¥62 500

（二）两笔交易观

两笔交易观认为，以外币结算的购买和销售交易，交易的发生和结算应该视为两项独立的交易来处理。外币交易的购买成本和销售收入在转换为等值的记账本位币时，应以交易发生日的汇率计算。发生日至结算日之间发生的汇率波动，属于财务风险，应反映为企业的财务损益，并与外币兑换交易所产生的损益合在一起，反映在“汇兑损益”账户中，而不需调整购买成本或销售收入。采用这种会计处理方法，汇率波动的影响将以独立的项目反映在利润表中。如果外币交易的发生日和结算日跨越两个不同的会计期间，则汇兑损益也将分别属于两个会计期间。

例 11—5

沿用例 11—3 的资料，要求采用两笔交易观对牡星公司的外币交易进行会计处理。会计分录如下：

（1）20×1 年 12 月 1 日，交易发生日：按当日汇率折算入账。

借：库存商品　　　　　　　　　　　　　　　　　　¥62 000

　　贷：应付账款——美元（$10 000×6.2）　　　　　　　　　　¥62 000

（2）20×1 年 12 月 31 日，编报日：根据当日汇率折算，折算差额记入“汇兑损益”账户，并计入当期损益。

借：汇兑损益　　　　　　　　　　　　　　　　　　¥500

　　贷：应付账款——美元（$10 000×(6.25－6.20)）　　　　　　¥500

（3）20×2 年 1 月 10 日，结算日：首先根据结算日的汇率折算，折算差额记入“汇兑损益”账户。然后编制相应的付款分录。

借：应付账款——美元（$10 000×(6.25－0.23)）　　¥200

　　贷：汇兑损益　　　　　　　　　　　　　　　　　　　　¥200

借：应付账款——美元（$10 000×6.23）　　　　　¥62 300

　　贷：银行存款　　　　　　　　　　　　　　　　　　　　¥62 300

实务中，以上两笔分录也可合成一笔复合分录如下：

借：应付账款——美元（$10 000×6.25）　　　　　¥62 500

　　贷：汇兑损益　　　　　　　　　　　　　　　　　　　　¥200

　　　　银行存款（$10 000×6.23）　　　　　　　　　　　　¥62 300

例 11—6

沿用例 11—4 的资料，要求采用两笔交易观对牡星公司的外币交易进行会计处理理。会计分录如下：

(1) 20×1 年 12 月 1 日，交易发生日：按当日汇率折算入账。

借：应收账款——美元（＄10 000×6.2） ￥62 000

贷：主营业务收入 ￥62 000

(2) 20×1 年 12 月 31 日，编报日：根据当日汇率折算，折算差额记入“汇兑损益”账户，并计入当期损益。

借：应收账款——美元（＄10 000×(6.25－6.20)） ￥500

贷：汇兑损益 ￥500

(3) 20×2 年 1 月 10 日，结算日：先要根据当日汇率折算，折算差额记入“汇兑损益”账户，然后编制相应的收款分录。

借：汇兑损益 ￥200

贷：应收账款——美元 ￥200

借：银行存款 ￥62 300

贷：应收账款——美元（＄10 000×6.23） ￥62 300

实务中，以上两笔分录也可合成一笔复合分录如下：

借：汇兑损益 ￥200

银行存款（＄10 000×6.23） ￥62 300

贷：应收账款——美元（＄10 000×6.25） ￥62 500

从上述会计处理的分录可以看出，两笔交易观在销售成立时确认收入的实现，符合公认会计原则；同时将折算差额记入“汇兑损益”账户，并计入当期损益，反映了汇率变动带来的财务风险。

（三）一笔交易观和两笔交易观的比较

一笔交易观和两笔交易观的主要分歧就是汇率变动所产生的折算差额是调整原始的入账金额还是作为汇兑损益单独确认。一笔交易观主张的是调整原始入账金额，这不符合国际公认的收入确认原则，也没有反映外币交易的汇率风险。两笔交易观主张确认汇兑损益，并计入当期损益，体现了外币交易承担汇率变动风险的事实。因此，世界上大多数国家都主张采用两笔交易观，而很少采用一笔交易观。

美国财务会计准则委员会（FASB）早在 1975 年发布的第 8 号财务会计准则公告（FAS 8）《外币交易会计和外币财务报表折算》中，就明确要求对外币交易的会计处理采用两笔交易观。在 1981 年发布的用来替换 FAS 8 的 SFAS 52《外币折算》中，同样肯定了两笔交易观。

国际会计准则委员会于 1983 年发布的第 21 号国际会计准则《外币汇率变动影响的会计处理》和在 1993 年修订后重新发布的第 21 号国际会计准则《外币汇率变动的影响》中，都要求采用两笔交易观。根据我国《企业会计准则第 19 号——外币折算》，我国对外币交易的会计处理也采用两笔交易观。

第四节 未实现汇兑损益的确认问题

一、当期确认法和递延法之争

目前，世界上大多数国家对外币交易的会计处理都是采用两笔交易观。而汇兑损益又可分为已实现汇兑损益和未实现汇兑损益。所谓已实现汇兑损益是指产生汇兑损益的外币业务在本期内已经全部完成，如应收的债权已经收回，应付的债务已经偿付。所谓未实现汇兑损益是指产生汇兑损益的外币业务尚未完成，如应收的债权尚未收回，应付的债务尚未偿付。对于已实现的汇兑损益计入当期损益，这在两笔交易观下毫无争议，但是否将未实现的汇兑损益确认为当期损益，在会计界仍存在一定的争论，主要体现为当期确认法和递延法之争。

（一）当期确认法

当期确认法，即将未实现汇兑损益计入当期损益。采用该方法的理论支持是：按照权责发生制原则，在持续经营条件下，企业必须分期确定损益。如果某笔外币交易发生日和结算日分别属于两个不同的会计期间，则在报表编制日和结算日的汇率变动对该外币交易形成的外币账户的影响将分别属于前后两个会计期间。因此，为了如实反映汇率变动对两个会计期间的影响，企业应该在每期期末按期末汇率将外币账户的外币金额调整为记账本位币金额，并在当期确认汇兑损益；交易结算日，再确认由上一个期间末至结算日之间的汇率变动形成的汇兑损益，这样就反映了汇率变动分别影响两个会计期间的事实。例 11—3 和例 11—4 的会计处理方法均采用的是当期确认法。

（二）递延法

递延法，即将未实现汇兑损益记入“递延汇兑损益”账户，递延到以后各期，待外币交易结算时，再将递延汇兑损益转入当期。主张采用递延法的理由是：汇率的波动有升有降，不可能永远是单向变动。在汇率发生逆向变动时，上期确认和计量的未实现汇兑损益在本期就不会实现。比如在例 11—3 中，第一年发生汇兑损失 500 元人民币，第二年又产生汇兑收益 200 元人民币，实际该笔交易的汇兑损益是损失 300 元人民币。因此，持这种主张的学者认为，在上一会计期末按期末汇率折算产生的未实现汇兑损益就不应该计入当期损益，而应该递延到下一会计期间的结算日时确认。现沿用上一节的例子，说明递延法下的会计处理程序。

1. 外币购货交易

例 11—7

沿用例 11—3 的资料，要求采用递延法对牡星公司的外币交易进行会计处理。会计分录如下：

（1）20×1 年 12 月 1 日，交易发生日：按当日汇率折算入账。

借：库存商品　　¥62 000

　　贷：应付账款——美元（$10 000×6.2）　　¥62 000

(2) 20×1 年 12 月 31 日，编报日：根据当日汇率折算，折算差额记入“递延汇兑损益”账户，递延到实现时确认。

借：递延汇兑损益　　¥500
　　贷：应付账款——美元（$10 000×(6.25－6.20)）　　¥500

(3) 20×2 年 1 月 10 日，结算日：首先根据结算日的汇率折算，折算差额记入“递延汇兑损益”账户。由于整笔交易完成，因此将该笔交易的“递延汇兑损益”账户余额转入汇兑损益，并计入当期损益。然后编制相应的付款分录。

借：应付账款——美元（$10 000×(6.25－6.23)）　　¥200
　　贷：递延汇兑损益　　¥200
借：汇兑损益　　¥300
　　贷：递延汇兑损益　　¥300
借：应付账款——美元（$10 000×6.23）　　¥62 300
　　贷：银行存款——美元　　¥62 300

也可将以上几笔分录合成如下一笔复合分录：

借：应付账款——美元（$10 000×6.25）　　¥62 500
　　汇兑损益　　¥300
　　贷：递延汇兑损益　　¥500
　　　　银行存款——美元（$10 000×6.23）　　¥62 300

这样，该笔交易所产生的汇兑损益为损失 300 元人民币，计入 2002 年当期的损益。

2. 外币销货交易

例 11—8

沿用例 11—4 的资料，要求采用递延法对牡星公司的外币交易进行会计处理。会计分录如下：

(1) 20×1 年 12 月 1 日，交易发生日：按当日汇率折算入账。

借：应收账款——美元（$10 000×6.2）　　¥62 000
　　贷：主营业务收入　　¥62 000

(2) 20×1 年 12 月 31 日，编报日：根据当日汇率折算，折算差额计入“递延汇兑损益”账户。

借：应收账款——美元（$10 000×(6.25－6.20)）　　¥500
　　贷：递延汇兑损益　　¥500

(3) 20×2 年 1 月 10 日，结算日：先要根据当日汇率折算，折算差额计入“递延汇兑损益”账户。结算日标志着该笔销售业务已经完成，则应将该笔交易的“递延汇兑损益”转入“汇兑损益”，并计入当期损益。然后编制相应的收款分录。

借：递延汇兑损益　　¥200
　　贷：应收账款——美元　　¥200
借：递延汇兑损益　　¥300
　　贷：汇兑损益　　¥300
借：银行存款　　¥62 300
　　贷：应收账款——美元（$10 000×6.23）　　¥62 300

实务中，以上几笔分录也可合成如下一笔复合分录：

借：递延汇兑损益　　　　　　　　　　　　　　　　　￥500
　　银行存款（＄10 000×6.23）　　　　　　　　　　￥62 300
　　贷：应收账款——美元（＄10 000×6.25）　　　　　　　　　￥62 500
　　　　汇兑损益　　　　　　　　　　　　　　　　　　　　　　￥300

该笔外币销售交易产生的汇兑损益为收入300元人民币，计入2002年的报告损益中。

从以上的分析可以看出，在未实现汇兑损益数额不大、时间跨度也不大的情况下，当期确认法和递延法所产生的差异不大。当期确认法比较简单，也比较符合会计原则，并使当期的会计报表能够及时反映汇率变动对企业财务状况的影响。但在汇率发生较大幅度的变动时，会导致企业当期收益既包括巨额未实现汇兑损益又包括正常的经营损益，从而使企业的会计报表不能正确地反映当期的经营成果。由于汇率的大幅度波动并不是一个经常发生的事项，且当期确认法操作相对比较简单，美国财务会计准则委员会和国际会计准则委员会都要求采用当期确认法，我国也主张采用该方法。

（三）其他观点

关于未实现汇兑损益是否递延的问题，还有人主张：基于稳健（谨慎性）原则，对未实现的汇兑损失不予递延，而对未实现的汇兑收益采用递延法。由于这种主张缺乏合乎逻辑的理论支持，因而未得到会计学界的广泛支持。

二、长期外币借款未实现汇兑损益的处理问题

对于长期的外币债权和外币债务，由于其借贷期限常跨越若干会计年度，在现在的浮动汇率体制下，汇率变动方向的逆转在如此长的期间内是很可能发生的。为了适当地缓和汇率变动对各期报告损益的影响，很多学者提出：在各个会计期末按照期末汇率调整长期债权和债务的余额时，所形成的未实现汇兑损益应予以递延摊销。下面将举例说明采用分期确认汇兑损益法和递延摊销法的区别。

例 11—9

假设我国牡星公司于20×1年1月10日向银行借入三年期的美元借款10 000美元。20×1年1月10日的汇率为＄1＝￥6.00，20×1年12月31日的汇率为＄1＝￥6.30，20×2年12月31日的汇率为＄1＝￥6.20，20×3年12月31日的汇率为＄1＝￥6.25。该企业的记账本位币为人民币。现分别用分期确认汇兑损益法和递延摊销法对该笔业务进行处理。

（1）分期确认汇兑损益法。

1）20×1年1月10日，交易发生日：按当日汇率将该笔借款折算成等值记账本位币入账金额。

借：银行存款——美元　　　　　　　　　　　　　　　￥60 000
　　贷：长期借款——美元（＄10 000×6.00）　　　　　　　　　￥60 000

2）20×1年12月31日，编报日：按年终汇率将该笔借款折算成等值记账本位币金额，折算差额计入汇兑损益。

借：汇兑损益（＄10 000×6.30－￥60 000）　　　　　￥3 000

贷：长期借款——美元 ￥3 000

3）20×2 年 12 月 31 日，编报日：按年终汇率将该笔借款折算成等值记账本位币金额，折算差额计入汇兑损益。

借：长期借款——美元（＄10 000×(6.30－6.20)） ￥1 000

贷：汇兑损益 ￥1 000

4）20×3 年 12 月 31 日，编报日：按年终汇率将该笔借款折算成等值记账本位币金额，折算差额计入汇兑损益。

借：汇兑损益（＄10 000×(6.25－6.20)） ￥500

贷：长期借款——美元 ￥500

5）20×3 年 12 月 31 日，结算日：偿还借款。假设利息为＄400，即＄400×6.25＝￥2 500。

借：长期借款——美元（＄10 000×6.25） ￥62 500

财务费用 ￥2 500

贷：银行存款——美元 ￥65 000

（2）递延摊销法。

1）20×1 年 1 月 10 日，交易发生日：按当日汇率将该笔借款折算成等值记账本位币入账金额。

借：银行存款——美元 ￥60 000

贷：长期借款——美元（＄10 000×6.00） ￥60 000

2）20×1 年 12 月 31 日，编报日：按年终汇率将该笔借款折算成等值记账本位币金额，折算差额计入递延汇兑损益。

借：递延汇兑损益（＄10 000×(6.30－6.00)） ￥3 000

贷：长期借款——美元 ￥3 000

对递延汇兑损益￥3 000 分三年摊销，本期应确认汇兑损益为：￥3 000÷3＝￥1 000。

借：汇兑损益 ￥1 000

贷：递延汇兑损益 ￥1 000

3）20×2 年 12 月 31 日，编报日：按年终汇率将该笔借款折算成等值记账本位币金额，折算差额计入递延汇兑损益。

借：长期借款——美元 ￥1 000

贷：递延汇兑损益（＄10 000×(6.20－6.30)） ￥1 000

递延汇兑损益账户为借方余额：未摊销的 2 000－本期 1 000＝￥1 000，分两年摊销。本期应确认的汇兑损益为：￥1 000÷2＝￥500。

借：汇兑损益 ￥500

贷：递延汇兑损益 ￥500

4）20×3 年 12 月 31 日，编报日：按年终汇率将该笔借款折算成等值记账本位币金额，折算差额计入递延汇兑损益。

借：递延汇兑损益（＄10 000×(6.25－6.20)） ￥500

贷：长期借款——美元 500

递延汇兑损益账户为借方余额：未摊销的 500＋本期 500＝￥1 000，在当年结转汇兑损益。即本期应确认的汇兑损益为¥1 000。

借：汇兑损益 ¥1 000

贷：递延汇兑损益 ¥1 000

5）20×3年12月31日，结算日：偿还借款。假设利息为\$400，即\$400×6.25=¥2 500。

借：长期借款——美元（\$10 000×6.25） ¥62 500

财务费用 ¥2 500

贷：银行存款——美元（\$(10 000+400)×6.25） ¥65 000

从上例的两种会计处理方法的对比，可以看出，递延摊销法可以缓和汇率变动对各期报告损益的影响。但如果汇率变动是单向的，递延摊销法就起不到缓和汇率变动对各期报告损益的影响的作用，而只是减轻了对前期报告损益的影响，相应地加重了对后期报告损益的影响。

对于未实现的汇兑损益是否应该予以递延的问题，各国的会计惯例有较大的差别。美国财务会计准则委员会（FASB）的FAS 8和SFAS 52都坚决反对递延，公认会计原则（GAAP）也反对递延。国际会计准则第21号也是主张在绝大多数情况下应该立即确认汇兑损益而不予以递延。但对于长期货币性项目（主要是长期货币性负债），由于汇率变动而形成的未实现汇兑损益，可予以递延并在这一项目的有效寿命期限内系统摊销。对于由于货币（本国货币或外币）的严重贬值而导致的汇兑损益，影响到近期购置以外币计价的资产而产生的负债的，可以用来调整有关资产的账面价值，并在这一资产的有效寿命期限内摊销，只要调整额不超过资产的重置价值或可变现净值两者中的较低者即可。

三、我国汇兑损益的核算原则

根据我国《企业会计准则第19号——外币折算》的有关规定，对于企业发生的汇兑损益分不同情况，进行相应的处理。主要核算原则包括以下几点：

（1）外币交易应当在初始确认时，采用交易发生日的即期汇率将外币金额折算为记账本位币金额；也可以采用按照系统合理的方法确定的、与交易发生日即期汇率近似的汇率折算。

（2）外币货币性项目，采用资产负债表日即期汇率折算，因资产负债表日即期汇率与初始确认时或者前一资产负债表日即期汇率不同而产生的汇兑差额，计入当期损益。

（3）以历史成本计量的外币非货币性项目，采用交易发生日的即期汇率折算。

（4）以公允价值计量的外币非货币性项目，采用公允价值确定日的即期汇率折算。

（5）对于与购建固定资产有关的外币专门借款产生的汇兑损益，按借款费用的处理原则，记入“在建工程”或“财务费用”账户。

可见，我国外币交易的处理采用了两笔交易观的观点，对未实现汇兑损益的处理主要采用当期确认法，基本符合国际会计惯例。

思考题

1. 简述外币交易、外币兑换和外币折算的概念，以及这三者的区别。

2. 简述一笔交易观与两笔交易观的概念及区别。

3. 阐述当期确认法与递延法的概念及区别。

4. 我国对外币业务会计核算有哪些规定？外币业务发生时采用何种汇率折算？期末外币汇兑损益如何确定？如何进行账务处理？

练习题

1. 假设20×0年9月20日，中国某出口商向美国出口赊销一批商品，款项约定用美元核算共计10 000美元。当日汇率为＄1＝￥6.50，款项结算期为60天。20×0年11月20日，结算时汇率为＄1＝￥6.40，出口商收到美元货款并存入银行。

要求： 分别采用一笔交易观和两笔交易观编制该笔业务的会计分录。

2. 假设20×0年12月20日，中国某出口商向美国出口赊销一批商品，款项约定用美元核算共计50 000美元。当日汇率为＄1＝￥6.50，款项结算期为30天。20×0年12月31日的当日汇率为＄1＝￥6.40。到20×1年1月20日，结算时汇率为＄1＝￥6.60，出口商收到美元货款并存入银行。

要求：

（1）分别采用一笔交易观和两笔交易观编制该笔业务的会计分录。

（2）对一笔交易观和两笔交易观的会计处理进行比较。

3. 某企业按规定允许开立现汇账户，对本月发生的外币业务按当日的市场汇率折合为人民币记账。该企业20×0年12月31日有关科目余额如下：

科目余额表

科目名称	美元	汇率	人民币
银行存款	10 000	6.0	60 000
应收账款	50 000	6.0	300 000
应付账款	20 000	6.0	120 000
长期借款（工程尚未达可使用状态）	10 000	6.0	60 000

该企业20×1年1月份发生如下经济业务：

（1）该企业收回客户前欠账款30 000美元存入银行，当日市场汇率为＄1＝￥6.20。

（2）将10 000美元存款兑换为人民币存款，兑换当日汇率为：买入价＄1＝￥6.10，卖出价＄1＝￥6.30，当日市场汇率为＄1＝￥6.20。

（3）用银行存款10 000美元偿还应付账款，当日市场汇率为＄1＝￥6.20。

（4）用银行存款10 000美元归还长期借款，当日市场汇率为＄1＝￥6.30。20×1年1月31日国家公布的汇率为＄1＝￥6.35。

要求：

（1）根据上述经济业务编制会计分录。

（2）编制20×1年1月31日外币科目余额调整计算表，并编制期末汇兑损益的会计分录。

(3) 计算20×1年1月份的汇兑损益和计入1月份的汇兑损益。

4. A股份有限公司（以下简称“A公司”）对外币业务采用发生时的汇率折算，按月集中结算汇兑损益。假设20×2年6月30日的市场汇率为＄1=￥6.25。20×2年6月30日有关外币账户期末余额如下：

外币账户期末余额

项目	外币金额（万美元）	折算汇率	折合人民币金额（万元）
银行存款	10	6.25	62.5
应收账款	50	6.25	312.5
应付账款	20	6.25	125

A公司20×2年7月份发生以下外币业务（不考虑增值税等相关税费）：

(1) 7月15日收到某外商投入的外币资本50万美元，当日的市场汇率为＄1=￥6.24，投资合同约定的汇率为＄1=￥6.30。款项已由银行收存。

(2) 7月18日，进口一台机器设备，设备价款40万美元，尚未支付，当日的市场汇率为＄1=￥6.23。该机器设备正处于安装调试过程中，预计将于20×2年11月完工交付使用。

(3) 7月20日，对外销售产品一批。价款共计20万美元，当日的市场汇率为＄1=￥6.22。价款尚未收到。

(4) 7月28日，以外币存款偿还6月份发生的应付账款20万美元，当日的市场汇率为＄1=￥6.21。

(5) 7月31日，收到6月份发生的应收账款30万美元，当日的市场汇率为＄1=￥6.21。

要求：

(1) 编制7月份发生的外币业务的会计分录。

(2) 分别计算7月份发生的汇兑损益净额及计入财务费用的汇兑损益金额，并列出计算过程。

(3) 编制期末记录汇兑损益的会计分录。

第十二章

外币报表折算

引例　中兴通讯香港公司表现优异

上一章中，我们提到中兴通讯（000063.SZ，00763.HK）拥有大量的海外业务，需要涉及外币交易的会计处理，但是除了单纯的海外业务，如果存在海外子公司的话，就不仅仅是外币交易那么简单了，为了编制合并报表，要涉及更多的内容。

据了解，截至2013年底，中兴通讯在海外设有15家子公司，涉及中国香港和泰国、马来西亚、美国、巴基斯坦等。以中兴通讯香港公司为例，2001年11月，中兴通讯全资子公司中兴通讯香港公司（以下简称“中兴香港”）成立，主要业务有：整合中兴通讯在香港的进出口业务、拓展公司金融服务的经营领域、储备一流的国际化人才和信息等。成立当天，九仓新电讯与中兴香港签订了交换机合同。成立以后，中兴香港发展势头良好，盈利能力优秀。2006年，中兴香港实现主营业务收入15.76亿港元，净利润6.28亿港元，折算成人民币后分别占中兴通讯6.84%和77.8%，净资产收益率为57.19%，中兴香港是中兴通讯最赚钱的子公司。为了支持中兴香港的业务发展，2007年中兴通讯为中兴香港5 000万美元的银行授信额度提供了担保。

海外子公司在编制报表时，势必会以当地的法律法规和会计准则为依据，比如香港的子公司遵循香港会计准则，美国的子公司遵循美国公认会计原则。而且，海外子公司的交易币种也多种多样，比如香港的子公司多用港币，美国的子公司则用美元。那么对于中兴通讯来说，编制合并报表时，该如何处理海外子公司的报表，才能合理有效地使其与母公司报表兼容呢？

希望通过本章的学习，各位读者能找到答案。

学习目标

- 了解外币报表折算的含义，掌握外币报表折算的四种方法
- 了解功能性货币的概念及美国财务会计准则有关选择功能性货币的标准，掌握功能性货币概念的运用
- 掌握国外主体以当地货币为功能性货币情况下的外币报表折算程序
- 掌握国外主体以母公司报告货币作为功能性货币下的外币报表重新计量程序
- 掌握我国外币报表折算的现行规定及外币报表折算的信息披露

第一节 外币报表折算概述

当企业投资于国外子公司且必须编制母子公司合并报表时，会计上会产生两个问题：一是母子公司会计原则的不一致。国外子公司所编制的报表常常是依据所在国的公认会计原则编制，与母公司报表所用的会计原则可能不相同，必须加以调整，使其与母公司所采用的会计原则一致后，才可以编制合并报表。二是报表编制的币种不一致。国外子公司报表所用的币种通常与母公司的不同，因此需加以折算，使两者一致，才能编制合并报表。

一、母子公司所采用的会计准则不一致

企业报表重在反映经济实质，环境因素的不同会造成各国会计准则不一致，这些因素包括教育、社会、政治、法律、经济等。上述因素特点相似的国家，其财务会计制度会较为接近。Mueller，Gernon 及 Meek 曾将世界各国的会计制度分为三大类：英美模式、大陆模式及南美模式。近年来，为解决各国会计准则的不一致，国际会计准则理事会也在做各种努力。

1. 英美模式

英美模式采用应计制的会计基础，主张由民间机构制定会计准则，并着重提供有助于经济决策的信息，目前世界各国采用这一模式的国家较多。

2. 大陆模式

大陆模式讲究法制，财务报表的编制源于法律的规定，以为政府部门提供所需要的信息为主要目的，如纳税的需要，或符合政府经济规划的需要。如日本在 1998 年会计改革之前由商事法、司法院令及所得税法三者共同规定公司需依据规定的会计程序编制财务报表。

3. 南美模式

南美模式则为应付高度通货膨胀的需要，包含物价调整的会计原则，财务报表的主要目的是满足政府及私人部门的需要。例如，巴西的财务会计原则基于公司法和所得税法的需要，但 1976 年该国的公司法改变了会计原则的重点，提供信息以满足政府的需求及经济决策的需要。

4. 国际会计准则

国际会计准则理事会（IASB）于 1973 年成立，其前身为国际会计准则委员会（IASC），目的在于减少各国间会计原则之间的差异。其主要职能为：（1）发展各国能

接受的国际会计准则；(2) 促进世界各国的采用；(3) 促进各国会计原则一致。

不可否认的是，国际会计准则理事会在为国际会计准则的趋同做出不懈的努力。欧盟自2005年起要求其成员国境内受监管的资本市场上的上市公司按照国际财务报告准则(IFRS)编制其合并财务报表。2005年，我国已经建成了与国际财务报告准则趋同的企业会计准则体系，并自2007年起逐步在上市公司和其他大中型企业加以持续平稳有效实施。2011年加拿大、巴西、印度、韩国等国全面采用国际财务报告准则。根据国际会计准则理事会网站的统计数据，截至目前，全球已有100多个国家和地区要求或允许采用国际财务报告准则，或正与之趋同。

在编制母子公司合并报表时，当子公司财务报表按所在国的会计原则编制时，为保证报表一致，应先将子公司的财务报表依照母公司所采用的会计原则进行调整。

二、外币报表折算的会计处理

(一) 外币报表折算的含义

外币报表折算，是指为了特定的目的，将以外币表示的报表折算为以记账本位币(功能性货币)或另一特定的货币表示的财务报表的会计处理程序。其实质是对报表的重新表述，以满足报表特殊使用者的要求。

外币报表折算不同于外币兑换和外币折算。外币兑换是将一种货币兑换成另一种货币，它要发生实际货币的等值交换，其发生的兑换损益为已实现的；外币折算指将不同的外币金额换算成同一的本国货币(或特定的外币)等值的程序，它是会计上对原有外币金额的重新表述。这在外币交易会计一章已有讲述。而外币报表折算并不涉及不同货币的实际交换，仅仅是将报表各项目的表述语言从一种货币单位转化为另一种货币单位，其发生的报表折算损益是尚未实现的，计入所有者权益。因此，外币报表折算既不影响企业资产、负债的计量基础，也不影响收入与费用的确认时间，以及计量项目的属性。

在外币报表折算过程中，有几个概念很重要。外币是指企业主体记账本位币(功能性货币)以外的货币。若一德国子公司的记账本位币为欧元，则美元为该德国子公司的外币；若该德国子公司的记账本位币为美元，则欧元为该德国子公司的外币。当地货币是所在国家的货币。如加拿大元是美国公司在加拿大子公司的当地货币。注意，无论记账本位币是哪一种，几乎所有有关外币报表的情况中，记账与编制子公司财务报表都使用当地货币。报告货币是指编制合并报表所用的货币，即母公司的货币。如美国母公司与其子公司的合并报表的报告货币为美元。外币报表是指不以母公司(投资方)报告货币编制的报表。

(二) 外币报表折算的方法

由于当今主要发达国家均采用浮动汇率制，这就为外币报表的折算带来很大的困难。在浮动汇率制下，汇率一直处于变化之中，这就存在历史汇率、现行汇率和平均汇率之分。对于外币报表而言，不同的报表项目对汇率变动的反应程度不尽相同，如资产和负债，货币性项目和非货币性项目等。因此，选用统一的折算汇率进行折算肯定是不科学的。这就存在对报表各项目折算汇率的选择，比如是采用历史汇率、现行汇率还是平均汇率折算，这将是一个十分复杂的问题。选择不同的折算汇率其折算结果显然是不同的。因此，折算汇率的选择便成为外币报表折算中一个重要的会计问题。

从外币报表折算方法的发展来看，最初使用的是流动—非流动法，其次是货币—非货币性法，然后是时态法，最后又发展为现行汇率法。前三种折算方法都是从财务报表作为各项交易和会计事项的账面记录的角度出发，着重考虑汇率变动对外币交易的影响。现行汇率法则着重考虑汇率变动对投资净值（被投资公司的账面净资产）的影响，主张对所有资产负债表项目都按报表日的现时汇率折算。下面将对这四种折算方法进行详细的阐述。

1. 流动—非流动法

流动—非流动法，是将资产负债表的项目按其流动性质，划分为流动性项目和非流动性项目两大类，按照各项目流动性与非流动性分别采用不同的汇率进行折算。对于流动资产和流动负债项目，按照资产负债表日的现行汇率折算为合并报表的报告货币；对于非流动资产和非流动负债项目，则按照原来入账时的历史汇率折算；对于子公司所有者权益项目，其中的实收资本、资本公积等项目按照历史汇率进行折算。利润表项目除折旧费用和诸如无形资产这样一些摊销费用按历史汇率折算外，均按每一营业月份的平均汇率或以整个报告期的加权平均汇率为基础进行折算。

流动—非流动法是早期普遍采用的方法。美国注册会计师协会（AICPA）会计程序委员会（CAP）早在1939年的第4号会计研究公报（APB）《国外经营活动与外汇》中就推荐使用流动—非流动法。

然而，随着流动—非流动法在实务中的广泛应用，其缺陷日益暴露出来。一方面，按期末的现时汇率折算流动资产，意味着现金、应收账款和存货都同样承受汇率变动的风险。这对按历史成本计价的存货来说是不恰当的，因为存货应与固定资产一样，在按取得日的历史汇率折算后就与今后的汇率变动脱钩了。只有按外币固定金额表述的现金和应收款才会承受汇率变动的影响，因而要按期末现时汇率折算。另一方面，按历史汇率折算属于非流动资产的长期应收款以及属于非流动负债的长期应付款、长期借款等项目，由于它们按外币表述的金额是固定的，实际上承受着汇率变动的影响，因而以历史汇率折算是不合理的，而应按期末现时汇率折算。

针对上述缺陷，美国注册会计师协会会计程序委员会在1965年的第6号意见书（APB Opinion）《会计研究公报的现状》中，认可对所有的外币应付款和应收款都可按现时汇率折算，而不需区分流动性项目还是非流动性项目。这实际上也标志着美国在外币报表折算程序上，已不再使用流动—非流动法。现在只有少数几个国家仍在使用该方法，如新西兰、巴基斯坦、伊朗、南非、赞比亚、萨尔瓦多等。

2. 货币—非货币性法

流动—非流动法的缺陷日益得到学术界的认同，1957年美国学者S. R. 赫普华斯教授提出应从汇率变动对资产和负债项目的不同影响入手，将资产和负债项目区分为货币性项目和非货币性项目，即外币报表折算的货币—非货币性法。该方法主张，对货币性项目和非货币性项目采用不同的汇率进行折算。对于资产负债表上的货币性项目，按照资产负债表日的现行汇率折算；对于非货币性项目和所有者权益项目，则按照原入账时的历史汇率折算。

在这一概念下，利润表项目的折算程序与前述的流动—非流动法中的程序类似。

货币性项目的特征是，它们的价值是按被折算的国外子公司或附属公司所在地的货币的固定金额表述，汇率一有变动，它们的本国货币（母公司报告货币）等值就会发生变动。货币性资产是指以货币形态存在的各项资产，包括现金、银行存款、应收账款和应收票据等金额固定的长短期债权。货币性负债则是指以货币形态存在的各项负债，包括应付账款、应付票据、长期借款等金额固定的各项负债。除货币性项目以外的其他项目都是非货币性项目。

与流动—非流动法相比，货币—非货币性法更恰当地分析了汇率变动对资产和负债项目的影响。美国注册会计师协会会计程序委员会在1965年的第6号意见书《会计研究公报的现状》中，对所有的外币应付款和应收款都可按现时汇率折算和存货按历史汇率折算的认可，实际上就是由支持流动—非流动法转向支持货币—非货币性法。

然而，货币—非货币性法也有其缺陷。它虽然恰当地分析了汇率变动对各资产和负债项目的影响，从而提出货币性与非货币性项目的分类概念，并以此作为选择折算汇率的标准。但外币报表折算涉及的是会计计量问题而不是简单的分类问题，货币—非货币性法未能触及外币报表折算问题的实质。美国财务会计准则委员会在第8号财务会计准则公告《外币交易会计与外币报表折算》中对货币—非货币性法提出批评，他们认为，单单从区分货币性与非货币性项目中不可能推导出折算的全面原则；在不同情况下，非货币性资产和负债是根据不同的计量基础（如历史成本法或现行市价法）计量的，都按历史汇率折算是不恰当的。例如投资和存货，如果它们是按历史成本计价，折算时按历史汇率折算是合理的；但如果是按现行市价表述的话，则按历史汇率折算显然是不合理的，而应按照现行汇率进行折算。

由于存在上述缺陷，货币—非货币性法也逐渐被会计实务界所摒弃，而由更为完善的时态法所取代。目前采用货币—非货币性法的国家主要有瑞典、菲律宾、韩国、尼加拉瓜、危地马拉、洪都拉斯、哥斯达黎加、巴哈马等，我国台湾也采用货币—非货币性法。

3. 时态法

针对货币—非货币性法的缺陷，美国会计学家L. 洛伦森提出了外币报表折算的时态法。

时态法，也称时间度量法。它要求现金、应收及应付项目（包括流动和非流动项目）按照资产负债表日的现行汇率折算，其他的资产和负债根据其特性，按照其发生日的历史汇率或现行汇率折算。以原始成本表述的非货币性资产可按历史汇率折算，以现时成本表述的非货币性资产要按现行汇率折算。对于所有者权益，国外主体的实收资本按股份发行日的历史汇率折算，留存利润则为轧算的平衡数字。

利润表中的收入和费用项目通常用平均汇率折算。不过，对于折旧费用及诸如无形资产之类的摊销费用，则应按有关固定资产和无形资产取得日的历史汇率折算。而销货成本则要在对年初存货、本年购货和年末存货按不同的适用汇率折算后计算。

外币资产负债表和利润表项目的折算过程中所形成的折算损益，均计入当年已折算的净损益。

时态法与流动—非流动法、货币—非货币性法的理论依据不同，它不是以资产、负债项目的流动性或货币作为选择折算汇率的依据，而是以资产、负债项目的计量基础为选择汇率的依据。时态法的理论依据在于，报表折算只是一种计量变更程序，是对既定价值的重新表述，报表折算只能改变计量单位，不能用来改变记录项目的属性（实际价值）。这样，现金和应收款、应付款等货币性项目在折算时就要按现行汇率折算；而对非货币性项目（如存货、投资等），按历史成本表述的要按交易入账时的历史汇率折算，按现行市价表述的就应按现时汇率折算。

可以看出，时态法是在货币—非货币性法的基础上，运用会计计量理论阐明外币报表折算的全面原则。时态法不是对货币—非货币性法的否定，而是对其的进一步发展。当各会计项目都以历史成本进行计量时，货币—非货币性法与时态法的折算程序是完全相同的。只有在对一些非货币性项目以历史成本以外的计量基础计量时，这两种折算方法才会产生不同的会计结果。

正是由于时态法具有广泛的适用性，美国财务会计准则委员会在其发布的第 8 号财务会计准则公告中规定必须采用时态法，而不允许采用其他方法。时态法除确实涉及折算所关注的是计量这一根性问题外，作这一规定的另一重要理由是，合并报表是将母子公司作为一个完整的实体，而不是个别企业的集成来编制的。因此，国外附属公司、分支机构都被认为是母公司的延伸。这样，一切交易自然都应以母公司所在国的货币计量和报告。目前，国际上采用时态法对外币报表进行折算的国家主要有加拿大、奥地利、牙买加、多米尼加、阿根廷、玻利维亚、智利、巴拿马、秘鲁、委内瑞拉等。

不过时态法也存在它的缺点，此种方法将折算损益确认为当期损益，当汇率变动很大时，会引起当期损益的巨幅波动，特别是季度报表的损益波动。这种波动只是来自汇率波动，而非经营因素，以子公司所在国货币编制的子公司财务报表并不反映这一损益。

此外，如果某一国外主体的经营活动相对自主，且在某一外国（其所在的东道国）形成独立于母公司的经营活动的一个整体，恰当地反映该国外主体的独立经营活动成果可能更有意义。为使国外主体经营成果不被歪曲以及财务报表中所有的财务关系都能得到维持，可采用单一的汇率，即除资本之外的所有项目都按现行汇率进行折算。

4. 现行汇率法

上述介绍的三种外币报表折算方法有一个共同的特征，就是在折算过程中，根据汇率变动对各项目的影响不同，采用了多种汇率，因而这三种方法可统称为多种汇率法。这三种方法有一个共同的缺陷，就是没有超越把财务报表视为各项交易和会计事项的账面记录的总括的构思。针对这一缺陷，会计学者们提出了一种单一汇率法，即现行汇率法。

现行汇率法又称期末汇率法，它要求外币报表中所有的资产和负债项目，均应采用资产负债表日的汇率；收入、费用、利得和损失项目，应采用要素确认时的现行汇率。由于大量的收入、费用、利得和损失确认的时间不同，按照不同时间的汇率进行折算在实务中不可取，因此可以采用当期适当加权平均汇率进行折算。对子公司财务报表中的所有者权益项目采用历史汇率进行折算。如果从考虑汇率变化对财务报表项目的影响，进而确定折算汇率的角度出发，现行汇率法无异于假设外币报表各资产和负债项目都将承受汇率变动的影响，这显然是不合理的。但从另一个角度来看，它衡量的可以是母公司在子公司投资净值（子公司的净资产）上的汇率变动的影响，这也正是现行汇率法的理论依据。

在折算方法的发展过程中，时态法和现行汇率法一度处于对立的局面。美国财务会计准则委员会在 1975 年发布的第 8 号财务会计准则《外币交易的会计处理与外币报表折算》中，以时态法为唯一的折算准则；而英国等主要西欧国家则流行使用现行汇率法。随着经济的发展，国外子公司成为独立的经营实体时，母公司与子公司之间只是投资关系，越来越重视汇率变动对投资净值（即子公司净资产）的影响，现行汇率法也就得到了更为广泛的认可。1981 年美国财务会计准则委员会发布的第 52 号财务会计准则《外币折算》（用以取代第 8 号财务会计准则）、1983 年英国发布的第 20 号标准会计惯例《外币折算》和国际会计准则委员会于 1983 年发布的第 21 号国际会计准则《外汇汇率变动影响的会计处理》（1993 年修订后更名为《外汇汇率变动的影响》），都从适用性的角度出发，同时推荐时态法和现行汇率法。

目前，采用现行汇率法的国家主要有：中国、美国、英国、澳大利亚、哥伦比亚、丹麦、法国、德国、印度、爱尔兰、日本、马来西亚、荷兰、挪威、新加坡、瑞士、乌拉圭、津巴布韦等。根据我国《企业会计准则第 19 号——外币折算》的规定，我国对外币财务报表的折算采用的是现行汇率法。

表 12—1 列示了在不同的外币报表折算方法下，对特定的资产负债表项目所选用的汇率。

表 12—1　　不同折算方法下资产负债表项目折算汇率比较

项目		流动—非流动法	货币—非货币性法	时态法	现行汇率法
现金		现行汇率	现行汇率	现行汇率	现行汇率
应收账款		现行汇率	现行汇率	现行汇率	现行汇率
存货	按成本计	现行汇率	历史汇率	历史汇率	现行汇率
	按市价计	现行汇率	历史汇率	现行汇率	现行汇率
投资	按成本计	历史汇率	历史汇率	历史汇率	现行汇率
	按市价计	历史汇率	历史汇率	现行汇率	现行汇率
固定资产		历史汇率	历史汇率	历史汇率	现行汇率
无形资产		历史汇率	历史汇率	历史汇率	现行汇率
应付账款		现行汇率	现行汇率	现行汇率	现行汇率
长期负债		历史汇率	现行汇率	现行汇率	现行汇率
实收资本（股本）		历史汇率	历史汇率	历史汇率	历史汇率
留存收益		轧差平衡数	轧差平衡数	轧差平衡数	轧差平衡数

表 12—2 列示了在不同的外币报表折算方法下，对特定的利润表项目所选用的汇率。

表 12—2　　不同折算方法下利润表项目折算汇率比较

项目	流动—非流动法	货币—非货币性法	时态法	现行汇率法
收入和费用	平均汇率	平均汇率	平均汇率	平均汇率
折旧费用及摊销费用	历史汇率	历史汇率	历史汇率	平均汇率
营业成本	平均汇率	平均汇率	存货适用汇率	平均汇率

对于外币报表折算所产生的汇兑损益的处理，国际上主要有两种处理方法：当期确认法和递延法。当期确认法认为汇率变动对损益的影响是客观存在的，只有将折算损益计入当期损益才能给报表使用者提供真实的信息。而递延法则认为折算损

益只是将外币表示的资产和负债项目以母公司货币重新表述而产生的调整数，不是已经实现的损益，计入当期损益会导致会计信息的使用者对企业盈利能力产生误解。在这四种折算方法中，流动—非流动法主张对折算汇兑损失当期确认，而折算汇兑收益则予以递延；货币—非货币性法和时态法则采用当期确认法；现行汇率法主张采用递延法。

第二节 外币报表的折算与合并

上一节比较了外币报表折算的各种方法。现实当中，对外币财务报表除折算之外还需进行合并，如母公司在国外设立子公司，就需要对国外子公司的外币财务报表进行折算及合并，关于这方面，美国的会计准则规定较为成熟与完善，因此，本节主要以美国的现行做法为例介绍外币报表的折算与合并。

一、功能性货币概念的应用

会计主体在经营过程中涉及多种货币的计价问题，为了在会计核算上统一反映各种不同货币计价的经济业务，需要选用一种统一的货币作为记账货币，并以该种货币来计量和处理各项经济业务。选择这种统一的货币的原则就是确定企业的功能性货币。美国财务会计准则委员会发布的第 52 号财务会计准则公告中，将功能性货币定义为：企业主体从事经营活动的主要经济环境中的货币。功能性货币确定后，就成为计量企业现金流量和经营成果的统一尺度。一般而言，功能性货币就是企业所在国的货币，即本国货币。但在某些特殊情况下也可能不是企业所在国的货币，如企业所在国的货币在其经营活动中不能起主导作用，则不应该以该国的货币作为该企业的功能性货币。

对于跨国公司设在东道国的子公司而言，这里就存在一个如何选择功能性货币的问题。应该用母公司的功能性货币作为自己的功能性货币，还是按照自己所处的经济环境中使用的货币作为功能性货币呢？美国财务会计准则委员会发布的第 52 号财务会计准则公告中，就现金流量、销售价格、销售市场、成本、融资活动、集团内的公司之间交易等经济因素列举了各项选择标准，见表 12—3。

表 12—3　国外主体财务报表所采用的当地货币单位是否为功能性货币的判断标准

判断指标	是	否
现金流量	与国外主体单独资产及负债有关的现金流量主要为当地货币，且对母公司现金流量无直接影响。	与国外主体单独资产及负债有关的现金流量直接影响母公司当期现金流量，并可随时汇回母公司。
销售价格	国外主体产品或劳务销售价格主要受当地竞争情况及政府法令规定的影响，而不受短期汇率变动的影响。	国外主体产品或劳务销售价格主要受短期汇率变动的影响，例如销售价格主要决定于全球竞争情况或国际价格。
销售市场	国外主体产品或劳务不论是否外销，在当地仍拥有活跃的销售市场。	国外主体产品或劳务的主要市场在本国，或销售合同仅以本国货币签订。
成本	国外主体产品或劳务的原材料、人工及其他成本主要在当地发生。	国外主体产品或劳务的原材料、人工及其他成本主要来自于本国。

续前表

判断指标	是	否
融资活动	国外主体的融资活动主要以当地货币进行，且其由经营活动获得的资金足以应付与债务及经营有关的支出。	国外主体的融资活动主要以本国货币进行，或其由经营活动产生的资金不足以应付债务及经营的需要，而需要本国企业支援。但为扩充子公司经营而支援的额外资金若能由未来扩充后的经营收回者除外。
内部交易	国外主体与本国企业之间的内部交易数量不大，且彼此间也无密切的经营关系。但国外子公司的经营若受惠于本国企业或联营企业的竞争优势如专利权或商标权等，则不在此限。	国外主体与本国企业的内部交易频繁，且经营关系密切； 专门成立国外主体作为工具公司或仅具有形式的公司，以持有或承担原可列于本国企业或其他联营企业账上的投资、债务及无形资产等。

功能性货币的意义在于，它不但能够表示单一的计量尺度，还能够发挥反映计量尺度的作用。不过，美国财务会计准则委员会也认为功能性货币的选择多少有点依赖于管理当局的主观判断。

根据我国《企业会计准则第 19 号——外币折算》的规定，记账本位币为企业经营所处的主要经济环境中的货币。企业选定记账本位币，应当考虑下列因素：(1) 该货币主要影响商品和劳务的销售价格，通常以该货币进行商品和劳务的计价和结算；(2) 该货币主要影响商品和劳务所需人工、材料和其他费用，通常以该货币进行上述费用的计价和结算；(3) 融资活动获得的货币以及保存从经营活动中收取款项所使用的货币。企业选定境外经营的记账本位币，还应当考虑下列因素：(1) 境外经营对其所从事的活动是否拥有很强的自主性；(2) 境外经营活动中与企业的交易是否在境外经营活动中占有较大比重；(3) 境外经营活动产生的现金流量是否直接影响企业的现金流量、是否可以随时汇回；(4) 境外经营活动产生的现金流量是否足以偿还其现有债务和可预期的债务。我国准则还规定：企业记账本位币一经确定，不得随意变更，除非企业经营所处的主要经济环境发生重大变化。可见，根据《企业会计准则第 19 号——外币折算》，我国的记账本位币的概念实际上和国外功能性货币的概念是等同的。

根据功能性货币的概念，国外主体的资产、负债及经营必须以国外主体所选择的功能性货币加以计量。而在其后编制合并报表时再按照合并主体的报告货币编报。将国外主体的财务报表转换为以本国母公司的货币表示，其所用的会计程序将视此国外子公司或分支机构的功能性货币而定。因为国外主体的账上以其当地货币记录，该当地货币可能为功能性货币也可能为外币，所以，合并或联合可能需要重新计量或折算，或者同时需要重新计量和折算。

当国外主体以其功能性货币记账时（换言之，此国外实体的当地货币为其功能性货币），则报表净折算为报告主体的货币。折算是指将功能性货币计量的报表以报告货币表达。美国财务会计准则委员会第 52 号财务会计准则公告规定这种情况下采用现行汇率法，即将财务报表的所有项目（资产、负债、收益和费用）采用现行汇率进行折算。由于功能性货币不是美元，折算将不对报告主体的现金流量产生直接影响，而且汇率变动的影响数被列为股东权益的调整，作为其他综合收益。

当国外主体不以其功能性货币记账时，其财务报表必须以其功能性货币重新计量。如果此主体的功能性货币同时也是报告货币，则此类重新计量将免去折算。换言之，如果外币报表重新计量为美元，则无须再折算，因为母公司（投资方）的功能性货币即为美元。重新计量的目的，是要产生这样的结果：好像报表最初便是以功能性货币编制的。为达到这一目的，采用时态法对国外主体的报表进行重新计量。重新计量将产生汇率调整数。此汇率调整数将计入当期损益。

我国会计准则对境外经营的记账本位币是否为人民币不作区别，均规定采用现行汇率法进行折算。由于国外经营会计记录所使用的货币一般为当地货币，我国准则未考虑当境外经营所选用的记账本位币究竟是当地货币还是第三国货币情形下的折算与合并。下面主要介绍美国的做法。

二、外币报表折算或重新计量的程序

折算的目的是把外币报表重新表述为共同的报告货币。但如前所述，把外币报表折算为共同的报告货币的程序，不仅取决于这一国外主体所规定的功能性货币是什么，还取决于它是否本来就是用功能性货币来进行会计记录的。图 12—1 列示了外币报表折算或重新计量的一般程序。

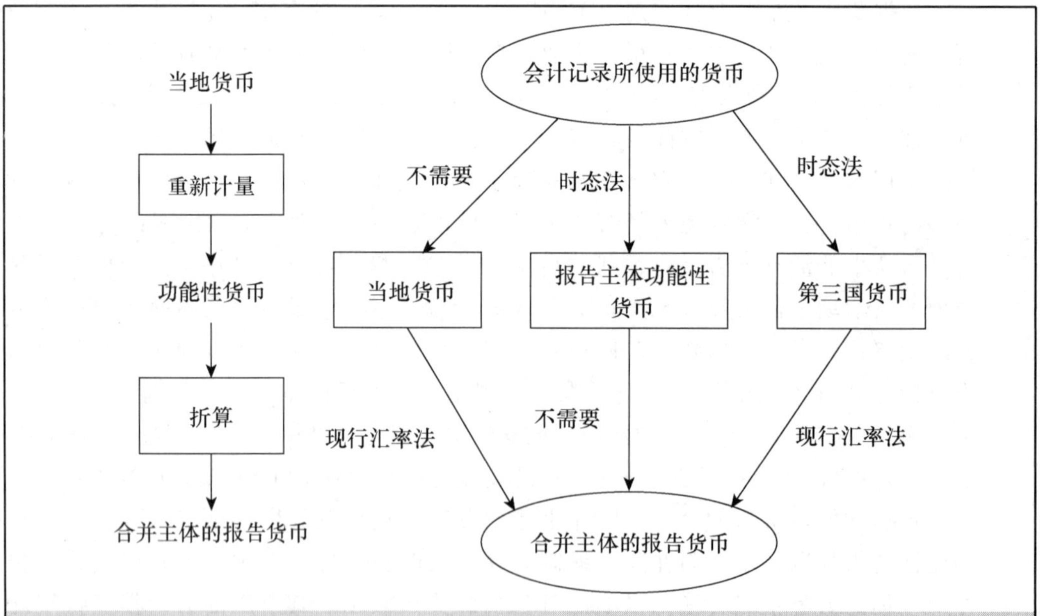

图 12—1

现举例说明不同情况下外币报表的折算或重新计量的程序。

例 12—1

美国的母公司甲拥有设在德国的子公司乙。乙公司对功能性货币的择定、会计记录所使用的货币以及编制合并报表时折算或重新计量等情况见表 12—4。

表 12—4

情形	功能性货币的择定	会计记录所使用的货币	合并时所要求的程序
1	欧元	欧元	折算
2	美元	欧元	重新计量
3	瑞士法郎	欧元	先重新计量再折算

在情形 1 下，乙公司以当地货币欧元记账，这也是该公司所择定的功能性货币。根据前述折算程序，这时，乙公司应以现行汇率法进行折算，其具体程序为：

（1）乙公司所有资产和负债都按资产负债表日的现行汇率折算为美元，所有者权益则按历史汇率折算，若有差额即为外币报表折算差额。

（2）收入和费用项目将按交易日的现行汇率折算为美元，但为简便起见，通常采用加权平均汇率进行折算。

（3）折算损益应在合并所有者权益报表中单设“外币折算权益调整数”列示。在出售乙公司这一国外主体之前，或是认为这项投资的价值已发生永久性减少之前，这项外币折算差额不得计入利润表。

在情形 2 下，会计记录所使用的货币依旧是欧元，但所择定的功能性货币却是美元。这时，乙公司的财务报表应按功能性货币（美元）进行重新计量。重新计量的目的在于使其结果能与乙公司所有业务在发生时使用功能性货币进行记录下的结果相一致。要达到这一目的，就需要对乙公司报表中的某些项目采用历史汇率进行折算，而另一些项目则采用现行汇率进行折算，并确认所有不以功能性货币表述的货币性资产和负债的汇兑损益。其程序为：

（1）货币性资产和负债将按报表编制日的现行汇率进行折算；而非货币性项目（包括资本账户）将按历史汇率进行折算。

（2）收入和费用项目按当前的平均汇率折算，但与非货币性项目有关的那些项目（如销货成本和折旧费用），则按历史汇率折算。

（3）折算损益计入当期损益。

在情形 3 下，乙公司会计记录所使用的货币依旧是欧元，但所择定的功能性货币却为瑞士法郎，即另一国货币。在这种情况下，应先将乙公司的财务报表按功能性货币瑞士法郎进行重新计量；然后再将乙公司以功能性货币（瑞士法郎）表述的财务报表按现行汇率折算为美元。重新计量与折算的程序和方法如前面所述。

三、示例

1. 现行汇率法：国外主体以当地货币为功能性货币情况下的外币报表折算程序

例 12—2

假定中国的牡丹公司（母公司）在 20×1 年 12 月 31 日以￥1 000 000 购入了法国紫毅公司的所有股票。购买日的汇率为€1＝￥1.40，该日紫毅公司的资产负债表见表 12—5。假定紫毅公司资产负债表各项目的金额就是购买日各项目的公允价值，牡丹公司对紫毅公司的投资成本为￥1 000 000，其超出紫毅公司净资产的部分即为商誉。

表 12—5 **紫毅公司资产负债表**

20×1 年 12 月 31 日

项目	金额（€）	汇率	金额（￥）
资产			
现金	280 000	￥1.40	392 000
应收账款	80 000	￥1.40	112 000
存货（成本）	240 000	￥1.40	336 000

续前表

项目	金额（€）	汇率	金额（¥）
固定资产	200 000	¥1.40	280 000
减：累计折旧	40 000		56 000
资产合计	760 000		1 064 000
负债及股东权益			
应付账款	60 000	¥1.40	84 000
应付债券	200 000	¥1.40	280 000
股本	400 000	¥1.40	560 000
留存收益	100 000	¥1.40	140 000
负债及股东权益合计	760 000		1 064 000

20×2 年度欧元相对贬值，假定到 20×2 年年末汇率变为€1=¥1.20，年平均汇率为€1=¥1.25。本年度公司间只发生两笔业务：一是当汇率为€1=¥1.40 时紫毅公司向牡丹公司预付一笔¥168 000（€120 000）的货款；二是在当年 12 月 1 日（此日的汇率为€1=¥1.22）紫毅公司向牡丹公司支付了€60 000 的现金股利。

假定紫毅公司所择定的功能性货币为欧元，这意味着紫毅公司的经营活动相对独立于母公司。对紫毅公司而言，以人民币元表示的预付账款就是外币。因此，20×2 年年末预付账款就应按期末现行汇率进行调整，以反映汇率波动所产生的影响。其折算差额应计入当期损益。紫毅公司年末调整分录为：

借：预付账款——人民币（¥168 000/¥1.20−€120 000）　€20 000

　贷：汇兑损益　€20 000

作上述调整分录后，紫毅公司预付账款的余额就为€140 000，同时，汇兑损益也增加了€20 000。

母公司在使用不完全权益法记录投资业务和编制合并报表之前，应将紫毅公司以欧元表述的试算平衡表折算为母公司的报告货币。紫毅公司试算平衡表折算工作底稿见表 12—6。

表 12—6　紫毅公司试算平衡表折算工作底稿（现行汇率法）

20×2 年 12 月 31 日

科目名称	余额（€）	折算汇率	折算后余额（¥）
借方科目			
现金	220 000	¥1.20 CR	264 000
应收账款	160 000	¥1.20 CR	192 000
预付账款	140 000	¥1.20 CR	168 000
存货（先进先出）	240 000	¥1.20 CR	288 000
固定资产	200 000	¥1.20 CR	240 000
营业成本	540 000	¥1.25 AR	675 000
折旧费用	20 000	¥1.25 AR	25 000
资产减值损失	360 000	¥1.25 AR	450 000
利润分配——股利	60 000	¥1.22 RR	73 200

续前表

科目名称	余额（€）	折算汇率	折算后余额（¥）
折算差额（外币报表折算差额）			107 800 （轧差平衡数）
借方科目合计	1 940 000		2 483 000
贷方科目			
累计折旧	60 000	¥1.20 CR	72 000
应付账款	80 000	¥1.20 CR	96 000
应付债券	200 000	¥1.20 CR	240 000
股本	400 000	¥1.40 HR	560 000
留存收益	100 000		140 000 （已计算）
营业收入	1 080 000	¥1.25 AR	1 350 000
汇兑损益	20 000	¥1.25 AR	25 000
贷方科目合计	1 940 000		2 483 000

注：CR——现行汇率；HR——历史汇率；AR——平均汇率；RR——相对应汇率。

如前所述，当国外主体以当地货币为功能性货币时，应采用现行汇率法折算。在现行汇率法下，所有资产和负债项目均按结账日的现行汇率（即期末汇率）折算，利润表的所有项目均按该期间的平均汇率折算，而股利则按股利发放日的汇率（相对汇率）折算。

在现行汇率法下，国外主体的股东权益不应按期末汇率折算，即股本、资本公积和留存收益余额应按股票发行日的汇率折算。不过，购并日后各期资产负债表中的留存收益则是购并日留存收益加上以后各期利润减去股利后的余额。相应地，期末留存收益也应区分不同时期的留存收益选择不同的汇率进行折算。

在将财务报表项目折算完成之后，为使试算平衡表余额相等，需插入一个“折算差额”项目。以母公司报告货币表述的国外主体的财务报表就可直接根据试算平衡表来编制。表 12—7 和表 12—8 分别列示了折算后的报表，即以人民币元表述的紫毅公司的利润表和资产负债表。

表 12—7　　紫毅公司利润及利润分配部分（折算后报表）

20×2 年度　　单位：人民币元

一、营业收入		1 350 000
减：营业成本	675 000	
折旧费用	25 000	
资产减值损失	450 000	
二、营业利润		200 000
加：汇兑损益		25 000
三、净利润		225 000
加：期初留存收益		140 000*
减：分配现金股利		73 200
四、期末留存收益		291 800

* 见表 12—6 中留存收益。

表 12—8 紫毅公司资产负债表（折算后报表）

20×2 年 12 月 31 日 单位：人民币元

项目	金额
资产	
现金	264 000
应收账款	192 000
预付账款	168 000
存货（成本）	288 000
固定资产	240 000
减：累计折旧	72 000
资产合计	1 080 000
负债及股东权益	
应付账款	96 000
应付债券	240 000
股本	560 000
留存收益	291 800*
折算差额（外币报表折算差额）	(107 800)
负债及股东权益合计	1 080 000

* 为表 12—7 中期末留存收益。

若牡丹公司以不完全权益法记录对紫毅公司的股权投资业务，合并报表的编制则相对要复杂些。假设牡丹公司于 20×2 年 12 月 1 日收到紫毅公司支付的现金股利，应编制会计分录如下：

借：银行存款——欧元 ￥73 200

　　贷：长期股权投资（€60 000×1.22） ￥73 200

在不完全权益法下，牡丹公司的长期股权投资账户要反映在紫毅公司所占净资产的变动情况，因此，必须记录紫毅公司 20×2 年度的利润增减变动情况。根据折算后的利润表，牡丹公司应编制会计分录如下：

借：长期股权投资 ￥117 200

　　折算差额（外币报表折算差额） ￥107 800

　　贷：投资收益 ￥225 000

由于牡丹公司拥有紫毅公司的全部股权，牡丹公司应当记录紫毅公司账面所有的利润或亏损。表 12—7 和表 12—8 列示了紫毅公司的利润和未确认的损失分别为￥225 000 和￥107 800。正如分录所示，牡丹公司所记录的投资应为这两项的净额。

需要注意的是，上述折算差额（￥107 800）并不是调整投资收益，而是对“长期股权投资”账户的调整，应理解为借记“折算差额”，贷记“长期股权投资”，只是为了简化，才将其并为一笔分录。在合并报表上，母公司的“折算差额”应作为所有者权益的一个调整项目。

在购并日，紫毅公司的账面净值为￥700 000（见表 12—5），而投资成本为￥1 000 000，因此，产生了商誉￥300 000。由于采用的是不完全权益法，牡丹公司在其单体账上并没有对商誉进行减值。

牡丹公司的投资收益余额为￥225 000。

牡丹公司长期股权投资账户的变动情况见表 12—9。

表 12—9 **牡丹公司长期股权投资账户余额的变动** 单位：人民币元

20×1 年 12 月 31 日余额	1 000 000
减：收到的现金股利（12 月 1 日）	73 200
加：对紫毅公司净利润的权益（见表 12—7）	225 000
减：未确认的折算损失（见表 12—8 中折算差额）	107 800
20×2 年 12 月 31 日余额	1 044 000

上述￥1 044 000 长期股权投资余额还可解释为是紫毅公司股东权益￥744 000 与商誉￥300 000 之和。

对国外主体财务报表的合并程序与国内母子公司财务报表的合并相同，通常都以工作底稿来编制合并报表。但在现行汇率法下，因折算引起的权益调整数必须作专门的披露。表 12—10 列示了外币报表折算后的合并程序。

表 12—10 **牡丹公司和紫毅公司合并报表工作底稿**

20×2 年 12 月 31 日

	牡丹公司（￥）	紫毅公司（￥）	抵销与调整分录（￥）		合并数（￥）
			借方	贷方	
利润表					
营业收入	2 436 600	1 350 000			3 786 600
营业成本	(1 200 000)	(675 000)			(1 875 000)
折旧费用	(80 000)	(25 000)			(105 000)
资产减值损失	(900 000)	(450 000)	④30 000		(1 380 000)
汇兑损益		25 000			25 000
投资收益	225 000		②225 000		
净利润	481 600	225 000			451 600
利润分配部分					
本期净利润	481 600	225 000			451 600
加：期初留存收益——牡丹公司	491 000				491 000
期初留存收益——紫毅公司		140 000	③140 000		
减：分配现金股利	200 000	73 200		②73 200	200 000
期末留存收益	772 600	291 800			742 600
资产负债表					
现金	673 200	264 000			937 200
应收账款	300 000	192 000			492 000
预付账款		168 000		①168 000	
存货	600 000	288 000			888 000
固定资产	800 000	240 000			1 040 000
减：累计折旧	200 000	72 000			272 000
长期股权投资	1 044 000			②151 800 ③892 200	

续前表

	牡丹公司（¥）	紫毅公司（¥）	抵销与调整分录（¥）		合并数（¥）
			借方	贷方	
商誉			③300 000	④30 000	270 000
资产合计	3 217 200	1 080 000			3 355 200
应付账款	284 400	96 000			380 400
预收账款	168 000		①168 000		
应付债券	500 000	240 000			740 000
股本	1 600 000	560 000	③560 000		1 600 000
留存收益	757 600	291 800			742 600
折算差额	（107 800）	（107 800）		③107 800	（107 800）
负债及股东权益合计	3 217 800	1 080 000			3 355 200

根据合并报表的一般程序，应编制以下抵销或调整分录：

（1）抵销母子公司内部交易的往来账户。

借：预收账款　　¥168 000
　　贷：预付账款（€120 000×1.40）　　¥168 000

（2）抵销牡丹公司确认的投资收益和紫毅公司分配现金股利，将长期股权投资调整为期初余额。

借：投资收益　　¥225 000
　　贷：分配现金股利　　¥73 200
　　　　长期股权投资　　¥151 800

（3）抵销年初牡丹公司长期股权投资与紫毅公司所有者权益各项目的余额（假定采用期初合并法，下同）。

借：股本　　¥560 000
　　留存收益　　¥140 000
　　商誉　　¥300 000
　　贷：长期股权投资　　¥892 200
　　　　折算差额　　¥107 800

（4）商誉减值。

由于牡丹公司采用不完全权益法核算对紫毅公司的投资，牡丹公司在其单体账上并不记录商誉的减值。只有在编制合并报表时才记录商誉减值，假定牡丹公司每年对商誉的减值为30 000元。

借：资产减值损失　　¥30 000
　　贷：商誉　　¥30 000

根据表12—10“合并数”栏的有关数字，可径直编制合并利润表、合并利润分配部分和合并资产负债表。

2. 时态法：国外主体以母公司报告货币作为功能性货币下的外币报表重新计量程序

当国外主体以母公司报告货币作为功能性货币，而会计记录却为子公司当地货币时，根据前述程序，应采用时态法将子公司的账面记录重新计量为功能性货币。重新计量过程中形成的折算差额计入当期损益。

重新计量的目的是使重新计量的结果与子公司按当时以功能性货币记账的结果相同。

例 12—3

沿用例 12—2，假定子公司紫毅公司所择定的功能性货币为母公司牡丹公司的报告货币人民币，但紫毅公司会计记录所使用的货币为当地货币欧元。在合并日，子公司的所有资产和负债项目均应按合并日（20×1 年 12 月 31 日）的实际汇率（€1＝¥1.40）折算，也即在合并日，国外主体不论是以当地货币作为功能性货币，还是以母公司的报告货币作为功能性货币，所选定的折算汇率和折算结果是完全相同的（见表 12—5）。不过，在时态法下，合并中形成的商誉在合并日后均应按历史汇率进行重新计量，即每年的商誉减值额均为¥30 000。

紫毅公司预付给牡丹公司的€120 000（¥168 000）货款对母子公司而言都不是外币交易，因为该预付款项是以人民币表述的，而人民币既是牡丹公司的功能性货币，又是紫毅公司的功能性货币。因此，紫毅公司账面上的预付账款就无须进行调整。除预付账款外，其他所有账户的余额与表 12—6 所列示的金额相同，但其折算（重新计量）的程序与现行汇率法却有明显的不同。重新计量工作底稿见表 12—11。

表 12—11　**紫毅公司试算平衡表折算工作底稿**

20×2 年 12 月 31 日

科目名称	余额（€）	折算汇率	折算后余额（¥）
借方科目			
现金	220 000	¥1.20 CR	264 000
应收账款	160 000	¥1.20 CR	192 000
预付账款	120 000	RR	168 000
存货（先进先出）	240 000	¥1.22 HR	292 800
固定资产	200 000	¥1.40 HR	280 000
营业成本	540 000		718 200 （见表 12—12）
折旧费用	20 000	¥1.40 HR	28 000
资产减值损失	360 000	¥1.25 AR	450 000
利润分配——股利	60 000	RR	73 200
汇兑损益（折算差额）			3 800 （轧差平衡数）
借方科目合计	1 920 000		2 470 000
贷方科目			
累计折旧	60 000	¥1.40 HR	84 000
应付账款	80 000	¥1.20 CR	96 000
应付债券	200 000	¥1.20 CR	240 000
股本	400 000	¥1.40 HR	560 000
留存收益	100 000		140 000 （已计算）
营业收入	1 080 000	¥1.25 AR	1 350 000
贷方科目合计	1 920 000		2 470 000

注：CR——现行汇率；HR——历史汇率；AR——平均汇率；RR——相对应汇率。

从表 12—11 中可以看出，在时态法下，除母子公司间的交易外，子公司的所有货币性项目均按现行汇率进行重新计量。本例中的货币性项目包括现金、应收账款、应付账款和应付债券。显然，对这些项目进行重新计量和用现行汇率法进行折算的结果是相同的。母子公司内部交易事项，包括紫毅公司向牡丹公司预付的货款和支付的股利与作为功能性货币的人民币金额是互为相反的往来关系，因此，就重新表述为功能性货币——人民币。

存货和营业成本的重新计量程序见表 12—12。其中假定购货是在 20×2 年内平均发生的，存货计价采用先进先出法，期末存货是 20×2 年 12 月 31 日购进的，当日汇率为€1＝￥1.22。

表 12—12　　存货和营业成本重新计量程序

	金额（€）	汇率	金额（￥）
期初存货（20×1 年 12 月 31 日）	240 000	￥1.40 HR	336 000
购货	540 000	￥1.25 AR	675 000
	780 000		1 011 000
期末存货（20×2 年 12 月 31 日）	240 000	￥1.22 HR	292 800
营业成本（销售成本）	540 000		718 200

由于本期未发生固定资产的增加业务，因此固定资产和折旧费用均按€1＝￥1.40 的历史汇率折算；若本期增加了固定资产，则所增加的固定资产及相应的折旧费用就应当按该项固定资产取得日的实际汇率（在折算时即为历史汇率）进行折算。

根据美国财务会计准则委员会第 52 号财务会计准则公告的要求，所有涉及流动性项目的费用均按平均汇率折算；而涉及非流动性项目的费用，如固定资产折旧费用及无形资产摊销等费用应按历史汇率折算。若某一费用项目同时涉及流动性和非流动性项目，则必须详加分析，而不能只按单一的汇率进行折算。收入项目也按平均汇率折算。

股本、资本公积和期初留存收益应按历史汇率折算，这与现行汇率法下的折算完全相同，而期末留存收益则是通过计算而不是通过折算得出的。

当除汇兑损益之外的所有项目重新计量完毕之后，再将所有借方科目和贷方科目分别相加，若两项合计数不相等，其差额即为汇兑损益。本例为汇兑损失￥3 800，该项汇兑损益应计入当期损益。之所以将重新计量所产生的汇兑损益计入当期损益，是因为除母子公司间互为往来的交易业务外，其余的业务均被解释为外币交易。根据外币交易的一般会计处理原则，不论是已实现的外汇汇兑损益，还是未实现的外汇汇兑损益，均作为当期损益处理。需要注意的是，母子公司间互为往来的交易业务，不应出现汇兑损益。

在不完全权益法下，对子公司紫毅公司的投资业务，牡丹公司应编制如下会计分录：

(1) 取得紫毅公司的全部股权。

借：长期股权投资　　￥1 000 000

　　贷：银行存款　　￥1 000 000

(2) 20×2 年 12 月 31 日收到紫毅公司发放的现金股利。

借：银行存款　　￥73 200

　　贷：长期股权投资　　￥73 200

(3) 记录长期股权投资收益，不完全权益法下为紫毅公司本年净利润（￥150 000）。

借：长期股权投资 ￥150 000

贷：投资收益 ￥150 000

上述处理后，年末母公司账面长期股权投资账户余额为￥1 076 800（￥1 000 000＋￥150 000－￥73 200），这一金额应等于紫毅公司净资产（￥776 800）与牡丹公司的商誉（￥300 000）的合计数。

重新计量后的合并报表的编制同国内母子公司合并报表的编制并无不同。尽管重新计量程序较折算程序稍显复杂，但与现行汇率法下的抵销程序相比，重新计量程序下的合并报表的抵销程序却要简单得多，因为在重新计量程序下的合并报表不会出现权益调整数。

重新计量程序下合并报表编制的工作底稿见表12—13。

表12—13 牡丹公司和紫毅公司合并报表工作底稿

20×2年12月31日

	牡丹公司（￥）	紫毅公司（￥）	抵销与调整分录（￥）		合并数（￥）
			借方	贷方	
利润表					
营业收入	2 436 600	1 350 000			3 786 600
营业成本	(1 200 000)	(718 200)			(1 918 200)
折旧费用	(80 000)	(28 000)			(108 000)
资产减值损失	(900 000)	(450 000)	④30 000		(1 380 000)
汇兑损益		(3 800)			(3 800)
投资收益	150 000		②150 000		
净利润	406 600	150 000			376 600
利润分配部分					
本期净利润	406 600	150 000			376 600
加：期初留存收益——牡丹公司	491 000				491 000
期初留存收益——紫毅公司		140 000	③140 000		
减：分配现金股利	200 000	73 200		②73 200	200 000
期末留存收益	697 600	216 800			667 600
资产负债表					
现金	673 200	264 000			937 200
应收账款	300 000	192 000			492 000
预付账款		168 000		①168 000	
存货	600 000	292 800			892 800
固定资产	800 000	280 000			1 080 000
减：累计折旧	200 000	84 000			284 000
长期股权投资	1 076 800			②76 800 ③1 000 000	

续前表

	牡丹公司（¥）	紫毅公司（¥）	抵销与调整分录（¥）		合并数（¥）
			借方	贷方	
商誉			③300 000	④30 000	270 000
资产合计	3 305 200	1 112 800			3 388 000
应付账款	284 400	96 000			380 400
预收账款	168 000		①168 000		
应付债券	500 000	240 000			740 000
股本	1 600 000	560 000	③560 000		1 600 000
留存收益	697 600	216 800			667 600
负债及股东权益合计	3 305 200	1 112 800			3 388 000

3. 折算程序与重新计量程序下合并报表的差异

表 12—14 和表 12—15 列示了折算程序（现行汇率法）和重新计量程序（时态法）下合并报表的差异。

表 12—14　　牡丹公司和紫毅公司合并利润表和利润分配部分

20×2 年度　　单位：人民币元

	折算（现行汇率法）	重新计量（时态法）
营业收入	3 786 600	3 786 600
减：营业成本	(1 875 000)	(1 918 200)
折旧费用	(105 000)	(108 000)
资产减值损失	(1 350 000)	(1 350 000)
资产减值损失（商誉减值）	(30 000)	(30 000)
营业利润	426 600	380 400
加：汇兑损益	25 000	(3 800)
净利润	451 600	376 600
加：期初留存收益	491 000	491 000
减：分配现金股利	(200 000)	(200 000)
期末留存收益	742 600	667 600

表 12—15　　牡丹公司和紫毅公司合并资产负债表

20×2 年 12 月 31 日　　单位：人民币元

	折算（现行汇率法）	重新计量（时态法）
现金	937 200	937 200
应收账款	492 000	492 000
存货	888 000	892 800
固定资产	1 040 000	1 080 000
减：累计折旧	(272 000)	(284 000)
商誉	270 000	270 000
资产合计	3 355 200	3 388 000
应付账款	380 400	380 400

续前表

	折算（现行汇率法）	重新计量（时态法）
应付债券	740 000	740 000
负债合计	1 120 400	1 120 400
股本	1 600 000	1 600 000
留存收益	742 600	667 600
折算差额	（107 800）	
股东权益合计	2 234 800	2 267 600
负债及股东权益合计	3 355 200	3 388 000

从表12—14和表12—15中可以看出，折算程序（现行汇率法）下的利润要高；而净资产则是重新计量程序（时态法）下高一些。形成差异的最重要原因是，在折算程序下，为保持子公司财务报表的原有比例关系不变，将折算过程中形成的折算差额作为股东权益的调整数；而在重新计量程序下，该差额是直接作为当期损益处理的。此外，我们还可以发现，国外子公司试算表的折算程序较为简单，但母公司在计算投资收益及编制合并工作底稿时则因必须考虑权益调整数而比较麻烦。反之，试算表的重新计量程序因有些项目用现行汇率，有些项目用历史汇率而较复杂，但因汇兑损益直接计入当期损益，使母公司投资收益的计算较为容易。而投资成本与股权净值的差额及其摊销按历史汇率折算，也简化了投资收益的确认及合并工作底稿的冲销。

第三节　我国外币报表折算的处理

一、我国外币报表折算方法的选择

根据我国企业会计准则的规定，企业将境外经营的财务报表并入本企业财务报表时，应当按照下列规定进行折算：

（1）资产负债表中的资产和负债项目，采用资产负债表日的即期汇率折算，所有者权益项目除“未分配利润”项目外，其他项目采用发生时的即期汇率折算。

（2）利润表中的收入和费用项目，采用交易发生日的即期汇率折算；也可以采用按照系统合理的方法确定的、与交易发生日即期汇率近似的汇率折算。

（3）按照上述（1）、（2）折算产生的外币财务报表折算差额，在并入后的资产负债表中所有者权益项目下其他综合收益中列示，其中属于少数股东权益的部分，并入少数股东权益项目。比较财务报表的折算比照上述规定处理。

从以上规定不难看出，我国没有像美国那样在将境外经营的财务报表并入本企业财务报表时区分折算程序和重新计量程序，均采用折算程序。因此，关于我国外币财务报表的折算可以参照上节美国做法中的折算程序的例子，在此不再赘述，差别仅在于我国会计准则规定对于折算所产生的外币财务报表折算差额，在并入后的资产负债表中所有者权益项目下其他综合收益中列示，其中属于少数股东权益的部分，并入少数股东权益项目。

另外，我国准则还规定，企业在并入处于恶性通货膨胀经济中的境外经营的财务报表时，应当按照下列规定进行折算：首先对资产负债表项目运用一般物价指数予以重述，对利润表项目运用一般物价指数变动予以重述；然后再按照最近资产负债表日的即期汇率进行折算。在境外经营不再处于恶性通货膨胀经济中时，停止重述；按照停止之日的价格水平重述的财务报表进行折算。

企业在处置境外经营时，应当将已列入并入后的资产负债表中所有者权益项目下的、与该境外经营相关的外币财务报表折算差额，自所有者权益项目转入处置当期损益；部分处置境外经营的，应当按处置的比例计算处置部分的外币财务报表折算差额，转入处置当期损益。

二、外币报表折算的信息披露

企业应当在附注中披露与外币折算有关的下列信息：

（1）企业及其境外经营采用的记账本位币及选定的原因；记账本位币发生变更的，说明变更理由。

（2）采用近似汇率的，近似汇率的确定方法。

（3）当期损益中的汇兑差额。

（4）处置境外经营对外币财务报表折算差额的影响。

思考题

1. 阐述外币报表折算的意义和目的。
2. 外币报表折算所面临的主要会计问题是什么？
3. 外币报表折算有哪四种方法？各自有何利弊？
4. 分析外币报表折算与重新计量的异同。
5. 我国外币报表折算方法的选择标准是什么？具体如何操作？

练习题

1. 某企业拥有一境外子公司，其编制报表所采用的货币为美元，为了编制合并报表，需要将子公司外币表示的报表折算为人民币表示的报表。假设本会计期间期初汇率为＄1＝￥8.20，期末汇率为＄1＝￥8.40，本期平均汇率为＄1＝￥8.30，母公司对子公司投资时的汇率为＄1＝￥8.10，子公司期初留存收益为1 600美元，上期利润分配表折算后的留存收益人民币数额为13 800元，应付利润为1 600美元，实际支付利润时的汇率为＄1＝￥8.35。子公司存货历史汇率为＄1＝￥8.40，长期负债的历史汇率均为＄1＝￥8.45，存货的期初汇率为＄1＝￥8.20，且期初存货为24 000美元，本期购进存货为72 000美元，固定资产和无形资产取得时的汇率均为＄1＝￥8.15。子公司外币报表如下（单位：美元）：

利润表及利润分配表

营业收入	104 000
减：营业成本	80 000
营业税金及附加	2 400
加：其他业务利润	14 400
减：营业费用	16 000
管理费用	7 600
折旧费用	400
财务费用	6 000
营业利润	6 000
加：投资收益	3 200
营业外收入	600
减：营业外支出	3 800
利润总额	6 000
减：所得税	2 000
净利润	4 000
加：期初留存收益	1 600
可供分配的利润	5 600
减：应付利润	1 600
留存收益	4 000

资产负债表

银行存款	6 200	应付账款	7 000
应收账款	9 800	短期借款	5 000
存货	16 000	长期借款	16 000
长期投资	8 000	实收资本	16 000
固定资产	6 000	留存收益	4 000
无形资产	2 000		
资产合计	48 000	负债和所有者权益合计	48 000

要求：分别采用流动—非流动法、货币—非货币性法、时态法和现行汇率法对该企业的财务报表进行折算。

2. 荷兰的S公司为美国企业P公司拥有80%股权的子公司，其功能性货币为美元。S公司以荷兰盾为记账货币，且其存货以成本与市价孰低法计价。

20×1年12月31日荷兰盾的现行汇率为＄0.60。存货的历史成本为10 000荷兰盾。存货的重置成本为9 000荷兰盾。历史汇率为＄0.53。

要求：

(1) 计算外币报表中存货的金额。

(2) 计算重新计量的报表中存货的金额。

3. 20×8年1月1日，美国企业P公司以990 000美元购买了英国S公司所有流通在外的股票，当时英镑的汇率为＄1.65。当天，除了公允价值为200 000英镑的土地及公允价值为100 000英镑的设备以外，S公司资产和负债的账面价值等于其公允价值。假定S公司的功能性货币为英镑。

企业合并前，P公司以美元表示以及S公司以英镑表示的概要资产负债表信息如下：

概要资产负债表

	P公司（$）	S公司（£）
流动资产	3 000 000	100 000
土地	800 000	100 000
建筑物——净额	1 200 000	250 000
设备——净额	1 000 000	50 000
合计	6 000 000	500 000
流动负债	600 000	50 000
应付票据	1 000 000	150 000
股本	3 000 000	200 000
留存利润	1 400 000	100 000
合计	6 000 000	500 000

要求：编制20×8年1月1日企业合并后P公司及其子公司的合并资产负债表。

4. 美国企业M公司在国外有一分支机构。分支机构以其所在国当地货币单位（LCU）列示的试算表如下：

20×6年12月31日分支机构试算表

	LCU
借方	
现金	50 000
应收账款	500 000
营业用品	800 000
设备	6 000 000
营业费用	5 000 000
折旧费用	600 000
借方合计	12 950 000
贷方	
累计折旧	1 100 000
应付账款	50 000
总部往来	3 800 000
营业收入	8 000 000
贷方合计	12 950 000

其他资料：

(1) 营业用品于年内平均购买。

(2) 销售和营业费用于年内平均发生。

(3) 美元的相关汇率列示如下：

美元的相关汇率

20×6年1月1日	$0.095
20×6年平均汇率	$0.087
20×6年12月31日	$0.085

(4) 20×6年12月31日，总部账上分支机构往来账户余额375 000美元。

要求：假设LCU为功能性货币，编制工作底稿将M公司的国外分支机构试算表折算为美元。

5. 振华集团有一个应纳入合并范围的境外子公司。本期期初市场汇率为$1=￥8.20，期末市场汇率为$1=￥8.40；该期平均汇率为$1=￥8.30。该子公司接受投资时的市场汇率为$1=￥8.00，资本公积全部为接受投资时的资本溢价；上期折算后的财务报表中"未分配利润"的数额为200万元人民币，"盈余公积"的数额为83万元人民币。

该子公司以美元表示的财务报表如下（单位：万美元）：

利润表及利润分配表

营业收入	800
减：营业成本	400
营业税金及附加	40
营业费用	20
管理费用	15
财务费用	25
营业利润	300
加：投资收益	0
营业外收入	20
减：营业外支出	10
利润总额	310
减：所得税	110
净利润	200
加：年初未分配利润	25
可供分配的利润	225
减：提取盈余公积	40
应付利润	35
未分配利润	150

资产负债表

银行存款	50	短期借款	140
应收账款	120	应付账款	100
存货	230	长期负债	300

长期投资	150	负债合计	540
固定资产	400	递延贷项	0
无形资产	40	实收资本	200
其他长期资产	10	资本公积	60
资产合计	1 000	盈余公积	50
		未分配利润	150
递延借项	0	所有者权益合计	460
合计	1 000	合计	1 000

要求：按我国财务报表折算的现行规定将上述外币报表折算为人民币表示的财务报表。

第十三章

衍生金融工具会计

引例　中国平安稳健投资金融工具

20 世纪 70 年代以来，一方面，随着布雷顿森林体系的崩溃、两次石油危机的爆发，使得汇率大起大落，利率也扶摇直上，金融市场风险剧增；另一方面，通信技术与计算机信息处理技术的进步，也为金融创新奠定了技术基础。于是为了规避市场风险，衍生金融工具应运而生，它包括各类远期、期权、期货等。但是从过去来看，衍生金融工具的发展是建立在基础金融工具之上的，它包括各类应收应付、股票、债券等，因此即使不投资于衍生金融工具，几乎所有企业也都避免不了基础金融工具的投资。

以中国平安（601318. SH，02318. HK）为例，截至 2013 年年底，其合并资产负债表上的总资产为 33 603. 12 亿元，其中金融工具有（列示部分）：

（1）以公允价值计量且其变动计入当期损益的金融资产 302. 53 亿元；

（2）衍生金融资产 34. 02 亿元，包括利率掉期、货币远期及掉期、黄金衍生品；

（3）可供出售金融资产 2 308. 06 亿元，包括债券（政府债、央行票据、金融债、企业债）和权益工具（基金、股票、其他权益投资）；

（4）持有至到期投资 7 440. 70 亿元，包括政府债、央行票据、金融债、企业债；

（5）衍生金融负债 29. 18 亿元，包括利率掉期、货币远期及掉期、黄金衍生品；

（6）应付债券 567. 56 亿元，包括离岸人民币债券、次级债券、混合资本债券、可转换公司债券。

可见对中国平安来说，其金融工具的种类较多。那么，当企业存在衍生金融工具的交易时，该如何进行会计处理呢？

希望通过本章的学习，各位读者能找到答案。

学习目标

- 熟悉衍生金融工具的定义及品种
- 掌握套期保值的会计处理
- 掌握外币交易的套期保值
- 掌握利率互换的套期保值

2005年8月，宝钢权证在上海证券交易所正式推出，作为我国资本市场金融工具创新的一种产品，受到众多投资者的广泛关注。金融工具的不断创新为衍生金融商品交易提供了一种理想的交易工具和手段。对投资者而言，衍生金融工具大都是一种保证金交易，具有以小搏大的高杠杆效应；而对资本需求者而言，由于诸多衍生金融工具的出现，为融资者提供了低成本的多种融资选择机会，使众多融资者积极参与运用衍生金融工具以达到融资目的，并可通过衍生金融市场交易以分散所持各种资产的风险。但企业在规避某些风险的同时又会带来新的风险，或给一些投资者带来丰厚收益的同时也使另一些投资者蒙受巨额损失，英国巴林银行的倒闭和日本大和银行事件以及涉及我国企业的中航油事件、中信泰富事件与东航套期保值事件都说明了衍生金融工具交易的凶险一面。

因此，认识和了解衍生金融工具就显得非常重要，如果不能准确确认金融资产和金融负债上的未实现损益，可能会造成企业收益与损失不相配比，从而无法准确认识企业的财务状况和经营成果。本章将对衍生金融工具的会计处理，特别是其确认、计量及信息披露等问题进行详细阐述。

第一节 衍生金融工具

衍生金融工具是从传统金融工具衍生而来的新型金融工具，其初始形式出现在芝加哥股票交易市场，是为了防止在正常商品交易过程中出现的风险而进行的防护措施。如一个进口商或出口商在签署合约日，通过提前买入或卖出外国货币，保护自己免于货币币值波动的风险。但需注意的是，如果衍生金融工具被人误用，就可能反过来提高企业的风险，中航油事件、中信泰富事件与东航套期保值事件就是最好的明证。

一、衍生金融工具的定义

衍生金融工具源于衍生（derivatives）一词，顾名思义，它起源于原生性金融商品或基础性金融工具。这种原生性金融商品包括货币、外汇、债券、股票等；而基础性金融工具则包括利率、汇率、股票指数、商品期货价格等。

一般来说，我们将衍生金融工具定义为同时具有以下特征的金融合约：

（1）其价值取决于一种或多种基础资产或指数，比如利率、汇率、证券价格、商品价格、信用等级、价格指数或类似变量；

（2）不要求初始投资，或相对于市场情况变动有类似反应的其他类型的合约，其所要求的初始投资要少；

(3) 在将来某个日期交割。

衍生金融工具一般应具有以下特征：

(1) 衍生金融工具在形式上都是远期经济合约。

(2) 衍生金融工具的价值随其标的的变动而变动。标的是衍生金融工具价值的基础，它是指特定的利率、证券价格、商品价格、汇率、价格、利率指数或其他变量。标的可能是资产或负债的价格或利率，但绝对不是资产或负债本身。

(3) 衍生金融工具的名义金额是指货币单位数额、股份数额、英镑数额或合约规定的其他单位数额。具有名义金额的衍生金融工具的结算，是由该名义金额和标的之间的相互作用决定的。例如期汇合约的结算价格，是通过外币金额乘以签约时锁定的期汇汇率来计算的。

(4) 签约时不要求净投资，如期汇合约，或只要求很少的净投资，如期权合约在签约时需交纳的期权费。

(5) 衍生金融工具的持有者往往可以选择在未来某一日期结算交割，而且可以采用净额交割的方式，也就是按衍生金融工具的价值变动额（一般为获取的利得或遭受的损失）进行结算。

二、衍生金融工具的分类及典型产品

衍生金融工具品种繁多，按其交易的方式和特点，可将衍生金融工具分成远期合约、期货、期权及互换合约四种最基本的形式。但随着衍生金融工具日新月异的发展，上述分类界限正在模糊。由两种、三种甚至更多不同种类的衍生金融工具及其他金融工具经过变化、组合以及合成过程，创造出来的再衍生金融工具和合成衍生金融工具不断出现。

一般地，企业所从事的衍生金融工具交易可分为以下两类：

(1) 为规避自有资产、负债的风险或为获利等进行衍生金融工具交易。

(2) 向客户（包括金融机构）提供衍生金融工具交易服务而进行的衍生金融工具交易。

而按照交易双方风险和收益是否对称划分，衍生金融工具可以分为：

(1) 交易双方风险和收益对称的衍生金融工具。这些衍生金融工具交易双方的风险和收益对称，都负有在将来某一日期按一定条件进行交易的义务，如远期合约（包括远期外汇合约、远期利率协议等）、期货合约（包括货币期货、利率期货、股票指数期货等）、互换合约（包括货币互换、利率互换等）。

(2) 交易双方风险和收益不对称的衍生金融工具。这些衍生金融工具交易双方的风险和收益不对称，只有合约的买方有选择是否履行的权利。属于这类的衍生金融工具除了各种期权合约，还有各种期权的变形，如认股权证、可转换债券、利率上限、利率下限等。

在实际业务中，衍生金融工具的典型性产品包括：远期合约、期货合约、期权合约及互换合约。

（一）远期合约

远期合约（forward）是指交易双方为购买或售出一定数量的金融工具、商品或外币，以事先确定的价格在未来某个特定日期交割或结算的合约。到期日的结算可根据合约中规定的条款来实物交割，也可通过净现金结算（净额结算）。

远期合约具有以下特征：

（1）远期合约是在未来某一时刻按照事先约定价格买入或卖出某种资产的合约。

（2）远期合约在场外市场交易。

（3）远期在利率和外汇中最为流行。

例 13—1

假设牡丹公司是一家中国公司，2016 年 1 月 1 日，打算从英国供应商处购买 1 000 000 英镑的机械设备，货款在 2017 年 1 月 1 日用英镑支付。在付款之前，牡丹公司可能面临英镑相对于人民币的增值风险，为了规避这一风险，牡丹公司与平安银行签订一项外汇远期合约，2016 年 1 月 1 日，外汇市场上 12 个月的远期汇率是 1 英镑=9.662 2 元人民币。合约约定：在 2017 年 1 月 1 日，牡丹公司以 1 000 000 英镑向平安银行换取 9 662 200 元人民币。通过签订该远期合约，牡丹公司锁定了应付账款（英镑）因外汇市场上汇率变动而形成的风险。该外汇远期合约的具体内容见表 13—1。

表 13—1 外汇远期合约

开始日	2016 年 1 月 1 日
合约方	牡丹公司和平安银行
到期日	2017 年 1 月 1 日
牡丹公司买入货币额	1 000 000 英镑
牡丹公司卖出货币额	9 662 200 元人民币
远期汇率	9.662 2
结算方式	实物交割

（二）期货合约

期货合约（futures）是指买卖双方在有组织的交易所内以公开竞价方式达成的、在未来某一时间交割标准数量的特定金融工具的合约。具体形式包括利率期货、外汇期货、股票指数期货等。

利率期货（interest rate futures）是以利率为标的物的期货合约。世界上最先推出的利率期货是 1975 年由美国芝加哥期货交易所推出的美国政府国民抵押货款协会的抵押凭证期货合约。

外汇期货（foreign currency futures）是以汇率为标的物的期货合约，目的是借此规避汇率风险。1972 年美国芝加哥期货交易所的国际货币市场（IMM）推出第一张货币期货合约。目前国际上货币期货合约交易所涉及的货币主要有英镑、美元、日元、瑞士法郎、加拿大元、澳大利亚元等。

股票指数期货（stock index futures）是以股票指数为标的物的期货合约。我国的第一个股指期货是沪深 300 股票指数期货。世界上比较著名的股指期货有：标准普尔 500 种股票价格综合指数（S&P 500），纽约证券交易所股票价格综合指数（NYCE composite），主要市场指数（MMI），价值线综合股票价格平均指数（value line composite index）。

期货合约与远期合约非常相似，可以说期货合约就是标准化的远期合约。两者的区别可概括如下：

（1）远期交易合约中的商品数量、规格等级、交割日期等都由交易双方协商确定，没有统一的交割日期。期货交易合约除了价格这个唯一的变量以外，商品数量、规格等级、交割日期等都是严格标准化的，交易双方都不得随意变更期货合约的这些规定。

（2）远期交易的对象是实际的商品或金融资产，期货交易的对象是期货合约。

（3）远期交易没有固定的交易地点，而期货交易必须在指定的期货交易所内进行。

（4）远期交易在未到期前不能随意转手，必须按远期合约规定在到期时进行实际交割。期货交易在到期前可多次转手，允许交易双方通过相反方向的买卖方式解除原合约中承担的责任和义务，使得双方均能通过期货市场来避免或转移价格风险。

（5）期货交易者需支付给结算机构一定数量的保证金，而远期交易则不需要。

例 13—2

3 月 20 日，美国进口商与英国出口商签订合同，将从英国进口价值 125 万英镑的货物，约定 4 个月后以英镑付款提货。具体内容见表 13—2。

表 13—2 外汇期货合约

	时间	现货市场	期货市场
汇率	3 月 20 日	GBP1＝USD1.620 0	GBP1＝USD1.630 0
	9 月 20 日	GBP1＝USD1.632 5	GBP1＝USD1.642 5
交易过程	3 月 20 日	不做任何交易	买进 20 张英镑期货合约
	9 月 20 日	买进 125 万英镑	卖出 20 张英镑期货合约
结果	1. 现货市场上，比预期损失 1.632 5×125－1.620 0×125＝1.562 5 万美元。 2. 期货市场上，通过对冲获利 1.642 5×125－1.630 0×125＝1.562 5 万美元；亏损和盈利相互抵销，汇率风险得以转移。		

（三）期权合约

期权合约（option）是一种法律合约，它赋予购买者在特定期间内或当日，以事先约定的价格购买（call option，看涨期权，又译为买权）或出售（put option，看跌期权，又译为卖权）一定数量特定金融工具、商品或外币的权利，但非义务。购买者可以不行使这种权利，但一旦行使，则出售者必须履行合约。根据期权合约标的物的不同，可分为股票期权、利率期权、外汇期权、股票指数期权等。依据期权的可执行时间不同，可分为欧式期权和美式期权。其中欧式期权是仅只在期权到期日当天才可执行的期权，而美式期权则是买入期权的一方在合约到期日前的任何工作时间都可以行使的期权。在目前的国际市场中，以美式期权居多。

在期权合约中，股票权证最为常见，它可分为认购权证（call warrants）或认沽权证（put warrants）。认购权证的持有人有权利在未来一定期间内（或在未来某一特定日期），以固定价格（称为履约价格或执行价格、行权价格（strike price or exercise price）向发行权证的公司购买一定数量的特定股票。而认沽权证的持有人有权利在未来一定期间内（或于未来某一特定日期），以执行价格向发行公司出售一定数量的特定股票。

认购（或认沽）权证的特定标的物可以是单一公司的股票，也可以是股票组合（basket warrant），或者股价指数（index warrant）。投资人向发行权证的公司购买权证时所支付的金额为权利金（premium），权利金又称期权价值或期权费。权利金由两部分组成：一是内在价值（intrinsic value）；二是时间价值（time value）。

所谓内在价值是指权证发行期间某一时点的股票的市价与执行价格的差额。例如以宝钢公司股票为特定标的物（underlying asset）发行认购权证，每股执行价格为10元，若宝钢公司股价目前为每股15元，则该认购权证的内在价值为5元（15－10）。如果宝钢公司目前的股价为8元，则该权证的内在价值为零。

对认购权证来说，当标的股票的市价高于履约价格时，内在价值为正，称为价内（in the money）；若两者相等，内在价值为零，称为价平（at the money）；若市价低于履约价格，内在价值为零，称为价外（out of the money）。对于认沽权证来说，正好相反，履约价格高于市价时称为价内，低于市价时称为价外，汇总如下：

	认购权证	认沽权证
履约价格＞标的市价	价外	价内
履约价格＜标的市价	价内	价外
履约价格＝标的市价	价平	价平

所谓时间价值是指认购（或认沽）权证在发行流通期间，标的股票的市价可能上涨（或下跌）而产生的价内的价值。认购（或认沽）权证在发行时即使执行价格等于标的股票的市价（亦即没有内在价值），也存在时间价值。因为在流通期间内，股票的市价可能上涨（或下跌），因而可能会产生价内。因此，时间价值与权证的发行期间及标的股票的价格波动性成正比例关系。期间越长，涨价（跌价）的可能性越大，时间价值越高。标的股票的市价波动性越大，时间价值也越高。时间价值在权证发行时最高，以后逐日递减，至到期日为零。

认购权证、认沽权证等期权的价值，可以用下列公式表示：

期权价值＝权利金

权利金＝内在价值＋时间价值

其中：内在价值＝履约价格－标的市价

（四）互换合约

互换合约（swaps）是指两个或两个以上的当事人按共同约定的条件，在特定时间内交换一定支付款项的合约。互换合约的形式很多，其中最基本的互换类型是利率互换和货币互换。利率互换（interest rate swap），是指同种债务货币以不同的利率进行调换的一种金融交易。货币互换（currency swap），是指在相同的利率水平下，以不同货币的债务进行调换的一种金融交易。

1. 利率互换

跨国公司凭借其信誉，在长期固定利率市场上具有优势，经常持有不同利率水平的债权、债务，时常面临利率和汇价变动的财务风险，并随时需要筹措不同的利率和货币的资金。在这种情况下，有些想取得固定利率贷款的公司却只能获得浮动利率贷款，另外一些公司有时需要将固定利率资金换为浮动利率资金，于是债务转换、利率互换交易应运而生。互换结果使得浮动利率贷款转换为固定利率贷款，固定利率贷款转换为浮动利率贷款，满足了交易双方的各自需求。互换合约交易大多是在银行中介人的协调下完成的，银行收取中介手续费。交易双方往往在不知对方的情况下，经银行介入完成债务互换业务。

例 13—3

甲、乙两家公司筹措期限 5 年、1 000 万美元资金，甲公司想借入 6 个月期 LIBOR 利率资金，乙公司想获得固定利率借款，两者信用等级不同，借款利率见表 13—3。

表 13—3　　甲公司、乙公司借款利率

	固定利率	浮动利率
甲公司	11.00%	6 个月的 LIBOR+0.6%
乙公司	12.50%	6 个月的 LIBOR+1.1%

浮动利率 LIBOR（London inter-bank offered rate），是伦敦当地时间上午 11 点的银行同业存款利率，它由银行间交易确定，随市场状况变化而变化，一般是国际银团贷款的基准参考利率。

由表 13—3 可知，甲公司可以 11%的利率发行公司债券，筹措长期资金，在固定利率市场上具有比较优势；乙公司在固定利率市场上比甲公司要多付 1.5%的利息，而在浮动利率市场上只比甲公司多付 0.5%的利息，比其在固定利率市场上具有比较优势。假定中介人丙银行掌握甲、乙两公司的需求，介入、撮合协调成功后，情况如图 13—1 所示。

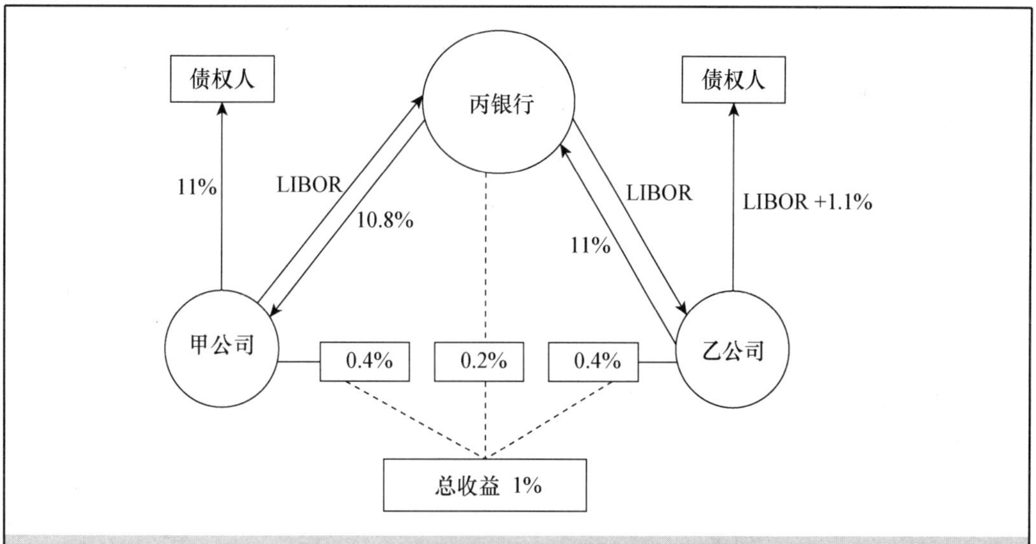

图 13—1　利率互换现金流量及收益分配图

由图 13—1 可知，甲公司现金流量为：(1) 发行公司债券，按年利率 11%向投资者支付利息；(2) 根据与丙银行互换合约，获得 10.8%的利息；(3) 向丙银行支付 LIBOR 利率的利息；(4) 甲公司净现金流量为 LIBOR＋0.2%（11%＋LIBOR－10.8%）利息支出，比它在浮动利率市场上筹资减少 0.4%（(LIBOR＋0.6%)－(LIBOR＋0.2%)）利息支出。

乙公司现金流量为：(1) 筹措资金，向贷款人支付 LIBOR＋1.1%年利息；(2) 根据与丙银行互换合约，获得 LIBOR 利率的利息；(3) 向丙银行支付 11%的利息；(4) 乙公司净现金流量为 12.1%（LIBOR＋1.1%－LIBOR＋11%）利息支出，比它在固定利率市场上筹资减少0.4%（12.5%－12.1%）利息支出。中介人丙银行，熟悉市场行情，在甲乙双方均不知对方的情况下，与它们签订合约，对冲可能产生的外汇风险，并获得净现金流量为0.2%（11%＋LIBOR－10.8%－LIBOR）利息收入。

从这笔互换交易中可知：一是甲、乙两公司在债务本金不交换的情况下，债务利率即固定利率与浮动利率实现交换；二是这笔利率互换潜在总收益为1%((12.5%－11%)－((LIBOR＋1.1%)－(LIBOR＋0.6%)))，在交易三方中得到分配，其中甲公司0.4%，乙公司0.4%，丙银行0.2%。

2. 货币互换

与利率互换相似，货币互换是由交易双方对货币债务不同的需求及各自的比较优势引起的债务互换，它是将一种货币的本金和固定利息与等价的另一种货币的本金和固定利息进行互换。在货币互换中，互换合约必须指明互换本金的货币名称。本金在互换交易有效期内交换两次，一是在互换开始时交换，二是在互换结束时交换。

例13—4

甲、乙两家公司可按固定利率获得美元和英镑借款，假定汇率为1英镑兑换1.5美元，甲公司筹措5年期、1 500万美元，乙公司筹措5年期、1 000万英镑，借款利率见表13—4。

表13—4　甲公司、乙公司借款利率

	美元	英镑
甲公司	10%	13.5%
乙公司	12%	14.00%

由表13—4可知，甲公司在美元债务市场筹资成本比乙公司低2%（12%－10%）利息支出，具有比较优势；乙公司在英镑债务市场比甲公司只多支付0.5%（14.0%－13.5%）利息支出，比其在美元债务市场具有比较优势。这笔货币互换交易潜在总收益为1.5%((12%－10%)－(14%－13.5%))利息收入。中介人丙银行介入后，分别与甲、乙两公司签订互换合约，货币交易的现金流向如图13—2所示。

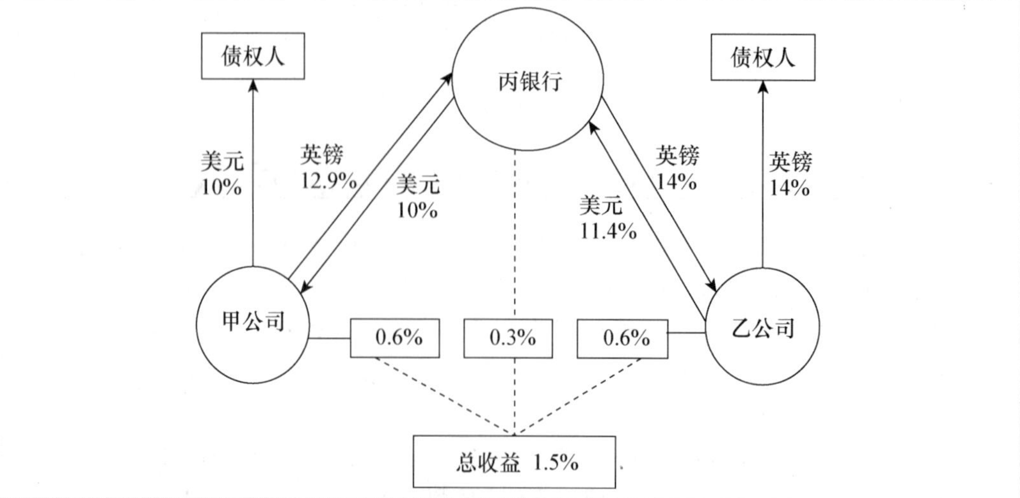

图13—2　货币互换现金流量及收益分配图

由图13—2可知，甲公司现金流量为：（1）发行美元债券，筹措1 500万美元本金，每年按10%支付利息；（2）互换开始时，支付1 500万美元本金，获取1 000万英镑本金；（3）互换期内，每年收取150万美元（1 500万美元×10%）利息，支付129万英镑（1 000万英镑×12.9%）利息；（4）互换结束时，支付1 000万英镑本金并收回1 500万美元本金。

乙公司现金流量为：（1）发行英镑债券，筹措1 000万英镑本金，每年按14%支付利息；（2）互换开始时，支付1 000万英镑本金，获取1 500万美元本金；（3）互换期内，每年收取140万英镑（1 000万英镑×14%）利息，支付171万美元（1 500万美元×11.4%）利息；（4）互换结束时，支付1 500万美元本金，并收回1 000万英镑本金。

丙银行每年可获得21万美元（1 500万美元×(11.4%－10%)）利息收益，并付出11万英镑（1 000万英镑×(14%－12.9%)）利息支出。同时，丙银行在货币互换交易期内，采取购买11万英镑远期合约方式来锁定美元净收益，以避免汇率变动可能产生的损失。如果忽略币种差异，丙银行获利0.3%（12.9%＋11.4%－10%－14%）利息收入；甲公司净获利0.6%（13.5%－12.9%）利息收入；乙公司净获利0.6%（12%－11.4%）利息收入。交易三方获利总计1.5%（0.3%＋0.6%＋0.6%）利息收入，与这笔货币互换交易潜在总收益1.5%一致。

（五）封顶期权和保底期权

封顶期权又称帽子期权，是在银行同业拆借市场上进行交易的利率期权，它通过在未来特定时间内给带有可变动利率或浮动利率的债务工具确定利率最高限以确保其利息成本的上限。相反，保底期权是用来确定利率最低点以确保利息收益的下限。

三、衍生金融工具的会计问题

企业对融资及规避风险的需求产生了种类繁多的衍生金融产品，由此也产生了对如何确认、计量它们的相应规则和指南的要求，从而出现了衍生金融工具会计。

（一）衍生金融工具对传统会计的影响

根据传统会计理论，资产是过去的交易或事项引起的、企业拥有或控制的、能给企业带来未来经济利益的经济资源；负债是企业过去的交易或事项产生、企业须承担的、将导致未来经济利益流出的现时义务。但衍生金融工具不是立足于过去发生的交易或事项，而是立足于未来期间合约的履行情况。而且由于衍生金融工具标的价格的变化性大、时间性强，决定了衍生金融工具未来经济利益的流动在时间、金额上都有较大的不确定性。因此，一般认为，与衍生金融工具交易有关的权利和义务不符合传统会计中资产和负债的定义，不应予以确认，只能作为表外项目进行附注说明。但是，衍生金融工具信息的相关性使得人们对其进行确认成为广泛共识。这就产生一个问题，是重新定义会计要素，还是扩展资产、负债的外延。

衍生金融工具常常很容易以无成本或较少成本方式取得，但它们的价值变化可能异常迅速，会使公司有产生巨大利润或损失的风险。因为许多衍生金融工具的取得毫无成本，因而即使它们代表着企业的巨大资产或负债，但根据传统的历史成本原则所编制的资产负债表却不能予以反映，从而使得公司的正常财务状况、经营成果、风险程度等经济本质不能得到体现。此外，在企业金融活动中，依据传统会计，盈利和损失的记录要等到现金交换后。而通过衍生金融工具交易，只要简单打个电话，盈利和损失就可能已经实现。因此如果以现金为基础作为确认的根据，经理们就可以选择报告这些盈利和损失的时间，这样就会损害公司报表的真实性。

由于衍生金融工具能够迅速改变企业财务状况、经营成果和风险水平的性质，因而受到政策制定者的广泛关注。

（二）衍生金融工具的确认

传统上衍生金融工具并不在公司资产负债表中确认，因为尽管签署了衍生合约，但企业并没有任何数量的现金或其他资产支付出现。零成本为不确认提供了依据。然而随着时间的推移以及基础变量（利率、价格、指数）价值的改变，衍生金融产品会出现正的（资产）或负的（负债）的价值。所以，如果对衍生金融工具不予以确认，就无法准确衡量企业的财务状况和经营成果，也就无法估量由于运用衍生金融工具而给企业造成巨大损失的可能性。

1. 衍生金融工具的初始确认

企业一旦成为金融合约的一方，就应将衍生金融工具确认为一项资产或负债。例如对于远期合约来说，应于承诺日确认为资产或负债，而不应等到交换实际发生日才予以确认。再如当期权合约的持权者或立权者成为该期权合约一方时，该期权合约应分别确认为资产或负债。

衍生金融工具在初始确认时，企业应以公允价值进行计量。如果某衍生金融工具存在活跃的市场，则其公允价值应依据其市场价格确定。如果该衍生金融工具不存在活跃市场，但与其类似的衍生金融工具存在活跃市场，则其公允价值应参照与其类似的衍生金融工具的市场价格，并经适当的差异调整后确定。如果与其类似的衍生金融工具也不存在活跃市场，则应采用适当的计价模型计算确定。在采用计价模型计算确定衍生金融工具的公允价值时，应尽量采用外部市场参数。

2. 衍生金融工具的减值确认

一种金融资产或复合金融资产要确认已经发生减值，只有在金融资产初始确认后，一个或更多事件的发生所显示的客观证据能够表明减值确已出现。企业应在每一个资产负债表日评估是否存在任何实际减值的证据。如果的确存在这样的证据，企业就要做出详细的减值计算以决定该减值是否应该被确认、减值数额应为多少。而减值数额的计算，是要按照资产的名义金额和以金融资产初始有效利率贴现的估计现金流量的现值两者之间的差额来计量。

如果在随后期间内，在减值开始确认后发生的事件使得以摊余成本方式记录的该金融资产减值数额得以恢复，则先前确认的减值损失要通过利润和损失的方式予以转回。

3. 衍生金融工具的终止确认

（1）衍生金融资产的终止确认。对衍生金融资产的终止确认可通过三个不同层次的判断来进行。

1）企业是否为获得衍生金融资产的现金流量权而转移了合约的权利；或者企业保

留了该合约的权利，但同时承担了传递该现金流量权的合约义务。

2）如果企业已经确定该衍生金融资产已经转移，那么就要进一步确定是否已经实质上转移了该资产的所有风险和产权利益。如果实质上所有风险和利益都已经转移，该资产就要终止确认。反之，该资产的终止确认就要排除。

3）如果企业既没有保留也没有实质转移该资产的所有风险和利益，那么企业就要评估是否放弃了对该资产的控制权。如果企业没有控制该资产，那么终止确认就是合适的。但是如果企业一直保留对资产的控制权，那么企业就应继续确认该资产。

我们把这些不同的终止确认步骤归纳到下面的决策模型中，如图 13—3 所示。

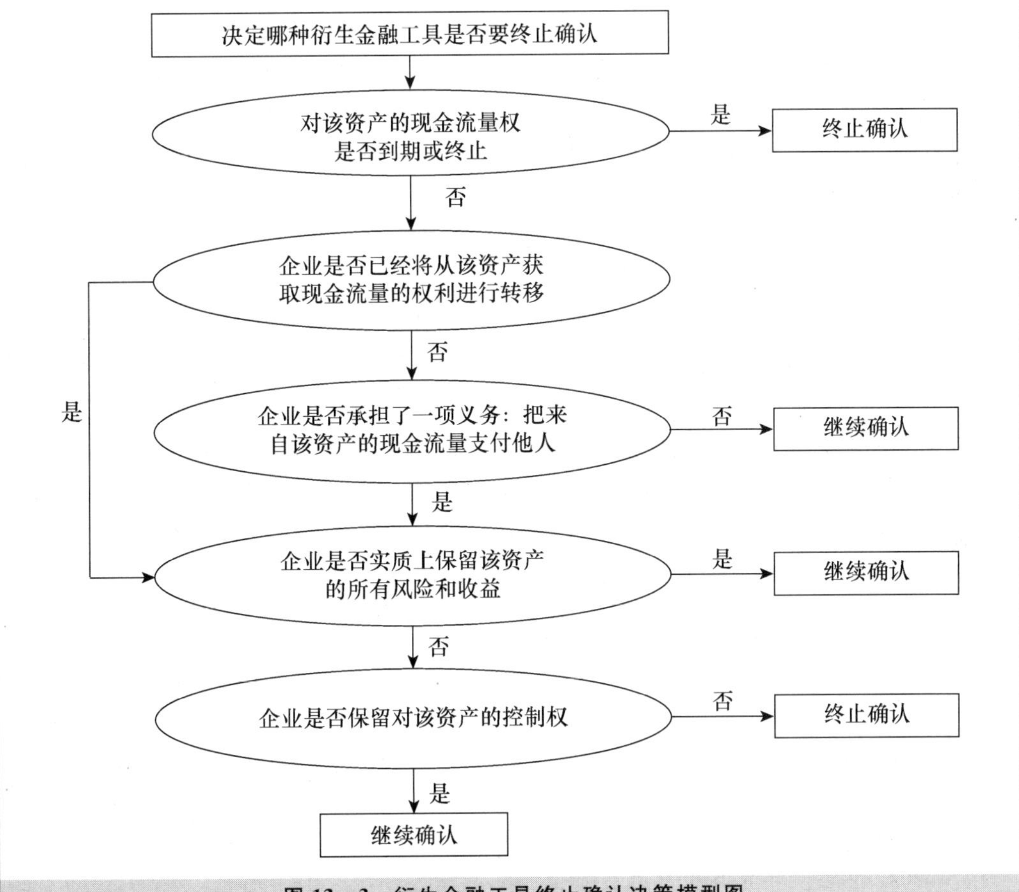

图 13—3　衍生金融工具终止确认决策模型图

实际上，对于以上衍生金融资产终止确认的条件，可以简单地用控制予以表明，即当构成衍生金融资产或衍生金融资产的一部分的合约权利失去控制时，企业才应终止确认该项衍生金融资产或该部分衍生金融资产。如果企业行使了合约中规定的获利权，或者这些权利已经逾期，或者企业放弃了这些权利，则表明企业对这些权利失去了控制。

(2) 衍生金融负债的终止确认。对于衍生金融负债的终止确认，也可采用同样的原则。即只有当衍生金融负债或衍生金融负债的一部分消除时（也就是说，当合约中规定的义务解除、取消或逾期时），企业才能将该项金融负债（或该项金融负债的一部分）从资产负债表中剔除。

4. 衍生金融工具的后续计量

对衍生工具进行后续计量时，应当采用公允价值。对于衍生金融工具的公允价值变动，应区分其是否被指定为套期工具分别进行处理。如果衍生金融工具不被指定为套期工具，则其公允价值变动应计入变动当期损益。如果衍生金融工具被指定为套期工具，则其公允价值变动的处理应区别不同情况，这部分将在下节详细说明。

5. 衍生金融工具的会计科目

（1）在美国和国际会计准则中，一般不涉及指定的会计科目，企业可以根据实际情况，自行设计会计科目。比如，关于衍生金融工具的核算，企业一般会根据衍生金融工具的种类，分别设置“远期合约”“期汇合约”“期货合约”“期权合约”“互换合约”或其他一些相关的会计科目，没有统一的会计科目。

（2）在中国，会计制度体系受成文法的法律环境影响较大，我国在会计准则中都规定统一的会计科目。2006年10月发布了《企业会计准则应用指南》，为核算企业衍生金融工具的公允价值及其变动形成的衍生资产或衍生负债，设置“衍生金融工具”科目。

1）当企业取得或形成衍生金融工具时，按其公允价值，借记或贷记“衍生金融工具”科目。

2）在衍生金融工具获取过程中发生的交易费用应该直接记入“投资收益”科目。

3）企业如果将取得的衍生金融工具作为权益工具，应该按照交易性金融资产进行处理。在资产负债表日，衍生金融工具的公允价值高于账面价值时，借记“衍生金融工具”科目，贷记“公允价值变动损益”科目；反之，则作相反的会计分录。在结算有关衍生金融工具时，将相关的公允价值变动损益转入投资收益。

4）企业如果将取得的衍生金融工具作为套期工具使用的，应该在“套期工具”科目中核算，下节将介绍套期保值及其会计处理。

例 13—5

牡兴公司于20×7年4月1日向紫豪公司发行以自身普通股为标的的看涨期权，行权价格为140元。根据该期权合同，如果紫豪公司行权，紫豪公司有权以每股140元的价格从牡兴公司购入普通股1 000股。期权将以现金净额结算。其他有关资料如下：

（1）合同签订日	20×7年4月1日
（2）行权日（欧式期权）	20×8年3月31日
（3）20×7年4月1日每股市价	135元
（4）20×7年12月31日每股市价	144元
（5）20×8年3月31日每股市价	143元
（6）20×8年3月31日应支付的固定行权价格	140元
（7）期权合同中的普通股数量	1 000股
（8）20×7年4月1日期权的公允价值	6 000元
（9）20×7年12月31日期权的公允价值	5 000元
（10）20×8年3月31日期权的公允价值	3 000元

牡兴公司：20×8年3月31日，向紫豪公司支付相当于本公司普通股1 000股市值的金额。

紫豪公司：20×8年3月31日，向牡兴公司支付140 000元（1 000×140）。

(1) 20×7 年 4 月 1 日，紫豪公司购买看涨期权。

借：衍生金融工具——看涨期权　6 000

　　贷：银行存款　6 000

(2) 20×7 年 12 月 31 日，紫豪公司确认所购买的看涨期权公允价值减少。

借：公允价值变动损益　1 000

　　贷：衍生金融工具——看涨期权　1 000

(3) 20×8 年 3 月 31 日，紫豪公司确认所购买的看涨期权公允价值减少。

借：公允价值变动损益　2 000

　　贷：衍生金融工具——看涨期权　2 000

同日，紫豪公司行使了该看涨期权，合同以现金净额方式进行结算。紫豪公司从牡兴公司收取 143 000 元（143×1 000），并支付给牡兴公司 140 000 元（140×1 000），紫豪公司实际支付净额为 3 000 元。反映看涨期权结算的账务处理如下：

借：银行存款　3 000

　　贷：衍生金融工具——看涨期权　3 000

并将之前累计的公允价值变动损益转入当期投资收益：

借：投资收益　3 000

　　贷：公允价值变动损益　3 000

四、嵌入式衍生金融工具的确认与计量

（一）嵌入式衍生金融工具的含义

金融工具有时候包括两个以上的合约，其中一个为主合约（host contract），其余为附属合约，此种金融工具称为混合工具（hybrid or combined instrument）。附属合约若属于衍生性金融工具，则称为嵌入式衍生金融工具（embedded derivative）。比如一个约定在未来某个日期以事先确定的价格购买商品的合约就嵌入了一个衍生金融产品，即商品价格指数期货。又如可转换债券，是由公司债券（主合约，为一种金融工具）与认购权证（买权，为附属合约）所构成。可转换债券本身是一种混合工具，转换权（认购权证）是一种衍生金融工具，因嵌入在公司债券，称为嵌入式衍生金融工具。

（二）应与主合约分离的嵌入式衍生金融工具

每一种金融工具（合约）均有其经济特性与风险。如果两种以上的金融工具混合在一起，当各金融工具的经济特性及风险大致相同或紧密相关，且其现金流量及公允价值的变动基本一致时，可用混合工具本身作为计量基础。反之，若各合约的经济特性与风险并非紧密相关，或某一合约的现金流量变动可能被另一合约的现金流量变动所抵销，而使混合工具本身的现金流量变动难以评估，则应将两种合约分离，分别确认。当然，所有衍生金融工具都应该按公允价值确认，公允价值的变动应该列入当期损益（除非被指定为现金流量或境外经营净投资套期保值），因此，如果混合工具本身不是按照公允价值来计量的，则应将嵌入式衍生工具与主合约分离，单独用公允价值来计量。

为了防止企业通过在主合约中嵌入衍生金融工具，从而避免会计准则对衍生金融工具所要求的严格披露和呈报义务，当且仅当以下条件全部成立时，嵌入式衍生金融工具才应当与主合约分离。

(1) 嵌入式衍生金融工具的经济特性及风险与主合约的经济特性及风险并非紧密关联;

(2) 与嵌入式衍生金融工具相同条件的个别工具符合衍生金融工具的定义;

(3) 混合工具不是按照公允价值来确认的。

如果混合工具本身已采用公允价值计量,并将公允价值变动计入当期损益,则嵌入式衍生金融工具不需要与主合约分离。反之,若应分离的嵌入式衍生金融工具因为无法计量而与主合约无法分离,则整个混合工具应该用公允价值来计量。

下列情况下嵌入式衍生金融工具的经济特性及风险与主合约的经济特性及风险并非紧密相关,因此应与主合约分离:

(1) 对可转换公司债券而言,嵌入的权益转换选择权与主债务工具并非紧密相关。

(2) 嵌入于债务工具的卖权,使持有人可要求发行人按权益或商品价格或指数的变动所决定的价格,以现金或其他资产再买回该主债务工具,则该嵌入的卖权与债务工具并非紧密相关。

(3) 嵌入于权益工具的买权,使发行人可以特定价格再买回该主权益工具,对持有人而言,该买权与持有的主权益工具并非紧密相关。

(4) 债务工具延期的选择权或自动延期条款,与主债务工具并非紧密相关,除非该债务延期时,同时调整利率至接近市场利率。

(5) 买权、卖权或提前清偿的选择权嵌入于主债务工具,其与主债务工具并非紧密相关,除非选择权的执行价格几乎等于债务工具于每一个执行日的摊余成本。

(三) 嵌入式衍生金融工具的计量

嵌入式衍生金融工具按照规定应与主合约分离的,若混合工具与嵌入式衍生金融工具均有可靠的公允价值,则嵌入式衍生金融工具应按其公允价值确认,混合工具的公允价值减去嵌入式衍生金融工具的公允价值作为主合约的账面金额。若嵌入式衍生金融工具的公允价值无法可靠计量,但混合工具及主合约的公允价值均能可靠计量,则以混合工具的公允价值减去主合约的公允价值作为嵌入式衍生金融工具的账面金额。若嵌入式衍生金融工具与主合约均有公允价值,不能按两者的相对公允价值比例去分摊混合工具的公允价值。此时,嵌入式衍生金融工具仍应按公允价值确认,主合约则以混合工具公允价值减去嵌入式衍生金融工具公允价值后的金额作为确认金额。

若嵌入式衍生金融工具与主合约的公允价值均无法可靠计量,则嵌入式衍生金融工具无法与主合约分离,全部混合工具应采用公允价值计量。

(四) 可转换债券投资

如前所述,可转换债券(convertible bonds)是一种混合金融工具,它是由公司债券与认购权证所构成。其中,认购权证(转换权)是一种衍生金融工具,它嵌入在公司债券中,因而属于嵌入式衍生金融工具。由于公司债券与权益转换权的经济特性及风险不同,公司债券决定于公司的信用地位及市场利率变动,而转换权则决定于发行公司的普通股价格的变动,因而在对可转换债券确认计量时需要将两者分开,采用分拆法予以分别计量。

一般来说,公司购入可转换债券的,其可转换债券中的债券投资部分不应归类为持有至到期投资,因为可转换债券很少持有至到期日,故通常列为可供出售债券投资。

在公司购入可转换债券时，应评估转换权的公允价值，并以该公允价值确认“转换权”投资，并应以“转换权”账户进行列示，该科目属于所有者权益科目。

同样，对于发行可转换债券的公司而言，在公司发行可转换债券作为投资时，也应对转换权的公允价值进行评估，其计算一般可通过权益部分（转换权）的余值计价法进行：

（1）计算负债部分公允价值，即通过计算负债部分的未来现金流量的折现值。

负债部分＝债券本金现值＋债券利息现值

（2）计算权益部分公允价值。

权益部分(转换权)的价值＝发行债券收入－负债部分

例 13—6

20×5 年 1 月 1 日，牡丹公司发行 10 年期可转换债券，面值为 1 000 000 元，设定票面利率为 10%，每半年付息一次，该债券按投资者意愿转换，该债券发行收入为 1 065 040 元。假设目前市场上票面利率为 10%，每半年付息一次，年限为 10 年的实际利率为 9%。若该债券没有转换权，公司要以 11%的利率发行以吸引投资者。该面值为 1 000 000 元、票面利率为 10%、每半年付息一次的债券，按 11%的利率折现的现值为 940 248 元。

牡丹公司发行的可转换债券票面利率为 10%，但实际利率仅为 9%，采用内含报酬率法计算，有：

$$1\,000\,000\times(P/F,5\%,20)+1\,000\,000\times5\%\times(P/A,5\%,20)$$
$$=1\,000\,000\times0.376\,889+1\,000\,000\times5\%\times12.462\,210$$
$$=376\,889+623\,111=1\,000\,000(\text{元})$$
$$1\,000\,000\times(P/F,4.5\%,20)+1\,000\,000\times5\%\times(P/A,4.5\%,20)$$
$$=1\,000\,000\times0.414\,644+1\,000\,000\times5\%\times13.007\,9$$
$$=414\,644+650\,396=1\,065\,040(\text{元})$$

至于转换权价值的计算，首先计算负债部分的公允价值，即要计算若该债券没有转换权时其公允价值。

$$1\,000\,000\times(P/F,5.5\%,20)+1\,000\,000\times5\%\times(P/A,5.5\%,20)$$
$$=1\,000\,000\times0.342\,729+1\,000\,000\times5\%\times11.950\,4$$
$$=342\,729+597\,519=940\,248(\text{元})$$

转换权价值＝1 065 040－940 248＝124 792(元)

在公司发行可转换债券日，其会计分录为：

借：银行存款　　1 065 040
　　应付债券——利息调整（折价）（1 000 000－940 248）　　59 752
　　贷：应付债券——可转换债券（面值）　　1 000 000
　　　　转换权　　124 792

对于购入可转换债券的公司来说，其购买可转换债券日的会计分录应为：

借：交易性金融资产——转换权　　124 792

可供出售债券投资——可转换债券（面值）　　1 000 000
贷：银行存款　　1 065 040
　　可供出售债券投资——利息调整（折价）　　59 752

五、衍生金融工具的披露

企业应当将衍生金融工具区分为交易类和套期工具类，并作如下披露：衍生金融工具的性质、合约金额或名义金额；衍生金融工具的到期日、失效日或合约执行日；衍生金融工具的期末公允价值。

当企业拥有预期用于套期功能的衍生金融工具且该套期关系符合运用套期会计方法的条件时，应当披露这些预期交易进行套期的策略，并对该套期披露：套期关系的描述；套期工具的描述及其在资产负债表日的公允价值；被套期风险的性质等。

第二节　套期保值会计概述

一、套期保值的定义

套期保值（hedge，简称“套期”），是指企业为规避外汇风险、商品价格风险、股票价格风险、信用风险等，指定一项或一项以上套期工具，使套期工具的公允价值或现金流量变动，预期抵销被套期项目全部或部分的公允价值或现金流量变动。具体地说，即通过与被避险资产或负债价值变动方向相反的某类衍生金融工具进行对冲，对个人、企业提供价格、利率或汇率等方面的保护，以防范标的资产或负债价值发生负面变动所带来财务上损失的一种交易行为。其具体操作可通过在期货市场上买进或卖出与现货市场数量相当，但交易方向相反的期货合约，通过承担相反的义务，以规避因现货市场价格波动而给企业带来的风险。应该说，衍生金融工具最原始的目的是套期保值，它是衍生金融市场第一位的目标，衍生金融工具也正是由于套期保值的需要才得以存在。例如，签订远期外汇合约规避外币资产或外币负债因汇率变动而遭受的损失；在股市趋跌的预期下，卖空股价指数期货对手头持有的股票组合进行套期保值。

所有衍生金融工具都应在取得时按公允价值确认为一项资产或负债，在企业以后持有期间的每个资产负债表日，也需按公允价值计量。但对公允价值变动的处理要视该衍生金融工具是否被指定为套期保值。如果衍生金融工具未被指定为套期保值，公允价值的变动应计入当期损益。

企业运用商品期货进行套期保值时，其套期保值策略通常是，买入（或卖出）与现货市场数量相当、但交易方向相反的期货合同，以期在未来某一时间通过卖出（或买入）期货合同来补偿现货市场价格变动所带来的实际价格风险（见例 13—7）。

相对于非金融企业，金融企业面临较多的金融风险，如利率风险、外汇风险、信用风险等，对套期保值有更多的需求。例如，某上市银行为规避汇率变动风险，与某金融机构签订外币期权合同对现存数额较大的美元敞口进行套期保值。

例 13—7

假设牡矿公司为一开采铝矿的公司，其将于接下来的四个季度开采并出售

100 000 吨铝，并于第四季度末售完。该项目的固定成本为 50 000 000 元，变动成本为每吨 78 元。牡矿公司开采 100 000 吨铝的总成本为 57 800 000 元（50 000 000 元的固定成本加 7 800 000 元的变动成本），所以盈亏平衡点是每吨收入 578 元。表 13—5 列示了不同的每吨收入对利润的影响。

表 13—5　　不同的每吨收入对利润的影响　　单位：元

每吨收入	利润（损失）
620	4 200 000（＝(620－578)×100 000）
600	2 200 000（＝(600－578)×100 000）
578	0（＝(578－578)×100 000）
500	(7 800 000)（＝(500－578)×100 000）
400	(17 800 000)（＝(400－578)×100 000）

由于铝的价格波动很大，为了规避铝的价格风险，牡矿公司决定通过与紫钢公司签订远期合约来销售铝，该合约约定牡矿公司将在一年后按每吨 600 元的价格向紫钢公司销售 100 000 吨铝。

表 13—6 列示了牡矿公司未进行套期保值的损益和进行套期保值的损益。

表 13—6　　套期保值和未套期保值对利润的影响——期货合约　　单位：元

①每吨市价	②每吨远期价格	③利润（损失）——未套期保值	④远期合约利得（损失）	⑤利润（损失）——套期保值
		③＝（①－578）×100 000	④＝（②－①）×100 000	⑤＝③＋④
620	600	4 200 000	(2 000 000)	2 200 000
600	600	2 200 000	0	2 200 000
578	600	0	2 200 000	2 200 000
500	600	(7 800 000)	10 000 000	2 200 000
400	600	(17 800 000)	20 000 000	2 200 000

表 13—6 中，每吨远期价格是指远期合约规定的每吨售价。远期合约利得（损失）是指，在合约结算日的每吨市价与每吨远期价格的差额乘以 100 000 吨，例如，如果每吨市价是 620 元，而牡矿公司从远期合约收到的是每吨 600 元，则牡矿公司因远期合约每吨经济损失 20 元，总计为 2 000 000 元。

表 13—6 第⑤栏牡矿公司 2 200 000 元的利润可以分解为远期合约利得（损失）和未套期保值情况下的利得（损失）。可以发现，如果牡矿公司没有进行套期保值，若第二年铝的价格是每吨 620 元，那么牡矿公司届时将获利 4 200 000 元，但是若第二年铝的价格是 500 元，那么牡矿公司届时将亏损 7 800 000 元。所以市场上铝价格的不确定会给牡矿公司的利润带来很大的波动，为了规避这种由价格不确定性带来的风险，牡矿公司通过签订这一远期合约使得第二年公司的利润为 2 200 000 元。本例说明，远期合约利得（损失）与未进行套期保值的利得（损失）呈相反方向变动，并有效地减少了价格风险。这是一个完全有效的套期保值，因为在每一销售价格（市价）水平上，套期保值后的利润都是 2 200 000 元。

牡矿公司也可以运用期权来对冲铝的价格风险。牡矿公司也可以购买看跌期权。牡矿公司可以行权并要求期权卖方按设定价格即每吨 600 元购买铝。如果行权日铝的市价低于 600 元，牡矿公司将会执行期权，相反，如果市价高于 600 元，牡矿公司则不会行权。通过购买看跌期权，牡矿公司将到期日市价低于行权价的风险转移给了期权卖方，即使市价高于行权价即每吨 600 元时，牡矿公司仍能从中获利。

为了使得期权卖方愿意设立期权，期权卖方必须得到补偿。现行的许多期权定价模型中，大多数是建立在布莱克—斯科尔斯期权定价模型（The Black-Scholes Model）之上。布莱克—斯科尔斯模型运用一些概率参数来计算期权价格。比如标的物价格变动的可能性（此处为铝的历史价格）、标的物现价（此处为铝的市价）以及期权存续期等。行权可能性越大，期权的价格就明显越高。

假设期权价格为每吨 21 元，且行权价格为每吨 600 元。假如行权日铝的市价为每吨 620 元，牡矿公司将不会行权，会按市价来出售这些铝。与前述的远期合约不同，这并不是零成本的交易。牡矿公司购买期权花费了每吨 21 元，考虑期权费用之后，牡矿公司仅获得每吨 21 元（620－21－578）的净利润。表 13—7 说明了采用期权进行套期保值时不同的市价对利润的影响。

表 13—7　　套期保值和未套期保值对利润的影响——期货合约　　单位：元

①每吨市价	②期权行权价格	③是否行权	④利润（损失）——未套期保值	⑤行权利得（损失）	⑥期权费用	⑦利润（损失）——套期保值
		①＜②，将行权	④＝（①－578）×100 000	⑤＝（②－①）×100 000		不行权：④－⑥；行权：④＋⑤－⑥
620	600	否	4 200 000	—	2 100 000	2 100 000
600	600	否	2 200 000	—	2 100 000	100 000
578	600	是	0	2 200 000	2 100 000	100 000
500	600	是	（7 800 000）	10 000 000	2 100 000	100 000
400	600	是	（17 800 000）	20 000 000	2 100 000	100 000

从表 13—7 中可以看出采用期权进行套期保值时不同的市价对利润的影响：假如没有购买期权，牡矿公司利润的变动幅度较大，公司可能遭受较大的损失。购买期权后，公司利润的变动风险有所降低。当市价小于或等于每吨 600 元时，公司将获利 100 000 元。如果没有购买期权，公司在市价为每吨 600 元时将获利 2 200 000 元，而在市价为 400 元时损失 17 800 000 元。

假如铝的市价高于每吨 600 元，牡矿公司不行权，并以市价出售铝。比如，当市价为 620 元时，牡矿公司不会行权，此时以每吨 620 元出售铝，获利 4 200 000 元。由于期权本身价格是 2 100 000 元，因此净利润为 2 100 000 元。

二、套期关系

套期关系是指套期工具和被套期项目之间的关系。运用套期工具对被套期项目进行套期保值，这样才能构成一个完整的套期关系。

（一）套期工具

套期工具，是指企业为进行套期而指定的、其公允价值或现金流量变动预期可抵销被套期项目的公允价值或现金流量变动的衍生金融工具，对外汇风险进行套期还可以将非衍生金融资产或非衍生金融负债作为套期工具。

通过上面的定义，我们可以归纳出套期工具一般具有以下特征：

（1）衍生金融工具通常可以作为套期工具。衍生金融工具包括远期合约、期货合约、期权合约和互换合约，以及具有远期合约、期货合约、期权合约和互换合约中一种或一种以上特征的工具。例如，某企业为规避库存铝价格下跌的风险，可以卖出一定数量铝期货合约。其中，铝期货合约即是套期工具。

（2）非衍生金融资产或非衍生金融负债通常不能作为套期工具，但被套期风险为外汇风险时，某些非衍生金融资产或非衍生金融负债可以作为套期工具。例如，某种外币借款可以作为对同种外币结算的销售（确定）承诺的套期工具；又如，持有至到期投资可以作为规避外汇风险的套期工具。

（3）无论是衍生金融工具还是某些非衍生金融资产或非衍生金融负债，其作为套期工具的基本条件就是其公允价值应当能够可靠地计量。因此，在活跃市场上没有报价的权益工具投资，以及与该权益工具挂钩并须通过交付该权益工具进行结算的衍生金融工具，由于其公允价值难以可靠地计量，不能作为套期工具。

（4）在运用套期会计方法时，只有涉及报告主体以外的主体的工具（含符合条件的衍生金融工具或非衍生金融资产或非衍生金融负债）才能作为套期工具。这里所指报告主体，指企业集团或集团内的各企业，也指提供分部信息的各分部。因此，在分部或集团内各企业的财务报表中，只有涉及这些分部或企业以外的主体的工具及相关套期指定，才能在符合套期保值准则规定条件时运用套期会计方法，而在集团合并财务报表中，如果这些套期工具及相关套期指定并不涉及集团外的主体，则不能对其运用套期会计方法进行处理。

（二）被套期项目

被套期项目，是指使企业面临公允价值或现金流量变动风险，且被指定为被套期对象的下列项目：

（1）单项已确认资产、负债、确定承诺、很可能发生的预期交易，或境外经营净投资；

（2）一组具有类似风险特征的已确认资产、负债、确定承诺、很可能发生的预期交易，或境外经营净投资；

（3）分担同一被套期利率风险的金融资产或金融负债组合的一部分（仅适用于利率风险公允价值组合套期）。

其中，确定承诺（firm commitment），是指在未来某特定日期或期间，以约定价格交换特定数量资源、具有法律约束力的协议；预期交易，是指尚未承诺但预期会发生的交易。

被套期项目会使企业面临公允价值或现金流量变动风险（即被套期风险），在本期或未来期间会影响企业的损益。与之相关的被套期风险，通常包括外汇风险、利率风险、商品价格风险、股票价格风险、信用风险等。需要注意的是，企业的一般经营风险（如固定资产毁损风险等）不能作为被套期风险，因为这些风险不能具体辨认和单独计量。另外，企业合并交易中，与购买另一个企业的确定承诺相关的风险（不包括外汇风险）也不能作为被套期风险。

对于信用风险或外汇风险，企业可以将持有至到期投资作为被套期项目，而对于利率风险或提前还款风险，则不可以作为被套期项目。

通过套期工具和被套期项目的相关定义，我们可以用图 13—4 来表示套期工具和被套期项目之间形成的套期关系。

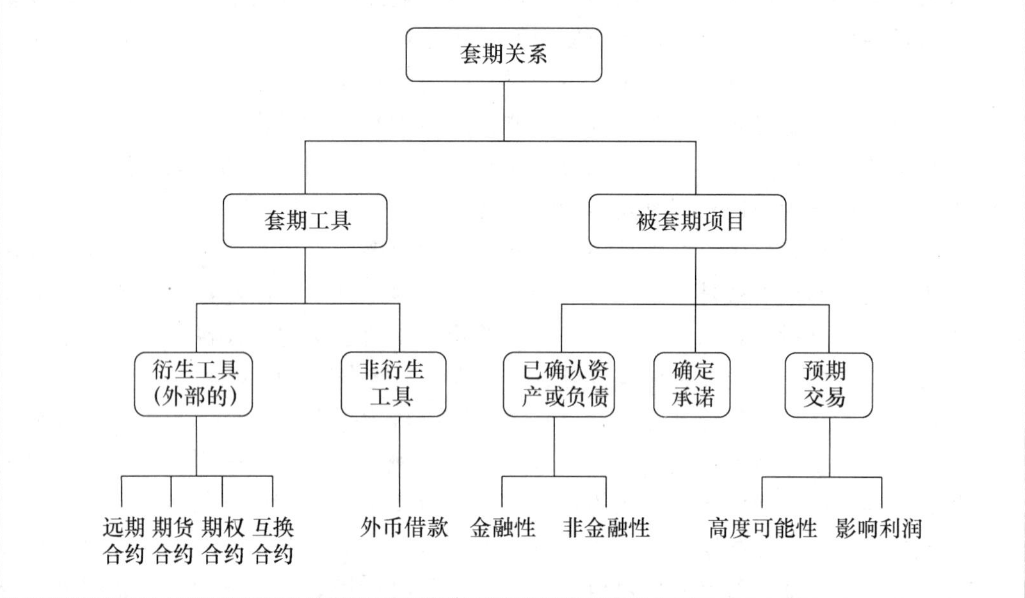

图 13—4 套期关系

三、套期有效性的评价

一旦一种风险符合套期保值的规定，并对该风险进行了套期，就必须评估该套期保值的有效性。套期保值的有效性，是指套期工具的公允价值或现金流量变动能够抵销被套期风险引起的被套期项目公允价值或现金流量变动的程度。套期高度有效，是指该套期预期会高度有效地抵销套期指定期间被套期风险引起的公允价值或现金流量变动额。企业应当持续地对套期有效性进行评价，并确保该套期在套期关系被指定的会计期间内高度有效。

常见的套期有效性评价方法有三种：主要条款比较法；比率分析法；回归分析法。

（一）主要条款比较法

主要条款比较法，是通过比较套期工具和被套期项目的主要条款，以确定套期是否有效的方法。如果套期工具和被套期项目的所有主要条款均能准确地匹配，可认定因被套期风险引起的套期工具和被套期项目公允价值或现金流量变动可以相互抵销。套期工具和被套期项目的主要条款包括：名义金额或本金、到期期限、内含变量、定价日期、商品数量、货币单位等。

企业在以利率互换对利率风险进行套期时，可以采用主要条款比较法。此外，以远期合同对很可能发生的预期商品购买进行套期保值，也可以采用主要条款比较法。例如，当以下全部条件同时符合时，可以认定该套期是高度有效的：

（1）远期合同与被套期的预期商品购买交易，在商品购买时间、地点、数量、质量等方面条款相同。

(2) 远期合同初始确认时的公允价值为零。

(3) 进行套期有效性评价时，不考虑远期合同溢价或折价变动对其价值的影响，或预期商品购买交易的预计现金流量变动以商品的远期价格为基础确定。

值得注意的是，采用这种方法对套期有效性评价虽然不需要进行计算，但适用的情形往往有限。而且这种评价方法无法对已经发生的套期进行评价。一旦已有的套期工具无法有效抵销被套期风险，便不能使用这种方法。例如，套期工具的流动性或其交易对手的信用等级发生变化时，通常会导致套期无效。

(二) 比率分析法

比率分析法，也称金额对冲法，是通过比较被套期风险引起的套期工具和被套期项目公允价值或现金流量变动比率，以确定套期是否有效的方法。运用比率分析法时，企业可以根据自身风险管理政策的特点进行选择，以累积变动数（即自套期开始以来的累积变动数）为基础比较，或以单个期间变动数为基础比较。如果上述比率没有超过 80%～125%的范围，可以认定套期是高度有效的。

例如，牡豪公司套期的实际结果是，套期工具公允价值变动形成的利得为 95 万元，而被套期项目的公允价值变动形成的损失为 100 万元，两者相互抵销的程度为 95%（95÷100）或者 105%（100÷95），所以可以认定牡豪公司套期是高度有效的。

(三) 回归分析法

回归分析法是一种统计学方法，它是在掌握一定量观察数据基础上，利用数理统计方法建立自变量和因变量之间回归关系函数的方法。将此方法运用到套期有效性评价中，需要研究分析套期工具和被套期项目价值变动之间是否具有高度相关性，进而判断确定套期是否有效。运用回归分析法，自变量反映被套期项目公允价值变动或预计未来现金流量现值变动，而因变量反映套期工具公允价值变动。相关回归模型如下：

$$y=kx+b+\varepsilon$$

式中：y 为因变量，即套期工具的公允价值变动；

k 为回归直线的斜率，反映套期工具价值变动/被套期项目价值变动的比率；

b 为 y 轴上的截距；

x 为自变量，即被套期风险引起的被套期项目价值变动；

ε 为残差项，均值为零的随机变量，服从正态分布。

企业运用线性回归分析确定套期有效性时，套期只有满足以下全部条件才能认为是高度有效的：

(1) 回归直线的斜率必须为负数，且数值应在－1.25～－0.8 之间。

(2) 回归方程的拟合度（R^2）应大于或等于 0.96，拟合度表明套期工具价值变动由被套期项目价值变动影响的程度。当 $R^2=96\%$时，说明套期工具价值变动的 96%是由于某特定风险引起被套期项目价值变动形成的。R^2 越大，表明回归模型对观察数据的拟合越好，用回归模型进行预测效果也就越好。

(3) 整个回归模型的统计有效性（F-测试）必须是显著的。F 值也称置信程度，表示自变量 x 与因变量 y 之间线性关系的强度。F 值越大，置信程度越高。

四、套期保值会计的分类

套期工具和被套期项目需要同时满足下列条件，才能采用相应的套期会计方法进行处理。

（1）明确指定为套期工具、被套期项目及所规避的风险。因而必须有正式书面文件，包括风险管理目的及策略、指定用哪一个衍生工具来规避某一资产、负债、确定承诺或预期交易的哪一种风险。

（2）该套期保值要高度有效，且与企业最初为相关套期关系所确定的风险管理策略相吻合。该衍生金融工具必须能高度有效（达到80％～125％）地抵销被套期项目的公允价值或现金流量的变动。

（3）被套期项目的公允价值或现金流量的变动有可能对企业损益产生影响。

（4）套期有效性可以可靠地计量，即与被套期风险有关的被套期项目公允价值或现金流量和套期工具的公允价值，均能可靠地计量。

（5）企业将持续地对套期有效性进行评价，确保在套期关系存续期内该套期关系高度有效。

套期保值会计分为三种：公允价值套期会计、现金流量套期会计和境外经营净投资套期会计，下面将一一介绍。

（一）公允价值套期

公允价值套期是指对已确认资产或负债、尚未确认的确定承诺（或该资产、负债或确定承诺中可辨认的一部分）的公允价值变动风险进行的套期，该类价值变动源于某特定风险，且将影响企业的损益。例如钢铁企业与某企业签订购买铁矿石原料的合约，合约规定了购买原料的固定价格，如果将来铁矿石价格下降，钢铁企业仍需按合约价格购买铁矿石，这样，钢铁企业就会发生损失，若钢铁企业通过一定衍生金融工具（远期期货合约）来套期保值以规避铁矿石价格变动的风险，即可称为公允价值套期保值。又如，固定利率的应付公司债券用利率互换（换成浮动利率）避险也属于公允价值套期。

在财务报告期间内，公允价值套期符合运用套期会计方法的条件时，应当按下列规定进行处理：

（1）套期工具为衍生金融工具的，套期工具公允价值变动形成的利得或损失应当计入当期损益；套期工具为非衍生金融工具的，套期工具账面价值因汇率变动形成的利得或损失应当计入当期损益。

（2）被套期项目因被套期风险形成的利得或损失应当计入当期损益，同时调整被套期项目的账面价值。被套期项目为按成本与可变现净值孰低进行后续计量的存货、按摊余成本进行后续计量的金融资产或可供出售金融资产，也应当按此规定处理。

如果被套期项目是以摊余成本计量的金融工具的，则按照上述（2）的规定需对被套期项目账面价值所作的调整，应当按照调整日重新计算的实际利率在调整日至到期日的期间内进行摊销，计入当期损益。而对利率风险组合的公允价值套期，在资产负债表中单列的相关项目，也应当按照调整日重新计算的实际利率在调整日至相关的重新定价期间结束日的期间内摊销。采用实际利率法进行摊销不可行的，可以采用直线法进行摊销。

上述调整金额应当于金融工具到期日前摊销完毕；对于利率风险组合的公允价值

套期，应当于相关重新定价期间结束日摊销完毕。

当被套期项目为尚未确认的确定承诺的，该确定承诺因被套期风险引起的公允价值变动累计额应当确认为一项资产或负债，相关的利得或损失应当计入当期损益；相关的套期工具公允价值变动也应当计入当期损益。

而在购买资产或承担负债的确定承诺的公允价值套期中，该确定承诺因被套期风险引起的公允价值变动累计额（已确认为资产或负债），应当调整履行该确定承诺所取得的资产或承担的负债的初始确认金额。

公允价值套期的会计处理相关示例见本章第三节和第四节。

（二）现金流量套期

现金流量套期是指规避预期交易或已确定为资产或负债（如浮动利率负债）的未来现金流量变动的风险。例如粮油公司准备未来 1 年内大量购进大豆、钢铁公司准备购进铁矿石等，未来需支付的现金将随着大豆、铁矿石的价格的波动而变动，此时粮油公司、钢铁公司若购进期货合约以套期保值就属于现金流量套期。又如，浮动利率的负债，未来支付利息（现金流量）将随市场利率的波动而变动，若将此种未来现金流量的变动抵销，就属于现金流量套期。与公允价值套期不同的是，现金流量套期没有在现货市场签订合约。

公允价值套期和现金流量套期的区别又可描述如下，如果某银行拥有 100 元资产和 90 元负债（这些资产和负债具有性质相似的风险和条款），银行想对这 10 元净风险敞口进行套期，则银行可以将这些资产中的 10 元指定为被套期项目。若这些资产和负债是固定利率金融工具，则应指定为公允价值套期；若这些资产和负债是变动利率金融工具，则应指定套期为现金流量套期。

在财务报告期间内，现金流量套期符合运用套期会计方法条件的，应当按下列规定进行处理：

（1）套期工具利得或损失中属于有效套期的部分，应当确认为其他综合收益的变动。该有效部分的金额，按以下两项的绝对值较低者确定：

1）套期工具自套期开始的累计利得或损失；

2）被套期项目自套期开始的预计未来现金流量现值累计变动额。

（2）套期工具利得或损失中属于无效套期的部分（即扣除直接确认为其他综合收益后的其他利得或损失），应当计入当期损益。

（3）在正式的风险管理策略书面文件中，如载明套期有效性评价将排除套期工具的某部分利得或损失或相关现金流量的影响，被排除的该部分利得或损失可参考金融工具的计量和确认的有关方法来确定。

被套期项目为预期交易，且该预期交易使企业随后确认了一项金融资产或一项金融负债的，原直接确认为其他综合收益的相关利得或损失，应当在该金融资产或金融负债影响企业损益的同一期间转出，计入当期损益。但是，企业预期原直接在其他综合收益中确认的净损失全部或部分在未来一个或一个以上财务报告期间不能补偿时，应当将不能补偿的部分转出，计入当期损益。

被套期项目为预期交易，且该预期交易使企业随后确认一项非金融资产或一项非金融负债的，企业应当选择以下两种方式之一进行处理：

(1) 原直接在其他综合收益中确认的相关利得或损失，应当在非金融资产或非金融负债影响企业损益的同一期间转出，计入当期损益。但是，企业预期原直接在其他综合收益中确认的净损失全部或部分在未来一个或一个以上财务报告期间不能补偿时，应当将不能补偿的部分转出，计入当期损益。

(2) 将原直接在其他综合收益中确认的相关利得或损失转出，计入该非金融资产或非金融负债的初始入账价值。

非金融资产或非金融负债的预期交易变成了一项确定承诺时，如该确定承诺符合采用公允价值套期会计方法的条件，也应当选择以上两种方式之一处理。

企业选择了以上两种处理方式之一作为会计政策后，应当一致地运用于相关的所有预期交易套期保值业务，不应随意变更。

现金流量套期的会计处理相关示例见本章第三节和第四节。

(三) 境外经营净投资套期

境外经营净投资套期是指对境外经营净投资外汇风险的套期。境外经营净投资是指企业在境外经营净资产中的权益份额。该种套期主要考虑对境外净投资可能因汇率变动而给企业带来的风险。

对境外经营净投资的套期，应当按类似于现金流量套期会计处理原则进行处理。具体地说，套期工具应以现时汇率（公允价值）计量，对汇率变动的差额处理如果属于有效套期部分应确认为其他综合收益，并在处置境外经营净投资时转入损益，属于套期无效部分则应直接列入当期损益。境外经营净投资也要按现时汇率进行计量，汇率变动产生的损益（折算调整数）列入股东权益，并于处置时转入损益。

例 13—8

20×8 年 10 月 1 日，牡丹公司（记账本位币为人民币）在其境外子公司紫外公司有一项境外净投资 10 000 万美元。为规避境外经营净投资外汇风险，牡丹公司与某境外金融机构签订了一项外汇远期合同，约定于 20×9 年 4 月 1 日卖出 10 000 万元美，约定汇率等于￥6.71。牡丹公司每季度对境外净投资余额进行检查，且依据检查结果调整对净投资价值的套期。其他有关资料见表 13—8。

表 13—8　　相关资料

日期	即期汇率	远期合同的公允价值（￥）
20×8 年 10 月 1 日	￥6.71	0
20×8 年 12 月 31 日	￥6.64	6 600 000
20×9 年 4 月 1 日	￥6.62	8 600 000

牡丹公司在评价套期有效性时，将远期合同的时间价值排除在外。假定牡丹公司的上述套期满足运用套期会计方法的所有条件。

牡丹公司的账务处理如下（单位为人民币元）：

(1) 20×8 年 10 月 1 日，以即期汇率￥6.71 确认被套期项目。

借：被套期项目——境外经营净投资　　671 000 000

　　贷：长期股权投资　　671 000 000

外汇远期合同的公允价值为零，不作账务处理。

（2）20×8 年 12 月 31 日。

1）确认远期合同的公允价值变动。

借：套期工具——外汇远期合同　　6 600 000

　　贷：其他综合收益　　6 600 000

2）确认对子公司净投资的汇兑损益。

借：其他综合收益　　7 000 000

　　贷：被套期项目——境外经营净投资　　7 000 000

（3）20×9 年 4 月 1 日。

1）确认远期合同的公允价值变动。

借：套期工具——外汇远期合同　　2 000 000

　　贷：其他综合收益　　2 000 000

2）确认对子公司净投资的汇兑损益。

借：其他综合收益　　2 000 000

　　贷：被套期项目——境外经营净投资　　2 000 000

3）处置境外净投资时，结算外汇远期合同，并将计入其他综合收益部分转入当期损益。

借：银行存款　　671 000 000

　　贷：被套期项目——境外经营净投资　　671 000 000

借：套期损失　　400 000

　　贷：其他综合收益　　400 000

经过上面的阐述，我们将套期种类及会计处理方法概括如表 13—9 所示。

表 13—9　　套期种类及会计处理

套期种类	资产负债表项目计量	价差处理
（1）公允价值套期		
套期工具：衍生工具	公允价值	当期损益
被套期项目： 已入账的资产、负债 未入账的确定承诺	公允价值（调整账面金额）	当期损益
（2）现金流量套期		
套期工具：衍生工具	公允价值	递延处理（其他综合收益），于预期交易发生且影响损益时，等比例转入损益
被套期项目： 预期交易 浮动利率债券	套期期间不入账	
（3）境外经营净投资套期（汇率风险）		
套期工具： 衍生工具 非衍生工具	公允价值 汇率部分再计量	套期有效部分：递延（其他综合收益），于境外经营机构处分时转入损益。 套期无效部分：当期确认
被套期项目：境外经营净投资	以即期汇率计量	递延处理，处置时转入损益

五、套期保值业务披露

企业对其运用的套期保值业务需要披露以下内容：

(1) 金融机构财务风险管理目标和政策，包括对每一主要类型的预期交易进行套期的政策及采用的会计政策。

(2) 分别就公允价值套期、现金流量套期和对境外经营净投资套期，披露以下信息：

1) 套期关系的描述。

2) 套期工具的描述，以及套期工具在资产负债表日的公允价值。

3) 被规避风险的性质。

4) 对现金流量套期，现金流量预期发生的期间及何时计入损益。对其已采用套期会计处理但预期不会发生的预期交易的描述。

其中，对于归类为现金流量套期，套期工具形成的利得或损失直接计入损益的，还应披露如下信息：

1) 本期在权益中确认的金额。

2) 本期从权益中转出后直接计入损益中的金额。

3) 本期从权益中转出后，直接计入被套期且很可能发生的预期交易所形成资产的取得成本或负债账面价值中的金额。

第三节 外币交易的套期保值会计

以外币标价的资产或负债，例如外币应收账款、外币应付账款，外币承诺，外币标价的预期交易都有可能面临汇率风险，企业为了规避这种汇率风险，一般会采用外汇远期合约或者是外币期权进行套期保值。

一、外币资产或负债的套期保值

对于外币资产或负债的套期保值会计方法，有如下特征：

(1) 采用现金流量套期，在每个资产负债表日：

1) 被套期资产和负债根据即期汇率的变动调整到公允价值，同时在净利润中确认为汇兑损益。

2) 套期工具也要调整到公允价值（反映在资产负债表上列示的资产或负债项目上），公允价值的变动确认为其他综合收益。

3) 按照被套期资产或负债的汇兑损益金额，将套期工具的公允价值变动从其他综合收益转到净利润账户（科目为套期损益），用来冲销被套期资产和负债的损益。

4) 其余的部分从其他综合收益中转出，在净利润中确认费用，用来反映远期合约损益的摊销（假设远期合同为套期工具）或期权时间价值的变动（假设期权为套期工具）。

(2) 采用公允价值套期，在每个资产负债表日：

1) 被套期的资产和负债根据即期汇率的变动调整到公允价值，同时在净利润中确认为汇兑损益。

2）套期工具也要调整到公允价值（反映在资产负债表上列示的资产或负债项目上），而公允价值的变动确认为净利润。

（一）运用远期合约（套期工具）对外币资产或负债（被套期项目）进行套期保值

例 13—9

牡泰公司为中国公司，资产和负债均以人民币计价。2015 年 12 月 1 日，牡泰公司向美国客户出售价值为＄1 000 000 的商品，并且在三个月以后才能收到这笔款项。为了规避美元贬值的风险，牡泰公司签订了一份远期合约对这笔以美元计价的应收账款进行套期保值。

2015 年 12 月 1 日，三个月的远期合约的汇率是＄1＝￥6.305，牡泰公司和平安银行签订了合约：三个月后公司以＄1 000 000 向平安银行换取￥6 305 000。由于当日的即期汇率（＄1＝￥6.32）高于远期汇率（＄1＝￥6.305），因此美元在远期市场中属于贴水。也就是说，三个月后牡泰公司销售商品收到的款项将比现在即时收讫少了￥15 000。这部分贴水可以理解为牡泰公司购买远期合约的成本。牡泰公司用远期合约对这笔应收账款（以美元计价）进行套期保值如图 13—5 所示。

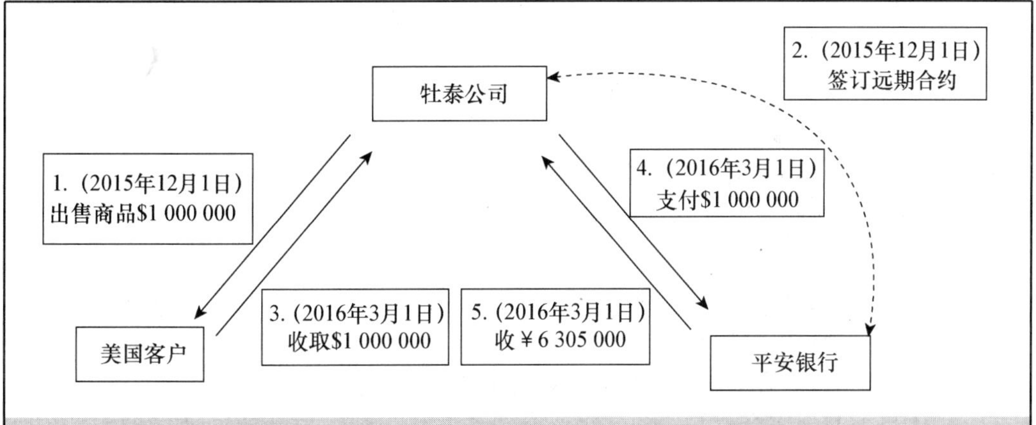

图 13—5　牡泰公司外汇远期合约

相关汇率变动见表 13—10。

表 13—10　　　　**相关汇率变动**

日期	即期汇率	应收账款（＄）		2016 年 3 月 1 日远期汇率	远期合约	
		人民币价值	价值变动		公允价值	价值变动
2015 年 12 月 1 日	￥6.32	￥6 320 000	—	￥6.305	0	—
2015 年 12 月 31 日	￥6.33	￥6 330 000	＋￥10 000	￥6.316	￥（10 783）*	－￥10 783
2016 年 3 月 1 日	￥6.30	￥6 300 000	－￥30 000	￥6.30	￥5 000**	＋￥15 783

*（￥6 305 000－￥6 316 000）×0.980 3＝￥（11 000）×0.980 3＝￥（10 783），其中 0.980 3 是年利率 12％两个月的折现系数。

** ￥6 305 000－￥6 300 000＝￥5 000

表 13—10 中，2015 年 12 月 1 日牡泰公司没有支付任何款项就签订了远期合约，所以签订日的远期合约公允价值为 0。

在2015年12月31日，2016年3月1日的远期汇率是＄1＝￥6.316，如果此时订立远期合约，那么＄1 000 000能换得￥6 316 000。但由于公司已经以＄1＝￥6.305订立合约，远期合约名义价值为￥（11 000）（￥6 305 000－￥6 316 000），这￥（11 000）在该日的现值为￥（10 783）（即￥（11 000）×0.980 3，其中0.980 3是年利率12％两个月的折现系数），因此，2015年12月31日远期合约的公允价值为￥（10 783），这是一项负债。

2016年3月1日，如果根据即期汇率＄1＝￥6.30售出美元换人民币，那么＄1 000 000能换得￥6 300 000，由于签订合约的汇率是＄1＝￥6.305，在2016年3月1日，牡泰公司实际从平安银行能换得￥6 305 000，因此合约的公允价值为￥5 000（￥6 305 000－￥6 300 000）。由于2015年12月31日，远期合约的公允价值为￥（10 783），因此从2015年12月31日到2016年3月1日，远期合约的公允价值增长了￥15 783。

最初的贴水由2015年12月1日的即期和远期汇率差异决定：（￥6.32－￥6.305）×＄1 000 000＝￥15 000。

1. 假设采用现金流量套期（套期的会计处理方法）

（1）2015年12月1日，外币交易发生日，以即期汇率￥6.32确认营业收入和应收账款，并指定该应收账款为被套期项目。

①借：应收账款（美元）	6 320 000	
贷：营业收入		6 320 000
②借：被套期项目——应收账款（美元）	6 320 000	
贷：应收账款（美元）		6 320 000

（2）2015年12月31日资产负债表日（报告日）。

a. 依据即期汇率变动（从＄1＝￥6.32变为＄1＝￥6.33）调整应收账款的公允价值。

③借：被套期项目——应收账款（美元）	10 000	
贷：汇兑损益		10 000

b. 根据远期合约的公允价值确认为负债。

④借：其他综合收益	10 783	
贷：套期工具——远期合约		10 783

c. 以远期合约的损失抵销被套期项目——应收账款的利得。

⑤借：套期损益——远期合约损失	10 000	
贷：其他综合收益		10 000

d. 将远期合约的贴水费用在合约期摊销。

⑥借：贴水摊销费用	5 004	
贷：其他综合收益		5 004

“其他综合收益”账户的借方余额为￥783，即远期合约对被套期项目——应收账款进行套期之后形成的损失。

此外，第⑥笔分录运用了实际利率法摊销远期合约贴水的部分￥15 000。

牡泰公司通过远期合约将汇率锁定为￥6.305，但是这笔交易是有成本的。2015年12月1日的即期汇率是＄1＝￥6.32，公司在2016年3月1日收到的金额比初始记录的￥6 320 000少￥15 000，即远期合约的贴水部分。远期合约的贴水可以理解为这笔交易的成本。在现金流量套期会计下，要求使用实际利率法摊销远期合约贴水部分。求解实际利率的公式为：

$$\text{套期保值日被套期项目的公允价值}\times(1+r)^n=\text{套期保值合约现金流量}$$

本例中，2015 年 12 月 1 日被套期保值的应收账款的公允价值为￥6 320 000，远期合约锁定的现金流量为￥6 305 000，远期合约的期限为 3 个月，所以 $n=3$。根据以上公式，有

$$6\,320\,000\times(1+r)^3=6\,305\,000$$

$$(1+r)^3=6\,305\,000/6\,320\,000$$

所以，实际利率的计算为：$(1-(6\,305\,000/6\,320\,000)^{1/3})=0.000\,791\,8$。摊销到 2015 年的部分为：￥6 320 000×0.000 791 8=￥5 004。

对 2015 年利润表影响如下：

营业收入		￥6 320 000
汇兑损益	￥10 000	
远期合约损失	￥(10 000)	
贴水摊销费用		￥ (5 004)
对净利润影响		￥6 314 996

对 2015 年资产负债表影响如下：

资产		负债和所有者权益	
被套期项目——应收账款	￥6 330 000	套期工具——远期合约	￥10 783
		留存收益	￥6 314 996
		其他综合收益	￥4 221
			￥6 330 000

(3) 2016 年 3 月 1 日结算日。

a. 根据新的即期汇率调整应收账款的价值。

①借：汇兑损益　　30 000

　　贷：被套期项目——应收账款（美元）　　30 000

b. 将远期合约调整到公允价值。

②借：套期工具——远期合约　　15 783

　　贷：其他综合收益　　15 783

c. 用远期合约收益抵销被套期保值——应收账款的损失。

③借：其他综合收益　　30 000

　　贷：套期工具——远期合约收益　　30 000

d. 将贴水在会计年度内摊销。

④借：贴水摊销费用　　9 996

　　贷：其他综合收益　　9 996

此时，“其他综合收益”账户的余额为 0：

￥4 221+￥15 783-￥30 000+￥9 996=0

e. 结算日，将被套期项目——应收账款（美元）转回，并确认从美国客户收到的应收账款（美元）。

⑤借：应收账款（美元）	6 300 000	
贷：被套期项目——应收账款（美元）		6 300 000
⑥借：银行存款——美元	6 300 000	
贷：应收账款（美元）		6 300 000

f. 确认远期合约的到期清算，用＄1 000 000 换得￥6 305 000。

⑦借：银行存款	6 305 000	
贷：银行存款——美元		6 300 000
套期工具——远期合约		5 000

对 2016 年利润表影响如下：

汇兑损益	￥（30 000）
远期合约利得	￥30 000
贴水摊销费用	￥（9 996）
对净利润影响	￥（9 996）

对两年资产负债表影响：

现金增加￥6 305 000 的同时所有者权益增加￥6 305 000（￥6 314 996－￥9 996）。累计确认的贴水摊销为￥15 000。同时，签订远期合约的净利得是￥5 000，即远期合约累计利得￥20 000（￥30 000－￥10 000）和贴水摊销费用￥15 000 的差额。

2. 假设采用公允价值套期（套期的会计处理方法）

(1) 2015 年 12 月 1 日，外币交易发生日，以即期汇率￥6.32 确认营业收入和应收账款，并指定该应收账款为被套期项目。

①借：应收账款（美元）	6 320 000	
贷：营业收入		6 320 000
②借：被套期项目——应收账款（美元）	6 320 000	
贷：应收账款（美元）		6 320 000

(2) 2015 年 12 月 31 日，资产负债表日（报告日）。

a. 依据即期汇率变动（从＄1＝￥6.32 变为＄1＝￥6.33）调整应收账款的公允价值。

③借：被套期项目——应收账款（美元）	10 000	
贷：汇兑损益		10 000

b. 根据远期合约的公允价值确认负债。

④借：套期损益——远期合约损失	10 783	
贷：套期工具——远期合约		10 783

对 2015 年利润表影响如下：

营业收入		￥6 320 000
汇兑损益	￥10 000	
远期合约损失	￥（10 783）	
净损益		￥（783）

对净利润影响	¥6 319 217

对 2015 年资产负债表影响如下：

资产		负债和所有者权益	
被套期项目——应收账款（美元）	¥6 330 000	套期工具——远期合约	¥10 783
		留存收益	¥6 319 217
			¥6 330 000

（3）2016 年 3 月 1 日结算日。

a. 根据新的即期汇率调整应收账款的价值。

①借：汇兑损益	30 000	
贷：被套期项目——应收账款（美元）		30 000

b. 将远期合约调整到公允价值。

②借：套期工具——远期合约	15 783	
贷：套期损益——远期合约收益		15 783

c. 结算日，将被套期项目——应收账款（美元）转回，并确认从美国客户收到的应收账款（美元）。

③借：应收账款（美元）	6 300 000	
贷：被套期项目——应收账款（美元）		6 300 000
④借：银行存款——美元	6 300 000	
贷：应收账款（美元）		6 300 000

d. 确认远期合约的到期清算，用＄1 000 000 换得¥6 305 000。

⑤借：银行存款	6 305 000	
贷：银行存款——美元		6 300 000
套期工具——远期合约		5 000

对 2016 年利润表影响如下：

汇兑损益	¥（30 000）
远期合约收益	¥15 783
对净利润影响	¥（14 217）

两年对资产负债表的影响是：现金增加¥6 305 000，同时所有者权益增加¥6 305 000（¥6 319 217－¥14 217）。

在公允价值的套期保值中，公司并没有在合约期内采用实际利率法摊销合约的贴水部分，而是将贴水部分确认到利润表中，作为被套期项目——应收账款的汇兑利得（损失）和远期合约利得（损失）的差额，即 2015 年¥（783）；2016 年¥（14 217）。对两年净利润的影响总计为¥（15 000），反映了客户延期付款权利的成本。同时，远期合约利得¥5 000 是进行套期保值后的净利得。

从例 13—9 可以看出，无论选择哪一种套期保值会计处理方法，对净利润的影响总额都一样。不同的是，在现金流量套期情况下，对净利润的影响为远期合约贴水（升水）在该年度的摊销；而在公允价值套期情况下，企业只有到资产负债表日（报告日）才知套期对净利润的影响，即套期工具公允价值变动损益抵销被套期项目公允价值变动损益。

由于公允价值套期对净利润的影响不可预计，且波动很大，因此更多企业倾向于选择现金流量套期。

（二）运用外币期权（套期工具）对外币资产或负债（被套期项目）进行套期保值

例 13—10

相对于远期合约，牡泰公司也可以通过购买外币期权来规避风险。购买认沽期权（或称卖出期权、看跌期权），能够给予牡泰公司权利而非义务，其权利是：在约定日 2016 年 3 月 1 日，根据预先确定的行权价格，卖出＄1 000 000。假定 2015 年 12 月 1 日，牡泰公司与银行进行场外交易，购买外币期权，根据当日的汇率（＄1＝￥6.32）确定外币期权的行权价格为＄1＝￥6.32。同时，期权费用为＄1＝￥0.009（用布莱克—斯科尔斯模型计算确定），即＄1 000 000×￥0.009＝￥9 000。

由于行权价格等于 2015 年 12 月 1 日即期汇率，因此 2015 年 12 月 1 日期权不存在内在价值，期权的公允价值完全由期权的时间价值决定。如果美元贬值，即汇率低于￥6.32，假设为￥6.30，此时牡泰公司会选择行权。因为相对于市场汇率而言，期权约定的汇率能换取更多的人民币。相反，如果美元升值，行权意味着亏损，那么牡泰公司会放弃行权，而在市场上以更好的价格卖出美元换取人民币。综合而言，这份期权的好处在于：保证了最低的现金流，即￥6 311 000（＝￥6 320 000－￥9 000），但没有上限，美元升值越多收益越多。相关汇率和期权费用变动见表 13—11，外汇期权的公允价值、时间价值、内在价值的组成见表 13—12。

表 13—11　　相关汇率和期权费用

		应收账款（美元）		2016 年 3 月 1 日期权费用	外币期权	
日期	即期汇率	人民币价值	价值变动		公允价值	价值变动
2015 年 12 月 1 日	￥6.32	￥6 320 000	—	￥0.009	￥9 000	0
2015 年 12 月 31 日	￥6.33	￥6 330 000	＋￥10 000	￥0.006	￥6 000	－￥3 000
2016 年 3 月 1 日	￥6.30	￥6 300 000	－￥30 000	￥0.020	￥20 000	＋￥14 000

表 13—12　　外汇期权的公允价值、时间价值、内在价值

日期	公允价值	内在价值	时间价值	公允价值变动
2015 年 12 月 1 日	￥9 000	0	￥9 000	0
2015 年 12 月 31 日	￥6 000	0	￥6 000	－￥3 000
2016 年 3 月 1 日	￥20 000	￥20 000	0	＋￥14 000

因为行权价格根据 2015 年 12 月 1 日的即期汇率而定，为＄1＝￥6.32，2015 年 12 月 1 日期权内在价值为 0，全部的公允价值都等于时间价值。2015 年 12 月 31 日即期汇率为＄1＝￥6.33，高于期权的行权价格，牡丹公司不会行权，所以 2015 年 12 月 31 日期权没有内在价值，全部的公允价值都等于时间价值。2016 年 3 月 1 日，为行权日，期权的时间价值为零，此时，期权的公允价值等于内在价值。即期汇率低于约定汇率，期权的内在价值为￥20 000。

1. 假设采用现金流量套期（套期的会计处理方法）

假设牡泰公司采用现金流量套期，相关的会计处理如下（单位为人民币元）：

(1) 2015 年 12 月 1 日，外币交易发生日。

a. 以即期汇率￥6.32 确认营业收入和应收账款，并指定该应收账款为被套期项目。

①借：应收账款（美元）	6 320 000	
贷：营业收入		6 320 000
②借：被套期项目——应收账款（美元）	6 320 000	
贷：应收账款（美元）		6 320 000

b. 根据公允价值确认购买期权的入账价值。

③借：套期工具——外币期权	9 000	
贷：银行存款		9 000

(2) 2015 年 12 月 31 日，资产负债表日（报告日）。

a. 根据即期汇率变动（从＄1＝￥6.32 变为＄1＝￥6.33）调整被套期项目——应收账款的公允价值，并确认为汇兑损益。

④借：被套期项目——应收账款（美元）	10 000	
贷：汇兑损益		10 000

b. 调整外币期权的公允价值（从￥9 000 变到￥6 000），并将公允价值的变动确认为其他综合收益。

⑤借：其他综合收益	3 000	
贷：套期工具——外币期权		3 000

c. 用外币期权的损失抵销被套期项目——应收账款的利得。

⑥借：套期损益——外币期权损失		10 000
贷：其他综合收益		10 000

d. 将期权时间价值变动从其他综合收益转入当期损益，确认为期权费用。

⑦借：期权费用		3 000
贷：其他综合收益		3 000

对 2015 年利润表影响如下：

营业收入		￥6 320 000
汇兑损益	￥10 000	
外币期权损失	￥（10 000）	
期权费用		￥（3 000）
对净利润影响		￥6 317 000

对 2015 年资产负债表影响如下：

资产		负债和所有者权益	
银行存款	￥（9 000）	留存收益	￥6 317 000
被套期项目——应收账款	￥6 330 000	其他综合收益	￥10 000
套期工具——外币期权	￥6 000		￥6 327 000
	￥6 327 000		

2016 年 3 月 1 日期权的公允价值增加了￥14 000（时间价值减少￥6 000，变为 0，同时内在价值增加￥20 000）。

(3) 2016 年 3 月 1 日结算日。

a. 根据新的即期汇率（从 $1=¥6.33 变为 $1=¥6.30）调整被套期项目——应收账款的价值，并确认为汇兑损益。

①借：汇兑损益	30 000	
贷：被套期项目——应收账款（美元）		30 000

b. 调整外币期权的公允价值（从¥6 000 变为¥20 000），并将公允价值的变动确认为其他综合收益。

②借：套期工具——外币期权	14 000	
贷：其他综合收益		14 000

c. 用外币期权的利得抵销被套期项目——应收账款的损失。

③借：其他综合收益	30 000	
贷：套期损益——外币期权利得		30 000

d. 将期权时间价值变动从其他综合收益转入当期损益，确认为期权费用。

④借：期权费用	6 000	
贷：其他综合收益		6 000

e. 结算日，将被套期项目——应收账款（美元）转回，并确认从美国客户收到的应收账款。

⑤借：应收账款（美元）	6 300 000	
贷：被套期项目——应收账款（美元）		6 300 000
⑥借：银行存款——美元	6 300 000	
贷：应收账款（美元）		6 300 000

f. 确认外币期权的到期清算，用 $1 000 000 换得¥6 320 000。

⑦借：银行存款	6 320 000	
贷：银行存款——美元		6 300 000
套期工具——外币期权		20 000

对 2016 年利润表影响如下：

汇兑损益	¥（30 000）
外币期权利得	¥30 000
期权费用	¥（6 000）
对净利润影响	¥（6 000）

对两年资产负债表的影响：

两个会计年度内，牡泰公司确认了¥6 320 000 的营业收入和累计期权费用¥9 000。对资产负债表的影响是：银行存款账户增加了¥6 311 000（即¥6 320 000－¥9 000），同时所有者权益增加了¥6 311 000（即¥6 317 000－¥6 000）。

购买期权的净利得是¥11 000，反映为套期损益——外币期权利得¥20 000（即¥30 000－¥10 000）与累计期权费用¥9 000（即¥3 000＋¥6 000）的差额。

2. 假设采用公允价值套期（套期的会计处理方法）

假设牡泰公司采用公允价值套期方法，相关的会计处理如下（单位为人民币元）：

(1) 2015 年 12 月 1 日，外币交易发生日。

a. 以即期汇率¥6.32 确认营业收入和应收账款，并指定该应收账款为被套期项目。

①借：应收账款（美元） 6 320 000
　　贷：营业收入 6 320 000
②借：被套期项目——应收账款（美元） 6 320 000
　　贷：应收账款（美元） 6 320 000

b. 根据公允价值确认购买期权的入账价值。

③借：套期工具——外币期权 9 000
　　贷：银行存款 9 000

（2）2015 年 12 月 31 日，资产负债表日（报告日）。

a. 根据即期汇率变动（从＄1=￥6.32 变为＄1=￥6.33）调整被套期项目——应收账款的公允价值。

④借：被套期项目——应收账款（美元） 10 000
　　贷：汇兑损益 10 000

b. 调整外币期权的公允价值（从￥9 000 变为￥6 000），并将公允价值的变动确认为套期损益。

⑤借：套期损益——外币期权损失 3 000
　　贷：套期工具——外币期权 3 000

对 2015 年利润表影响如下：

营业收入		￥6 320 000
汇兑损益	￥10 000	
外币期权损失	￥（3 000）	
净损益		￥7 000
对净利润影响		￥6 327 000

对 2015 年资产负债表影响如下：

资产		负债和所有者权益	
银行存款	￥（9 000）	留存收益	￥6 327 000
被套期项目——应收账款	￥6 330 000		
套期工具——外币期权	￥6 000		
	￥6 327 000		

（3）2016 年 3 月 1 日结算日。

a. 根据新的即期汇率（从＄1=￥6.33 变为＄1=￥6.30）调整被套期项目——应收账款的价值，并确认为汇兑损益。

①借：汇兑损益 30 000
　　贷：被套期项目——应收账款（美元） 30 000

b. 调整外币期权的公允价值（从￥6 000 变为￥20 000），并将公允价值的变动确认为套期损益。

②借：套期工具——外币期权 14 000
　　贷：套期损益——外币期权利得 14 000

c. 结算日，将被套期项目——应收账款（美元）转回，并确认从美国客户收到的应收账款。

③借：应收账款　　6 300 000

　　贷：被套期项目——应收账款（美元）　　6 300 000

④借：银行存款——美元　　6 300 000

　　贷：应收账款（美元）　　6 300 000

d. 确认外币期权的到期清算，用＄1 000 000 换得￥6 320 000。

⑤借：银行存款　　6 320 000

　　贷：银行存款——美元　　6 300 000

　　　　套期工具——外币期权　　20 000

对 2016 年利润表影响如下：

汇兑损益	￥（30 000）
外币期权利得	￥14 000
对净利润影响	￥（16 000）

对两年资产负债表影响：

在两个会计年度内，牡泰公司确认了营业收入￥6 320 000 和累计损失￥9 000（2015 年净利得￥7 000，2016 年净损失￥16 000）。对资产负债表的影响是：银行存款账户增加了￥6 311 000（即￥6 320 000－￥9 000），同时所有者权益增加了￥6 311 000（即￥6 327 000－￥16 000）。

购买期权的净利得是￥11 000，反映为套期损益——外币期权利得￥11 000（即￥（3 000）＋￥14 000，即 2015 年净损失￥3 000，2016 年净利得￥14 000）。

从例 13—10 可以看出，采用外币期权对该应收账款进行套期保值时，无论选择哪一种套期保值会计处理方法，对净利润的影响总额都一样。不同的是，在现金流量套期情况下，对净利润的影响为期权费用在该年度的摊销；而在公允价值套期情况下，对净利润的影响为被套期项目公允价值变动和套期工具公允价值变动之和。

3. 期权到期时的价外情况

上述例题讨论的都是价内的情况，如果 2016 年 3 月 1 日，美元升值，即期汇率比行权价格更高。那么公司不会行使期权，而在市场上以即期汇率卖出美元换得人民币，此时期权公允价值为 0。

在会计处理上，2015 年的分录跟上述例题一样，在 2015 年 12 月 31 日的资产负债表上套期工具——外币期权列示为资产￥6 000，被套期项目——应收账款账面价值为￥6 330 000。假定 2016 年 3 月 1 日即期汇率为＄1＝￥6.325，那么 2016 年 3 月 1 日，期权不会被执行，期权的内在价值为 0，时间价值也为 0，所以此时期权的公允价值为 0。相关的会计处理如下（假设采用公允价值套期）（单位为人民币元）：

2016 年 3 月 1 日结算日。

a. 根据新的即期汇率＄1＝￥6.325 调整应收账款的价值。

①借：汇兑损益　　5 000

　　贷：被套期项目——应收账款（美元）　　5 000

b. 调整外币期权的公允价值（从￥6 000 变为 0），并将公允价值的变动确认为套期损益。

②借：套期损益——外币期权损失　　6 000

　　贷：套期工具——外币期权　　6 000

c. 结算日，将被套期项目——应收账款（美元）转回，并确认从美国客户收到的应收账款。

③借：应收账款　　　　6 325 000
　　贷：被套期项目——应收账款（美元）　　　　6 325 000

④借：银行存款——美元　　　　6 325 000
　　贷：应收账款（美元）　　　　6 325 000

d. 确认以即期汇率＄1=￥6.325 卖出美元。

⑤借：银行存款　　　　6 325 000
　　贷：银行存款——美元　　　　6 325 000

对 2016 年利润表影响如下：

汇兑损益	￥（5 000）
外币期权损失	￥（6 000）
对净利润影响	￥（11 000）

二、外币承诺的套期保值

假设例 13—10 中牡泰公司在 2015 年 12 月 1 日收到并确认美国客户的订单，于 2016 年 3 月 1 日发货并即时收取货款。虽然公司不延期收款，但是公司签订的外币承诺同样会面临汇率风险。所以，公司希望对美元汇率风险进行套期保值。由于在这种情况下，公允价值套期更有典型性，因此本处介绍外币承诺的公允价值套期的会计处理。

外币承诺的公允价值套期会计处理有以下特点：

（1）套期工具的损益即时确认在净利润中；

（2）与被套期风险相对应的外币承诺的公允价值变动也确认在净利润中。

（一）运用远期合约（套期工具）对外币承诺（被套期项目）进行公允价值套期（套期方法）

例 13—11

为了规避美元贬值的风险，牡泰公司签订了一份远期合约进行套期保值。假设 2015 年 12 月 1 日三个月的远期合约的汇率是＄1=￥6.305，牡泰公司和平安银行签订了合约：三个月后公司以＄1 000 000 向银行换取￥6 305 000。公司决定用远期汇率计量外币承诺的公允价值，由此，外币承诺和远期合约的损益相互抵销。外币承诺和远期合约公允价值如表 13—13 所示。

表 13—13　　外币承诺和远期合约的公允价值

日期	2016 年 3 月 1 日远期汇率	远期合约		外币承诺	
		公允价值	价值变动	公允价值	价值变动
2015 年 12 月 1 日	￥6.305	0	0	0	0
2015 年 12 月 31 日	￥6.316	￥（10 783）*	￥10 783	￥10 783	+￥10 783
2016 年 3 月 1 日	￥6.30	￥5 000**	+￥15 783	￥（5 000）	−￥15 783

* ￥6 305 000—￥6 316 000=￥（11 000）×0 980 3=￥（10 783），其中 0.980 3 是年利率 12%两个月的折现系数。

** ￥6 305 000—￥6 300 000=￥5 000

2015 年 12 月 1 日牡泰公司没有支付任何款项就签订了远期合约，所以签订日的远期合约公允价值为 0。与应收账款不一样，对牡泰公司来说，美国客户承诺的订单不符合收入确认的原则，所以外币承诺不符合相关资产的入账条件，因此当日外币承诺的公允价值为 0。但是，其风险仍可通过套期保值进行规避。

在 2015 年 12 月 31 日，2016 年 3 月 1 日的远期汇率是＄1＝￥6.316，如果此时订立远期合约，那么＄1 000 000 能换得￥6 316 000。但由于公司已经以＄1＝￥6.305 订立合约，远期合约名义价值为￥（11 000）（即￥6 305 000－￥6 316 000），这￥（11 000）在该日的现值为￥（10 783）（即￥（11 000）×0.980 3，其中 0.980 3 是年利率 12%两个月的折现系数），因此，2015 年 12 月 31 日远期合约的公允价值为￥（10 783），这是一项负债。同时，外币承诺的公允价值是通过远期汇率计量的，所以外币承诺和远期合约公允价值数额相等、方向相反，即此时外币承诺的公允价值为￥10 783，应确认为一项资产。

2016 年 3 月 1 日，如果根据即期汇率＄1＝￥6.30 售出美元换人民币，那么＄1 000 000 能换得￥6 300 000，由于签订合约的汇率是＄1＝￥6.305，因此，在 2016 年 3 月 1 日，牡泰公司实际从平安银行能换得￥6 305 000，合约的公允价值为￥5 000（即￥6 305 000－￥6 300 000）。由于 2015 年 12 月 31 日，远期合约的公允价值为￥（10 783），因此从 2015 年 12 月 31 日到 2016 年 3 月 1 日，远期合约的公允价值增长了￥15 783。同时，外币承诺的公允价值是通过远期汇率计量的，所以外币承诺和远期合约公允价值数额相等、方向相反，即此时外币承诺的公允价值应为￥（5 000），为一项负债。

相关会计处理如下（单位为人民币元）：

（1）2015 年 12 月 1 日，交易发生日。

①没有分录，做备忘记录即可。

（2）2015 年 12 月 31 日，资产负债表日（报告日）。

1）调整套期工具——远期合约的公允价值（从 0 变为￥（10 783）），并将公允价值的变动确认为套期损益。

②借：套期损益——远期合约损失	10 783	
贷：套期工具——远期合约		10 783

（2）调整被套期项目外币承诺的公允价值（从 0 增加到￥10 783），并将公允价值的变动确认为套期损益。

③借：被套期项目——外币承诺	10 783	
贷：套期损益——外币承诺利得		10 783

由此可见，套期工具——远期合约的损失与被套期项目——外币承诺的利得相互抵销，对 2015 年利润表净利润没有影响。同时，在资产负债表上，被套期项目——外币承诺和套期工具——远期合约分别确认为资产和负债。

（3）2016 年 3 月 1 日结算日，牡泰公司收到美国客户＄1 000 000 并清算远期合约。

（1）调整套期工具——远期合约的公允价值（从￥（10 783）变为￥5 000），并将公允价值的变动确认为套期损益。

①借：套期工具——远期合约	15 783	
贷：套期损益——远期合约利得		15 783

（2）调整被套期项目——外币承诺的公允价值（从￥10 783 变为￥（5 000）），并

将公允价值的变动确认为套期损益。

②借：套期损益——外币承诺损失　　15 783

　　贷：被套期项目——外币承诺　　15 783

（3）确认从美国客户收到的应收账款。

③借：银行存款——美元　　6 300 000

　　贷：营业收入　　6 300 000

（4）确认远期合约的到期清算，用＄1 000 000 换得￥6 305 000。

④借：银行存款　　6 305 000

　　贷：银行存款——美元　　6 300 000

　　　　套期工具——远期合约　　5 000

（5）结转“被套期项目——外币承诺”账户的余额。

⑤借：被套期项目——外币承诺　　5 000

　　贷：本年利润　　5 000

同样，套期工具——远期合约的利得与被套期项目——外币承诺的损失相互抵销。由此，2016 年净利润增加￥6 305 000 等同于银行存款的收入。远期合约的净利得为￥5 000（即￥(10 783)＋￥15 783），即 2015 年净损失￥（10 783），2016 年净利得￥15 783。

（二）运用外币期权（套期工具）对外币承诺（被套期项目）进行公允价值套期（套期方法）

例 13—12

相对于远期合约，牡泰公司同样可以通过购买外币期权来规避风险。购买卖出（看跌）期权，能够给予牡泰公司权利而非义务，其权利是：在约定日 2016 年 3 月 1 日，根据预先确定的行权价格，卖出＄1 000 000。假定 2015 年 12 月 1 日，牡泰公司与银行进行场外交易，购买外币期权，确定行权价格为＄1＝￥6.32。同时，期权费用为＄1＝￥0.009，即＄1 000 000×￥0.009＝￥9 000。牡泰公司卖出期权的好处在于：保证了最低的现金流，即￥6 311 000（￥6 320 000－￥9 000）。

公司决定根据即期汇率计量外币承诺的公允价值，同时必须折现。外币承诺和远期合约公允价值如表 13—14、表 13—15 所示。

表 13—14　外币期权的公允价值、时间价值、内在价值

日期	公允价值	内在价值	时间价值	公允价值变动
2015 年 12 月 1 日	￥9 000	0	￥9 000	0
2015 年 12 月 31 日	￥6 000	0	￥6 000	－￥3 000
2016 年 3 月 1 日	￥20 000	￥20 000	0	＋￥14 000

表 13—15　外币承诺和远期合约的公允价值

日期	2016 年 3 月 1 日期权费用	外币期权		即期汇率	外币承诺	
		公允价值	价值变动		公允价值	价值变动
2015 年 12 月 1 日	￥0.009	￥9 000	0	￥6.32	0	0
2015 年 12 月 31 日	￥0.006	￥6 000	－￥3 000	￥6.33	￥9 803*	＋￥9 803
2016 年 3 月 1 日	￥0.020	￥20 000	＋￥14 000	￥6.30	￥(20 000)**	－￥29 803

* ￥6 330 000－￥6 320 000＝￥10 000×0.980 3＝￥9 803，其中 0.980 3 是年利率 12%两个月的折现系数。

** ￥6 300 000－￥6 320 000＝￥（20 000）

2015 年 12 月 1 日牡泰公司支付￥9 000 购买了外币期权，所以当日外币期权的公允价值为￥9 000。与应收账款不一样，对牡泰公司来说，美国客户承诺的订单不符合收入确认的原则，所以外币承诺不符合相关资产的入账条件，因此当日外币承诺的公允价值为 0。但是，其风险仍可通过套期保值进行规避。

2015 年 12 月 31 日即期汇率为＄1＝￥6.33，高于期权的行权价格，牡丹公司不会行权，所以 2015 年 12 月 31 日期权没有内在价值，全部的公允价值都等于时间价值，即为￥6 000。

由于被套期项目——外币承诺是在 2016 年 3 月 1 日被履行的，因此 2015 年 12 月 31 日，被套期项目——外币承诺的名义价值等于￥10 000（即￥6 330 000－￥6 320 000），即根据即期汇率计算的现金流增加值。这￥10 000 在该日的现值为￥9 803（即￥10 000×0.980 3，其中 0.980 3 是年利率 12%两个月的折现系数），所以 2015 年 12 月 31 日被套期项目——外币承诺的公允价值为￥9 803。

2016 年 3 月 1 日为行权日，期权的时间价值为 0，此时，期权的公允价值等于内在价值，内在价值等于期权履约价格（￥6 320 000）减去标的市价（￥6 300 000），即为￥20 000。此时，被套期项目——外币承诺的公允价值即为根据即期汇率计算的现金流的增加值￥（20 000）（即￥6 300 000－￥6 320 000）。由于 2015 年 12 月 31 日被套期项目——外币承诺的公允价值为￥9 803，因此 2016 年 3 月 1 日，被套期项目——外币承诺的公允价值变动为￥（29 803）。

相关会计处理如下（单位为人民币元）：

（1）2015 年 12 月 1 日，外币交易发生日，根据公允价值确认购买期权的入账价值。

①借：套期工具——外币期权	9 000	
贷：银行存款		9 000

（2）2015 年 12 月 31 日，资产负债表日（报告日）。

1）根据即期汇率变动调整被套期项目——外币承诺的公允价值，公允价值的变动确认为套期损益。

②借：被套期项目——外币承诺	9 803	
贷：套期损益——外币承诺收益		9 803

2）调整套期工具——外币期权的公允价值，公允价值的变动确认为套期损益。

③借：套期损益——外币期权损失	3 000	
贷：外币期权		3 000

对 2015 年利润表影响如下：

外币承诺利得	￥9 803
外币期权损失	￥（3 000）
对净利润影响	￥6 803

对 2015 年资产负债表影响如下：

资产		负债和所有者权益	
银行存款	￥（9 000）	留存收益	￥6 803
套期工具——外币期权	￥6 000		
被套期项目——外币承诺	￥9 803		
	￥6 803		

(3) 2016 年 3 月 1 日结算日，牡泰公司收到美国客户 $1 000 000，并清算外币期权。

1) 调整套期工具——外币期权的公允价值，公允价值的变动确认为套期损益。

①借：套期工具——外币期权	14 000	
贷：套期损益——外币期权利得		14 000

2) 调整被套期项目——外币承诺的公允价值，公允价值的变动确认为套期损益。

②借：套期损益——外币承诺损失	29 803	
贷：被套期项目——外币承诺		29 803

3) 确认从美国客户收到应收账款。

③借：银行存款——美元	6 300 000	
贷：营业收入		6 300 000

4) 确认外币期权的到期清算，用 $1 000 000 换得￥6 320 000。

④借：银行存款	6 320 000	
贷：银行存款——美元		6 300 000
外币期权		20 000

5) 结转“被套期项目——外币承诺”账户的余额。

⑤借：被套期项目——外币承诺	20 000	
贷：本年利润		20 000

对 2016 年利润表影响如下：

营业收入		￥6 300 000
外币承诺损失	￥(29 803)	
外币期权利得	￥14 000	
净利润调整	￥20 000	
对净利润影响		￥6 304 197

对两年资产负债表影响：

在两个会计年度内，净收入增加了￥6 311 000（即￥6 803＋￥6 304 197），恰好与现金流的变动（￥6 320 000－￥9 000）相等。购买期权的净利得是￥11 000，反映为套期损益——外币期权利得￥11 000（即￥(3 000)＋￥14 000，即 2015 年净损失￥3 000，2016 年净利得￥14 000）。

三、外币标价的预期交易的套期保值

对于外币标价的预期交易，也会面临风险敞口，需要进行套期保值。为了使套期保值有效，必须保证外币标价的预期交易很有可能发生，同时套期工具必须能有效规避由汇率风险引起的现金流波动。对于预期交易的套期保值，一般采用现金流套期方法。

外币标价预期交易的套期保值与外币承诺的套期保值有以下两点不同：

(1) 不确认预期交易以及预期交易的损益；

(2) 套期工具公允价值的变动确认为其他综合收益，当预期交易实现时，才从其他综合收益转到净利润。

(一)运用远期合约(套期工具)对预期交易(被套期项目)进行现金流量套期(套期方法)

例 13—13

牡泰公司与美国客户有长期的合作关系和信用基础,有把握预期美国客户会于 2016 年 3 月 1 日要求送货,$1 000 000 的交易会发生。公司估计 2016 年 3 月 1 日很有可能会收到$1 000 000 货款,于是牡泰公司于 2015 年 12 月 1 日订立远期合约,约定:2016 年 3 月 1 日用$1 000 000 换取¥6 305 000。2015 年 12 月 1 日即期汇率为¥6.32,所以该远期合约的贴水为¥15 000((¥6.32－¥6.305)×1 000 000)。与外币承诺不同的是,此时公司并没有收到美国客户的订单,而是到 2016 年 2 月才收到。远期汇率和远期合约价值变动见表 13—16。

表 13—16 远期汇率和远期合约的公允价值

日期	2016 年 3 月 1 日远期汇率	远期合约	
		公允价值	公允价值变动
2015 年 12 月 1 日	¥6.305	0	0
2015 年 12 月 31 日	¥6.316	¥(10 783)*	－¥10 783
2016 年 3 月 1 日	¥6.30	¥5 000**	＋¥15 783

* ¥6 305 000－¥6 316 000＝¥(11 000)×0.980 3＝¥(10 783),其中 0.980 3 是年利率 12%两个月的折现系数。

** ¥6 305 000－¥6 300 000＝¥5 000

相关会计处理如下(单位为人民币元):

(1)2015 年 12 月 1 日,外币交易发生日。

①没有分录,做备忘记录即可。

(2)2015 年 12 月 31 日,资产负债表日(报告日)。

1)根据远期合约的公允价值确认负债。

②借:其他综合收益　　10 783
　　贷:套期工具——远期合约　　10 783

2)运用直线法将远期合约的贴水费用在合约期摊销,¥15 000×1/3＝¥5 000。

③借:贴水摊销费用　　5 000
　　贷:其他综合收益　　5 000

对 2015 年资产负债表影响如下:

资产	负债和所有者权益	
没有影响	套期工具——远期合约	¥10 783
	留存收益	¥(5 000)
	其他综合收益	¥(5 783)
		0

(3)2016 年 3 月 1 日,假设交易实现,牡泰公司收到美国客户$1 000 000,并清算远期合约。

1)调整套期工具——远期合约的公允价值,并将公允价值的变动确认为其他综合收益。

①借：套期工具——远期合约　　15 783
　　贷：其他综合收益　　15 783

2）采用直线法摊销远期合约贴水，￥15 000×2/3=￥10 000。

②借：贴水摊销费用　　10 000
　　贷：其他综合收益　　10 000

3）确认从美国客户收到货款＄1 000 000。

③借：银行存款——美元　　6 300 000
　　贷：营业收入　　6 300 000

4）确认远期合约的到期清算，用＄1 000 000 换得￥6 305 000。

④借：银行存款　　6 305 000
　　贷：银行存款——美元　　6 300 000
　　　　套期工具——远期合约　　5 000

5）将套期工具——远期合约公允价值变动确认为其他综合收益的部分转到本年利润中。

⑤借：其他综合收益　　20 000
　　贷：本年利润　　20 000

对 2016 年利润表影响如下：

营业收入		￥6 300 000
净利润调整	￥20 000	
贴水摊销费用	￥（10 000）	
对净利润影响		￥6 310 000

在两个会计年度内，对净利润的累积影响是￥6 305 000（即￥6 310 000－￥5 000），恰好与销售所得的净现金流流入额相等。

（二）运用外币期权（套期工具）对预期交易（被套期项目）进行现金流量套期（套期方法）

例 13—14

假定牡泰公司现在决定运用外币期权对预期交易进行现金流量套期，于 2015 年 12 月 1 日购买了外币期权。期权到期日是 2016 年 3 月 1 日，行权价格为￥6.32；同时，期权费用为￥0.009。期权公允价值见表 13—17。

表 13—17　　期权的公允价值

日期	2016 年 3 月 1 日期权费用	外币期权				
		公允价值	价值变动	内在价值	时间价值	价值变动
2015 年 12 月 1 日	￥0.009	￥9 000	0	0	￥9 000	0
2015 年 12 月 31 日	￥0.006	￥6 000	－￥3 000	0	￥6 000	+￥3 000
2016 年 3 月 1 日	￥0.020	￥20 000	+￥14 000	￥20 000	0	－￥6 000

相关会计处理如下（单位为人民币元）：

（1）2015 年 12 月 1 日，外币交易发生日，根据公允价值确认购买期权的入账价值。

①借：套期工具——外币期权　　9 000
　　贷：银行存款　　9 000

（2）2015 年 12 月 31 日，资产负债表日（报告日）。

a. 调整套期工具——外币期权的公允价值（从¥9 000 变为¥6 000），公允价值的变动确认为其他综合收益。

②借：其他综合收益　　3 000
　　贷：套期工具——外币期权　　3 000

b. 将期权时间价值变动从其他综合收益转入当期损益，确认为期权费用。

③借：期权费用　　3 000
　　贷：其他综合收益　　3 000

对 2015 年利润表影响如下：

期权费用	¥（3 000）
对净利润影响	¥（3 000）

对 2015 年资产负债表影响如下：

资产		负债和所有者权益	
银行存款	¥（9 000）	留存收益	¥（3 000）
套期工具——外币期权	¥6 000		
	¥（3 000）		

套期工具——外币期权作为资产被确认在 2015 年 12 月 31 日的资产负债表上，账面价值为¥6 000。同时，银行存款减少¥9 000，资产余额为¥（3 000）。因为期权费用的确认，留存收益减少¥3 000。

（3）2016 年 3 月 1 日结算日，假设交易实现，牡泰公司收到美国客户 $1 000 000，并清算外币期权。

1）调整套期工具——外币期权的公允价值（从¥6 000 变为¥20 000），公允价值的变动确认为其他综合收益。

①借：套期工具——外币期权　　14 000
　　贷：其他综合收益　　14 000

2）将期权时间价值变动从其他综合收益转入当期损益，确认为期权费用。

②借：期权费用　　6 000
　　贷：其他综合收益　　6 000

3）确认从美国客户收到应收账款。

③借：银行存款——美元　　6 300 000
　　贷：营业收入　　6 300 000

4）确认外币期权的到期清算，用 $1 000 000 换得¥6 320 000。

④借：银行存款　　6 320 000
　　贷：银行存款——美元　　6 300 000
　　　　套期工具——外币期权　　20 000

5）将套期工具——外币期权公允价值变动确认为其他综合收益的部分转到本年利润中。

⑤借：其他综合收益　　20 000

　贷：本年利润　　20 000

对 2016 年利润表影响如下：

营业收入		￥6 300 000
净利润调整	￥20 000	
期权费用	￥（6 000）	
对净利润影响		￥6 314 000

两个会计年度内，净利润增加￥6 311 000（即￥6 311 000－￥3 000），恰好与销售所得净现金流入（￥6 320 000－￥9 000）相等。

第四节　利率互换的套期保值会计

本节将通过利率互换（套期工具）的套期保值来说明公允价值套期与现金流量套期的会计处理方法的不同。

一、现金流量套期

运用利率互换（套期工具）对浮动利率的长期借款（被套期项目）进行套期保值。

例 13—15

假设 2016 年 1 月 1 日牡丹公司向平安银行借款 100 000 元。该借款的期限为 3 年，每年付息并且借款利率为浮动利率。第 1 年的初始利率为 8%。以后各年借款利率为上年年末的银行间拆放利率加上 2%，也就是用 2016 年 12 月 31 日的银行间拆放利率来确定 2017 年的利率，用 2017 年 12 月 31 日的银行间拆放利率来确定 2018 年的利率。

牡丹公司为了规避利率浮动的风险，决定对这一风险进行套期保值。2016 年 1 月 1 日，牡丹公司与徽州公司签订了一个为期 2 年的付息固定、收息浮动的利率互换合约。合约规定：互换合约金额为 100 000 元，牡丹公司按 8%的年利率付息给徽州公司，并按银行间拆放利率加上 2%的利率从徽州公司收取利息，双方以净额结算利息支付，即牡丹公司或徽州公司将根据浮动利率与 8%的固定利率之间的差额支付差价给对方，由谁支付差价取决于利率的高低。2016 年 1 月 1 日，银行间拆放利率为 6%。

例如，假设 2016 年 12 月 31 日的银行间拆放利率为 5%，所以，2017 年的利率为 7%（银行间拆放利率加上 2%）。2017 年 12 月 31 日，徽州公司按浮动利率 7%支付利息给牡丹公司，同时，牡丹公司按固定利率 8%支付利息给徽州公司，牡丹公司付给徽州公司的利息高于从徽州公司收到的利息，根据净额结算的方法，牡丹公司支付给徽州公司的利息为 1 000 元（100 000×（8%－7%））。此外，2017 年 12 月 31 日，牡丹公司需按浮动利率 7%支付利息给平安银行，所以牡丹公司最终支付 8%的利息，其中支付 1%的利息给徽州公司、支付 7%的利息给平安银行。

假设 2017 年 12 月 31 日的银行间拆放利率为 7.5%，所以，2018 年的利率为 9.5%（银行间拆放利率加上 2%）。2018 年 12 月 31 日，徽州公司按浮动利率 9.5%支付利息给牡丹公司，同时，牡丹公司按固定利率8%支付利息给徽州公司，牡丹公司付给徽州公司的利息低于从徽州公司收到的利息，根据净额结算的方法，牡丹公司从徽州公司收到的利息为1 500元（100 000×（9.5%−8%））。此外，2018年12月31日，牡丹公司需按浮动利率9.5%支付利息给平安银行，所以牡丹公司最终支付8%的利息，其中从徽州公司收到1.5%的利息、支付9.5%的利息给平安银行。这个例子说明了牡丹公司能够通过与徽州公司之间的利率互换合约来抵销与长期借款相关的现金流量（支付给平安银行的利息）的变动，所以牡丹公司将这一合约认定为现金流量套期合约。这一利率互换合约的套期保值可以用图13—6表示。

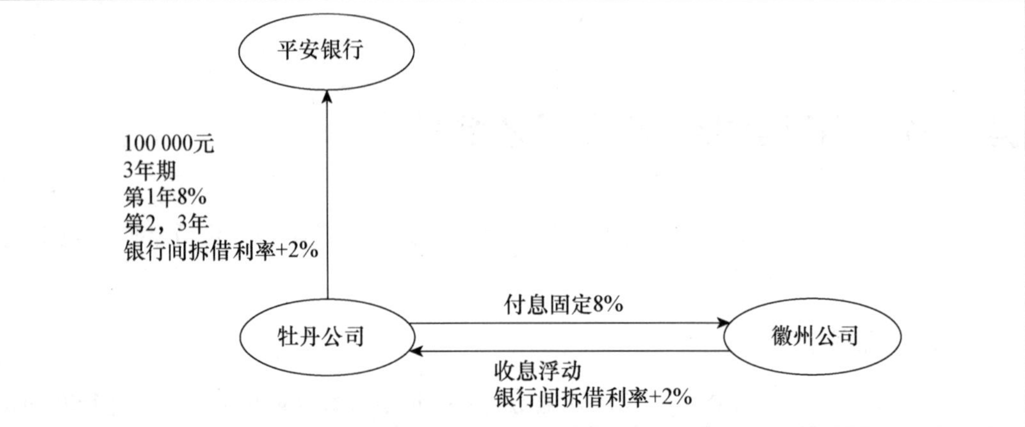

图13—6 付息固定、收息浮动的利率互换合约

为了在其账上确定2016年12月31日该利率互换合约的公允价值，牡丹公司必须估计未来的银行间拆放利率，从而估计与该套期保值有关的未来现金收入和支出。

2016年12月31日银行间拆放利率为5%。这意味着2017年12月31日牡丹公司支付给平安银行的利息将是7 000元（7%×100 000）。根据利率互换合约，牡丹公司预计一年后需要支付1 000元给徽州公司。为了衡量该利率互换合约的公允价值，牡丹公司将对2018年12月31日的支付做出估计。根据当日银行间拆放利率，牡丹公司预计2017年12月31日银行间拆放利率为5%，即预计2018年12月31日其仍需支付1 000元。

2016年12月31日利率互换合约的公允价值可以计算如下：

2017年12月31日将要支付给徽州公司的利息在2016年12月31日的现值为：

$$1\,000/(1+7\%)=935(\text{元})$$

预计2018年12月31日将支付给徽州公司的利息在2016年12月31日的现值为：

$$1\,000/(1+7\%)^2=873(\text{元})$$

2016年12月31日该利率互换合约总的估计价值为：

$$935+873=1\,808(\text{元})$$

由于牡丹公司预计将要支付这笔款项，因此该利率互换合约被确认为一项负债。

2017年12月31日银行间拆放利率为7.5%，根据利率互换合约，2018年12月31日，徽州公司将要支付差价给牡丹公司，该差价为1 500元（100 000×(9.5%−8%)）。牡丹公司将在一年后收到这笔款项，因此，2017年12月31日该利率互换合约资产的公允价值为 1 370 元（1 500÷(1+9.5%)）。由于牡丹公司预计将要收到这笔款项，此时，该利率互换合约被确认为一项资产。

由于这一套期保值是用利率互换合约来抵销与长期借款相关的现金流量的变动，因此牡丹公司将其认定为现金流量套期。这一套期保值是有效的，因为利率互换合约的条款与长期借款的利率支付条款是匹配的。二者的名义金额都是 100 000 元，期限也完全相同，并且该套期保值的初始公允价值为 0（套期保值开始日即 2016 年 1 月 1 日，8%固定利率与银行间拆放利率（6%）+2%相等）。根据现金流量套期的会计处理方法，每年年末，利率互换合约都要调整至公允价值，并且其公允价值的变动计入其他综合收益。

根据现金流量套期会计，牡丹公司相关的会计处理如下：

(1) 2016 年 1 月 1 日，收到从平安银行的长期借款，并指定该长期借款为被套期项目。

借：银行存款	100 000	
贷：长期借款		100 000
借：长期借款	100 000	
贷：被套期项目——长期借款		100 000

(2) 2016 年 12 月 31 日。

1) 向平安银行支付利息。

借：利息费用	8 000	
贷：银行存款		8 000

2) 将利率互换合约调整至 2016 年 12 月 31 日公允价值：2016 年 12 月 31 日，利率互换合约的公允价值为 1 808 元，对于牡丹公司是应付项，将其确认为负债。

借：其他综合收益	1 808	
贷：套期工具——利率互换		1 808

(3) 2017 年 12 月 31 日。

1) 2016 年 12 月 31 日银行间拆放利率为 5%，所以 2017 年浮动利率为 7%（5%+2%），年末牡丹公司应向平安银行支付的利息为 100 000×(5%+2%)=7 000 元。

借：利息费用	7 000	
贷：银行存款		7 000

2) 净额结算利率互换合约，支付给徽州公司的利息。

借：利息费用	1 000	
贷：银行存款		1 000

3) 将利率互换合约调整至 2017 年 12 月 31 日公允价值：2017 年 12 月 31 日，利率互换合约的公允价值为 1 370 元，对牡丹公司是应收项，应确认为资产，之前确认的合约为负债，应加以抵销，所以这笔分录应贷记“其他综合收益”3 178 元（1 808+1 370）。

借：套期工具——利率互换	3 178	
贷：其他综合收益		3 178

(4) 2018 年 12 月 31 日。

1) 2017 年 12 月 31 日银行间拆放利率为 7.5%，所以 2018 年浮动利率为 9.5%（7.5%+2%），年末牡丹公司应向平安银行支付的利息为 100 000×(7.5%+2%)=

9 500 元。

借：利息费用　　9 500

　　贷：银行存款　　9 500

2）净额结算利率互换合约，从徽州公司收取的利息。

借：银行存款　　1 500

　　贷：利息费用　　1 500

3）2018 年 12 月 31 日，利率互换合约到期，合约的公允价值为 0，此时，其他综合收益账户余额也为 0。

借：其他综合收益　　1 370

　　贷：套期工具——利率互换　　1 370

4）向平安银行偿还长期借款本金。

借：被套期项目——长期借款　　100 000

　　贷：长期借款　　100 000

借：长期借款　　100 000

　　贷：银行存款　　100 000

二、公允价值套期

运用利率互换（套期工具）对固定利率的长期借款（被套期项目）进行套期保值。

例 13—16

与例 13—15 不同，现在假设牡丹公司 2016 年 1 月 1 日以固定利率 8%借入 3 年期、金额为 100 000 元的借款。当日，牡丹公司与徽州公司签订了一个付息浮动、收息固定的利率互换合约。合约规定：互换合约金额为 100 000 元，牡丹公司按浮动利率，即按银行间拆放利率加上 2%的利率，付息给徽州公司，并按固定利率 8%从徽州公司收取利息，其他条件与例 13—15 相同。这一利率互换合约的套期保值可以用图 13—7 表示。

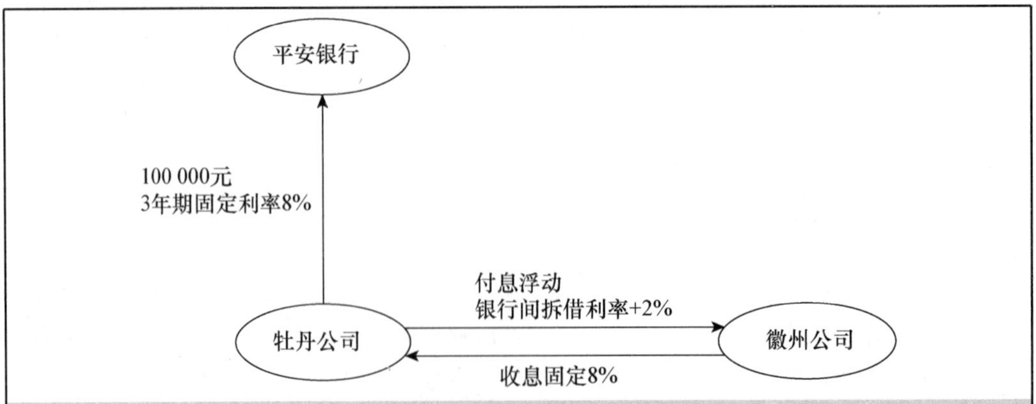

图 13—7　付息浮动、收息固定的利率互换合约

牡丹公司把该合约认定为一个公允价值套期合约。因为该固定利率借款合约的公允价值随着市场利率的变化而波动，而套期保值用于抵销利率变化对合约价值的影响。

在这种情况下，每年年末借款合约和利率互换合约都需要调整至公允价值。负债在年末以公允价值进行计量与中级会计学中的公认会计原则并不一致。通常，债券或者借款以公允价值进行初始计量，而在其整个存续期间的以后年度，利息费用的计算则基于借款日的实际市场利率。因此，虽然溢价或折价的摊销可能会影响到借款的账面价值，但最终的账面价值是以最初的市场利率计算的现金流量的现值，而不是以每年年末的实际市场利率计算的。

在本例中，该项负债在其存续期间的账面价值需要根据市场利率的变化进行调整。

根据公允价值套期会计，牡丹公司相关的会计处理如下：

(1) 2016 年 1 月 1 日，收到从平安银行的长期借款，并指定该长期借款为被套期项目。

借：银行存款　　100 000

　　贷：长期借款　　100 000

借：长期借款　　100 000

　　贷：被套期项目——长期借款　　100 000

(2) 2016 年 12 月 31 日。

1) 向平安银行支付利息。

借：利息费用　　8 000

　　贷：银行存款　　8 000

2) 将利率互换合约调整至 2016 年 12 月 31 日公允价值：2016 年 12 月 31 日，利率互换合约的公允价值为 1 808 元，对于牡丹公司是应收项，将其确认为资产。同时根据市场利率调整长期借款的公允价值：因为 2016 年 12 月 31 日利率互换合约的市场利率为 7% (5%+2%)，低于 8% 的固定利率，所以该借款的公允价值上升了，此时，该借款的公允价值为 100 000+1 808=101 808 元，这与债券溢价出售类似。

借：套期工具——利率互换　　1 808

　　贷：被套期项目——长期借款　　1 808

(3) 2017 年 12 月 31 日。

1) 向平安银行支付利息。

借：利息费用　　8 000

　　贷：银行存款　　8 000

2) 净额结算利率互换合约，从徽州公司收取利息：2016 年 12 月 31 日银行间拆放利率为 5%，所以 2017 年浮动利率为 7% (5%+2%)，2017 年年末牡丹公司应向徽州公司收取的利息为 100 000×(8%−(5%+2%))=1 000 元。

借：银行存款　　1 000

　　贷：利息费用　　1 000

3) 将利率互换合约调整至 2017 年 12 月 31 日公允价值：2017 年 12 月 31 日，利率互换合约的公允价值为 1 370 元，对牡丹公司是应付项，应确认为负债，之前确认的合约为资产，应加以抵销。同时根据市场利率调整长期借款的公允价值：因为 2017 年 12 月 31 日，利率互换合约的市场利率为 9.5% (7.5%+2%)，高于 8% 的固定利率，所以该借款的公允价值下降了，此时，该借款的公允价值为 100 000−1 370=98 630 元，这与债券折价出售类似。

借：被套期工具项目——长期借款　　3 178

　　贷：套期工具——利率互换　　1 370

　　　　　　　——利率互换　　1 808

(4) 2018 年 12 月 31 日.

1) 向平安银行支付利息。

借：利息费用　　8 000

　　贷：银行存款　　8 000

2) 净额结算利率互换合约，向徽州公司支付利息：2017 年 12 月 31 日银行间拆放利率为 7.5%，所以 2018 年浮动利率为 9.5%（7.5%+2%），2018 年年末牡丹公司应向徽州公司支付的利息为 100 000×((7.5%+2%)−8%)=1 500 元。

借：利息费用　　1 500

　　贷：银行存款　　1 500

3) 2018 年，利率互换合约到期，合约的公允价值为 0，该借款的账面价值为 100 000 元，即将要清偿的金额。

借：套期工具——利率互换　　1 370

　　贷：被套期项目——长期借款　　1 370

4) 向平安银行偿还长期借款本金。

借：被套期项目——长期借款　　100 000

　　贷：长期借款　　100 000

借：长期借款　　100 000

　　贷：银行存款　　100 000

总结公允价值套期交易如表 13—18 所示。

表 13—18　　单位：元

日期	套期工具——利率互换 资产负债表 借方——资产；贷方——负债	被套期项目——长期借款 资产负债表	利息费用
2016 年 1 月 1 日		100 000	
2016 年 12 月 31 日	借：1 808	101 808（=100 000+1 808）	8 000
2017 年 12 月 31 日	贷：1 370	98 630（=101 808−3 178）	7 000
2018 年 12 月 31 日			9 500

思考题

1. 你理解的衍生金融工具的定义是什么？

2. 认购期权与认沽期权的定义有何不同？它们的价值是如何确定的？

3. 利率互换与货币交换在会计处理方法上会有所不同吗？你认为资本市场上为何会存在这两种金融产品？

4. 你对衍生金融工具的终止确认的条件是如何理解的？你认为衍生金融工具与金融工具终止确认的条件有区别吗？

5. 套期保值的概念是什么？一般把套期保值分为哪几类？

6. 在公允价值套期的会计处理中，资产负债表日套期工具及被套期项目如果发生公允价值变动，应如何处理？

7. 在套期保值的披露要求中，为什么要对现金流量套期做出特别的规定？你是否认为现金流量套期具有更大的风险？

8. 我国资本市场中最常见的套期保值交易有哪些？请举例说明。你认为套期保值在企业业务中有什么重要性？

9. 你认为对于确定承诺的远期外汇套期应该采用公允价值套期还是现金流量套期？哪一种方法更好？理由是什么？

练习题

1. 甲公司于20×5年1月1日与乙公司签订了不可取消的购买原料合同（确定承诺），合同规定甲公司于20×6年4月1日以单价4 200元/吨购买铁矿石1 000吨。铁矿石在20×5年4月1日的现时价格为4 180元/吨。甲公司同时签订了一个20×6年4月1日远期期货合同，远期合同中规定到20×6年4月1日以单价4 210元/吨的单价卖出1 000吨铁矿石。公司明确指定此合同作为上述确定承诺公允价值变动的套期工具。假设市场利率为6%。假设20×5年12月31日，铁矿石的即期市场价格为4 230元/吨，而到20×6年4月1日的远期合同的价值为4 253元，20×6年4月1日铁矿石的即期价格为4 263元/吨。

要求：请做出相关会计分录。（假设没有佣金及交易手续费。）

2. 甲公司为其在美国的分公司于20×5年12月31日的以美元表示的净投资额500 000美元进行套期保值。甲公司于20×5年10月1日与美国某银行签订为期3个月应付500 000美元的远期期汇合同，合同规定的美元兑人民币的汇率为＄1＝￥5.6。20×5年10月1日的汇率为＄1＝￥5.4，12月31日的汇率为＄1＝￥5.5。

要求：请做出相关会计分录。

3. 甲公司于20×8年2月1日向乙公司发行以自身普通股为标的的看跌期权。根据该期权合同，如果乙公司行权（行权价为98元），乙公司有权以每股98元的价格向甲公司出售甲公司普通股1 000股。期权将以现金净额结算。其他有关资料如下：

(1) 合同签订日	20×8年2月1日
(2) 行权日（欧式期权）	20×9年1月31日
(3) 20×8年2月1日每股市价	100元
(4) 20×8年12月31日每股市价	95元
(5) 20×9年1月31日每股市价	95元
(6) 20×9年1月31日应支付的固定行权价格	98元
(7) 20×8年2月1日行权价格的现值	95元
(8) 期权合同中的普通股数量	1 000股
(9) 20×8年2月1日期权的公允价值	5 000元
(10) 20×8年12月31日期权的公允价值	4 000元
(11) 20×9年1月31日期权的公允价值	3 000元

要求：请做出乙公司相关的会计分录。

4. 20×1年1月1日，牡华公司以每股50元的价格，从二级市场上购入紫田公司股票20 000股（占紫田公司有表决权股份的3%），且将其划分为可供出售金融资产。为规避该股票价格下降风险，牡华公司于20×1年12月31日支付期权费120 000元购入一项看跌期权。该期权的行权价格为每股65元，行权日期为20×3年12月31日。

牡华公司购入的紫田公司股票和卖出期权的公允价值 单位：元

	20×1年12月31日	20×2年12月31日	20×3年12月31日
MBI股票			
每股价格	65	60	57
总价	1 300 000	1 200 000	1 140 000
卖出期权			
时间价值	120 000	700 000	0
内在价值	0	100 000	160 000
总价	120 000	170 000	160 000

牡华公司将该卖出期权指定为对可供出售金融资产（对紫田公司股票投资）的套期工具，在进行套期有效性评价时将期权的时间价值排除在外，即不考虑期权的时间价值变化。假定牡华公司于20×3年12月31日行使了卖出期权，同时不考虑税费等其他因素的影响。

要求：请分析牡华公司套期有效性并针对该套期保值做出相关会计处理。

5. 牡煌公司于20×5年1月1日以平价发行5年期、固定利率为7%、面值为10 000 000元的公司债券，每年6月30日及12月31日付息两次。牡煌公司于同日与某银行签订利率互换协议，协议金额同为10 000 000元，牡煌公司每期向该银行收固定利率7%，并付给该银行按期初的LIBOR的浮动利率，每年重订LIBOR一次。签约时LIBOR为6.8%。假设20×6年1月1日LIBOR为7.6%，而四年期（牡煌公司债券剩余期限）市场固定利率为8%，20×7年1月1日LIBOR为5.6%，三年期（牡煌公司债券剩余期限）市场固定利率为6%。

要求：请对牡煌公司该利率互换的套期保值做出相关的会计处理。

6. 大中公司产销食用植物油，预计20×5年10月31日需购进大豆1 000吨，公司为规避大豆价格上涨风险，于20×5年4月30日购买半年期购买大豆1 000吨的远期期货合同，半年期合同的价格为8 000元/吨，到期以现金净额交割。

到20×5年10月31日，大豆现货价格为8 300元/吨，大中公司结算大豆远期合同，并以市价购买大豆1 000吨。该批大豆所制造的食用植物油于20×6年的第一季度售出。

要求：根据以上材料做出相关的会计分录。

7. 牡兴公司为中国公司，资产和负债均以人民币计价。20×5年12月1日，牡兴公司向英国客户出售价值£1 000 000的商品，并且在三个月以后才能收到这笔款项。为了规避英镑贬值的风险，牡兴公司签订了一份远期合约对这笔以英镑计价的应收账款进行套期保值。

20×5年12月1日，三个月的远期合约的汇率是£1=￥10.305，牡兴公司和平安银行签订了合约：三个月后公司以£1 000 000向平安银行换取￥10 305 000。此时，关于该远期合约，牡兴公司没有支付任何款项。

相关汇率变动如下表所示。

相关汇率变动

日期	即期汇率	应收账款（英镑）		20×6年3月1日远期汇率
		人民币价值	价值变动	
20×5年12月1日	¥10.32	¥10 320 000	—	¥10.305
20×5年12月31日	¥10.33	¥10 330 000	+¥10 000	¥10.316
20×6年3月1日	¥10.30	¥10 300 000	−¥30 000	¥10.30

要求：

（1）根据以上资料计算该远期合约在20×5年12月1日、20×5年12月31日、20×6年3月1日的公允价值。

（2）如果该套期保值采用公允价值套期，请做出相关的会计分录。

（3）如果该套期保值采用现金流量套期，请做出相关的会计分录。

（4）比较公允价值套期和现金流量套期有什么不同。

第十四章

分部报告与中期报告

引例　中国平安信息披露完善

过去十几年，随着上市公司信息披露制度的完善，投资者可以获得上市公司越来越多的信息，逐步减少信息不对称，从而做出更有效的决策。

以中国平安（601318.SH，02318.HK）为例，当我们进入该公司官网，点击投资者关系，两个重要板块映入眼帘，一是重要公告；二是主要财务数据。在重要公告部分，主要列示上海证券交易所A股公告，包括2007年2月上交所A股上市以来的首次报告、定期报告和临时报告，其中定期报告不仅有年度报告，还列示了季报和半年报；而数量最多的是临时报告，各种重大事件都要及时列示。在主要财务数据部分，收集整理了2004年以来的年度主要财务数据及中期主要财务数据，主要财务数据是指四张合并报表、四张母公司报表，便于投资者快捷查看。

选取中国平安2013年年报，可以发现除了常规报表内容，在财务报表附注部分还有分部报告。通过业务分类（保险、银行、证券、信托及总部业务），对各业务分别列示营业收入、营业支出和净利润，以及分部资产和分部负债，便于投资者了解公司各业务的经营情况。

可见，现在上市公司的信息披露愈加到位，也更人性化，那么如何编制这些分部报告、中期报告呢？

希望通过本章的学习，各位读者能找到答案。

学习目标

- 了解我国上市公司的信息披露体系
- 掌握分部划分方法和了解分部报告的目的
- 掌握分部确定的标准和了解分部披露的内容
- 了解中期报告编制目的和理论基础
- 掌握中期报告披露的内容

第一节　我国上市公司的信息披露体系

一、信息披露的重要性及其基本原则

（一）信息披露的重要性

公开上市的公司，必须将其信息公开，这有助于投资者对投资的机会和风险进行评估，也利于社会经济资源的优化配置。作为上市公司，规范化的信息披露一方面可以使广大投资者及时了解公司的发展情况，对公司的经营状况和经营业绩做出正确的判断，以使投资者做出正确的投资决策；另一方面，也使上市公司的一举一动置于社会公众的监督之下，促使公司决策层优化公司行为，加强管理，提高效益。为此，各国法律都对证券发行中的信息披露做出了规定。

（二）信息披露的基本原则

我国的《证券法》、《公司法》、《上市公司证券发行管理办法》、《上市公司信息披露管理办法》等法律法规，对证券发行和交易中的信息披露做出了详细的规定。根据上海证券交易所《股票上市规则》的要求，上市公司应当及时地披露所有对上市公司股票价格可能产生重大影响的信息，并且确保信息披露的内容真实、准确、完整而没有虚假、严重误导性的陈述或重大遗漏。一般来讲，信息披露的基本原则主要有：

1. 真实性原则

真实性是指公司所披露的信息资料必须真实可靠，与客观实际相符，能够反映客观情况，不得有任何虚假成分。

2. 及时性原则

及时性是指公司披露的信息的时效性。所有对证券交易行为及其价格有重大影响的消息，应及时公开，使所有证券持有人均受到公平的对待，在同一时间获得相同的信息，确保其获取的信息始终是最新的。

3. 完整性原则

完整性是指公司对所有可能影响投资者做出投资决策的信息都必须披露，不得故意隐瞒或有重大遗漏。

4. 准确性原则

准确性是指公司所披露的财务资料和数据的计算公式、依据应统一，不得随意改动，资料和数据必须准确，在内容的表述上应通俗易懂、不得故弄玄虚或词句晦涩或词义不详，引起歧义。

二、我国证券市场信息披露的形式

经过 20 多年的证券市场的发展，我国证券市场信息披露的体系已经基本形成，从法律规定上看，包括《证券法》、证券市场立法的实施细则、信息披露的内容格式准则三个组成部分。从上市公司信息披露的形式看，主要包括首次报告、定期报告和临时报告。图 14—1 列示了我国上市公司的信息披露体系。

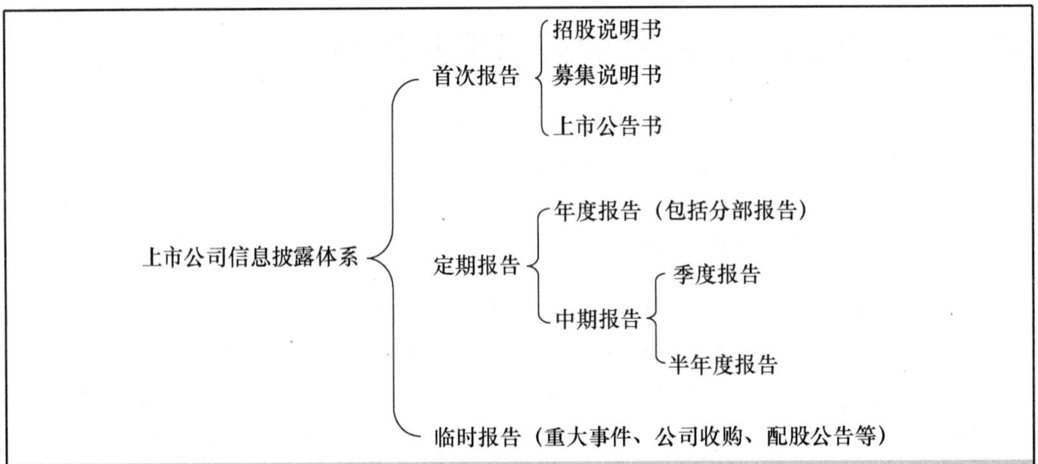

图 14—1 我国上市公司的信息披露体系

（一）首次报告

1. 招股说明书

招股说明书是公司向社会发出招股要约的法律文件，公司对招股说明书叙述的内容要承担保证真实、准确和完整的责任。招股说明书应当按照中国证监会颁布的《上市公司信息披露管理办法》的要求以及《公开发行股票公司信息披露内容与格式准则第 1 号——招股说明书》（2015 年修订）所规定的格式制作。招股说明书应当载明以下事项：（1）封面、书脊、扉页、目录、释义；（2）概览；（3）本次发行概况；（4）风险因素；（5）发行人基本情况；（6）业务和技术；（7）同业竞争与关联交易；（8）董事、监事、高级管理人员与核心技术人员；（9）公司治理；（10）财务会计信息；（11）管理层讨论与分析；（12）业务发展目标；（13）募集资金运用；（14）股利分配政策；（15）其他重要事项；（16）董事、监事、高级管理人员及有关中介机构声明；（17）备查文件。

招股说明书的有效期为六个月，自招股说明书签署之日起计算。发行人不得使用过期的招股说明书发行股票。发行人在招股说明书有效期内未能发行股票的，必须修订招股说明书，补充最新的财务会计资料和其他信息。这些修改、补充的信息，须先经承销商、推荐人以及与该信息有关的中介机构（如律师、注册会计师或资产评估人员）的认可，再报证监会审核后，发行人方可发行。

2. 募集说明书

为规范公开发行公司债券的信息披露行为，保护投资者合法权益，根据《公司法》

《证券法》《公司债券发行与交易管理办法》等法律法规，中国证监会颁布了《公开发行证券的公司信息披露内容与格式准则第 23 号——公开发行公司债券募集说明书》(2015 年修订)，其中规定，募集说明书应当载明以下事项：(1) 封面、书脊、扉页、目录、释义；(2) 发行概况；(3) 风险因素；(4) 发行人及本期债券的资信状况；(5) 增信机制、偿债计划及其他保障措施；(6) 发行人基本情况；(7) 财务会计信息；(8) 募集资金运用；(9) 债券持有人会议；(10) 债券受托管理人；(11) 发行人、中介机构及相关人员声明；(12) 备查文件。

3. 上市公告书

股份公司股票获准在证券交易所交易后，上市公司应当编制上市公告书，并且将有关文件公开。按照《股票上市公告书内容与格式指引》(2013 年修订) 规定，上市公告书的内容应包括以下事项：(1) 重要声明与提示；(2) 股票上市情况；(3) 发行人、股东和实际控制人情况；(4) 股票发行情况；(5) 财务会计情况；(6) 其他重要事项；(7) 上市保荐机构及其意见。

上市公告书与招股说明书刊登的财务会计资料在时间上一致时，可以将招股说明书中有关财务会计资料简化刊登，但应有必要的附注说明；上市公告书与招股说明书刊登的财务报表在审计时间上不一致时，应在上市公告书上刊登经会计师事务所审核的近期财务报表以及相关的会计资料。

(二) 定期报告

定期报告是上市公司进行持续信息披露的最主要的形式之一，其应当符合国家的会计制度和国务院证券监督管理机构的有关规定，由上市公司授权的董事或者经理签字，并由上市公司盖章。公司应当在每个会计年度中不少于两次向公众提供公司的定期报告，包括季度报告、半年度报告和年度报告。

1. 季度报告

从 2002 年起，所有上市公司必须编制并且披露季度报告。季度报告注重披露公司所发生的重大事项，一般不需要重复已披露过的信息，对已经在前一期报告中披露过的重要事项，只需要注明该报告刊载的报刊、网址与刊登日期。公司应在会计年度前三个月、九个月结束后的三十日内编制季度报告，并将季度报告正文刊载于中国证监会指定的报纸上，将季度报告全文（包括正文及附录）刊载于中国证监会指定网站上，其中的财务数据应以人民币千元或万元为单位。季度报告的披露期限不得延长，第一季度报告的披露时间不得早于上一年度年度报告。公司应在披露季度报告后十日内，将季度报告文本一式两份及备查文件分别报送股票挂牌交易的证券交易所和公司所在地的证券监管派出机构。公司季度报告中的财务资料无须审计，但中国证监会或证券交易所另有规定的除外。

2. 半年度报告

半年度报告，也即狭义上的中期报告。公司应当在每个会计年度上半年度结束之日起 2 个月内将半年度报告全文刊登在中国证监会指定网站上；同时将半年度报告摘要刊登在至少一种中国证监会指定报纸上，刊登篇幅原则上不超过报纸的 1/4 版面，也可以刊登在中国证监会指定网站上。公司可以将半年度报告刊登在其他媒体上，但不得早于中国证监会指定媒体披露的时间。公司应当在半年度报告披露后，将半年度报告原件备置于公司住所，以供股东及社会公众查阅。

半年度财务报告未经审计的，公司应当注明“未经审计”字样。半年度财务报告已经审计的，公司应当披露审计意见类型；若被注册会计师出具非标准审计报告，公司还应当披露审计报告正文。

中期报告的内容和格式在第三节中将作详细介绍，这里不再重复。

3. 年度报告

主板（含中小企业板）上市公司应当在每个会计年度结束之日起 4 个月内将年度报告全文刊登在中国证监会指定网站上；同时将年度报告摘要刊登在至少一种中国证监会指定报纸上，刊登篇幅原则上不超过报纸的 1/4 版面，也可以刊登在中国证监会指定网站上。

创业板上市公司应当在每个会计年度结束之日起 4 个月内将年度报告全文和摘要刊登在中国证监会指定网站上；同时在至少一种中国证监会指定报纸上刊登“本公司×年度报告及摘要已于×年×月×日在中国证监会指定的信息披露网站上披露，请投资者注意查阅”的提示性公告。

公司可以将年度报告刊登在其他媒体上，但不得早于在中国证监会指定媒体披露的时间。

年度报告应当包括以下内容：

（1）释义及重要提示。

（2）公司简介。

（3）会计数据和财务指标摘要。公司应披露本年度实现的利润总额、净利润、扣除非经常性损益后的净利润、主营业务利润、其他业务利润、营业利润、投资收益、补贴收入、营业外收支净额、经营活动产生的现金流量净额、现金及现金等价物净增减额。已发行人民币普通股（指 A 股），又发行境内上市外资股或境外上市外资股的公司，应披露按不同会计准则、会计制度计算出的净利润并说明其差异。公司在披露“扣除非经常性损益后的净利润”时，还应同时说明扣除的项目、涉及金额。公司应采用数据列表方式（可以附有图表），提供截至报告期末公司近三年的主要会计数据和财务指标，包括以下各项：主营业务收入、净利润、总资产、股东权益（不含少数股东权益）、每股收益、每股净资产、调整后的每股净资产、每股经营活动产生的现金流量净额、净资产收益率等。

（4）董事会报告。

（5）重要事项。重要事项主要包括重大诉讼、仲裁事项；报告期内收购及出售资产、吸收合并事项的简要情况及进程；重大关联交易事项（若对于某一关联方，报告期内累计关联交易总额高于 3 000 万元或占上市公司最近一期经审计净资产值的 5%以上或占本年度净利润的 10%以上的，须披露详细情况）；重大合同及其履行情况；报告期内公司、公司董事及其高级管理人员受监管部门处罚的情况；公司控股股东、董事会、总经理、董事会秘书的变动情况；聘任、解聘会计师事务所情况；其他在报告期内发生的《证券法》第六十二条、《公开发行股票公司信息披露实施细则》（试行）第十七条所列的重大事件，以及公司董事会判断为重大事件的事项。

如果重要事项已作为临时报告在指定报纸披露，只需说明信息披露报纸及披露日期。

（6）股份变动及股东情况。股份变动情况应说明截至报告期末近三年历次股票发行情况，包括股票及衍生证券的种类、发行日期、发行价格、发行数量、上市日期、获准上市交易数量、交易终止日期等。对报告期内因送股、转增股本、配股、增发新股、吸收合并、可转换公司债券转股、减资、内部职工股或公司职工股上市或其他原因引起公司股份总数及结构的变动，应予以说明。并且应说明现存的内部职工股的发行日期、发行价格、发行数量等。

股东情况应披露截至报告期末股东总数、持有本公司5%以上（含5%）股份的股东的名称、年度内股份增减变动的情况、年末持股数量、所持股份类别及所持股份质押或冻结的情况。若持股5%以上（含5%）的股东少于10人，则应列出至少前10名股东的持股情况。如所持股份中包括已上市流通股份和未上市流通股份，应分别披露其数额。如前10名股东之间存在关联关系或属于《上市公司收购管理办法》规定的一致行动人的，应予以说明。如果有战略投资者或一般法人因配售新股成为前10名股东的，应予以注明，并披露约定持股期间的起止日期。以上列出的股东情况中应注明代表国家持有股份的单位和外资股东。

（7）优先股相关情况。

（8）董事、监事、高级管理人员和员工情况。

（9）公司治理。

（10）内部控制。

（11）财务报告，包括审计报告、会计报表、会计报表附注等。

（12）备查文件目录。

（三）临时报告

当发生可能对上市公司股票交易价格产生较大影响而投资者尚未得知的重大事件时，上市公司应当立即将有关该重大事件的情况向国务院证券监督管理机构和证券交易所提交临时报告，说明事件的实质，并在国务院证券监督管理机构指定的报刊上公布。但是，上市公司有充分理由认为向社会公布该重大事件会影响上市公司的利益，且不公开也不会导致股票市场价格重大变动的，经证券交易所同意，可以不公布。

按照《股票发行与交易管理暂行条例》，所谓的重大事件包括下列情况：

（1）公司订立重要合同，该合同可能对公司的资产、负债、权益和经营成果中的一项或者多项产生显著影响；

（2）公司的经营政策或者经营项目发生重大变化；

（3）公司发生重大的投资行为或者购置金额较大的长期资产的行为；

（4）公司发生重大债务；

（5）公司未能归还到期重大债务的违约情况；

（6）公司发生重大经营性或者非经营性亏损；

（7）公司资产遭受重大损失；

（8）公司生产经营环境发生重要变化；

（9）新颁布的法律、法规、政策、规章等，可能对公司的经营有显著影响；

（10）董事长、30%以上的董事或者总经理发生变动；

（11）持有公司5%以上的发行在外的普通股的股东，其持有该种股票的增减变化每达到该种股票发行在外总额的2%以上的事实；

（12）涉及公司的重大诉讼事项；

（13）公司进入清算、破产状态。

第二节 分部报告

一、分部报告披露的产生和发展

美国是最早制定分部信息披露制度的国家。美国财务会计准则委员会在1976年发布了第14号财务会计准则公告《企业分部财务报告》，要求企业披露行业分部信息和地区分部信息。以后又陆续发布了第18号、21号和24号等一系列与分部报告有关的财务会计准则公告。在1997年，美国财务会计准则委员会发布了第131号财务会计准则公告《企业分部和相关信息的披露》，取代了原来的第14号财务会计准则公告，这些准则为企业分部信息的披露提供了规范性的指南。美国第131号财务会计准则公告，认为分部信息应该在“经营分部”的基础上披露，采用“管理法”确定分部，即以企业内部管理当局进行经营决策、分配资源和评价业绩而组织的分部为基础，确定对外报告的分部，这种分部称为“经营分部”。美国财务会计准则委员会认为这种将对外报告分部与企业内部组织结构统一起来的新方法，能够提高投资者对公司经营活动中出现风险和报酬的观察力。

国际会计准则委员会在1981年发布了第14号国际会计准则《按分部报告财务信息》，并且在1997年进行了修改。从准则的内容看，国际会计准则第14号和美国财务会计准则公告第14号的要求比较接近，不同之处在于前者只要求企业披露行业和地区分部信息，没有要求披露出口销售和主要客户的分部信息。国际财务报告准则第8号采用经营分部作为报告分部。

1994年，我国证监会颁布了《公司发行股票公司信息披露的内容与格式准则第2号——年度报告的内容和格式（试行）》对分部信息的披露作了一定程度的规定。1998年，财政部颁布的《股份有限公司会计制度——会计科目和会计报表》规定：企业按照行业和地区提供分部信息，并规定以行业分部为第一级基础，地区分部为第二级基础。2000年，财政部发布的《企业会计制度》要求股份有限公司应当按照业务分部和地区分部分别编制分部报表，反映企业各行业、各地区经营业务的收入、成本、费用、营业利润、资产总额以及负债总额的情况。2006年，我国发布了《企业会计准则第35号——分部报告》，该准则自2007年1月1日起施行。2014年，我国发布了《企业会计准则解释第3号》，规定采用经营分部作为报告分部。

二、经营分部的确定

（一）经营分部的概念

经营分部是指企业内同时满足下列条件的组成部分：（1）该组成部分能够在日常活动中产生收入、发生费用；（2）企业管理层能够定期评价该组成部分的经营成果，以决定向其配置资源、评价其业绩；（3）企业能够取得该组成部分的财务状况、经营成果和现金流量等有关会计信息。

经营分部的概念中，需要理解以下要点：

（1）并不是企业的每个组成部分都必须是经营分部或经营分部的一个组成部分。

如企业的管理总部或某些职能部门可能不赚取收入，或对于企业而言其赚取的收入仅仅是偶发性的，在这种情况下，这些部门就不是经营分部或经营分部的一个组成部分。

(2) 经营分部概念中"企业管理层"强调的是一种职能，而不必是具有特定头衔的某一具体管理人员。该职能主要是向企业的经营分部配置资源并评价其业绩。

(3) 根据经营分部的概念，多数企业可以清楚地确定经营分部。但是，企业也可能将其经营活动以各种不同的方式在财务报告中予以披露。

（二）经营分部的划分

企业应当以内部组织结构、管理要求、内部报告制度为依据确定经营分部。经济特征不相似的经营分部，应当分别确定为不同的经营分部。在实务中，并非所有的经营分部均作为独立的经营分部来考虑。在某些情况下，两个或两个以上的经营分部如果具有相似的经济特征，这些经营分部经常会表现出相似的长期财务业绩，如长期平均毛利率、资金回报率、未来现金流量等。此时，将它们合并披露可能更为恰当。

具有相似经济特征的两个或多个经营分部同时满足下列条件的，可以合并为一个经营分部：

1. 各单项产品或劳务的性质相同或相似

各单项产品或劳务的性质，包括产品或劳务的规格、型号、最终用途等。一般情况下，生产的产品和提供的劳务的性质相同或相似的，其风险、报酬率及成长率可能较为接近，因此，可以将其划分到同一分部之中。而对于性质完全不同的产品或劳务，则不能将其划分到同一分部之中。

2. 生产过程的性质相同或相似

生产过程的性质，包括采用劳动密集或资本密集方式组织生产、使用相同或者相似设备和原材料、采用委托生产或加工方式等。对于其生产过程相同或相似的，可以将其划分为一个分部，如按资本密集型和劳动密集型划分部门。对于资本密集型的部门，其占用的设备较为先进，占用的固定资产较多，相应负担的折旧费用也较多，其经营成本受折旧费用的影响较大，受技术进步因素的影响也较大；对于劳动密集型部门，其使用的劳动力较多，劳动力的成本即人工费用的影响较大，其经营成果受人工成本的高低影响较大。

3. 产品或劳务的客户类型相同或相似

产品或劳务的客户类型，包括大宗客户、零散客户等。对于购买产品或接受劳务的同一类型的客户，如果其销售条件基本相同，如相同或相似的销售价格、销售折扣、售后服务，即具有相同或相似的风险和报酬。而不同的客户，其销售条件不尽相同，由此可能导致其具有不同的风险和报酬。如一家机器生产企业，其生产机器可以分为商用和个人用，商用机器主要销售客户是企业，一般是大宗购买，对机器专用性要求比较强，售后服务相对较为集中；而个人用机器，其客户对机器的通用性要求较高，其售后服务相对较为分散。

4. 销售产品或提供劳务的方式相同或相似

销售产品或提供劳务的方式，包括批发、零售、自产自销、委托销售、承包等。企业销售产品或提供劳务的方式不同，其承受的风险和报酬也不相同。比如，在赊销方式下，可以扩大销售规模，但发生的收账费用较大，并且发生应收账款坏账的风险也很大；而在现销方式下，则不存在应收账款的坏账问题，不会发生收账费用，但销售规模的扩大有限。

5. 生产产品或提供劳务受法律、行政法规的影响相同或相似

生产产品或提供劳务受法律、行政法规的影响，包括经营范围或交易定价机制等。企业生产产品或提供劳务总是处于一定的经济法律环境之下，其所处的环境必然对其经营活动产生影响。对在不同法律环境下生产的产品或提供的劳务进行分类，进而向会计信息使用者提供不同法律环境下产品生产或劳务的信息，有利于会计信息使用者对企业未来的发展走向作出判断和预测。对相同或相似法律环境下的产品生产或劳务提供进行归类，以提供其经营活动所生成的信息，同样有利于明晰地反映该类产品生产和劳务提供的会计信息。如商业银行、保险公司等金融企业有特别的、严格的监管政策，在考虑该类企业确定分部产品和劳务是否相关时，应当考虑所受监管政策的影响。

（三）分部报告的目的

目前，相当一部分企业集团在跨行业、跨地区、跨国界经营上迈出了很大的步伐。与此同时，政府也调整了对一些行业和市场的限制，促使企业的经营行为日益复杂多样，更加依赖整体市场环境的改善，从而实现更有效的资源配置。企业现代经济的飞速发展引发了一次又一次的合并浪潮，出现了包括不同行业和市场的综合性企业，所以，如何反映行业分布信息成了焦点。集团公司通过编制合并财务报表，能够从整体上反映合并主体的财务状况和经营成果，在一定程度上满足了信息用户的需要。但是，合并财务报表在揭示集团整体状况的同时，也掩盖了集团由于跨行业、跨地区、跨国界经营而使其内部各部分面临不同的机会和风险、不同的盈利水平和增长趋势，降低了以公司整体为基础的财务信息的有用性，使信息使用者难以做出全面、准确的判断。

编制分部报告是为了弥补合并财务报表的不足，可以向财务报表的使用者提供公司不同分部的详细的财务状况和经营成果信息。通过分部报告，使用者可以了解公司经营行业的性质以及行业的目前状况，公司经营地区情况的变动，与公司经营密切相关的国内、国际政治经济形势，不同行业和费用之间的关系，以及公司经营涉及的主要客户和有关的国内外各种影响因素的更为详细、有用的信息。分部报告揭示的上述信息的意义在于：根据这些信息，管理者可以更好地制定公司发展计划，以使整个公司的生产经营过程达到一个最佳的状态；投资者可以将其资金投向获利能力强，发展前景光明，风险相对较小的地区和行业；国家也可以据此制定有效的宏观政策，以促进地区、行业之间的竞争，从而使整个国民经济健康发展。总之，编制分部报告的目的在于为报表使用者提供详尽、有用的财务信息，以便信息使用者做出最佳的决策。

三、报告分部的确定标准

报告分部是以经营分部为基础来确定的，其确定标准应当考虑重要性原则，符合重要性标准的经营分部才能确定为报告分部。

（一）10%或者以上的重要性标准

经营分部满足下列三个条件之一的，应当将其确定为报告分部。这三个条件包括：（1）收入的10%或者以上；（2）利润（亏损）的10%或者以上；（3）资产的10%或者以上。

1. 收入的10%或者以上

收入的10%或者以上，是指该经营分部的分部收入占所有分部收入合计的10%或者以上。

分部收入，是指可归属于分部的对外交易收入和对其他分部交易收入。经营分部主要由可归属于经营分部的对外交易收入构成，通常为营业收入，可归属于经营分部的收入来源有两个渠道：一是可以直接归属于经营分部的收入，即直接由经营分部的业务交易而产生；二是可以间接归属于经营分部的收入，即将企业交易产生的收入在相关经营分部之间进行分配，按属于某经营分部的收入金额确认为分部收入。

分部收入通常不包括下列项目：（1）利息收入（包括因预付或借给其他分部款项而确认的利息收入）和股利收入（采用成本法核算的长期股权投资取得的股利收入），但分部的日常活动是金融性质的除外；（2）营业外收入，如固定资产盘盈、处置固定资产净收益、出售无形资产净收益、罚没收益等；（3）处置投资产生的净收益，但分部的日常活动是金融性质的除外；（4）采用权益法核算的长期股权投资确认的投资收益，但分部的日常活动是金融性质的除外。

2. 利润（亏损）的10%或者以上

利润（亏损）的10%或者以上，是指该经营分部的分部利润（亏损）的绝对额，占所有盈利分部利润合计额或者所有亏损分部亏损合计额的绝对额两者中较大者的10%或者以上。

分部利润（亏损），是指分部收入减去分部费用后的余额。在计算分部利润（亏损）时，不属于分部收入和分部费用的项目不得作为考虑的因素。

分部费用，是指可归属于经营分部的对外交易费用和对其他分部交易费用。分部费用主要由可归属于经营分部的对外交易费用构成，通常包括营业成本、营业税金及附加、销售费用等。与分部收入的确认相同，归属于经营分部的费用来源也有两个渠道：一是可以直接归属于经营分部的费用，即直接由经营分部的业务交易而发生；二是可以间接归属于经营分部的费用，即将企业交易发生的费用在相关分部之间进行分配，按属于某经营分部的费用金额确认为分部费用。

分部费用通常不包括下列项目：（1）利息费用（包括因预付或借给其他分部款项而确认的利息费用），如发行债券等，但分部的日常活动是金融性质的除外；（2）营业外支出，如处置固定资产、无形资产等发生的净损失；（3）处置投资发生的净损失，但分部的日常活动是金融性质的除外；（4）采用权益法核算的长期股权投资确认的投资损失，但分部的日常活动是金融性质的除外；（5）与企业整体相关的管理费用和其他费用。

3. 资产的10%或者以上

资产的10%或者以上，是指该经营分部的分部资产占所有分部资产合计额的10%或者以上。

分部资产，是指分部经营活动使用的可以归属于该经营分部的资产，不包括递延所得税资产。如果与两个或多个经营分部共用资产相关的收入和费用也分配给这些经营分部，则该共用资产也应分配给这些经营分部。共用资产的折旧费或摊销费在计量分部经营成果时是被扣减的，该资产应包括在分部资产中。企业在计量分部资产时，应当按照分部资产的账面价值进行计量，即按扣除相关累计折旧或摊销额以及累计减值准备后的金额计量。

通常情况下，分部资产与分部利润（亏损）、分部费用等之间存在一定的对应关系：(1) 如果分部利润（亏损）包括利息或股利收入，分部资产中就应当包括相应的应收账款、贷款、投资或其他金融资产；(2) 如果分部费用包括某项固定资产的折旧费用，分部资产中就应当包括该项固定资产；(3) 如果分部费用包括某项无形资产或商誉的摊销额或减值额，分部资产中就应当包括该项无形资产或商誉。

上述三个条件，通常被称为报告分部确定的10%重要性标准。

（二）低于10%重要性标准的选择

经营分部未满足上述10%重要性标准的，可以按照下列规定确定报告分部：

(1) 如果企业管理层认为披露该经营分部信息对会计信息使用者有用，那么可以将其确定为报告分部。在这种情况下，无论该经营分部是否满足10%的重要性标准，企业都可以直接将其确定为报告分部。

(2) 将该经营分部与一个或一个以上具有相似经济特征、满足经营分部合并条件的其他经营分部合并，作为一个报告分部。对经营分部10%的重要性测试可能会导致企业拥有大量未满足10%数量临界线的经营分部，在这种情况下，如果企业没有直接将这些经营分部指定为报告分部，可以将一个或一个以上具有相似经济特征、满足经营分部合并条件的一个以上的经营分部合并成一个报告分部。

(3) 不将该经营分部直接指定为报告分部，也不将该经营分部与其他未作为报告分部的经营分部合并为一个报告分部的，企业在披露分部信息时，应当将该经营分部的信息与其他组成部分的信息合并，作为其他项目单独披露。

（三）报告分部75%的标准

企业的经营分部达到规定的10%重要性标准确认为报告分部后，确定为报告分部的经营分部的对外交易收入合计额占合并总收入或企业总收入的比重应当达到75%的比例。如果未达到75%的标准，企业必须增加报告分部的数量，将其他未作为报告分部的经营分部纳入报告分部的范围，直到该比重达到75%。此时，其他未作为报告分部的经营分部很可能未满足前述规定的10%重要性标准，但为了使报告分部的对外交易收入合计额占合并总收入或企业总收入的总体比重能够达到75%的比例要求，也应当将其确定为报告分部。

报告分部的数量通常不应超过10个。报告分部的数量超过10个需要合并的，应当以经营分部的合并条件为基础，对相关的报告分部予以合并。

四、分部报告的披露

各国对分部报告的披露要求有不一样的规定，根据我国《企业会计准则解释第3号》的要求，企业报告分部确定后，应当披露下列信息：

（一）报告分部信息的组成部分

(1) 确定报告分部考虑的因素、报告分部的产品和劳务的类型；

（2）每一报告分部的利润（亏损）总额相关信息，包括利润（亏损）总额组成项目及计量的相关会计政策信息；

（3）每一报告分部的资产总额、负债总额相关信息，包括资产总额组成项目的信息，以及有关资产、负债计量的相关会计政策。

（二）报告分部组成部分之外的信息

除上述已经作为报告分部信息组成部分披露的以外，企业还应当披露下列信息：

（1）每一产品和劳务或每一类似产品和劳务组合的对外交易收入；

（2）企业取得的来自于本国的对外交易收入总额以及位于本国的非流动资产（不包括金融资产、独立账户资产、递延所得税资产）总额，企业从其他国家取得的对外交易收入总额以及位于其他国家的非流动资产总额；

（3）企业对主要客户的依赖程度。

（三）分部报告信息披露的格式

分部报告信息披露的基本格式见表 14—1、表 14—2、表 14—3。

表 14—1　　**主营业务分行业情况**　　单位：元　币种：人民币

分行业	营业收入	营业成本	毛利率（%）	营业收入比上年增减（%）	营业成本比上年增减（%）	毛利率比上年增减（%）
××行业						增加（减少）x 百分点
××行业						增加（减少）x 百分点
××行业						增加（减少）x 百分点
合计						增加（减少）x 百分点

表 14—2　　**主营业务分产品情况**　　单位：元　币种：人民币

分产品	营业收入	营业成本	毛利率（%）	营业收入比上年增减（%）	营业成本比上年增减（%）	毛利率比上年增减（%）
××产品						增加（减少）x 百分点
××产品						增加（减少）x 百分点
××产品						增加（减少）x 百分点
合计						增加（减少）x 百分点

表 14—3　　**主营业务分地区情况**　　单位：元　币种：人民币

地区	营业收入	营业收入比上年增减（%）
华东		
华北		
⋮		
合计		

五、分部报告编制示例

案例资料：牡洋公司有四个行业分部，2016 年 12 月 31 日的资产、2016 年度的收入、损益等相关资料见表 14—4。

表 14—4 牡洋公司资料摘录 单位：万元

	工业电子	交通运输	家用电器	酒店	合计
营业收入：					
其中：对外营业收入	300	340	80	120	840
分部间营业收入	0	400	0	100	500
营业收入合计	300	740	80	220	1 340
资产	400	500	120	1 000	2 020
经营利润（亏损）	50	110	(20)	100	240

案例分析：

1. 通过三个 10%重要性判定来确认哪家为报告分部

（1）营业收入确定法，见表 14—5。

表 14—5 营业收入确定法 单位：万元

分部	经营分部收入	比较符号	判定值 (1 340×10%)	是否应该纳入报告分部
工业电子	300	≥	134	是
交通运输	740	≥	134	是
家用电器	80	≤	134	否
酒店	220	≥	134	是
合计	1 340			

（2）资产确定法，见表 14—6。

表 14—6 资产确定法 单位：万元

分部	经营分部 可辨认资产	比较符号	判定值 (2 020×10%)	是否应该纳入报告分部
工业电子	400	≥	202	是
交通运输	500	≥	202	是
家用电器	120	≤	202	否
酒店	1 000	≥	202	是
合计	2 020			

（3）经营利润（亏损）确定法，见表 14—7。

表 14—7 经营利润（亏损）确定法 单位：万元

分部	经营分部营业 利润（或亏损）	比较符号	判定值 (260×10%)	是否应该纳入报告分部
工业电子	50	≥	26	是
交通运输	110	≥	26	是
家用电器	(20)	≤	26	否
酒店	100	≥	26	是
合计	260 (20)			

所以，工业电子、交通运输和酒店均为报告分部。

2. 报告分部的75%标准判断

报告分部的75%标准的判定值为企业对外销售收入840万元的75%，即630万元。工业电子、交通运输、酒店三个分部对外销售收入合计为760万元，符合报告分部的75%标准要求，所以我们不需要确定其他分部作为报告分部。

第三节　中期报告

一、中期报告的概念和编制目的

（一）中期报告概念

上市公司信息披露体系中，广义的中期报告是指涵盖一个中期的一套完整的会计报表的财务报告。中期是指短于一个会计年度的会计期间，如月、季、半年等。狭义的中期报告就是指半年度报告。我国证监会规定，公司应当于每个会计年度的前6个月结束后60日内编制完成中期报告。报告完成后应立即向证监会报送10份备案，并将不超过4 000字的报告摘要刊登在至少一种证监会指定的全国性报刊上。同时，将中期报告备置于公司所在地、挂牌交易的证券交易场所、有关证券经营机构及其网点，以供投资公众查阅。已在境内和境外两个以上证券市场发行了股票和挂牌上市的公司，应该在同一时间内对境内外市场公布中期报告；如果国内外市场对编制中期报告的期限要求不同，应该以较短的期限为准。除特殊情况外，中期报告无须经会计师事务所审计。

（二）中期报告编制的目的

1. 向信息使用者及时提供重要的信息

披露中期报告的信息，主要目的在于向信息使用者及时提供重要的信息，有助于信息使用者的决策。会计信息的一个重要质量特征就是及时性，会计信息的披露和传递越快越好，而中期报告正好可以在很大程度上满足这一要求，弥补年度财务报告时间间隔过长的缺陷，提高会计信息的质量。

2. 有助于完善上市公司信息披露制度

上市公司信息披露的透明程度及其制度的完善程度，是衡量一个国家证券市场乃至整个市场经济成熟程度的一个重要标志。上市公司信息披露制度包含内容很多，其中中期报告是其有机组成部分。随着我国证券市场的发展，投资者对会计信息质量要求的提高和信息技术的日新月异，中期报告的作用将更加突出。要及时了解企业的相关情况，强化监管，提高信息披露的及时性是一项重要措施。因此，编制中期报告有助于健全上市公司信息披露制度，提高证券市场效率，促进资源的有效配置。

3. 有助于规范企业的行为

正是因为有了定期财务报告，投资者、债权人等才可以据以评价企业的经营业绩和管理效率，对企业管理者是否站在投资者、债权人等利益的角度从事生产经营活动实施有效监控。而编制中期报告可以使这种监控更加及时，更有助于揭示问题，寻求相应的应对措施，从而规范企业经营者的行为，谋求投资者利益的最大化。

二、中期报告的主要问题及理论基础

中期报告的编制虽然一般适用与编制年度报告相同的会计政策、程序和方法，但是由于会计期间的缩短，因此在经营成果的确定上涉及一系列问题：收入、与收入相关的成本、费用。

(1) 收入。

某些季节性很强的企业（如农业企业、旅游企业等）因其生产与销售的季节性波动而使收入在各中期报告期间有很大的升降变化，这种收入如果按照收入发生时确认的原则，就可能会对年度内收入或者利润的预测产生误导，但如果不这样，又应该如何进行分配?

(2) 与收入相关的成本。

与收入的问题一样，季节性的成本费用是直接计入当期，还是按全年业务总量情况平均分摊到各中期?

(3) 费用。

有些费用是在年度中不均匀发生的，如大修理费用、重组费用，在某一期发生的这些费用是直接计入当期还是根据费用收益期间在不同的中期中进行估计和递延?

会计界对如何处理以上问题，主要有两种解释理论：独立论（discrete theory）和整体论（integral theory）。

(1) 独立论。

独立论认为每一中期报告期间是与年度期间相对独立的基本会计期间，因而编制每一期间的中期报告时，应将此期间视为一个会计年度期间而采用相同的会计政策与会计方法，其会计估计、成本分配、各个应计项目的处理与年终编制报表的政策方法一致。这种理论的优点在于中期报告所反映的经营业绩和财务状况比较可靠，不容易被操纵；缺点在于可能会导致各中期收入与费用的不合理配比和各中期收益的非正常波动，影响对企业业绩的正常评价与预测。

(2) 整体论。

整体论认为中期不是独立的，只是整个会计年度的一部分，因此每一中期会计估计、成本分配、各应计项目的处理都必须考虑到全年将要发生的情况，受对年度经营成果判断的影响。中期报告期内某一事项如果影响整个年度，则要根据一定的分配基础估计，并在各中期报告期间分配。这种理论的优点在于可以避免因人为割裂会计期间而导致的各期间收益的非正常波动，从而有利于年度收益的预测，提高中期报告信息的有用性；缺点是可能导致年度内各中期收益的平滑，公司管理层容易操控收益，影响收益信息的可靠性。

美国采用的是整体论，英国、加拿大、国际会计准则委员会主要采用独立论。但从各国中期报告会计准则制定实践来看，一般都不是纯粹采用一种观点，往往是两者并用，侧重点不同。我国《企业会计准则第 32 号——中期财务报告》既包含了独立论的思想，也包含了整体论的思想。如“企业在确认、计量和报告各中期财务报表项目时，对项目重要性程度的判断，应当以中期财务数据为基础，不应以年度财务数据为基础”体现了独立论的思想，而“在同一会计年度内，以前中期财务报告中报告的某项估计金额在最后一个中期发生了重大变更、企业又不单独编制该中期财务报告的，应当在年度财务报告的附注中披露该项估计变更的内容、理由及其影响金额”以及“企业在中期财务报表中应当采用与年度财务报表相一致的会计政策”则体现了整体论的思想。

所以对企业经营成果的确定上涉及的收入、与收入相关的成本、费用确认等问题有不同的处理方法，下面所描述的是各国采用较多的一种做法。

（1）收入。

销售产品或者提供劳务所获得的收入，应该按照整年所用的相同基础在该中期确认。如果该企业有较明显的季节性收入，应该揭示该业务活动的季节特征。

（2）与收入相关的成本。

与收入的取得有直接关系的成本、费用和可以分配的成本费用，在中期报告上的会计处理要求与其在年度报告中相同。然而，对于确定中期财务报表的营业成本时，有些例外，如在中期报告日，采用毛利率法估计营业成本的企业，应在中期财务报告内披露这一事实。此外，中期报告的存货估计数与年度实地盘存之间的任何重大调整均应该披露。

（3）其他成本及费用。

产品营业成本以外的成本及费用，应该在发生时计入中期利润，或者根据估计的有效时间、受益期间或相关的活动期间加以分配。公司将特定成本及费用分配给年度内某一个中间报告期的程序，应该与其年报列示经营成果的基础一致。

（4）所得税费用。

由于所得税通常都是以年为基础计算的，因此中期所得税应该考虑全年的情况，要估计全年实际所得税税率。公司在每个中期报告期末，按照公司的预计利润、规定的税率、预计年度应交纳的所得税额计算预计的年度实际税负率，并计算中期报告期间的应交税金和所得税费用。

例 14—1

牡宏公司 2016 年第一季度实际及全年度预计的经营成果见表 14—8。

表 14—8　　牡宏公司 2016 年经营成果　　单位：元

	第一季度实际数	全年估计数
收入	800 000	3 600 000
减：所得税以外的成本费用	600 000	3 000 000
税前利润	200 000	600 000

假设该公司税前会计利润与应税利润间无时间性差异，但估计存在免税国债利息的永久性差异 60 000 元。公司所得税税率为 40%，则该公司估计其年度的实际税负率见表 14—9。

表 14—9　　牡宏公司 2016 年度估计的实际税负率　　单位：元

估计税前利润	600 000
减：免税国债利息	60 000
估计应税利润	540 000
所得税估计数（540 000×40%）	216 000
年度实际税负率（216 000÷600 000）	36%

公司在第一季度所得税为 200 000×36%=72 000 元，会计处理分录如下：

借：所得税费用　　72 000

　　贷：应交税费——应交所得税　　72 000

公司在第二季度，应根据最近计划的全年度税前会计利润与应税利润间的永久性差异，再次估计实际税负率，但是不宜以新的实际税负率追溯调整第一季度的所得税费用。

三、中期会计政策变更的报告

企业在中期发生了会计政策的变更，应当按照《企业会计准则第 28 号——会计政策、会计估计变更和会计差错更正》的规定处理，并在会计报表附注中作相应披露。在会计政策变更的累积影响数能够合理确定的情况下，企业应当对所提供的以前年度比较会计报表最早期间的期初留存收益和这些会计报表其他相关项目的数据进行追溯调整；同时，涉及本会计年度内会计政策变更以前各中期会计报表相关项目数据的，也应当作追溯调整，视同该会计政策在整个会计年度和可比会计报表期间一贯应用。

如果在会计年度的第一个季度发生了累积影响型的会计政策变更，则企业除了计算会计政策变更的累积影响数并作相应的会计处理外，还应根据变更后的会计政策编制第一季度和当年度以后季度的会计报表，并对以前年度比较会计报表最早期间的期初留存收益和这些会计报表的其他相关项目数字作相应调整。在会计报表附注的披露方面，应当披露会计政策变更对以前年度的累积影响数和对当年度第一季度损益的影响数，在当年度第一季度之后的其他季度会计报表附注中，则应当披露第一季度发生的会计政策变更对当季度损益的影响数和年初至本季度末损益的影响数。

如果企业累积影响型的会计政策变更不是发生在会计年度的第一季度，而是其他季度，企业除了应当计算会计政策变更的累积影响数并作相应的账务处理之外，在编制报告时，还需调整根据规定要求提供的数据，以及在会计政策变更季度财务报告中或者变更以后季度财务报告中所涉及的本会计年度内发生会计政策变更之前季度会计报表相关项目的数据。在会计报表附注的披露方面，企业需要披露会计政策变更对以前年度的累积影响数，以及对当年度变更季度、年初至变更季度末损益的影响数和当年度会计政策变更前各季度损益的影响数，同时，在发生会计政策变更以后季度会计报表附注中也需作相应的披露。

如果企业在同一会计年度内，以前中期财务报表项目在以后中期发生了会计估计变更，则以后的中期财务报表应当反映该会计估计变更后的金额，但对以前中期财务报表项目金额不作调整。同时，该会计估计变更应当按照《企业会计准则第 32 号——中期财务报告》的第八条（二）项或者第十条的要求在附注中作相应披露。

四、中期报告的编制原则

（一）重要性原则

企业在确认、计量和披露各中期会计报表项目时，应当遵循重要性原则。企业在判断重要性程度时，应以中期财务数据为基础，不能以预计的年度财务数据为基础。企业不得以预计的年度财务数据为基础对中期会计报表项目进行重要性的判断，是因为有些对于预计的年度财务数据显得不重要的信息对于中期财务数据而言可能是重要的，所以需要在中期财务报告中披露这些信息。由于中期财务报告的编报时间一般比年度财务报告短，有关编报的要求相对于年度财务报告而言也有所放宽，因此，在编制中期财务报告的过程中，对重要性进行评估时，中期会计计量相对于年度财务数据的计量而言，在更大程度上依赖于估计。如果以预计的年度财务数据为基础判断重要性程度，则会漏掉对重要事项的揭示。企业应当保证所提供的中期财务报告包括了与企业中期期末财务状况和中期经营成果及现金流量相关的信息。

（二）一致性原则

中期财务报告与年度财务报告的会计政策应保持一致，不得在中期内随意变更，以保持会计政策在前后各期的一致性，提高会计信息的可比性和有用性。企业如果在中期进行会计政策和会计估计变更，应当按照《企业会计准则第 28 号——会计政策、会计估计变更和会计差错更正》的规定进行处理。如果在上年度资产负债表日之后发生了会计政策变更，且该变更了的会计政策在本年度会计报表中采用，则中期财务报告应当采用该变更了的会计政策。

五、中期报告披露的内容

企业在确认、计量和披露在中期财务报告中列报的各会计报表项目时，应当遵循重要性原则。在判断项目的重要性程度时，应当以中期财务数据为基础，不应以预计的年度财务数据为基础；而且，与年度财务数据相比，中期会计计量可在更大程度上依赖于估计。企业应当保证所提供的中期财务报告包括了与理解企业中期期末财务状况和中期经营成果及现金流量相关的信息。

我国财政部发布的《企业会计准则第 32 号——中期财务报告》和证监会发布的《公开发行证券的公司信息披露内容与格式准则第 3 号——半年度报告的内容与格式》（2014 年修订）都对中期财务报告的内容和格式作了详细规定，综合起来，中期报告应该披露以下内容：

（一）中期报告正文的内容

（1）重要提示、目录和释义。

（2）公司简介。

（3）会计数据和财务指标摘要。采用数据列表方式，提供报告期末及公司上一年同期的主要财务指标，包括（但不限于）以下各项：净利润、股东权益（不包含少数股东权益）、每股收益、净资产收益率、每股净资产和调整后的每股净资产。

（4）董事会报告。

（5）重要事项。

（6）股份变动及股东情况。

（7）优先股相关情况。

（8）董事、监事、高级管理人员情况。

（9）财务报告。

（10）备查文件目录。

（二）中期财务报告的组成

中期财务报告至少应当包括以下组成部分：

（1）比较资产负债表。

（2）比较利润表。

（3）比较现金流量表。

（4）比较所有者权益变动表。

所提供的资产负债表、利润表、现金流量表和所有者权益变动表应当是完整的会计报表，其格式和内容应当与上年度会计报表相一致。如果法律、行政法规或者规章（如当年新施行的会计准则）对当年度会计报表的格式和内容进行了修改，则中期会计报表应当按照修改后的报表格式和内容编制，与此同时，提供的上年度比较会计报表的格式和内容也应当作相应调整。

如果企业在上年度财务报告中编制的是比较合并会计报表，则企业在中期期末也应当编制比较合并会计报表；如果企业在上年度财务报告中还包括比较母公司会计报表，则企业在中期财务报告中也应当提供比较母公司会计报表；如果企业上年度财务报告中既包括了比较合并会计报表，也包括了比较母公司会计报表，但是在报告中期内，企业处置了所有纳入上年度合并会计报表编制范围的子公司，则企业在中期财务报告中只需要提供比较母公司会计报表，要求提供的上年度比较会计报表应当包括合并会计报表，除非上年度可比中期的财务报告没有提供合并会计报表。

企业如果在中期对会计报表项目进行了调整或者修订，那么在中期财务报告中所提供的上年度比较会计报表项目的有关金额就应当按照本年度中期会计报表的要求予以重新分类，并在会计报表附注中说明会计报表项目金额重新分类的原因及其内容。如果企业无法对比较会计报表中的有关金额进行重新分类，则企业应当在中期会计报表附注中说明不能进行重新分类的原因。

（5）会计报表附注。会计报表附注至少应包括下列内容：

1）中期会计报表所采用的会计政策与上年度会计报表相一致的说明。如果发生了会计政策的变更，应当说明会计政策变更的内容、理由及其影响数；如果会计政策变更的累积影响数不能合理确定，应当说明理由。

2）会计估计变更的内容、理由及其影响数，如果影响数不能确定，应当说明理由。

3）重大会计差错的内容及其更正金额。

4）企业经营的季节性或者周期性特征。

5）存在控制关系的关联企业发生变化的情况；关联方之间发生交易的，应当披露关联方关系的性质、交易的类型和交易要素。

6）合并会计报表的合并范围发生变化的情况。

7）对性质特别或者金额异常的会计报表项目的说明。

8）债务性证券和权益性证券的发行、回购和偿还情况。

9）向企业所有者分配利润的情况（包括在中期内实施的利润分配和已提出或者已批准但尚未实施的利润分配情况），包括向所有者分配的利润总额和每股股利。

10）根据《企业会计准则第35号——分部报告》规定应当披露分部报告信息的，应当披露主要报告形式的分部收入与分部利润（亏损）。

11）中期资产负债表日至中期财务报告批准报出日之间发生的非调整事项。

12）上年度资产负债表日以后所发生的或有负债和或有资产的变化情况。

13）企业结构变化情况的说明。比如企业合并和重组，对被投资单位具有重大影响、共同控制关系或者控制关系的长期股权投资的购买或者处置，终止营业等。

14）其他重大交易或者事项。如重大的长期资产转让及其出售情况、重大的固定资产和无形资产取得情况、重大的研究和开发支出、重大的非货币性交易事项、重大的债务重组事项、重大的资产减值损失及其减值损失的转回情况等。

六、中期报告披露的样例

本文以中国巨石股份有限公司披露的2015年半年度报告①为例，该公司中期财务报告披露的内容包括：（1）释义；（2）公司简介；（3）会计数据和财务指标摘要；（4）董事会报告；（5）重要事项；（6）股份变动及股东情况；（7）优先股相关情况；（8）董事、监事、高级管理人员情况；（9）财务报告；（10）备查文件目录。

披露内容及格式摘录如下：

（一）释义

这部分主要是常用词语的释义。

（二）公司简介

公司简介如下：

1. 公司信息

公司信息包括公司中英文名称及简称，法定代表人。

2. 联系人和联系方式

董事会秘书和证券事务代表的联系方式。

3. 基本情况简介

公司注册地址，办公地址，公司网址，电子信箱，报告期内变更情况查询索引。

① 上海证券交易所网站，http://www.sse.com.cn。

4. 信息披露及备置地点变更情况简介

公司选定的信息披露报纸名称，登载半年度报告的中国证监会指定网站的网址，公司半年度报告备置地点，报告期内变更情况查询索引。

5. 公司股票简况

股票种类，股票上市交易所，股票简称，股票代码，变更前股票简称。

6. 公司报告期内注册变更情况

注册登记日期，公司注册名称，注册登记地点，企业法人营业执照注册号，税务登记号码，组织机构代码，报告期内注册变更情况查询索引。

7. 其他有关资料

（三）会计数据和财务指标摘要

1. 公司主要会计数据和财务指标

（1）主要会计数据见表 14—10。

表 14—10 单位：元 币种：人民币

主要会计数据	本报告期（1—6 月）	上年同期	本报告期比上年同期增减（%）
营业收入	3 453 165 822.49	2 833 986 152.38	21.85
归属于上市公司股东的净利润	481 358 378.69	131 149 226.21	267.03
归属于上市公司股东的扣除非经常性损益的净利润	468 219 304.27	127 101 253.00	268.38
经营活动产生的现金流量净额	768 456 716.68	366 899 124.69	109.45
	本报告期末	上年度末	本报告期末比上年度末增减（%）
归属于上市公司股东的净资产	4 502 785 944.76	4 020 331 787.44	12.00
总资产	20 688 772 562.54	19 325 125 126.63	7.06

（2）主要财务指标见表 14—11。

表 14—11

主要财务指标	本报告期（1—6 月）	上年同期	本报告期比上年同期增减（%）
基本每股收益（元/股）	0.551 6	0.150 3	267.00
稀释每股收益（元/股）	0.551 6	0.150 3	267.00
扣除非经常性损益后的基本每股收益（元/股）	0.536 6	0.145 7	268.29
加权平均净资产收益率（%）	10.924 8	3.494 4	增加 7.430 4 个百分点
扣除非经常性损益后的加权平均净资产收益率（%）	10.626 5	3.386 6	增加 7.239 9 个百分点

2. 非经常性损益项目和金额

非经常性损益项目和金额见表 14—12。

表 14—12　　单位：元　币种：人民币

非经常性损益项目	金额
非流动资产处置损益	−1 200 800.53
计入当期损益的政府补助，但与公司正常经营业务密切相关，符合国家政策规定、按照一定标准定额或定量持续享受的政府补助除外	16 593 524.90
除上述各项之外的其他营业外收入和支出	772 656.24
少数股东权益影响额	−19 264.47
所得税影响额	−3 002 025.15
合计	13 144 090.99

（四）董事会报告

1. 董事会关于公司报告期内经营情况的讨论与分析

（1）主营业务分析。

1）财务报表相关科目变动分析表见表 14—13。

表 14—13　　单位：元　币种：人民币

科目	本期数	上年同期数	变动比例（%）
营业收入	3 453 165 822.49	2 833 986 152.38	21.85
营业成本	2 053 791 413.92	1 873 054 581.11	9.65
销售费用	122 497 301.32	81 929 017.78	49.52
管理费用	294 031 688.52	259 316 485.94	13.39
财务费用	390 454 218.94	384 798 823.91	1.47
经营活动产生的现金流量净额	768 456 716.68	366 899 124.69	109.45
投资活动产生的现金流量净额	−50 466 585.33	−584 488 510.11	不适用
筹资活动产生的现金流量净额	−107 178 929.25	−120 693 753.42	不适用
研发支出	91 847 200.40	75 597 829.46	21.49

2）其他

a. 公司利润构成或利润来源发生重大变动的详细说明。

b. 公司前期各类融资、重大资产重组事项实施进度分析说明。

c. 经营计划进展说明。

d. 其他。

（2）行业、产品或地区经营情况分析。

1）主营业务分产品情况见表 14—14。

表 14—14　　单位：元　币种：人民币

主营业务分产品情况						
分产品	营业收入	营业成本	毛利率（%）	营业收入比上年增减（%）	营业成本比上年增减（%）	毛利率比上年增减（%）
玻纤及制品	3 381 635 550.37	2 012 882 264.63	40.48	24.11	10.50	增加 7.34 个百分点
其他	23 171 908.23	15 237 677.24	34.24	−61.86	−63.29	增加 2.56 个百分点

2）主营业务分地区情况见表14—15。

表14—15 单位：元 币种：人民币

地区	营业收入	营业收入比上年增减（%）
国内	1 818 144 527.89	22.76
国外	1 586 662 930.71	21.65

3）核心竞争力分析。

与国内外其他玻璃纤维制造企业相比，公司的核心竞争力主要体现在成本控制管理、研发及技术创新、国际化业务拓展以及人力资源储备等方面。

4）投资状况分析。

a. 对外股权投资总体分析。

b. 非金融类公司委托理财及衍生品投资的情况。

c. 募集资金使用情况。

d. 主要子公司、参股公司分析见表14—16。

表14—16 单位：万元 币种：人民币

企业名称	公司持股比例	主要产品或业务	注册资本	总资产	净资产	营业收入	营业利润	净利润
巨石集团有限公司	100%	玻纤产品的生产销售	392 176.30	2 017 802.47	679 027.84	359 465.89	59 491.81	51 877.26
北新科技发展有限公司	100%	建材产品的销售	9 000.00	9 608.33	7 975.80	1 466.75	175.50	73.87

e. 非募集资金项目情况见表14—17。

表14—17 单位：万元 币种：人民币

项目名称	项目金额	项目进度	本报告期投入金额	累计实际投入金额
巨石集团成都有限公司包装材料车间技改项目	7 990.00	未完工	180.00	7 001.00
巨石集团有限公司年产3.5万吨玻璃纤维池窑拉丝生产线技改项目	19 884.18	完工	18 836.66	18 836.66
巨石美国南卡玻璃纤维股份有限公司建设年产8万吨无碱玻璃纤维池窑拉丝生产线项目	29 748.30万美元	前期准备阶段，尚未正式开工	0	0
巨石埃及玻璃纤维股份有限公司建设年产8万吨无碱玻璃纤维池窑拉丝生产线项目	18 805.00万美元	已开工	14 636.68	14 636.68
巨石埃及玻璃纤维股份有限公司建设年产4万吨高性能玻璃纤维池窑拉丝生产线项目	10 995.02万美元	未开工	0	0

续前表

项目名称	项目金额	项目进度	本报告期投入金额	累计实际投入金额
巨石集团成都有限公司年产 14 万吨玻璃纤维池窑拉丝生产线技改项目	88 590.29	已开工，工程设计和各类合同招标已经完成，开始进行土建施工	0	0
巨石集团年产 36 万吨玻璃纤维池窑拉丝生产线冷修技改项目	104 829.46	未开工	0	0

2. 利润分配或资本公积金转增预案

(1) 报告期实施的利润分配方案的执行或调整情况。

经公司 2014 年度股东大会审议通过，公司 2014 年度利润分配方案为：以 2014 年 12 月 31 日公司总股本 872 629 500 股为基数，每 10 股送现金 1.65 元（含税）。上述利润分配方案已于 2015 年 4 月 23 日执行完毕。

(2) 半年度拟定的利润分配预案、公积金转增股本预案。

(3) 其他披露事项。

1) 预测年初至下一报告期期末的累计净利润可能为亏损或者与上年同期相比发生大幅度变动的警示及说明。

2) 董事会、监事会对会计师事务所“非标准审计报告”的说明。

(五) 重要事项

1. 重大诉讼、仲裁和媒体普遍质疑的事项

2. 破产重整相关事项

3. 资产交易、企业合并事项

4. 公司股权激励情况及其影响

5. 重大关联交易

6. 重大合同及其履行情况

托管、承包、租赁事项，担保情况。

7. 承诺事项履行情况

8. 聘任、解聘会计师事务所情况

9. 上市公司及其董事、监事、高级管理人员、持有 5%以上股份的股东、实际控制人、收购人处罚及整改情况

10. 可转换公司债券情况

11. 公司治理情况

12. 其他重大事项的说明

(1) 董事会对会计政策、会计估计或核算方法变更的原因和影响的分析说明。

(2) 董事会对重要前期差错更正的原因及影响的分析说明。

(3) 其他。

(六) 股份变动及股东情况

1. 股本变动情况

(1) 股份变动情况表。

1）股份变动情况表。

2）股份变动情况说明。

3）报告期后到半年报披露日期间发生股份变动对每股收益、每股净资产等财务指标的影响。

4）公司认为必要或证券监管机构要求披露的其他内容。

（2）限售股份变动情况。

2. 股东情况

（1）股东总数。

（2）截至报告期期末前10名股东、前10名流通股东（或无限售条件股东）持股情况表。

（3）战略投资者或一般法人因配售新股成为前10名股东。

3. 控股股东或实际控制人变更情况

（七）优先股相关情况

（八）董事、监事、高级管理人员情况

1. 持股变动情况

（1）现任及报告期内离任董事、监事和高级管理人员持股变动情况。

（2）董事、监事、高级管理人员报告期内被授予的股权激励情况。

2. 公司董事、监事、高级管理人员变动情况

（九）财务报告

本部分主要披露：

1. 本公司2015年半年度报告未经审计

2. 资产负债表、利润表、现金流量表及会计报表附注

（1）资产负债表见表14—18和表14—19。

表14—18 **合并资产负债表**

编制单位：中国巨石股份有限公司　　2015年6月30日　　单位：元　币种：人民币

项目	附注	期末余额	期初余额
流动资产：			
货币资金		1 829 926 889.76	1 209 076 952.68
结算备付金			
拆出资金			
以公允价值计量且其变动计入当期损益的金融资产			
衍生金融资产			
应收票据		1 369 942 494.62	1 170 976 724.46
应收账款		1 913 642 485.24	1 746 709 725.45
预付款项		326 916 189.55	206 514 724.56
应收保费			

续前表

项目	附注	期末余额	期初余额
应收分保账款			
应收分保合同准备金			
应收利息			
应收股利			
其他应收款		88 338 860.87	93 909 311.58
买入返售金融资产			
存货		1 284 428 225.73	1 186 335 452.84
划分为持有待售的资产			
一年内到期的非流动资产			
其他流动资产		194 593 843.82	197 201 987.06
流动资产合计		7 007 788 989.59	5 810 724 878.63
非流动资产：			
发放贷款及垫款			
可供出售金融资产			
持有至到期投资			
长期应收款			
长期股权投资		69 456 312.58	71 387 521.44
投资性房地产			
固定资产		12 374 020 961.89	12 123 424 742.48
在建工程		329 468 164.45	395 732 152.16
工程物资			
固定资产清理			
生产性生物资产			
油气资产			
无形资产		399 924 463.05	407 785 078.96
开发支出			
商誉		472 512 501.24	472 512 501.24
长期待摊费用		7 044 507.79	8 067 931.35
递延所得税资产		28 556 661.95	35 490 320.37
其他非流动资产			
非流动资产合计		13 680 983 572.95	13 514 400 248.00
资产总计		20 688 772 562.54	19 325 125 126.63
流动负债：			
短期借款		6 222 528 668.56	6 070 394 123.85
向中央银行借款			
吸收存款及同业存放			
拆入资金			

续前表

项目	附注	期末余额	期初余额
以公允价值计量且其变动计入当期损益的金融负债			
衍生金融负债		5 514 400.00	60 554 289.00
应付票据		45 579 881.91	198 524.86
应付账款		1 019 317 876.98	643 493 380.04
预收款项		341 103 465.27	268 689 162.70
卖出回购金融资产款			
应付手续费及佣金			
应付职工薪酬		15 957 541.29	26 843 555.51
应交税费		102 315 922.90	98 117 599.21
应付利息		142 072 362.08	86 458 417.97
应付股利			
其他应付款		114 044 355.30	119 816 994.73
应付分保账款			
保险合同准备金			
代理买卖证券款			
代理承销证券款			
划分为持有待售的负债			
一年内到期的非流动负债		905 635 624.17	2 139 531 242.01
其他流动负债		2 000 000 000.00	800 000 000.00
流动负债合计		10 914 070 098.46	10 314 097 289.88
非流动负债：			
长期借款		2 736 204 960.26	2 393 534 711.76
应付债券		2 235 573 626.62	2 234 294 581.96
其中：优先股			
永续债			
长期应付款		186 178 097.23	239 050 232.09
长期应付职工薪酬			
专项应付款			
预计负债			
递延收益		5 863 528.02	6 079 115.11
递延所得税负债		44 191 471.18	44 191 471.18
其他非流动负债			
非流动负债合计		5 208 011 683.31	4 917 150 112.10
负债合计		16 122 081 781.77	15 231 247 401.98
所有者权益：			
股本		872 629 500.00	872 629 500.00
其他权益工具			
其中：优先股			
永续债			

续前表

项目	附注	期末余额	期初余额
资本公积		1 277 502 328. 14	1 238 685 776. 09
减：库存股			
其他综合收益		－21 284 986. 59	－127 548 080. 67
专项储备			
盈余公积		176 552 247. 01	176 552 247. 01
一般风险准备			
未分配利润		2 197 386 856. 20	1 860 012 345. 01
归属于母公司所有者权益合计		4 502 785 944. 76	4 020 331 787. 44
少数股东权益		63 695 586. 01	73 545 937. 21
所有者权益合计		4 566 481 530. 77	4 093 877 724. 65
负债和所有者权益总计		20 688 772 562. 54	19 325 125 126. 63

法定代表人：曹江林　　主管会计工作负责人：汪源　　会计机构负责人：丁成车

表 14—19　　**母公司资产负债表**

编制单位：中国巨石股份有限公司　　2015 年 6 月 30 日　　单位：元　币种：人民币

项目	附注	期末余额	期初余额
流动资产：			
货币资金		116 525 395. 85	86 471 772. 43
以公允价值计量且其变动计入当期损益的金融资产			
衍生金融资产			
应收票据		247 716 051. 67	
应收账款		585 832 778. 79	
预付款项		82 717 413. 14	
应收利息			
应收股利			350 000 000. 00
其他应收款		706 605 555. 00	219 407. 09
存货		256 728 025. 80	
划分为持有待售的资产			
一年内到期的非流动资产			
其他流动资产		19 288 010. 44	
流动资产合计		2 015 413 230. 69	436 691 179. 52
非流动资产：			
可供出售金融资产			
持有至到期投资			
长期应收款			
长期股权投资		7 809 747 285. 41	7 810 268 915. 68
投资性房地产			

续前表

项目	附注	期末余额	期初余额
固定资产		624 485.41	679 255.88
在建工程			
工程物资			
固定资产清理			
生产性生物资产			
油气资产			
无形资产			
开发支出			
商誉			
长期待摊费用		4 479 265.49	4 639 239.29
递延所得税资产			
其他非流动资产			
非流动资产合计		7 814 851 036.31	7 815 587 410.85
资产总计		9 830 264 267.00	8 252 278 590.37
流动负债：			
短期借款		1 500 000 000.00	700 000 000.00
以公允价值计量且其变动计入当期损益的金融负债			
衍生金融负债			
应付票据			
应付账款		1 082 143 866.31	
预收款项		20 026 874.10	525 711.60
应付职工薪酬			
应交税费		2 626 071.60	49 196.90
应付利息		66 836 064.65	21 803 446.62
应付股利			
其他应付款		8 816 269.48	2 265 566.50
划分为持有待售的负债			
一年内到期的非流动负债			100 000 000.00
其他流动负债			100 000 000.00
流动负债合计		2 680 449 146.14	924 643 921.62
非流动负债：			
长期借款			
应付债券		1 693 056 126.62	1 692 347 200.04
其中：优先股			
永续债			
长期应付款			
长期应付职工薪酬			
专项应付款			
预计负债			

续前表

项目	附注	期末余额	期初余额
递延收益			
递延所得税负债			
其他非流动负债			
非流动负债合计		1 693 056 126.62	1 692 347 200.04
负债合计		4 373 505 272.76	2 616 991 121.66
所有者权益：			
股本		872 629 500.00	872 629 500.00
其他权益工具			
其中：优先股			
永续债			
资本公积		4 523 159 369.29	4 523 159 369.29
减：库存股			
其他综合收益			
专项储备			
盈余公积		60 751 368.96	60 751 368.96
未分配利润		218 755.99	178 747 230.46
所有者权益合计		5 456 758 994.24	5 635 287 468.71
负债和所有者权益总计		9 830 264 267.00	8 252 278 590.37

法定代表人：曹江林　　主管会计工作负责人：汪源　　会计机构负责人：丁成车

（2）利润表见表 14—20 和表 14—21。

表 14—20　　**合并利润表**

2015 年 1—6 月　　单位：元　币种：人民币

项目	附注	本期发生额	上期发生额
一、营业总收入		3 453 165 822.49	2 833 986 152.38
其中：营业收入		3 453 165 822.49	2 833 986 152.38
利息收入			
已赚保费			
手续费及佣金收入			
二、营业总成本		2 893 879 552.81	2 643 198 946.07
其中：营业成本		2 053 791 413.92	1 873 054 581.11
利息支出			
手续费及佣金支出			
退保金			
赔付支出净额			
提取保险合同准备金净额			
保单红利支出			
分保费用			

续前表

项目	附注	本期发生额	上期发生额
营业税金及附加		23 583 256.32	27 633 498.27
销售费用		122 497 301.32	81 929 017.78
管理费用		294 031 688.52	259 316 485.94
财务费用		390 454 218.94	384 798 823.91
资产减值损失		9 521 673.79	16 466 539.06
加：公允价值变动收益（损失以“—”号填列）			
投资收益（损失以“—”号填列）		—2 250 708.86	—2 533 192.78
其中：对联营企业和合营企业的投资收益		—1 931 208.86	—2 156 255.11
汇兑收益（损失以“—”号填列）			
三、营业利润（亏损以“—”号填列）		557 035 560.82	188 254 013.53
加：营业外收入		22 020 884.10	14 736 724.34
其中：非流动资产处置利得		464 693.74	2 581 914.98
减：营业外支出		1 941 011.49	5 198 455.34
其中：非流动资产处置损失		1 665 494.27	1 351 092.91
四、利润总额（亏损总额以“—”号填列）		577 115 433.43	197 792 282.53
减：所得税费用		97 065 939.47	65 307 653.21
五、净利润（净亏损以“—”号填列）		480 049 493.96	132 484 629.32
归属于母公司所有者的净利润		481 358 378.69	131 149 226.21
少数股东损益		—1 308 884.73	1 335 403.11
六、其他综合收益的税后净额		101 965 167.36	—17 583 415.09
归属母公司所有者的其他综合收益的税后净额		106 263 094.08	—24 149 220.22
（一）以后不能重分类进损益的其他综合收益			
1. 重新计量设定受益计划净负债或净资产的变动			
2. 权益法下在被投资单位不能重分类进损益的其他综合收益中享有的份额			
（二）以后将重分类进损益的其他综合收益		106 263 094.08	—24 149 220.22
1. 权益法下在被投资单位以后将重分类进损益的其他综合收益中享有的份额			
2. 可供出售金融资产公允价值变动损益			
3. 持有至到期投资重分类为可供出售金融资产损益			

续前表

项目	附注	本期发生额	上期发生额
4. 现金流量套期损益的有效部分		47 969 655.65	
5. 外币财务报表折算差额		58 293 438.43	−24 149 220.22
6. 其他			
归属于少数股东的其他综合收益的税后净额		−4 297 926.72	6 565 805.13
七、综合收益总额		582 014 661.32	121 467 019.36
归属于母公司所有者的综合收益总额		587 621 472.77	113 565 811.12
归属于少数股东的综合收益总额		−5 606 811.45	7 901 208.24
八、每股收益：			
（一）基本每股收益（元/股）		0.551 6	0.150 3
（二）稀释每股收益（元/股）		0.551 6	0.150 3

法定代表人：曹江林　　主管会计工作负责人：汪源　　会计机构负责人：丁成车

表 14—21

母公司利润表

2015 年 1—6 月

单位：元　币种：人民币

项目	附注	本期发生额	上期发生额
一、营业收入		1 182 623 640.63	
减：营业成本		1 124 242 028.07	
营业税金及附加		29 766.95	
销售费用		3 211 546.78	
管理费用		8 935 178.42	8 125 225.38
财务费用		75 139 281.62	80 782 843.21
资产减值损失		5 264 607.12	−820 278.31
加：公允价值变动收益（损失以“—”号填列）			
投资收益（损失以“—”号填列）		−521 630.27	−594 911.97
其中：对联营企业和合营企业的投资收益		−521 630.27	−594 911.97
二、营业利润（亏损以“—”号填列）		−34 720 398.60	−88 682 702.25
加：营业外收入		175 791.63	
其中：非流动资产处置利得			
减：营业外支出			
其中：非流动资产处置损失			
三、利润总额（亏损总额以“—”号填列）		−34 544 606.97	−88 682 702.25
减：所得税费用			

续前表

项目	附注	本期发生额	上期发生额
四、净利润（净亏损以“－”号填列）		－34 544 606.97	－88 682 702.25
五、其他综合收益的税后净额			
（一）以后不能重分类进损益的其他综合收益			
1. 重新计量设定受益计划净负债或净资产的变动			
2. 权益法下在被投资单位不能重分类进损益的其他综合收益中享有的份额			
（二）以后将重分类进损益的其他综合收益			
1. 权益法下在被投资单位以后将重分类进损益的其他综合收益中享有的份额			
2. 可供出售金融资产公允价值变动损益			
3. 持有至到期投资重分类为可供出售金融资产损益			
4. 现金流量套期损益的有效部分			
5. 外币财务报表折算差额			
6. 其他			
六、综合收益总额		－34 544 606.97	－88 682 702.25
七、每股收益			
（一）基本每股收益（元/股）			
（二）稀释每股收益（元/股）			

法定代表人：曹江林　　主管会计工作负责人：汪源　　会计机构负责人：丁成车

（3）现金流量表见表14—22和表14—23。

表14—22 **合并现金流量表**

2015年1—6月　　单位：元　币种：人民币

项目	附注	本期发生额	上期发生额
一、经营活动产生的现金流量：			
销售商品、提供劳务收到的现金		2 800 324 386.42	2 051 346 117.32
客户存款和同业存放款项净增加额			
向中央银行借款净增加额			
向其他金融机构拆入资金净增加额			
收到原保险合同保费取得的现金			

续前表

项目	附注	本期发生额	上期发生额
收到再保险业务现金净额			
保户储金及投资款净增加额			
处置以公允价值计量且其变动计入当期损益的金融资产净增加额			
收取利息、手续费及佣金的现金			
拆入资金净增加额			
回购业务资金净增加额			
收到的税费返还		2 739 606.13	5 907 739.71
收到其他与经营活动有关的现金		215 891 601.39	132 776 965.86
经营活动现金流入小计		3 018 955 593.94	2 190 030 822.89
购买商品、接受劳务支付的现金		1 346 094 120.48	1 040 059 579.05
客户贷款及垫款净增加额			
存放中央银行和同业款项净增加额			
支付原保险合同赔付款项的现金			
支付利息、手续费及佣金的现金			
支付保单红利的现金			
支付给职工以及为职工支付的现金		321 479 244.20	297 762 381.45
支付的各项税费		341 688 482.52	313 368 063.67
支付其他与经营活动有关的现金		241 237 030.06	171 941 674.03
经营活动现金流出小计		2 250 498 877.26	1 823 131 698.20
经营活动产生的现金流量净额		768 456 716.68	366 899 124.69
二、投资活动产生的现金流量：			
收回投资收到的现金			
取得投资收益收到的现金		4 347 778.04	
处置固定资产、无形资产和其他长期资产收回的现金净额		111 411.43	1 000.00
处置子公司及其他营业单位收到的现金净额			218 300.00
收到其他与投资活动有关的现金			
投资活动现金流入小计		4 459 189.47	219 300.00
购建固定资产、无形资产和其他长期资产支付的现金		53 800 252.52	513 827 385.66
投资支付的现金			70 880 424.45
质押贷款净增加额			
取得子公司及其他营业单位支付的现金净额		1 125 522.28	

续前表

项目	附注	本期发生额	上期发生额
支付其他与投资活动有关的现金			
投资活动现金流出小计		54 925 774.80	584 707 810.11
投资活动产生的现金流量净额		−50 466 585.33	−584 488 510.11
三、筹资活动产生的现金流量：			
吸收投资收到的现金		38 816 552.05	
其中：子公司吸收少数股东投资收到的现金			
取得借款收到的现金		14 211 592 442.80	7 093 728 847.13
发行债券收到的现金			300 000 000.00
收到其他与筹资活动有关的现金			79 506 490.16
筹资活动现金流入小计		14 250 408 994.85	7 473 235 337.29
偿还债务支付的现金		13 882 770 350.06	7 175 929 946.86
分配股利、利润或偿付利息支付的现金		457 851 672.96	412 300 664.73
其中：子公司支付给少数股东的股利、利润			3 199 031.82
支付其他与筹资活动有关的现金		16 965 901.08	5 698 479.12
筹资活动现金流出小计		14 357 587 924.10	7 593 929 090.71
筹资活动产生的现金流量净额		−107 178 929.25	−120 693 753.42
四、汇率变动对现金及现金等价物的影响		10 038 734.98	10 041 674.59
五、现金及现金等价物净增加额		620 849 937.08	−328 241 464.25
加：期初现金及现金等价物余额		1 209 076 952.68	1 841 420 934.84
六、期末现金及现金等价物余额		1 829 926 889.76	1 513 179 470.59

法定代表人：曹江林　　主管会计工作负责人：汪源　　会计机构负责人：丁成车

表 14—23　　**母公司现金流量表**

2015 年 1—6 月　　单位：元　币种：人民币

项目	附注	本期发生额	上期发生额
一、经营活动产生的现金流量：			
销售商品、提供劳务收到的现金		136 048 840.97	
收到的税费返还			
收到其他与经营活动有关的现金		662 284 228.64	392 088 834.12
经营活动现金流入小计		798 333 069.61	392 088 834.12
购买商品、接受劳务支付的现金		47 074 129.14	
支付给职工以及为职工支付的现金		6 954 392.59	3 335 327.85
支付的各项税费		1 497 634.71	66 593.87

续前表

项目	附注	本期发生额	上期发生额
支付其他与经营活动有关的现金		1 483 423 161.54	398 689 667.35
经营活动现金流出小计		1 538 949 317.98	402 091 589.07
经营活动产生的现金流量净额		－740 616 248.37	－10 002 754.95
二、投资活动产生的现金流量：			
收回投资收到的现金			
取得投资收益收到的现金		350 000 000.00	119 300 000.00
处置固定资产、无形资产和其他长期资产收回的现金净额			
处置子公司及其他营业单位收到的现金净额			
收到其他与投资活动有关的现金			
投资活动现金流入小计		350 000 000.00	119 300 000.00
购建固定资产、无形资产和其他长期资产支付的现金			6 360.00
投资支付的现金			2 128 832.26
取得子公司及其他营业单位支付的现金净额			
支付其他与投资活动有关的现金			
投资活动现金流出小计			2 135 192.26
投资活动产生的现金流量净额		350 000 000.00	117 164 807.74
三、筹资活动产生的现金流量：			
吸收投资收到的现金			
取得借款收到的现金		6 200 000 000.00	350 000 000.00
收到其他与筹资活动有关的现金			168 358.50
筹资活动现金流入小计		6 200 000 000.00	350 168 358.50
偿还债务支付的现金		5 600 000 000.00	410 000 000.00
分配股利、利润或偿付利息支付的现金		177 827 188.60	109 880 732.23
支付其他与筹资活动有关的现金		1 500 000.00	2 639 616.56
筹资活动现金流出小计		5 779 327 188.60	522 520 348.79
筹资活动产生的现金流量净额		420 672 811.40	－172 351 990.29
四、汇率变动对现金及现金等价物的影响		－2 939.61	
五、现金及现金等价物净增加额		30 053 623.42	－65 189 937.50
加：期初现金及现金等价物余额		86 471 772.43	189 104 081.98
六、期末现金及现金等价物余额		116 525 395.85	123 914 144.48

法定代表人：曹江林　　主管会计工作负责人：汪源　　会计机构负责人：丁成车

（4）所有者权益变动表见表14—24和表14—25。

表 14—24

合并所有者权益变动表

2015 年 1—6 月

单位：元　币种：人民币

项目	本期												
	归属于母公司所有者权益											少数股东权益	所有者权益合计
	股本	其他权益工具			资本公积	减：库存股	其他综合收益	专项储备	盈余公积	一般风险准备	未分配利润		
		优先股	永续债	其他									
一、上年期末余额	872 629 500.00				1 238 685 776.09		−127 548 080.67		176 552 247.01		1 860 012 345.01	73 545 937.21	4 093 877 724.65
加：会计政策变更													
前期差错更正													
同一控制下企业合并													
其他													
二、本年期初余额	872 629 500.00				1 238 685 776.09		−127 548 080.67		176 552 247.01		1 860 012 345.01	73 545 937.21	4 093 877 724.65
三、本期增减变动金额（减少以“—”号填列）					38 816 552.05		106 263 094.08				337 374 511.19	−9 850 351.20	472 603 806.12
（一）综合收益总额							106 263 094.08				481 358 378.69	−5 606 811.45	582 014 661.32
（二）所有者投入和减少资本					38 816 552.05								38 816 552.05
1. 股东投入的普通股													
2. 其他权益工具持有者投入资本													
3. 股份支付计入所有者权益的金额													
4. 其他					38 816 552.05								38 816 552.05

续前表

项目	本期												
	归属于母公司所有者权益											少数股东权益	所有者权益合计
	股本	其他权益工具			资本公积	减：库存股	其他综合收益	专项储备	盈余公积	一般风险准备	未分配利润		
		优先股	永续债	其他									
（三）利润分配											−143 983 867.50	−4 243 539.75	−148 227 407.25
1. 提取盈余公积													
2. 提取一般风险准备													
3. 对所有者（或股东）的分配											−143 983 867.50	−4 243 539.75	−148 227 407.25
4. 其他													
（四）所有者权益内部结转													
1. 资本公积转增资本（或股本）													
2. 盈余公积转增资本（或股本）													
3. 盈余公积弥补亏损													
4. 其他													
（五）专项储备													
1. 本期提取													
2. 本期使用													
（六）其他													
四、本期期末余额	872 629 500.00				1 277 502 328.14		−21 284 986.59		176 552 247.01		2 197 386 856.20	63 695 586.01	4 566 481 530.77

续前表

项目	上期												
	归属于母公司所有者权益											少数股东权益	所有者权益合计
	股本	其他权益工具			资本公积	减：库存股	其他综合收益	专项储备	盈余公积	一般风险准备	未分配利润		
		优先股	永续债	其他									
一、上年期末余额	872 629 500.00				1 238 625 946.83		−64 390 563.09		158 468 756.48		1 499 765 538.55	83 187 578.36	3 788 286 757.13
加：会计政策变更													
前期差错更正													
同一控制下企业合并													
其他													
二、本年期初余额	872 629 500.00				1 238 625 946.83		−64 390 563.09		158 468 756.48		1 499 765 538.55	83 187 578.36	3 788 286 757.13
三、本期增减变动金额（减少以"—"号填列）							−17 583 415.09				34 942 535.09	−1 863 628.71	15 495 491.29
（一）综合收益总额							−17 583 415.09				131 149 226.21	1 335 403.11	114 901 214.23
（二）所有者投入和减少资本													
1. 股东投入的普通股													
2. 其他权益工具持有者投入资本													
3. 股份支付计入所有者权益的金额													
4. 其他													
（三）利润分配											−96 206 691.12	−3 199 031.82	−99 405 722.94
1. 提取盈余公积													
2. 提取一般风险准备													

续前表

项目	上期											
	归属于母公司所有者权益										少数股东权益	所有者权益合计
	股本	其他权益工具			资本公积	减：库存股	其他综合收益	专项储备	盈余公积	一般风险准备	未分配利润		
		优先股	永续债	其他									
3. 对所有者（或股东）的分配											−96 206 691.12	−3 199 031.82	−99 405 722.94
4. 其他													
（四）所有者权益内部结转													
1. 资本公积转增资本（或股本）													
2. 盈余公积转增资本（或股本）													
3. 盈余公积弥补亏损													
4. 其他													
（五）专项储备													
1. 本期提取													
2. 本期使用													
（六）其他													
四、本期期末余额	872 629 500.00				1 238 625 946.83		−81 973 978.18		158 468 756.48		1 534 708 073.64	81 323 949.65	3 803 782 248.42

法定代表人：曹江林　　主管会计工作负责人：汪源　　会计机构负责人：丁成车

表 14—25

母公司所有者权益变动表

2015 年 1—6 月

单位：元　币种：人民币

项目	本期									
	股本	其他权益工具			资本公积	减：库存股	其他综合收益	专项储备	盈余公积	未分配利润	所有者权益合计
		优先股	永续债	其他							
一、上年期末余额	872 629 500.00				4 523 159 369.29				60 751 368.96	178 747 230.46	5 635 287 468.71
加：会计政策变更											
前期差错更正											
其他											
二、本年期初余额	872 629 500.00				4 523 159 369.29				60 751 368.96	178 747 230.46	5 635 287 468.71
三、本期增减变动金额（减少以“—”号填列）										−178 528 474.47	−178 528 474.47
（一）综合收益总额										−34 544 606.97	−34 544 606.97
（二）所有者投入和减少资本											
1. 股东投入的普通股											
2. 其他权益工具持有者投入资本											
3. 股份支付计入所有者权益的金额											
4. 其他											
（三）利润分配										−143 983 867.50	−143 983 867.50
1. 提取盈余公积											

续前表

项目	本期									
	股本	其他权益工具			资本公积	减：库存股	其他综合收益	专项储备	盈余公积	未分配利润	所有者权益合计
		优先股	永续债	其他							
2. 对所有者（或股东）的分配										−143 983 867.50	−143 983 867.50
3. 其他											
（四）所有者权益内部结转											
1. 资本公积转增资本（或股本）											
2. 盈余公积转增资本（或股本）											
3. 盈余公积弥补亏损											
4. 其他											
（五）专项储备											
1. 本期提取											
2. 本期使用											
（六）其他											
四、本期期末余额	872 629 500.00				4 523 159 369.29				60 751 368.96	218 755.99	5 456 758 994.24

续前表

项目	上期									
	股本	其他权益工具			资本公积	减：库存股	其他综合收益	专项储备	盈余公积	未分配利润	所有者权益合计
		优先股	永续债	其他							
一、上年期末余额	872 629 500.00				4 523 159 369.29				42 667 878.43	112 202 506.86	5 550 659 254.58
加：会计政策变更											
前期差错更正											
其他											
二、本年期初余额	872 629 500.00				4 523 159 369.29				42 667 878.43	112 202 506.86	5 550 659 254.58
三、本期增减变动金额（减少以"－"号填列）										－184 889 393.37	－184 889 393.37
（一）综合收益总额										－88 682 702.25	－88 682 702.25
（二）所有者投入和减少资本											
1. 股东投入的普通股											
2. 其他权益工具持有者投入资本											
3. 股份支付计入所有者权益的金额											
4. 其他											
（三）利润分配										－96 206 691.12	－96 206 691.12
1. 提取盈余公积											
2. 对所有者（或股东）的分配										－96 206 691.12	－96 206 691.12
3. 其他											
（四）所有者权益内部结转											

续前表

项目	上期									
	股本	其他权益工具			资本公积	减：库存股	其他综合收益	专项储备	盈余公积	未分配利润	所有者权益合计
		优先股	永续债	其他							
1. 资本公积转增资本（或股本）											
2. 盈余公积转增资本（或股本）											
3. 盈余公积弥补亏损											
4. 其他											
（五）专项储备											
1. 本期提取											
2. 本期使用											
（六）其他											
四、本期期末余额	872 629 500.00				4 523 159 369.29				42 667 878.43	−72 686 886.51	5 365 769 861.21

法定代表人：曹江林　　主管会计工作负责人：汪源　　会计机构负责人：丁成车

（5）会计报表附注部分的主要披露。会计报表附注主要披露的内容有：1）公司简介，包括公司的历史沿革、公司所属行业性质和业务范围、主要产品；2）公司主要会计政策、会计估计和合并财务报表的编制方法；3）税项，即公司适用的税种与税率；4）控股子公司、联营企业、合营企业；5）会计报表主要项目注释。

（十）备查文件目录

（1）载有公司法定代表人、财务负责人和会计机构负责人签名并盖公章的财务会计报表。

（2）报告期内在中国证监会指定报纸上公开披露过的所有公司文件的正本及公告的原稿。

思考题

1. 我国上市公司信息披露体系由哪几部分构成？每部分有哪些内容？
2. 如何理解经营分部的概念？
3. 什么是报告分部？在确定报告分部时应该采用什么标准？
4. 为什么要进行中期财务报告？
5. 上市公司编制中期报告时，在经营成果的确定上涉及哪些问题？对于如何处理这些问题，会计界提出了哪些解释理论？

练习题

1. 某集团公司有关分部信息资料如下表所示（单位：万元）：

项目	中国分部	美国分部	英国分部	法国分部	德国分部
营业收入					
其中：对外营业收入	82 000	441 000	300 000	49 000	91 000
分部间营业收入	350 000	80 000	270 000		
可辨认资产	48 000	180 000	158 000	27 000	39 000
税后利润	150 000	198 000	187 000	9 000	20 000

要求：确定上述哪些分部是报告分部。

2. ABC公司属于季节性生产企业，第一季度为生产淡季。20×5年第一季度转回由前期已注销的应收账款420万元，致使第一季度利润表反映的净利润为600万元。公司第二季度净利润为12 000万元，预计全年的净利润为28 000万元。

要求：分析说明该注销的应收账款转回事项如何在财务报告中披露。

3. 甲公司的广告费支出允许在应纳税所得额中扣除的比例为不超过年度销售收入的2%，甲公司所得税税率为33%，在20×5年度只有3月份发生了一笔广告费支出300万元，20×5年1—4季度的销售收入分别为1 000万元、2 000万元、4 000万元、3 000 万元，全年销售共计 10 000 万元。

要求：请说明确认该广告费支出事项的中期会计计量和披露。

4. 裕达公司 20×2 年 12 月 29 日购入一管理用设备，价款 1 500 万元，预计使用 10 年，采用直线法折旧，无残值。公司按净利润的 15%计提盈余公积，公司中期不作利润分配。20×4 年 1 月 1 日，该公司为使会计信息更相关、可靠，决定改用双倍余额法计提折旧，并采用追溯调整法进行会计政策变更时的会计处理，不考虑所得税的影响。

要求：

(1) 编制会计政策变更时的会计调整分录。

(2) 说明如何在第一季度会计报表中披露该会计政策变更事项。

5. 天马公司是一家需要编制季度财务报告的企业，公司所得税按年计征、分季预缴，全年预计应纳税所得额为 14 800 万元，估计存在永久性差异免税国债利息 1 800 万元。公司在 20×5 年第一季度的应纳税所得额为 3 800 万元（含永久性差异 800 万元），上半年累积应纳税所得额为 5 900 万元，1—9 月份累计应纳税所得额为 9 800 万元（含 8 月份发生的永久性差异 300 万元），全年应纳税所得额为 15 800 万元，该公司适用所得税税率是 33%，公司年度会计报表采用应付税款法核算所得税。

要求：根据上述资料，计算天马公司 20×5 年各季度应交的所得税和应确认的所得税费用。

第十五章

租赁会计

引例　中国巨石灵活运用租赁业务

改革开放以后，随着1981年中国东方租赁公司与中国租赁有限公司的成立，标志着我国现代租赁业的诞生，而现代租赁业的本质是融资租赁。风风雨雨30多年，截至2013年年底，我国在册运营的各类融资租赁公司共约1 026家，全国融资租赁合同余额约21 000亿元人民币，其中售后租回业务占比近50%。

由于融资租赁公司为广大企业服务，作为承租人的企业数量更为庞大，因此我们站在融资租赁承租人的角度，以中国巨石（600176.SH）为例，看看其2013年的租赁情况。在经营租赁方面，出租房屋建筑物，期末账面价值为0.22亿元；在融资租赁方面，租入机器设备，期末净值3.38亿元。值得一提的是，2013年12月，中国巨石全资子公司巨石集团与招银金融租赁有限公司（以下简称“招银租赁”）签署融资租赁协议，将价值4亿元的生产设备转让给招银租赁，并于售出后回租，租金总额4亿元，首期租金1亿元，租期三年，按季支付；租赁保证金0.24亿元，一次性支付；名义参考年租金利率为中国人民银行1～3年期贷款基准利率。

可见，对中国巨石来说，为了降低融资成本，可以灵活运用售后租回的方式。那么一旦有了租赁业务，我们该如何进行会计处理呢？

希望通过本章的学习，各位读者能找到答案。

学习目标

- 了解租赁的概念、特征及其分类
- 掌握承租人和出租人对经营租赁的会计处理
- 掌握承租人和出租人对融资租赁的会计处理
- 掌握售后租回交易的会计处理

第一节　租赁概述

一、租赁业务的重要性

租赁，是指出租人在承租人支付一定报酬（通常为定期支付的租金）的条件下，授予承租人在约定的期限内占有和使用租赁资产（不动产或动产）权利的一种契约。人们习惯上称这种契约为租赁合同。

租赁是种既古老又很崭新的交易方式。世界租赁业发展至今，已经形成了一个专门的行业，在现代经济活动中，占有相当重要的地位。租赁标的可以是价值比较低的流动资产，如办公用品，也可以是固定资产，如大型的飞机、轮船；租赁期间有的只有几天或几个月，而长的可以是几十年。租赁业务如此重要的原因主要有以下几点：一是对于承租人而言，不用支付租赁资产的全部价款就可以使用资产，不需要将资金冻结在固定资产上；二是对于出租人而言，可以赚取较高的利息收入，如果出租人是制造商或者是销售商，他们还可以增加产品的销路。

二、租赁业务的主要会计问题

一般的短期租赁，其会计处理较为简单。承租人支付租金时，作为租金费用；出租人收到租金时，作为租金收入。租赁会计的主要问题在于长期不可撤销租赁合同的处理方式。有些租赁合同期限长到与租赁资产的估计使用年限相当，或租期虽然比使用年限短，但是所付租金却和购买价格差不多，这种租赁合同的会计处理，是主要的争论焦点。

有些会计人员认为，长期租赁合同没有必要将租金资本化，仅在支付租金的年度确认费用即可。他们的主要理由是：承租人对租赁标的物无所有权，且租赁合同是一种双方互负履行义务的合约，出租人应于未来提供资产给承租人使用，而承租人则应于未来支付租金。双方均应于未来履行合同，若有一方不履行，另一方即无履约的义务。这种履约合同(executory contract，即双方在未来互负履行义务的契约)，如员工的雇用合同，会计上均未确认资产及负债。例如公司在雇用员工时，并未按照其估计服务期间薪资的现值，借记“人力资产”，贷记“长期负债”；因而长期租赁合同也没有进行特别处理的理由。另外，将长期租赁合同资本化，确认资产及负债，一方面会降低公司总资产的投资报酬率（净利润/总资产）；另一方面会增加负债比率（负债/股东权益），所以承租人多半不愿将租金资本化。

另外一些会计人员则认为，长期不可撤销的租赁合同，承租人应将应付的租金资本化（即计算租赁期间应付租金的现值），一方面确认为租赁资产；另一方面确认长期租赁负债。他们的主要理由如下：(1) 承租人虽然没有租赁物的所有权，但有长期使用权，这种使用权也是资产价值的一种；(2) 长期租赁合同与分期付款购买没有什么不同，分期付款购买时，应将资产入账，并确认长期负债，长期租赁合同自然也应该同样处理；(3) 企业可以举借长期借款，以所得资金购买资产，此时资产及负债均应入账；长期租赁合同的性质与此类业务也相似，若不确认租赁资产及负债，而将每期支付的租金作为费用，则承租人的财务报表就无法与借款购买资产的公司相互比较。

对于长期租赁合同的会计处理方法，虽然以上两方各有各的理由，但是如果租赁合同本身性质上属于分期付款的买卖，但却未将其资本化，则在损益计算以及资产负债表的表达上，均可能发生重大偏差。例如某租赁资产的售价为 480 000 元，估计耐用年限为 10 年，租期 3 年，每年租金 210 000 元，租期届满后承租人可以支付 8 400 元的价款取得所有权。该项租赁实际上为分期付款的买卖，若承租人不将支付的租金资本化列为企业资产，而在每期支付时作为当期的费用，则每年的费用均为 210 000 元，第 3 年年底以 8 400 元取得该资产，尚有 7 年的耐用年限，每年计提折旧 1 200 元（假定无残值，按照直线法计提折旧）。则承租人使用该资产前 3 年每年负担 210 000 元的费用，后 7 年每年仅 1 200 元，显然不够合理。

同样，若上例中出租人不将出租资产作为出售处理，而以每年收到的租金作为收入，同时将该资产的购入成本（假设也是 480 000 元）按照估计耐用年限 10 年计提折旧，每年折旧费用 48 000 元，则前 3 年每年均有净收益 162 000 元（即租金收入 210 000 元－折旧费 48 000 元），到第 3 年年底以 8 400 元将该资产出售时，该资产尚有净值 336 000 元，因而产生出售损失 327 600 元。因此，三年中每年所计算的损益都不正确，资产负债表中所列资产的价值也不真实。

那些主张将租赁合同资本化的会计人员，也存在程度上的差别：(1) 将具有分期付款性质的租赁合同资本化；(2) 将不可撤销，或一旦撤销或不履行将遭受重大的违约责任所以一般不会撤销的租赁合同资本化；(3) 将全部长期租赁合同均资本化。我国的租赁准则采用 (1)、(2) 两种观点，凡是不可撤销且在性质上属于分期付款买卖的租赁合同，也就是出租人已经将租赁资产所有权上的风险和报酬转移给承租人的，承租人应将应付租金资本化，同时确认资产及负债；而出租人也应该按照出售处理（将出租资产转销）。所谓风险包括由于生产能力的闲置、技术陈旧等因素可能造成的损失，以及因经济条件发生变化而可能导致的收入的变动。报酬是指在资产的经济使用年限中预期将得到的经营获利，以及通过资产的升值或残值的变现而获得的利益。

三、租赁的相关概念及其分类

（一）租赁的概念与特征

按照我国租赁会计准则，租赁是指在约定的期间内，出租人将资产使用权让与承租人以获取租金的协议。租赁会计不涉及：

(1) 电影、录像、剧本、文稿、专利和版权等项目的许可使用协议；

(2) 出租人以经营租赁方式租出的土地使用权和建筑物；

(3) 出租人因融资租赁形成的长期债权减值。

广义的租赁概念，不仅是指作为一种经济活动的租赁交易，也是指一种契约形式的租约。现代租赁作为一种融通资金和融通物资相结合的特殊筹资方式，主要有以下几个特征：

（1）租赁是将一项资产的使用权和所有权相分离的经济业务。采用租赁方式的承租人不需要购买一项资产就可以获得它的使用权，但是在租赁期间内，租入资产的所有权仍然属于出租人。

（2）有些租赁是以租赁实物资产的形式达到融资的目的，即通过分期支付小额的租赁费用而取得资产的使用权，如同承租人从出租人处取得了一笔信贷。不过这和银行的信贷服务还是存在差别的，银行信贷是一种货币信贷，表现为资金运动的一种融资方式。

（3）租赁的形式多样化，可以根据承租人的实际需要灵活选择。不仅可以选择租赁的资产，而且可以选择租赁的时间。

（4）租赁合同的主体一般至少涉及两方，即出租人和承租人。出租人转让资产的使用权但是保留资产的所有权，承租人取得资产的使用权但是并没有获得资产的所有权。通过举债方式租赁的，还会包括贷款人。

（二）租赁的相关概念

1. 租赁开始日

租赁开始日是指租赁协议日与租赁各方就主要租赁条款作出承诺日中的较早者。承租人和出租人应当在租赁开始日将租赁分为融资租赁和经营租赁。由此可见，租赁开始日即是租赁被分类的时点。

2. 租赁期开始日

租赁期开始日是指承租人有权执行其使用租赁资产权利的开始日。它是租赁的初始确认日，即对租赁引起的资产、负债、收益或费用进行合理确认的时点。

3. 租赁资产的公允价值

租赁资产的公允价值是指在买卖双方不存在任何关联方关系的情况下，依照公平交易，租赁物所能成交的价格。如果出租人是制造商或者是销售商，则公允价值是指其正常销售价格；如果出租人是租赁公司，则公允价值是指其购买租赁资产的成本；如果购买和出租已经相隔一定的时间，则租赁资产的公允价值是租赁开始日的重置成本。

4. 优惠购买选择权

优惠购买选择权是指承租人有权在租赁期届满或者在约定的日期，依照低于当时公允价值的价格购买租赁资产，其价格低到在租赁开始日几乎可以确定承租人一定会购买。

5. 优惠续租权

优惠续租权是指承租人有权在租赁期届满或者在约定的日期起，依照低于当时公平租金的租金继续承租租赁资产，其价格低到在租赁开始日几乎可以确定承租人一定会继续承租。

6. 租赁期

租赁期是指租赁合同规定的不可撤销的租赁期间。

如果承租人有权选择继续租赁该资产，而且在租赁开始日就可以合理确定承租人将会行使这种选择权，则不论是否再支付租金，续租期都应当包括在租赁期内；如果租赁合同规定承租人享有优惠购买选择权，而且在租赁开始日就可以合理确定承租人将会行使这种选择权，则租赁期最长不得超过自租赁开始日起至优惠购买选择权行使之日止的期间。

租赁期又称租赁期限或还租期限，其长短一般在租赁合同中有明确规定。如果租赁合同规定承租人有优惠续租选择权，即承租人续租的租金预计远低于行使优惠续租选择权日正常的租金，因而在租赁开始日就可以合理地确定承租人将会行使这种选择权，在这种情况下，租赁期应包括优惠续租选择权所涉及的期间（即续租期）。这里的“远低于”，通常是指低于70%（含70%）。

应该注意的是，如果租赁合同规定承租人享有优惠购买选择权，即所订立的购价预计远低于行使这种选择权日租赁资产的公允价值，因而在租赁开始日就可以合理地确定承租人将会行使这种选择权，在这种情况下，承租人行使优惠购买选择权即意味着合同终止，因此租赁期最长不得超过租赁开始日至优惠购买选择权行使之日的期间。

判断所订立的购价是否远低于行使这种选择权日租赁资产的公允价值，应从购价本身所体现的含义来理解。优惠购买选择权所指的购价，只是象征性的，其实是一种名义购买价。在实务中，一般可按照低于5%（含5%）来掌握。

7. 不可撤销租赁

不可撤销租赁是指只在以下一种或数种情况下才可撤销的租赁：

（1）经出租人同意；

（2）承租人与原出租人就同一资产或同类资产签订了新的租赁合同；

（3）承租人支付了一笔足够大的额外款项；

（4）发生某些很少会出现的或有事项。

不可撤销租赁是相对“可撤销租赁”而言的，主要是从承租人角度做出的定义。承租人一般情况下是不能撤销租赁合同的，除非：（1）经出租人同意。根据《中华人民共和国合同法》第一章第八条“依法成立的合同，对当事人具有法律约束力。当事人应当按照约定履行自己的义务，不得擅自变更或解除合同”，承租人要解除租赁合同一般应征得出租人同意。（2）承租人与原出租人就同一资产或同类资产签订了新的租赁合同，在这种情况下，承租人与原出租人签订的原租赁合同被新租赁合同所替代。（3）承租人额外支付了一笔足够大的款项。承租人如果解除租赁合同，这笔款项将作为对出租人的补偿归出租人所有，承租人会遭受巨额损失。所以一般情况下承租人不会撤销租赁合同。换言之，正是由于承租人已额外支付了一笔足够大的款项，即使其提出撤销租赁合同，出租人已确定可以得到补偿，因此出租人才会同意。（4）发生了某些很少会出现的或有事项，比如企业破产倒闭。只有出现了上述四种情况中的一种或多种，租赁合同才可撤销。

8. 担保余值

就承租人而言，担保余值是指由承租人或与其有关的第三方担保的资产余值；就出租人而言，是指就承租人而言的担保余值加上独立于承租人和出租人、但在财务上有能力担保的第三方担保的资产余值。其中，资产余值是指在租赁开始日估计的租赁期届满时租赁资产的公允价值。

担保余值是相对于未担保余值而言的。为了促使承租人谨慎地使用租赁资产，尽量减少出租人自身的风险和损失，租赁合同有时要求承租人或与其有关的第三方对租赁资产的余值进行担保，此时的担保余值是针对承租人而言的。这里“与其有关的第三方”是指在业务经营或财务上与承租人有关的各方，如母公司、子公司、联营企业、合营企业、主要原料供应商、主要产品承销商、租赁资产出售方等。除此以外，担保人还可能是与承租人和出租人均无关、但在财务上有能力担保的第三方，如担保公司，此时的担保余值是针对出租人而言的。

9. 未担保余值

未担保余值是指租赁资产余值中扣除就出租人而言的担保余值以后的资产余值。

未担保余值表明没有人担保而由出租人自身负担的那部分余值。这部分余值能否收回，没有切实可靠的保证，因此，在租赁开始日不能作为长期应收款——应收融资租赁款的一部分。

10. 或有租金

或有租金是指金额不确定、以时间长短以外的其他因素（如销售百分比、使用量、物价指数等）为依据计算的租金。

11. 履约成本

履约成本又称执行成本，是指在租赁期内为租赁资产支付的各种使用成本，如技术咨询和服务费、人员培训费、维修费、保险费等。

12. 最低租赁付款额

最低租赁付款额是指在租赁期内，承租人应支付或可能被要求支付的各种款项（不包括或有租金和履约成本），加上有承租人或与其有关的第三方担保的资产余值。

这是从承租人角度规定的一个概念，其中“最低”一词是相对或有租金、履约成本等而言，也就是说，最低租赁付款额中不包括或有租金和履约成本。租赁合同规定的内容不同，最低租赁付款额的构成内容也不相同。

（1）如果租赁协议没有规定优惠购买选择权，则最低租赁付款额包括：

1）租赁期内承租人每期支付的租金；

2）租赁期届满时，由承租人或与其有关的第三方担保的资产余值；

3）租赁期届满时，承租人未能续租或展期造成的任何应由承租人支付的款项。

（2）如果租赁协议规定有优惠购买选择权，则最低租赁付款额包括：

1）自租赁开始日起至优惠购买选择权行使之日止即整个租赁期内承租人每期支付的租金；

2）承租人行使优惠购买选择权而支付的任何款项。

最低租赁付款额＝各期租金付款额＋优惠购买价格

或　　＝各期租金付款额＋(承租人)担保余值

13. 最低租赁收款额

最低租赁收款额是指最低租赁付款额加上与承租人和出租人均无关、但在财务上有能力担保的第三方对出租人担保的资产余值。

与承租人的最低租赁付款额相对应，最低租赁收款额是从出租人角度规定的一个概念，其中“最低”一词也是相对或有租金、履约成本等而言的，也就是说，最低租赁收款额中不包括或有租金和履约成本。出租人除了根据租赁合同规定要求承租人支付最低租赁付款额外，如果还存在与承租人和出租人均无关、但在财务上有能力担保的第三方对出租人的资产余值提供担保，则表明租赁期满时能够保证出租人实现这一确定的金额，这一担保的资产余值也应包括在出租人的最低租赁收款额之中。

14. 租赁内含利率

租赁内含利率实际上是租赁资产内含的报酬率，是指在租赁开始日，使最低租赁收款额的现值与未担保余值的现值之和等于租赁资产公允价值与出租人的初始直接费用之和的折现率。

（三）租赁的分类

1. 租赁分类的原则

租赁的分类遵循实质重于形式的原则。

（1）承租人和出租人应当在租赁开始日将租赁分为融资租赁和经营租赁。

（2）根据租赁的目的，以与租赁资产所有权相关的风险和报酬归属于出租人或承租人的程度为依据，将其分为融资租赁和经营租赁。如果实质上转移了与租赁资产所有权有关的全部风险和报酬，则该项租赁为融资租赁；反之，则为经营租赁。

可见，对租赁进行分类首先要理解与租赁资产所有权相关的风险和报酬的含义。所谓与资产所有权相关的风险，是指由于经营情况变化造成相关收益的变动，以及由于资产闲置或技术陈旧而发生的损失等；所谓与资产所有权相关的报酬，是指在资产可使用年限内直接使用资产而获得的经济利益、资产增值，以及处置资产所实现的收益等。对特定租赁项目而言，只有在实质上转移了与资产所有权有关的全部风险和报酬，才能认定为融资租赁。

应该注意的是，在融资租赁业务中，风险和报酬的转移与所有权的转移并不一定是同时的，所有权的转移更多的是一种法律形式，从租赁分类角度看，这只是充分条件，而不是必要条件。租赁期届满后，如果承租人购买了租赁资产，则租赁资产所有权转移给承租人，否则，租赁资产所有权一般不会转移给承租人。但不能就此认定这不是融资租赁。一般情况下，如果租赁资产的效益大部分已在租赁期内为承租人所获得，租赁期满后，即使租赁资产归还给出租人，这项资产的价值与其出租前相比，已不重要。这时应将该租赁作为融资租赁。

（3）承租人和出租人对同一项租赁所划归的类型应当一致。

（4）如果承租人和出租人在租赁期内的某一时间同意改变租赁合同的条款（续租除外），由此改变了原来对租赁的分类，则出租人和承租人均应当根据修订后的租赁合同，重新对租赁进行分类。但是，由于租赁资产使用年限或担保余值的改变等导致会计估计的变更，或发生承租人违约等事项，不应当对租赁重新分类。

表 15—1 列示了融资租赁和经营租赁的区别。

表 15—1　融资租赁和经营租赁的区别

	融资租赁	经营租赁
风险和报酬	承租人承担	出租人承担
租期	租赁期较长	租赁期较短
租赁合同	不可撤销	可以中途解除合同
租金	视租赁期长短而定，租金较低	每期租金固定，租金较高
设备成本	租赁期内能全部或者大部分收回	合同期内不能全部收回
使用成本	维护费用、保险费、税金由承租人承担	维护费用、保险费、税金由出租人承担
目的	以融物来代替融资	短期使用

2. 租赁分类的具体标准

根据我国 2006 年修订的《企业会计准则第 21 号——租赁》的规定，承租人和出租人应当在租赁开始日将租赁资产分为融资租赁和经营租赁。企业在对租赁进行分类时，应当全面考虑租赁期届满时租赁资产所有权是否转移给承租人、承租人是否有购买租赁资产的选择权、租赁期占租赁资产使用寿命的比例等各种因素。满足以下一项或数项标准的租赁，应当认定为融资租赁：

（1）在租赁期届满时，租赁资产的所有权转移给承租人。

（2）承租人有购买租赁资产的选择权，所订立的购价预计将远低于行使选择权时租赁资产的公允价值，因而在租赁开始日就可以合理确定承租人将会行使这种选择权。

（3）即使资产的所有权不转让，但是，租赁期占租赁资产使用寿命的大部分。

（4）承租人在租赁开始日的最低租赁付款额的现值，几乎相当于租赁开始日租赁资产公允价值；出租人在租赁开始日的最低租赁收款额的现值，几乎相当于租赁开始日租赁资产公允价值。

（5）租赁资产性质特殊，如果不作较大改造，只有承租人才能使用。

在实际操作中，上述第二项标准中“远低于”是指购价低于行使选择权时租赁资产的公允价值的5%。第三项标准中“大部分”时间是指租赁期占租赁资产使用寿命的75%以上。第四项标准是价值补偿性标准，其中的“几乎相当于”是指90%及以上。这项标准分别承租人和出租人，从租赁开始日最低租赁付款额现值或最低租赁收款额现值占租赁资产公允价值的比例来判断租赁的类型。

以上是我国租赁会计准则对于租赁的分类，美国财务会计准则委员会在其第13号财务会计准则公告中也对租赁进行了分类，从承租人的角度看和我国的分类标准相似，但是对于出租人而言除了满足上述四个条件外，还应该符合下列两个条件，才能确认为融资租赁：一是应收租赁款的可能性能合理估计（能合理地估计坏账）；二是应该由出租人负担的未来成本，没有重大的不确定性。同时美国会计准则从出租人角度根据租赁资产是否产生制造商或经销商损益，将融资租赁分为直接融资租赁和销售型租赁。凡融资租赁产生制造商或经销商损益，即租赁资产的公允价值或售价大于或小于租赁资产的成本或账面价值的，为销售型租赁；凡融资租赁不产生制造商或经销商损益，即租赁资产公允价值等于出租人的成本或账面价值的，为直接融资租赁。国际会计准则对租赁的分类与我国相类似。根据我国2006年修订后的租赁准则，实际上，出租人在租出资产时也会产生所谓的制造商或经销商损益（除非恰好为直接融资租赁），不过准则并未规定对此如何处理。

租赁方式的分类以流程图15—1列示如下：

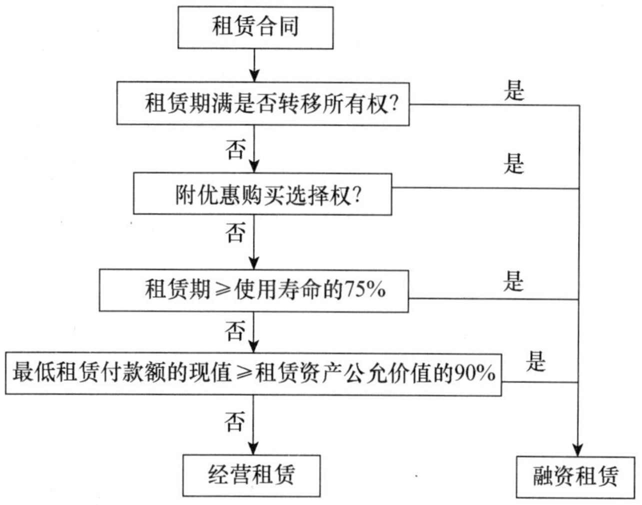

图15—1 租赁的分类

第二节 经营租赁

在租赁的发展过程中，起源较早、交易始终较为兴旺的是以房屋和运输设备为对象的经营租赁业务。此类租赁往往不签订书面合同，即便有书面合同，一般也可以因一方的请求，而在短时间内予以撤销。有些国家称这类业务为真正的租赁，在纳税上给予优惠，表明了它们重视经营租赁对经济发展的作用。

经营租赁没有将与租赁资产所有权相关的风险和报酬从出租人转移给承租人，所以它具有几个明显的特点：第一，承租人可以随时取消该租赁；第二，相对于租赁资产的总利益，承租人可享用的很小；第三，承租人支付的租金费用的现值只占租赁资产公允价值的很小部分；第四，出租人支付与租赁资产所有权有关的保险和财产税等费用，承担所有的风险。

一、承租人对经营租赁的会计处理

承租人对经营租赁的会计处理主要涉及以下几个问题：租金的会计处理；初始直接费用的会计处理；或有租金的会计处理；相关会计信息的披露；等等。

1. 租金的会计处理

在经营租赁下，租赁资产的风险通常没有转移给承租人，履约成本一般由出租人负担，因此，承租人不必将租赁资产资本化，只需将支付或应付的租金按一定的方法确认为费用。

经营租赁的租金应当在租赁期内的各个期间按直线法确认为费用；如果其他方法更合理，也可以采用其他方法。也就是说，一般情况下，采用直线法将承租人支付的经营租赁租金确认为费用较为合理，但在某些特殊情况下，则应采用比直线法更系统合理的方法，比如根据租赁资产的使用量来确认租金费用。例如，某企业租入一台起重机，根据起重机的工作小时来确认当期应分摊的租金费用就比按直线法确认更为合理。

某些情况下，出租人可能对经营租赁提供激励措施，如免租期、承担承租人某些费用等。在出租人提供了免租期的情况下，应将租金总额在整个租赁期内，而不是在租赁期扣除免租期后的期间内进行分摊；在出租人承担了承租人的某些费用的情况下，应将该费用从租金总额中扣除，并将租金余额在租赁期进行分摊。

承租人确认的租金费用，借记“销售费用”、“管理费用”等科目，贷记“其他应付款”等科目。实际支付租金时，借记“其他应付款”等科目，贷记“银行存款”等科目。

有时候租赁合同约定，承租人应该在承租时先支付一笔款项，它的用途可能有以下三种情况：一是作为保证金，在租赁期届满时归还给承租人；二是用来抵交最后一期或者几期的租金；三是作为定期租金之外的额外租金。

如果是第一种情况，在支付时借记“其他应收款”科目，贷记“银行存款”科目，期满收回的时候按照原来的分录冲回；如果是第二种情况，则在支付时借记“其他应收款”或“预付租金”科目，贷记“银行存款”科目，抵交租金时转入租金费用，则借记“租金费用”科目，贷记“其他应收款”或“预付租金”科目；如果是第三种情况，则在支付时借记“预付租金”科目，贷记“银行存款”科目，然后在以后租赁期间摊销，原则上应该采用实际利率法，但是如果采用直线法的结果相差不多时，也可以采用直线法。

会计年度结束的时候，如果有预付或者应付租金，应该根据具体情况加以调整。在资产负债表上，预付租金应该按照到期日的远近将它列为流动资产或者非流动资产，应付租金则列为流动负债或者非流动负债。

2. 初始直接费用的会计处理

对于承租人在经营租赁中发生的初始直接费用，应确认为当期费用。其账务处理为：借记“管理费用”等科目，贷记“银行存款”等科目。国际会计准则未对承租人在经营租赁中发生的初始直接费用如何处理做出规定。

3. 或有租金的会计处理

在经营租赁下，承租人对或有租金的处理与融资租赁不相同，即在实际发生时确认为当期费用。其账务处理为：借记“销售费用”“管理费用”等科目，贷记“银行存款”等科目。

4. 相关会计信息的披露

在经营租赁下，承租人应在财务报告中披露与经营租赁有关的事项，主要包括：

（1）资产负债表日后连续三个会计年度每年将支付的不可撤销经营租赁的最低租赁付款额；

（2）以后年度将支付的不可撤销经营租赁最低租赁付款额总额。

二、出租人对经营租赁的会计处理

（一）出租人经营租赁资产的会计核算的科目设置

1.“应收经营租赁款”科目

本科目核算企业采用经营租赁方式租出资产而应向承租人收取的租金。

2.“经营租赁资产”科目

本科目核算企业为经营租赁购建的资产的实际成本，包括租赁资产的价款、运输费、运输保险费、贸易手续费、银行手续费、国内运输费、运输保险费、仓储保管费、财产保险费、增值税等税款及租前借款费用等。如果租赁资产是从境外购入的，还应包括境外运输费、境外运输保险费和进口关税。

3.“经营租赁资产累计折旧”科目

本科目核算企业采用经营租赁方式租出资产的累计折旧。

（二）出租人经营租赁业务的会计处理

出租人对经营租赁的会计处理主要涉及以下几个问题：（1）经营租赁资产在会计报表中的处理；（2）租金的会计处理；（3）初始直接费用的会计处理；（4）租赁资产折旧的计提；（5）或有租金的会计处理；（6）相关会计信息的披露等。

1. 经营租赁资产在会计报表中的处理

出租人应当按资产的性质，将用作经营租赁的资产包括在资产负债表上的相关项目内。也就是说，在经营租赁下，与资产所有权有关的主要风险和报酬仍然留在出租人一方，因此出租人应将其作为自身拥有的资产在资产负债表中列示，如果出租资产属于固定资产，则列在资产负债表固定资产项下；如果出租资产属于流动资产，则列在资产负债表有关流动资产项下。

2. 租金的会计处理

在经营租赁下，出租人发生的租金应当在租赁期内的各个期间按直线法确认为收入；如果其他方法更合理，也可以采用其他方法。

一般情况下，出租人应采用直线法将收到的租金在租赁期内确认为收益，但在某些特殊情况下，则应采用比直线法更系统合理的方法。比如根据租赁资产的使用量来确认租赁收益的方法。例如，出租一台起重机，根据起重机的工作小时来确认当期租赁收益就比按直线法确认更为合理。

某些情况下，出租人可能对经营租赁提供激励措施，如免租期、承担承租人某些费用等。在出租人提供了免租期的情况下，应将租金总额在整个租赁期内，而不是在租赁期减去免租期后的期间内进行确认租赁收益；在出租人承担了承租人的某些费用的情况下，应将该费用从租金总额中扣除，并将租金余额在租赁期内进行确认租赁收益。

出租人确认的租金收入，应借记“应收经营租赁款”或“其他应收款”等科目，贷记“主营业务收入——租金收入”“其他业务收入——经营租赁收入”等科目。实际收到租金时，借记“银行存款”等科目，贷记“应收经营租赁款”或“其他应收款”等科目。

3. 初始直接费用的会计处理

在经营租赁下，出租人发生的初始直接费用，应当确认为当期费用。其账务处理为：借记“管理费用”等科目，贷记“银行存款”等科目。新修订的国际会计准则取消了对初始直接费用会计处理费用化的备选方法，规定：出租人在协商和安排经营租赁中发生的初始直接费用应计入租赁资产的账面金额，并在租赁期内按照与租赁收益相同的基础确认为费用。可见，国际会计准则的新规定与我国是不同的。

4. 租赁资产折旧的计提

对于经营租赁资产中的固定资产，应当采用出租人对类似应折旧资产通常所采用的折旧政策计提折旧；对于其他经营租赁资产，应当采用合理的方法进行摊销。

5. 或有租金的会计处理

在经营租赁下，出租人将或有租金在实际发生时确认为当期收益。其账务处理为：借记“银行存款”等科目，贷记“主营业务收入——经营租赁收益”“其他业务收入”等科目。

6. 相关会计信息的披露

出租人应在财务报告中披露每类租出资产在资产负债表日的账面价值。也就是说，如果租出资产已经计提折旧，或发生了减值等情况，应披露原价扣除已计提的折旧或已确认的减值后的净值。如果租出资产已进行了摊销，则应披露其摊余价值。

三、经营租赁举例

例 15—1

20×2 年 1 月 1 日，牡丹公司从楚祖公司租入全新办公设备一台，租期为 3 年。办公设备原账面价值为 150 000 元，预计使用年限为 15 年。租赁合同规定，租赁开始日牡丹公司向楚祖公司一次性预付租金 2 250 元，第一年年末支付租金 1 500 元，第二年年末支付租金 2 000 元，第三年年末支付租金 2 500 元。租赁期满后预付租金不退回，楚祖公司收回办公设备使用权。

(1) 承租人（牡丹公司）的会计处理。

分析：该项租赁不符合融资租赁的任何一条标准，应作为经营租赁处理。确认租金费用时，不能依据各期实际支付租金的金额确定，而应采用直线法平均分摊确认各期的租金费用。此项租赁租金总额为 8 250 元，按直线法计算，每年应分摊的租金为 2 750 元。

会计分录为：

20×2 年 1 月 1 日，租赁开始日：

借：预付租金 2 250

贷：银行存款 2 250

20×2 年 12 月 31 日：

借：管理费用——租赁费 2 750

贷：银行存款 1 500

预付租金 1 250

20×3 年 12 月 31 日：

借：管理费用——租赁费 2 750

贷：银行存款 2 000

预付租金 750

20×4 年 12 月 31 日：

借：管理费用——租赁费 2 750

贷：银行存款 2 500

预付租金 250

(2) 出租人（楚祖公司）的会计处理。

分析：该项租赁不符合融资租赁的任何一条标准，应作为经营租赁处理。确认租金收入时，不能依据各期实际收到租金的金额确定，而应采用直线法平均分配确认各期的租金收入。此项租赁租金总额为 8 250 元，按直线法计算，每年应确认的租金收入为 2 750 元。

会计分录为：

20×2 年 1 月 1 日：

借：银行存款 2 250

贷：其他应收款 2 250

20×2 年 12 月 31 日：

借：银行存款 1 500

其他应收款 1 250

贷：其他业务收入——经营租赁收入 2 750

20×3 年 12 月 31 日：

借：银行存款 2 000

其他应收款 750

　　贷：其他业务收入——经营租赁收入　　2 750

20×4 年 12 月 31 日：

借：银行存款　　2 500

　　其他应收款　　250

　　贷：其他业务收入——经营租赁收入　　2 750

如果出租人是专门从事租赁业务的企业，则上述租金收入应通过“主营业务收入”科目核算。

第三节　融资租赁

一、承租人对融资租赁的会计处理

（一）承租人融资租赁业务的科目设置

为了正确核算租赁业务，承租人一般需要设置以下会计科目：

1. “固定资产——融资租入固定资产”科目

本科目核算企业采用融资租赁方式租入的固定资产的原价，包括：(1) 按租赁开始日租赁资产的公允价值与最低租赁付款额的现值两者中较低者所确定的金额；(2) 承租人在租赁谈判和签订租赁合同过程中发生的，可归属于租赁项目的手续费、律师费、差旅费、印花税等初始直接费用；(3) 企业为租入固定资产而发生的贸易手续费、银行手续费（包括出租人垫付的银行开信用证费，但不包括支付给出租人的开信用证的利息费用，后者已计入租金）、运输费、运输保险费、仓储保管费、财产保险费、增值税及其他税款、商检费、安装调试费等费用。如果租赁资产是从境外购入的，还应包括境外运输费、境外运输保险费和进口关税。在租赁期届满时，如果租赁合同规定将租入固定资产的所有权转让给承租人，承租人应将该项租入固定资产从“融资租入固定资产”明细科目转入有关明细科目。

融资租入需要安装的固定资产，应先通过“在建工程——××项目”科目核算，安装完毕交付使用时，再由“在建工程——××项目”科目转入本科目核算。

2. “长期应付款——应付融资租赁款”科目

本科目核算企业采用融资租赁方式租入固定资产应付给出租人的各种款项。

3. “未确认融资费用”科目

本科目核算企业由融资租赁业务所产生的未确认的融资费用总额。

（二）承租人的会计处理原则

融资租赁在性质上既然属于分期付款买卖，所以应该将租赁资产资本化，并确认负债，租赁资产和负债都应该摊销。我国租赁会计准则规定，承租人的会计核算原则可以概括为以下几点：

(1) 在租赁开始日，承租人通常应当将租赁开始日租赁资产公允价值与最低租赁付款额的现值两者中较低者作为租入资产的入账价值，将最低租赁付款额作为长期应付款的入账价值，并将两者的差额记录为未确认融资费用。承租人在租赁谈判和签订租赁合同过程中发生的，可归属于租赁项目的手续费、律师费、差旅费、印花税等初始直接费用，应当计入租入资产价值。

（2）承租人在计算最低租赁付款额的现值时，能够取得出租人租赁内含利率的，应当采用租赁内含利率作为折现率；否则，应当采用租赁合同规定的利率作为折现率。承租人无法取得出租人的租赁内含利率且租赁合同没有规定利率的，应当采用同期银行贷款利率作为折现率。上述租赁内含利率是指，在租赁开始日，使最低租赁收款额的现值与未担保余值的现值之和等于租赁资产公允价值与出租人的初始直接费用之和的折现率。

（3）未确认融资费用应当在租赁期内各个期间进行分摊。承租人分摊未确认融资费用时，应当采用实际利率法。

（4）计提租赁资产折旧时，承租人应当采用与自有应折旧资产相一致的折旧政策。能够合理确定租赁期届满时将会取得租赁资产所有权的，应当在租赁资产使用寿命内计提折旧；无法合理确定租赁期届满时能够取得租赁资产所有权的，应当在租赁期与租赁资产使用寿命两者中较短的期间内计提折旧。

（5）或有租金应当在实际发生时计入当期损益。

（三）承租人融资租赁的会计处理

1. 租赁资产资本化及其金额的确定

在租赁开始日，承租人通常应当将租赁开始日租赁资产公允价值与最低租赁付款额的现值两者中较低者作为租入资产的入账价值，将最低租赁付款额作为长期应付款的入账价值，并将两者的差额记录为未确认融资费用。承租人在租赁谈判和签订租赁合同过程中发生的，可归属于租赁项目的手续费、律师费、差旅费、印花税等初始直接费用，应当计入租入资产价值。

承租人在计算最低租赁付款额的现值时，必须选择合理的折现率，其选择顺序如下：

（1）如果知悉出租人的租赁内含利率，承租人应首选出租人的租赁内含利率作为折现率；

（2）如果无法获知出租人的租赁内含利率，承租人应当采用租赁合同规定的利率作为折现率；

（3）如果出租人的租赁内含利率和租赁合同规定的利率均无法知悉，承租人应当采用同期银行贷款利率作为折现率。

其账务处理为：在租赁开始日，按租赁开始日租赁资产的公允价值与最低租赁付款额的现值两者中的较低者，借记“固定资产——融资租入固定资产”科目，按最低租赁付款额，贷记“长期应付款——应付融资租赁款”科目，其差额借记“未确认融资费用”科目。

承租人发生的初始直接费用，应计入租入资产价值。其账务处理为：借记“固定资产——融资租入固定资产”等科目，贷记“银行存款”等科目。

如果融资租入的固定资产在租赁开始日需要经过安装，应先通过“在建工程”科目核算，安装完毕交付使用时，再由“在建工程”科目转入“固定资产——融资租入固定资产”科目。

2. 未确认融资费用的分摊

在融资租赁下，承租人向出租人支付的租金中，包含本金和利息两部分。承租人支付租金时，一方面应减少长期应付款（即本金部分）；另一方面应同时将未确认的融资费用按一定的方法确认为当期融资费用（即利息部分）。在先付租金（即每期期初等额支付租金）的情况下，租赁期第一期支付的租金不含利息，只需减少长期应付款，不必同时确认当期融资费用。

在分摊未确认融资费用时，我国2006年修订的租赁会计准则规定，承租人只能采用实际利率法进行分摊。根据租赁开始日租赁资产和负债的入账价值基础不同，未确认融资费用的分摊可分为下列几种情况：

（1）租赁资产和负债以最低租赁付款额的现值为入账价值，且以出租人的租赁内含利率为折现率。在这种情况下，应以出租人的租赁内含利率作为分摊率。

（2）租赁资产和负债以最低租赁付款额的现值为入账价值，且以租赁合同规定的利率为折现率。在这种情况下，应以租赁合同规定的利率作为分摊率。

（3）租赁资产和负债以租赁资产公允价值为入账价值，且不存在承租人担保余值和优惠购买选择权。在这种情况下，既不能采用出租人的租赁内含利率作为分摊率，也不能采用租赁合同规定的利率作为分摊率，而应重新计算融资费用分摊率。融资费用分摊率是指，在租赁开始日，使最低租赁付款额的现值等于租赁资产公允价值的折现率。在承租人或与其有关的第三方未对租赁资产余值提供担保的情况下，与上述两种情况相类似，在租赁期届满时，未确认融资费用应全部摊销完，并且租赁负债也应减少为零。

（4）租赁资产和负债以租赁资产公允价值为入账价值，且不存在承租人担保余值，但存在优惠购买选择权。在这种情况下，既不能采用出租人的租赁内含利率作为分摊率，也不能采用租赁合同规定的利率作为分摊率，而应重新计算融资费用分摊率。在租赁期届满时，未确认融资费用应全部摊销完，并且租赁负债也应减少为优惠购买金额。

（5）租赁资产和负债以租赁资产公允价值为入账价值，且存在承租人担保余值。在这种情况下，既不能采用出租人的租赁内含利率作为分摊率，也不能采用租赁合同规定的利率作为分摊率，而应重新计算融资费用分摊率。在承租人或与其有关的第三方对租赁资产余值提供了担保或由于在租赁期届满时没有续租而支付违约金的情况下，在租赁期届满时，未确认融资费用应全部摊销完，并且租赁负债应减少至担保余值或该日应支付的违约金。

承租人对每期支付的租金，应按支付的租金金额，借记“长期应付款——应付融资租赁款”科目，贷记“银行存款”科目，如果支付的租金中包含有履约成本，还应同时借记“制造费用”“管理费用”等科目。

分摊未确认融资费用时，根据当期应确认的融资费用金额，借记“财务费用”科目，贷记“未确认融资费用”科目。

值得注意的是，在融资租入固定资产达到预定可使用状态之前摊销的未确认融资费用，也应计入当期财务费用，而不应计入固定资产的成本。

3. 租赁资产折旧的计提

承租人应对融资租入的固定资产计提折旧，主要应解决两个问题：一是折旧政策；

二是折旧期间。

（1）折旧政策。承租人计提租赁资产折旧时，应采用与自有应折旧资产相一致的折旧政策。同自有应折旧资产一样，租赁资产的折旧方法一般有直线法（即平均年限法）、工作量法、年数总和法、双倍余额递减法等。如果承租人或与其有关的第三方对租赁资产余值提供了担保，则应计折旧总额为租赁开始日融资租入固定资产的入账价值扣除担保余值后的余额；如果承租人或与其有关的第三方未对租赁资产余值提供担保，则应计折旧总额为租赁开始日融资租入固定资产的入账价值。

（2）折旧期间。由于融资租赁的分类标准影响租赁资产的折旧期间的确定，因此，应根据租赁合同的规定来确定租赁资产的折旧期间。如果能够合理确定租赁期届满时承租人将会取得租赁资产所有权，即可认为承租人拥有该项资产的全部使用寿命，因此应以租赁开始日租赁资产的使用寿命作为折旧期间；如果无法合理确定租赁期届满后承租人是否能够取得租赁资产所有权，则应以租赁期与租赁资产使用寿命两者中较短者作为折旧期间。

4. 履约成本的会计处理

履约成本是在租赁期内为租赁资产支付的各种使用成本，如技术咨询和服务费、人员培训费、维修费、保险费等。履约成本名目较多，承租人在实际中可根据其内容进行处理。例如，对于融资租入固定资产的大修理支出、技术咨询和服务费、人员培训费等应予递延分摊计入各期费用或直接计入当期费用，借记“长期待摊费用”“制造费用”“管理费用”等科目，贷记“银行存款”等科目。对于固定资产的经常性修理费、保险费等可直接计入当期费用，借记“制造费用”“管理费用”等科目，贷记“银行存款”等科目。

5. 或有租金的会计处理

由于或有租金的金额不固定，无法采用系统合理的方法对其进行分摊，因此，或有租金在实际发生时计入当期损益，并分别情况进行会计处理：如果或有租金是以销售百分比、使用量等为依据计算的，借记“销售费用”等科目，贷记“银行存款”等科目；如果或有租金是以物价指数为依据计算的，借记“财务费用”科目，贷记“银行存款”等科目。国际会计准则没有规定或有租金应如何处理，但明确要求承租人披露已计入当期收益的或有租金。

6. 租赁期届满时的会计处理

租赁期届满时，承租人对租赁资产的处理通常有三种情况：返还、优惠续租和留购。

（1）返还租赁资产。租赁期届满，承租人向出租人返还租赁资产时：

如果存在承租人担保余值，借记“长期应付款——应付融资租赁款”“累计折旧”科目，贷记“固定资产——融资租入固定资产”科目；

如果不存在承租人担保余值，借记“累计折旧”科目，贷记“固定资产——融资租入固定资产”科目，如果还存在净残值，还应借记“营业外支出——处置固定资产净损失”等科目。

（2）优惠续租租赁资产。如果承租人行使优惠续租选择权（此处的优惠续租选择权，是指承租人续租的租金低于行使优惠续租选择日的正常租金的70%，含70%），则应视同该项租赁一直存在而做出相应的会计处理，如继续支付租金等。

如果租赁期届满时承租人没有续租，根据租赁合同规定须向出租人支付违约金时，借记“营业外支出”科目，贷记“银行存款”等科目。

（3）留购租赁资产。在承租人享有优惠购买选择权的情况下，支付购买价款时，借记“长期应付款——应付融资租赁款”科目，贷记“银行存款”等科目；同时，将固定资产从“融资租入固定资产”明细科目转入有关明细科目。

7. 相关会计信息的列报

新修订的租赁会计准则规定，承租人应当在资产负债表中，将与融资租赁相关的长期应付款减去未确认融资费用的差额，分别一年内到期的长期负债和长期负债进行列示。并在附注中披露下列信息：

（1）各类租入固定资产期初和期末原价、累计折旧额。

（2）资产负债表日后连续三个会计年度每年将支付的最低租赁付款额，以及以后年度将支付的最低租赁付款额总额。

（3）未确认的融资费用余额，以及分摊未确认融资费用所采用的方法。

（四）承租人会计处理举例

1. 有优惠购买权的融资租赁

例 15—2

假设 20×0 年 12 月 1 日，牡丹公司与楚祖公司签订了一份租赁合同。合同主要条款如下：（1）租赁标的物为大型彩印设备；（2）起租日为 20×1 年 1 月 1 日；（3）租赁期为 3 年；（4）租金支付方式：自租赁开始日每年年末支付租金 200 000 元；（4）该机器的保险、维护等费用均由牡丹公司负担，估计每年约 20 000 元；（5）该机器在租赁开始日的公允价值为 500 000 元；（6）租赁合同规定的利率为 8%（年利率）；（7）该机器的估计使用年限为 8 年，已使用 3 年，期满无残值，承租人采用平均年限法计提折旧；（8）租赁期届满时，牡丹公司享有优惠购买该机器的选择权，购买价为 1 000 元，估计该日租赁资产的公允价值为 80 000 元。

此外，假设该项租赁资产占牡丹公司资产总额的 30%以上，并且不需安装。

牡丹公司（承租人）的有关会计处理。

（1）租赁开始日决定租赁资产和负债的入账价值。

第一步，判断租赁类型。

本例存在优惠购买选择权，优惠购买价 1 000 元远低于行使选择权日租赁资产的公允价值 80 000 元（1 000/80 000＝1.25%＜5%），所以在 20×1 年 1 月 1 日就可合理确定牡丹公司将会行使这种选择权，符合第 2 项判断标准；另外，最低租赁付款额的现值为 516 213.8 元（计算过程见后）大于租赁资产公允价值的 90%即 450 000 元（500 000×90%），符合第 4 项判断标准。所以这项租赁应当认定为融资租赁。

第二步，计算租赁开始日最低租赁付款额的现值，确定租赁资产入账价值。

本例中牡丹公司不知道楚祖公司（出租人）的租赁内含利率，因此应当选择租赁合同规定的利率 8%作为最低租赁付款额的折现率。

最低租赁付款额＝各期租金之和＋行使优惠购买选择权支付的金额
＝200 000×3＋1 000＝601 000(元)
最低租赁付款额的现值＝200 000×PA(3,8%)＋1 000×PV(3,8%)
＝200 000×2.577 1＋1 000×0.793 8
＝516 213.8(元)＞500 000(元)

最低租赁付款额大于租赁资产的公允价值，根据孰低原则，租赁资产的入账价值应为其公允价值 500 000 元。

第三步，计算未确认融资费用。

未确认融资费用＝最低租赁付款额－租赁开始日租赁资产的入账价值
＝601 000－500 000
＝101 000(元)

第四步，会计分录。

20×1 年 1 月 1 日，租赁开始日：

借：固定资产——融资租入固定资产	500 000	
未确认融资费用	101 000	
贷：长期应付款——应付融资租赁款		601 000

(2) 20×1 年 12 月 31 日。

1) 支付租金时的分录。

借：长期应付款——应付融资租赁款	200 000	
贷：银行存款		200 000

2) 确认当年应分摊的融资费用。

第一步，确定融资费用分摊率。

由于租赁资产入账价值为公允价值，因此应重新计算融资费用分摊率。计算过程如下：

租赁开始日最低租赁付款的现值＝租赁开始日租赁资产公允价值

即　　200 000×PA(3，r)＋1 000×PV(3，r)＝500 000

根据这一等式，可在多次测试的基础上，用插值法计算租赁内含利率。

当 r＝8%时：200 000×2.577 1＋1 000×0.793 8＝516 213.8＞500 000

当 r＝10%时：200 000×2.486 9＋1 000×0.751 3＝498 131.3＜500 000

因此，8%＜r＜10%。用插值法计算如下：

r＝8%＋(10%－8%)×(516 213.8－500 000)/(516 213.8－498 131.3)
＝9.79%

即融资费用分摊率为 9.79%。

第二步，在租赁期内采用实际利率法分摊融资费用（参见表 15—2）。

第三步，会计分录。

借：财务费用	48 950	
贷：未确认融资费用		48 950

表 15—2　　未确认融资费用分摊表（实际利率法）

单位：元

日期	租金	确认的融资费用	应付本金的减少	应付本金余额
(1)	(2)	(3)＝期初(5)×9.79%	(4)＝(2)－(3)	期末 (5)＝期初(5)－(4)
20×1/1/1				500 000
20×1/12/31	200 000	48 950	151 050	348 950
20×2/12/31	200 000	34 162.21	165 837.79	183 112.21
20×3/12/31	200 000	17 887.79*	182 112.21*	1 000
20×4/1/1	1 000		1 000	
合计	601 000	101 000	500 000	

*做尾数调整：17 887.79＝200 000－182 112.21；182 112.21＝183 112.21－1 000

3）计提折旧。

根据对租赁分类的第 2 条标准，在租赁开始日（20×1 年 1 月 1 日）可以合理地确定租赁期届满后承租人能够取得该项资产的所有权，因此在采用平均年限法计提折旧时，应按租赁开始日租赁资产使用寿命 5 年（估计使用年限 8 年－已使用年限 3 年）计提折旧。本例租赁资产不存在担保余值，应全额计提折旧。

融资租入固定资产折旧计算见表 15—3。

表 15—3　　融资租入固定资产折旧计算表（年限平均法）

单位：元

日期	固定资产原价	估计余值	折旧率	当年折旧费	累计折旧	固定资产净值
20×1/1/1	500 000	0				500 000
20×1/12/31			20%	100 000	100 000	400 000
20×2/12/31			20%	100 000	200 000	300 000
20×3/12/31			20%	100 000	300 000	200 000
20×4/12/31			20%	100 000	400 000	100 000
20×5/12/31			20%	100 000	500 000	0
合计	500 000	0	100%	500 000		

会计分录为：

借：制造费用——折旧费用　　100 000

　　贷：累计折旧　　100 000

4）牡丹公司支付该机器发生的保险费、维护费（履约成本）。

借：制造费用　　20 000

　　贷：银行存款　　20 000

（3）以后两年年末的分录同 20×1 年 12 月 31 日，其中未确认融资费用的摊销见表 15—2，每年的折旧金额见表 15—3。

（4）行使优惠购买权时。

借：长期应付款——应付融资租赁款　　1 000

　　贷：银行存款　　1 000

同时，

借：固定资产　　500 000
　　贷：固定资产——融资租入固定资产　　500 000

2. 无优惠购买权、有未担保余值和担保余值的融资租赁

例 15—3

牡丹公司在20×1年12月10日与出租人华夏租赁公司签订了一份大型起重机租赁合同，合同主要条款如下：(1) 租赁标的物为大型起重机；(2) 起租日为20×1年12月31日；(3) 租赁期为4年；(4) 租金支付方式：20×2年开始每年年末支付租金80万元；(5) 租赁期满，大型起重机的估计余值为40万元，其中牡丹公司的担保余值为30万元，未担保余值为10万元；(6) 大型起重机在租赁开始日的公允价值为310万元，已使用3年，估计还可以使用5年；(7) 租赁合同年利率为6%；(8) 20×5年12月31日，牡丹公司将设备归还给华夏公司。大型起重机在20×1年12月31日运到牡丹公司，当月投入使用。牡丹公司当月资产总额为400万元，固定资产均采用平均年限法计提折旧，与租赁有关的未确认融资费用采用实际利率法摊销。

牡丹公司（承租人）的有关会计处理（会计分录单位为万元）。

(1) 租赁开始日决定租赁资产和负债的入账金额。

第一步，判断租赁类型。

本例中最低租赁付款额的现值为300.97万元（计算过程见第二步）大于租赁资产公允价值的90%即279万元（310×90%），符合第4项判断标准。所以这项租赁应当认定为融资租赁。

第二步，计算租赁开始日最低租赁付款额的现值，确定租赁资产入账价值。

本例中牡丹公司应当选择租赁合同规定的利率6%作为最低租赁付款额的折现率。

最低租赁付款额＝各期租金之和＋担保余值
　　　　　　　＝80×4＋30＝350(万元)
最低租赁付款额的现值＝80×PA(4,6%)＋30×PV(4,6%)
　　　　　　　　　　＝80×3.465 1＋30×0.792 1
　　　　　　　　　　＝300.97(万元)＜310(万元)

根据孰低原则，租赁资产的入账价值应为最低租赁付款额的现值300.97万元。

第三步，计算未确认融资费用。

未确认融资费用＝最低租赁付款额－租赁开始日租赁资产的入账价值
　　　　　　　＝350－300.97＝49.03(万元)

第四步，会计分录。

借：固定资产——融资租入固定资产　　300.97
　　未确认融资费用　　49.03
　　贷：长期应付款——应付融资租赁款　　350

(2) 20×2年12月31日。

1) 支付租金时的分录。

借：长期应付款——应付融资租赁款　　80
　　贷：银行存款　　80

2）确认当年应分摊的融资费用（计算过程参见表15—4）。

当年应分摊的融资费用＝300.97×6％＝18.06(万元)

借：财务费用　　18.06

　　贷：未确认融资费用　　18.06

表15—4　　未确认融资费用分摊表（实际利率法）　　单位：万元

日期	租金	确认的融资费用	应付本金的减少	应付本金的余额
(1)	(2)	(3)＝期初（5）×6％	(4)＝(2)－(3)	期末（5）＝期初（5）－(4)
20×2/1/1				300.97
20×2/12/31	80	18.06	61.94	239.03
20×3/12/31	80	14.34	65.66	173.37
20×4/12/31	80	10.40	69.60	103.77
20×5/12/31	80	6.23*	73.77	30
合计	320	49.03	320	

* 为尾数调整。

3）计提折旧。

本例满足的是融资租赁四个基本条件中的第3项和第4项，所以折旧年限为租赁期间，即4年。而且存在担保余值，应计提到担保余值为止。

当年应计提的折旧＝(300.97－30)/4＝67.742 5(万元)

借：制造费用　　67.742 5

　　贷：累计折旧　　67.742 5

(3) 以后三年年末的分录同20×2年12月31日，其中未确认融资费用的摊销见表15—4，每年的折旧金额相同。

(4) 归还设备时。

借：长期应付款——应付融资租赁款　　30

　　累计折旧　　270.97

　　贷：固定资产——融资租入固定资产　　300.97

二、出租人的会计处理

(一) 出租人融资租赁业务的科目设置

1.“长期应收款——应收融资租赁款”科目

本科目核算企业采用融资租赁方式租出固定资产而应向承租人收取的各种款项，包括租赁开始日最低租赁收款额与初始直接费用。

2.“未担保余值”科目

本科目核算企业采用融资租赁方式租出固定资产的未担保余值。

3.“未实现融资收益”科目

本科目核算企业由融资租赁业务所产生的应收而尚未收到的融资收益总额。

4.“融资租赁资产”科目

本科目核算企业为融资租赁而购建的固定资产的实际成本，包括租赁资产的价款、贸易手续费、银行手续费、运输费、运输保险费、仓储保管费、财产保险费、增值税等税款及租前借款费用（指从出租人支付设备价款或实际负担与承租人有关的费用之日起至租赁开始日止所产生的借款费用，下同）等，如果租赁资产是从境外购入的，还应包括境外运输费、境外运输保险费和进口关税。

（二）出租人融资租赁的会计处理

出租人对融资租赁的会计处理主要涉及以下几个问题：(1) 租赁开始日租赁债权的确认；(2) 未实现融资收益的分配；(3) 未担保余值发生变动时的会计处理；(4) 或有租金的会计处理；(5) 租赁期届满时的会计处理；(6) 相关会计信息的列报；等等。

1. 租赁开始日租赁债权的确认

由于在融资租赁下，出租人将与融资租赁资产所有权有关的风险和报酬实质上转移给了承租人，并以此获取租金。因此，出租人的租赁资产在租赁开始日实质上就变成了收取租金的债权。出租人应在租赁开始日，将最低租赁收款额与初始直接费用之和作为长期应收款——应收融资租赁款的入账价值，同时记录未担保余值，将最低租赁收款额、初始直接费用及未担保余值之和与最低租赁收款额的现值、未担保余值的现值之和的差额确认为未实现融资收益。

出租人对融资租赁的会计处理如图 15—2 所示。

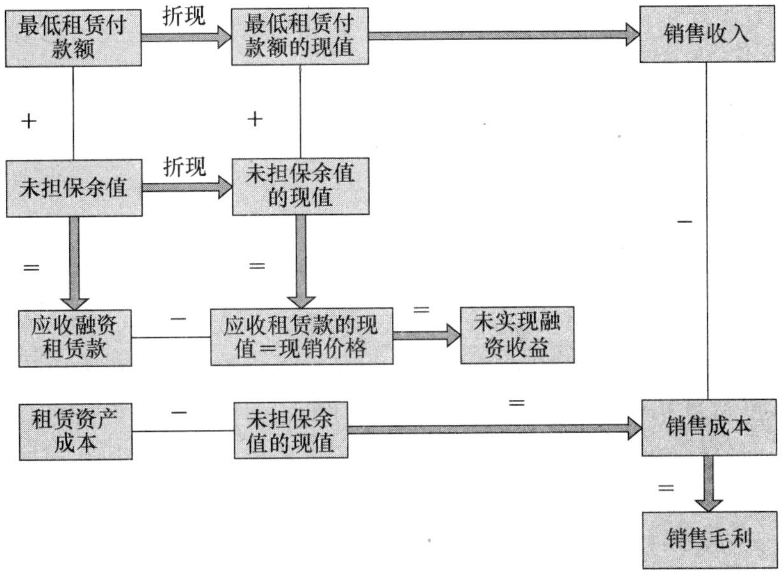

图 15—2 出租人对融资租赁的会计处理

图 15—2 中：

最低租赁收款额＝最低租赁付款额

投资总额＝最低租赁收款额＋未担保余值

投资净额＝最低租赁收款额的现值＋未担保余值的现值

未实现融资收益＝(最低租赁收款额＋未担保余值)

－(最低租赁收款额的现值＋未担保余值的现值)

如前所述，由于我国的租赁会计准则并未从出租人角度将融资租赁分为直接融资租赁和销售型租赁，因此问题就产生了：出租人对于租赁资产公允价值与账面价值之间的差额，如何进行处理？参照美国的做法，若对出租人而言为直接融资租赁，则由于直接融资租赁不产生销售毛利，因此，原则上最低租金收款额与未担保余值两者的现值等于租赁资产的账面价值。若对出租人而言为销售型租赁，则出租人将获得两种收入：销售毛利或损失及未实现融资收益。

对于直接融资租赁，相应的会计处理为：在租赁开始日，出租人应按最低租赁收款额，借记“长期应收款——应收融资租赁款”科目，按未担保余值的金额，借记“未担保余值”科目；按最低租赁收款额、未担保余值之和与最低租赁收款额的现值、未担保余值的现值之和的差额，贷记“未实现融资收益”科目，按租赁资产的公允价值，贷记“融资租赁资产”科目。

对于销售型租赁，相应的会计处理为：在租赁开始日，出租人应按最低租赁收款额，借记“长期应收款——应收融资租赁款”科目，按未担保余值的金额，借记“未担保余值”科目；按融资租赁资产成本或账面价值与未担保余值的现值之差，借记“营业成本”科目；按融资租赁资产成本或账面价值，贷记“存货”科目；按最低租赁收款额的现值，贷记“营业收入”；按最低租赁收款额、未担保余值之和与其现值之和的差额，贷记“未实现融资收益”。

另外，对于融资租赁中出租人发生的初始直接费用，我国不分直接融资租赁和销售型租赁，均列入长期应收款——应收融资租赁款。而按照美国的做法，对于直接融资租赁，出租人应将初始直接费用计入租赁的净投资。对于销售型租赁，出租人应将初始直接费用，在发生时计入当期损益，即在销售利润确认的年度内作为费用。

对于直接融资租赁，相应的会计处理为：按发生的初始直接费用的金额，借记“未实现融资收益”科目，贷记“银行存款”科目。

对于销售型租赁，相应的会计处理为：按发生的初始直接费用金额，借记“销售费用”科目，贷记“银行存款”科目。

国际会计准则的规定实际上和美国的做法是一致的。国际会计准则虽并未将融资租赁分为直接融资租赁和销售型租赁，但却将融资租赁的出租人中的制造商或经销商出租人单独划为一类，对这类出租人的会计处理与美国的销售型租赁的会计处理几乎是一样的。对于不涉及制造商或经销商出租人的融资租赁，其规定与美国会计准则对于直接融资租赁的会计处理是相似的。

2. 未实现融资收益的分配

出租人每期收到的租金包括本金和利息两部分，应在租赁期内对租金进行分配，一部分应确认为当期租赁收入，一部分应冲减长期应收款——应收融资租赁款。

分配未确认融资收益时，出租人应当采用实际利率法计算当期应当确认的租赁收入。

其账务处理为：出租人每期收到租金时，按收到的租金金额，借记“银行存款”科目，贷记“长期应收款——应收融资租赁款”科目，同时，根据当期应确认的租赁收入金额，借记“未实现融资收益”科目，贷记“租赁收入”科目。

3. 未担保余值发生变动时的会计处理

出租人应当定期对未担保余值进行检查，至少于每年年末检查一次。如有证据表明未担保余值已经减少，应当重新计算租赁内含利率，并将由此而引起的租赁投资净额的减少确认为当期损失，以后各期根据修正后的租赁投资净额和重新计算的租赁内含利率确定应确认的租赁收入。如已确认损失的未担保余值在以后期间得以恢复，应当在原已确认的损失金额内转回，并重新计算租赁内含利率，以后各期根据修正后的租赁投资净额和重新计算的租赁内含利率确定应确认的租赁收入。未担保余值增加时，不作任何调整。

由于未担保余值的金额决定了租赁内含利率的大小，从而决定着未实现融资收益的分配（在采用实际利率法分配未实现融资收益的情况下），因此，为了真实地反映企业的资产和经营业绩，根据谨慎性原则的要求，在未担保余值发生减少和已确认损失的未担保余值得以恢复的情况下，均应当重新计算租赁内含利率，以后各期根据修正后的租赁投资净额和重新计算的租赁内含利率确定应确认的租赁收入。在未担保余值增加时，不作任何调整。

在未担保余值发生减少时，对前期已确认的租赁收入不作追溯调整，只对未担保余值发生减少的当期和以后各期，根据修正后的租赁投资净额和重新计算的租赁内含利率计算应确认的租赁收入。

其账务处理为：

（1）期末，出租人根据未担保余值的预计可收回金额低于其账面价值的差额，借记“资产减值损失”科目，贷记“未担保余值减值准备”科目。同时，将原减值金额与由此所产生的租赁投资净额的减少额之间的差额，借记“未实现融资收益”科目，贷记“资产减值损失”科目。

（2）如果已确认的未担保余值得以恢复，应在原已确认的损失金额内转回，借记“未担保余值减值准备”科目，贷记“资产减值损失”科目。同时，按原减值金额与由此所产生的租赁投资净额的增加额，借记“资产减值损失”科目，贷记“未实现融资收益”科目。

4. 或有租金的会计处理

出租人在融资租赁下收到的或有租金，应在实际发生时计入当期损益。其账务处理为：借记“应收账款”“银行存款”等科目，贷记“租赁收入”等科目。

5. 租赁期届满时的会计处理

租赁期届满时，出租人应区别以下情况进行会计处理：

（1）租赁期届满时，承租人将租赁资产交还出租人。这时有可能出现四种情况：

1）存在担保余值，不存在未担保余值。出租人收到承租人交还的租赁资产时，借记“融资租赁资产”科目，贷记“长期应收款——应收融资租赁款”科目。

如果收回租赁资产的价值低于担保余值，则应向承租人收取价值损失补偿金，借记“其他应收款”科目，贷记“营业外收入”科目。

2）存在担保余值，同时存在未担保余值。出租人收到承租人交还的租赁资产时，借记“融资租赁资产”科目，贷记“长期应收款——应收融资租赁款”“未担保余值”等科目。

如果收回租赁资产的价值扣除未担保余值后的余额低于担保余值，则应向承租人收取价值损失补偿金，借记“其他应收款”科目，贷记“营业外收入”科目。

3）存在未担保余值，不存在担保余值。出租人收到承租人返还的租赁资产时，借记“融资租赁资产”科目，贷记“未担保余值”科目。

4）担保余值和未担保余值均不存在。此时，出租人无须作账务处理，只需作相应的备查登记。

（2）优惠续租租赁资产。

1）如果承租人行使优惠续租选择权，则出租人应视同该项租赁一直存在而做出相应的账务处理。比如，可能继续分配未实现融资收益（假定不存在租金逾期的情况）等。

2）如果租赁期届满时承租人没有续租，根据租赁合同规定应向承租人收取违约金时，借记“其他应收款”科目，贷记“营业外收入”科目。同时，将收回的租赁资产按上述规定进行处理。

（3）留购租赁资产。租赁期届满时，承租人行使了优惠购买选择权。出租人应按收到的承租人支付的购买资产的价款，借记“银行存款”等科目，贷记“长期应收款——应收融资租赁款”科目。如果还存在未担保余值，还应借记“营业外支出——处置固定资产净损失”科目，贷记“未担保余值”科目。

6. 相关会计信息的列报

我国租赁会计准则规定，出租人应当在资产负债表中，将长期应收款——应收融资租赁款减去未实现融资收益的差额，作为长期债权列示，并在附注中披露如下信息：

（1）资产负债表日后连续三个会计年度每年将收到的最低租赁收款额，以及以后年度将收到的最低租赁收款额总额。

（2）未实现的融资收益余额，以及分配未实现融资收益所采用的方法。

（三）出租人会计处理举例

为简化起见，以下的例子均假定出租人在租赁资产的过程中未产生初始直接费用，均未产生销售商或经销商损益，即均属于美国准则所划分的直接融资租赁。

例 15—4

资料同例 15—2，以下说明出租人（楚祖公司）的会计处理。

（1）租赁开始日决定租赁资产和负债的入账金额。

第一步，判断租赁类型。

本例存在优惠购买选择权，优惠购买价 1 000 元远远小于行使选择权日租赁资产的公允价值 80 000 元（1 000/80 000＝1.25%＜5%），因此在 20×1 年 1 月 1 日就可合理确定牡丹公司将会行使这种选择权，符合第 2 项判断标准。另外，在本例中，由于不存在未担保余值，因为最低租赁收款额的现值 516 213.8 元大于租赁开始日租赁资产公允价值的 90%即 450 000 元（500 000×90%），符合第 4 项判断标准；因此这项租赁应认定为融资租赁。

第二步，计算租赁内含利率。

计算租赁内含利率，能使最低租赁收款额的现值和未担保余值的现值之和等于租赁资产的公允价值与出租人初始直接费用之和的折现率，用来分配未实现融资收益。

本例中不存在初始直接费用，因此：

$$200\,000\times PA(3,r)+1\,000\times PV(3,r)=500\,000$$

当 $r=8\%$ 时：$200\,000\times2.577\,1+1\,000\times0.793\,8=516\,213.8>500\,000$

当 $r=10\%$ 时：$200\,000\times2.486\,9+1\,000\times0.751\,3=498\,131.3<500\,000$

采用插入法计算如下：

$$r=8\%+(10\%-8\%)\times(516\,213.8-500\,000)/(516\,213.8-498\,131.3)$$
$$=9.79\%$$

即租赁内含利率为 9.79%。

第三步，计算租赁开始日最低租赁收款额及其现值和未实现融资收益。

本例中由于不存在担保余值和未担保余值，因此：

最低租赁收款额＝最低租赁付款额
＝200 000×3＋1 000＝601 000（元）

最低租赁收款额现值＝租赁开始日租赁资产公允价值＝500 000（元）

未实现融资收益＝（最低租赁收款额＋初始直接费用＋未担保余值）
－（最低租赁收款额的现值＋初始直接费用的现值
＋未担保余值的现值）
＝601 000－500 000＝101 000（元）

第四步，会计分录。

20×1 年 1 月 1 日：

借：长期应收款——应收融资租赁款　　601 000
　　贷：融资租赁资产　　500 000
　　　　未实现融资收益　　101 000

（2）20×1 年 12 月 31 日。

1）收到租金时。

借：银行存款　　200 000
　　贷：长期应收款——应收融资租赁款　　200 000

2）确认当年应分摊的租赁收入（计算过程参见表 15—5）。

借：未实现融资收益　　48 950
　　贷：租赁收入　　48 950

表 15—5　　未确认融资收益分配表（实际利率法）　　单位：元

日期	租金	确认的租赁收入	租赁投资净额的减少	租赁投资净额的余额
(1)	(2)	(3)＝期初(5)×9.79%	(4)＝(2)－(3)	期末 (5)＝期初 (5)－(4)
20×1/1/1				500 000
20×1/12/31	200 000	48 950	151 050	348 950
20×2/12/31	200 000	34 162.21	165 837.79	183 112.21
20×3/12/31	200 000	17 887.79*	182 112.21*	1 000
20×4/1/1	1 000		1 000	
合计	601 000	101 000	500 000	

* 做尾数调整：17 887.79＝200 000－182 112.21；182 112.21＝183 112.21－1 000

(3) 以后三年年末的分录同20×1年12月31日，其中未确认融资收益的摊销见表15—5。

(4) 对方行使优惠购买权时。

借：银行存款　　1 000

　　贷：长期应收款——应收融资租赁款　　1 000

例15—5

资料同例15—3，以下说明出租人（华夏公司）的会计处理（会计分录单位为万元）。

(1) 租赁开始日决定租赁资产和负债的入账金额。

第一步，判断租赁类型。

根据例15—3的分析可知本项租赁应该确认为融资租赁。

第二步，计算租赁内含利率，能使最低租赁收款额的现值和未担保余值的现值之和等于租赁资产的公允价值与出租人的初始直接费用之和的折现率，用来分配未实现融资收益。

$$80\times PA(4,r)+40\times PV(4,r)=310$$

当$r=5\%$时：$80\times PA(4,5\%)+40\times PV(4,5\%)=316.59$

当$r=6\%$时：$80\times PA(4,6\%)+40\times PV(4,6\%)=308.89$

采用插值法计算如下：

$$r=5\%+1\%\times(316.59-310)/(316.59-308.89)=5.86\%$$

第三步，计算租赁开始日最低租赁收款额及其现值和未实现融资收益。

最低租赁收款额＝80×4＋30＝350(万元)

未担保余值＝10(万元)

最低租赁收款额的现值＋未担保余值的现值＝310(万元)

未实现融资收益＝(最低租赁收款额＋初始直接费用＋未担保余值)－(最低租赁收款额的现值＋初始直接费用的现值＋未担保余值的现值)

＝(350＋0＋10)－310＝50(万元)

第四步，会计分录。

借：长期应收款——应收融资租赁款　　350

　　未担保余值　　10

　　贷：融资租赁资产　　310

　　　　未确认融资收益　　50

(2) 20×2年12月31日。

1) 收到租金时。

借：银行存款　　80

　　贷：长期应收款——应收融资租赁款　　80

2) 确认当年应分摊的租赁收入（计算过程参见表15—6）。

借：未实现融资收益　　18.17

　　贷：租赁收入　　18.17

表 15—6 未确认融资收益分配表（实际利率法） 单位：万元

日期	租金	确认的租赁收入	租赁投资净额的减少	租赁投资净额的余额
(1)	(2)	(3)＝期初(5)×5.86%	(4)＝(2)－(3)	期末 (5)＝期初 (5)－(4)
20×2/1/1				310
20×2/12/31	80	18.17	61.83	248.17
20×3/12/31	80	14.54	65.46	182.71
20×4/12/31	80	10.71	69.29	113.42
20×5/12/31	80	6.58*	73.42	40
合计	320	50	270	

* 为尾数调整。

（3）以后三年年末的分录同 20×2 年 12 月 31 日，其中未确认融资收益的摊销见表 15—6。

（4）归还设备时。

借：融资租赁资产 40

贷：长期应收款——应收融资租赁款 30

未担保余值 10

第四节 售后租回

一、售后租回交易的概念

售后租回交易是一种特殊形式的租赁业务，是指卖主（即资产的所有者）将资产出售后，又将该项资产从买主（即资产的新所有者）租回。售后租回方式下，卖主同时是承租人，买主同时是出租人。通过售后租回交易，资产的原所有者（即承租人）在保留对资产的占有权、使用权和控制权的前提下，将固定资产转化为货币资本，在出售时可取得全部价款的现金，而租金则是分期支付的，从而获得了所需的资金；而资产的新所有者（即出租人）通过售后租回交易，找到了一个风险小、回报有保障的投资机会。20 世纪 90 年代以来，售后租回交易在我国得到了充分的发展，大部分租赁公司尤其是中外合作租赁公司最近几年的租赁业务以售后租回交易为主。

二、售后租回交易的会计处理原则

由于在售后租回交易中资产的售价和租金是相互关联的，是以一揽子方式谈判的，是一并计算的，因此，通常认为，资产的出售和租回实质上是同一项交易。也就是说，售后租回交易实质上是一项融资行为，而不是销售行为，因此，出售资产的损益应分期摊销，而不应确认为出售当期的损益。

对于售后租回交易，无论是承租人还是出租人，均应按照租赁的分类标准，将售后租回交易认定为融资租赁或经营租赁。对于出租人来讲，售后租回交易（无论是融资租赁还是经营租赁的售后租回交易）同其他租赁业务的会计处理没有什么区别。而对于承租人来讲，由于其既是资产的承租人同时又是资产的出售者，因此，售后租回交易同其他租赁业务的会计处理有所不同。本节主要介绍承租人对于售后租回交易的会计处理。

国际会计准则第17号《租赁会计》对于售后租回交易有以下规定：如果售后租回交易形成的是一项融资租赁，超出账面金额的销售收入不应在卖方即承租人的财务报表中立即确认为收益，而是将其递延，并在租赁期内予以分摊。因为如果售后租回交易是一项融资租赁，该交易实质上是由出租人向承租人提供信贷，并以该资产作为抵押。因此，不宜将销售收入超出账面金额的部分确认为收益。如果售后租回交易形成的是一项经营租赁，并且交易显然是以公允价值成交的，则任何损益均应立即确认。如果售价低于公允价值，任何损益也应立即确认，除非损失的部分将在今后以低于市价的租金予以补偿，该损失部分可作递延处理，并按各期租金支付的比例在资产的预期使用期限内予以分摊。如果售价高于公允价值，则超出公允价值的部分应递延处理，并在资产的预期使用期限内予以分摊。

我国租赁会计准则规定：承租人和出租人应当按照租赁的分类标准，将售后租回交易认定为融资租赁或经营租赁。如果售后租回交易形成一项融资租赁，售价与资产账面价值之间的差额应予递延，并按该项租赁资产的折旧进度进行分摊，作为折旧费用的调整；如果售后租回交易形成一项经营租赁，售价与资产账面价值之间的差额应予递延，并在租赁期内按照与确认租金费用相一致的方法进行分摊。但是，有确凿证据表明售后租回交易是按照公允价值达成的，售价与资产账面价值的差额应当计入当期损益。

对售出资产的损益进行摊销时，应记入“未实现售后租回损益”，然后进行递延或者摊销。如果租回方式是融资租赁，摊销的方式应该和租赁资产租赁期折旧的比率相同。

三、售后租回交易的会计处理

售后租回交易的会计处理应根据其所形成的租赁类型，分别融资租赁和经营租赁进行会计处理。

（一）售后租回交易形成融资租赁

如果售后租回交易满足了确认为融资租赁的标准，则应将该交易认定为融资租赁。由于这种交易实质上转移了买主（即出租人）所保留的与该项租赁资产的所有权有关的全部风险和报酬，是出租人提供资金给承租人并以该项资产作为担保，因此，售价与资产账面价值之间的差额（无论是售价高于资产账面价值还是售价低于资产账面价值）在会计实务上均未实现，其实质是，售价高于资产账面价值实际上在出售时高估了资产的价值，而售价低于资产账面价值实际上在出售时低估了资产的价值，卖主（即承租人）应将售价与资产账面价值的差额（无论是售价高于资产账面价值还是售价低于资产账面价值）予以递延，并按该项租赁资产的折旧进度进行分摊，作为折旧费用的调整。

在融资租赁下，按该项租赁资产的折旧进度分摊的未实现售后租回损益应作为当期折旧费用的调整项目。这是因为租赁双方可能会通过提高或压低各期租金产生销售损益，从而造成资产虚增或虚减，各期折旧费用虚增或虚减。为使各期损益均衡，分摊的未实现售后租回损益应调整折旧费用。按折旧进度进行分摊是指在对该项租赁资产计提折旧时，按与该项资产计提折旧所采用的折旧率相同的比例对未实现售后租回损益进行分摊。

相关账务处理为：承租人应设置“递延收益——未实现售后租回损益（融资租赁）”科目，以核算在售后租回交易中售价与资产账面价值的差额。租赁资产按高于资产账面价值出售时，借记“银行存款”，贷记“固定资产清理”“主营业务收入”“递延收益——未实现售后租回损益（融资租赁）”等科目；租赁资产按低于资产账面价值出售时，借记“银行存款”“递延收益——未实现售后租回损益（融资租赁）”等科目，贷记“固定资产清理”“主营业务收入”等科目。

分摊递延收益时，如果租赁资产是按高于资产账面价值出售的，应借记“递延收益——未实现售后租回损益（融资租赁）”科目，贷记“制造费用——折旧费”“销售费用——折旧费”“管理费用——折旧费”等科目；如果租赁资产是按低于资产账面价值出售的，应借记“制造费用——折旧费”“销售费用——折旧费”“管理费用——折旧费”等科目，贷记“递延收益——未实现售后租回损益（融资租赁）”科目。其他的会计处理与一般情况下对融资租赁的处理相同。

（二）售后租回交易形成经营租赁

如果售后租回交易被认定为经营租赁。那么，与形成融资租赁的售后租回交易的会计处理相一致，为使承租人各期损益均衡，卖主（即承租人）应将售价与资产账面价值的差额（无论是售价高于资产账面价值还是售价低于资产账面价值）予以递延，并在租赁期内按照租金支付比例分摊，作为当期租金费用的调整项目。按租金支付比例进行分摊是指在确认当期该项租赁资产的租金费用时，按与确认当期该项资产租金费用所采用的支付比例相同的比例对未实现售后租回损益进行分摊。不过，2006 年新修订的租赁准则指出，有确凿证据表明售后租回交易是按照公允价值达成的，售价与资产账面价值的差额应当计入当期损益。国际会计准则的规定与我国有所不同，它规定不可补偿的损失在当期确认，可补偿的损失予以递延并按租赁付款额的比例在预计的资产使用期限内摊销，售价高于公允价值的部分应予以递延并在预计的资产使用期限内摊销。

相关账务处理为：承租人应设置“递延收益——未实现售后租回损益（经营租赁）”科目，以核算在售后租回交易中售价与资产账面价值的差额（无论是售价高于资产账面价值还是售价低于资产账面价值）。租赁资产按高于资产账面价值出售时，借记“银行存款”科目，贷记“固定资产清理”“主营业务收入”“递延收益——未实现售后租回损益（经营租赁）”等科目；租赁资产按低于资产账面价值出售时，借记“银行存款”“递延收益——未实现售后租回损益（经营租赁）”等科目，贷记“固定资产清理”“主营业务收入”等科目。

分摊递延收益时，如果租赁资产是按高于资产账面价值出售的，应借记“递延收益——未实现售后租回损益（经营租赁）”科目，贷记“制造费用——租赁费”“销售费用——租赁费”“管理费用——租赁费”等科目；如果租赁资产是按低于资产账面价值出售的，应借记“制造费用——租赁费”“销售费用——租赁费”“管理费用——租赁费”等科目，贷记“递延收益——未实现售后租回损益（经营租赁）”科目。其他的会计处理同一般情况下对经营租赁的处理。

（三）售后租回交易的披露

由于售后租回交易是一种特殊的交易，因此应特别加以披露。承租人和出租人除应当按照一般情况下融资租赁或经营租赁对售后租回交易进行披露外，还应当对售后租回合同中的重要条款做出披露。这里的重要条款是指售后租回合同中规定的区别于一般租赁交易的条款，比如租赁标的物的售价等。

（四）售后租回交易的会计处理举例

1. 售后租回交易形成一项融资租赁，售价高于资产账面价值

例 15—6

续例 15—2，假设 20×1 年 1 月 1 日，牡丹公司将一台大型彩印设备按 450 000 元的价格销售给楚祖公司。该机器的账面原价为 700 000 元，已提折旧 300 000 元。同时又签订了一份租赁合同将机器租回，该合同主要条款与例 15—2 的合同条款相同。

卖主即承租人（牡丹公司）的会计处理。

（1）租赁开始日决定租赁资产和负债的入账金额。

第一步，判断租赁类型。

根据例 15—2，可知该项租赁属于融资租赁。租赁开始日最低租赁付款额的现值及融资费用分摊率的计算过程与结果同例 15—2。

第二步，计算租赁开始日最低付款额的现值，确认融资租赁资产的入账价值。

本例应该选择租赁合同规定的利率 8% 作为最低付款额的折现率。（计算同例 15—2，略）

第三步，计算未实现售后租回损益。

未实现售后租回损益＝售价－资产的账面价值

＝450 000－(700 000－300 000)＝50 000(元)

第四步，会计分录。

20×1 年 1 月 1 日，向楚祖公司出售大型彩印设备：

借：银行存款	450 000	
贷：固定资产清理		400 000
递延收益——未实现售后租回损益		50 000

20×1 年 1 月 1 日，结转出售固定资产的成本：

借：固定资产清理	400 000	
累计折旧	300 000	
贷：固定资产——大型彩印设备		700 000

20×1 年租入固定资产：

借：固定资产——融资租入固定资产	500 000	
未确认融资费用	101 000	
贷：长期应付款——应付融资租赁款		601 000

（2）20×1 年 12 月 31 日。

1）支付租金时的会计分录（同例 15—2，略）。

2）确认当年应分摊的融资费用（同例 15—2，参见表 15—2，略）。

3）计提折旧（同例 15—2，略）。

4）确认本年应分摊的未实现售后租回损益。

在折旧期内按折旧进度（在本例中即平均年限法）分摊未实现售后租回损益（参见表 15—7）：

借：递延收益——未实现售后租回损益（融资租赁） 10 000

　　贷：制造费用——折旧费 10 000

表 15—7 未实现售后租回损益分摊表 单位：元

日期	售价	固定资产账面价值	摊销期	分摊率	摊销额	未实现售后租回损益
20×1/1/1	450 000	400 000	5 年			50 000
20×1/12/31				20%	10 000	40 000
20×2/12/31				20%	10 000	30 000
20×3/12/31				20%	10 000	20 000
20×4/12/31				20%	10 000	10 000
20×5/12/31				20%	10 000	0
合计	450 000	400 000		100%	50 000	

（3）以后两年年末的分录同 20×1 年 12 月 31 日，其中未确认融资费用的摊销见表 15—2，每年的折旧金额相同。

2. 售后租回交易形成一项融资租赁，售价低于资产账面价值

例 15—7

续例 15—2，假设 20×1 年 1 月 1 日，牡丹公司将一台大型彩印设备按 450 000 元的价格销售给楚祖公司。该机器的账面原价为 700 000 元，已提折旧 160 000 元。同时又签订了一份租赁合同将该机器租回，该合同主要条款与例 15—2 的合同条款内容相同。

卖主即承租人（牡丹公司）的会计处理。

（1）租赁开始日决定租赁资产和负债的入账金额。

第一步，判断租赁类型。

根据例 15—2，可知该项租赁属于融资租赁。

第二步，计算租赁开始日最低付款额的现值，确认融资租赁资产的入账价值。

本例应该选择租赁合同规定的利率 8% 作为最低付款额的折现率。（计算同例 15—2，略）

第三步，计算未实现售后租回损益。

未实现售后租回损益＝售价－资产的账面价值

＝450 000－(700 000－160 000)＝－90 000(元)

第四步，会计分录。

20×1 年 1 月 1 日，向楚祖公司出售大型彩印设备：

借：银行存款　　450 000
　　递延收益——未实现售后租回损益　　90 000
　　贷：固定资产清理　　540 000

20×1 年 1 月 1 日，结转出售固定资产的成本：

借：固定资产清理　　540 000
　　累计折旧　　160 000
　　贷：固定资产——大型彩印设备　　700 000

20×1 年租入固定资产：

借：固定资产——融资租入固定资产　　500 000
　　未确认融资费用　　101 000
　　贷：长期应付款——应付融资租赁款　　601 000

(2) 20×1 年 12 月 31 日。

1) 支付租金时的会计分录（同例 15—2，略）。

2) 确认当年应分摊的融资费用（同例 15—2，参见表 15—2，略）。

3) 计提折旧（同例 15—2，略）。

4) 确认本年应分摊的未实现售后租回损益。

在折旧期内按折旧进度（在本例中即年限平均法）分摊未实现售后租回损益（参见表 15—8）：

借：制造费用——折旧费　　18 000
　　贷：递延收益——未实现售后租回损益　　18 000

表 15—8　**未实现售后租回损益分摊表**　单位：元

日期	售价	固定资产账面价值	摊销期	分摊率	摊销额	未实现售后租回损益
20×1/1/1	450 000	540 000	5 年			90 000
20×1/12/31				20%	18 000	72 000
20×2/12/31				20%	18 000	54 000
20×3/12/31				20%	18 000	36 000
20×4/12/31				20%	18 000	18 000
20×5/12/31				20%	18 000	0
合计	450 000	540 000		100%	90 000	

(3) 以后两年年末的分录同 20×1 年 12 月 31 日，其中未确认融资费用的摊销见表 15—2，每年的折旧金额相同。

3. 售后租回交易形成一项经营租赁，售价高于资产账面价值

例 15—8

20×1 年 12 月 31 日，牡丹公司将全新办公设备一台，按照 200 万元的价格售给大华公司，该设备账面价值为 180 万元，并且立即签订了一份租赁合同，租期 3 年，使用年限 10 年。合同规定，每年年末支付 50 万元。合同规定利率为 6%。

卖主即承租人（牡丹公司）的会计处理（会计分录单位为万元）。

(1) 租赁开始日的会计处理。

第一步，判断租赁类型属于经营租赁。

第二步，计算未实现售后租回损益。

未实现售后租回损益＝售价－资产的账面价值 ＝200－180＝20(万元)

第三步，会计分录。

20×2 年 1 月 1 日，向大华公司出售办公设备：

借：银行存款 200

　　贷：固定资产清理 180

　　　　递延收益——未实现售后租回损益（经营租赁） 20

20×2 年 1 月 1 日，结转出售固定资产的成本：

借：固定资产清理 180

　　贷：固定资产——办公用房 180

(2) 20×2 年 12 月 31 日。

1) 支付租金时。

借：管理费用 50

　　贷：银行存款 50

2) 分摊未实现售后租回损益。

在租赁期内按租金支付比例分摊未实现售后租回损益（参见表 15—9)：

借：递延收益——未实现售后租回损益 6.67

　　贷：管理费用 6.67

表 15—9 **按支付租金比例分摊未实现售后租回损益** 单位：万元

日期	售价	账面价值	支付的租金	租金支付比例	摊销额	未实现售后租回损益
20×2/1/1	200	180				20
20×2/12/31			50	33.33%	6.67	13.33
20×3/12/31			50	33.33%	6.67	6.66
20×4/12/31			50	33.34%	6.66	0
合计	200	180	150	100%	20	

(3) 以后两年的分录同 20×2 年。

4. 售后租回交易形成一项经营租赁，售价低于资产账面价值

例 15—9

续例 15—8，假设 20×2 年 1 月 1 日，牡丹公司将全新办公设备一套，按照 160 万元的价格售给大华公司，该设备账面价值为 180 万元，并立即签订了一份租赁合同，该合同主要条款与例 15—8 的合同条款内容相同。

卖主即承租人（牡丹公司）的会计处理（会计分录单位为万元)。

(1) 租赁开始日的会计处理。

第一步，判断租赁类型属于经营租赁。

第二步，计算未实现售后租回损益。

未实现售后租回损益＝售价－资产的账面价值＝160－180＝－20(万元)

第三步，会计分录。

20×2 年 1 月 1 日，向大华公司出售办公设备：

借：银行存款　　160

　　递延收益——未实现售后租回损益（经营租赁）　　20

　　贷：固定资产清理　　180

20×2 年 1 月 1 日，结转出售固定资产的成本：

借：固定资产清理　　180

　　贷：固定资产——办公用房　　180

(2) 20×2 年 12 月 31 日。

1) 支付租金时。

借：管理费用　　50

　　贷：银行存款　　50

2) 分摊未实现售后租回损益。

在租赁期内按租金支付比例分摊未实现售后租回损益（参见表 15—10）：

借：管理费用——折旧费　　6.67

　　贷：递延收益——未实现售后租回损益（经营租赁）　　6.67

表 15—10　　按支付租金比例分摊未实现售后租回损益　　单位：万元

日期	售价	账面价值	支付的租金	租金支付比例	摊销额	未实现售后租回损益
20×2/1/1	160	180				20
20×2/12/31			50	33.33%	6.67	13.33
20×3/12/31			50	33.33%	6.67	6.66
20×4/12/31			50	33.34%	6.66	0
合计	160	180	150	100%	20	

(3) 以后两年的分录同上。

思考题

1. 一项租赁在什么条件下可以被认定为融资租赁？
2. 当一项本应属于融资租赁的租赁被认定为经营租赁后，会造成什么影响？
3. 什么是优惠购买选择权？它对承租人和出租人分别有何意义？
4. 为何需要将融资租赁资本化？资本化的含义是什么？
5. 如何处理售后租回交易产生的销售损益？

练习题

1. 德发机械设备公司 20×2 年 7 月 1 日将成本为 300 000 元的设备出租给大江公

司，租赁期 2 年，每年租金 30 000 元，于每年的 7 月 1 日支付。德发公司采用直线法计提折旧，该项设备尚可使用 10 年，期末估计残值为 10 000 元。

要求：根据上述资料分别为两公司做出有关会计处理。

2. A 公司向 B 公司出租一台超大型机器，租金总额为 3 600 000 元，分 5 年按下列比率支付：25%，25%，22%，14%，14%，并且都是在每年年初支付。该项租赁属于经营租赁，机器的成本为 5 400 000 元，预计耐用年限为 10 年，估计残值为 200 000 元，A 公司一般采用直线法来计提折旧。两家公司在 20×2 年 1 月 1 日签约。

要求：

(1) 编制 A 公司租赁期间的所有相关会计分录。

(2) 编制 B 公司租赁期间的所有相关会计分录。

3. A 公司向 B 公司承租一台机器，租赁开始日为 20×2 年 1 月 1 日，租赁期预计为 5 年，每年年末支付 100 000 元租金，履约成本为 4 000 元，A 公司可以在租赁期满时以优惠购买价格 50 000 元购买该机器。该机器的估计残值为 300 000 元，出租人的隐含利率为 10%。租赁开始日租赁资产的公允价值和账面价值均为 450 000 元。

要求：

(1) 编制 A 公司租赁期间的所有相关会计分录。

(2) 编制 B 公司租赁期间的所有相关会计分录。

4. 甲公司于 20×1 年 12 月 10 日与乙租赁公司签订了一份设备租赁合同。合同主要条款如下：

(1) 租赁标的物：A 生产设备。

(2) 起租日：20×1 年 12 月 31 日。

(3) 租赁期：20×1 年 12 月 31 日至 20×3 年 12 月 31 日。

(4) 租金支付方式：20×2 年和 20×3 年每年年末支付租金 1 000 万元。

(5) 租赁期满时，A 生产设备的估计余值为 200 万元，其中甲公司担保的余值为 100 万元，未担保的余值为 100 万元。

(6) A 生产设备为全新设备，20×1 年 12 月 31 日的公允价值为 2 000 万元，预计使用年限为 3 年。

(7) 租赁年内含利率为 6%。

(8) 20×3 年 12 月 31 日，甲公司将 A 生产设备归还给乙租赁公司。

A 生产设备于 20×1 年 12 月 31 日运抵甲公司，当日投入使用。甲公司当日的资产总额为 4 000 万元，其固定资产均采用平均年限法计提折旧，与租赁有关的未确认融资费用均采用实际利率法摊销，并假定未确认融资费用在相关资产的折旧期限内摊销。

要求：

(1) 判断该租赁的类型，并说明理由。

(2) 编制甲公司在起租日的有关会计分录。

(3) 编制甲公司在 20×2 年年末和 20×3 年年末与租金支付以及其他与租赁事项有关的会计分录（假定相关事项均在年末进行账务处理）。（金额用万元表示。）

5. A 公司向 B 公司承租设备，租赁期为 4 年，每年租金 68 956 元，期末付款。A 公司同意租赁期届满时，保证该机器残值至少为 40 000 元，出租人的隐含利率为 12%，该机器的公允价值和账面价值均为 260 000 元。A 公司采用直线法来计提折旧，租赁期届满时，A 公司将机器归还给 B 公司。

要求：

(1) 租赁开始日，出租人和承租人相应的会计处理。

(2) 编制应收租赁款和应付租赁款的摊销表。

(3) 在租赁期届满时，假设租赁设备的残值为 40 000 元，为出租人和承租人编制相应的会计分录。

第十六章

养老金会计

引例　中国建材集团规范运作企业年金

目前，我国养老保险制度由三部分组成，即基本养老保险、企业年金和个人储蓄性养老保险。其中企业年金是企业为职工提供的补充性养老保险，在我国现行的会计准则中，《企业会计准则第9号——职工薪酬》和《企业会计准则第10号——企业年金基金》与养老金相关。截至2013年年末，建立企业年金的企业有44 900家，占比0.3%，人口参与率仅为2.1%，因此我国企业年金规模依然较小。

以中国建材集团为例。2010年12月，中国建材集团签署了企业年金管理协议，开始全面运作集团公司企业年金项目，包括中国建材（03323.HK）、北新集团（000786.SZ）等在内的37家子公司参与了首批年金计划。集团企业年金的受托单位是长江养老保险，托管单位是浦发银行，账户管理单位是交通银行，投资管理单位是嘉实基金、平安养老、易方达基金以及长江养老保险。之后，投资管理单位会将企业年金投资于银行存款、债券、股票等方向。在每个规定缴费日，中国建材集团按时缴费，托管单位与投资管理单位也及时编制和核对企业年金投资组合的财务报表，账户管理单位按协议规定分配投资收益。

可见，企业年金的运作需要涉及多方，那么对于委托人本身来说，应该如何对其进行会计处理呢？

希望通过本章的学习，各位读者能找到答案。

学习目标

- 养老金的分类方法
- 了解约定给付养老金的会计处理
- 养老金给付的分摊方法
- 了解养老金成本净额
- 了解约定给付净负债或净资产的重计量

人口老龄化趋势已成为全球性的问题，世界各国一直在不断努力寻求解决的途径并形成了各具特色的养老保险制度。在我国，为了配合和促进企业改革的深化以及适应社会主义市场经济体制的要求，加快完善社会保障体系并健全社会保障制度已成为当务之急。然而，社会保障体系涉及面广，究竟在我国如何进一步深化改革还有待实践的检验，具体措施正在试点中并不断完善。在会计处理方面，我国有关会计准则也正在与国际会计准则趋同。为此，本章重点介绍国际会计准则第 19 号《员工给付》以及我国《企业会计准则第 9 号——职工薪酬》中有关养老金的会计处理方法。需要注意的是，本章所涉及的养老金会计处理方法都是指缴纳养老金的企业的会计处理方法，而不涉及养老金托管机构的会计处理方法。

第一节 退休办法的种类

养老金是企业对职工服务所支付报酬的一部分，职工在其退休后一次或分次获取。企业制定退休办法的目的在于提高职工的劳动积极性使其老有所依，这种福利措施有助于社会的安定和企业效益的提高。但在实务中，企业制定的退休办法不尽相同，而且有的退休办法还相当复杂。通常，企业养老金的退休办法有以下几种分类。

一、按养老金的筹措方式分

1. 置存基金的退休办法

所谓置存基金的退休办法，是指企业平时提取养老基金交给独立的信托机构，如银行或保险公司等，由其保管运用，在职工退休时，该信托机构再动用养老基金向退休职工支付养老金。在这种养老金筹措方式下，企业除非已完全履行养老金给付义务，否则不得将养老基金收回。图 16—1 表明了置存基金退休办法的运作流程。

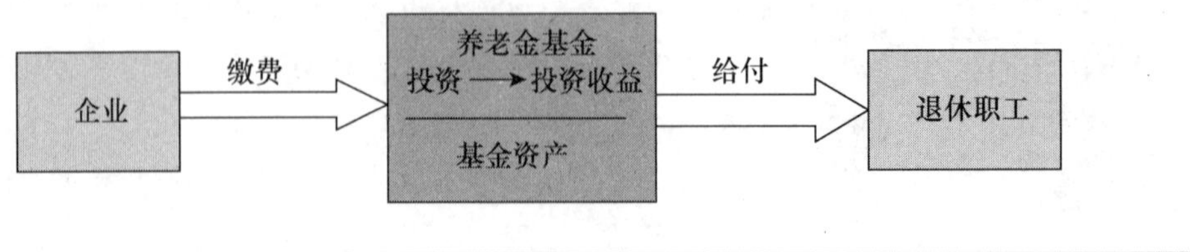

图 16—1 置存基金退休办法的运作流程

2. 未置存基金的退休办法

所谓未置存基金的退休办法，是指企业平时不专门缴纳养老基金交给信托机构保管运用或者企业虽提取了养老基金，但自行保管运用而不交付给信托机构保管使用，在职工退休时，由企业自行筹措资金来解决向职工支付养老金的资金需求问题。这种筹措办法与置存基金的退休办法相比，对职工的养老金支付缺乏保障。

二、按养老金给付的确定方式分

在退休办法中，将来应支付的养老金金额称为养老金给付，按养老金给付的确定方式可分为约定缴费养老金办法和约定给付养老金办法。

1. 约定缴费养老金办法

所谓约定缴费养老金办法，我国会计准则称为设定提存计划，是指企业按照退休办法的规定，每年缴纳一定数额的养老基金，交给信托机构保管运用，在职工退休时，由后者将属于该职工的养老基金支付给该退休职工。通常每年缴纳的约定养老基金，是按职工工资的一定比例（如工资的5%）缴纳的，职工退休时所能领取的养老金取决于提存的金额及其所孳生的利息，企业并不保证养老金给付的数额。企业在每期缴纳的养老金数额，即为当期应确认的养老金成本。约定缴费养老金办法的会计处理较为简单，根据缴纳的金额，按照受益对象计入当期损益或相关资产成本，借记“生产成本”“制造费用”“管理费用”等科目，贷记“应付职工薪酬——约定缴费义务”科目。现举例说明。

例 16—1

牡华公司根据当地政府规定，按照职工工资总额的20%计提基本养老保险费，并且牡华公司采用的养老金办法为约定缴费养老金办法。20×1 年 1 月，牡华公司职工工资总额为 1 000 万元，所以缴纳的基本养老金为 200 万元。其中，应计入生产成本的金额为 100 万元，应计入制造费用的金额为 50 万元，应计入管理费用的金额为 50 万元。牡华公司 20×1 年 1 月相关的会计处理为：

借：生产成本	1 000 000	
制造费用	500 000	
管理费用	500 000	
贷：应付职工薪酬——约定缴费义务		2 000 000

2. 约定给付养老金办法

所谓约定给付养老金办法，我国会计准则称为设定受益计划，是指企业承诺在职工退休时一次性支付一定数额的养老金，或者在职工退休时分期支付一定数额的养老金。至于企业是否需要按时缴纳养老基金则由其自行决定，只要在职工退休时企业有能力履行支付养老金的义务即可。在这种办法下，养老金的数额通常根据职工的工资水平及服务年限确定（此时又称最后工资法）或者只需考虑其中一项，如服务年限（此时又称年资约定给付法）。

（1）最后工资法。最后工资法，是指根据未来工资水平及服务年限这两个因素来计算企业将来需要向职工支付的养老金，又称为与未来工资水平有关的退休办法。例如，职工每服务一年给予一个基数，退休时按其前一个月月工资乘以总基数一次性支付养老金。假定张某预计 30 年后退休，则退休时总基数为 30（1×30），若估计退休时的月薪为 1 000 元，则养老金为 30 000 元（1 000×30）。

（2）年资约定给付法。年资约定给付法，是指计算养老金时不考虑职工未来退休时的工资水平而只考虑职工预计服务年限，故又称为与未来工资水平无关的退休办法。例如，退休办法规定，职工每服务满一年，退休时可一次领取 50 000 元的养老金，或者按月领取 800 元养老金。

三、按职工是否共同缴费养老基金分

1. 共同缴费养老金办法

所谓共同缴费养老金办法，是指企业与职工共同缴纳养老基金，交给独立的信托机构保管运用，双方缴纳的比例不一定相同。职工如果提前离职，可将其自身缴纳的本金及其利息收回，而能否分享企业缴纳的基金则视退休办法的规定而定。

2. 非共同缴费养老金办法

所谓非共同缴费养老金办法，是指养老基金全部由企业缴纳，职工不参与缴纳的退休办法。

四、按养老金的支付方式分

1. 一次支付养老金办法

所谓一次支付养老金办法，是指职工退休时企业一次性支付养老金，之后对职工不再承担任何给付义务。

2. 分期支付养老金办法

所谓分期支付养老金办法，是指职工退休后企业分期支付（如按年或按月）养老金，直至职工死亡为止。

上述各种退休办法中的养老金成本不尽相同，其中约定缴费养老金办法的会计处理方法较为简单，企业仅将每年缴纳的养老金数额作为养老金成本；置存与未置存基金的退休办法中，仅养老基金资产保管和运用时所生的利息部分影响到养老金成本的计算；而共同缴费与非共同缴费养老金办法，一次支付或分期支付养老金办法均与养老金成本的计算无关；约定给付养老金办法的会计处理则较为复杂。

我国养老社会保险制度的改革是从 1984 年开始的，经过 30 多年的不断探索，已建立了一套基本适合我国国情的养老保险模式。我国目前养老金制度的基本框架分为三个层次：第一层次是社会统筹与职工个人账户相结合的基本养老保险；第二层次是企业补充养老保险；第三层次是个人储蓄性养老保险。

在三个层次的养老金计划中，第一层次的基本养老保险是养老保险制度中最重要的组成部分，它保证职工退休后的基本生活需要，从养老金的给付方式上看是约定给付养老金办法与约定缴费养老金办法的结合，即属于混合办法，其中社会统筹部分属于约定给付养老金办法，而个人账户部分属于约定缴费养老金办法。根据 1997 年颁布的《关于建立统一的企业职工基本养老保险制度的决定》：每个企业都要为职工向社会统筹基金缴纳养老保险费，同时还要向职工的退休个人账户缴纳保险费，职工个人也要在就业期间向自己的退休个人账户缴纳保险费；企业总的缴费比例一般不得超过 20%，职工自己向个人账户的缴费比例从 4%起步，以后每两年提高一个百分点，最终达到 8%；企业向职工个人账户的缴费比例随着职工个人缴费比例的提高而相应下降，即由最初的 7%下降至最终的 3%，也就是说，企业和个人向个人账户的缴费比例之和应达到11%。截至2006年以前，我国的职工养老金缴纳即采取这种办法。但根据国务院关于职工基本养老保险的最新规定（国发［2005］38号），从2006年1月1日起，个人账户的规模统一由本人缴费工资的11%调整为8%，全部由个人缴费形成，单位缴费不再划入个人账户。

第二层次的补充养老保险是企业根据自己的条件和愿望，为本企业职工建立的养老保险，从养老金的给付方式上看是约定缴费养老金办法。由于企业建立的这部分年金基金应当作为独立的会计主体进行会计处理和列报，为此财政部单独制定了《企业会计准则第10号——企业年金基金》。

第三层次的个人储蓄性养老保险是职工个人为自己的退休生活而作的一种预防性储蓄安排，从养老金的给付方式上看也是约定缴费养老金办法，该办法是一种个人行为，它只是在个人生命期内或在家庭成员内部的收入再分配，并不是社会意义上的养老金计划。

第二节　养老金的性质及其会计处理流程和特征

一、养老金的性质

养老金作为支付给离退休职工用于保障日后生活的资金，人们对其性质的认识，前后曾经产生两种主要观点：一是“社会福利观”；二是“劳动报酬观”。

“社会福利观”认为，职工在职时取得工资收入，体现了按劳分配；在退休后领取养老金，是对剩余价值的分配，体现了国家和企业对职工费用的必要支出。我国传统体制下的养老金支付即是该观点的体现，养老金支付往往由国家和企业包揽，企业职工在职服务期间并不确认养老金费用。随着市场经济的发展，这一观点在理论和实践中的弊端日渐暴露：一是养老金费用没有预提，企业无法估计未来应付养老金数额；二是成本和收入不相配比，使得企业各期的损益缺乏可比性，不利于企业间的竞争。

“劳动报酬观”克服了“社会福利观”的弊端，它认为养老金是劳动力价值的组成部分，是职工在职服务期间提供劳务所赚取的劳动报酬的一部分，职工退休后领取的养老金，是以其在职时提供服务为依据的，其实质是递延工资。因此，会计处理不再作为一项营业外支出，而是在劳务发生时就确认为当期成本费用。这样，一方面企业确认和计量在职职工的养老金费用，计入当期成本；另一方面负有为职工提存养老金的义务。这一观点已被世界各国会计界普遍接受。现行养老金会计核算的原则也是建立在该观点基础上的。

二、养老金的会计处理流程

养老金会计处理是指企业确认、计量养老金负债和资产的相关事项。企业会计工作人员依据精算师提供的精算报告来确认、计量养老金负债和资产。

精算报告是指精算师根据企业的人事记录等资料，经过精算后，提出的正式报告。精算报告中列示了精算假设、精算所包括的年度养老金成本构成项目、缴纳养老基金与支付养老金数额、特定日期的预计给付义务，以及养老基金资产公允价值的实际数和预计数。

其中，精算假设是指精算师用以计算养老金成本的一些假设因素，这些假设是对影响退休义务的各种变量的最佳估计。精算假设应当是客观公正和相互可比的，无偏且相互一致的。精算假设包括人口统计假设和财务假设。人口统计假设包括死亡率、职工的离职率、伤残率、提前退休率等。财务假设包括折现率、福利水平和未来薪酬等。其中，折现率应当根据资产负债表日与约定给付义务期限和币种相匹配的国债或活跃市场上的高质量公司债券的市场收益率确定。

表 16—1 为精算报告的部分格式内容。

表 16—1　　精算报告部分内容　　单位：元

提交日期：20×6 年 10 月，年度报告结束日为 20×6 年 12 月 31 日	
各项目（均为现值）及主要说明	金额
（1）预计给付义务（PBO），期初余额（上期期末余额）	900
（2）当期服务成本（20×6 年间养老金给付的现值）	80
（3）利息成本（900＋60）×8%，包括前期义务［(4)］和 20×6 年 1 月 1 日确认的前期服务成本的利息	77
（4）前期服务成本，20×6 年 1 月 1 日（指退休办法建立以前职工的服务）	60
（5）精算损益（精算师根据精算假设变动计算的，有 10 元的损失包括在 900 元预计给付义务中，作为以前年度结转下来的数额）	6
（6）支付给职工的养老金给付（参见表 16—4 的受托人报告）	(30)
（7）预计给付义务，期末余额	1 093
（8）精算师采用的折现率（利率）	8%
（9）职工平均剩余服务年限	10 年

总的来说，养老金会计处理分为两个阶段，其中第一个阶段也是最复杂的阶段是精算。通常，这项工作由精算师来完成。精算师根据事先提出的合理的精算假设，计算出企业的养老金成本和预计给付义务，最后，提出精算报告。第二阶段则由企业会计人员根据精算报告来编制养老金工作底稿，然后根据工作底稿编制会计分录。因此，整个养老金会计处理的流程可归纳如图 16—2 所示。

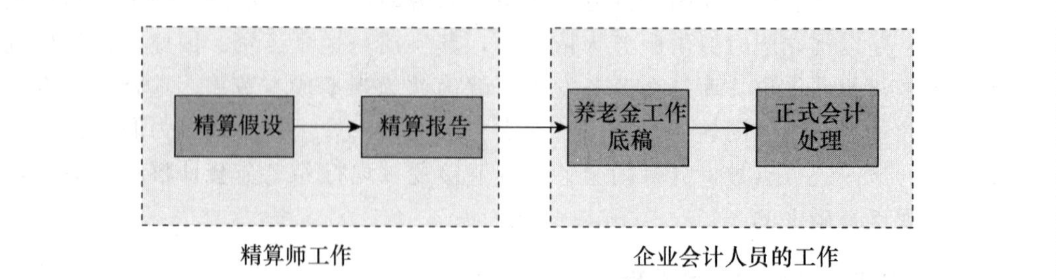

图 16—2　养老金会计处理流程

三、养老金的基本特征

国际会计准则第 19 号公告（IAS 19）阐述了养老金会计处理的三个基本特征：

（1）当期确认（current recognition）。所谓当期确认，是指对某些与养老金相关的事项在当期确认。养老金相关的事项主要是指企业养老金给付义务和养老基金资产发生的变动，这些变动应当在其发生年度确认。

（2）净额反映（net cost）。所谓净额反映，是指养老金成本以净额反映。企业每期确认的养老金成本包括七个组成项目，如当期服务成本、利息成本、养老基金资产的预期报酬、未确认前期服务成本的摊销、未确认养老金净损益的摊销、未确认过渡性净资产或净给付义务的摊销、缩减或结算损益，这些项目均汇总成一个金额，在财务报表中列示。实际上是将费用（当期服务成本、利息成本等）与收益（投资预期报酬）相抵销。

（3）互相抵销（offsetting）。所谓互相抵销，是指资产负债互相抵销。企业所确认的养老金负债与缴纳的养老基金资产，在财务报表上加以抵销，以其净额列示，若超额缴纳则视为预付养老金（资产），若缴纳不足则视为应计养老金负债，即使实际尚未使用养老基金资产偿付养老金负债，也以净额列示。

养老金负债以预计给付义务计量，养老金负债或资产不予资本化。所谓资本化，是指企业按所提的养老基金资产或承担的养老金负债全部入账，并在资产负债表中列示。而不予资本化，则是指企业仅列示其确认的养老金成本中未缴纳的基金部分（负债）或预付养老金部分（资产），对于养老基金资产则由独立的第三方保管运用，并由该第三方承担养老金给付义务，该第三方有单独的财务报表列示养老基金资产或养老金负债。

第三节　约定给付养老金办法的会计处理

前文提到按照养老金给付的确定方式，退休办法可以分为约定缴费养老金办法和约定给付养老金办法。约定缴费养老金办法的会计处理较为简单，而约定给付养老金办法更为复杂，所以国际会计准则第 19 号（IAS 19）以及我国企业会计准则第 9 号中有关离职后福利的规定强调约定给付养老金办法的会计处理。

在约定给付养老金办法下，首先需要确认、计量企业的预计给付义务以及相关的养老基金资产。由于企业经营的不确定性，养老金给付义务和养老基金资产经常发生变动，在后续计量中需要确认这些变动。一般而言，约定给付养老金办法的会计处理主要包括以下基本因素：（1）企业的养老金给付义务；（2）养老基金资产；（3）养老金成本净额，计入当期损益的金额；（4）约定给付净负债或净资产的重计量。下面将分别加以讨论。

一、企业的养老金给付义务

养老金给付义务即为企业的养老金负债。国际会计准则第 19 号指出，企业应当根据在职职工未来工资水平来确定养老金给付义务。具体而言，企业应当根据预期累计给付单位法，采用无偏且一致的精算假设对有关人口统计变量和财务变量等作出估计，计量约定给付养老金办法所产生的义务，并确定相关义务的归属期间。企业应当根据国债或活跃市场上公司债券的收益率确定折现率，将约定给付养老金办法所产生的义务予以折现，以确定约定给付义务的精算现值和当期服务成本。

未来工资水平为每个参加退休办法的职工未来实际工资水平的估计数，估计时应考虑未来一般物价水平、生产力、工资、晋升、有关规章制度及其他因素变动的影响。

有关人口统计变量和财务变量通常与职工服务年限和工资水平有关。

所谓精算现值，是指在考虑时间因素及支付的可能性后将未来应支付的金额折算至特定日期的价值。养老金给付义务亦即养老金会计的负债方，这种义务与精算现值有关。从某种意义上说，企业的养老金义务是职工在职期间提供劳务，企业按照既定的退休办法的规定，应于职工退休时给付的一种递延酬劳义务。约定给付办法的最终义务受到许多变量的影响，如职工离职率、死亡率、职工缴付的提存金等。企业在折现时，即使预期有部分义务在报告期间结束后的12个月内结算，企业仍应对整项义务进行折现。企业应当就至报告期末的任何重大交易及环境的其他重大变化（包括市场价格和利率的变化）进行调整，在每年年末进行复核。

所谓当期服务成本，是指因职工当期提供服务所导致的养老金给付义务现值的增加额。

所谓预期累计给付单位法（the projected unit credit method），是指职工每提供一个期间的服务，就会增加一个单位的福利权利，企业应当对每一单位的福利权利进行单独计量，并将所有单位的福利权利累计形成最终义务。企业应当将福利归属于提供约定给付养老金办法的义务发生期间。这一期间是指从职工提供服务以获取企业在未来报告期间预计支付的约定给付义务福利开始，至职工的继续服务不会导致这一福利金额显著增加之日为止。

为便于说明，兹举一简例。

例 16—2

假设2001年1月1日，牡丹公司开始采用非共同缴费、约定给付养老金办法。根据相关精算假设和退休办法的规定，自2001年1月1日起，职工张明享有养老金给付，40年后退休。退休后，张明每年年末将领取1 000 000元的养老金，共计领取25年。假定张明在职服务期间和退休期间的利率均为10%，则2001年1月1日有关张明的预计给付义务的计算过程如下：

第一步：计算职工张明退休后25年内所能领取的退休金在其退休日的现值。由于假设其退休期间的折现率为10%，25年的年金现值系数为9.077，因此我们可以算出所求现值为9 077 000元（1 000 000×9.077）。

第二步：根据预期累计给付单位法计算服务期间的每期服务成本，见表16—2。

表 16—2　　计算职工服务期间每期服务成本　　单位：元

服务年份	服务第1年	服务第2年	…	服务第39年	服务第40年
给付归属			…		
——以前年度	0	226 925	…	8 623 150	8 850 075
——当年	226 925	226 925	…	226 925	226 925
——以前年度＋当年	226 925	453 850	…	8 850 075	9 077 000
期初义务	0	5 515	…	7 126 570	8 045 522
利息	0	552	…	712 657	804 552
当期服务成本	① 5 515	② 6 066	…	③ 206 295	226 925
期末义务	5 515	12 133	…	8 045 522	④ 9 077 000

注：① 5 515＝226 925 /$(1+10\%)^{39}$
② 6 066＝226 925 /$(1+10\%)^{38}$
③ 206 295＝226 925 /(1＋10%)
④ 9 077 000含尾数调整。

为了更为直观地表述上述三个步骤及相应的会计分录，我们将内容整理如图 16—3 所示。

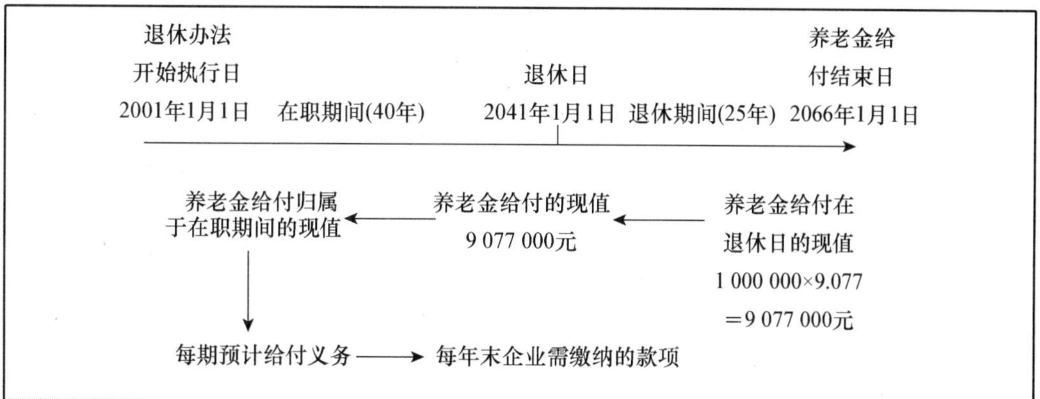

图 16—3　预计给付义务

在会计处理上，“养老金成本”应作为管理费用、财务费用或相关资产成本（比如无形资产）的二级科目，这里以管理费用、财务费用（利息）做会计分录，以后章节统一采用“养老金成本”。

服务第 1 年年末，牡丹公司会计处理如下：

借：管理费用（或相关资产成本）	5 515	
贷：应付职工薪酬——约定给付义务		5 515

服务第 2 年年末，牡丹公司会计处理如下：

借：管理费用（或相关资产成本）	6 066	
贷：应付职工薪酬——约定给付义务		6 066
借：财务费用（或相关资产成本）	552	
贷：应付职工薪酬——约定给付义务		552

服务第 3 年至第 40 年，以此类推。

二、养老基金资产

养老基金资产指根据养老金给付办法的规定，交由基金受托人管理的养老基金，以备支付给退休者。养老基金资产包括两个部分：(1) 投资部分，如股票、债券和其他证券，并不包括由企业发行并由独立主体持有的任何不可转换的金融工具；(2) 自用资产部分，如房屋、办公设备等。养老基金资产的金额计算如下：

企业缴纳数
加：职工缴纳数（采用共同缴费养老金退休办法时）
加：养老基金投资实际报酬
减：已支付的养老金
余额：养老基金资产

（一）约定给付不足与约定给付盈余

国际会计准则第 19 号报告对预计给付义务和养老基金资产公允价值作出了详细规定，以使企业在每一特定计量日期确定养老金负债是缴纳不足还是超额缴纳。在特定计量日期，如果预计给付义务超过养老基金资产公允价值，则超过部分称为约定给付不足

(deficit)。反之，如果养老基金资产的公允价值超过预计给付义务，则其差额称为约定给付盈余（surplus）。无论是约定给付不足还是约定给付盈余，统称为基金缴纳状况（funded status），代表企业在此时的养老金负债或资产，故此金额都需要在报表附注中予以披露。

养老基金资产与预计给付义务之间的关系如图 16—4 所示。

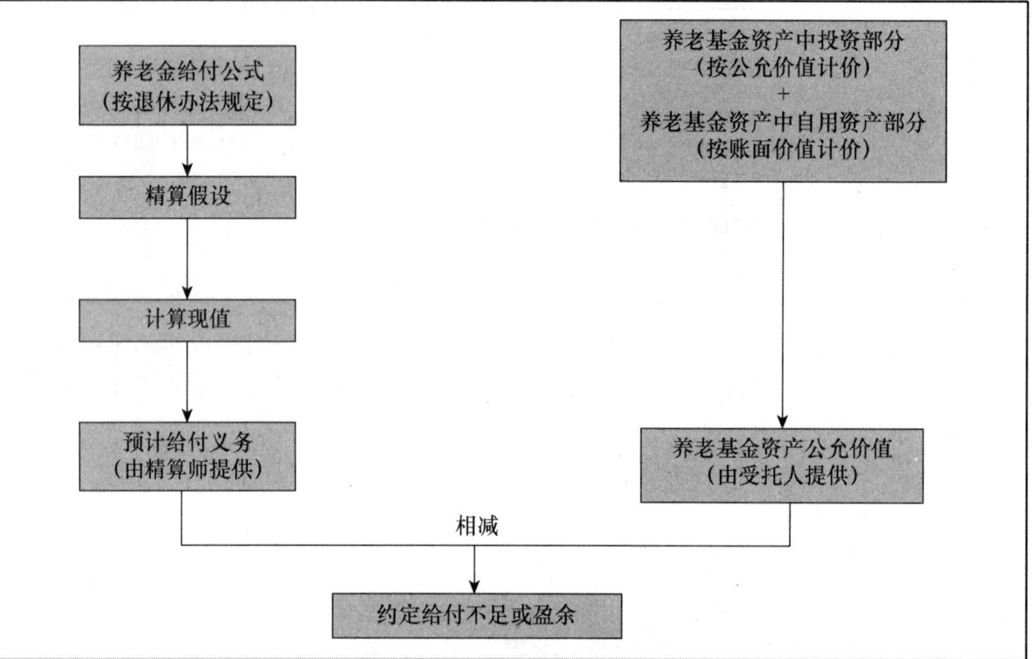

图 16—4　养老基金资产与预计给付义务之间的关系

养老基金资产中投资部分按公允市价或市价相关价值计价；养老基金资产中自用资产部分则按账面价值计价，两者之和称为养老基金资产的公允价值。养老基金资产中自用资产因其价值不能用以支付养老金给付额，故以成本减累计折旧作为其账面价值计价。

可以用下面的等式更直观地表示约定给付净负债或净资产：

约定给付净负债(或净资产)＝预计给付义务－养老基金资产的公允价值

约定给付办法存在盈余的，企业应当以约定给付盈余和资产上限两项孰低者计量设定约定给付净资产。其中，资产上限，是指企业可从约定给付办法退款或减少未来向独立主体缴费而获得的经济利益的现值。

例 16—3

根据精算报告和受托人报告，牡丹公司 20×6 年 12 月 31 日和 20×7 年 12 月 31 日预计给付义务、养老基金资产以及约定给付净负债或净资产见表 16—3。

表 16—3　约定给付不足和约定给付盈余示例　单位：元

约定给付不足（20×6 年期末）		约定给付盈余（20×7 年期末）	
预计给付义务	(1 000 000)	预计给付义务	(900 000)
养老基金资产	800 000	养老基金资产	700 000
约定给付净负债	(200 000)	约定给付净资产	300 000

（二）受托人报告

养老基金的受托人每年需编制年度报告，该年度报告称为受托人报告，其起讫日期应与预计给付义务的精算报告一致。受托人报告的格式见表16—4。

表16—4 受托人报告 单位：元

提交日期：20×6年12月31日	
项目	金额
(1) 养老基金资产，期初余额	780
(2) 20×6年度养老基金资产投资实际报酬	76
(3) 从企业收到的现金（20×6年度）	85
(4) 本期支付给退休者的养老金（20×6年度）	(30)
(5) 养老基金资产，期末余额	911
(6) 本期期初养老基金资产的预计投资报酬率（折现率）为10%	
本期养老基金资产预计投资报酬（780×10%）	78

关于预计给付义务的计算方法，我们已在前面叙述，这里不再赘述。需要说明的是，在特定计量日期，养老基金资产应按公允价值计价。养老基金资产预计投资报酬是指养老基金期初资产的公允价值乘以一定折现率所得金额。养老基金资产投资的实际报酬是指养老基金资产公允价值的变动减去本期养老金缴费和已支付养老金给付的差额，计算式表示如下：

养老基金资产的实际报酬＝期末养老基金资产的公允价值
　　－期初养老基金资产的公允价值
　　－(本期养老金缴纳额－本期支付的给付义务)

因此，

期末养老基金资产的公允价值＝期初养老基金资产的公允价值
　　＋本期养老金缴纳额－本期支付的给付义务
　　＋养老基金资产的实际报酬

三、养老金成本净额

养老金成本净额需要在利润表中计入当期损益，即为计入当期损益的金额。

（一）养老金给付的分摊方法

养老金是企业对职工服务所支付酬劳的一部分，根据成本与收入配比原则，企业应将养老金给付在职工各服务期间内分摊以计算养老金成本，而不是在职工退休后企业支付养老金时才确认养老金成本。这种将养老金给付分摊到职工服务期间的程序称为摊计（attribution）。

实务中，企业分摊养老金给付的方法主要有两种：给付法和成本法。所谓给付法，是指先确定企业因职工在某一期间的服务而于将来应支付的养老金给付额，然后计算该给付的精算现值，以作为当期服务成本。所谓成本法，是指先估计职工退休时可领取的养老金总额，然后计算职工在职期间企业每期固定缴纳的数额，使各期缴纳数加上养老基金资产的预计报酬，正好能支付职工养老金给付，各期缴纳的数额可以是固定金额，也可以是工资的一定比例。

美国财务会计准则委员会主张采用给付法，而弃用成本法，其主要理由如下：

（1）退休办法中规范了职工服务与企业承诺给付的关系，企业在特定日期按约定给付养老金办法规定所承诺支付的养老金给付，正是企业应承担的义务，这与负债的定义一致。尽管成本法每期按工资的一定比例确认养老金成本，对缴纳基金和编制预算有所帮助，然而每期相同成本的累计数并非是企业所承担的义务，未必能反映该期的负债。

（2）给付法与成本法均需计算现值，而折现方式不同。给付法按养老金给付公式确定每期职工应得的给付数，然后计算其现值；在成本法下，每期分摊的金额并非该期职工应得给付数的精算现值，而是将所有预计给付的总成本加以折现，再将其在各期间内分摊，因此，每期养老金成本净额便成为固定金额或工资的一定比例。例如，一位 55 岁职工和一位 20 岁职工均在 60 岁退休，对前者所承诺一元给付的现值要大于对后者所承诺一元给付的现值，所以，给付法更能反映约定给付的承诺。而在成本法下，职工早期服务期间所负担的成本远大于按养老金给付公式计算的应得给付数，在职工服务晚期所负担的成本小于应得给付数的现值，其结果是，在职工退休前，按成本法应计的成本将超过按养老金给付公式所计算的应得给付数的现值。

（3）预计给付义务和养老金成本净额的计量应反映退休办法的实际内容。由于约定给付养老金办法规范了企业因职工提供服务而承诺在职工退休时支付养老金给付数，而未规范如何缴纳基金以符合缴纳模式，因此给付法优于成本法。

前文提到的预期累计给付单位法正是运用给付法的体现。

（二）养老金成本净额的构成项目

企业在利润表中列示养老金成本净额，由两个项目构成：（1）服务成本；（2）约定给付净负债或净资产的利息净额。其中，服务成本包括当期服务成本、前期服务成本和结算损益；约定给付净负债或净资产的利息净额包括养老基金资产的利息收入、约定给付义务的利息费用以及资产上限影响的利息。下文将逐一介绍这些项目。

1. 服务成本

服务成本包括当期服务成本、前期服务成本和结算损益。

（1）当期服务成本。当期服务成本是指因职工当期提供服务所导致的养老金给付义务现值的增加额。在例 16—2 中（见表 16—2），牡丹公司第 1 年年末应计入当期损益的当期服务成本为 5 515 元。

例 16—4

牡兴公司在 2016 年 1 月 1 日建立一项退休办法向其未来退休的在职员工提供退休金，退休金金额依据员工的工作年限设定，该办法于当日开始实施。该退休办法为约定给付办法。王五在 2016 年年初入职，年折现率为 10%，预计王五在牡兴公司工作 5 年后退休。根据王五的工作年限，精算师预计在王五退休时，即 2021 年年初，牡兴公司对王五的养老金给付义务为 100 000 元。表 16—5 列示了牡兴公司按照预期累计给付单位法确定王五在职期间的当期服务成本，假定精算假设不变，王五不会提早也不会延迟退休。

表 16—5　计算职工服务期间每期服务成本　单位：元

	2016 年	2017 年	2018 年	2019 年	2020 年
给付归属					
——以前年度	0	20 000	20 000	20 000	20 000
——当年	20 000	20 000	20 000	20 000	20 000
——以前年度＋当年	20 000	40 000	60 000	80 000	100 000
期初义务	0	13 660	30 052	49 586	72 727
利息	0	1 366	3 005	4 959	7 273
当期服务成本	① 13 660	② 15 026	③ 16 529	④ 18 182	⑤ 20 000
期末义务	13 660	30 052	49 586	72 727	100 000

注：当期服务成本的计算如下：

① 13 660＝20 000÷(1＋10%)^4

② 15 026＝20 000÷(1＋10%)^3

③ 16 529＝20 000÷(1＋10%)^2

④ 18 182＝20 000÷(1＋10%)

（2）前期服务成本。前期服务成本，也称过去服务成本，是指企业修改或缩减退休办法所导致的与以前期间职工服务相关的约定给付办法现值的增加或减少。当企业增加或取消一项约定给付办法或是改变现有约定给付办法的应付给付义务时，就发生了退休办法的修改。当企业显著减少退休办法所包括的职工数量时，就发生了给付义务的缩减。前期服务成本可以是正的，也可以是负的。

需要注意的是，前期服务成本不包括下列各项：

1）以前假定的薪酬增长金额与实际发生金额之间的差额，对支付以前年度服务产生的给付义务的影响；

2）企业对支付养老金增长金额具有推定义务的，对于可自行决定养老金增加金额的高估和低估；

3）财务报表中已确认的精算利得或养老金资产回报导致的给付义务变化的估计；

4）在没有新的给付义务或给付义务未发生变化的情况下，职工达到既定要求之后导致既定给付义务（即并不取决于未来雇佣的给付义务）的增加。

例 16—5

续例 16—4，假设牡兴公司是在 2017 年年初开始建立这项退休办法，但是陈六在 2016 年年初就已经入职，即牡兴公司 2017 年年初建立这项约定给付办法时陈六已经入职一年，因此牡兴公司应当在 2017 年年初的利润表中确认陈六 2016 年的服务成本，即为 13 660 元的前期服务成本。

（3）结算损益。结算损益是指企业在结算约定给付义务时，确认的一项结算利得或损失。约定给付义务结算，是指企业为了消除约定给付义务所产生的部分或所有未来义务进行的交易，而不是根据义务条款和所包含的精算假设向职工支付给付。约定给付义务结算利得或损失是下列两项的差额：

1）在结算日确定的约定给付义务的现值；

2）结算价格，包括转移的养老基金资产的公允价值和企业直接发生的与结算相关的支付。

例 16—6

续例 16—4，假设牡兴公司在 2018 年因经营困难需要重组，一次性支付给职工的退休金为 3 亿元。重组日该项约定给付义务的总现值为 5 亿元，则结算利得为 2 亿元（等于 5 亿元减去 3 亿元）。

2. 约定给付净负债或净资产的利息净额

约定给付净负债或净资产的利息净额，是指约定给付净负债或净资产在职工提供服务期间由于时间变化而产生的变动，包括养老基金资产的利息收入、约定给付义务的利息费用以及受资产上限影响的利息。

企业应当通过将约定给付净负债或净资产乘以适当的折现率来确定约定给付义务净负债或净资产的利息净额。企业应当在会计期间开始时确定约定给付净负债或净资产和折现率，并考虑该期间由于养老金缴费和养老金给付支付所导致的约定给付净负债或净资产的变动，但不应当考虑约定给付净负债或净资产在本会计期间的任何其他变动（如精算利得和损失）。

企业应当通过将养老基金资产公允价值乘以折现率来确定养老基金资产的利息收入，作为养老基金资产实际报酬的组成部分。企业应当将养老基金资产实际报酬和养老基金资产的利息收入之间的差额包括在约定给付义务净负债或净资产的重新计量中。

企业计算约定给付净负债或净资产的利息净额时，应当考虑资产上限的影响。企业应当通过将资产上限的影响乘以折现率来确定资产上限影响的利息，作为资产上限影响总变动的一部分。企业应当在会计期间开始时确定资产上限的影响和折现率。企业应当将资产上限影响的利息金额与资产上限影响总变动之间的差额包括在约定给付净负债或净资产的重新计量中。

可以用下列等式更直观地表示约定给付净负债或净资产利息净额的计算：

约定给付净负债或净资产利息净额＝预计给付义务×折现率－养老基金资产的公允价值×折现率

现举例说明如何计算约定给付净负债或净资产的利息净额。

例 16—7

牡兴公司 20×6 年度约定给付养老金办法的有关信息如下：20×6 年 1 月 1 日养老基金资产公允价值为 1 000 000 元，约定给付义务的现值为 1 000 000 元，养老基金资产和约定给付义务的折现率为 10%，本年度当期服务成本为 10 000 元，本年度牡兴公司养老金缴费为 9 000 元，支付方式为现金，支付的给付义务为 8 000 元。计算 20×6 年末牡兴公司约定给付净负债或净资产并给出相关的会计处理。

计算养老基金资产和约定给付义务的工作底稿见表 16—6。

表 16—6　　计算养老基金资产和约定给付义务的工作底稿　　单位：元

	养老基金资产	约定给付义务
20×6 年 1 月 1 日公允价值/现值	1 000 000	1 000 000
利息收入/费用	100 000	100 000
当期服务成本	—	10 000
养老金缴费	9 000	—
支付的给付义务	(8 000)	(8 000)
20×6 年 12 月 31 日公允价值/现值	1 101 000	1 102 000

20×6 年年末牡兴公司约定给付净负债 ＝期末约定给付义务现值－期末养老基金资产公允价值

＝1 102 000－1 101 000＝1 000(元)

20×6 年度牡兴公司约定给付净负债的利息净额＝利息费用－利息收入＝0

20×6 年度牡兴公司养老金成本＝服务成本＋利息净额

＝10 000＋0＝10 000(元)

相关的会计处理为：

借：养老金成本　10 000

　贷：约定给付净负债　1 000

　　现金　9 000

例 16—8

续例 16—7，牡兴公司 20×7 年修改了退休办法，并于 20×7 年年初确认了前期服务成本 98 000 元，除此之外，20×7 年度约定给付养老金办法的有关信息如下：养老基金资产和约定给付义务的折现率为 10%，本年度当期服务成本为 12 000 元，本年度牡兴公司养老金缴费为 20 000 元，支付方式为银行存款，支付的给付义务为 10 000 元。计算 20×7 年年末牡兴公司约定给付净负债或净资产并给出相关的会计处理。

计算养老基金资产和约定给付义务的工作底稿见表 16—7。

表 16—7　计算养老基金资产和约定给付义务的工作底稿　单位：元

	养老基金资产	约定给付义务
20×6 年 12 月 31 日公允价值/现值	1 101 000	1 102 000
20×7 年 1 月 1 日确认的前期服务成本		98 000
20×7 年 1 月 1 日公允价值/现值	1 101 000	1 200 000
利息收入/费用	110 100	120 000
当期服务成本	—	12 000
养老金缴费	20 000	—
支付的给付义务	(10 000)	(10 000)
20×7 年 12 月 31 日公允价值/现值	1 221 100	1 322 000

20×7 年年末牡兴公司约定给付净负债 ＝期末约定给付义务现值－期末养老基金资产公允价值

＝1 322 000－1 221 100＝100 900(元)

因为约定给付净负债 20×6 年期末余额为 1 000 元，20×7 年期末余额为 100 900 元，所以 20×7 年应确认 99 900 元（100 900－1 000）的约定给付净负债。

20×7 年度牡兴公司约定给付净负债的利息净额 ＝利息费用－利息收入

＝20 000－10 100＝9 900(元)

20×7 年度牡兴公司养老金成本 ＝服务成本＋利息净额

＝当期服务成本＋前期服务成本＋利息净额

＝12 000＋98 000＋9 900＝119 900(元)

相关的会计处理为：

借：养老金成本	119 900	
贷：应付职工薪酬——约定给付义务		99 900
银行存款		20 000

四、约定给付净负债或净资产的重新计量

（一）约定给付义务和养老基金资产的重新计量

企业经营过程中存在很大的不确定性，这些不确定性有可能导致精算假设的改变，而精算假设的改变会影响到约定给付义务的精算现值。另外，养老基金资产的公允价值可能由于资本市场的波动而发生变化。约定给付义务的精算现值和养老基金资产的公允价值发生变化需要重新计量，而且企业应当将重新计量的约定给付净负债或净资产的变动计入其他综合收益，并且在后续会计期间不允许转回至损益，但企业可以在权益范围内转移这些在其他综合收益中确认的金额。

重新计量约定给付净负债或净资产所发生的变动包括：(1) 精算损益；(2) 扣除利息净额的养老基金资产报酬；(3) 扣除利息净额的资产上限的变动。下文将一一介绍。

（二）确定应计入其他综合收益的金额

1. 精算损益

精算损益，即精算利得或损失，是指由于精算假设和经验调整导致之前所计量的约定给付义务现值的增加或减少。企业未能预计的过高或过低的职工离职率、提前退休率、死亡率、过高或过低的薪酬、给付的增长以及折现率变化等因素，将导致约定给付义务产生精算利得和损失。精算利得或损失不包括因设立、修改或结算约定给付义务所导致的约定给付义务的现值变动，或者约定给付义务下应付给付的变动，因为这些变动产生了前期服务成本或结算损益。

2. 养老基金资产报酬

计入其他综合收益的养老基金资产报酬，是指扣除包括在约定给付净负债或净资产的利息净额中的金额的养老基金资产报酬。养老基金资产的回报，是指养老基金资产产生的利息、股利和其他收入，以及养老基金资产已实现和未实现的利得或损失。企业在确定养老基金资产报酬时，应当扣除管理该养老基金资产的成本以及退休办法本身的应付税款，但计量约定给付义务时所采用的精算假设所包括的税款除外。管理该养老基金资产以外的其他管理费用不需从养老基金资产报酬中扣减。

3. 资产上限的变动

计入其他综合收益的资产上限的变动，是指扣除包括在约定给付净负债或净资产的利息净额中的金额资产上限变动。其中，资产上限是指企业可从约定给付办法退款或减少未来向独立主体缴费而获得的经济利益的现值。

例 16—9

续例 16—4，假设牡兴公司在 2019 年重新计量该约定给付义务的净负债。公司发现，由于预期寿命等精算假设和经验调整导致该约定给付义务的现值增加，形成精

算损失 10 000 元，则相应的会计分录为：

借：其他综合收益——精算损失　　10 000

　　贷：应付职工薪酬——约定给付义务　　10 000

例 16—10

续例 16—8，由于精算假设的改变，20×8 年年末牡兴公司约定给付义务的现值变为 1 450 000 元，除此之外，20×8 年度约定给付养老金办法的有关信息如下：养老金实际资产报酬为 150 000 元，养老基金资产和约定给付义务的折现率为 10%，本年度当期服务成本为 15 000 元，本年度牡兴公司养老金缴费为 25 000 元，支付方式为银行存款，支付的给付义务为 20 000 元。计算 20×8 年年末牡兴公司约定给付净负债或净资产并给出相关的会计处理。

计算养老基金资产和约定给付义务的工作底稿见表 16—8。

表 16—8　　计算养老基金资产和约定给付义务的工作底稿　　单位：元

	养老基金资产	约定给付义务
20×8 年 1 月 1 日公允价值/现值	1 221 100	1 322 000
利息收入/费用	122 110	132 200
当期服务成本	—	15 000
养老金缴费	25 000	—
支付的给付义务	(20 000)	(20 000)
扣除利息净额的资产报酬（150 000－122 110）（计入其他综合收益）	27 890	—
精算损益（轧差）（计入其他综合收益）	—	800
20×8 年 12 月 31 日公允价值/现值	1 376 100	1 450 000

20×8 年年末牡兴公司养老基金资产公允价值＝期初养老基金资产公允价值＋（本期养老金缴纳额－本期支付的给付义务）＋养老基金资产实际报酬

＝1 221 100＋(25 000－20 000)＋150 000

＝1 376 100(元)

20×8 年年末牡兴公司约定给付净负债＝期末约定给付义务现值－期末养老基金资产公允价值

＝1 450 000－1 376 100

＝73 900(元)

因为约定给付净负债 20×7 年期末余额为 100 900 元，20×8 年期末余额为 73 900 元，所以 20×8 年应确认 27 000 元（100 900－73 900）的约定给付净资产。

20×8 年度牡兴公司养老金成本＝服务成本＋利息净额

＝15 000＋(132 200－122 110)

＝25 090(元)

20×8 年度牡兴公司约定给付净负债或净资产重计量计入其他综合收益＝扣除利息净额的资产报酬－精算损失

=27 890−800

=27 090(元)

相关的会计处理为：

借：养老金成本	25 090	
应付职工薪酬——约定给付义务	27 000	
贷：其他综合收益——约定给付净负债或净资产重计量		27 090
银行存款		25 000

综上所述，养老金成本净额、约定给付净负债或净资产重计量与养老金给付公式、预计给付义务、养老基金资产之间的关系如图16—5所示。

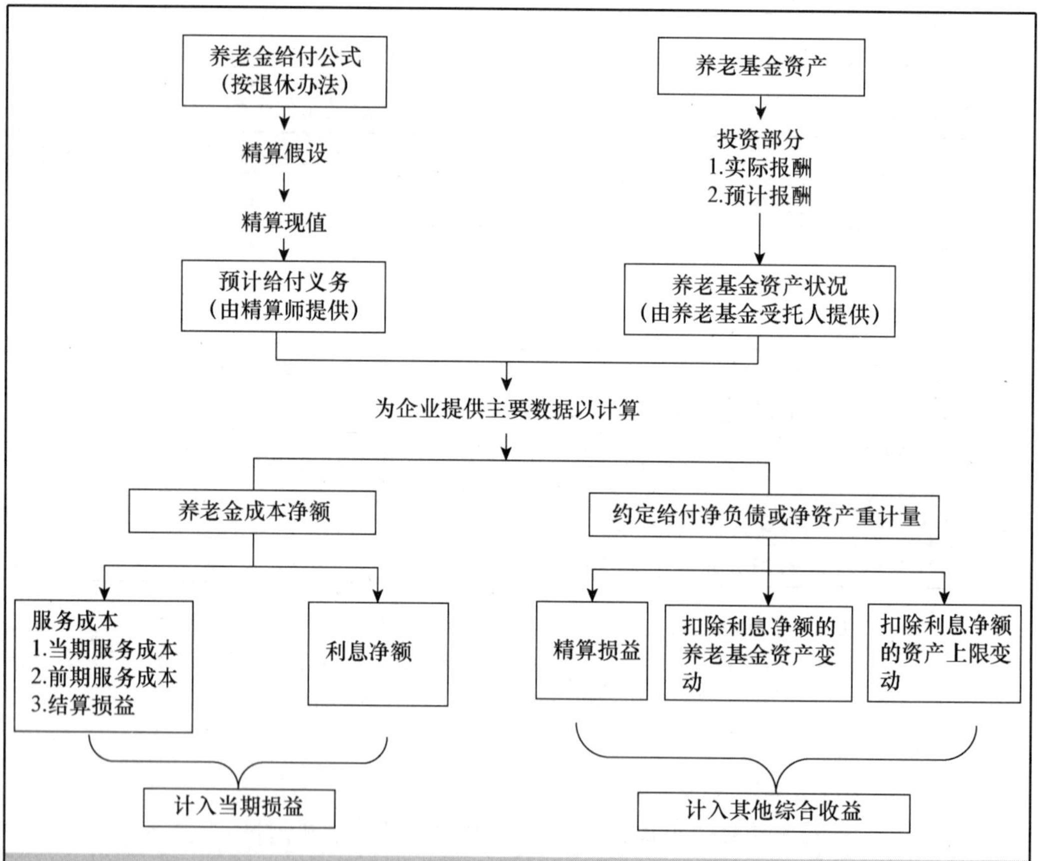

图16—5 养老金成本净额、约定给付净负债或净资产重计量与养老金给付公式、预计给付义务、养老基金资产之间的关系

第四节 综合示例

牡华公司20×6年年初约定给付义务的现值为200万元，养老基金资产的公允价值为200万元，假设所有交易都在年末发生。牡华公司约定给付养老金办法的相关数据如下（具体见表16—9）：

折现率：10%（每年）。

20×6 年年初约定给付现值：200 万元。

20×6 年年初养老基金资产公允价值：200 万元。

表 16—9　　相关数据　　单位：万元

	20×6 年	20×7 年	20×8 年
当期服务成本	28	30	30
支付的给付义务	24	28	30
养老金缴费	22	24	24
年末约定给付义务现值	240	330	340
年末养老基金资产公允价值	250	290	322

其他信息如下：

(1) 20×7 年年末，牡华公司的某个部门被出售。因此，大量员工选择将累积的养老金权利转至新企业的养老金基金。公允价值为 96 000 元的原养老基金资产已全部转移，且经精算师计算，牡华公司约定给付义务将减少 100 000 元。表 16—9 中的年末计价在记录上述转让之前已经完成。

(2) 20×8 年年末，公司决定给曾经享受过养老金福利的员工发放一次性额外福利 80 000 元。这一声明在年底前就已发布，在原给付义务条款中不存在该付款。

要求：在约定给付办法下，完成牡华公司在 20×6 年、20×7 年和 20×8 年的会计处理。

20×7 年年末，牡华公司出售了公司的某个部门，与该部门相关的原养老基金资产已全部转移，并且消除了与该部门相关的约定给付义务，所以出售该部门之后，与该部门相关的养老金办法已经进行了结算，结算损益为 4 000 元（100 000－96 000）。因为在出售该部门之前，20×7 年年末约定给付义务与养老基金资产计价已经完成，所以出售该部门之后，年末约定给付义务现值应为 3 200 000 元（3 300 000－100 000），年末养老基金资产公允价值应为 2 804 000 元（2 900 000－96 000）。

20×8 年年末，公司决定给曾经享受过养老金福利的员工发放一次性额外福利 80 000 元，这会增加约定给付义务的前期服务成本。因为这一声明在年底前就已发布，所以年末约定给付义务的计价包含了这一前期服务成本。

牡华公司 20×6 年、20×7 年和 20×8 年约定给付养老金办法会计处理如下：

(1) 计算相关约定给付义务的现值工作底稿如表 16—10 所示。

表 16—10　　计算约定给付义务的现值工作底稿　　单位：元

	20×6 年	20×7 年	20×8 年
年初约定给付义务现值	2 000 000	2 400 000	3 200 000
利息费用（10%）	200 000	240 000	320 000
当期服务成本	280 000	300 000	300 000
前期服务成本			80 000
支付的给付义务	(240 000)	(280 000)	(300 000)
结算损失（利得）		(100 000)	
精算损失（利得）（轧差）	160 000	640 000	(200 000)
年末约定给付义务现值	2 400 000	3 200 000*	3 400 000

* 3 200 000＝3 300 000－100 000

(2) 计算相关养老基金资产的公允价值工作底稿如表16—11所示。

表16—11 计算养老基金资产的公允价值工作底稿 单位：元

	20×6年	20×7年	20×8年
年初养老基金资产的公允价值	2 000 000	2 500 000	2 804 000
利息收入（10%）	200 000	250 000	280 000*
养老金缴费	220 000	240 000	240 000
支付的给付义务	(240 000)	(280 000)	(300 000)
结算利得（损失）		(96 000)	
扣除利息净额的资产报酬（轧差）	320 000	190 000	196 000
年末养老基金资产的公允价值	2 500 000	2 804 000**	3 220 000

* 此处为四舍五入之后的结果。

** 2 804 000=2 900 000−96 000

(3) 约定给付净负债或净资产的计算、养老金成本净额的确定以及其他综合收益的重计量在财务报表中列示如表16—12所示。

表16—12 相关项目在财务报表中列示 单位：元

	20×6年	20×7年	20×8年
约定给付净负债或净资产将在资产负债表中确认：			
约定给付义务的现值	2 400 000	3 200 000	3 400 000
养老基金资产的公允价值	2 500 000	2 804 000	3 220 000
资产负债表中确认的负债/(资产)	(100 000)	396 000	180 000
养老金成本净额将在利润表中确认：			
当期服务成本	280 000	300 000	300 000
前期服务成本	—	—	80 000
结算损益	—	(4 000)	—
利息费用净额*	—	(10 000)	40 000
利润表中确认的养老金成本净额	280 000	286 000	420 000
以下重计量将在其他综合收益中确认：			
精算损益	(160 000)	(640 000)	200 000
扣除利息净额的资产报酬	320 000	190 000	196 000

* 利息费用净额=利息费用−利息收入

(4) 相关的会计处理。

牡华公司20×6年约定给付养老金办法会计处理为：

借：养老金成本 280 000
　　应付职工薪酬——约定给付义务 100 000
　贷：其他综合收益——约定给付净负债或净资产重计量 160 000
　　　银行存款 220 000

牡华公司20×7年约定给付养老金办法会计处理为：

借：养老金成本 286 000
　　其他综合收益——约定给付净负债或净资产重计量 450 000
　贷：应付职工薪酬——约定给付义务 496 000
　　　银行存款 240 000

牡华公司 20×8 年约定给付养老金办法会计处理为：

借：养老金成本　420 000
　　应付职工薪酬——约定给付义务　216 000
　　贷：其他综合收益——约定给付净负债或净资产重计量　396 000
　　　　银行存款　240 000

第五节　退休办法的披露

一、约定缴费养老金办法的披露

企业应当在附注中披露所设立或参与的约定缴费养老金办法的性质、计算缴费金额的公式或依据、当期缴费金额以及期末应付未付金额。其中，约定缴费养老金办法的当期缴费金额和期末应付未付金额的具体披露格式见表 16—13。

表 16—13　约定缴费养老金办法的披露

约定缴费养老金办法项目	当期缴费金额	期末应付未付金额
一、基本养老保险费		
二、失业保险费		
三、企业年金缴费		
⋮		
合计		

二、约定给付养老金办法的披露

企业应当在附注中披露与约定给付养老金办法有关的下列信息：

（1）约定给付养老金办法的特征及与之相关的风险。企业应当披露约定给付养老金办法的特征，通常包括约定给付养老金办法所提供的福利的性质、企业在该计划管理中的职责、国家对该类计划的监管要求等。企业应当披露约定给付养老金办法相关的风险，即约定给付养老金办法使企业面临的风险，并重点关注企业特有或计划特有的异常风险，以及重要风险的集中程度。例如，如果某企业的约定给付养老金办法资产主要投资于房地产，则该计划可能导致企业面临集中的房地产市场风险。企业如有对计划的修改或结算的，还应当披露修改或结算计划的有关情况。

（2）约定给付养老金办法在财务报表中确认的金额及其变动。企业应当披露约定给付净负债（或净资产）及其组成部分，以及约定给付养老金办法产生的职工薪酬成本及其组成部分的期初余额和期末余额的调节情况。具体披露格式见表 16—14。

表 16—14　约定给付养老金办法的披露

	约定给付义务现值		养老基金资产的公允价值		约定给付养老金办法净负债或净资产	
	本期余额	上期余额	本期余额	上期余额	本期余额	上期余额
一、期初余额						
二、计入当期损益的约定给付成本						

续前表

	约定给付义务现值		养老基金资产的公允价值		约定给付养老金办法净负债或净资产	
	本期余额	上期余额	本期余额	上期余额	本期余额	上期余额
1. 当期服务成本						
2. 前期服务成本						
3. 结算利得（损失以"—"表示）						
4. 利息净额						
三、计入其他综合收益的约定给付成本						
约定给付养老金办法净负债（净资产）的重计算						
1. 精算利得（损失以"—"表示）						
2. 养老基金资产报酬（计入利息净额的除外）						
3. 资产上限影响的变动（计入利息净额的除外）						
四、其他变动						
1. 结算时消除的负债						
2. 已支付的福利						
⋮						
五、期末余额						

表16—14中，企业不存在养老基金资产的，无须披露表中的"约定给付义务现值"栏和"养老基金资产的公允价值"栏。

企业存在养老基金资产的，应当按照养老基金资产的性质和风险按类别披露养老基金资产的公允价值，具体披露格式见表16—15。企业还应当说明各类养老基金资产是否存在活跃市场公开报价。

表16—15　　养老基金资产的构成及公允价值

养老基金资产的构成	养老基金资产的公允价值	
	期末金额	期初余额
1. 现金和现金等价物		
2. 权益工具投资①		
（1）…		
（2）…		
⋮		
3. 债务工具投资②		
（1）…		
（2）…		
⋮		

续前表

养老基金资产的构成	养老基金资产的公允价值	
	期末金额	期初余额
4. …		
合计		

①按行业类型或公司规模或地域等分类；
②按债务工具发行人类型或信用评级或地域等分类。

（3）约定给付养老金办法对企业未来现金流量金额、时间和不确定性的影响。企业应当披露影响约定给付义务未来缴存金额的有关筹资政策和计划、下一会计年度预期将缴存的金额，并披露约定给付义务有关到期情况的信息，如约定给付义务的加权平均期间、对有关福利支付的到期日分析等。

（4）约定给付义务现值所依赖的重大精算假设及有关敏感性分析的结果。企业应当披露精算估计所采用的重大假设，具体披露格式见表16—16。

表16—16　　精算假设

精算估计的重大假设	本期期末	上期期末
折现率		
死亡率		
预计平均寿命		
薪酬的预期增长率		
⋮		

企业应当按照表16—16所列的重大精算假设，披露各项重大精算假设对约定给付义务的敏感性分析，并披露用于编制敏感性分析的方法和假设，以及有关方法的局限性。企业用于编制敏感性分析的方法和假设如发生变动，企业还应当披露这一事实，并说明变动的理由。

思考题

1. 什么叫定额缴费养老金办法？什么叫定额给付养老金办法？
2. 什么叫共同提取和非共同缴纳养老金办法？
3. 简述养老金会计的基本特征。
4. 企业每年确认的养老金成本包括哪些项目？分别叙述各构成项目的主要内容。
5. 简述退休办法在财务报表上的列示及附注揭示。

练习题

1. 假设2001年1月1日，牡丹公司开始采用非共同缴费、约定给付养老金办法，根据相关精算假设和退休办法的规定，自2001年1月1日起，职工张三享有养老金给付，30 年后退休。退休后，张三每年年末将领取 100 000 元的养老金，共计领取 15 年。假定张三在职服务期间和退休期间的利率均为 10%。

要求：计算 2001 年 1 月 1 日牡丹公司关于张三的预计给付义务，并给出相关的会计处理。

2. 牡发公司 20×6 年度约定给付养老金办法的有关信息如下：20×6 年 1 月 1 日养老基金资产公允价值为 100 000 元，约定给付义务的现值为 100 000 元，养老基金资产和约定给付义务的折现率为 10%，本年度当期服务成本为 9 000 元，本年度牡发公司养老金缴费为 8 000 元，支付方式为银行存款，支付的给付义务为 7 000 元。

要求：

(1) 计算 20×6 年年末牡发公司约定给付净负债或净资产并给出相关的会计处理。

(2) 公司 20×7 年修改了退休办法，并于 20×7 年年初确认了前期服务成本 95 000 元。除此之外，20×7 年度约定给付养老金办法的有关信息如下：养老基金资产和约定给付义务的折现率为 10%，本年度当期服务成本为 10 000 元，本年度牡发公司养老金缴费为 15 000 元，支付方式为银行存款，支付的给付义务为 13 000 元。计算 20×7 年年末牡发公司约定给付净负债或净资产并给出相关的会计处理。

(3) 由于精算假设的改变，20×8 年年末牡发公司约定给付义务的现值变为 1 500 000 元。除此之外，20×8 年度约定给付养老金办法的有关信息如下：养老金实际资产报酬为 200 000 元，养老基金资产和约定给付义务的折现率为 10%，本年度当期服务成本为 20 000 元，本年度牡发公司养老金缴费为 30 000 元，支付方式为银行存款，支付的给付义务为 25 000 元。计算 20×8 年年末牡发公司约定给付净负债或净资产并给出相关的会计处理。

3. 牡豪公司 20×6 年年初约定给付义务的现值为 100 万元，养老基金资产的公允价值为 100 万元，假设所有交易都在年末发生。以下数据反映牡豪公司约定给付养老金办法。

折现率：10%（每年）。

20×6 年初约定给付现值：100 万元。

20×6 年初基金资产的市场价值：100 万元。

相关数据

单位：万元

	20×6 年	20×7 年	20×8 年
当期服务成本	14	15	15
支付的给付义务	12	14	15
养老金缴费	11	12	12
年末义务现值	120	165	170
年末基金资产公允价值	125	145	161

其他信息如下：

1. 20×7 年年末，该公司的一个部门被出售。因此，大量员工选择将累积的养老金权利转至新企业的养老金基金。公允价值为 48 000 元的原养老基金资产已全部转移，且经精算师计算，牡豪公司约定给付义务将减少 50 000 元。上表中的年末计价在记录上述转让之前已经完成。

2. 20×8 年年末，公司决定给曾经享受过养老金福利的员工发放一次性额外福利 40 000 元。这一声明在年底前就已发布，在原给付义务条款中不存在该付款。

要求：在约定给付办法下，完成牡豪公司在 20×6 年、20×7 年和 20×8 年的会计处理。

第十七章

公司财务困境

引例　三九集团债务重组

三九企业集团（以下简称“三九集团”）于1993年成立，是国务院国资委直接领导的国有独资企业，经营范围有营养滋补品及食品、医疗器械、日用化妆品、包装材料、服装等。三九医药股份有限公司（以下简称“三九医药”）是三九集团的控股子公司，于2000年3月在深圳证券交易所（000999.SZ）上市，经营范围有药品的开发、生产、销售等。

三九集团经过十几年的发展，通过大量并购迅速扩张，成为当时中国最大的中医药企业之一，但另一方面集团财务风险也不断上升，最终陷入财务困境，不得不进行债务重组。

(1) 重组前，三九集团银行债务总额超过100亿元，其中三九医药债务为36亿元。

(2) 2005年4月，三九集团出售所持三九生化、三九发展的全部股份，受让人接过21亿元债务。

(3) 针对余下的83亿元债务，2006年10月，23家债权银行组成的三九债权人委员会提出原则性重组框架：一是确定三九集团总体偿债比例为60%；二是对三九医药36亿元债务削减20%，即实际偿付不低于29亿元；三是对三九集团所有辅业的47亿元债务削减至30%，即实际偿付14亿元。

(4) 2007年10月，出台《三九集团债务重组协议》，由华润集团、新三九控股有限公司、三九集团及其下属企业在协议生效起一个月内向债权人一次性全额支付人民币44.57亿元，用以清偿全部集团层面和三九医药层面债务本金、三九医药层面欠息及诉讼费。

(5) 最后，华润集团成为三九医药的最终控股股东。

那么，对于上市公司三九医药来说，债务重组属于重大事项，应该如何进行会计处理呢？

希望通过本章的学习，各位读者能找到答案。

学习目标

- 了解财务困境的三个补救措施
- 了解债务重组的方式和掌握常见的债务重组会计处理方法
- 了解企业重组的程序和会计处理
- 了解破产清算的程序和会计处理

第一节 财务困境及其补救措施

财务困境，更多地被称为财务危机和财务困难。但什么是财务困境，在概念方面还缺乏一个明确的定义和判断的标准，但在以下几个方面已基本形成共识：(1) 财务困境都是从现金流量而不是盈利的角度来下定义的；(2) 当企业对债权人的承诺无法实现或难以遵守时，就意味着财务困境的发生；(3) 财务困境的影响主要是在违约之前发生，因此公司价值的损失大多数是在违约或破产之前；(4) 财务困境不等于破产，破产清算仅仅是处理财务困境的方法之一。

在市场经济体制下，竞争异常激烈，企业只有做到随着外部各种因素的变化而不断改变自身的经营方式和管理手段，才能在竞争中立于不败之地。但是有些公司可能因为经营管理不善，或者受外部各种因素的影响而陷入财务困难的境地，因而对于企业陷入财务困境成因的认识，不能仅仅归因于企业经营管理不善。实际上，管理不善可能是最重要但并不是唯一的因素，经济不景气、企业所在行业进入衰退期以及资本结构不合理都可能导致财务困境。因此，一些公司可以通过改变公司内部经营及政策的方式来摆脱财务困境，而对于有着更加严重的财务问题的公司，则通常被迫寻求其他补救办法。这些补救办法一般包括：与债权人直接协议进行债务重组，企业重组（和解整顿），进入破产清算程序。

广义上讲，凡是涉及修改债务条件的事项，都应该视为债务重组，包括债务人处于困难条件下的债务重组，也包括债务人财务并不困难条件下的债务重组，以及债务人处于破产清算或者重组状态时的债务重组。《企业会计准则第 12 号——债务重组》所规范的内容仅指在持续经营条件下债务的重新安排，本章所指的债务重组的范畴和准则的规定一样。

企业重组也有广义和狭义之分，广义的重组包括扩张、收缩、资产重组以及所有者结构变更等。狭义的重组是指通过一定的法律程序改变公司的资本结构，合理地解决其所欠债务，以便使债务人摆脱所面临的财务困难并持续经营。本章仅讨论狭义的企业重组。

破产清算，指企业依法宣告破产时，对其财产、债权、债务进行清理结算，其会计处理包括破产企业的会计处理和清算组的会计处理。

第二节 债务重组

在市场经济条件下，一些企业在经营过程中可能会出现由于经营管理不善，或受外部各种因素的影响，导致企业资金周转不畅，出现难以按期偿还债务的窘境。在这种情形下，虽然按照我国《破产法》规定，债权人可以在债务人不能按期偿付到期的债务时向法院申请债务人破产，但如果债务人进入破产程序，更大的不利后果是债权人和债务人两败俱伤。为此，债权人出于自身利益考虑，往往愿意与债务人通过债务重组的方式解决债务纠纷。

一、债务重组的概念及其方式

（一）债务重组的概念

广义上讲，所有涉及修改债务条件的事项（包括修改债务的金额或时间）都应视为债务重组，包括债务人处于财务困难条件下的债务重组，也包括债务人不处于财务困难条件下的债务重组，还包括债务人处于清算或改组时的债务重组。《企业会计准则第 12 号——债务重组》将债务重组定义为："债务人发生财务困难的情况下，债权人按照其与债务人达成的协议或法院的裁定做出了让步的事项"，这说明我国会计准则把债务重组限定在对债务人处于财务困难时债权人做出了让步的范围内。理由有以下几点：（1）债务人没有发生财务困难时发生的债务重组的会计核算问题，或属于捐赠，适用其他准则；或重组债务未发生账面价值的变动，不必进行会计处理。（2）企业清算或改组时的债务重组，属于非持续经营条件下的债务重组，有关的会计核算应遵循特殊的会计准则。（3）债务人发生财务困难时所进行的债务重组，如果债权人没有让步，而是采取以物抵账或诉讼方式解决，没有直接发生权益或损益变更，不涉及会计的确认和披露，也不必进行会计处理。只有在让步的情况下才是准则规定的债务重组，适用债务重组具体准则。

（二）债务重组的方式

债务重组主要有以下几种方式：

（1）以资产清偿债务，该方式包括以低于债务账面价值的现金清偿债务和以非现金资产清偿债务两种形式。

1）以低于债务账面价值的现金清偿债务。这里的现金，是指货币资金，即库存现金、银行存款和其他货币资金。

2）以非现金资产清偿债务。是债务人将其所拥有的非现金资产转让给债权人以抵偿债务。这里的非现金资产，主要是指短期投资、存货、长期投资、固定资产和无形资产等。

（2）将债务转为资本，是债务人将债务转为资本，同时债权人将债权转为股权。需要注意的是，股份有限公司以债务转为资本用于抵偿债务，必须在满足国家规定条件的情况下，才能采用将债务转为资本的方式进行债务重组。

（3）修改其他债务条件，主要是指债权人同意延长债务偿还期限、同意延长债务偿还期限但要加收利息、同意延长债务偿还期限并减少债务本金或债务利息等，且不属于上述两种方式的。

（4）混合重组，即以上两种或两种以上方式的组合。是指采用两种以上的方法共同清偿债务的债务重组形式。如以转让非现金资产清偿某项债务的一部分，另一部分债务通过修改其他债务条件进行债务重组；再如以转让非现金资产、债务转为资本等方式的组合清偿某项债务。

（三）债务重组日

债务重组可能发生在债务到期前、到期日或者到期后。债务重组日是指债务重组的完成日，而不是债务重组的协议签订日。也就是说，它是债务人履行协议或者法院裁定，将相关资产转让给债权人、将债务转为资本或者修改后的偿债条件开始执行的日期。在以资产清偿债务的情况下，最后一批抵债资产运抵并办理有关债务解除手续的日期为债务重组日；以债权转股权的债务重组日是指债务企业办妥增资批准手续并向债权企业出具出资证明的日期。债务重组日是重组双方确认和计量债务重组，并进行债务重组会计处理的时间点。如甲企业欠乙企业贷款 1 000 万元，到期日为 2005 年 8 月 1 日。甲企业发生财务困难，经协商乙企业同意甲企业以价值 900 万元的商品抵偿债务。甲企业于 2005 年 8 月 20 日将商品运抵乙企业并办理有关债务解除手续。在此项债务重组交易中，2005 年 8 月 20 日即为债务重组日。

二、债务重组的会计处理

（一）债务人对债务重组的会计处理

现行会计准则对于债务人的会计处理规定如下：

（1）债务人以现金清偿债务的，债务人应当将重组债务的账面价值与实际支付现金之间的差额，确认为债务重组利得，计入当期损益。

（2）债务人以非现金资产清偿债务的，债务人应当将重组债务的账面价值与转让的非现金资产公允价值之间的差额，确认为债务重组利得，计入当期损益；转让的非现金资产公允价值与其账面价值之间的差额，确认为资产转让损益，计入当期损益。

（3）将债务转为资本的，债务人应当将债权人放弃债权而享有股份的面值总额确认为股本（或者实收资本），股份的公允价值总额与股本（或者实收资本）之间的差额确认为资本公积。重组债务的账面价值与股份的公允价值总额之间的差额，确认为债务重组利得，计入当期损益。

（4）以修改其他债务条件进行债务重组的，债务人应当将修改其他债务条件后债务的公允价值作为重组后债务的入账价值。重组债务的账面价值与重组后债务的入账价值之间的差额，确认为债务重组利得，计入当期损益。修改后的债务条款如涉及或有应付金额，且该或有应付金额符合《企业会计准则第 13 号——或有事项》中有关预计负债确认条件的，债务人应当将该或有应付金额确认为预计负债。重组债务的账面价值，与重组后债务的入账价值与预计负债金额之和的差额，确认为债务重组利得，计入当期损益。或有应付金额，是指需要根据未来某种事项出现而发生的应付金额，而且该未来事项的出现具有不确定性。

（5）债务重组以现金清偿债务、非现金资产清偿债务、债务转为资本、修改其他债务条件等方式的组合进行的，债务人应当依次以支付的现金、转让的非现金资产公允价值、债权人享有股份的公允价值冲减重组债务的账面价值，再按照《企业会计准则第 12 号——债务重组》第七条的规定处理。具体处理如下：

1）以现金、非现金资产方式的组合清偿某项债务的，债务人应先以支付的现金冲减重组债务的账面价值，再按以非现金资产清偿债务的规定进行处理。

2）以现金、非现金资产、债务转为资本方式的组合清偿某项债务的，债务人应先以支付的现金、非现金资产的账面价值冲减重组债务的账面价值，再按以债务转为资本清偿债务的规定进行处理。

3）以现金、非现金资产、债务转为资本方式的组合清偿某项债务的一部分，并对该债务的另一部分以修改其他债务条件进行债务重组的，债务人应先以支付的现金、非现金资产的账面价值、债权人享有的股权的账面价值冲减重组债务的账面价值，再按以修改其他债务条件的规定处理。

债务人应当在附注中披露与债务重组有关的下列信息：(1) 债务重组方式；(2) 确认的债务重组利得总额；(3) 将债务转为资本所导致的股本（或者实收资本）增加额；(4) 或有应付金额。

(二) 债权人对债务重组的会计处理

债权人与债务企业的交易所能产生的损益，从会计理论上说，应该计入利润表。关于债权人对债务重组的会计处理，现行会计准则体现了这一理论要求，具体规定如下：

(1) 以现金清偿债务的，债权人应当将重组债权的账面余额与收到的现金之间的差额，确认为债务重组损失，计入当期损益。债权人已对债权计提减值准备的，应当先将该差额冲减减值准备，减值准备不足以冲减的部分，确认为债务重组损失，计入当期损益。

(2) 以非现金资产清偿债务的，债权人应当对接受的非现金资产按其公允价值入账，重组债权的账面余额与接受的非现金资产的公允价值之间的差额，比照《企业会计准则第 12 号——债务重组》第九条的规定处理。

上述重组中，如果涉及多项非现金资产，债权人应按各项非现金资产的公允价值占非现金资产公允价值总额的比例，对重组债权的账面价值进行分配，以确定各项非现金资产的入账价值。

(3) 以债务转为资本清偿某项债务的，债权人应当将享有股份的公允价值确认为对债务人的投资，重组债权的账面余额与股份的公允价值之间的差额，比照《企业会计准则第 12 号——债务重组》第九条的规定处理。

(4) 债务重组以修改其他债务条件进行的，债权人应当将修改其他债务条件后的债权的公允价值作为重组后债权的账面价值，重组债权的账面余额与重组后债权的账面价值之间的差额，比照《企业会计准则第 12 号——债务重组》第九条的规定处理。修改后的债务条款中涉及或有应收金额的，债权人不应当确认或有应收金额，不得将其计入重组后债权的账面价值。或有应收金额，是指需要根据未来某种事项出现而发生的应收金额，而且该未来事项的出现具有不确定性。

(5) 债务重组采用以现金清偿债务、非现金资产清偿债务、债务转为资本、修改其他债务条件等方式的组合进行的，债权人应当依次以收到的现金、接受的非现金资产公允价值、债权人享有股份的公允价值冲减重组债权的账面余额，再按《企业会计准则第 12 号——债务重组》第十二条的规定处理。

债权人应当在附注中披露有关债务重组的下列信息：(1) 债务重组方式；(2) 确认的债务重组损失总额；(3) 债权转为股份所导致的投资增加额及该投资占债务人股

份总额的比例；（4）或有应收金额。

以上是我国现行会计准则对债务重组中的债务人和债权人在债务重组时账务处理的规定，图 17—1 清晰简要地归纳了这一会计处理方法。

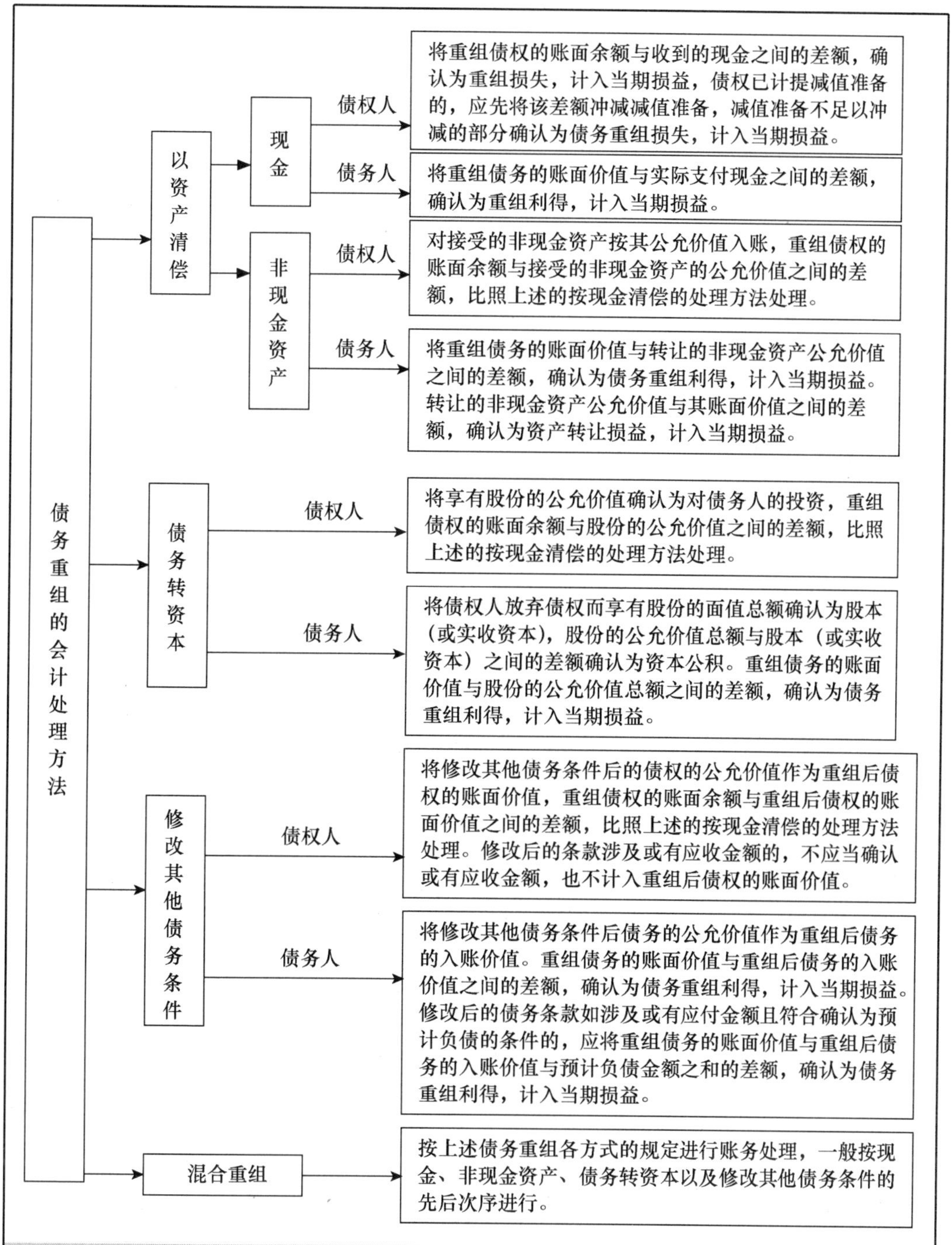

图 17—1 债务重组的会计处理方法简图

三、债务重组典型案例分析

前面介绍了债务人和债权人债务重组会计处理的基本原理及我国现行会计准则的

规定，下面举例说明债权人和债务人具体的会计处理。假定紫薇公司发生了财务困难，2007年分别与其债权人进行了债务重组。

（一）以低于债务账面价值的现金清偿债务

牡恩公司（债权人）销售一批产品给紫薇公司（债务人），含税价为117 000元，2007年1月31日到期不能偿还，经双方协商，牡恩公司同意减免17 000元，余额用现金立即偿还，牡恩公司已经计提坏账准备7 000元。

（1）紫薇公司（债务人）的会计分录为：

借：应付账款——牡丹公司	117 000	
贷：银行存款		100 000
营业外收入——债务重组收益		17 000

（2）牡恩公司（债权人）的会计分录为：

借：银行存款	100 000	
坏账准备	7 000	
营业外支出——债务重组损失	10 000	
贷：应收账款——紫薇公司		117 000

（二）以非现金资产清偿某项债务

紫薇公司（债务人）与牡碧公司（债权人）达成了债务重组协议，牡碧公司同意紫薇公司以账面价值100 000元的存货清偿其所欠的140 000元应付账款，该批产品的不含税售价为110 000元，增值税税率为17%，牡碧公司对应收账款计提了7 000元的坏账准备。

（1）紫薇公司（债务人）的会计处理如下：

重组债务的账面价值	140 000元
减：所转让存货的公允价值	110 000元
增值税销项税额	18 700元
当期损益	11 300元

根据以上的分析过程，相应的会计分录为：

借：应付账款——牡碧公司	140 000	
贷：主营业务收入		110 000
应交税费——应交增值税（销项税额）		18 700
营业外收入——债务重组收益		11 300
借：主营业务成本	100 000	
贷：存货		100 000

（2）牡碧公司（债权人）的会计分录为：

借：存货	110 000	
坏账准备	7 000	
应交税费——应交增值税（进项税额）	18 700	
营业外支出——债务重组损失	4 300	
贷：应收账款——紫薇公司		140 000

(三) 债务转为资本的债务重组

假定紫薇公司(债务人)符合增发股份清偿债务的条件，与牡斯公司(债权人)进行债务重组。紫薇公司增发 200 000 股股票(公允价值 500 000 元)给牡斯公司，以偿还其应付票据和应付利息，该应付票据的面额为 500 000 元，利息率是 10%，共计利息 25 000 元。

(1) 紫薇公司(债务人)的会计分录为：

借：应付票据——票面价值	500 000	
——应付利息	25 000	
贷：股本		200 000
资本公积——股票发行溢价		300 000
营业外收入——债务重组收益		25 000

(2) 牡斯公司(债权人)的会计分录为：

借：长期股权投资	500 000	
营业外支出——债务重组损失	25 000	
贷：应收票据——票面价值		500 000
——应收利息		25 000

(四) 修改其他债务条件

牡丹公司(债权人)销售一批商品给紫薇公司，价款 2 600 000 元(含增值税)。按双方协议规定，款项应于 2007 年 3 月 20 日之前付清。由于连年亏损，资金周转发生困难，紫薇公司不能在规定的时间内偿付牡丹公司。经协商，于 2007 年 3 月 20 日进行债务重组。重组协议如下：牡丹公司同意豁免紫薇公司债务 100 000 元，其余款项于重组日起一年后付清；债务延长期间，牡丹公司加收余款 2%的利息，利息与债务本金一同支付。假定牡丹公司为债权计提的坏账准备为 200 000 元，现行贴现率为 8%。

(1) 紫薇公司(债务人)的会计处理为：

1) 计算重组债务的账面价值与将来应付金额现值之间的差额。

债务重组日重组债务的账面价值＝2 600 000(元)

将来应付金额＝(2 600 000－100 000)×(1＋2%)＝2 550 000(元)

将来应付金额的现值＝2 550 000×0.925 9＝2 361 045(元)

差额＝2 600 000－2 361 045＝238 955(元)

2) 账务处理。

债务重组日：

借：应付账款	2 600 000	
贷：应付账款——债务重组		2 361 045
营业外收入——债务重组收益		238 955

重组日起一年后紫薇公司偿付余款及应付利息：

借：应付账款——债务重组	2 361 045	
财务费用	188 955	
贷：银行存款		2 550 000

(2) 牡丹公司（债权人）的会计处理为：

1）计算重组债务的账面价值与将来应收金额现值之间的差额。

债务重组日重组债权的账面价值＝2 600 000(元)

将来应收金额＝(2 600 000－100 000)×(1＋2%)＝2 550 000(元)

将来应收金额现值＝2 361 045(元)

差额为 238 955 元(2 600 000－2 361 045)，应在债务重组日扣除相关的坏账准备后确认为当期损失。

2）账务处理。

债务重组日：

借：应收账款——债务重组	2 361 045	
坏账准备	200 000	
营业外支出——债务重组损失	38 955	
贷：应收账款		2 600 000

重组日起一年后紫薇公司偿付余款及加收的利息：

借：银行存款	2 550 000	
贷：应收账款——债务重组		2 361 045
财务费用		188 955

第三节 企业重组

一、企业重组的含义

企业重组，也称企业改组。美国《柯勒会计师词典》对此有三个解释：一是一家公司或集团公司财务结构发生重大变化，从而使股东和债权人的利益有所变更；二是管理人员的调整或变动；三是经营方针或生产方法或交易方法的重大变动。我国 2007 年施行的《破产法》中没有提到重组的概念，但在第八章对“重整”进行了规定。虽然“重整”与“重组”的提法不一样，但其实际操作过程一样，都是相对于清算程序而言的程序，因此，本节在阐述企业重组时，涉及破产法中重整内容，都采用破产法中的重整术语。尽管企业重组或重整的法律程序在许多方面与企业破产清算程序颇为类似，但是企业破产清算程序的会计处理是建立在“非持续经营假设”基础上，而企业重组的会计处理一般仍认为是基于“持续经营假设”。

从法律意义上来讲，企业重组的内涵是指不对债务人进行立即清算，而是由债务人与债权人协商出一个重组计划方案，规定在一定期限内债务人按一定的方式全部或部分清偿债务，同时债务人可以在管理人的监督下自行管理财产和营业事务。

二、企业重组的法定程序

企业重组的法定程序包括以下三个阶段：向法院提出重整的申请；企业重整计划的制定与批准；企业重整计划的执行。

（一）向法院提出重整的申请

重整申请可以由债务人或债权人提出。通常，重整申请的提出需要满足一定的法定条件，例如美国破产法规定，提出重整申请的公司应该满足如下条件：

（1）公司发生财务危机或者在债务到期时公司无法偿还；

（2）公司有三个或者三个以上的债权人，其债权合计数必须至少为 5 000 美元；

（3）公司必须有一位负责处理公司证券的契约受托管理人。

而按照我国《破产法》第二条的规定：企业法人不能清偿到期债务，并且资产不足以清偿全部债务或者明显缺乏清偿能力的，或者有明显丧失清偿能力可能的，可以依照本法规定进行重整。如果是债权人申请对债务人进行破产清算的，在人民法院受理破产申请后、宣告债务人破产前，债务人或者出资额占债务人注册资本十分之一以上的出资人，可以向人民法院申请重整。债权人申请对债务人进行破产清算的，在人民法院受理破产申请后、宣告债务人破产前，债务人或者出资额占债务人注册资本十分之一以上的出资人，可以向人民法院申请重整。

人民法院经审查认为重整申请符合本法规定的，应当裁定债务人重整，并予以公告。自人民法院裁定债务人重整之日起至重整程序终止，为重整期间。在重整期间，经债务人申请，人民法院批准，债务人可以在管理人的监督下自行管理财产和营业事务。如果此前管理人已经接管债务人财产和营业事务的，管理人应当向债务人移交财产和营业事务，管理人的职权由债务人行使。如果重整期间，仍由管理人负责管理财产和营业事务的，管理人可以聘任债务人的经营管理人员负责营业事务。

（二）企业重整计划的制定与批准

债务人自行管理财产和营业事务的，由债务人制定重整计划草案。管理人负责管理财产和营业事务的，由管理人制定重整计划草案，重整计划草案应当包括下列内容：

（1）债务人的经营方案；

（2）债权分类；

（3）债权调整方案；

（4）债权受偿方案；

（5）重整计划的执行期限；

（6）重整计划执行的监督期限；

（7）有利于债务人重整的其他方案。

人民法院自收到重整计划草案之日起 30 日内召开债权人会议，债权人依照债权分类①，分组对重整计划草案进行表决。出席会议的同一表决组的债权人过半数同意重整计划草案，并且其所代表的债权额占该组债权总额的 2/3 以上的，即为该组通过重整计划草案。各表决组均通过重整计划草案时，重整计划即为通过。部分表决组未通过重整计划草案的，债务人或者管理人可以同未通过重整计划草案的表决组协商。该表

① 债权的四种类型：（1）对债务人的特定财产享有担保权的债权；（2）债务人所欠职工的工资和医疗、伤残补助、抚恤费用，所欠的应当划入职工个人账户的基本养老保险、基本医疗保险费用，以及法律、行政法规规定应当支付给职工的补偿金；（3）债务人所欠税款；（4）普通债权。

决组可以在协商后再表决一次。双方协商的结果不得损害其他表决组的利益。如果未通过重整计划草案的表决组拒绝再次表决或者再次表决仍未通过重整计划草案，但重整计划草案符合我国《破产法》第八十七条规定的条件①，债务人或者管理人可以申请人民法院批准重整计划草案。

经人民法院裁定批准的重整计划，对债务人和全体债权人均有约束力。

（三）企业重整计划的执行

人民法院裁定批准重整计划后，已接管财产和营业事务的管理人应当向债务人移交财产和营业事务，重整计划由债务人负责执行，管理人监督重整计划的执行。在监督期内，债务人应当向管理人报告重整计划执行情况和债务人财务状况。监督期届满时，管理人向人民法院提交监督报告，管理人的监督职责终止。

债务人不能执行或者不执行重整计划的，人民法院经管理人或者利害关系人请求，应当裁定终止重整计划的执行，并宣告债务人破产。人民法院裁定终止重整计划执行的，债权人在重整计划中作出的债权调整的承诺失去效力。债权人因执行重整计划所受的清偿仍然有效，债权未受清偿的部分作为破产债权。

三、企业重组的主要方式以及会计处理

企业重组采用的具体方式和债务重组很类似，主要包括以下三种：(1) 转移资产清偿债务，指债务人将流动资产、固定资产或者对其他企业的投资转移给债权人以清偿债务；(2) 发行权益债券全额抵销负债，指公司用增发的普通股或者优先股等权益证券换取债权人持有的公司债券或者使其放弃对公司的其他债权要求；(3) 修改债务条件，指公司与债权人协商，继续保留债务，但是修改债务条件，包括延长债务的还本期限、减低利率、免除部分债务等。经过修改后，债务人在未来支付的现金总额可能大于也可能小于企业重组时负债的账面净值。

我国并没有规定企业重组（或重整）的会计处理，所以下文的论述主要是参考美国的做法。

企业重组涉及负债和权益类账户的重大变化，并可能对资产进行评估，对于上市公司而言，重组可能意味着大股东更换，甚至连公司的名称都有可能发生改变。发生这么大的变化，会计上就面临一个重要的问题，即重组后的企业是否应该重新建立计价基础。美国注册会计师协会的立场公告（Statement of Position）认为，企业重组后的财务报告取决于重组后的企业是否实质上是一个符合初始报告条件的新公司。立场公告对初始报告提出的两项必须满足的条件为：

(1) 处于破产补救程序的公司，其重组计划被批准前资产的重组价值少于重组申

① 这些条件为：(1) 按照重整计划草案，《破产法》第八十二条第一款第一项所列债权就该特定财产将获得全额清偿，其因延期清偿所受的损失将得到公平补偿，并且其担保权未受到实质性损害，或者该表决组已经通过重整计划草案；(2) 按照重整计划草案，《破产法》第八十二条第一款第二项、第三项所列债权将获得全额清偿，或者相应表决组已经通过重整计划草案；(3) 按照重整计划草案，普通债权所获得的清偿比例，不低于其在重整计划草案被提请批准时依照破产清算程序所能获得的清偿比例，或者该表决组已经通过重整计划草案；(4) 重整计划草案对出资人权益的调整公平、公正，或者出资人组已经通过重整计划草案；(5) 重整计划草案公平对待同一表决组的成员，并且所规定的债权清偿顺序不违反《破产法》第一百一十三条的规定；(6) 债务人的经营方案具有可行性。

请后发生的负债和申请前认可的债权。

(2) 重组计划被批准前存在的表决权股票持有者拥有少于50%的处于补救程序的公司的股票，而且这一控制权的损失必须是重大的、非暂时的。

初始报告对应的新的报告主体没有留存利润或未弥补亏损。它要求按照企业合并的购买法将公司的重组价值分摊到各项资产，若有超额数，单独列为“重组价差”，并采用与商誉相同的方法摊销；负债应当按照重组计划批准日的现行市价报告。原有主体在重组计划批准日或提供该期的终结报表时也应当披露采用初始报告的调整对个别资产和负债账户的影响，报表还应当反映债务豁免的影响，原主体期末的资产负债表余额应当和新主体的期初资产负债表余额一致。

在重组后的企业初始财务报表的注释中应当披露以下内容：

(1) 将各项资产和负债调整至历史成本。

(2) 债务豁免的金额。

(3) 抵销的以前留存利润或损失的金额。

(4) 对确定重组价值有影响的重大因素。

新主体的初始财务报表与原主体的财务报表不具有可比性，如果证券委员会或者其他监管部门要求编制原主体的财务报表，则新主体的初始财务报表与原主体的财务报表之间有明显区别。

如果公司不符合初始报告的条件，则企业重组的会计处理和债务重组的会计处理很相似，由于上一节已经详细介绍了债务重组的会计处理，因此这里不再重复。下面主要举例说明符合初始报告条件下，企业重组的会计处理。

四、企业重组典型案例分析

2013年1月1日，紫贝公司因为财务发生了严重困难，向法院提出重组申请要求保护，当时，资产负债表的有关项目见表17—1。

表17—1　　**紫贝公司资产负债表有关项目**

2013年1月1日　　单位：元

流动资产：	
货币资金	50 000
应收账款（净）	400 000
存货	240 000
其他流动资产	30 000
流动资产小计	720 000
长期资产：	
固定资产——厂房（净）	560 000
固定资产——建筑物（净）	200 000
固定资产——设备（净）	80 000
无形资产	120 000
长期资产小计	960 000
资产合计	1 680 000

流动负债：	
应付账款	540 000
应交税费	20 000
短期借款	248 000
应付利息	72 000
流动负债小计	880 000
长期负债：	
长期借款——厂房抵押	960 000
负债小计	1 840 000
股东权益：	
股本（面值1元）	400 000
未分配利润	(560 000)
股东权益小计	(160 000)
负债与股东权益合计	1 680 000

法院同意受理，并且所有债权均得到了确认，要求紫贝公司在一个月内提出重组计划，并由债权人委员会决定，给予六个月的重组时间，如果企业重组失败，则转入破产程序。由于公司还处于持续经营状态，在提出申请后紫贝公司的应付工资、其他应付款分别发生了17 600元和6 400元，未分配利润增加了－24 000元。经协商，公司各利益关系集团同意公司的重组价值为1 800 000元，并提出重组方案如下：

（1）长期借款的债权人A银行同意，其中400 000元转为紫贝公司400 000股股票，400 000元转为有优先偿还权、利率为6%的长期应付债券，其余部分在2014年12月31日支付80 000元现金。

（2）有优先偿还权的应交税费20 000元经法院认定在重组计划批准时立即支付。

（3）申请前既无担保品，又无优先偿还权的普通债权，以如下方式处理：

1）应付账款540 000元的债权人B将得到280 000元普通债权和112 000股股票。

2）72 000元应付利息豁免。

3）短期借款248 000元的债权人C将得到136 000元普通债权和48 000股股票。

（4）公司原股东将得到重组后公司80 000股股票。

根据上述资料，首先应该判断该项重组是否符合初始报告的条件。

条件一：重组申请后发生的负债＋重组申请前被认可的债权

＝24 000＋1 840 000＝1 864 000(元)

重组价值＝1 800 000元＜1 864 000元

这说明该项重组满足了初始报告的第一个条件。

条件二：原股东拥有80 000股，而重组后公司的股份共640 000股（400 000＋112 000＋48 000＋80 000），原股东股权所占的比重小于50%，所以满足初始报告的第二个条件。

假定在2013年1月31日公司的重组计划得到了法院的认可。紫贝公司2013年1月31日资产的账面价值和公允价值如表17—2所示。

表 17—2 单位：元

资产项目	账面价值	公允价值	差额
存货	240 000	260 000	20 000
固定资产——厂房（净）	560 000	600 000	40 000
固定资产——设备（净）	200 000	170 000	(30 000)
固定资产——其他（净）	80 000	90 000	10 000
无形资产	120 000	40 000	(80 000)
合计	1 200 000	1 160 000	(40 000)

紫贝公司相应的会计分录如下：

(1) 反映公司的债务重组。

借：短期借款——C（前）	248 000	
应付账款——B（前）	540 000	
应付利息（前）	72 000	
长期借款——厂房抵押（前）	960 000	
贷：应付债券——A		400 000
其他应付款——优先偿还		80 000
应付账款——B		280 000
短期借款——C		136 000
股本		560 000
资本公积——债务重组利得（1 820 000－1 456 000）		364 000

(2) 反映新旧股份的置换。

借：股本（旧）	400 000	
贷：股本（新）		80 000
资本公积——换股溢价		320 000

(3) 调整公允价值与账面价值的差额（见表 17—2），以反映企业有了新的开端。

借：存货	20 000	
固定资产——厂房（净）	40 000	
——其他（净）	10 000	
资本公积——资产评估减值	40 000	
贷：固定资产——设备（净）		30 000
无形资产		80 000

(4) 抵销未弥补亏损及企业重组收益。

借：资本公积——债务重组利得	364 000	
——换股溢价	320 000	
贷：资本公积——资产评估减值		40 000
未分配利润（560 000＋24 000）		584 000
资本公积——重组新创		60 000

根据上述分录，紫贝公司可以编制 2013 年 1 月 31 日的资产负债表见表 17—3。

表 17—3 紫贝公司资产负债表

2013 年 1 月 31 日 单位：元

流动资产：	
货币资金	50 000
应收账款（净）	400 000
存货	260 000
其他流动资产	30 000
流动资产小计	740 000
长期资产：	
固定资产——厂房（净）	600 000
固定资产——建筑物（净）	170 000
固定资产——设备（净）	90 000
无形资产	40 000
长期资产小计	900 000
资产合计	1 640 000
流动负债：	
应付职工薪酬	17 600
其他应付款	6 400
其他应付款（优先偿还）	80 000
应交税费	20 000
短期借款	136 000
应付账款	280 000
应付债券——6%，优先偿还	400 000
流动负债小计	940 000
股东权益：	
股本（面值 1 元）	640 000
资本公积——重组新创	60 000
股东权益小计	700 000
负债与股东权益合计	1 640 000

注：表 17—1 中的未分配利润变为零，股本和资本公积也发生了变化。

第四节 破产清算

一、公司破产界限

企业在经营活动中，往往会通过向债权人举借债务来筹集其经营活动所需追加的资本。当企业无法积累足够的资金来偿还债务时，便陷入了“财务危机”。尽管陷入“财务危机”的企业未必一定会破产，但不能及时清偿到期债务往往是构成企业破产界限的重要依据。破产界限亦称破产原因或破产事实，是指法院在何种情况下可宣告债务人破产的状态，理论上认为“无偿债能力”是作为破产界限较易掌握的判断标准。

我国《破产法》没有直接使用“无偿债能力”一词来表达破产界限，而是通过界定破产原因对其进行了间接陈述，其第二条规定：“企业法人不能清偿到期债务，并且资产不足以清偿全部债务或者明显缺乏清偿能力的，依照本法规定清理债务。”该条款明确界定了破产原因的两种情形：(1) 企业法人不能清偿到期债务，并且资产不足以清偿全部债务；(2) 企业法人不能清偿到期债务，并且明显缺乏清偿能力。它们为司法实践判断企业“无偿债能力”提供了操作标准。

“企业法人不能清偿到期债务”，是指企业法人债务的清偿期限已经到期，债权人要求清偿，但作为债务人的企业法人无力清偿。“资产不足以清偿全部债务”，一般是指企业法人的资产总和小于其债务总和，即资不抵债。在美国破产法中，其对“资不抵债”的定义如下：一个实体（非合作关系或市政机构）按公允价值计算的所有负债大于所有资产的财务状况，其中资产不包括：(1) 为了达到隐藏、拖延债务或欺骗企业债权人的目的而故意转移、隐藏或移走的财产；(2) 在特定情况下可以免税的资产。而按照我国最高人民法院《关于适用〈中华人民共和国企业破产法〉若干问题的规定（一）》的解释，资不抵债是指债务人的资产负债表，或者审计报告、资产评估报告等显示其全部资产不足以偿付全部负债。在第一种破产原因情形下，尽管企业法人不能清偿到期债务以及资不抵债，但只有在企业用尽所有手段仍不能清偿债务时，才能认定企业无偿债能力。为此，任何暂时的、短期的不能清偿或者仅仅是资不抵债都不能作为认定一个企业法人是否已经构成破产的标准。

不过，值得指出的是，这里所称的“资不抵债”是反映企业财务状况的会计术语，而“无偿债能力”是法律术语，是指债务人由于缺乏清偿能力，对已经到期的债务，债权人请求清偿时，不能偿还债务或不能继续偿还债务的客观状态，是债务人达到破产界限的法定标准。尽管在西方国家的文献里，“资不抵债”与“破产”这两个术语往往是通用的，两者均可以用来描述公司所处的破产状态，但是严格地讲，前者指的是公司的财务状况，后者指的是公司在法律意义上的破产。

对于第二种破产原因情形中的“明显缺乏清偿能力”的描述，法律条文更加强调“明显”两字。“明显”一词要求在司法实践中，必须以事实为表象依据，可以结合债务人停止支付的时间、债务金额、债务人的信用状况、债务人的偿债历史等综合因素加以判断。按照最高人民法院《关于适用〈中华人民共和国企业破产法〉若干问题的规定（一）》的解释，尽管债务人账面资产大于负债，但存在下列情形之一的，人民法院应当认定其明显缺乏清偿能力：

(1) 因资金严重不足或者财产不能变现等原因，无法清偿债务；

(2) 法定代表人下落不明且无其他人员负责管理财产，无法清偿债务；

(3) 经人民法院强制执行，无法清偿债务；

(4) 长期亏损且经营扭亏困难，无法清偿债务；

(5) 导致债务人丧失清偿能力的其他情形。

这意味着尽管债务人资产负债表上的资产可能还略大于负债，但如果存在上述情形，也可以认定企业已“无偿债能力”而启动破产程序清理债务，不一定要等其继续亏损到资不抵债时再宣告破产。

二、破产清算的基本程序

公司的破产清算往往需要履行严格的法律程序，以下就我国《破产法》中规定的一些必须履行的法律程序作简要的说明。

（一）提出破产申请

根据我国《破产法》第七条的规定，提出破产申请的申请人可以是债务人、债权人以及依法负有清算责任的人。申请人向人民法院提出破产申请的，应当提交破产申请书和有关证据，破产申请必须采用书面形式。破产申请书应当载明下列事项：(1) 申请人、被申请人的基本情况，如申请人和被申请人的名称（姓名）、地址（住址）、法定代表人的姓名等；(2) 申请目的，即所提出破产的申请，是请求人民法院裁定债务人重整，还是请求人民法院宣告债务人破产清算；如果是债务人申请，还包括提出和解申请；(3) 申请的事实和理由，债务人提出申请的，应当说明不能清偿到期债务，并且资产不足以清偿全部债务或者明显缺乏清偿能力的原因和事实。债权人提出申请的，应当说明债务人不能清偿到期债务的事实和理由；(4) 人民法院认为应当载明的其他事项，一般包括证据材料的名录、类别、份数，申请人签名以及申请日期等。对于债务人提出破产申请，按照最高人民法院的司法解释，债务人还应当提供企业的担保情况、企业已发生的诉讼情况等。如果破产申请是由债务人提出的，则其还应当向人民法院提交财产状况说明、债务清册、债权清册、有关财务会计报告、职工安置预案以及职工工资的支付和社会保险费用的缴纳情况。

（二）法院受理破产申请

人民法院收到破产申请后应当及时对申请人的主体资格、债务人的主体资格和破产原因以及有关材料和证据等进行审查，并依据《破产法》第十条的规定作出是否受理的裁定。债权人提出破产申请的，人民法院应当自收到申请之日起五日内通知债务人。债务人对申请有异议的，应当自收到人民法院的通知之日起七日内向人民法院提出。人民法院应当自异议期满之日起十日内裁定是否受理。由债务人或依法负有清算责任的人提出破产申请的，人民法院应当自收到破产申请之日起十五日内裁定是否受理。有特殊情况比如债权人人数众多、债权债务关系比较复杂等需要延长裁定受理期限的，为了保证裁定作出的准确性，保护相关当事人的合法权益，经上一级人民法院批准，可以延长十五日。

人民法院受理破产申请的，应当自裁定作出之日起五日内送达申请人。债权人提出申请的，人民法院应当自裁定作出之日起五日内送达债务人。债务人应当自裁定送达之日起十五日内，向人民法院提交财产状况说明、债务清册、债权清册、有关财务会计报告以及职工工资的支付和社会保险费用的缴纳情况。人民法院自裁定受理破产申请之日起二十五日内通知已知债权人，并予以公告，通知和公告的事项有：(1) 申请人、被申请人的名称或者姓名；(2) 人民法院受理破产申请的时间；(3) 申报债权的期限、地点和注意事项；(4) 管理人的名称或者姓名及其处理事务的地址；(5) 债务人的债务人或者财产持有人应当向管理人清偿债务或者交付财产的要求；(6) 第一次债权人会议召开的时间和地点；(7) 人民法院认为应当通知和公告的其他事项。

(三) 指定破产管理人

破产管理人由人民法院指定。在破产程序开始以后，为了加强对债务人财产的管理，防止债务人随意处置财产，保护债权人的利益，有必要由专门机构具体实施对债务人财产的管理、处分、整理、变价、分配等工作。为此，许多国家都在破产法中建立了破产管理人制度。1986 年制定的《中华人民共和国企业破产法（试行）》确立了由法院组织以破产企业主管机关和其他行政机关的指派人员为主体的破产清算组制度。而 2006 年制定的《中华人民共和国企业破产法》确立了我国的破产管理人制度，按照法律规定，人民法院裁定受理破产申请的，应当同时指定管理人。管理人可以由有关部门、机构的人员组成的清算组或者依法设立的律师事务所、会计师事务所、破产清算事务所等社会中介机构担任。人民法院根据债务人的实际情况，可以在征询有关社会中介机构的意见后，指定该机构具备相关专业知识并取得执业资格的人员担任管理人。

根据《破产法》第二十五条的规定，破产管理人履行下列职责：(1) 接管债务人的财产、印章和账簿、文书等资料；(2) 调查债务人财产状况，制作财产状况报告；(3) 决定债务人的内部管理事务；(4) 决定债务人的日常开支和其他必要开支；(5) 在第一次债权人会议召开之前，决定继续或者停止债务人的营业；(6) 管理和处分债务人的财产；(7) 代表债务人参加诉讼、仲裁或者其他法律程序；(8) 提议召开债权人会议；(9) 人民法院认为管理人应当履行的其他职责。

(四) 确认破产财产和破产债权

《破产法》第一百零七条规定："债务人被宣告破产后，债务人称为破产人，债务人财产称为破产财产，人民法院受理破产申请时对债务人享有的债权称为破产债权。"依据这一规定可知，破产财产在破产宣告前被称为债务人财产。结合《破产法》第四章"债务人财产"第三十条至第四十条，以及第十章"破产清算"第一百零七条的规定，破产财产由下列财产构成：(1) 破产申请受理时属于破产企业的全部财产，包括破产宣告时破产企业享有所有权以及国有企业被授予经营管理权的财产，诸如有形财产、无形财产、货币和有价证券、投资权益等；(2) 破产申请受理后至破产程序终结前破产企业取得的财产，包括因破产企业的债务人清偿债务和财产持有人交还而取得的财产、因未履行合同的继续履行而取得的财产、由破产企业享有的投资所产生的收益以及基于其他合法原因而取得的财产。

需注意的是，这里所指的财产应当包括财产性权利，如应由破产企业行使的合同债权等。已作为担保物的财产一般不属于破产财产，但担保物的价款超过其所担保的债务数额的，超过部分属于破产财产。破产企业内属于他人的财产，不属于破产财产，由该财产的权利人通过管理人取回。

破产债权是人民法院受理破产申请时对债务人享有的债权。《破产法》采用了概括式的立法模式，没有限定破产债权的范围。不过，从其规定的内容来看，破产债权由下列六项构成：

（1）成立于破产程序开始前的无财产担保的债权。包括破产宣告前成立的无财产担保债权、破产宣告前发生的虽有财产担保但是债权人放弃优先受偿权的债权以及破产宣告前发生的虽有财产担保但是债权数额超过担保物价值部分的债权。

（2）因合同解除所产生的债权。《破产法》第五十三条规定：管理人或者债务人依照本法规定解除合同的，对方当事人以因合同解除所产生的损害赔偿请求权申报债权。

（3）因委托关系产生的债权。《破产法》第五十四条规定：债务人是委托合同的委托人，被裁定适用本法规定的程序，受托人不知该事实，继续处理委托事务的，受托人以由此产生的请求权申报债权。

（4）因票据关系产生的债权。《破产法》第五十五条规定：债务人是票据的出票人，被裁定适用本法规定的程序，该票据的付款人继续付款或者承兑的，付款人以由此产生的请求权申报债权。

（5）因雇佣关系产生的债权。《破产法》第四十八条规定：债务人所欠职工的工资和医疗、伤残补助、抚恤费用，所欠的应当划入职工个人账户的基本养老保险、基本医疗保险费用，以及法律、行政法规规定应当支付给职工的补偿金，不必申报，由管理人调查后列出清单并予以公示。职工对清单记载有异议的，可以要求管理人更正；管理人不予更正的，职工可以向人民法院提起诉讼。

（6）税收债权。《破产法》第八十二条第三款列示“债务人所欠税款”是债权的一种。

（五）破产费用和共益债务的界定

破产费用，是指在破产程序中为全体债权人的共同利益而支出的旨在保障破产程序顺利进行所必需的程序上的费用。根据《破产法》第四十一条的规定，人民法院受理破产申请后发生的下列费用，为破产费用：

（1）破产案件的诉讼费用；

（2）管理、变价和分配债务人财产的费用；

（3）管理人执行职务的费用、报酬和聘用工作人员的费用。

共益债务，是指破产程序开始后为了全体债权人的共同利益而负担的非程序性债务。其与破产费用既有联系又有区别。二者的联系在于都是在破产程序中产生，它们的清偿有利于保障全体债权人的权益。二者的区别在于破产费用是在破产程序中所支出的程序性费用，这种费用的支出具有必然性，一般的破产案件都需要支出破产费用；而共益债务则是非程序性债务，具有或然性，不同的破产案件产生的共益债务往往不尽相同。根据《破产法》第四十二条的规定，人民法院受理破产申请后发生的下列债务，为共益债务：

（1）因管理人或者债务人请求对方当事人履行双方均未履行完毕的合同所产生的债务；

（2）债务人财产受无因管理所产生的债务；

（3）因债务人不当得利所产生的债务；

（4）为债务人继续营业而应支付的劳动报酬和社会保险费用以及由此产生的其他债务；

（5）管理人或者相关人员执行职务致人损害所产生的债务；

(6) 债务人财产致人损害所产生的债务。

破产费用和共益债务由债务人财产随时清偿。债务人财产不足以清偿所有破产费用和共益债务的，先行清偿破产费用；债务人财产不足以清偿所有破产费用或者共益债务的，按照比例清偿；债务人财产不足以清偿破产费用的，管理人应当提请人民法院终结破产程序。人民法院应当自收到请求之日起十五日内裁定终结破产程序，并予以公告。

(六) 债权人会议

依法申报债权的债权人为债权人会议的成员，有权参加债权人会议，享有表决权。债权尚未确定的债权人，除人民法院能够为其行使表决权而临时确定债权额的外，不得行使表决权。对债务人的特定财产享有担保权的债权人，未放弃优先受偿权利的，对于通过和解协议和通过破产财产的分配方案的事项不享有表决权。债权人会议应当有债务人的职工和工会的代表参加，对有关事项发表意见。债权人会议设主席一人，由人民法院从有表决权的债权人中指定。债权人会议主席主持债权人会议。第一次债权人会议由人民法院召集，自债权申报期限届满之日起十五日内召开。以后的债权人会议，在人民法院认为必要时，或者管理人、债权人委员会、占债权总额四分之一以上的债权人向债权人会议主席提议时召开。

债权人会议行使下列职权：

(1) 核查债权；

(2) 申请人民法院更换管理人，审查管理人的费用和报酬；

(3) 监督管理人；

(4) 选任和更换债权人委员会成员；

(5) 决定继续或者停止债务人的营业；

(6) 通过重整计划；

(7) 通过和解协议；

(8) 通过债务人财产的管理方案；

(9) 通过破产财产的变价方案；

(10) 通过破产财产的分配方案；

(11) 人民法院认为应当由债权人会议行使的其他职权。

债权人会议的决议，由出席会议的有表决权的债权人过半数通过，并且其所代表的债权额占无财产担保债权总额的二分之一以上。债权人认为债权人会议的决议违反法律规定，损害其利益的，可以自债权人会议作出决议之日起十五日内，请求人民法院裁定撤销该决议，责令债权人会议依法重新作出决议。债权人会议的决议，对于全体债权人均有约束力。

债权人会议可以决定设立债权人委员会，债权人委员会成员应当经人民法院书面决定认可，债权人委员会由债权人会议选任的债权人代表和一名债务人的职工代表或者工会代表组成，债权人委员会成员不得超过九人。债权人委员会行使下列职权：

(1) 监督债务人财产的管理和处分；

(2) 监督破产财产分配；

(3) 提议召开债权人会议；

（4）债权人会议委托的其他职权。

（七）破产清算

1. 破产宣告

破产宣告是指人民法院对于具备破产原因的债务人的破产事实予以判定，并使债务人进入破产清算程序的一种司法裁定行为。人民法院受理破产案件后，破产程序就开始。但是这时人民法院并不一定马上就宣告债务人破产，进入破产清算程序，还有可能通过破产和解、破产重整程序，使债务人与债权人就债务清偿达成协议，避免债务人被宣告破产。因此，《破产法》规定的破产宣告，既可能发生在破产申请受理的同时，即人民法院受理破产申请时就宣告债务人破产，直接开始破产清算程序；也可能发生在破产程序的进行过程中，即破产申请受理以后正在破产程序进行过程中，人民法院依照《破产法》规定宣告债务人破产。债务人被宣告破产后，称为破产人。这种称呼上的改变，对债务人有关人员的权利限制可能产生直接影响。比如《公司法》第一百四十六条第三款规定，担任破产清算的公司、企业的董事或者厂长、经理，对该公司、企业的破产负有个人责任的，自该公司、企业破产清算完结之日起未逾三年，不得担任公司的董事、监事、高级管理人员。

2. 破产财产变价与分配

破产管理人在进行最后的破产分配前，必须对非金钱状态的破产财产实施变价。管理人及时拟定破产财产变价方案，提交债权人会议讨论。如果债权人会议未能表决通过破产管理人提交的破产财产变价方案，按照《破产法》的规定，由人民法院作出裁定。之后，管理人按照债权人会议通过的或者人民法院依法裁定的破产财产变价方案，适时变价出售破产财产，除债权人会议另有决议外，变价出售破产财产应当通过拍卖进行。

破产财产在优先清偿破产费用和共益债务后，依照下列顺序清偿：

（1）破产人所欠职工的工资和医疗、伤残补助、抚恤费用，所欠的应当划入职工个人账户的基本养老保险、基本医疗保险费用，以及法律、行政法规规定应当支付给职工的补偿金；

（2）破产人欠缴的除前项规定以外的社会保险费用和破产人所欠税款；

（3）普通破产债权。

破产财产不足以清偿同一顺序的清偿要求的，按照比例分配。

对于破产企业的董事、监事和高级管理人员的工资，可以作为第一顺序清偿，但其数额只能按照企业职工的平均工资计算。

虽然《破产法》对破产财产的清偿顺序作了规定，但如何将破产财产分配给每一个破产债权人，以保证破产财产分配的公平、合法、有序，就需要一个具体指导破产财产分配的文件，这一文件就是破产财产分配方案。破产财产分配方案应当载明下列事项：

（1）参加破产财产分配的债权人名称或者姓名、住所；

（2）参加破产财产分配的债权额；

（3）可供分配的破产财产数额；

（4）破产财产分配的顺序、比例及数额。

破产财产分配方案由管理人拟订，提交债权人会议讨论，债权人会议通过破产财产分配方案后，由管理人将该方案提请人民法院裁定认可。破产财产分配方案经人民法院裁定认可后，由管理人执行。

3. 破产程序的终结

破产财产分配完毕是破产程序终结的法定条件和标志。管理人在最后分配完结后，应当及时向人民法院提交破产财产分配报告，并提请人民法院裁定终结破产程序。人民法院应当自收到管理人终结破产程序的请求之日起十五日内作出是否终结破产程序的裁定。裁定终结的，应当予以公告。管理人自破产程序终结之日起十日内，持人民法院终结破产程序的裁定，向破产人的原登记机关办理注销登记。注销登记办理完毕次日，管理人终止执行职务。

三、破产清算会计中的受托责任

在西方国家，一般由债权人指定或者由法院任命受托人负责债务人资产的保管，并且负责处理破产人在清算期间的所有问题。在我国，受托人角色由专门成立的清算组承担。根据《公司法》第一百八十四条的规定，清算组在清算期间行使下列职权：

（1）清理公司财产，分别编制资产负债表和财产清单；

（2）通知、公告债权人；

（3）处理与清算有关的公司未了结的业务；

（4）清缴所欠税款以及清算过程中产生的税款；

（5）清理债权、债务；

（6）处理公司清偿债务后的剩余财产；

（7）代表公司参与民事诉讼活动。

四、破产清算的会计处理

1997 年财政部制定了《国有企业试行破产有关会计处理问题暂行规定》，对破产的国有企业的会计处理和破产管理人（清算组）的会计处理做出了规定。然而随着社会经济的发展，实务中破产清算实践呈现出多样性和复杂性，为与实践发展相适应，2006 年我国修订了《破产法》，随之而来的就是需对原有破产清算会计进行适时全面的修订。2016 年 7 月，财政部办公厅下发了《关于征求企业破产清算有关会计处理规定意见的函》，就《企业破产清算有关会计处理规定（征求意见稿）》广泛征求意见。从该征求意见稿的内容来看，其提出的破产清算会计处理规定更加科学，更具操作性。下文将结合该征求意见稿的内容叙述破产清算会计处理的方法。

（一）破产清算会计的特点

破产清算对会计假设和会计原则产生了冲击。与传统的财务会计相比，破产清算会计有以下特点：

1. 从会计核算的基本前提看，破产清算会计不再遵循传统财务会计的一些会计假设

财务会计的四个基本假设（会计主体、会计分期、持续经营和货币计量）是进行会计核算的基本前提，也是设计和选择会计方法的重要依据。但是，企业进入破产清算程序以后，由于所处的环境发生了巨大的变化，这些会计假设赖以存在的条件不复存在，原来被认为非常合理也十分必要的假设变得不再合理和必要。比如说，公司的解散意味着公司正常经营活动的终止，因此，“清偿假设”将会取代以前的“持续经营假设”，会计主体由“破产清算企业”取代了“企业自身”。

2. 从会计核算的一般原则看，破产清算会计超越了传统财务会计基本原则的规范

会计核算的基本原则也是会计核算的基本规范，但是在企业破产清算的情况下，由于企业所处经济环境的变化，会计核算的前提也发生了变化，许多原来的会计准则变得不再合理，也就很难被破产清算会计采用。比如历史成本原则，在传统财务会计中，这一原则是企业计量资产、负债成本所遵循的基本原则，但是在破产清算会计中，资产和负债的价值更加注重现时清算和清偿的价值，因此，资产的计量属性为破产清算净值，即企业在破产清算期间内，快速变现资产所能获得的款项并扣除与之相关的处置税费的净额；负债的计量属性为清偿价值，即按应当清偿的金额，不再考虑折现因素，也不考虑企业的实际清偿能力，等于经债权人申报并经法院确认的债权，这种做法可以更好地为法院、债权人等利益相关者判断企业债务清偿的时间、金额与不确定性提供决策依据。

3. 从会计周期看，破产清算会计循环变成单周期核算活动

在持续经营前提下，一个企业的会计核算必须在一个会计期间内通过一系列的会计程序，并在会计期初开始，在会计期末结束，这一过程循环往复，周而复始。当企业进入清算状态后，持续经营的会计前提不复存在，破产清算会计循环周期不再以年为单位，而是以清算业务完成实际耗用的时间为准。在清算过程中，虽然仍然存在资金循环，但不能形成资金周转，而是单纯的、终极化的特点。

4. 从编写的会计报告方面看，破产清算会计的会计报告发生了较大的变化

（1）传统的财务会计报告的目标在于反映企业的收益和净资产变化的过程及结果，而破产清算会计的主要目标是反映破产财产的处理情况以及债务的清偿情况。

（2）会计报告的种类有所变化。正常经营情况下，企业需要提供资产负债表、利润表、现金流量表、所有者权益变动表和附注。但是，在破产清算的情况下，应编制破产财务状况表、清算损益表、破产现金流量表、债务清偿表及附注。

（3）破产清算会计报告的格式与基本内容与传统的财务会计要求不同。

（4）报表使用者有所不同，企业财务会计报告的使用者主要是企业的投资者、债权人和政府的有关部门，而破产清算会计的会计报告的使用者主要是受理破产案件的人民法院、债权人会议等报表使用者。

（二）破产清算会计的确认和计量

1. 宣告破产日

破产企业被法院宣告破产后，按照破产宣告日的破产清算净值和清偿价值对财产和债务进行初始确认，相关差额直接计入累计清算净损益。

2. 破产清算期间

破产企业在破产清算期间的财产应当按照破产清算净值进行后续计量，债务按照清偿价值进行后续计量。在破产财务报表报告期末，破产企业应当对财产和债务的账面价值按照破产财务报表报告期末的破产清算净值或清偿价值进行调整，差额计入当期清算损益。

破产企业在破产清算期间发生财产处置事项，应当终止确认相关被处置财产，并将处置所得金额与被处置财产的账面价值的差额，扣除直接相关的处置费用后的差额，计入当期清算损益。

破产企业在破产清算期间发生债务清偿事项，应当先按照偿付金额，终止确认该债务项目部分账面价值。剩余账面价值在企业的偿付义务完全解除时，再终止确认并计入当期清算损益。

破产企业因盘盈、追回、购入等方式在破产清算期间取得的财产，应当按照取得时的破产清算净值进行初始计量，初始确认的账面价值与取得该财产的成本（如有）之间的差额，计入当期清算损益。破产企业在破产清算期间新承担的债务，应当按照承担时的清偿价值进行初始计量，并计入当期清算损益。

破产企业在破产清算期间发生的各项费用、取得的各项收益应当直接计入当期清算损益。计入当期清算损益的所得税费用，应当仅包括基于本期应纳税所得额按照适用税率计算的应缴纳所得税额。

（三）破产财务报表的列报与披露

破产企业应当按照本规定编制破产财务报表，向人民法院、债权人会议等报表使用者反映破产企业在破产清算过程中的财务状况、现金流量变动、清算损益和破产债权偿付状况。破产清算期间的财务报表包括破产财务状况表、清算损益表、破产现金流量表、债务清偿表及相关附注。

（1）破产财务报表的列报。法院宣告企业破产后，破产企业应当以破产宣告日为破产报表日编制破产财务状况表及相关附注。在法院或债权人会议所要求的时点，破产企业应当根据该时点确定破产报表日，编制破产财务状况表、清算损益表、破产现金流量表、债务清偿表及相关附注。在向法院申请裁定破产终结前，破产企业应当编制清算损益表、破产现金流量表、债务清偿表及相关附注。

破产财务状况表反映破产企业在破产报表日财产的破产清算净值、债务清偿价值和累计清算净损益。财产项目和债务项目的差额在破产财务状况表中作为累计清算净损益列示。

清算损益表反映破产企业在破产清算期间发生的各项收益、费用。清算损益表中至少应当单独列示反映下列信息的项目：处置财产、清偿债务、调整财产债务账面价值、支付破产费用、支付共益债务、支付所得税等。

破产现金流量表反映破产企业在破产清算期间货币资金余额的变动情况。破产现金流量表采用直接法编制，至少应当单独列示反映下列信息的项目：处置财产、清偿债务、支付破产费用、支付共益债务、支付所得税等。

债务清偿表反映破产企业在破产清算期间发生的债务清偿情况。债务清偿表应当根据破产法规定的债务清偿顺序，按照各项债务的明细单独列示。债务清偿表中列示的各项债务至少应当反映其原账面价值、确认金额、清偿比例、实际需清偿比例、本期及累计清偿金额、尚未清偿比例等信息。

（2）信息披露。破产企业应当在破产财务报表附注中披露以下信息：

1）破产财产明细信息，包括期初余额、本期增加额、本期减少额和期末余额；

2）未确认债权的明细，包括期初余额、本期增加额、本期减少额和期末余额；

3）期末货币资金余额中已经提存用于向特定债权人分配或向国家缴纳税款的金额；

4）财产处置损益的明细信息，包括财产性质、处置收入、处置费用及处置净收益；

5）破产费用的明细信息，包括费用性质、金额等；

6）共益债务的明细信息，包括债务性质、金额等。

（四）破产清算会计的会计处理程序

2016 年财政部下发的《企业破产清算有关会计处理规定（征求意见稿）》，对破产清算的会计处理作了比较详细的规定。

1. 科目设置

破产管理人接管破产企业的会计档案等财务资料后，应当在企业被法院宣告破产后，增设债务类、累计清算净损益类和清算损益类等一级会计科目。破产企业可以根据实际需要，在一级科目中设置明细科目。

（1）债务类科目。债务类科目包括“应付破产费用”和“应付共益债务”科目。前者用来核算破产企业在破产清算期间发生的破产法规定的各类破产费用，后者用来核算破产企业在破产清算期间发生的破产法规定的各类共益债务。

（2）“累计清算净损益”科目。“累计清算净损益”科目核算破产企业在编制破产财务报表日结转的当期清算净损益科目余额。破产企业财产与债务的差额，也在本科目核算。

（3）清算损益类科目。清算损益类科目主要包括“财产处置净损益”“债务清偿净损益”“计量基础调整净损益”“其他收益”“破产费用”“共益债务费用”“其他费用”“所得税费用”“当期清算净损益”科目。

“财产处置净损益”：本科目核算破产企业在破产清算期间处置破产财产产生的、扣除相关处置费用后的净损益。

“债务清偿净损益”：本科目核算破产企业在破产清算期间清偿债务产生的净损益。

“计量基础调整净损益”：本科目核算破产企业在破产清算期间按照破产清算净值调整财产账面价值，以及按照清偿价值调整债务账面价值产生的净损益。

“其他收益”：本科目核算除财产处置、债务清偿以外，在破产清算期间发生的其他收益。

“破产费用”：本科目核算破产企业破产清算期间发生的破产法规定的各项破产费用，主要包括破产案件的诉讼费用，管理、变价和分配债务人财产的费用，管理人执行职务的费用、报酬和聘用工作人员的费用。本科目应按发生的费用项目设置明细账。

“共益债务费用”：本科目核算破产企业破产清算期间发生的破产法规定的共益债务相关的各项费用。

“其他费用”：本科目核算破产企业破产清算期间发生的各项除破产费用和共益债务费用之外的其他费用。

“所得税费用”：本科目核算破产企业破产清算期间发生的企业所得税费用。

“当期清算净损益”：本科目核算破产企业破产清算期间结转的上述各类清算损益

科目余额。

2. 账务处理

(1) 破产宣告日余额结转。法院宣告企业破产后，破产管理人根据破产企业移交的科目余额表，将部分会计科目的相关余额转入应付破产费用、应付共益债务、累计清算净损益等新账户，具体结转如下。

1) 将“应付账款”“其他应付款”等科目中属于破产法所规定的破产费用的余额，转入“应付破产费用”科目。

2) 将“应付账款”“其他应付款”等科目中属于破产法所规定的共益债务的余额，转入“应付共益债务”科目。

3) 将“长期待摊费用”“递延所得税资产”“递延所得税负债”“递延收益”“股本”“资本公积”“盈余公积”“其他综合收益”“未分配利润”等科目余额，转入“累计清算净损益”科目。

(2) 破产宣告日余额调整。

1) 破产管理人应当对破产企业拥有的各类财产（包括原账面价值为零的已提足折旧的固定资产、已摊销完毕的无形资产等）登记造册，估计其破产清算净值，按照其破产清算净值对各财产科目余额进行调整，并相应调整“累计清算净损益”科目。

2) 破产管理人应当对破产企业的各类债务进行核查，估计其清偿价值，按照其清偿价值对各债务科目余额进行调整，并相应调整“累计清算净损益”科目。

(3) 处置破产财产。

1) 破产企业收回应收票据、应收款项类债权、应收款项类投资，按照收回的款项，借记“现金”“银行存款”等科目，按照应收款项类债权或应收款项类投资的账面价值，贷记相关财产科目，按其差额，借记或贷记“财产处置净损益”科目。

2) 破产企业出售各类投资，按照收到的款项，借记“现金”“银行存款”等科目，按照相关投资的账面价值，贷记相关财产科目，按其差额，贷记“财产处置净损益”科目。

3) 破产企业出售存货、投资性房地产、固定资产及在建工程等实物资产，按照收到的款项，借记“现金”“银行存款”等科目，按照实物资产的账面价值，贷记相关财产科目，按应当缴纳的增值税销项税额及其他税费，贷记“应交税费”，按上述各科目发生额的差额，借记或贷记“财产处置净损益”。

4) 破产企业出售无形资产，按照收到的款项，借记“现金”“银行存款”等科目，按照无形资产的账面价值，贷记“无形资产”科目，按应当缴纳的税费，贷记“应交税费”科目，按上述各科目发生额的差额，借记或贷记“财产处置净损益”科目。

5) 破产企业的划拨土地使用权被国家收回，国家给予一定补偿的，按照收到的补偿金额，借记“现金”“银行存款”等科目，贷记“其他收益”科目。

6) 破产企业处置破产财产发生的各类评估、变价、拍卖等费用，按照发生的金额，借记“破产费用”科目，贷记“现金”“银行存款”“应付破产费用”等科目。

(4) 清偿债务。

1) 破产企业清偿破产费用和共益债务，按照相关已确认负债的账面价值，借记“应付破产费用”“应付共益债务”等科目，按照实际支付的金额，贷记“现金”“银行存款”等科目，按其差额，借记或贷记“破产费用”“共益债务费用”科目。

2）破产企业按照经批准的职工安置方案，支付的所欠职工的工资和医疗、伤残补助、抚恤费用，应当划入职工个人账户的基本养老保险、基本医疗保险费用和其他社会保险费用，以及法律、行政法规规定应当支付给职工的补偿金，按照相关已确认债务的账面价值，借记“应付职工薪酬”等科目，按照实际支付的金额，贷记“现金”“银行存款”等科目，按其差额，借记或贷记“债务清偿净损益”科目。

3）破产企业支付所欠税款，按照相关已确认债务的账面价值，借记“应交税费”等科目，按照实际支付的金额，贷记“现金”“银行存款”等科目，按其差额，借记或贷记“债务清偿净损益”科目。

4）破产企业清偿破产债权，按照实际支付的金额，借记相关债务科目，贷记“现金”“银行存款”等科目。

5）破产企业以非货币性财产清偿债务的，按照经确认的清偿金额，借记相关债务科目，按照非货币性资产的账面价值，贷记相关财产科目，按其差额，借记或贷记“债务清偿净损益”科目。

6）债权人依法行使抵销权的，按照确认的抵销金额，借记相关债务科目，贷记相关财产科目。

（5）破产清算期间的财务报表编制时。

1）在编制破产清算期间的财务报表时，应当对所有财产项目按其于破产报表日的破产清算净值重新计量，借记或贷记相关财产科目，贷记或借记“计量基础调整净损益”；应当对所有债务项目按其于破产报表日的清偿价值重新计量，借记或贷记相关债务科目，贷记或借记“计量基础调整净损益”科目。

2）在编制破产清算期间的财务报表时，如有已实现的应纳税所得额，考虑可以抵扣的金额后，应当据此提存应交所得税，借记“所得税费用”科目，贷记“应交税费”科目。

3）破产企业在编制破产清算期间的财务报表时，应当将“财产处置净损益”“债务清偿净损益”“计量基础调整净损益”“其他收益”“破产费用”“共益费用”“其他费用”“所得税费用”科目结转至“当期清算净损益”科目。同时将“当期清算损益”科目余额转入“累计清算损益”科目。

（6）破产清算结束日。破产企业在破产清算结束日，剩余破产债权不再清偿的，按照其账面价值，借记相关债务科目，贷记“其他收益”科目。

（7）其他情形。

1）在破产清算期间通过清查、盘点等方式取得的未入账财产，应当按照取得日的破产清算净值，借记相关财产科目，贷记“其他收益”科目。在破产清算期间通过债权人申报发现的未入账债务，应当按照申报确认日的清偿价值，借记“其他费用”科目，贷记相关债务科目。

2）破产企业在破产清算期间，作为买入方继续履行尚未履行完毕的合同的，按照收到的财产破产清算净值，借记相关财产科目，按照相应的增值税进项税额，借记“应交税费”科目，按照应支付或已支付的款项，贷记“现金”、“银行存款”、“应付共益债务”或“预付款项”等科目，按照上述各科目的差额，借记“其他费用”或贷记“其他收益”科目；企业作为卖出方继续履行尚未履行完毕的合同的，按照应收或已收的金额，借记“现金”“银行存款”“应收账款”等科目，按照转让的财产账面价值，贷记相关财产科目，按照应缴纳相关税费，贷记“应交税费”科目，按照上述各科目的差额，借记“其他费用”科目或贷记“其他收益”科目。

3）破产管理人依法追回相关破产财产的，按照追回的财产破产清算净值，借记相关财产科目，贷记“其他收益”科目。

4）破产企业收到的利息、股利、租金等孳息，借记“现金”“银行存款”等科目，贷记“其他收益”科目。

（五）破产清算的综合示例

2013 年 6 月 1 日，紫薇公司由于无力偿债而向法院申请破产，2013 年 7 月 1 日法院宣告该公司破产，并成立了清算组负责紫薇公司的财产清算事宜。2013 年 7 月 1 日该公司的资产负债表如表 17－4 所示。

表 17—4　紫薇公司资产负债表

2013 年 7 月 1 日　　单位：元

资产		负债	
流动资产：	流动负债：		
货币资金	3 000	短期借款	56 000
应收票据	14 600	应付票据	18 200
应收账款	45 000	应付账款	37 000
减：坏账准备	(15 000)	应付职工薪酬	10 020
存货	50 000	流动负债合计	121 220
流动资产合计	97 600	长期借款——抵押借款	101 250
长期资产：		负债合计	222 470
固定资产——房屋（净值）	86 075	所有者权益	
固定资产——设备（净值）	45 045	股本	5 000
长期资产合计	131 120	资本公积	43 725
		未分配利润	(42 475)
		所有者权益合计	6 250
资产合计	228 720	负债及所有者权益合计	228 720

该公司的财务报表注释以及资产的破产清算价值的有关资料如下：

(1) 应收票据的本金与利息合计为 14 600 元，其估计的破产清算价值为 14 600 元，并且该项应收票据已经作为应付票据的抵押。

(2) 房屋及土地为长期借款的抵押物，扣除相关税费后的变现价值为 105 600 元，其中土地价值 50 000 元。

(3) 账面价值为 45 045 元的机器设备为 37 000 元的应付账款的抵押物，其中部分机器设备扣除相关税费后的变现价值为 30 000 元，其他设备扣除清理费后的变现净值为 3 000 元。

(4) 存货扣除相关税费后的变现价值为 35 000 元。

(5) 发生破产清算费用共计 10 654 元。

1. 破产宣告日余额结转

在破产宣告日，清算组应当将紫薇公司部分账户余额转入有关新账户，会计分录为：

借：股本	5 000	
资本公积	43 725	
贷：未分配利润		42 475
累计清算净损益		6 250

2. 破产宣告日余额调整

借：固定资产——房屋	19 525	
坏账准备	15 000	
累计清算净损益	7 520	
贷：固定资产——设备		12 045
应收账款		15 000
存货		15 000

3. 编制破产报表日破产财务状况表

破产报表日破产财务状况表如表17—5所示。

表17—5　　破产财务状况表　　会破01表

编制单位：紫薇公司　　2013年7月1日　　单位：元

财产	行次	账面价值	债务及累计清算净损益	行次	账面价值
财产：			债务：		
货币资金		3 000	已确认债权：		
应收票据		14 600	借款		157 250
应收账款		30 000	应付票据		18 200
其他应收款			应付账款		37 000
预付款项			预收款项		
存货		35 000	其他应付款		
金融资产投资			应付债券		
长期股权投资			应付破产费用		
投资性房地产			应付共益债务		
固定资产		138 600	应付职工薪酬		10 020
在建工程			应交税费		
无形资产			小计		
			未确认债权		
			债务合计		
			累计清算净损益：		
			累计清算净收益		－1 270
资产总计		221 200	债务及累计清算净损益总计		221 200

说明：本表列示的项目不区分流动和非流动；其中，“长期应收款”科目余额应当根据其性质，分别并入“应收账款”或“其他应收款”项目列示；“短期借款”和“长期借款”科目余额，并入借款项目列示；“长期应付款”科目余额应当根据其性质，分别并入“应付账款”或“其他应付款”项目列示；“以公允价值计量且其变动计入当期损益的金融资产”、“持有至到期投资”和“可供出售金融资产”科目余额，并入“金融资产投资”项目列示。本表的债务项目应当区分已经确认的债权和尚未确认的债权分别列报。尚未确认的债权无须分项目列表。本表的“累计清算净收益”项目反映破产企业于破产报表日的累计清算净收益，如为累计清算净损失以“－”号表示，应根据“累计清算净损益”科目余额填列。

3. 处置破产财产

(1) 应收票据按照账面值 14 600 元如数收回。

借：银行存款　　14 600
　　贷：应收票据　　14 600

(2) 应收账款如数收回。

借：银行存款　　30 000
　　贷：应收账款　　30 000

(3) 变卖存货，比原先的估价还要低 1 000 元，变卖收入为 34 000 元。

借：银行存款　　34 000
　　财产处置净损益　　1 000
　　贷：存货　　35 000

(4) 将房屋和设备按照预计可变现净值拍卖掉。

借：银行存款　　138 600
　　贷：固定资产——房屋　　105 600
　　　　　　　　——设备　　33 000

4. 清偿债务

(1) 支付清算费用。

借：破产费用　　10 654
　　贷：银行存款　　10 654

(2) 支付有优先求偿权的应付工资 10 020 元。

借：应付职工薪酬　　10 020
　　贷：银行存款　　10 020

(3) 支付有担保的债务。

借：长期借款　　101 250
　　应付票据　　14 600
　　应付账款　　33 000
　　贷：银行存款　　148 850

(4) 偿还普通债务。

偿还率＝可清偿的余额/未清偿的普通债务金额
　　＝(资产变现净值－财产处置净损益－破产费用－优先清偿债务
　　－支付有担保债务)/未清偿普通债务金额(短期借款＋应付票据＋应付账款)
　　＝(221 200－1 000－10 654－10 020－148 850)/(56 000＋3 600＋4 000)
　　＝50 676/63600＝79.68%

借：短期借款 (56 000×79.68%)　　44 621
　　应付票据 (3 600×79.68%)　　2 868
　　应付账款 (4 000×79.68%)　　3 187
　　贷：银行存款　　50 676

(5) 破产清算结束日注销未清偿债务。

借：短期借款 (56 000×20.32%)　　11 379
　　应付票据 (3 600×20.32%)　　732

应付账款（4 000×20.32%） 813

贷：其他收益（63 600×20.32%） 12 924

5. 结转清算损益类科目

借：其他收益 12 924

贷：财产处置净损益 1 000

破产费用 10 654

当期清算净损益 1 270

同时，

借：当期清算净损益 1 270

贷：累计清算损益 1 270

在编制完这一分录后，清算组的账户已经全部结平。根据规定，还需要编制清算损益表、破产现金流量表和债务清偿表。假设7月底清算工作完成，清算损益表格式及内容如表17—6所示，破产现金流量表如表17—7所示，债务清偿表格式及内容如表17—8所示。

表17—6 **清算损益表** 会破02表

编制单位：紫薇公司 2013年7月 单位：元

项目	行次	本期数	累积数
一、财产处置净收益（净损失以“－”号表示）		－1 000	
二、债务清偿净收益（净损失以“－”号表示）			
三、计量基础调整净收益（净损失以“－”号表示）			
四、其他收益		12 924	
五、破产费用（以“－”号表示）		－10 654	
六、共益债务费用（以“－”号表示）			
七、其他费用（以“－”号表示）			
八、所得税费用（以“－”号表示）			
九、清算净收益（清算净损失以“－”号表示）		1 270	

表17—7 **破产现金流量表** 会破03表

编制单位：紫薇公司 2013年7月 单位：元

项目	行次	本期数	累积数
期初货币资金余额		3 000	
一、处置财产收到的现金净额		217 200	
二、收到的其他现金			
三、清偿债务支付的现金		209 546	
四、支付的破产费用		10 654	
五、支付的共益债务			
六、支付的所得税费用			
七、支付的其他现金			
期末货币资金余额		0	

表 17—8 债务清偿表 会破 04 表

编制单位：紫薇公司 2013 年 7 月 31 日 单位：元

债务项目	行次	账面价值	确认金额	清偿比例	实际需清偿金额	本期清偿金额	累计清偿金额	尚未清偿金额
有担保的债务：								
应付票据		14 600	14 600	100%	14 600	14 600	14 600	0
应付账款		33 000	33 000	100%	33 000	33 000	33 000	0
长期借款		101 250	101 250	100%	101 250	101 250	101 250	0
小计		148 850	148 850		148 850	148 850	148 850	0
普通债务：								
第一顺序：劳动债权		10 020	10 020	100%	10 020	10 020	10 020	0
其中：应付职工薪酬		10 020	10 020	100%	10 020	10 020	10 020	0
第二顺序：国家税款债权								
其中：应付职工薪酬								
应交税费								
第三顺序：普通债权								
其中：借款		56 000	56 000	79.68%	44 621	44 621	44 621	0
应付票据		3 600	3 600	79.68%	2 868	2 868	2 868	0
应付款项		4 000	4 000	79.68%	3 187	3 187	3 187	0
小计		63 600	63 600		50 676	50 676	50 676	0
合计		222 470	222 470		209 546	209 546	209 546	0

思考题

1. 债务重组有哪几种方式？
2. 债务重组与企业重组、公司破产的区别是什么？
3. 破产企业和清算组的会计处理有什么不同？
4. 重组后的企业是否应当改变计价基础？
5. 债权人会议和清算组各自的权限、职责是什么？

练习题

1. 甲企业 20×5 年 4 月 1 日欠乙企业货款 300 万元，到期日是 20×5 年 8 月 1 日。甲企业发生财务困难，经协商，乙企业同意甲企业以账面价值 89 万元的存货和账面价值 181 万元的设备抵债。甲企业于 20×5 年 8 月 30 日将设备运抵乙企业，20×5 年 9 月 2 日将存货运抵乙企业并办理有关债务解除手续。存货公允价值为 92 万元，设备的公允价值为 197 万元，不考虑税金及累计折旧的影响。

要求：

（1）确定本次债务重组交易的债务重组日。

（2）编制债务重组时甲、乙企业的会计分录。

2. 20×4 年 2 月 10 日，鉴于以前销售给飞达公司的一批货款 100 万元迟迟不能收回，宏达公司遂与飞达公司达成将债权转为股权协议。飞达公司将债务转为资本后，注册资本为 400 万元，宏达公司所占股权比例为 20%（公允价值为 90 万元）。飞达公司于 4 月 5 日办妥了增资手续，并出具了出资证明。已知宏达公司对此笔应收账款计提了 5 万元的坏账准备。

要求：

（1）计算宏达公司应确认的债务重组损失。

（2）编制飞达公司在债务重组日的会计分录。

3. 20×4 年 7 月 1 日，甲公司销售一批商品给乙公司，含税收入为 117 万元（增值税税率为 17%），甲公司收到乙公司开出的期限为 2 个月的带息商业承兑汇票，票面年利率为 10%。票据到期后，乙公司无法归还货款，9 月 5 日，两公司达成协议，从 9 月 6 日起，延期 1 年归还欠款，到期后归还欠款 135 万元，现行贴现率为 6%。

要求：请回答甲公司和乙公司是否应按债务重组准则中“修改其他债务条件”的规定进行账务处理？如果是，请编制相应的会计分录，如果不是，请说明理由。

4. 天马有限责任公司（以下简称“天马公司”）因近期发生亏损，现金流量严重不足，无力支付于 20×5 年 12 月 31 日到期的应付飞马有限责任公司（以下简称“飞马公司”）账款 800 万元。经协商，天马公司与飞马公司就此项债务进行重组。有关重组协议如下：

（1）债务重组日为 20×5 年 12 月 31 日。

（2）天马公司以某项固定资产抵偿债务 80 万元（假定不考虑相关税费）。该固定资产的账面原价为 120 万元，已计提折旧为 40 万元，公允价值为 80 万元。

（3）在以固定资产抵偿债务的基础之上，免除剩余债务的 20%，其余债务延期至 20×6 年 12 月 31 日偿还，现行贴现率为 6%。

（4）天马公司如果于 20×6 年开始盈利，则从 20×6 年 1 月 1 日起对延期偿还的债务，按 5%的年利率向飞马公司支付利息。

飞马公司收到的固定资产作为固定资产核算。

要求：

（1）编制飞马公司接受天马公司以固定资产抵偿债务的会计分录。

（2）编制天马公司以固定资产抵偿债务的会计分录。

（3）计算飞马公司延期收回债务部分在债务重组日的未来应收金额并编制会计分录。

（4）计算天马公司延期偿还债务部分在债务重组日的未来应付金额并编制会计分录。

第十八章

合伙企业会计

引例　爱尔眼科首推医疗“合伙人计划”

爱尔眼科医院集团股份有限公司（简称“爱尔眼科”）于2003年1月成立，2009年10月在深圳证券交易所（300015.SZ）上市，发展至今，在全国24个省（市、区）建立了50多家专业眼科医院，是中国规模最大的眼科连锁机构。

2014年4月，为了激励医院人才，鼓励员工与医院共同发展，爱尔眼科推出“合伙人计划”，即符合一定资格的核心人才，作为合伙人股东与爱尔眼科共同投资设立新医院。其中爱尔眼科作为普通合伙人，负责合伙企业的投资运作和日常管理，而核心人才作为有限合伙人，享有合伙协议及章程规定的权利，并履行相应义务。合伙企业经营期限一般3～5年，根据实际情况，也可延长或缩短期限。合伙企业的收益扣除成本、费用后，按照合伙人出资比例分配利润。在新医院达到一定盈利水平后，如果合伙人想要退出经营，爱尔眼科通过发行股份、支付现金或两者结合等方式，以公允价格收购合伙人持有的医院份额。

据了解，爱尔眼科计划未来5年内在大部分省份60%以上的地级城市建立网点，从而实现“2020年收入100亿元”的发展目标。而“合伙人计划”的推出，无疑有利于爱尔眼科更快地完成网点布局。

那么，合伙企业建立后，其会计处理的方法势必与公司制企业不同，具体来讲，合伙企业会计是怎样的呢？

希望通过本章的学习，各位读者能找到答案。

学习目标

- 了解合伙企业特征
- 了解红利法和商誉法的内涵及应用
- 掌握合伙企业的损益分配基本方法
- 掌握入伙和退伙的会计处理
- 掌握合伙企业的清算方法

企业组织形式有独资、合伙和公司三种形式。合伙企业虽不是一个法律主体，但它是一个会计主体，对于日常经营中的一般性交易和事项，应按照《企业会计制度》和《小企业会计制度》的相关规定进行会计处理，它与公司制企业会计处理的差别主要在企业的设立、损益分配、所有者变动以及解散与清算等四个方面。

第一节 合伙企业的内涵及特征

一、合伙企业的概念

合伙是指两个或两个以上的个人为了共同的目的相互约定，共同出资、共同经营、共担风险、共享收益的一种自愿联合。合伙在学理上和立法实践上有两种解释：一种解释是，合伙是一种合同，由合伙人订立，约定共同经营某项事业的协议，合伙关系即为合同关系；另一种解释认为，合伙是一种企业组织形式，也即由合伙人联合而成的经济组织，或者是由合伙人聚合而成的联合体。事实上，不能仅仅将合伙看成是一种合同关系，也不能单纯将合伙归结为一种企业形式，合伙应是一种以合同关系为基础的企业组织形式。合伙和合伙企业是有区别的。按照我国《合伙企业法》对合伙企业的定义，合伙企业是指依照本法在中国境内设立的由各合伙人订立合伙协议，共同出资、合伙经营、共享收益、共担风险，并对合伙企业债务承担无限责任的营利性组织。

合伙企业多见于职业专业化程度比较高的行业。合伙形式之所以在专门职业界深受欢迎的原因，一方面是可集中专业人员的技术和才干；另一方面是分散风险，规范这些专业人员的责任。常见的形式有律师事务所、会计师事务所、税务师事务所等。

二、合伙企业的种类

合伙企业按照不同的分类标准可以分成不同的类型，但常见的有如下两个分类：

（一）普通合伙和有限合伙

合伙企业按照合伙人承担的责任的不同可分为普通合伙和有限合伙。普通合伙是指每个合伙人对合伙企业的债务都负有个人连带责任的合伙企业，当合伙企业的财产不足以清偿其债务时，合伙人应当以其个人财产承担该不足部分的清偿责任。而有限合伙是一种特殊的合伙企业，它由一名以上普通合伙人和一名以上的有限合伙人组成。

其中，普通合伙人执行合伙事务，对外代表合伙组织，并对合伙企业的债务承担无限责任。有限合伙人不执行合伙事务，不对外代表组织，只按出资比例享受利润分配和分担亏损，并仅以其出资额为限对合伙的债务承担清偿责任，有限合伙人必须以现金或其他财产出资，不得以劳务或信用出资。

（二）个人合伙和法人合伙

按照合伙人的性质，合伙企业可以分为个人合伙和法人合伙。个人合伙是以两个或两个以上公民之间的协议为基础，以共同出资、共同经营为主要内容的一种自然人的联合体。法人合伙是以两个或两个以上的法人联营，共同出资，联营各方按照出资比例或协议约定，以各自所有的或经营管理的财产承担连带责任的一种法人的联合体，并且该联合体不具备法人条件。在我国，法人之间的合伙被看成是联营的一种形式。虽然我国的《民法通则》既有自然人合伙方面的规定又有法人合伙方面的规定，但《合伙企业法》主要是针对自然人合伙企业的。

三、合伙协议

虽然合伙可按口头约定而设立，也可按默认而设立，但是合伙企业的设立仍需要书面形式的合伙协议。我国《合伙企业法》明确规定合伙企业的设立必须要有书面合伙协议。合伙协议应明确下列内容：(1) 合伙企业的名称和主要经营场所的地点；(2) 合伙目的和合伙企业的经营范围；(3) 合伙人姓名及其住所；(4) 合伙人出资的方式、数额和缴付出资的期限；(5) 利润分配和亏损分担方法；(6) 合伙企业事务的执行；(7) 入伙与退伙；(8) 合伙企业的解散与清算；(9) 违约责任。如果协议未规定损益分配方法，那么所有的合伙人，不论其出资额及投入的时间，损益都平均分担或分享。

在制定合伙协议过程中，可聘请律师协助制定。合伙协议经全体合伙人签名、盖章后生效。经全体合伙人同意，可以对合伙协议进行修订和补充。合伙人之间发生争执，若根据合伙协议不能解决，可以通过仲裁或诉诸法院以求解决。

四、合伙企业的基本特征

合伙企业属于合伙的范畴，但又与其他合伙有所区别。合伙企业通常有如下特征：

1. 由各合伙人组成

这是一项法律原则，合伙企业不是单个人的行为，而是多个人的联合。一个合伙企业至少要有两个以上的合伙人，至于合伙企业由多少合伙人组成，我国合伙企业法没有对此作出明确的限制。

2. 以合伙协议为法律基础

合伙协议是合伙人建立合伙关系、确定合伙人各自的权利义务以及合伙企业设立的前提，同时也是合伙企业的基础。

3. 内部关系属于合伙关系

合伙关系就是指共同出资、共同经营、共同收益、共担风险的关系。不管合伙企业订立的合伙协议差异如何，均不能违背上述基本准则。

4. 合伙人对合伙企业债务承担无限连带责任

各合伙人必须以其个人财产承担合伙企业的债务，即当合伙企业的财产不足以清偿其债务时，合伙人应当以自己的个人财产承担该不足部分的清偿责任。

5. 相互代理

除合伙人协议约定外，在合伙企业经营活动范围内，每一个合伙人都可以代表其他合伙人从事经营业务活动，其代表合伙企业的行为，对其他合伙人均有约束力。

6. 有限经营期

合伙的法定经营期随新合伙人的入伙，或原合伙人的退伙或死亡，或合伙人同意解散，或因破产等原因而终止。但是，合伙的法定组织解散，并不意味着作为一个独立企业主体或会计主体的合伙解散，合伙企业的经营通常会持续下去，不因合伙人的进退而受到太多的干扰。

7. 共有财产

当一个合伙人将其资产投资于合伙企业，他就失去了独立拥有该项资产的权利，而是所有合伙人对投入合伙企业的每一项资产共同所有。也就是说，合伙人不能对某项特定的资产提出要求权，也不能单独占有与该资产相关的收益。

8. 合伙人共享收益和共担损失

合伙企业损益的分享或分担可以按照合伙人一致同意的办法在合伙人之间分配。损益的分配方法（或比例），应在合伙协议中明确规定，未作规定的，可按合伙人出资比例分摊或平均分摊。

9. 非纳税主体

2000 年 9 月，财政部、国家税务总局根据《国务院关于个人独资企业和合伙企业征收所得税问题的通知》有关“个人独资企业和合伙企业停征企业所得税，只对其投资者的经营所得征收个人所得税”的规定，制定了《关于个人独资企业和合伙企业投资者征收个人所得税的规定》，明确了从 2000 年 1 月 1 日起，个人独资企业和合伙企业投资者将依法缴纳个人所得税。因而合伙企业无须对其经营所得缴纳所得税，合伙企业的经营净收益按一定方式分配给各合伙人后，由合伙人纳入到其本人的个人所得税纳税申报中，所以合伙企业的收益不会受到双重课税。

第二节 合伙企业会计的特点

一、合伙企业会计核算特点

合伙企业虽不是一个法律主体，但它是一个会计主体，对于日常经营中的一般性交易和事项，应按照《企业会计制度》和《小企业会计制度》的相关规定进行会计处理。其与公司制企业的会计处理差别主要体现在企业的设立、损益分配、所有者变动以及解散与清算等四个方面。

（一）合伙企业设立时的会计核算

一般而言，对于非现金资产的投资应经过独立评估机构评估所确定的公允价值作为入账的价值。而合伙企业设立时，非现金资产的公允价值由所有的合伙人协商确定，所涉及的金额在合伙协议中载明。因而合伙协议是合伙企业会计核算的基础，在此基础上，明确各实收资本——合伙人的核算方法。

（二）合伙企业分配损益时的会计核算

以公司为组织形式的经济实体在损益分配上一般是按照投资者的资本比例进行分配，而合伙企业的损益分配是按照合伙协议的约定进行分配，如果损益分配的方法没有在合伙协议中约定，则平均分配。因而对于合伙企业来说，损益的分配除要考虑每一个合伙人的资本投入因素外，还需要考虑管理才能和时间投入等因素，因而合伙企业的损益分配要比公司组织的损益分配复杂得多，需按不同情况进行不同的处理。

（三）所有者变动时的会计核算

在以公司为组织形式的经济实体中，所有者的变动对企业的会计核算无任何影响，但在合伙企业中，合伙人的变动却会影响合伙企业利益分配格局。为维护合伙人的权益，在合伙人变动时要明确合伙人入伙或退伙的方式，同时要对合伙企业的商誉进行估价，对合伙企业的资产进行评估，这给合伙企业的会计核算带来了重大影响。

（四）解散与清算时的会计核算

合伙企业从实体上解散，合伙人之间的权益也要进行最后的清算，合伙人之间以及合伙企业与外部企业之间的债权债务也需要做最后的清理。但由于每一个合伙人都要对合伙企业的债务负无限的个人责任，因此其清算的程序及其会计处理与负有限责任的公司组织的程序及会计处理不同，需根据合伙企业是否破产以及合伙人个人是否破产进行区别处理。

二、合伙企业会计账户设置特点

合伙企业在会计账户的设置上与公司制企业的主要区别是在所有者权益项目上。从法律上讲，由于公司制企业是有限责任企业，为保护公司债权人的合法利益，公司制企业的所有者权益必须按来源分别设置“股本”、“资本公积”、“盈余公积”和“未分配利润”等账户，以使股东和债权人明了公司付给股东的款项是利润的分配还是投入资本的返还。而合伙企业为无限责任企业，合伙企业债权人的利益是以合伙企业的资产和合伙人的个人财产为保障，且法律对合伙企业利益分配以及资本的抽回无严格限制，因而合伙企业的所有者权益就无须做公司制企业那样的区分。所以在实务中，一般要设置两个所有者权益账户，即“实收资本——合伙人”① 账户和“合伙人提款”② 账户。

“实收资本——合伙人”账户用来核算合伙人投入的资本以及分享的经营所得。当合伙人投入资本时，借记资产账户，贷记“实收资本——合伙人”账户。该账户贷方余额随着合伙人追加投资以及利润的分配而增加，并随着合伙人提用资产以及由于亏损的分担而减少。此外，“实收资本——合伙人”还因合伙人的变动而增减。

“合伙人提款”账户用来核算合伙人当期从合伙企业提取的资产和从合伙资产中提

①② 我国有些合伙企业采用“合伙人资本”。

取用于个人花费的支出。当合伙人提取一定数额的资产时，按提取数借记“合伙人提款”账户，但将使合伙人的所有者权益永久性减少的巨额提款，则应直接借记“实收资本——合伙人”账户。会计年度末，将“合伙人提款”账户的借方余额结转到“实收资本——合伙人”账户。对于企业和合伙人之间如果是长期的借贷事项，则需另设“其他应收款——合伙人”或“短期借款”账户，列为资产或负债项目。如果合伙企业借给合伙人无担保的巨额款项的偿还能力受到怀疑，则在资产负债表上最好将此应收款项抵冲“实收资本——合伙人”项目，否则，资产负债表内所列示的资产及合伙人权益均将因虚增而使人误解。

在用“合伙人提款”账户记录各合伙人提款经济行为时，应注意以下两点：

(1) 合伙人在提取合伙企业实物资产（除商品存货外）供其自用时，通常应按照该实物资产的市场价格记入“合伙人提款”账户，市场价与资产账面价的差额记入“估价损益”账户，在期末结账时，再将“估价损益”账户转入“实收资本——合伙人”账户。

(2) 合伙人在提取合伙企业的商品存货时，通常按照该商品存货的成本价记入“合伙人提款”账户，并等额贷记商品存货类账户。

合伙企业损益的形成和分配（或分担）通过“本年利润”账户核算，会计年度终了，“本年利润”账户中的损益，应按合伙协议的规定转入“实收资本——合伙人”账户。

第三节 合伙企业设立及经营会计处理实务

一、合伙企业设立时的初始投资会计处理

合伙人对合伙企业的投资有多种形式，包括货币资金、实物资产、无形资产以及劳务。合伙人以现金出资的，出资金额即为入账价值。合伙人以非现金资产出资的，应按投资当时的公允价值入账。理论上讲，公允价值应经独立评估机构评估确定，但在实务中，由于合伙企业是根据合伙协议而设立的，因而非现金资产的公允价值是由所有合伙人协商确定的，所涉及的金额均应在合伙协议中载明。

（一）以现金投资

假定张三、李四各投资现金 20 000 元成立一合伙企业，其会计分录为：

借：现金	40 000	
贷：实收资本——合伙人张三		20 000
——合伙人李四		20 000

（二）以非现金资产投资

假定张三和李四以下列现金和实物出资组成合伙企业，其出资方式及公允价值见表 18—1。

表 18—1　　合伙人出资方式及公允价值一览表　　单位：元

	张三（公允价值）	李四（公允价值）
现金		7 000
设备（张三取得成本 5 000 元）	10 000	
建筑物（张三取得成本 30 000 元）	40 000	
存货（李四取得成本 28 000 元）		35 000
合计	50 000	42 000

经张三和李四两人同意按公允价值入账，其会计分录如下：

借：固定资产——设备　　10 000
　　　　　　——建筑物　　40 000
　　现金　　7 000
　　存货　　35 000
　　贷：实收资本——合伙人张三　　50 000
　　　　　　　　——合伙人李四　　42 000

按公允价值记录合伙人投资的理由在于，所有投入合伙企业的财产均成为合伙财产，且该财产的使用和处置的损益均按损益分配率分配给了各合伙人，因而，非现金资产按公允价值入账体现了公平合理的原则。比如，张三和李四的投资均按合伙人的取得成本入账，此时“实收资本——合伙人”账户上反映张三和李四的投资都是 35 000 元，随后立即按公允价值出售该非现金资产，而合伙也随之清算，张三和李四各得到 46 000 元。显然，这一入账的处理方法使得张三合伙人的利益受到了损失，违背了公平合理的原则。当然这仅仅是一个极端的例子，合伙人投资立即出售并予以清算的假设并不常见，但个别合伙人未入账的资产价值会因合伙企业在日后使用资产而逐步实现，使得其他合伙人得以分享，因而不公平的可能性仍然存在。按公允价值记录合伙人的非现金投资，将确保以后因使用或出售而处置该资产所产生的损益与合伙经营活动相关，这些损益将按合伙协议中规定的损益分配比例正确地分配。

二、合伙人初始投资计量确认的方法

当合伙人同意其相对的资本权益与所投入的可辨认资产不一致时，就产生了初始投资如何确认的问题。例如，张三投资 50 000 元可辨认资产，而李四只投资 42 000 元，但两人同意平分初始时的合伙资本。这种协议隐含着李四提供了某种不可辨认的资产，如其个人的才干或与合伙企业的客户有着良好的关系等。既然合伙协议中规定了资本权益均等，则张三的资本账户余额（50 000 元）应与李四的资本账户余额（42 000 元）调整为相同。这时，可采用两种方法：红利法（bonus approach）和商誉法（goodwill approach）。

（一）红利法

在红利法下，张三、李四两位合伙人的资本权益应是相同的。张三的资本转让了 4 000 元到李四的名下，以使双方的资本份额相等，该方法不确认协议中承认的某种不可辨认的无形资产，因而上例的会计分录为：

借：固定资产——设备　　10 000
　　　　　　——建筑物　　40 000
　　现金　　7 000
　　存货　　35 000
　　贷：实收资本——合伙人张三　　46 000
　　　　　　　——合伙人李四　　46 000

这样使张三、李四两人的资本权益同为46 000元。

（二）商誉法

在商誉法下，应按张三投资的50 000元来推定合伙企业的资本总额，两人各占50%，整个合伙企业的资本则为100 000元（50 000÷50%），故有商誉8 000元（合伙企业资本100 000元减去可辨认资产92 000元的差额）。该商誉视为李四提供的不可辨认资产的价值，则上例的会计分录为：

借：固定资产——设备　　10 000
　　　　　　——建筑物　　40 000
　　现金　　7 000
　　存货　　35 000
　　无形资产——商誉　　8 000
　　贷：实收资本——合伙人张三　　50 000
　　　　　　　——合伙人李四　　50 000

商誉法确认了合伙人李四的不可辨认资产8 000元，使两人的资本均为50 000元，同时也使得整个企业的资本总额增加了8 000元。

三、合伙人提款及合伙企业借贷款业务的会计处理

（一）合伙人提款

由于合伙企业是以利润的形式支付合伙人报酬，合伙人与有薪酬的合伙企业职员并不一样，执行业务的合伙人通常按周或月从预计可分得的利润中，提取适当的金额作为报酬。通常借记“合伙人提款”账户，而不是直接记入“实收资本——合伙人”账户。例如，张三和李四每月从合伙企业各提款1 000元，其会计分录如下：

借：合伙人提款——张三　　1 000
　　　　　　　——李四　　1 000
　　贷：现金　　2 000

在会计期间结束时，将“合伙人提款”账户结转到“实收资本——合伙人”账户，借记“实收资本——合伙人”账户，贷记“合伙人提款”账户。此方法的结果虽然与合伙人提款时直接借记“实收资本——合伙人”账户是一致的。但使用“合伙人提款”账户，可了解各合伙人在一定期间的提款情况记录，然后与合伙协议上所允许的提款数相比较，以便对超额提款建立会计控制。假定张三在这一年中每月提款1 000元，则“合伙人提款——张三”账户的年底余额为12 000元，在年末将其结转到“实收资本——合伙人张三”账户，分录如下：

借：实收资本——合伙人张三　　12 000

　　贷：合伙人提款——张三　　12 000

不论合伙人的定期提款如何命名，其本质都与巨额而不定期的提款是一致的，同为投资的减项。而且经过结转分录后，其对“实收资本——合伙人”账户的影响完全一样。在编制合伙资产负债表前，“合伙人提款”账户应结转到“实收资本——合伙人”账户。

（二）合伙人借款

合伙企业的合伙人由于自身经济窘迫，可以向合伙企业申请借款，并签署借款协议，标明所借款项金额、偿还时间、偿还方式及利息。与合伙人提款不同，该经济事项不通过“合伙人提款”账户及相应明细账反映，而专设“其他应收款——合伙人”账户及相应明细账反映。比如，合伙人张三由于经济困难，向合伙企业申请借款 10 000 元，借款协议申明：借款期限为三个月，年利率为 8%，到期一次还本付息。则相应会计分录为：

（1）借款时。

借：其他应收款——合伙人张三　　10 000
　　贷：银行存款　　10 000

（2）还本付息时。

借：银行存款　　10 200
　　贷：其他应收款——合伙人张三　　10 000
　　　　财务费用　　200

（三）合伙人向合伙企业贷款

合伙企业由于自身经营状况不佳或其他原因陷入临时资金周转困难而又无法从银行取得贷款时，可以临时向合伙人借款，同时签署借款协议，标明所借款项金额、偿还时间、偿还方式及利息。与合伙人投资不同，该经济事项不通过“实收资本——合伙人”账户及相应明细账反映，而专设“短期借款”账户及相应明细账反映。比如，合伙企业由于临时资金周转困难，向合伙人张三借款 100 000 元，借款协议申明：借款期限为三个月，年利率为 8%，到期一次还本付息。则相应会计分录为：

（1）借款时。

借：银行存款　　100 000
　　贷：短期借款——合伙人张三　　100 000

（2）还本付息时。

借：短期借款——合伙人张三　　100 000
　　财务费用　　2 000
　　贷：银行存款　　102 000

（四）合伙人增资与减资的会计处理

合伙协议中应当明确规定经营过程中关于增资和减资的各项规则条款。增资时，应根据上述初始投资的计价规则确定如何记入“实收资本——合伙人”账户。巨额而不正常的减资，应直接借记“实收资本——合伙人”账户。增资和减资的会计处理如下：

1. 增资

假定合伙人张三决定以现金向合伙企业增资 10 000 元，则相应会计分录为：

借：现金 10 000

贷：实收资本——合伙人张三 10 000

2. 减资

假定合伙人张三决定以现金方式从向合伙企业抽回 10 000 元，则相应会计分录为：

借：实收资本——合伙人张三 10 000

贷：现金 10 000

为了反映利润分配前后资本变动的情况，反映期初资本余额与投入资本净额，以便于合伙人制定投资或减资政策，合伙企业可以编制合伙人实收资本变动表。合伙人实收资本变动表是合伙企业主要财务报表之一，此外还有资产负债表、利润表和现金流量表。合伙人实收资本变动表为合伙组织所特有的报表，下面举例说明。

例 18—1

张三和李四是合伙人，损益分配比例为 6∶4，2000 年有关合伙权益的资料如下：

合伙净利润（2000 年度）	34 500
实收资本——合伙人张三（2000 年 1 月 1 日）	40 000
张三增资（2000 年）	5 000
张三提款（2000 年）	6 000
实收资本——合伙人李四（2000 年 1 月 1 日）	35 000
李四提款（2000 年）	9 000
李四减资（2000 年）	3 000

根据上述资料编制合伙人实收资本变动表见表 18—2。

表 18—2 合伙人实收资本变动表 单位：元

经济事项	张三（60%）	李四（40%）	合计
期初资本余额（2000 年 1 月 1 日）	40 000	35 000	75 000
加：增资	5 000		5 000
减：减资		(3 000)	(3 000)
提款	(6 000)	(9 000)	(15 000)
投入资本净额	39 000	23 000	62 000
加：本期净利润	20 700	13 800	34 500
期末资本余额（2000 年 12 月 31 日）	59 700	36 800	96 500

2000 年 12 月 31 日，张三和李四合伙企业的结账分录如下：

(1) 将本年利润按 6∶4 的损益分配比例给张三和李四。

借：本年利润 34 500

贷：实收资本——合伙人张三 20 700

——合伙人李四 13 800

(2) 将“合伙人提款”账户结转到“实收资本——合伙人”账户。

借：实收资本——合伙人张三　　6 000
　　　　　　——合伙人李四　　9 000
　贷：合伙人提款——张三　　　　6 000
　　　　　　　　——李四　　　　9 000

(五) 合伙企业损益及其分配的会计处理

1. 合伙企业的合伙损益

合伙企业日常经营中的一般性交易和事项的会计处理与公司制企业的相似，按照《企业会计制度》和《小企业会计制度》的相关规定进行会计处理。但是由于合伙企业的生产经营规模有限，合伙人对企业债务负有无限连带责任，并且合伙人对损益的分配不同于公司制的企业，因而合伙企业可以只设置一个“本年利润”账户反映损益的形成和分配（或分担）。“本年利润”账户的借方记录有关成本费用等转入的项目以及利润的分配，贷方用来记录本期有关收入转入的项目和损失的弥补，该账户期末一般无余额。另外，需注意的是，在计量合伙损益时，不能将合伙人私人费用列入合伙的经营费用中。如以合伙企业的资产支付合伙人私人的开支，则应借记“合伙人提款”或“实收资本——合伙人”账户。在会计年度末，“合伙人提款”账户应结转到“实收资本——合伙人”账户，而不能结转到“本年利润”账户中。如果企业单独设置了“工资备抵”账户用来记录发放给合伙人的工资，则无论是在发放时借记“合伙人工资”还是“合伙人提款”账户，都应视为企业经营利润对个别合伙人的分配，因而无须再通过“本年利润”账户核算。

2. 合伙企业的损益分配原则及分配的基本方法

(1) 合伙企业的损益分配原则。合伙损益的分配原则与方法通常必须要在合伙协议中规定。合伙企业的利润或亏损要根据合伙人之间的协议进行分配，具体的分配方法通常在合伙协议中明确约定。但对于普通的合伙企业来讲，合伙协议不得约定将全部利润分配给部分合伙人或由部分合伙人承担全部亏损。如果合伙协议中没有规定损益分配比例和方法时，应平均分配。

(2) 合伙企业的损益分配的基本方法。合伙企业损益分配的方法有许多种，但一般而言，损益分配的基本方法有：

1) 约定比例分配法。约定比例分配法是指合伙人在考虑了影响损益分配的各因素后，由合伙人事先商定按某一约定比例或以后各个不同时期的具体比例分配损益，并在合伙协议中加以规定的一种损益分配方法。例如，张三、李四、王五三人合伙经营一个商店，合伙协议约定张三、李四、王五三人的损益分配比例为3∶3∶4，当年实现净利润100 000元，则张三、李四、王五分别分得30 000元、30 000元和40 000元，其会计分录为：

借：本年利润　　100 000
　贷：实收资本——合伙人张三　　30 000
　　　　　　　——合伙人李四　　30 000
　　　　　　　——合伙人王五　　40 000

2) 资本比例分配法。将合伙人投入资本的比例作为企业损益分配的标准，主要是考虑到合伙人的出资比例。这种分配方法具有一定的合理性，特别是企业经营的成果与资本之间有着较高的相关性时，更适宜使用该分配法。但是，由于合伙企业的资本额是经常变动的，因此在采用该方法进行分配时，应明确具体的分配依据。资本比例分配法通常有以下几种：

Ⅰ．原始资本比例分配法。原始资本比例分配法主要是考虑了合伙企业在开创时资本的重要性，按合伙人初始投入资本的比例进行损益分配。该方法存在的不足之处在于忽略了合伙企业营业后的资本变动。

Ⅱ．期初资本比例法。该方法以合伙人每期期初投入的资本比例作为损益分配的标准。此方法计算比较简便，但没有考虑到合伙人在经营期间内提取现金、商品和合伙人的增减资本等事项，因而在损益分配上不够合理。

Ⅲ．期末资本比例法。此方法以合伙人期末投资额与往来账户余额合计数的比例作为损益分配的依据。它既考虑了原始投资，又考虑了会计期内各合伙人的增减资以及合伙人与合伙企业之间的往来款项。但是该方法没有考虑到资本使用的时间，比如在某年1月1日投入10 000元与该年12月1日投入10 000元，1月1日投入的资本在该年度使用了12个月，12月1日投入的资本在该年度使用了1个月，资本作出贡献的期限不同，但按该方法分配资本所分享的损益是相等的。因此，该方法仍然不是很合理。

Ⅳ．加权平均资本比例法。该方法以合伙人在损益分配的年度内平均资本额的比例作为损益分配的标准。该方法不仅考虑了合伙人投资额的大小，而且也考虑了资本留在企业内的时间。投资数额大，留存于企业内的时间长，其所分得的损益相应也就多。

3）资本收益分配法。该方法要求损益先按各合伙人投入的资本按约定的利率分配后，余额部分再按协议约定的分配方式进行分配。因而合伙协议中需规定：Ⅰ．资本的收益率（或利率）；Ⅱ．投入资本的计量依据，是按原始资本、期初资本、期末资本还是加权平均资本，通常在计算利息时，按加权平均资本计算；Ⅲ．剩余利润的分配方法，平均分配还是按资本投入比例分配或其他分配方法；Ⅳ．在出现亏损或所得利润不足以支付资本利息时，资本利息还要不要分配。

例如，张三、李四、王五三人合伙经营一个商店，合伙协议约定资本利率为10%，利润扣除资本利息后，余额平均分配。假设张三投入50 000元，李四投入30 000元，王五投入20 000元，当年实现净利润70 000元，则首先按资本利息分配：

张三分得资本利息＝50 000×10%＝5 000(元)

李四分得资本利息＝30 000×10%＝3 000(元)

王五分得资本利息＝20 000×10%＝2 000(元)

利润余额＝70 000－5 000－3 000－2 000＝60 000(元)

余额平均分配，则张三、李四、王五各得20 000元。其会计分录为：

借：本年利润	70 000	
贷：实收资本——合伙人张三		25 000
——合伙人李四		23 000
——合伙人王五		22 000

4）合伙人薪金分配法。为了公平分配合伙损益，当其他合伙人不在合伙企业任职

时，把时间投入合伙企业的合伙人应得到工资津贴，但工资津贴可以随合伙人才能的差异而有所不同。

假设张三、李四、王五三人组成一个合伙企业，张三为负责业务的合伙人，李四为销售经理，王五不在合伙中任职。合伙协议规定：张三和李四每人每年各得 12 000 元的工资津贴，净利润扣除工资津贴后的余额由三人平均分配。如果合伙企业 1999 年净利润为 60 000 元，2000 年为 12 000 元，则其损益分配情况见表 18—3 所示。

表 18—3　利润分配表　单位：元

1999 年		张三	李四	王五	合计
净利润	60 000				
张三和李四的工资津贴	(24 000)	12 000	12 000		24 000
可分配的利润	36 000				
平均分配	(36 000)	12 000	12 000	12 000	36 000
可分配的利润					
净利润的分配		24 000	24 000	12 000	60 000
2000 年		**张三**	**李四**	**王五**	**合计**
净利润	12 000				
张三和李四的工资津贴	(24 000)	12 000	12 000		24 000
可分配的利润	(12 000)				
平均分配	12 000	(4 000)	(4 000)	(4 000)	(12 000)
可分配的利润					
净利润的分配		8 000	8 000	(4 000)	12 000

从表 18—3 计算的结果看，1999 年张三和李四两人各得 24 000 元，王五分得 12 000 元。2000 年张三和李四两人各得 8 000 元，而王五承担 4 000 元的损失。需要注意的是，2000 年工资津贴 24 000 元即使超过了合伙企业净利润 12 000 元，也应按合伙协议执行，甚至当合伙企业发生亏损，其损益分配的顺序仍应按合伙协议的规定执行。在这种情况下，工资津贴只不过增加平均分配的损失而已。

1999 年和 2000 年，将损益分配给各资本账户的会计分录如下：

1999 年利润分配的会计分录：

借：本年利润	60 000	
贷：实收资本——合伙人张三		24 000
——合伙人李四		24 000
——合伙人王五		12 000

2000 年利润分配的会计分录：

借：本年利润	12 000	
实收资本——合伙人王五	4 000	
贷：实收资本——合伙人张三		8 000
——合伙人李四		8 000

通常，表 18—3 的利润分配表，可作为损益分配给各资本账户的结账分录的凭据。

5）合伙人红利或津贴分配法。该方法类似合伙人薪金分配法，区别在于：合伙人薪金是事前确定的固定数额，而合伙人红利或津贴通常是不固定的，按照年利润一定的比例计算。因此，合伙人红利或津贴分配法是在分配损益时先分配红利或津贴，分配完后的利润余额再按合伙协议约定的分配方法分配。

例如张三、李四、王五三人组成合伙企业，合伙协议规定：张三可获得合伙净利润（合伙人取得的工资津贴不作为成本费用从营业收入中扣除）的10%作为红利，同时规定张三和李四因提供劳务每年可分别获得工资津贴 10 000 元和 8 000 元，余下的合伙净利润则平均分配。如果合伙企业 1999 年的净利润为 60 000 元，2000 年为 12 000 元，则合伙损益的分配如表 18—4 所示。

表 18—4 利润分配表 单位：元

1999 年		张三	李四	王五	合计
净利润	60 000				
给张三的红利	(6 000)	6 000			6 000
可分配的利润	54 000				
张三和李四工资津贴	(18 000)	10 000	8 000		18 000
可分配的利润	36 000				
平均分配	(36 000)	12 000	12 000	12 000	36 000
可分配的利润					
净利润的分配		28 000	20 000	12 000	60 000
2000 年		张三	李四	王五	合计
净利润	12 000				
给张三的红利	(1 200)	1 200			1 200
可分配的利润	10 800				
张三和李四工资津贴	18 000	10 000	8 000		18 000
可分配的利润	(7 200)				
平均分配	7 200	(2 400)	(2 400)	(2 400)	(7 200)
可分配的利润					
净利润的分配		8 800	5 600	(2 400)	12 000

从表 18—4 计算的结果看，根据合伙协议规定的顺序，依次分配红利和工资津贴，余下部分平均分配给各合伙人，计算红利所依据的合伙净利润与一般会计实务无异。但是，合伙协议也可能这样规定：合伙人张三的红利以扣除合伙企业付出的工资津贴后的净利润作为计算基础。则 1999 年张三的红利应为 4 200 元（(60 000－18 000)×10%），而不是表 18—4 中的 6 000 元。其最后的净利润分配也将是：张三、李四、王五分别为 26 800 元、20 600 元和 12 600 元。另外，合伙协议也可能规定红利计算的基础是合伙净利润扣除工资津贴及红利后的余额。那么，红利计算方法如下：

构建计算方程：$B=(60\ 000-18\ 000-B)\times 10\%$（B 表示“红利”）

$$B=6\ 000-1\ 800-0.1B$$

$$1.1B=4\ 200$$

$$B=3\ 818.18(\text{元})$$

即张三应得的红利是 3 818.18 元。

从该例中，可以看到红利的计算方法至少有三种，为避免合伙人对红利的计算有争议，合伙协议应明确、具体地规定以什么标准来计算红利。

第四节　合伙权益的变动会计处理

新合伙人的入伙或现任合伙人的退伙或死亡，都会使现有的法律合伙主体解散，但这种解散不一定使合伙经营或作为独立会计主体的合伙企业终止。合伙企业的权益的变更与公司制企业权益变更不同，公司制企业权益的变动是公司股票在股东之间的交易，而公司并不需要做任何会计处理，而合伙企业权益的变更必须进行必要的会计处理。

一、转让合伙权的会计处理

当某一个合伙人将其合伙权（亦称“伙仪”）转让给第三者时，合伙并未因此而解散，因这一转让并未改变合伙人之间的关系。这种转让只是使被转让人有权取得转让人的权利，包括对未来净利润的分配权及清算时转让人对合伙资产的权利。但是，被转让人不能成为合伙人，而且无权管理该合伙企业，除非经全体合伙人同意，修改合伙协议使其成为合伙企业新的合伙人。如果被转让人并未成为合伙人，则合伙企业账上唯一改变的是将转让人的资本转成被转让人的资本。例如，张三将其在合伙企业中权益的25%转让给李四，则其转让分录如下：

借：实收资本——合伙人张三　　×××

　　贷：实收资本——合伙人李四　　×××

所转让的资本金额应与张三在转让时的账面金额相等，与张三转让25%伙权所收到的实际数额无关。例如，假定张三的账面资本额为50 000元，以80 000元转让给李四，则转让后，合伙企业会计分录：

借：实收资本——合伙人张三　　50 000

　　贷：实收资本——合伙人李四　　50 000

显然，入账的金额是50 000元，而不是李四付给张三的实际金额80 000元。

二、新合伙人入伙

上例中，李四也可能经全体现任合伙人的同意加入合伙企业，成为一名合伙人。这种情形下，原实收资本——合伙人金额不会由此减少，合伙企业的资本规模随着资产的增加而扩大。新合伙人的加入标志着原合伙关系的中止和新合伙关系的建立。新合伙人入伙可以采取两种方式：(1) 购买原合伙人的部分或全部伙权；(2) 直接向合伙企业投资取得权益入伙。

(一) 购买原合伙人的部分或全部伙权

购买原合伙人的部分或全部伙权入伙是指新合伙人向原合伙人中的一个或多个付款，购买其持有的合伙企业的部分或全部的伙权并转移到新合伙人名下，而合伙企业资本总额不变。这种入伙方式是新旧合伙人之间的伙权转让行为，与合伙企业的资本权益并无关系，表现在合伙企业会计中只是权益比例的变化，而会计记录需反映这一变化。下面分两种情形说明有关事项的会计处理。

1. 向一位合伙人直接付款取得其部分或全部伙权

新合伙人直接向某个原合伙人购入伙权，会计处理只要将新合伙人购入的伙权比例所对应的金额从原合伙人的资本账户转到新合伙人的资本账户。例如，合伙人张三和李四的资本余额均为50 000元，其损益平均分配。若王五以25 000元向张三购买其权益的一半，则由张三、李四、王五所组成的新合伙企业设立。张三、王五在新合伙企业中资本和利润的权益分别占25%，张三转让给王五资本的分录如下：

借：实收资本——合伙人张三　　25 000

　　贷：实收资本——合伙人王五　　25 000

在这种情况下，王五入伙前后资本比例和损益分配比例没有改变，而且原合伙的净资产已经正确计价。换言之，王五支付25 000元取得合伙25%的资本及未来利润分配权，表明该合伙总价值为100 000元（25 000/25%）。由于原合伙的净资产已按100 000元入账，故不需要重新估价。

2. 向两个或两个以上合伙人购入伙权

新合伙人如果通过向两个或两个以上的合伙人购入伙权入伙，会计处理上仍只需将新合伙人购进的伙权从原来的实收资本——合伙人账户转入到新合伙人的资本账户中，但通常新合伙人付出的款项要高于其享有的伙权比例，超出部分应按损益分配的比例在原合伙人之间分配，会计处理方法有两种，一种是红利法，另一种是商誉法。

(1) 红利法。在红利法下，不确认协议中承认的某种不可辨认的无形资产，新合伙人付出的超额部分直接按原合伙协议约定的损益分配的比例在原合伙人之间分配。例如，假定张三和李四的资本余额分别为50 000元和40 000元，而且损益平均分配。若同意王五直接付款给合伙人各25 000元入伙，王五因此对新合伙的资本和损益享有50%的权益，张三和李四对合伙损益分别享有25%的权益。则会计处理分录如下：

借：实收资本——合伙人张三　　22 500

　　　　　　——合伙人李四　　22 500

　　贷：实收资本——合伙人王五　　45 000

既然张三和李四以等额的资本和等额的利润分配权转让给王五，则由王五所付的50 000元要平均分配，才显得公平。这时每一个原合伙人所收到的现金比所转让的资本额多2 500元（25 000－22 500），张三和李四每人各多得的2 500元是合伙企业未记录资产10 000元的一半，这一半将在未来利润分配中由王五获益。王五入伙前后的资本账户余额见表18—5。

表18—5　　张三、李四、王五合伙企业资本余额表　　单位：元

合伙人	账面价值	转让资本	转让后的资本	占有比例
张三	50 000	－22 500	27 500	30.6%
李四	40 000	－22 500	17 500	19.4%
王五		45 000	45 000	50.0%
合计	90 000	0	90 000	100%

假定原合伙人想使其在新合伙中的资本及利润分配权均等，则对于王五所付款项，张三应取得 30 000 元（27 500＋2 500），李四取得 20 000 元（17 500＋2 500）。资本转让分录如下：

借：实收资本——合伙人张三　　27 500
　　　　　　——合伙人李四　　17 500
　贷：实收资本——合伙人王五　　45 000

张三和李四所转让的资本是从各人现有资本余额 50 000 元及 40 000 元中减去预期的资本余额 22 500 元（全部资本 90 000 元的 25%），正如上例资产不重估一样，张三和李四每人所收到的款项比其转让的资本额多 2 500 元。

（2）商誉法。在商誉法下，要确认协议中承认的某种不可辨认的无形资产，这种不可辨认的无形资产也称为商誉。商誉就是合伙企业的公允价值与账面价值之差额，按损益分配比例在原合伙人之间进行分配。计算方法如下：

商誉＝新合伙人付款÷所购得的伙权比例－合伙企业原账面价值

因而，在上例中，商誉＝50 000÷50%－90 000＝10 000 元，则会计处理如下：

借：无形资产——商誉　　10 000
　贷：实收资本——合伙人张三　　5 000
　　　　　　　——合伙人李四　　5 000

同时，

借：实收资本——合伙人张三　　25 000
　　　　　　——合伙人李四　　25 000
　贷：实收资本——合伙人王五　　50 000

此时，各合伙人合伙的资本余额见表 18—6。

表 18—6　张三、李四、王五合伙企业资本变动余额表　单位：元

合伙人	王五入伙前	商誉分配	转（受）让资本	转（受）让后的资本	占有比例
张三	50 000	5 000	－25 000	30 000	30%
李四	40 000	5 000	－25 000	20 000	20%
王五			50 000	50 000	50%
合计	90 000	10 000	0	100 000	100%

很明显，在表 18—6 中，张三和李四各占有的比例与新合伙协议有冲突，因为新合伙人入伙后，张三和李四各占新合伙企业 25%的伙权，为使张三和李四在新合伙企业中占有的 25%的比例与总合伙资本的乘积与其名下的资本及权益一致，原“实收资本——合伙人”账户需进行会计调整。调整分录为：

借：实收资本——合伙人张三　　5 000
　贷：实收资本——合伙人李四　　5 000

因而，王五需支付给张三 30 000 元、李四 20 000 元后取得合伙企业 50%的伙权，同时，张三与李四各占合伙企业 25%的伙权。伙权完成转（受）让后，新合伙企业中的各实收资本——合伙人余额见表 18—7。

表 18—7　　合伙企业资本变动余额表　　单位：元

合伙人	王五入伙前	商誉分配	转（受）让资本	转（受）让后的资本	占有比例
张三	50 000	5 000	−30 000	25 000	25%
李四	40 000	5 000	−20 000	25 000	25%
王五			50 000	50 000	50%
合计	90 000	10 000	0	100 000	100%

（二）直接向合伙企业投资取得权益入伙

新合伙人可以现金或其他资产形式投资，也可以对合伙未来盈利有帮助的个人才干或带来客户而向合伙企业入伙。在这种情况下，原合伙依法解散，而新合伙的投资应根据新合伙协议的规定入账，原合伙企业的净资产可以重估也可以不重估。但是，由于有新资产投入企业，故重估不一定以新合伙人的投资金额确定。若新合伙人得到的资本权益小于其投资金额，表示原合伙企业有未记录的资产，则以新合伙人的投资来确定新合伙的总价值较为妥当。若新合伙人所得到的资本权益大于其投资额，而原合伙的可辨认资产又以公允价值入账，则这一情况表明，新合伙人为合伙企业带来了商誉。此时，新合伙企业的总价值则参照原合伙企业的资本额确定。新合伙人投入资产、取得伙权的会计处理方法常见的有三种。

1. 取得账面资本权益的账面价值等于其投入资产价值

假定张三和李四各有资本余额 40 000 元，而且平均分配利润。他们同意王五以 40 000 元现金投资，并在三人组成的新合伙企业中享有 1/3 的资本及利润分配权。由于王五的 40 000 元投资与其得到的资本份额（(80 000＋40 000)/3）相等，在合伙企业账上记录王五的投资如下：

借：现金　　40 000

　　贷：实收资本——合伙人王五　　40 000

这种方式会计处理比较简便，直接以新合伙人投入资产的公允价值作为其在合伙企业中资本权益的账面价值。

2. 取得账面资本权益的账面价值低于其投入资产价值

如果合伙企业经营时间比较长，经营状况比较好，有很强的获利能力，原合伙人可要求新加入的合伙人付出较高的投资而取得某一低于其投资金额的伙权，从而取得合伙企业合伙人资格。此情形下，会计处理方法有两种：商誉法和红利法。

（1）商誉法。若张三和李四的资本余额都是 40 000 元并且利润平均分配，二人同意王五投资现金 50 000 元以取得新合伙 1/3 的资本及利润分配权。既然王五同意投资 50 000 元以取得新合伙 1/3 的资本，即表明原合伙有未记录的资产，未记录的资产价值取决于王五的投资额。据推测，新合伙的资产总价值为 150 000 元（50 000÷1/3），则商誉价值为：

$$商誉=150\ 000-40\ 000\times 2-50\ 000=20\ 000(元)$$

记录商誉，且在原合伙人之间按原合伙人的损益分配比例分配，其会计分录如下：

借：无形资产——商誉　20 000
　　贷：实收资本——合伙人张三　10 000
　　　　　　　　——合伙人李四　10 000

记录王五的入伙：

借：现金　50 000
　　贷：实收资本——合伙人王五　50 000

各合伙人合伙的资本余额见表18—8。

表18—8　资本余额变动表　单位：元

合伙人	王五入伙前	商誉分配	王五入伙	王五入伙后资本	王五入伙后各实收资本—合伙人比例
张三	40 000	10 000		50 000	1/3
李四	40 000	10 000		50 000	1/3
王五			50 000	50 000	1/3
合计	80 000	20 000	50 000	150 000	1

(2) 红利法。红利法下，新合伙人投资额与资本账户的差额，按原合伙损益分配比例分配给原合伙人，且不确认无形资产。假设张三和李四的资本余额都是40 000元，并且利润平均分配，二人同意王五投资现金100 000元以取得新合伙1/3的资本及利润分配权。王五投入100 000元，取得合伙企业1/3的伙权，则合伙企业总资本为：40 000＋40 000＋100 000＝180 000元，则王五的资本额为180 000×1/3＝60 000元，王五投入的资本差额40 000元在张三和李四之间分配，各分得20 000元。会计分录如下：

借：现金　100 000
　　贷：实收资本——合伙人张三　20 000
　　　　　　　　——合伙人李四　20 000
　　　　　　　　——合伙人王五　60 000

3. 取得账面资本权益的账面价值高于其投入资产价值

有时，由于合伙企业面临技术瓶颈、资金周转困难、管理水平低下等难题时，原合伙人可能会同意新合伙人以较少的投资取得多于其投资数额的伙权。此时新合伙人取得资本权益的账面价值高于其投入的资产价值，其会计处理也有商誉法和红利法两种。

(1) 商誉法。假设张三和李四的资本余额都是40 000元，且利润平均分配，二人同意王五投资现金10 000元以取得新合伙1/3的资本及利润分配权。王五以10 000元取得了1/3的伙权表明，王五可为企业带来商誉。原合伙人合伙资本80 000元，占合伙资本2/3的比例，从而推断合伙企业总资本为：80 000÷2/3＝120 000元，则商誉为30 000元（120 000－40 000×2－10 000），该商誉归合伙人王五所有。会计分录如下：

借：现金　10 000
　　无形资产——商誉　30 000
　　贷：实收资本——合伙人王五　40 000

（2）红利法。在红利法下，新合伙人所取得的伙权数额大于其投资金额，其差额部分由原合伙人弥补，相应地减少原合伙人的资本额，减少的部分作为付给新合伙人的红利。假设张三和李四的资本余额分别为 40 000 元，并且利润平均分配，二人同意王五投资现金 10 000 元以取得新合伙 1/3 的资本及利润分配权。王五投资后，合伙企业总资本为 90 000 元，王五占 1/3，则合伙人王五的权益为 30 000 元，与他投资的 10 000 元相差 20 000 元，这被认为王五存在隐含的商誉 20 000 元，原合伙人应按损益分配比例将其资本转给王五，各转 10 000 元，相应会计分录为：

借：现金	10 000	
实收资本——合伙人张三	10 000	
——合伙人李四	10 000	
贷：实收资本——合伙人王五		30 000

三、合伙人退伙或死亡的会计处理

现任合伙企业的合伙人退伙或死亡都使得原合伙关系解散，因而需解决退伙的合伙人或已故合伙人的财产问题。合伙财产的分配应以解散当天的价值为准，合伙账簿应在死亡日或退伙日结清，在死亡日或退伙日后，已故或退伙合伙人的资本余额应重新归类为负债。记录清偿时，其会计记录将视退伙合伙人（或已故合伙人的委托人）所收到的金额是否与其资本账户的最后余额相等而分为三种情况：（1）按账面数退还资本；（2）按高于账面数退还资本；（3）按低于账面数退还资本。后两种情况在具体会计处理时，可以选择红利法或商誉法。由于合伙人死亡时的会计处理与合伙人退出企业时的会计处理方式基本相同，因而本文只阐述合伙人退出企业时的会计处理方式，合伙人死亡时的合伙资本退还的会计处理方式不再说明。

（一）按账面数退还资本

如果企业的获利能力属于正常水平，资产的重置价值无明显的变化，则一般按账面数退还资本。例如，某合伙企业由张三投入 10 000 元，李四投入 20 000 元，王五投入 30 000 元组成。假设合伙人张三提出退伙，李四、王五表示同意，并按账面数退还张三资本，会计处理如下：

借：实收资本——合伙人张三	10 000	
贷：现金		10 000

（二）按高于账面数退还资本

按高于账面数退还资本，也称超额付款，是指合伙企业付给退伙人的财产数额高于退伙人在原合伙企业中的资本权益的账面数额。在该方法下，留在企业中的其他合伙人的资本数额就要相应减少，以弥补退出的合伙人所多得到的那一部分权益。会计处理方法可以用红利法，也可用商誉法。

假设张三、李四、王五为一合伙企业的合伙人，损益分配率分别为 40%、20%和 40%，现王五决定退伙。在王五退伙日，这三个合伙人的资本、利润分配权益如表 18—9 所示，王五在合伙权益的最后清偿中共得款 92 000 元。

表 18—9 实收资本——合伙人余额分配比例一览表 单位：元

合伙人	资本余额	资本比例	损益分配比例
张三	70 000	35%	40%
李四	50 000	25%	20%
王五	80 000	40%	40%
合计	200 000	100%	100%

在红利法下，张三和李四以 4：2的相对损益分配率借记其资本账户，而给王五 12 000 元的红利，会计分录如下：

借：实收资本——合伙人王五 80 000
——合伙人张三 8 000
——合伙人李四 4 000
贷：现金 92 000

在商誉法下，还可以细分两种处理方法：一种是只确认退伙人的那部分商誉；另一种是确认全部商誉。

在部分商誉确认法下，上例将付给王五的现金中超过其资本余额的 12 000 元作为商誉处理。会计分录如下：

借：实收资本——合伙人王五 80 000
无形资产——商誉 12 000
贷：现金 92 000

在全部商誉确认法下，则商誉＝退伙人权益增值部分÷退伙人损益分配比例。则，合伙企业商誉＝(92 000－80 000)÷40%＝30 000 元，其确认商誉的会计分录如下：

借：无形资产——商誉 30 000
贷：实收资本——合伙人张三 12 000
——合伙人李四 6 000
——合伙人王五 12 000

退还王五的会计分录如下：

借：实收资本——合伙人王五 92 000
贷：现金 92 000

(三) 按低于账面数退还资本

按低于账面数退还资本，也称折价付款，是指退出企业的合伙人从企业取得的资产价值将低于其权益的账面价值。出现折价付款的情形一般有两种：一种情形是合伙人一致认为现有的合伙企业的资产的账面价值过高；另一种情形是退出的合伙人急于退出合伙企业，他不愿意再进行繁杂的资产重估，而愿意放弃一部分资产。因而，在以折价付款方式下，合伙企业付款给退伙人的会计处理方法一般采用红利法。

承上例，假定王五的资本权益最后清算时获得 72 000 元，付给王五的退伙金额比其资本余额少 8 000 元，表明现存合伙资本被高估 20 000 元 ((80 000－72 000)÷40%))，若有证据表明这一高估，则应指明何种资产被高估了，并将其降为公允价值。假如发现是存货高估了，则相应的会计分录如下：

(1) 冲减存货价值。

借：实收资本——合伙人张三　　8 000
　　　　　　——合伙人李四　　4 000
　　　　　　——合伙人王五　　8 000
　　贷：存货　　20 000

(2) 退还王五的款项。

借：实收资本——合伙人王五　　72 000
　　贷：现金　　72 000

若有证据表明，折价付款是由于王五急于退出合伙企业，他不愿意再进行繁杂的资产重估，而愿意放弃一部分资产。则差额在张三和李四之间按损益分配比例分配，张三分得 5 333 元（(80 000－72 000)÷60%×40%），李四分得 2 667 元（80 000－72 000－5 333）。相应的会计分录如下：

借：实收资本——合伙人王五　　80 000
　　贷：实收资本——合伙人张三　　5 333
　　　　　　　　——合伙人李四　　2 667
　　　　现金　　72 000

现有合伙人退出合伙企业，除采用从合伙企业抽出资本的方式外，还可以通过出售伙权的方式退伙，无论是售给新合伙人还是原合伙人，由于只涉及合伙人之间的权益交易，不涉及合伙企业资产和资本的变动，因而，在会计处理时，仅需变更合伙人的明细分录。

第五节　合伙企业的解散与清算

合伙解散仅指合伙人之间的合伙关系改变，以使作为法律主体的合伙终止。如前所述，合伙解散后，可订新协议继续合伙，或者就此终止合伙关系并解散企业主体。终止合伙关系并解散企业主体所涉及结束合伙的事务，通常称为合伙清算。

一、清算程序

一般而言，合伙清算涉及将非现金资产转换为现金、确认损益及清算期间的清算费用、清偿债务、最后按照实收资本——合伙人账户余额将现金分配给各合伙人。上述清算过程是建立在一系列的假设上的，假设合伙有偿债能力，即合伙企业的资产超过负债。同时也假设所有合伙人对合伙企业净资产具有权益，即无合伙人贷款余额，并且在将任何现金分配给合伙人之前，已将所有资产转换为现金。若无以上假设，合伙清算过程就较复杂。所以本章先讨论合伙企业有偿债能力的情况，接着再讨论分次清算以及清算时合伙企业无偿债能力的情况。

合伙清算时债务清偿顺序如下：

(1) 对合伙人以外的债权人所欠的债务；

(2) 除资本、利润以外，积欠合伙人的债务；

(3) 合伙人应得的资本。

有必要对顺序（2）加以解释，因为分配合伙资产时，不应分配给资本余额为负值的合伙人。因此，合伙人贷款账户应与资本账户抵销，以确定分配给各合伙人的金额。一旦确定了每个合伙人应分配的金额，应在减少各该实收资本——合伙人账户之前，先借记其贷款账户。

二、合伙企业清算的会计处理方法

根据资产的性质和数量、偿债能力强弱以及清算所需时间的长短，合伙企业的清算可分为简单合伙清算和分期分配清算。

简单合伙清算又称一次总付清算，是指将所有合伙资产全部变卖为现金，并在收回了债权，偿付了所有的债务后，将剩余资产按照资本比例一次分配给各合伙人的清算方法。

分期分配清算是指把资产分批出售所得现金，在清偿负债后，将所剩数额陆续分配给合伙人的一种清算方法。分期分配要考虑的一个问题就是，到底有多少现金可以安全分配给各合伙人，也即安全清偿问题，应该避免使承担清偿损失能力较差的合伙人分得过多的现金而影响其他合伙人的利益。因而，分期分配清算应遵循一个原则，即在偿还全部负债之后至整个清算过程结束之前的时期内，按承担损失的能力的强弱程度，顺次地对合伙人分配现金，也就是对承担损失能力强的合伙人较早地分配现金，对承担损失能力较弱的合伙人较晚地分配现金。而通常分期分配清算可采用安全清偿法和现金分配计划法。

三、简单合伙清算

如前所述，简单合伙清算指将所有合伙资产转换为现金，解决合伙事务后，最后将现金一次分配给合伙人。当清算过程发生的所有损益均按损益分配比例分配给各合伙人之后，实收资本——合伙人账户和短期借款账户最后的余额等于应分配的资产数。但分配时可能会出现下列情况：（1）合伙企业有偿债能力；（2）合伙企业无偿债能力。

（一）合伙企业有偿债能力

1. 实收资本——合伙人账户为贷方余额

假定张三和李四于2015年12月31日的合伙资产负债表见表18—10。

表18—10 张三和李四合伙资产负债表

2015年12月31日 单位：元

资产		负债和所有者权益	
现金	10 000	应付账款	40 000
应收账款（净）	30 000	短期借款——合伙人张三	10 000
存货	30 000	实收资本——合伙人张三	25 000
固定资产（净）	40 000	实收资本——合伙人李四	35 000
合计	110 000	合计	110 000

张三和李四的损益分配比例为70%和30%，他们协议于2016年1月1日以

后尽快解散合伙。存货卖得 25 000 元，固定资产卖得 30 000 元，应收账款共收现 22 000 元。合伙清算的最后阶段，共有 87 000 元的现金可供分配给债权人和合伙人。

清偿顺序（单位：元）：

（1）清偿债务	40 000
（2）清偿张三的贷款	10 000
（3）按资本账户余额分配给张三	8 900
按资本账户余额分配给李四	28 100
分配总额	87 000

确认清算损益后，分配给合伙人的金额等于各实收资本——合伙人账户余额。清算损失以 70%和 30%的损益分配比例直接借记资本账户。除非合伙协议中约定清算时采用不同的损益分配比例，否则一般均按原先的损益分配比例分配清算损益。若协议中规定支付工资补贴和利息补贴，则应先分配工资津贴和利息津贴，余额再按约定比例分配。这是因为清算期间损益为税前利润的调整，而税前利润应按损益分配比例分配。清算期间所作分录如下所示。

（1）记录存货出售，并将 5 000 元损失按损益分配比例分配到各实收资本——合伙人账户。

借：现金	25 000	
实收资本——合伙人张三	3 500	
——合伙人李四	1 500	
贷：存货		30 000

（2）记录固定资产出售，并将 10 000 元损失按损益分配比例分配到各实收资本——合伙人账户。

借：现金	30 000	
实收资本——合伙人张三	7 000	
——合伙人李四	3 000	
贷：固定资产（净）		40 000

（3）记录应收账款收现 22 000 元，并将 8 000 元坏账冲销作为损失，按损益分配比例分配到各实收资本——合伙人账户。

借：现金	22 000	
实收资本——合伙人张三	5 600	
——合伙人李四	2 400	
贷：应收账款（净）		30 000

（4）清偿非合伙人的债务。

借：应付账款	40 000	
贷：现金		40 000

（5）清偿张三的贷款。

借：短期借款——张三	10 000	
贷：现金		10 000

（6）将现金分配给合伙人，结束合伙清算。

借：实收资本——合伙人张三　　8 900
　　　　　　——合伙人李四　　28 100
　贷：现金　　37 000

合伙清算应汇总清算期间的交易和余额，编制合伙清算表，见表18—11。清算期间的清算表便于参考，但并不能取代正式分录和过账。在表18—11中，应注意损益一旦确认后，就分配到各实收资本——合伙人账户。随着实收资本——合伙人账户的调整，最后分配给各合伙人的现金将等于各实收资本——合伙人账户的余额。

表18—11　　**张三、李四合伙企业合伙清算表**

2016年1月1日至2016年1月31日　　单位：元

	现金	非现金资产	优先债务	张三的贷款	张三的资本（70%）	李四的资本（30%）
2016年1月1日余额	10 000	100 000	40 000	10 000	25 000	35 000
出售存货	25 000	(30 000)			(3 500)	(1 500)
	35 000	70 000	40 000	10 000	21 500	33 500
出售固定资产	30 000	(40 000)			(7 000)	(3 000)
	65 000	30 000	40 000	10 000	14 500	30 500
应收账款收现	22 000	(30 000)			(5 600)	(2 400)
	87 000	—	40 000	10 000	8 900	28 100
清偿债务	(40 000)		(40 000)	10 000	8 900	28 100
	47 000	—	—			
清偿张三的贷款	(10 000)			(10 000)		
	37 000	—	—	—	8 900	28 100
最后分配给各合伙人	(37 000)				(8 900)	(28 100)
	—	—	—	—	—	—

2. 实收资本——合伙人账户为借方余额

有偿债能力的合伙企业清算时，将有足够的现金偿还债务和分配给各合伙人。但清算过程所产生的损失会使一些合伙人的资本账户成为借方余额。当这种情况发生时，资本账户为借方余额的合伙人，对资本账户为贷方余额的合伙人欠有一笔负债，所以他们将被要求拿出个人财产偿还其合伙负债。但若前者并无个人资产，其余合伙人必须承担等于这一借方余额数的损失。这项损失将按相对损益分配比例分配给资本账户为贷方余额的各合伙人。

假设张三、王五、李四的合伙企业正在清算，当所有资产均已变现而且已清偿债务后，其账户余额如下（单位：元）：

	借　方	贷　方
现金	25 000	
实收资本——合伙人张三（40%）	3 000	
实收资本——合伙人王五（40%）		16 000
实收资本——合伙人李四（20%）		12 000
合计	28 000	28 000

若张三有偿债能力，则他应付 3 000 元给合伙企业，以冲销资本账户的借方余额。他所付的 3 000 元将使合伙的现金达 28 000 元，以便在最后清算时，分配给王五和李四。但若张三无偿债能力，这 3 000 元的损失将按王五和李四的相对损益分配比例分担，王五承担 2 000 元损失（3 000×40%/60%），李四承担 1 000 元损失（3 000×20%/60%）。此时只需将现金 25 000 元分配给王五 14 000 元、李四 11 000 元，合伙便告结束。

当实收资本——合伙人账户为借方余额的合伙人对合伙有一笔贷款时，该贷款应与资本账户的借方余额相抵销，直到该资本账户的借方余额为零。例如，假设张三、王五、李四合伙企业账户余额如下（单位：元）：

	借　方	贷　方
现金	25 000	
短期借款——合伙人张三		5 000
实收资本——合伙人张三（40%）	8 000	
实收资本——合伙人王五（40%）		16 000
实收资本——合伙人李四（20%）		12 000
合计	33 000	33 000

这时，即使应付给张三的短期借款比王五和李四的资本有较优先的清偿顺序，也不能清偿。这笔贷款将与“实收资本——合伙人张三”账户的借方余额相抵销，使得张三仅欠王五和李四 3 000 元。假如张三有偿债能力，应用抵销规则将不会产生问题。张三偿付 3 000 元之后，王五和李四可收到相当于资本账户余额的金额，这和先偿付贷款 5 000 元，再从张三的个人资产中收取 8 000 元，所得到的结果相同。

若张三个人无偿债能力，情况则完全不同。这时，由于个人的债权人对个人的资产有优先求偿权，张三的债权人可对任何付给张三的款项优先求偿。按照抵销规则，王五可从 25 000 元中得到 14 000 元，李四得到 11 000 元。若采用另一种方式，直接清偿张三的贷款 5 000 元，则张三的个人债权人可对这 5 000 元优先求偿，所以能分配给王五和李四的现金将少于 25 000 元。由于无充分的证据表明法院将接受抵销规则，因此当合伙人兼债权人本身无偿债能力时，一般建议：未经合伙人的同意，不应采用抵销规则。合伙解散时，基于债权人的权利，合伙人可协议采用不同的财产分配方式。

（二）合伙企业无偿债能力

1．合伙人有偿债能力

当合伙企业的资产不足以清偿对外负债时，表明合伙企业资不抵债，无偿债能力。在这种情况下，清算所用的方法与前面有所不同。如果资本为亏损的合伙人能清偿其所欠数额，则合伙企业自然就能偿清其债务。对于债权人来讲，他可以向任何一个合伙人要求清偿。任何合伙人清偿了合伙企业的债务的数额，贷记该合伙人的资本账户，以便日后向其他合伙人追偿。例如，张三、李四、王五三人为合伙人，损益平均分配。合伙企业清算开始前的资产负债表见表 18—12。

表 18—12 **张三、李四、王五合伙企业资产负债表**

2015 年 12 月 15 日 单位：元

资产		负债和合伙人权益	
现金	120 000	负债	520 000
其他资产合计	680 000	实收资本——合伙人张三	144 000
		实收资本——合伙人李四	80 000
		实收资本——合伙人王五	56 000
合计	800 000	合计	800 000

账面数额为 680 000 元的非现金资产于 12 月 17 日售出，获得现金 320 000 元，发生清算损失 360 000 元，由张三、李四、王五三人平均分担。全部现金 440 000 元（120 000＋320 000）用于清偿债务后，还有 80 000 元未予清偿。合伙人张三承担清算损失后账面资本为 24 000 元，合伙人李四和王五分别为－40 000 元和－64 000 元。如果李四和王五分别将其欠款向合伙企业付清，则合伙企业就有 104 000 元的现金，正好可以支付要清偿的债务 80 000 元和退还合伙人张三的资本金 24 000 元。如果在合伙人李四和王五付清其欠款前，债权人向合伙人张三要求获得了全数清偿。则合伙人张三的权益由原来的 24 000 元，增加到 104 000 元，合伙人张三具有对李四和王五的追偿权。等收到李四和王五交来的款项后，合伙企业将此笔款项交还给张三。同样，当债权人不是向张三要求清偿，而是向李四或王五要求清偿，会计处理时方式与此类似。

2. 合伙人无偿债能力

例如，张三、李四、王五三人为合伙人，损益平均分配。合伙企业清算开始前的资产负债表见表 18—13。

表 18—13 **张三、李四、王五合伙企业资产负债表**

2015 年 12 月 15 日 单位：元

资产		负债和合伙人权益	
现金	120 000	负债	520 000
其他资产合计	680 000	实收资本——合伙人张三	174 000
		实收资本——合伙人李四	50 000
		实收资本——合伙人王五	56 000
合计	800 000	合计	800 000

账面数额为 680 000 元的非现金资产于 12 月 17 日售出，获得现金 320 000 元，发生清算损失 360 000 元，由张三、李四、王五三人平均分担。全部现金 440 000 元（120 000＋320 000）用于清偿债务后，还有 80 000 元未予清偿。合伙人张三承担清算损失后账面资本为 54 000 元，合伙人李四和王五分别为－70 000 元和－64 000 元。

同时，各合伙人不包括合伙企业的所有者权益在内的资产和负债如下（单位：元）：

	个人资产	个人负债
张三	100 000	210 000
李四	200 000	200 000
王五	400 000	220 000

由于张三的个人财产不足以清偿其个人负债，李四的个人财产仅足以清偿其个人

负债，因此企业的债权只能从王五处得到清偿，王五偿还了 80 000 元的合伙企业的债务。由于李四已经没有资产偿还其在合伙企业中的资本亏损数 40 000 元，该亏损数应由张三和王五来分担。分担的比例按 12 月 15 日资产负债表上实收资本——合伙人余额数计算，则张三应分担 52 957 元（70 000÷(174 000＋56 000)×174 000)，张三的账面资本为 1 043 元（54 000－52 957)，王五分担 17 043 元（70 000÷(174 000＋56 000)×56 000)，王五的账面资本为－1 043 元（80 000－64 000－17 043)，王五还需向合伙企业交现金 1 043 元。从而，张三的个人债权人还可以从合伙企业中得到 1 043 元的补偿。

四、分期清算

有偿债能力的合伙企业进行清算时，可按偿债能力强弱的顺次方式分配现金，直到所有非现金资产均已变现为止。当然，分配给合伙人之前，应先清偿对合伙人以外的债务。一旦有现金可分配给合伙人时，可先编制安全清偿表以确定可分配金额。无论如何，开始清算时，如果资本账户余额的比例相当于损益分配比例，而且无合伙人贷款或预支款，则不需要编制安全清偿表。在这种情况下，所有的分配均按相对损益分配比例进行。

参照安全清偿表确定分期清偿给各合伙人时，应采用将使剩余的资本账户余额（若有合伙人借款，则指权益余额）比例愈来愈接近损益分配比例的分配顺序。一旦在某一次分配中，所有合伙人均获得分配，则应使剩余的资本余额（权益）比例与损益分配比例一致，而以后数期将按损益分配比例进行分配。因此，在清算过程开始时，资本账户比例与损益分配比例并不一致，若首次分配包括所有合伙人，则以后数期的清偿将按损益分配比例进行分配，而不需另行编制安全清偿表。

（一）安全清偿表法

1. 安全清偿

一般而言，企业清算过程需花费相当长的时间。当所有债务清偿以后，所有非现金资产全部变现之前，已有一些现金可供分配给各合伙人。若合伙人决定在非现金资产全部出售前分配现金，则需决定多少现金可安全分配给各合伙人。安全清偿在于确保分配时所分配的金额不至于超额，换言之，分配出去的金额不应再退还给合伙企业。

计算合伙人的安全清偿额是基于以下假设：

(1) 所有合伙人本身无偿债能力（即合伙人无法付款给合伙企业）。

(2) 所有非现金资产均有可能损失（即决定安全清偿时，非现金资产视为损失）。

除此之外，应保留一定的现金以支付清算费用、未记录的负债以及一般或有事项。这一保留金额对合伙而言为或有损失，但在决定安全清偿时，却视作实际损失。

2. 安全清偿表的应用

假定张三、李四、王五合伙企业正在清算，其账户余额如下（单位：元）：

借　方		贷　方	
现金	80 000	短期借款——王五	20 000
其他应收款——合伙人李四	10 000	实收资本——合伙人张三（50%）	50 000
无形资产——土地使用权	20 000	实收资本——合伙人李四（30%）	70 000
固定资产（净值）	140 000	实收资本——合伙人王五（20%）	110 000
合计	250 000	合计	250 000

所有对合伙人以外的负债均已清偿，而合伙人预计土地和固定资产的出售将费时耗日，因此他们协议除保留 10 000 元以支付费用外，立即分配现金。根据上述资料，可编制一张安全清偿表以确定可安全分配给合伙人的现金数额。张三、李四、王五合伙企业的安全清偿表见表 18—14。

表 18—14　　张三、李四、王五合伙企业安全清偿表　　单位：元

	可能损失	张三权益（50%）	李四权益（30%）	王五权益（20%）
合伙人权益（资本±贷款余额）	160 000	50 000	60 000	130 000
非现金资产可能发生的损失：				
土地使用权和固定资产的账面价值		(80 000)	(48 000)	(32 000)
		(30 000)	12 000	98 000
或有事项可能产生的损失：				
为支付或有事项等所保留的现金	10 000	(5 000)	(3 000)	(2 000)
		(35 000)	9 000	96 000
因张三可能产生的损失：				
张三的借余以 60∶40 分配给李四、王五		35 000	(21 000)	(14 000)
			(12 000)	82 000
因李四可能产生的损失：				
李四的借余由王五承担			12 000	(12 000)
				70 000

安全清偿表的第一行是合伙人权益，合伙人权益根据合伙人的资本及借贷款余额确定。可能的损失将按损益分配比例分配，并如同实际损失一样，从各合伙人权益中扣除。表 18—14 所列的可能损失，包括非现金资产（土地使用权和固定资产）的账面价值 160 000 元以及保留的现金 10 000 元。计算安全清偿额时，将可能的损失从各合伙人的权益中扣除，有些合伙人可能会产生负的权益，这些负值应按相应的损益分配比例分配给对合伙尚具有权益的合伙人，一直分配到无任何合伙人具有负值权益为止。这时，具有权益的合伙人所列示的余额，将等于其可分得的现金额。如表 18—14 所示，分配将持续到王五的权益为 70 000 元、张三和李四的权益为 0 为止。因此，70 000 元可安全清偿给王五，而不能安全清偿给张三和李四。

需要注意的是，安全清偿表仅在确定分配金额时采用。换言之，安全清偿表并不影响账户余额以及合伙清算表。当现金实际付给王五时，仍按通常的方式记录，即借记王五资本账户前应先冲销其贷款账户。分录如下：

借：短期借款——合伙人王五　　20 000
　　实收资本——合伙人王五　　50 000
　　贷：现金　　70 000

记录上述分录后，张三、李四、王五合伙的账户余额如下（单位：元）：

借方		贷方	
现金	10 000	实收资本——合伙人张三（50%）	50 000
其他应收款——合伙人李四	10 000	实收资本——合伙人李四（30%）	70 000
无形资产——土地使用权	20 000	实收资本——合伙人王五（20%）	60 000
固定资产（净值）	140 000		
合计	180 000	合计	180 000

经合伙人同意，李四借款随时可借记其资本账户。因为安全清偿的计算是基于合伙人权益而非实收资本——合伙人账户余额，故“其他应收款——合伙人”账户是否已结转并无影响。一般而言，在清算过程开始时，即借记“实收资本——合伙人”账户，以冲销其借款。

3. 预先分配要求合伙人同意

所有损益实现并被确认之前的任何分配，均要经所有合伙人的同意。假定张三、李四、王五平均分配损益，清算过程中，所有对合伙人以外的负债均已清偿后，其账户余额如下（单位：元）：

借方		贷方	
现金	30 000	短期借款——张三	15 000
固定资产	45 000	实收资本——合伙人李四	30 000
实收资本——合伙人张三	10 000	实收资本——合伙人王五	40 000
合计	85 000	合计	85 000

如要分配现金，根据下列安全清偿的计算，应付给李四 10 000 元、王五 20 000 元，如下（单位：元）：

	可能损失	张三权益	李四权益	王五权益
合伙人权益		5 000	30 000	40 000
非现金资产可能产生的损失：				
固定资产	45 000	(15 000)	(15 000)	(15 000)
		(10 000)	15 000	25 000
将张三借方余额按 1∶1 分配可能产生的损失		10 000	(5 000)	(5 000)
安全偿付额		—	10 000	20 000

张三可能会反对立即将现金分给李四和王五，因为他的 15 000 元贷款在清算时，比李四和王五的资本具有优先的清偿权。这项反对意见意味着合伙人并不同意预先分配现金，因此要等到所有非现金资产均已变现才能进行分配。

4. 安全清偿案例

例如，张三、李四、王五合伙企业将于 2015 年 12 月 31 日以后尽快解散，除每月末保留 40 000 元以支付或有事项外，每月底将分配现金，直至清算完成为止。张三、李四、王五损益分配比例为50%，30%，20%，2015 年12 月31 日合伙资产负债表见表18—15。

表 18—15　　张三、李四、王五合伙企业资产负债表　　单位：元

资产		负债和所有者权益	
现金	480 000	应付账款	600 000
应收账款（净）	560 000	应付票据	400 000
其他应收款——合伙人王五	80 000	短期借款——合伙人李四	40 000
存货	800 000	实收资本——合伙人张三（50%）	680 000
固定资产（净）	600 000	实收资本——合伙人李四（30%）	680 000
无形资产		实收资本——合伙人王五（20%）	400 000
土地使用权	200 000		
商誉	80 000		
合计	2 800 000	合计	2 800 000

清算事项汇总如下：

2016 年 1 月：将王五的借款与其资本账户抵销，冲销商誉，应收账款收现 400 000 元，成本为 320 000 元的存货售得 400 000 元，并分配现金。

2016 年 2 月：账面价值 160 000 元的固定资产售得 120 000 元，剩余的存货售得 360 000 元，支付清算费用 8 000 元，发现未入账负债 16 000 元，并分配现金。

2016 年 3 月：土地使用权转让得 300 000 元，支付清算费用 10 000 元，并分配现金。

2016 年 4 月：其他固定资产售得 300 000 元，将账上剩余的固定资产及应收账款冲销，并分配所有现金，结束清算。

（1）1 月份清算事项。

张三、李四、王五合伙 2016 年 1 月份的事项记录如下：

1）将借款与资本抵销。

借：实收资本——合伙人王五	80 000	
贷：其他应收款——合伙人王五		80 000

2）冲抵商誉。

借：实收资本——合伙人张三	40 000	
——合伙人李四	24 000	
——合伙人王五	16 000	
贷：商誉		80 000

3）记录应收账款收现。

借：现金	400 000	
贷：应收账款		400 000

4）记录存货出售及其利得。

借：现金	400 000	
贷：存货		320 000
实收资本——合伙人张三		40 000
——合伙人李四		24 000
——合伙人王五		16 000

5）清偿除合伙人以外的债务。

借：应付账款　　600 000

　　应付票据　　400 000

　　贷：现金　　1 000 000

6）记录分配现金给李四。

借：短期借款——合伙人李四　　40 000

　　实收资本——合伙人李四　　200 000

　　贷：现金　　240 000

上述现金分配的依据见表18—16。在清算过程中，应定期编制合伙清算表，该表是汇总清算期间所有交易和事项的连续记录，显示清算至今的进展情况，可帮助决策并提供规划未来的基础。这里为节省篇幅，不单独编制。

表18—16　　张三、李四、王五合伙企业安全清偿表

2016年1月31日　　单位：元

	可能损失	张三资本（50%）	李四资本与贷款（30%）	王五资本（20%）
2016年1月31日合伙人权益		680 000	720 000	320 000
非现金资产的可能损失	1 440 000	(720 000)	(432 000)	(288 000)
		(40 000)	288 000	32 000
或有事项的可能损失所保留的现金	40 000	(20 000)	(12 000)	(8 000)
		(60 000)	276 000	24 000
因张三可能导致的损失：				
按60∶40分配借余		60 000	(36 000)	(24 000)
			240 000	

在2016年1月31日分配现金清偿所有除合伙人以外的债务后，尚余现金280 000元。保留其中的40 000元以支付或有事项，其余240 000元分配给合伙人。表18—16表明240 000元将全部分配给李四。因为李四对合伙有一笔贷款，故先将40 000元用来清偿其贷款，其余200 000元则借记“实收资本——合伙人李四”账户。

（2）2月份清算事项。

2016年2月份，记录张三、李四、王五合伙企业清算事项的分录如下：

1）记录出售固定资产，损失40 000元。

借：现金　　120 000

　　实收资本——合伙人张三　　20 000

　　　　　　——合伙人李四　　12 000

　　　　　　——合伙人王五　　8 000

　　贷：固定资产（净）　　160 000

2）记录剩余存货的出售，损失120 000元。

借：现金　　360 000

　　实收资本——合伙人张三　　60 000

　　　　　　——合伙人李四　　36 000

　　　　　　——合伙人王五　　24 000

　　贷：存货　　480 000

3）记录支付费用。

借：实收资本——合伙人张三	4 000	
——合伙人李四	2 400	
——合伙人王五	1 600	
贷：现金		8 000

4）记录未入账的负债。

借：实收资本——合伙人张三	8 000	
——合伙人李四	4 800	
——合伙人王五	3 200	
贷：应付账款		16 000

5）记录负债的清偿。

借：应付账款	16 000	
贷：现金		16 000

6）记录分配现金给合伙人。

借：实收资本——合伙人张三	168 000	
——合伙人李四	172 800	
——合伙人王五	115 200	
贷：现金		456 000

上述现金分配的依据见表18—17。

表18—17　　张三、李四、王五合伙企业安全清偿表

2016年2月28日　　单位：元

	可能损失	张三资本（50%）	李四资本与贷款（30%）	王五资本（20%）
2016年2月28日合伙人权益（见清算表）		588 000	424 800	283 200
非现金资产的可能损失（见清算表）	800 000	(400 000)	(240 000)	(160 000)
		188 000	184 800	123 200
或有事项的可能损失所保留的现金	40 000	(20 000)	(12 000)	(8 000)
		168 000	172 800	115 200

需要注意的是，分配计划可能会因诸如将非现金资产分配给特定合伙人等事项而打乱。例如，医生合伙开业，他们可能希望在清算过程中，尽早取回设备以供他们个人业务之用。将非现金资产分配给合伙人时，应确定这些资产的公允价值，并将公允价值与账面价值之差，视作合伙损益加以确认。将非现金资产分配给特定合伙人，以及对这些资产的估价，皆应征得所有合伙人的同意。

（3）3月份和4月份的清算事项。

到2016年3月份，张三、李四、王五合伙清算进行的结果，已使实收资本——合伙人账户余额的比例相当于相对损益分配比例。3月份和4月份的分录如下：

3月份的分录：

1）记录土地使用权出售，有100 000元利得。

借：现金	300 000	
贷：实收资本——合伙人张三		50 000

——合伙人李四 30 000
——合伙人王五 20 000
无形资产——土地使用权 200 000

2）支付清算费用。

借：实收资本——合伙人张三 5 000
——合伙人李四 3 000
——合伙人王五 2 000
贷：现金 10 000

3）3 月份将现金分配给合伙人。

借：实收资本——合伙人张三 145 000
——合伙人李四 87 000
——合伙人王五 58 000
贷：现金 290 000

4 月份的分录：

1）记录剩余固定资产的出售，损失 140 000 元。

借：现金 300 000
实收资本——合伙人张三 70 000
——合伙人李四 42 000
——合伙人王五 28 000
贷：固定资产（净） 440 000

2）冲销剩余应收账款。

借：实收资本——合伙人张三 80 000
——合伙人李四 48 000
——合伙人王五 32 000
贷：应收账款 160 000

3）记录最后的清算，将现金分配给合伙人。

借：实收资本——合伙人张三 170 000
——合伙人李四 102 000
——合伙人王五 68 000
贷：现金 340 000

表 18—18 是反映清算全过程（2016 年 1 月 1 日到 4 月 30 日）的合伙清算表。既然 3 月份和 4 月份是按损益分配比例进行分配，因此不需要编制安全清偿表。3 月 31 日分配给各合伙人的 290 000 元是根据 330 000 元中扣除保留的 40 000 元现金而确定的。2016 年 4 月 30 日最后一次分配中，将所有剩余的现金分配给各合伙人。

表 18—18 **张三、李四、王五合伙企业合伙清算表**

2016 年 1 月 1 日至 2016 年 4 月 30 日 单位：元

	现金	非现金资产	优先债务	张三资本（50%）	李四贷款	李四资本（30%）	王五资本（20%）
1 月 1 日余额	480 000	2320 000	1 000 000	680 000	40 000	680 000	400 000
抵销王五的借款		(80 000)					(80 000)

续前表

	现金	非现金资产	优先债务	张三资本（50%）	李四贷款	李四资本（30%）	王五资本（20%）
冲销商誉		(80 000)		(40 000)		(24 000)	(8 000)
应收款收现	400 000	(400 000)					
出售存货	400 000	(320 000)		40 000		24 000	16 000
1月31日分配前余额	1 280 000	1 440 000	1 000 000	680 000	40 000	680 000	320 000
1月份分配（见表18—16）							
分配给债权人	(1 000 000)		(1 000 000)				
分配给李四	(240 000)				(40 000)	(200 000)	
2月1日余额	40 000	1 440 000	—	680 000		480 000	320 000
出售固定资产	120 000	(160 000)		(20 000)		(12 000)	(8 000)
出售存货	360 000	(480 000)		(60 000)		(36 000)	(24 000)
清算费用	(8 000)			(4 000)		(2 400)	(1 600)
新发现的负债			16 000	(8 000)		(4 800)	(3 200)
2月28日分配前余额	512 000	800 000	16 000	588 000		424 800	283 200
2月份分配（见表18—17）							
分配给债权人	(16 000)		(16 000)				
分配给合伙人	(456 000)			(168 000)		(172 800)	(115 200)
3月1日余额	40 000	800 000	—	420 000		252 000	168 000
出售土地	300 000	(200 000)		50 000		30 000	20 000
清算费用	(10 000)			(5 000)		(3 000)	(2 000)
3月31日分配前余额	330 000	600 000		465 000		279 000	186 000
3月份分配（50∶30∶20）	(290 000)			(145 000)		(87 000)	(58 000)
4月1日余额	40 000	600 000		320 000		192 000	128 000
出售固定资产	300 000	(440 000)		(70 000)		(42 000)	(28 000)
冲销应收账款		(160 000)		(40 000)		(24 000)	(16 000)
4月30日分配前余额	170 000			170 000		102 000	68 000
4月份分配（50∶30∶20）	(340 000)	—		(170 000)		102 000	(68 000)
4月30日完成清算	—			—		—	—

（二）现金分配计划法

安全清偿表是一种计算安全清偿给各合伙人的金额，以防止超额分配的有效方法。如果财产分多期清偿，因每次分配前都必须编制安全清偿表，直到资本余额比例相当于损益分配比例为止，这种方法显得颇无效率。安全清偿表的方法也无法作为预测的工具，不能提供信息帮助合伙人预计他们将获得现金分配的时间。为弥补安全清偿表方法的不足，可在清算初期就编制现金分配计划。

合伙清算时，现金分配计划的拟定涉及合伙人按其对可能损失易受伤害的程度排列优先顺序。由易受伤害程度的排序，可编制假定损失吸收表，再由假定损失吸收表编制现金分配计划。

1. 易受伤害程度之排序

承上例，清算开始时，张三、李四和王五的资本账户余额分别为 680 000 元、680 000 元和 400 000 元。而他们的权益（资本±借贷款）分别为 680 000 元、720 000 元和 320 000 元。确定合伙人对可能损失易受伤害程度时，先将合伙人的权益除以其损益分配率，以确认每个合伙人所能吸收而不致使其权益小于 0 的最大损失。张三、李四和王五易受伤害程度的排序确定见表 18—19。

表 18—19　　张三、李四、王五合伙企业易受伤害程度排序

合伙人	合伙人权益（元） ①	损益分配率 ②	吸收损失程度（元） ③=①/②	易受伤害程度 （从小到大）
张三	680 000	50%	1 360 000	1
李四	720 000	30%	2 400 000	3
王五	320 000	20%	1 600 000	2

由易受伤害程度的排序可知，张三最易受伤害。金额越小越易受伤害。因为当整个合伙的清算损失达 2 400 000 元以前，李四权益均足以吸收他应负担部分的损失。这说明了上例中，为何第一次的分配，李四分配得到了所有现金。

2. 假定损失的吸收

编制假定损失吸收表是进行现金分配计划的第二步。这张表由清算前的权益开始，将损失额按损益分配，并从每一个合伙人权益中减去，而这笔损失的大小足以抵销最易受伤害合伙人的权益。下一步骤，再将另一笔损失按相对损益分配比例从合伙人剩余的权益中减除，此时这笔损失应足以抵销次一级受伤害合伙人的权益。一直继续下去，直到除最不易受伤害的合伙人以外，其余合伙人的权益皆为 0 为止。张三、李四、王五合伙的假定损失吸收表见表 18—20。

表 18—20　　张三、李四、王五合伙企业假定损失吸收表　　单位：元

	张三（50%）	李四（30%）	王五（20%）	合计
清算前权益	680 000	720 000	320 000	1 720 000
吸收张三权益的假定损失 （按 50%，30%，20%分配）	(680 000)	(408 000)	(272 000)	(1 360 000)
余额	—	312 000	48 000	360 000
吸收王五权益的假定损失 （按 60%，40%分配）		(72 000)	(48 000)	(120 000)
余额		240 000	—	240 000

在第一步，将张三权益减为 0 之后，损失是按 60%、40%分给李四和王五，直到王五的权益为 0。这笔将王五权益减为 0 的损失为 120 000 元，即在不考虑张三的情况下，也即假设张三个人无偿债能力，将王五的权益 48 000 元除以他的相对损益分配率 40%。当王五的权益减为 0 之后，最不易受伤害的合伙人李四将有 240 000 元的权益。

3. 现金分配计划

李四应先分得 240 000 元。由假定损失吸收表编制张三、李四和王五合伙的现金分配计划，见表 18—21。

表 18—21　　张三、李四、王五合伙企业现金分配计划

序号	金额（元）	优先债务	李四贷款	张三	李四	王五
1	1 000 000	100%				
2	40 000		100%			
3	200 000				100%	
4	120 000				60%	40%
其余				50%	30%	20%

进行现金分配计划时，第一笔可供分配的现金用来偿还合伙人以外的债务，这些债务包括应付账款 600 000 元和应付票据 400 000 元。既然合伙人贷款比实收资本——合伙人具有优先的清偿顺序，接下来的 40 000 元应分配给李四，以清偿李四的贷款。考虑李四的资本账户后，则接下来的 200 000 元应分配给李四，此项分配使李四和王五的资本余额比例与损益比例一致。接下来的 120 000 元应按 60%、40%比例分配给李四和王五。此项分配已使实收资本——合伙人余额比例相当于损益分配比例，因此剩余的分配将按损益分配比例进行。

李四可于 2016 年 1 月 1 日分析此分配计划得知，当 1 000 000 元分配给优先债权人之后，他便可开始收到现金。同样，王五和张三可利用此计划表确定他们有多少机会可收回全部或部分的权益。例如，如果张三预测合伙的所有资产可变现 1 600 000 元，则他可通过该表轻易算到他将收到的数额为 120 000 元（(1 600 000－1 360 000)×50%）。

4. 现金分配表

现金分配计划的进一步应用可举例如下，假定张三、李四、王五合伙分两期清算。第一期分配现金 1 100 000 元，第二期，即最后一期分配现金 500 000 元。根据以上假定，利用现金分配计划所编制的现金分配表见表 18—22。

表 18—22　　张三、李四、王五合伙企业现金分配表　　单位：元

	可分配现金	优先债务	李四贷款	张三资本	李四资本	王五资本
第一期						
优先债权人	1 000 000	1 000 000				
李四贷款	40 000		40 000			
李四资本	60 000				60 000	
	1 100 000	1 000 000	40 000		60 000	
第二期						
李四资本	140 000				140 000	
李四和王五（60∶40）	120 000				72 000	48 000
剩余现金（50∶30∶20）	240 000			120 000	72 000	48 000
	500 000			120 000	284 000	96 000

第一期分配的现金 1 100 000 元中，1 000 000 元用来清偿合伙人以外的债务，而40 000元用来清偿李四的贷款，余下的 60 000 元分配给李四，减少其资本账户余额。在第二期分配中，如现金分配表 18—22 所示，先将 140 000 元分配给李四，以使李四和王五的资本余额比例与损益分配比例一致。接下来的 120 000 元按李四和王五的相对损益分配比例 60：40 分配，最后将 240 000 元按张三、李四、王五的损益分配比例 50：30：20 分配。由现金分配表（见表 18—22）所得到的资料，可以与由安全清偿表得到的资料作相同的用途。换言之，由现金分配表所列示的现金清偿额将反映于合伙清偿表，且在实际分配现金时记录于合伙账上。

思考题

1. 合伙人提款与减资在概念上有何不同？实务上处理又有何不同？
2. 当损益分配方法中规定利润按资本余额比例分配，其资本余额应如何计算？
3. 合伙清算与合伙解散有何不同？
4. 何谓简单合伙清算？如何确定对合伙人的分配？
5. 何谓易受伤害程度排序？在编制合伙清算的现金分配计划时有何用途？

练习题

1. 张三、李四、王五三人于 2015 年年初合伙成立了一个商店，张三投资房屋一栋，成本价值 600 000 元；李四投资设备，成本价值 200 000 元；王五投入现金 200 000 元，经三人同意房屋和设备均以成本价入账，张三、李四、王五三人损益分配比例为 5：3：2，2015 年年末实现净利润 150 000 元。

要求：

（1）编制商店设立时的会计分录。

（2）编制分配净利润时的会计分录。

2. 张三、李四、王五三人于 2015 年年初合伙成立了一个照相馆，张三投资房屋一栋，成本价值 600 000 元；李四投资设备，成本价值 200 000 元；王五投入现金 200 000 元，经三人同意房屋和设备均以成本价入账，张三、李四、王五三人损益分配比例为 6：2：2，该年内发生如下经济事项：

（1）4 月 29 日，张三提用了照相机一部，成本价 4 900 元，累计折旧 225 元，市场价 4 700 元；

（2）5 月 1 日，张三提用了胶卷 8 卷，成本价 12 元/卷，市场销售价 18 元/卷；

（3）7 月 9 日，李四提用 3 000 元现金；

（4）8 月 10 日，王五投入现金 10 000 元；

（5）12 月 5 日，合伙企业为王五支付其租房的下一年房租 6 000 元；

（6）12 月 20 日，李四向合伙企业借款 5 000 元，借款合同约定借款期限 3 个月，月利率 0.5%。

要求： 为上述经济事项编制会计分录，同时结平"合伙人提款"账户。

3. 张三、李四合伙企业于 2015 年 2 月 1 日开业，张三、李四两人的初始资本分别为 100 000 元和 200 000 元，该年度共实现利润 90 000 元。

要求：

(1) 假设合伙企业利润是按照初始资本比例来分配的，请为该合伙企业分配利润及编制利润分配的分录。

(2) 假设合伙企业每个月发给张三 1 000 元工资，发给李四 800 元工资，同时约定张三可以获得净利润（也即 2015 年实现的利润扣除工资及红利后的余额）10%作为红利，合伙利润的分配按照合伙净利润扣除工资津贴及红利后的余额平均分配。请为该合伙企业分配利润及编制利润分配的分录。

（注：以上要求是相互独立的。）

4. 假设张三、李四、王五于 2015 年 1 月合伙开办一汽车修理店，合伙损益分配率分别为张三 50%、李四 25%、王五 25%。2016 年 5 月王五决定退伙，在王五退伙日，这三个合伙人的资本、利润分配权益如下表所示，王五在合伙权益的最后清偿中共得款 26 000 元。

合伙人资本余额、分配比例一览表

单位：元

合伙人	资本余额	资本比例	损益分配比例
张三	50 000	50%	50%
李四	30 000	30%	25%
王五	20 000	20%	25%
合计	100 000	100%	100%

要求：

(1) 请用红利法对王五退伙事项进行会计处理。

(2) 请用商誉法对王五退伙事项进行会计处理。

5. 假设张三、李四、王五于 2013 年 6 月合伙开办了张李王律师事务所，合伙损益分配率分别为张三 50%、李四 25%、王五 25%。2016 年 3 月 12 日，张三提议解散事务所并以现金分配计划法进行清算，得到李四和王五的同意，于是在 2016 年 3 月 18 日，张李王律师事务所开始清算。清算开始时，张三、李四、王五三人的资本账户余额分别为 300 000 元、250 000 元、200 000 元，外部债务为 500 000 元。清算分两期进行，第一期分配现金 520 000 元，第二期分配现金 1 000 000 元。

要求：

(1) 编制假定损失吸收表。

(2) 编制现金分配计划表。

(3) 编制现金分配表。

教师教学服务说明

中国人民大学出版社工商管理分社以出版经典、高品质的工商管理、财务会计、统计、市场营销、人力资源管理、运营管理、物流管理、旅游管理等领域的各层次教材为宗旨。

为了更好地为一线教师服务，近年来工商管理分社着力建设了一批数字化、立体化的网络教学资源。教师可以通过以下方式获得免费下载教学资源的权限：

在"人大经管图书在线"（www.rdjg.com.cn）注册，下载"教师服务登记表"，或直接填写下面的"教师服务登记表"，加盖院系公章，然后邮寄或传真给我们。我们收到表格后将在一个工作日内为您开通相关资源的下载权限。

如您需要帮助，请随时与我们联络：

中国人民大学出版社工商管理分社

联系电话：010－62515735，62515749，62515987

传　　真：010－62515732，62514775　　　电子邮箱：rdcbsjg@crup.com.cn

通讯地址：北京市海淀区中关村大街甲59号文化大厦1501室（100872）

教师服务登记表

姓 名		□先生　□女士	职　称		
座机/手机			电子邮箱		
通讯地址			邮　编		
任教学校			所在院系		
所授课程	课程名称	现用教材名称	出版社	对象（本科生/研究生/MBA/其他）	学生人数
需要哪本教材的配套资源					
人大经管图书在线用户名					
院/系领导（签字）： 院/系办公室盖章					